Roger Prott
Rechtshandbuch für Erzieherinnen

Roger Prott

Rechtshandbuch für Erzieherinnen

7., aktualisierte Auflage

in Zusammenarbeit mit Christa Preissing

LUCHTERHAND

Die Deutsche Bibliothek - CIP-Einheitsaufnahme

Prott, Roger:
Rechtshandbuch für Erzieherinnen / Roger Prott. In Zusammenarbeit mit Christa Preissing. – 7., aktualisierte Aufl. – Neuwied ; Berlin : Luchterhand, 2001
Bis 5. Aufl. u.d.T.: Preissing, Christa: Rechtshandbuch für Erzieherinnen
ISBN 3-472-04758-5

Satz: Thorsten Falke, Berlin
Umschlaggestaltung: DESkom WA Jens Klennert
Papier: Permaplan von Arjo Wiggins Spezialpapiere, Ettlingen
Druck, Bindung: Druckerei H. Heenemann GmbH & Co, Berlin
Printed in Germany, Mai 2001

Gedruckt auf säurefreiem alterungsbeständigem und chlorfreiem Papier

Inhalt

Vorwort zur siebten Auflage

Liebe Leserinnen und Leser,
beständig ist ganz allein der Wandel. Es gibt für das Rechtshandbuch keinen Zeitpunkt, an dem sich sagen läßt: »Das war's! Jetzt ist für einige Zeit erst einmal Schluß mit den Veränderungen.« Zumindest läßt sich eine solche Aussage nicht im Vorhinein tätigen. Die Gesetzgeber auf Bundesebene und in den Ländern ruhen nicht, Träger von Kindertageseinrichtungen arbeiten kreativ an neuen Vorgaben, und manchmal werden auch neue relevante Urteile gesprochen beziehungsweise veröffentlicht. Alle verfügbaren neuen Erkenntnisse sollen erreichbar für Sie sein und deshalb wird die Gelegenheit einer neuen Auflage für eine Aktualisierung des Handbuches genutzt. Dadurch ist das Buch in der sechsten Auflage von 1999 nicht ›hoffnungslos veraltet‹ und unbrauchbar, das Neue wird (hoffentlich) nur immer besser. Für die Besitzerinnen und Besitzer der vorherigen Auflage bedeuten die Veränderungen der gesetzlichen und anderen Regularien, daß sie sich weiterhin am Rechtshandbuch orientieren können, doch ansonsten lieber einmal mehr vergewissern müssen, ob alles so wie beschrieben gilt. Diese Empfehlung kann ich jedoch schon jetzt für die Nutzerinnen und Nutzer der vorliegenden siebten Ausgabe aussprechen, denn niemand weiß, was morgen geschieht.
Die Änderungen zur vorherigen Ausgabe sind zahlenmäßig eher gering, aber in der gesellschaftlichen Praxis zum Teil von gravierender Bedeutung. Im Jahr 2000 verabschiedeten Bundestag und Bundesrat das *Gesetz zur Ächtung der Gewalt in der Erziehung*. Nach vielen vergeblichen Anläufen ist nun unmißverständlich klargestellt und als gesellschaftliche Norm (Gesetz) vorgegeben, daß Kinder gewaltfrei zu erziehen sind. Dieser Fortschritt, der Änderungen im Bürgerlichen Gesetzbuch – und gering auch im KJHG/SGB VIII – nach sich zog, macht eine Aktualisierung des Rechtshandbuches an mehreren Stellen notwendig, doch zugleich auch zur Freude.

Weitere Veränderungen, leider nicht immer zum Positiven, sind bei den Länderregelungen im Kindertagesstättenwesen zu verzeichnen. Darüber gibt Detlef Diskowski im ersten Kapitel Auskunft.

Einige Stichworte zur Pädagogik und zum Arbeitsrecht wurden ebenfalls aktualisiert oder präzisiert.

Berlin, im März 2001

Vorwort zur sechsten Auflage

Liebe Leserinnen und Leser,
schnelle Veränderungen von rechtlichen Regelungen und der Wunsch, die Themen, Erklärungen und Antworten noch verständlicher darzustellen, haben das Rechtshandbuch in seiner sechsten Ausgabe sehr verändert, doch ich denke, daß Sie es trotzdem wiedererkennen und unverändert nützlich finden. Die ursprüngliche Planung sah vor, es bereits im Vorjahr zu veröffentlichen. Viele von Ihnen warten schon darauf, daß ihre Vorbestellung eintrifft. Ich hoffe, Ihre Geduld hat sich gelohnt. Im Nachhinein erwies sich der Zeitaufschub als ausgesprochen günstig, denn gerade innerhalb des letzten Jahres hat sich vieles geändert und konnte nun hier aufgenommen werden. Vermutlich aber würde diese Aussage im nächsten Jahr wieder zutreffen. Ein Buch, das den jeweils neuesten Sachstand berücksichtigen soll, findet keinen idealen Zeitpunkt. Das Bundesministerium für Arbeit und Sozialordnung gibt seit Jahren die *Übersicht über das Recht der Arbeit* heraus, ein sehr empfehlenswertes Werk, welches schon länger vergriffen ist. Es sollte Anfang 1999, dann im Juli dieses Jahres erscheinen. Später wurde die Veröffentlichung *wegen der raschen Änderungen* ins Jahr 2000 verschoben. Und schon stand die Frage gleichsam an die Wand geschrieben, ob unter diesen Umständen das Rechtshandbuch erscheinen kann und soll.

Das Buch liegt vor Ihnen. Die Entscheidung ist gefallen. Die Begründung: Das Rechtshandbuch verfolgt nicht vorrangig das Konzept Aktualität. Beabsichtigt ist, Ihnen eine Arbeitshilfe an die Hand zu geben, die ermöglicht, über die Tagesaktualität hinaus wichtige Grundsätze des Rechts zu verstehen und sich auf dieser Grundlage (notfalls) die aktuelle Variante einer Vorschrift selbst besorgen, lesen und interpretieren zu können. Gegenüber den beiden vorigen Versionen werden weitgehend Bezüge zu Vor-KJHG-Zeiten vermieden. Vergleiche mit dem Jugendwohlfahrtsgesetz und den DDR-Regelungen wurden deutlich reduziert. Rund zehn Jahre nach der Vereinigung und nach dem Inkrafttreten des KJHG/SGB VIII soll der Blick nach vorn gerichtet sein. Das Buch soll jedoch dann Bezüge zur Vergangenheit herstellen, wenn sie für das Verständnis notwendig erscheinen, nicht um einer abstrakten Vollständigkeit willen.

Das erste Kapitel des Handbuches *Das Rechtssystem und die Organisation der Kindertagesbetreuung im KJHG und in den Ländergesetzen* von Detlef Diskowski erläutert u. a. das Rechtssystem in der Bundesrepublik Deutschland, erklärt den Aufbau eines Gesetzes und enthält tabellarische Übersichten über die Regularien der Länder zur Kindertagesbetreuung.

Nach dieser Einstimmung folgt das Herzstück des Buches. Unter dem Titel *Pädagogik und Recht/Recht und Pädagogik* werden aktuelle pädagogische Grundsätze im Rahmen unseres Rechts dargestellt. Private (elterliche) Erziehung und öffentliche Erziehung, Elternrecht und Kinderrecht, Fachgesetz und allgemeine Gesetze, Erziehung und Aufsicht werden in ihren jeweiligen Beziehungen zueinander ausführlich dargestellt. Entwickelt werden darin ferner die Haftungsgrundsätze und Folgen einer eventuellen Aufsichtspflichtverletzung. Daran anschließend werden Einzelfragen in fünfundvierzig *Stichworten zu Pädagogik und Recht* behandelt.

Der nächste Teil ist dem *Recht am Arbeitsplatz* mit seinen allgemeinen Grundlagen und in sechsundvierzig Stichworten gewidmet.

Im Anhang finden Sie schließlich erläuternde Schemata über die deutsche Gerichtsbarkeit und, vielleicht der interessanteste Teil für viele, eine Reihe neuer und älterer Urteile rund um die Aufsichtspflicht.

Die Darstellung erfolgt mit Hilfe der allgemeinen Rechtsvorschriften, wo immer es möglich ist mit konkreten Beispielen. In etlichen Fällen werden die Vorschriften des Landes Berlin zitiert, weil es schwierig ist, außerhalb eines Bundeslandes die dort geltenden Regelungen zu erhalten. Entsprechend dem hier verfolgten Ansatz, die Problemstellungen *exemplarisch* zu erörtern, ist dies kein Manko. Es erfordert jedoch von Ihnen, daß Sie gegebenenfalls die für Sie gültige Regelung in Ihrem Bundesland bzw. bei Ihrem Träger in Erfahrung bringen.

Besonders in den Stichworten werden Sie manche Erklärung doppelt finden. Der Grund dafür ist die beabsichtigte bessere Lesbarkeit jedes einzelnen Stichwortes, welches jeweils für sich genommen verständlich sein soll. Nur wenn Sie das Buch *am Stück* lesen, dürften die Wiederholungen stören, ansonsten bewirken sie, daß Sie nicht jedes Mal hin und her blättern und lesen müssen, wenn

Sie ein Stichwort erklärt haben wollen. Die Ausführungen sind meist so formuliert, daß sie für Erzieherinnen in Kindertageseinrichtungen zutreffen. Gleichwohl kann das Rechtshandbuch für Erzieherinnen in Heimen oder der offenen Kinderarbeit Unterstützung bieten. Vertreterinnen von Trägern sowie Eltern(vertreterinnen) oder Auszubildende in Erziehungsberufen haben die vorigen Ausgaben ebenfalls genutzt und finden hoffentlich auch hier, was sie suchen.

Zur Lesbarkeit des Buches ist außerdem zu bemerken, daß bei Berufsbezeichnungen die weibliche Form gewählt wurde. Noch immer arbeiten fast ausschließlich Frauen in diesem Beruf, demzufolge soll die Hauptzielgruppe auch in der Ansprache deutlich werden. Wenn sich dies manchmal ungewohnt liest, handelt es sich um einen durchaus gewollten Effekt.

Die realen Risiken von Erzieherinnen, in Ausübung ihrer Tätigkeit belangt zu werden, sind um ein Vielfaches geringer als die Befürchtungen. Noch immer gibt es keine Anhaltspunkte, warum die Diskrepanz so groß ist. Für das Buch sind mehr als 500 Gerichtsentscheidungen zur Aufsichtspflicht aus den letzten zehn Jahren durchgesehen worden. Nur ein Teil von ihnen, nämlich etwas mehr als 100 hatten Kinder als Beteiligte, nur 6 Urteile sahen Kindergartenkinder und Erzieherinnen involviert. Fast 80 Prozent aller Aufsichtsurteile betrafen andere Berufe, wie z. B. die Aufsichtspflicht von Fluglotsen, des Personals der Bundesbahn, von Baustellenleitungen. Die sechs Entscheidungen wiederum sahen *einmal* die Erzieherinnen als Beklagte, die fünf anderen Verfahren richteten sich gegen die Träger oder hatten eine andere Zielsetzung (z. B. die Unfallversicherung). Das einzige Verfahren gegen die Erzieherinnen endete *wie immer* zugunsten der Erzieherinnen (vgl. S. 551). Nur in einem Fall entschied das Gericht auf Teilschuld der beteiligten Erzieherinnen und gegen den beklagten Träger. Das Oberlandesgericht Schleswig minderte daher die Haftung eines Autofahrers; Folgen für die Erzieherinnen ergaben sich nicht weiter daraus (vgl. S. 553).

Während der Erarbeitung des Rechtshandbuches wurde in zwei Instanzen vor Strafgerichten gegen die Leiterin einer Einrichtung und eine Erzieherin ein Urteilsspruch mit einer *Strafe zur Bewährung* gefällt. Es ist dies der einzig bekannte Fall in mehr als dreißig Jahren. Leider stehen die Urteilsbegründungen nicht zur Verfügung, so daß aus ihnen keine Lehren gezogen werden können. Soweit allerdings bekannt wurde, haben die beteiligten Erwachsenen ihre Erziehungspflichten *gröblich* vernachlässigt und dadurch *schwerste* Verletzungen eines Kindes verursacht. Mit seinen gravierenden Folgen stellt dieser Fall jedoch die absolute Ausnahme dar, Erzieherinnen haben in ihrer Arbeit in der Regel rechtlich nichts oder nur wenig zu befürchten.

Aus der Absicht heraus, die tatsächlichen Risiken und die Befürchtungen in ein angemesseneres Verhältnis zu bringen, nimmt die Erörterung pädagogischer Fragen auch unter rechtlichen Aspekten einen sehr breiten Raum in diesem Buch ein. Rechtskenntnisse werden hier nicht isoliert, d. h. ohne praktischen Bezug, vermittelt. Vielmehr sollen die Kenntnis und die Anwendung rechtlicher Normen im sozial-pädagogischen Zusammenhang, ja sogar *mit eindeutiger Priorität pädagogischer Überlegungen* erfolgen. Es ist hoffentlich gelungen, die bewährte Mischung aus Sachinformation und (parteilicher) Diskussion sowie die Unterscheidung des einen vom anderen zu erreichen. Keine Leserin muß mit der hier vertretenen Grundrichtung übereinstimmen, niemand soll überredet werden. Daß hier eine Parteilichkeit zu Gunsten der Pädagogik, einer anspruchsvollen Qualität und der Kinder als Hauptadressaten erzieherischer Bemühungen penetrant vertreten wird, soll Ihnen, liebe Leserinnen und Leser, erleichtern, Ihren Standpunkt innerhalb eines nur vermeintlich objektiven Rahmens zu beziehen. Wenn manches herausfordernd formuliert wurde, dann vor allem, um ein deutliches Gegengewicht zu manch beobachtbarem Verhalten oder zu wahrgenommenen falschen Wertigkeiten in der Erziehungspraxis zu liefern.

Am Buch mitgearbeitet haben Detlef Diskowski vom Ministerium für Bildung, Jugend und Sport des Landes Brandenburg, der, wie erwähnt, das erste Kapitel verfaßt hat und Christa Preissing. Als Mit-Autorin bei allen vorgehenden Ausgaben hat sie erheblichen Anteil daran, daß es das Rechtshandbuch in der nun vor Ihnen liegenden Fassung gibt. Vielen Dank den beiden und Ihnen viel Spaß beim Lesen! Für Rückmeldungen, Anregungen und Verbesserungsvorschläge bedankt sich

Berlin, im November 1999 *Roger Prott*

Detlef Diskowski

Das Rechtssystem und die Organisation der Kindertagesbetreuung im KJHG und in den Ländergesetzen

Jede Erzieherin weiß es: Die pädagogische Arbeit in der Kindertagesstätte wird wesentlich von den Rahmenbedingungen beeinflußt.

- Diese Rahmenbedingungen werden gesetzt von Institutionen, von Gremien und von Personen, deren Legitimation, Bedeutung und Entscheidungsmacht oft unbekannt sind.
- Die Form, in der die Rahmenbedingungen schriftlich fixiert sind, der Aufbau des Rechtssystems mit Bundesgesetzen, Landesgesetzen, Satzungen der Gemeinden, mit seinen verschiedenen und aufeinander aufbauenden Regelungen wirken bei oberflächlicher Betrachtung verwirrend.
- Der gesamte Organisationsaufbau der Kinder- und Jugendhilfe in seinem Nebeneinander des öffentlichen und freien Bereichs, der regionalen und überregionalen Ebenen, der verschiedenen Aufgaben, Leistungen und Institutionen scheint undurchschaubar.

Und doch läßt sich mit der Darstellung weniger Grundmerkmale und Prinzipien dieses Geflecht soweit entwirren, daß zu erkennen ist, wo und bei wem Zuständigkeiten und damit Verantwortlichkeiten liegen. Es soll daher in diesem Artikel versucht werden, den rechtlichen und organisatorischen Rahmen, in den die Angebote der Kindertagesbetreuung eingebettet sind, nachzuzeichnen.

1. Die Bundesrepublik als Bundesstaat

Einen Einstieg in die Klärung dieses Rahmens finden wir durch eine kurze Betrachtung unseres Staatswesens, denn in der grundlegenden Konstruktion der Bundesrepublik liegt eine wesentliche Ursache für die scheinbare Unübersichtlichkeit:

Das einfachste Bild eines Staates, einer Gesellschaft ist die Pyramide, und dieses Bild prägt unsere Vorstellung – nur, richtig ist es für die Bundesrepublik Deutschland nicht! Denn die Pyramide ist das (idealtypische) Modell eines zentralistisch organisierten Staates. So ein Staat ist leicht vorstellbar, und viele haben einen solchen Staat noch aus jüngster Geschichte und eigener Erfahrung in Erinnerung: Alle wesentlichen Entscheidungen werden an der Spitze des Staates getroffen und dann auf die unteren Ebenen *durchgestellt.* Jede Ebene muß die zentrale Vorgabe für den eigenen Handlungsrahmen und die eigenen Aufgaben konkretisieren und anwenden – und wiederum nach unten weitergeben. Zeigen sich Probleme in der Umsetzung, wird dies nach oben gemeldet und eine Korrektur der Vorgabe erfolgt, die dann in neuer Fassung umgesetzt werden muß.

Die Bundesrepublik Deutschland bildet im Gegensatz dazu ein relativ kompliziertes Organisationsgeflecht mit einer strikten Aufteilung von Kompetenzen und Verantwortung. Scheint auf den ersten Blick der Unterschied zu einem Zentralstaat eher gering, so ergibt sich ein folgenschwerer Unterschied aus der Tatsache, daß sie weniger eine homogene Einheit, als vielmehr ein Bund von 16 verschiedenen Ländern ist. In der Bundesrepublik gilt, wie in jedem Bundesstaat, die Grundregel, daß die Gesetzgebung und die Wahrnehmung der staatlichen Aufgaben eine Aufgabe der Länder ist, die den Bund bilden. Nur soweit eine gemeinsame Verfassung dies zuläßt, hat der Bund das Recht auf eine eigene Regelungs- und Handlungskompetenz.
»Die Ausübung der staatlichen Befugnisse und die Erfüllung der staatlichen Aufgaben ist Sache der Länder, soweit dieses Grundgesetz keine andere Regelung trifft oder zuläßt.« (Artikel 30 des Grundgesetzes [GG] für die Bundesrepublik Deutschland)

Damit ist die Pyramide so ziemlich auf den Kopf gestellt, und mit ihr eine einfache Vorstellung von oben und unten. Aber die Verschiebung der Macht von der Spitze zur Basis der Pyramide geht weiter: Den Gemeinden, die dem Staatsbereich der Länder zugeordnet sind, ist durch die Verfassung ausdrücklich das Recht zugewiesen, die Angelegenheiten der örtlichen Gemeinschaft in eigener Verantwortung zu regeln, sofern sie im Rahmen der Bundes- und Landesgesetze bleiben. Dieses Verfassungsprinzip ist in Art. 28 Abs. 2 GG festgelegt und heißt *Kommunale Selbstverwaltung.*

»Den Gemeinden muß das Recht gewährleistet sein, alle Angelegenheiten der örtlichen Gemeinschaft im Rahmen der Gesetze in eigener Verantwortung zu regeln. Auch die Gemeindeverbände haben im Rahmen ihres gesetzlichen Aufgabenbereiches nach Maßgabe der Gesetze das Recht der Selbstverwaltung.«

Selbst wenn, wie insbesondere die Länder immer wieder klagen, eine Tendenz auszumachen ist, daß der Bund zunehmend Aufgaben an sich zieht, bleibt doch zur Orientierung folgender Satz festzuhalten:

Der Bund, die Länder und die Gemeinden haben deutlich voneinander getrennte Aufgaben. Sie haben eigene Verantwortungen und sind in der Wahrnehmung ihrer Aufgaben weitgehend selbständig.

---

2. Gesetze regeln das Leben

In modernen Gesellschaften haben Gesetze die Aufgabe, das Miteinander gesellschaftlicher Gruppen und das Miteinander selbständiger Menschen zu regeln. Wären feudalistische Staaten und noch ältere Gesellschaftsordnungen prinzipiell ohne fixierte Gesetze ausgekommen, weil das Wort des Herrschers Gesetz war und er oder seine Lehnsherren *Recht sprachen*, so ist die Entwicklung zu schriftlich fixierten Normen und Regeln, die für jedermann gelten, ein wesentlicher gesellschaftlicher Fortschritt. Es gibt damit neben offenen oder verdeckten Machtstrukturen sowie vorhandenen Über- und Unterordnungsverhältnissen eine gemeinsame Autorität für alle Teile der Gesellschaft. Das Vorhandensein von Gesetzen selbst schafft keine Ungerechtigkeit, keine Ausbeutung, keine Ungleichheit ab – ohne Gesetze aber sind Schwache noch schwächer, Benachteiligte noch mehr benachteiligt und rechtlos. Zusammenfassend soll als Merksatz gelten:

Gesetze sind der Versuch, für die Aufgaben, Verantwortlichkeiten und Konflikte in sozialen Beziehungen einen allgemeinen und abstrakten Rahmen zu schaffen, indem sie Regeln aufstellen, die für alle Menschen und alle möglichen Situationen gelten.

Dieses Regelungswerk für das Zusammenleben wirkt häufig zu umfangreich, sehr formalisiert und unsinnig kompliziert. Die Gesetzestexte sind allgemein und abstrakt formuliert und bieten für den konkreten Fall, für den wir bei Unsicherheiten oder in Streitfällen

Gerechtigkeit suchen, auf den ersten Blick wenig Anhaltspunkte. So sind wir oft enttäuscht, daß unser spezieller Fall im Gesetz nicht geregelt ist, oder wir empfinden Gesetze in unserem konkreten Fall als ungerecht, weil sie unsere spezielle Situation oder unsere Motive nicht ausreichend berücksichtigen. – Zu anderen Zeiten stöhnen wir über die Vielzahl und Unübersichtlichkeit von Gesetzen und meinen, in ihnen würde zu sehr auf Einzelfälle eingegangen. Beide Sichtweisen auf Gesetze sind grundsätzlich widersprüchlich und dieser Widerspruch läßt sich auch nicht auflösen. Gesetze bieten immer nur eine Annäherung von individuellem Gerechtigkeitsgefühl und allgemeinem Rechtsempfinden, und sie sind immer der Versuch einer Gratwanderung zwischen Überregulierung auf der einen und *Laissez-faire* auf der anderen Seite.

Ein Vergleich dieser gesellschaftlichen Verhältnisse mit der Kita-Pädagogik ist möglich. Fangen wir an mit den *Vorwürfen der Abstraktheit und Unverständlichkeit von Gesetzen* einerseits und dem der *Überregulierung* andererseits:

Wer schon einmal die Aufgabe hatte, mühsam erarbeitete Gruppenregeln oder Absprachen von Dienstbesprechungen aufzuschreiben, kennt diesen Spagat. Die aufgeschriebene Regel muß für alle möglichen Spezial- und Sonderfälle passen – oder sie ist bald durch Ausnahmen ausgehöhlt. Versucht man dagegen von vornherein alle möglichen Fälle zu berücksichtigen und aufzunehmen, hat man sich bald verzettelt in einem ellenlangen Katalog. So geht's den vielgescholtenen Juristen.

Ähnlich ist es mit dem Widerspruch von *formalem Recht* (also fixierten Regelungen) und dem *individuellen Gerechtigkeitsempfinden*. Wohl alle Horterzieherinnen haben schon ihre Hortkinder dabei beobachtet, wie sie in nicht enden wollenden Diskussionen die Regeln für ihr Fussballspiel oder für die Benutzung des Werkraumes ausgehandelt haben. Sie haben gesehen, wie der heiße Streit um Gerechtigkeit und ihre unterschiedlichen Sichtweisen zu dem mühseligen Versuch führen, Regeln zu finden, die für alle Kinder gelten sollen. Diese Regeln sind selten wirklich befriedigend für alle, aber sie sind ein von allen akzeptierter Rahmen.

3. Gesetze im Bundesstaat

In dem komplizierten Gefüge eines Bundesstaates haben Gesetze die zusätzliche Aufgabe, die Beziehungen und das Miteinander der jeweils selbständigen staatlichen Ebenen zu regeln. Im Gegensatz zu zentralistisch organisierten Staaten, in denen durch eine klare Hierarchie festgelegt ist, wer bestimmt und wer wem Weisungen erteilen darf, braucht ein Bundesstaat Bestimmungen, wer in welchem Bereich Gesetze erlassen darf, in wessen Zuständigkeiten die verwaltungsmäßige Umsetzung liegt, wer die Einhaltung der Gesetze kontrolliert, wie die Rechtsprechung organisiert ist.

Es folgt daher aus der bundesstaatlichen Konstruktion unseres Staates, daß Gesetze eine große Bedeutung zum Funktionieren des Gesamtsystems haben, weil sie auch das Zusammenwirken der unterschiedlichen staatlichen Ebenen regeln.

Die grundlegenden Regelungen zum Verhältnis der verschiedenen staatlichen Ebenen finden sich wieder in der Verfassung.
»(1) Die Länder haben das Recht der Gesetzgebung, soweit dieses Grundgesetz nicht dem Bunde Gesetzgebungsbefugnisse verleiht.
(2) Die Abgrenzung der Zuständigkeit zwischen Bund und Ländern bemißt sich nach den Vorschriften dieses Grundgesetzes über die ausschließliche und konkurrierende Gesetzgebung.« (Art. 70 GG)

Wie es dem Grundsatz eines Bundesstaates entspricht, haben die Länder die grundsätzliche Gesetzgebungskompetenz; der Bund hat sie nur dort, wo das Grundgesetz es ausdrücklich erlaubt.

Die Bereiche der *ausschließlichen Gesetzgebung*, in denen die Gesetzgebungskompetenz nur dem Bund zusteht, sind beschrieben im Artikel 73 GG und reichen von auswärtigen Angelegenheiten und dem Staatsangehörigkeitsrecht über den Luftverkehr, das Post- und Telekommunikationswesen bis zur Bundesstatistik. Daneben hat der Bund nach Art. 75 GG das Recht zur *Rahmengesetzgebung* (z.B. allgemeine Grundsätze des Hochschulwesens) und zur Regelung im Bereich der *konkurrierenden Gesetzgebung*, d.h. die Länder haben die Befugnis zur Gesetzgebung, *»wenn und soweit der Bund von seiner Gesetzgebungszuständigkeit nicht durch Gesetz Gebrauch gemacht hat.«* (Art. 72 GG)

Diese Formulierung ist allerdings keineswegs ein Freibrief für den Bund, alles gesetzlich zu regeln, was er für notwendig hält. Die Erlaubnis ist dem Bund nur insoweit übertragen, wie die Herstellung gleichwertiger Lebensverhältnisse im Bundesgebiet oder die Wahrung der Rechts- und Wirtschaftseinheit im gesamtstaatlichen Interesse eine bundesgesetzliche Regelung erforderlich macht (vgl. Art. 72 Abs. 2 GG). Die Bereiche der konkurrierenden Gesetzgebungskompetenz sind in Art. 74 GG abschließend aufgezählt. Unter Nummer 7 ist die *öffentliche Fürsorge* benannt und damit der Bereich, der uns im Folgenden weiter beschäftigen wird.

Da es für die Einheitlichkeit der Lebensverhältnisse in der Bundesrepublik und für das gemeinsame Auftreten nach außen erforderlich ist, daß die wichtigen Grundsätze in allen Ländern und Städten der Bundesrepublik gemeinsam gelten, bestimmt Art. 31 GG: *»Bundesrecht bricht Landesrecht.«*

Hat der Bund im Rahmen der Verfassung von seinem Gesetzgebungsrecht Gebrauch gemacht und ist das Bundesgesetz rechtmäßig verabschiedet, geht es einem Landesgesetz vor. Es bildet immer einen verbindlichen Rahmen bzw. eine Leitlinie für Länderregelungen.

Ein Grundsatz von Rechtsstaaten und somit auch vom Rechtssystem der BRD besagt, daß staatliche Eingriffe in die Rechte anderer nur aufgrund von Gesetzen erfolgen dürfen, und so darf auch eine zentrale Behörde nur dann in die Befugnisse einer anderen Instanz eingreifen, wenn sie hierzu durch ein Gesetz ermächtigt ist: Daher darf der Bund ohne gesetzliche Legitimation nicht in die Belange der Länder eingreifen; die Länder können nicht die Selbständigkeit und Selbstverwaltung der Gemeinden aushebeln, und alle staatlichen Stellen haben die Rechte der einzelnen Bürger und ihrer freiwilligen Zusammenschlüsse zu achten. Als allgemeine Regel leitet sich aus der Selbständigkeit der staatlichen Instanzen für den Bereich der Kinder- und Jugendhilfe ab:

Weder ist das Jugendamt eine dem Einrichtungsträger gegenüber vorgesetzte Behörde, die eine Aufsicht ausüben könnte, noch ist das Landesjugendamt den Jugendämtern übergeordnet und darf ihnen Auflagen machen oder Anweisungen erteilen.

4. Die bundesgesetzliche Regelung der Kinder- und Jugendhilfe

Der übergreifende bundesgesetzliche Rahmen, der die Kinder- und Jugendhilfe regelt, ist das *Gesetz zur Neuordnung der Kinder- und Jugendhilfe – Kinder- und Jugendhilfegesetz (KJHG)*. Das gesamte Gesetz ist ein *Artikelgesetz*. Es besteht aus insgesamt 3 Teilen mit 23 Artikeln, von denen die Artikel 2 bis 23 andere Gesetze mit dem Ziel der Neuregelung der Kinder- und Jugendhilfe ändern und außerdem Regelungen zum Inkrafttreten beinhalten. So wurden z.B. mit Artikel 4 das Bundessozialhilfegesetz und mit Artikel 5 das Bürgerliche Gesetzbuch geändert.

Aufbau des KJHG

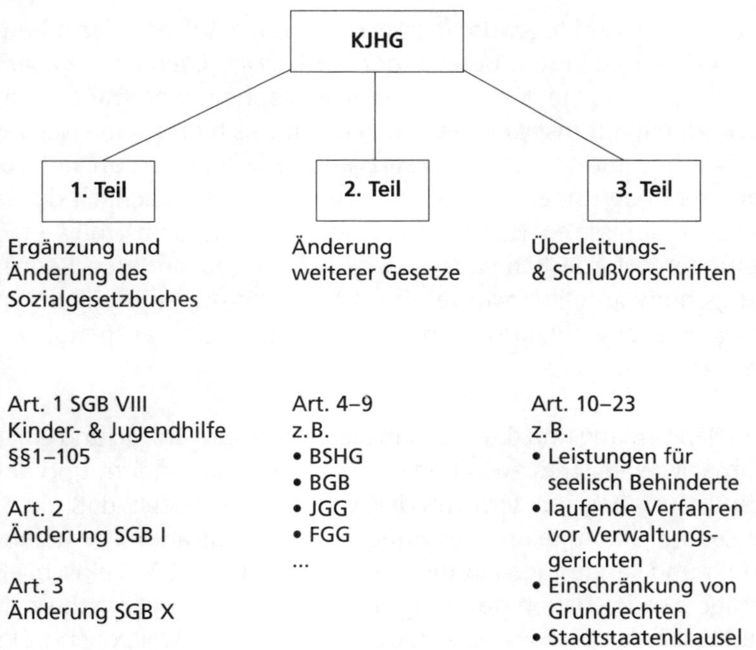

Der Artikel 1 des KJHG bildet mit seinen 105 Paragraphen den Kernbereich des Kinder- und Jugendhilfegesetzes. Dieser Kernbereich der Regelungen der Kinder- und Jugendhilfe wurde gleichzeitig als Achtes Buch des Sozialgesetzbuches (SGB VIII) erlassen. Wenn das KJHG zitiert wird, ist zumeist dieser Artikel 1, das SGB VIII, gemeint. Alltagssprachlich wird dies als das *Kinder- und Jugendhilfegesetz* bezeichnet, obwohl *KJHG* eigentlich die übergreifende Bezeichnung für alle 23 Artikel ist.

Im Sozialgesetzbuch werden die einzelnen Sozialgesetze der Bundesrepublik zu einem einheitlichen Regelungswerk zusammengefaßt. In seinem Rahmen sind die Angelegenheiten der Kinder- und Jugendhilfe als das *Achte Buch des Sozialgesetzbuches* eingebettet in die Reihe der anderen *Bücher* (= Gesetze), z.B. dem Arbeitsförderungsrecht (SGB III), der gesetzlichen Kranken-, Renten- und Unfallversicherung (SGB V, VI, VII) oder der Pflegeversicherung (SGB XI), mit z.T. erst noch neu zu erlassenden Sozialgesetzen.

Das Kinder- und Jugendhilfegesetz gehört als Aufgabe der öffentlichen Fürsorge in den Bereich der *konkurrierenden Gesetzgebung* (s.o.). Damit durfte der Bund die Angelegenheiten der Kinder- und Jugendhilfe nur insoweit gesetzlich regeln, als hierfür eine Notwendigkeit bestand. Als er die Gesetzgebungskompetenz an sich zog, mußte er begründen, wieso z. B. wegen der Einheitlichkeit der Lebensverhältnisse ein Bundesgesetz und wieso die beabsichtigten Regelungen erforderlich waren. Wegen dieser besonderen Begründungsnotwendigkeit werden im KJHG auch nur sehr allgemeine Vorgaben gemacht, die durch Ländergesetze weiter ausgefüllt werden müssen.

Um den Umfang und das Ausmaß dieser Regelungen gab und gibt es immer wieder Streit zwischen einzelnen Bundesländern und dem Bund. Zum Beispiel wird von den Ländern bezweifelt, daß die Gesetzgebungskompetenz des Bundes die Organisation der Jugendämter und Landesjugendämter nach § 70 KJHG/SGB VIII einschließt. Einige Länder halten den Eingriff in die Verwaltungsstruktur der Bundesländer mit Hinweis auf Artikel 30 GG für zu weitgehend. Dort heißt es:

»Die Ausübung der staatlichen Befugnisse und die Erfüllung der staatlichen Aufgaben ist Sache der Länder, soweit dieses Grundgesetz keine andere Regelung trifft oder zuläßt.«

Solange dieser Streit nicht politisch entschieden wird oder das Bundesverfassungsgericht die Regelung beanstandet, stellt das Bundesgesetz KJHG den verbindlichen Rahmen für die Kinder- und Jugendhilfe in allen Ländern der gesamten Bundesrepublik dar. Es läßt dabei einen weiten Spielraum bei der Ausgestaltung, den die Länder mit ihren eigenen *Ausführungsgesetzen* zum KJHG/SGB VIII ausfüllen.[1]

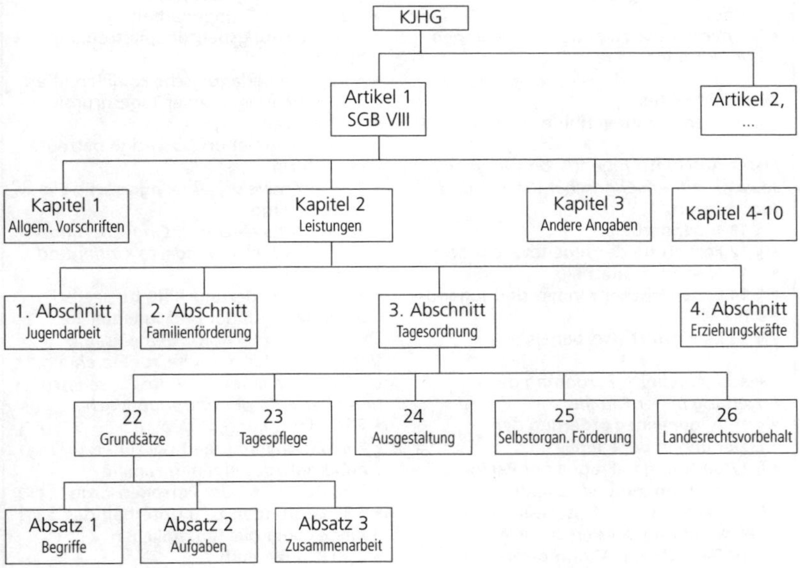

[1] Für den Bereich des Kindergartens geht das Land Bayern einen Sonderweg: es begreift sein Kindergartengesetz nicht als Ausführungsgesetz zum KJHG, sondern als eigenständiges Gesetzwerk.

Inhaltsübersicht über das SGB VIII

- § 43 Herausnahme des Kindes oder des Jugendlichen ohne Zustimmung des Personensorgeberechtigten

Zweiter Abschnitt: Schutz von Kindern und Jugendlichen in Familienpflege und in Einrichtungen
- § 44 Pflegeerlaubnis
- § 45 Erlaubnis für den Betrieb einer Einrichtung
- § 46 Örtliche Prüfung
- § 47 Meldepflichten
- § 48 Tätigkeitsuntersagung
- § 48a Sonstige betreute Wohnform
- § 49 Landesrechtsvorbehalt

Dritter Abschnitt: Mitwirkung in gerichtlichen Verfahren
(§§ 50 – 52)
Vierter Abschnitt: Pflegschaft und Vormundschaft für Kinder und Jugendliche
(§§ 53 – 58)
Fünfter Abschnitt: Beurkundung und Beglaubigung, vollstreckbare Urkunden
(§§ 59 – 60)

Viertes Kapitel: Schutz von Sozialdaten
(§§ 61 – 68)

Fünftes Kapitel:
Träger der Jugendhilfe, Zusammenarbeit, Gesamtverantwortung

Erster Abschnitt: Träger der öffentlichen Jugendhilfe
- § 69 Träger der öffentlichen Jugendhilfe, Jugendämter, Landesjugendämter
- § 70 Organisation des Jugendamts und des Landesjugendamts
- § 71 Jugendhilfeausschuß, Landesjugendhilfeausschuß
- § 72 Mitarbeiter, Fortbildung

Zweiter Abschnitt: Zusammenarbeit mit der freien Jugendhilfe, ehrenamtliche Tätigkeit
- § 73 Ehrenamtliche Tätigkeit
- § 74 Förderung der freien Jugendhilfe
- § 75 Anerkennung als Träger der freien Jugendhilfe
- § 76 Beteiligung anerkannter Träger der freien Jugendhilfe an der Wahrnehmung anderer Aufgaben
- § 77 Vereinbarungen über die Höhe der Kosten
- § 78 Arbeitsgemeinschaften

Dritter Abschnitt: Gesamtverantwortung, Jugendhilfeplanung
- § 79 Gesamtverantwortung, Grundausstattung
- § 80 Jugendhilfeplanung
- § 81 Zusammenarbeit mit anderen Stellen und öffentlichen Einrichtungen

Sechstes Kapitel: Zentrale Aufgaben

- § 82 Aufgaben der Länder
- § 83 Aufgaben des Bundes, Bundesjugendkuratorium
- § 84 Jugendbericht

Siebtes Kapitel:
Zuständigkeit, Kostenerstattung

Erster Abschnitt: Sachliche Zuständigkeit
- § 85 Sachliche Zuständigkeit

Zweiter Abschnitt: Örtliche Zuständigkeit
(§§ 86 –88)
Dritter Abschnitt: Kostenerstattung
(§§ 89 – 89h)

Achtes Kapitel:
Teilnahmebeiträge, Heranziehung zu den Kosten, Überleitung von Ansprüchen

Erster Abschnitt: Erhebung von Teilnahmebeiträgen
- § 90 Erhebung von Teilnahmebeiträgen

Zweiter Abschnitt: Heranziehung zu den Kosten
- § 91 Grundsätze der Heranziehung zu den Kosten
- § 92 Formen der Kostentragung durch die öffentliche Jugendhilfe
- § 93 Umfang der Heranziehung
- § 94 Sonderregelungen für die Heranziehung der Eltern

Dritter Abschnitt: Überleitung von Ansprüchen
(§§ 95 –96)
Vierter Abschnitt: Ergänzende Vorschriften
(§§ 97 – 97a)

Neuntes Kapitel:
Kinder- und Jugendhilfestatistik
(§§ 98 – 103)

Zehntes Kapitel:
Straf- und Bußgeldvorschriften
(§§ 104 – 105)

Das SGB VIII beinhaltet im ersten Kapitel die Festlegungen allgemeiner Prinzipien der Kinder- und Jugendhilfe. Es unterscheidet zwischen Leistungen der Jugendhilfe, die im zweiten Kapitel beschrieben sind und anderen Aufgaben, die sich im dritten Kapitel finden. Die darauf folgenden Kapitel beinhalten den Datenschutz (viertes Kapitel), die Darstellung der Zuständigkeiten und Verantwortungsverteilung (fünftes bis siebtes Kapitel), die Grundsätze für die Kostenbeteiligung von Kindern, Jugendlichen und Familien (achtes Kapitel), die Statistik (neuntes Kapitel) und die Straf- und Bußgeldvorschriften (zehntes Kapitel). Zur besseren Orientierung folgt vor dem nächsten Abschnitt eine leicht gekürzte Inhaltsübersicht des SGB VIII:

5. Der Aufbau von Gesetzen am Beispiel des KJHG/SGB VIII

Alle Gesetze haben einen ähnlichen Aufbau; wer ihn kennt, kann sich in den verschiedenen Regelungen leichter zurechtfinden:

Wichtig ist es, zuerst das Gesetz, das gemeint ist, genau zu bestimmen. Dazu dient einerseits als Überschrift die *Bezeichnung des Gesetzes* (z. B. *Gesetz zur Neuordnung des Kinder- und Jugendhilferechts*). Da die Bezeichnung häufig sehr lang ist, hat ein Gesetz zumeist eine Kurzbezeichnung (*Kinder- und Jugendhilfegesetz*), und außerdem eine Abkürzung der Bezeichnung (*KJHG*).

Da Gesetze auch geändert werden, dient das Ausfertigungsdatum (= Datum der Unterzeichnung des Gesetzes – z. B. vom 26. Juni 1990 oder bei Änderungen auch: *in der Fassung vom ...*) zur Identifizierung, auf welche Regelung man sich bezieht. Das Ausfertigungsdatum ist häufig nicht identisch mit dem Zeitpunkt, von dem an das Gesetz gelten soll; dieses Datum wird immer am Schluß des jeweiligen Gesetzes festgelegt: *Das Gesetz tritt am ... in Kraft.*)

Gesetze sind gegliedert; das KJHG ist in Teile und dann in Artikel eingeteilt. Sein Artikel 1, das SGB VIII, wurde unterteilt in Kapitel, darunter folgen die Abschnitte, dann die Paragraphen. Diese sind zumeist in Absätze untergliedert. So ist eine relativ schnelle Orientierung möglich, wo ein gesuchter Inhalt zu finden ist.

Der Gesetzestext selber wird eingeleitet mit sogenannten *Programmsätzen*, die eine Beschreibung der *Aufgaben*, des *Auftrags* oder der allgemeinen *Zielstellungen* des Gesetzes beinhalten. Im SGB VIII findet sich die Beschreibung des allgemeinen Auftrags der Kinder- und Jugendhilfe in den ersten Paragraphen im ersten Kapitel der *Allgemeinen Vorschriften*.

Ebenfalls am Anfang des Gesetzes ist der *Geltungsbereich* beschrieben, der bestimmt, wer von diesem Gesetz betroffen ist, für wen es gilt. Dieser Geltungsbereich kann entweder auf bestimmte Personengruppen oder auch auf Gebiete bezogen sein. Im SGB VIII findet sich die entsprechende Regelung im § 6:

§ 6 Geltungsbereich
»(1) Leistungen nach diesem Buch werden jungen Menschen, Müttern, Vätern und Personensorgeberechtigten von Kindern und Jugendlichen gewährt, die ihren tatsächlichen Aufenthalt im Inland haben. Für die Erfüllung anderer Aufgaben gilt Satz 1 entsprechend.
(2) Ausländer können Leistungen nach diesem Buch nur beanspruchen, wenn sie rechtmäßig oder aufgrund einer ausländerrechtlichen Duldung ihren gewöhnlichen Aufenthalt im Inland haben.
(3) Deutschen können Leistungen nach diesem Buch auch gewährt werden, wenn sie ihren Aufenthalt im Ausland haben und soweit sie nicht Hilfe vom Aufenthaltsland erhalten.
(4) Regelungen des über- und zwischenstaatlichen Rechts bleiben unberührt.«

Da das SGB VIII sehr unterschiedliche Leistungs- und Aufgabenfelder regelt, finden sich in den einzelnen Abschnitten weitere Konkretisierungen des Auftrages und des Geltungsbereichs. So ist der Beginn des Abschnitts zur Tagesbetreuung als eine solche Beschreibung des Geltungsbereichs anzusehen:

»§ 22 Grundsätze der Förderung von Kindern in Tageseinrichtungen
(1) In Kindergärten, Horten und anderen Einrichtungen, in denen sich Kinder für einen Teil des Tages oder ganztags aufhalten (Tageseinrichtungen), soll die Entwicklung des Kindes zu einer eigenverantwortlichen und gemeinschaftsfähigen Persönlichkeit gefördert werden.

§ 23 Tagespflege
(1) Zur Förderung der Entwicklung des Kindes, insbesondere in den ersten Lebensjahren, kann auch eine Person vermittelt werden, die das Kind für einen Teil des Tages oder ganztags im eigenen oder im Haushalt des Personensorgeberechtigten betreut (Tagespflegeperson).«

Aus diesen Regelungen ist abzulesen, daß das SGB VIII für Kindergärten, Horte und andere Einrichtungen gilt und für Tagespflege. Die Krippe ist hier nicht ausdrücklich erwähnt; es herrscht aber inzwischen allgemeines Einvernehmen, daß Krippen als *andere Einrichtungen* der Tagesbetreuung vom Gesetz erfaßt werden.

An die Programmsätze und die Regelungen zum Geltungsbereich schließen sich *Begriffsbestimmungen* an (oder sind wie im Beispiel der §§ 22 und 23 mit dem Geltungsbereich direkt verbunden). Die Definition von wichtigen Begriffen, die im Gesetz verwendet werden, ist von erheblicher praktischer Bedeutung. Im Alltagssprachgebrauch machen wir uns häufig nicht klar, wie wir bestimmte Begriffe genau meinen und in der Kommunikation mit anderen wird an Mißverständnissen deutlich, daß andere Menschen diese Begriffe anders ausfüllen. So etwas ist für die Klarheit von Gesetzen natürlich nicht hilfreich. Als Beispiel für solche Begriffsbestimmungen sei hier der erste Absatz des § 7 SGB VIII zitiert:

»(1) Im Sinne dieses Buches ist
1. *Kind, wer noch nicht 14 Jahre alt ist, soweit nicht die Absätze 2 bis 4 etwas anderes bestimmen,*
2. *Jugendlicher, wer 14, aber noch nicht 18 Jahre alt ist,*
3. *junger Volljähriger, wer 18, aber noch nicht 27 Jahre alt ist,*
4. *junger Mensch, wer noch nicht 27 Jahre alt ist,*

5. Personensorgeberechtigter, wem allein oder gemeinsam mit einer anderen Person nach den Vorschriften des Bürgerlichen Gesetzbuchs die Personensorge zusteht,
6. Erziehungsberechtigter, der Personensorgeberechtigte und jede sonstige Person über 18 Jahren, soweit sie aufgrund einer Vereinbarung mit dem Personensorgeberechtigten nicht nur vorübergehend und nicht nur für einzelne Verrichtungen Aufgaben der Personensorge wahrnimmt.«

6. Der Auftrag der Kinder- und Jugendhilfe im KJHG/SGB VIII

Der gesellschaftliche Auftrag für die Kinder- und Jugendhilfe wird, wie es dem typischen Aufbau von Gesetzen entspricht, gleich zu Beginn des KJHG/SGB VIII in den drei Absätzen des § 1 für alle Leistungs- und Aufgabenbereiche bestimmt:

»(1) Jeder junge Mensch hat ein Recht auf Förderung seiner Entwicklung und auf Erziehung zu einer eigenverantwortlichen und gemeinschaftsfähigen Persönlichkeit.
(2) Pflege und Erziehung der Kinder sind das natürliche Recht und die zuvörderst ihnen obliegende Pflicht. Über ihre Betätigung wacht die staatliche Gemeinschaft.
(3) Jugendhilfe soll zur Verwirklichung des Rechts nach Absatz 1 insbesondere
1. junge Menschen in ihrer individuellen und sozialen Entwicklung fördern und dazu beitragen, soziale Benachteiligungen zu vermeiden oder abzubauen,
2. Eltern und andere Erziehungsberechtigte bei der Erziehung zu beraten und unterstützen,
3. Kinder und Jugendliche vor Gefahren für ihr Wohl zu schützen,
4. dazu beizutragen, positive Lebensbedingungen für junge Menschen und ihre Familien sowie eine kinder- und familienfreundliche Umwelt zu schaffen.«

Der erste Absatz ist eine allgemeine Beschreibung der Rechte von Kindern und Jugendlichen auf Förderung ihrer Entwicklung. Die Kinder- und Jugendhilfe soll *vorrangig* die Entwicklung fördern; sie tritt nicht erst dann in Aktion, wenn Fehlentwicklungen zu korrigieren und Mängel zu beheben sind. Mit der Formulierung *Recht auf Erziehung zu einer eigenverantwortlichen und gemeinschaftsfähigen Persönlichkeit* wird nicht nur die Subjektstellung des Kindes stark betont, sondern auch die gesellschaftliche Dimension der Erziehung verdeutlicht.

Dabei sind diese allgemeinen Rechte der Kinder und der Anspruch auf Leistungen nicht beschränkt auf Kinder deutscher Nationalität, sondern gelten für alle, die sich rechtmäßig oder aufgrund einer ausländerrechtlichen Duldung in Deutschland aufhalten:
»Ausländer können Leistungen nach diesem Buch nur beanspruchen, wenn sie rechtmäßig oder aufgrund einer ausländerrechtlichen Duldung ihren gewöhnlichen Aufenthalt im Inland haben.« (§ 6 Abs. 2 KJHG/SGB VIII)

Im zweiten Absatz des Paragraphen 1 wird das schon im Grundgesetz verbriefte natürliche Erziehungsrecht der Eltern und ihre damit verbundenen Erziehungspflichten wiederholt. Gleichzeitig zeigt die ebenfalls aus dem Grundgesetz (Art. 6 Abs. 2 GG) übernommene Formulierung: *»Über ihre Betätigung wacht die staatliche Gemeinschaft.«* den Auftrag und die Verantwortung des Staates für das Aufwachsen der Kinder und Jugendlichen. Die Kinder- und Jugendhilfe nimmt Teile dieses *Wächteramts des Staates* wahr. Im KJHG selbst finden sich allerdings keine Regelungen, mit denen ihr eigene Eingriffsrechte in die Familie zugebilligt werden. Die Kinder und Jugendhilfe soll Angebote und Leistungen bereitstellen, die die Bedingungen für das Aufwachsen der Kinder verbessern und die Familienerziehung stärken. Die innerfamiliären Verhältnisse bleiben weitgehend ausgespart, und das KJHG positioniert sich kaum in den Widersprüchen zwischen der Rechtsposition des Kindes und der Eltern (siehe hierzu auch Abschnitt 9).

Im dritten Absatz des Paragraphen 1 findet sich – als Ergänzung und Erweiterung zur allgemeinen Entwicklungsförderung – der Auftrag der Kinder- und Jugendhilfe, Benachteiligungen zu vermeiden oder abzubauen. Mit dieser Verpflichtung knüpft das KJHG an alte Forderungen zur Verbesserung der Lebenschancen für alle Kinder mit dem Ziel der Herstellung von Chancengleichheit an, die bereits in den zwanziger Jahren in den Diskussionen um das *Reichsjugendwohlfahrtsgesetz* (einer Wurzel des KJHG) eine wesentliche Rolle gespielt hatten. Die sehr weitgehenden Erwartungen, daß Bildungs- und Erziehungspolitik *gleiche Bildungsmöglichkeiten für alle* herstellen könne (Alliierter Kontrollrat am 25.6.47) sind heute im geeinten Deutschland deutlich zurückgenommen worden. Hatte die DDR die grundsätzliche Gleichheit zur zentralen Staatsaufgabe erhoben

»In der sozialistischen Gesellschaft werden die Arbeits- und Lebensbedingungen aller Bürger planmäßig verbessert.« (§ 39 Jugendgesetz der DDR von 1974)

und erlebten in den westlichen Bundesländern die Ideale der Chancengleichheit ein Zwischenhoch mit der Bildungsreform der siebziger Jahre, so wird heute allenfalls noch von *Chancengerechtigkeit* gesprochen. Die Förderung der individuellen und sozialen Entwicklung und der Auftrag der Kinder- und Jugendhilfe zum Abbau oder zur Vermeidung von Benachteiligungen scheinen sich angesichts der realen Bedingungen von einer allgemeinen jugendpolitischen Zielsetzung zu einem Notnagel für gefährdete Kinder- und Jugendliche zu entwickeln.

Dabei erhält die Jugendhilfe durch den letzten Punkt des dritten Absatzes den ausdrücklichen Auftrag, über das Feld der eigenen Aufgaben und Leistungen hinaus auf andere Politikbereiche einzuwirken, um dazu beizutragen, *positive Lebensbedingungen zu schaffen* und eine kinder- und familienfreundliche Umwelt zu erhalten oder zu schaffen. Diese kinder- und jugendpolitische Ausrichtung entspringt der richtigen Einsicht, daß die Lebens- und Entwicklungschancen von Kindern und Jugendlichen nur im geringeren Umfang durch Einrichtungen und Angebote, im wesentlichen aber durch allgemeine gesellschaftliche Rahmensetzungen bestimmt werden.

Im § 2 KJHG/SGB VIII, der die Aufgaben und Leistungsbereiche der Jugendhilfe definiert, werden die Tageseinrichtungen für Kinder, einschließlich der Tagespflege, das erste Mal in der Gesetzesgeschichte der Jugendhilfe als eigenständiges Angebot benannt. Diesem Bereich wird sogar ein eigenständiger dritter Abschnitt gewidmet (§ 22 ff. KJHG/SGB VIII). Dies drückt die eigenständige Bedeutung und Wertigkeit der Tagesbetreuung aus. Sie ist nicht mehr wie früher im *Jugendwohlfahrtsgesetz* den Erziehungshilfen oder der Familienförderung angegliedert.

7. Das Subsidiaritätsprinzip als wichtiges Grundprinzip der Kinder- und Jugendhilfe

Eines der wichtigen Grundprinzipien der Kinder- und Jugendhilfe, das zusammen mit dem *Prinzip der Vielfalt von Angeboten und Anbietern* ihren Organisationsaufbau gestaltet und die Zuständigkeitsverteilung wesentlich bestimmt, ist das *Subsidiaritätsprinzip*. Es ist seinem Kern ein Prinzip der Dezentralisierung von Verantwortung und Zuständigkeit: Gesellschaftlich verantwortlich soll immer die kleinstmögliche Einheit sein, die eine jeweilige Aufgabe erledigen kann. Die Familie, der freiwillige Zusammenschluß von Menschen in Vereinen und Verbänden, die politische und die kirchliche Gemeinde sollen sich der sozialen Aufgaben annehmen und sie in eigener Verantwortung und eigener Befugnis erledigen. Die größte Einheit (der Staat) tritt unterstützend ein, wenn eine kleinere überfordert ist, ihre Aufgaben ohne Hilfe von außen zu erfüllen. Der Staat soll sich dabei auf seine Unterstützungs- und Förderungsaufgabe beschränken und sich nicht zu stark einmischen. Dieses Prinzip soll die Bürger und ihre Verantwortlichkeit stärken.

Das Subsidiaritätsprinzip ist gleichzeitig zu verstehen als Abwehr von staatlicher Bevormundung. Es hat seine Wurzeln in der katholischen Soziallehre und ist auch Ausdruck für den Kampf um eine freie und unreglementierte Betätigung der Bürger, ihrer Verbände und der Kirchen.

Eine Bewertung des Subsidiaritätsprinzips kommt zu durchaus zwiespältigen Ergebnissen:

- Einerseits ist der Gedanke der Dezentralität von Entscheidungen ein sehr moderner, der die Verantwortlichkeit des Einzelnen stärken will und staatliche Eingriffe zurückdrängen sowie Bevormundung verhindern will. Jede Übernahme von Aufgaben durch den Staat, jedes Abschieben von Verantwortung an *die da oben, die das mal machen sollen* bedeutet immer ein Aufgaben- und Bedeutungsverlust für den Einzelnen. Jede Fürsorge durch einen noch so wohlmeinenden Staat führt immer zu einem Verantwortungsverlust für den Bürger. Aus einem Versorgten wird zugleich ein Objekt fürsorglicher Maßnahmen. Selbstbewußtsein erwächst dagegen aus Selbständigkeit und verträgt sich nur schlecht mit der Abhängigkeit von staatlicher Fürsorge. In modernen sozialwissenschaftlichen Diskussionen wird daher zunehmend Wert darauf gelegt, daß die Menschen die Erfahrung von *Selbstwirksamkeit* machen. Sie sollen erleben, daß sie selbst ihr Leben gestalten und die Rahmenbedingungen beeinflussen können. Dagegen gilt das Erleben eigener Abhängigkeit und das ohnmächtige *gelebt zu werden, anstatt zu leben*, nicht nur als krankheitsverursachend, es wird auch als eine Bedingung der Entwicklung von Gewaltbereitschaft und der Neigung zu autoritären Gesellschaftsbildern angesehen. Aus all diesen Gründen wird der Bedeutung des Einzelnen, der Nachbarschaft und der kleinen, überschaubaren sozialen Einheit eine zunehmende Bedeutung beigemessen und die (auch fürsorgliche) staatliche Einflußnahme sehr kritisch gesehen.
- Andererseits liegt der Betonung von Selbstverantwortung immer auch eine gewisse gesellschaftliche/staatliche Verantwortungslosigkeit zugrunde. Es erscheint, als wäre ausschließlich *jeder seines Glückes Schmied*, und als hätte jeder Mensch die Möglichkeit, sein Schicksal selbst zu schmieden. Wer dazu nicht in der Lage ist, um den sollen sich die anderen Bürger in ihrem sozialen Engagement, die Wohlfahrtsverbände oder die Kirchen kümmern. Der Staat fühlt sich nur nachrangig verantwortlich, indem er eben diese Wohlfahrtsbemühungen anderer unterstützt – aber natürlich nicht vollständig finanziert, sondern sie nur *fördert*.

Alle Gesellschaften haben zu allen Zeiten die Frage des Verhältnisses des Einzelnen zur Gesamtgesellschaft unterschiedlich beantwortet, und gerade die Antworten, die für den Sozialbereich allgemein und für das Aufwachsen der Kinder im besonderen gefunden wurden, drücken das Selbstverständnis eines Staates/einer Gesellschaft sehr deutlich aus. Dieses Selbstverständnis wird insbesondere ablesbar an den Regelungen

- der vorrangigen oder nachrangigen Verpflichtung, für das Wohl der Kinder zu sorgen,
- der staatlichen Befugnis oder ihrer Beschränkung, in die Selbständigkeit des Kindes und der Eltern bzw. in das Familiengefüge einzugreifen.

Insofern ist es verständlich und notwendig, daß in der Vergangenheit auch die beiden deutschen Staaten diese Fragen unterschiedlich beantwortet hatten. Etwas holzschnittartig, um die Wesensmerkmale offensichtlich zu machen, läßt sich das wie folgt beschreiben:

In der DDR war die gesellschaftliche Verantwortung für das Aufwachsen der Kinder- und Jugendlichen ein Staatsziel von hoher Bedeutung; hierfür wurden erhebliche Mittel zur Verfügung gestellt und die gesellschaftliche Verantwortung wurde notfalls auch gegen die Eltern und ihre Kinder durchgesetzt. Dieser Staat agierte wie ein gutmeinender, strenger Vater, der sich für seine Kinder sehr einsetzt – aber zu dem Preis, daß die Kinder folgsam sein mußten und abhängig blieben.

In der BRD dagegen waren die Interessen der Einzelnen in hohem Maße geschützt; der Staat mußte ein eventuelles Eingreifen mit großem Aufwand legitimieren – allerdings wurden und werden die Familien auch mit vielen Sorgen und der Notwendigkeit, ihren Alltag zu organisieren, allein gelassen. Die mühsame Durchsetzung des Rechtsanspruchs auf einen Kindergartenplatz ist dafür ein deutliches Beispiel.

Im nun vereinigten Deutschland haben die östlichen Bundesländer die Prinzipien der alten BRD im wesentlichen übernommen. Es war in dem rasend schnellen Vereinigungsprozeß kaum Zeit, das jeweils entwickelte System zu überprüfen und voneinander zu lernen oder neue, dritte Wege zu beschreiten – und wer sich erinnert, muß zugeben: Nur wenige in West und Ost wollten damals überhaupt einen langsameren Prozeß. Es erscheint daher heute und für die Zukunft als eine der wichtigsten gesellschaftlichen Auseinandersetzungen, die damals versäumten Diskussionen zu führen und eine neue Balance zwischen individueller Verantwortung und gesellschaftlicher Verantwortung (in Kinder- und Jugendhilfe und weit darüber hinaus) zu finden.

Im KJHG, daß die Traditionen aus den zwanziger Jahren des zwanzigsten Jahrhunderts im wesentlichen aufgenommen und weiterentwickelt hatte, finden sich eine Reihe von Regelungen, die auf dem Subsidiaritätsprinzip beruhen. Dabei finden sich weder der Begriff, noch eine eindeutige Darstellung des Gestaltungsprinzips ausdrücklich in den gesetzlichen Regelungen wieder. Vielmehr schwingt es im Hintergrund beständig mit und wird zur Interpretation des Gesetzes, allerdings mit durchaus unterschiedlichen Einfärbungen, herangezogen.[2] Für den Kindertagesbetreuungsbereich sind vor allem folgende Regelungen wichtig, die auf das Subsidiaritätsprinzip zurückzuführen sind:

»§ 4 Zusammenarbeit der öffentlichen Jugendhilfe mit der freien Jugendhilfe
(1) Die öffentliche Jugendhilfe soll mit der freien Jugendhilfe zum Wohl junger Menschen und ihrer Familien partnerschaftlich zusammenarbeiten. Sie hat dabei die Selbständigkeit der freien Jugendhilfe in Zielsetzung und Durchführung ihrer Aufgaben sowie in der Gestaltung ihrer Organisationsstruktur zu achten.
(2) Soweit geeignete Einrichtungen, Dienste und Veranstaltungen von anerkannten Trägern der freien Jugendhilfe betrieben werden oder rechtzeitig geschaffen werden können, soll die öffentliche Jugendhilfe von eigenen Maßnahmen absehen.
(3) Die öffentliche Jugendhilfe soll die freie Jugendhilfe nach Maßgabe dieses Buches fördern und dabei die verschiedenen Formen der Selbsthilfe stärken.

§ 25 Unterstützung selbstorganisierter Förderung von Kindern
Mütter, Väter und andere Erziehungsberechtigte, die die Förderung von Kindern selbst organisieren wollen, sollen beraten und unterstützt werden.

[2] Hierauf wird im folgenden Abschnitt bei der Betrachtung der Ebene des Einrichtungsträgers, S. 40 ff., tiefer eingegangen.

§ 74 Förderung der freien Jugendhilfe
(1) Die Träger der öffentlichen Jugendhilfe sollen die freiwillige Tätigkeit auf dem Gebiet der Jugendhilfe anregen; sie sollen sie fördern, wenn der jeweilige Träger
1. die fachlichen Voraussetzungen für die geplante Maßnahme erfüllt,
2. die Gewähr für eine zweckentsprechende und wirtschaftliche Verwendung der Mittel bietet,
3. gemeinnützige Ziele verfolgt,
4. eine angemessene Eigenleistung erbringt und
5. die Gewähr für eine den Zielen des Grundgesetzes förderliche Arbeit bietet.
Eine auf Dauer angelegte Förderung setzt in der Regel die Anerkennung als Träger der freien Jugendhilfe nach § 75 voraus.
(...)
(4) Bei sonst gleich geeigneten Maßnahmen soll solchen der Vorzug gegeben werden, die stärker an den Interessen der Betroffenen orientiert sind und ihre Einflußnahme auf die Ausgestaltung der Maßnahme gewährleisten.«

8. Die Kindertagesbetreuung im Organisationsaufbau der Kinder- und Jugendhilfe

Die Bedeutung der Familie

Eine Darstellung des Organisationsaufbaus muß, wenn sie mit der wichtigsten Ebene anfangen will, von der Familie ausgehen und sich Schritt für Schritt den darüber liegenden Ebenen zuwenden. Die Familienzentriertheit und eine Widersprüchlichkeit/Unentschiedenheit des KJHG/SGB VIII kommen gleich im ersten Paragraphen zum Ausdruck. § 1 Absatz 1 beginnt:
»Jeder junge Mensch hat ein Recht auf Förderung seiner Entwicklung und auf Erziehung zu einer eigenverantwortlichen und gemeinschaftsfähigen Persönlichkeit.«

Gleich anschließend bestimmt der Absatz 2 in einer wörtlichen Übernahme von Art. 6 Abs. 2 Grundgesetz:

»Pflege und Erziehung der Kinder sind das natürliche Recht der Eltern und die zuvörderst ihnen obliegende Pflicht.«

Auch der folgende Satz *»Über ihre Betätigung wacht die staatliche Gemeinschaft.«* ist keine teilweise Rücknahme des elterlichen Erziehungsrechtes, sondern der Verweis auf das staatliche Wächteramt, nach dem nur in besonderen Fällen und nur aufgrund von Gesetzen in das familiäre Beziehungsgefüge eingegriffen werden darf. Solche möglichen Eingriffe werden z.B. durch das BGB (→ Elterliche Sorge) begründet. Im KJHG selbst fehlen diese Eingriffsmöglichkeiten, obwohl mit der Feststellung der Rechte der jungen Menschen in § 1 die Subjektstellung der Kinder und Jugendlichen betont wird. Obwohl Kindern und Jugendlichen eigene, nicht von den Eltern abgeleitete Rechte zugesprochen werden (z. B. indem die Kinder – und nicht etwa die Eltern – die Inhaber des Rechtsanspruchs auf einen Kindergartenplatz sind), bleibt die Haltung des KJHG unentschieden, wenn es um das Verhältnis der Eltern und Kinderrechte zueinander geht. Es beschreibt zwar die Rechte von Kindern und Eltern gegenüber dem Staat – es vernachlässigt fast durchgängig jede Differenzierung von Eltern und Kindern; es sieht die Familie weitgehend als einheitliches Ganzes ohne unterschiedliche und womöglich gegensätzliche Interessen.

Die Kinder- und Jugendhilfe soll die Erziehung in der Familie ergänzen (z. B. durch Kindertagesbetreuung, §§ 22ff.), die Familienerziehung fördern (§§ 16 bis 21) oder den Eltern bei der Erziehung helfen (§§ 27 bis 35). Es gibt eine Vielzahl von Regelungen, die die Jugendhilfe insgesamt und so auch die Kindertagesstätten zur Zusammenarbeit mit den Eltern anhalten und auf die Familie orientieren.

Auch die Regelungen für Bereiche, in denen offenkundig die Familie dem Bild eines einheitlichen und funktionierenden Ganzen nicht mehr entspricht (*Maßnahmen zum Schutz von Kindern und Jugendlichen*, §§ 42 ff.; *Mitwirkung in gerichtlichen Verfahren*, §§ 50 ff.; *Pflegschaft und Vormundschaft für Kinder und Jugendliche*, §§ 53 ff.), sind hinsichtlich der Auswirkungen auf das innerfamiliäre Verhältnis außerordentlich vorsichtig formuliert.

Das KJHG wendet sich damit ab von einer Tradition der Jugendhilfe, die ordnungspolitisch und eingriffsorientiert war; es ist sozialpädagogisch auf Unterstützung und Hilfestellung ausgerichtet – es ist aber noch nicht eindeutig und konsequent kindorientiert. In dieser Haltung spiegelt sich eine (rechts-) politische Diskussion wider, die an verschiedenen Stellen und zu verschiedenen Zeiten immer wieder aufflammt und die grundsätzliche Frage betrifft, wie Eltern- und Kinderrechte zueinander stehen, welche Rechte Eltern an ihren Kindern haben können, und in welchem Umfang Kinder eigenständige Rechte besitzen.

Die Ebene der Einrichtungsträger

Die Träger der Kindertagesstätten haben eine weitgehende Autonomie in der Gestaltung ihrer Arbeit (*Trägerhoheit*). Bei ihnen liegt die Gestaltungskompetenz für die pädagogische Arbeit und die Organisation des Betriebes. Dies gilt in besonderem Maße für die freien Träger (§ 4 Abs. 1 KJHG/SGB VIII), deren Selbständigkeit unter einem besonderen Schutz des Gesetzes steht. Der Grundsatz der Trägerhoheit ist bei freien und bei kommunalen Trägern gleichermaßen zu beachten. Aus diesem Grund sind verbindliche Erziehungsziele und –inhalte für die Arbeit in allen Kindertagesstätten unmöglich, wenn sie über die recht allgemeinen Regelungen des KJHG (hier insbesondere § 1) und der Ländergesetze hinausgehen sollen. Verbindliche und konkrete Erziehungsziele, -inhalte und -methoden würden als schwerwiegender Eingriff in die Hoheit der Träger aufgefaßt. Gegenwärtig kaum denkbar ist die Festlegung einheitlicher Ziele, Inhalte und Methoden, wie es sie z.B. im Schulwesen per Gesetz gibt. Der Kindertagesstättenbereich ist allerdings nicht dem Schulwesen vergleichbar, das durch Artikel 7 des Grundgesetzes direkter Staatsaufsicht unterworfen ist:
»Das gesamte Schulwesen steht unter der Aufsicht des Staates.«

Es ist daher zweifelhaft, ob eine ähnlich differenzierte, konkrete und verbindliche Festlegung von Zielen, Inhalten und Methoden für Kindertagesstätten überhaupt verfassungskonform wäre.

In den westlichen Bundesländern waren traditionell überwiegend freie Träger im Kindertagesstättenbereich tätig, allenfalls in den großen Städten gab es einen nennenswerten Anteil kommunaler

Träger.[3] Dieses Übergewicht freier Träger hat seinen Ursprung in der traditionellen Zurückhaltung des Staates und einer besonderen Ausprägung des Subsidiaritätsprinzips. Nach dieser Sichtweise zielt das Subsidiaritätsprinzip nicht nur auf eine reine Dezentralisierung von Zuständigkeiten ab, sondern sieht eine herausgehobene Rolle der Kirchen und der Verbände der freien Wohlfahrtspflege, die (nach der Familie) eine besondere Bedeutung haben. Sie gelten nach § 75 Abs.3 KJHG/SGB VIII als anerkannte Träger der freien Jugendhilfe und haben dadurch eine wesentliche Bedeutung für die Angebote der Kinder- und Jugendhilfe. Freie Träger werden im § 3 Abs. 2 KJHG/SGB VIII vor den öffentlichen Trägern als die Erbringer der Leistungen der Kinder- und Jugendhilfe genannt, und die öffentliche Jugendhilfe wird ausdrücklich zur partnerschaftlichen Zusammenarbeit mit der freien Jugendhilfe verpflichtet, § 4 Abs. 1 Satz 1 KJHG/SGB VIII.

Diese Regelungen entsprechen insoweit dem Grundgedanken des Subsidiaritätsprinzips als die Unabhängigkeit der freien Träger von staatlicher Einflußnahme und ihre konzeptionelle und organisatorische Gestaltungsfreiheit ausdrücklich betont werden, § 4 Abs. 1 Satz 2. Anschließend erfährt dieses Prinzip allerdings eine wesentliche Erweiterung durch den im § 4 Abs. 2 geschaffenen Vorrang freier Träger:

»Soweit geeignete Einrichtungen, Dienste und Veranstaltungen von anerkannten Trägern der freien Jugendhilfe betrieben werden oder rechtzeitig geschaffen werden können, soll die öffentliche Jugendhilfe von eigenen Maßnahmen absehen.«

Diesem Gebot folgend, haben im Westen zumeist nicht nur Jugendämter, sondern auch Gemeinden darauf verzichtet, eigene Kitas einzurichten und diese Aufgabe freien Trägern überlassen, welche deshalb durch finanzielle Hilfen angeregt und unterstützt wurden. Verschiedentlich wurde nach der Vereinigung in den östlichen Bundesländern mit Hinblick auf den § 4 KJHG gefordert, die

[3] Ein besonders hoher Anteil an kommunalen Einrichtungen hatte West-Berlin; eine Situation, die der Übernahme von Einrichtungen freier Träger während des Faschismus entstammt. In der DDR wiederum waren die Kinderkrippen, Kindergärten und Horte fast ausschließlich in staatlicher Trägerschaft.

Gemeinden sollten ihre (kommunalen) Einrichtungen an freie Träger abgeben, um dem KJHG zu entsprechen.

Ob § 4 Abs. 2 allerdings tatsächlich den Gemeinden gebietet, sich gegenüber freien Trägern zurückzuhalten, kann bezweifelt werden. Ein Zwang, Einrichtungen abzugeben, läßt sich mit dem Wortlaut des § 4 Abs. 2 KJHG/SGB VIII jedenfalls nicht begründen. Das KJHG verlangt von der öffentlichen Jugendhilfe eine Zurückhaltung beim Aufbau eigener Einrichtungen – eine Schließung von Einrichtungen, falls sie in Konkurrenz zu Betätigungsmöglichkeiten freier Träger stehen, wird vom KHJG nicht gefordert. Eine solche Sichtweise auf das KJHG würde die Rechte von Kindern, Jugendlichen und ihren Familien in unzumutbaren Ausmaß beeinträchtigen; sie würde das Mittel mit dem Ziel verwechseln: Durch die Angebote der freien Träger soll die Vielfalt unterschiedlicher Wertorientierungen und die Vielfalt von Inhalten, Methoden und Arbeitsformen gewährleistet werden. Diese vielfältigen Angebote stellen die Grundlage für ein breites Unterstützungsangebot dar, das den Eltern die Möglichkeit eröffnen soll, ein ihren Erziehungsvorstellungen entsprechendes Angebot zu wählen. Die Angebote der freien Träger sind das Mittel zur Gewährleistung der Wunsch- und Wahlfreiheit, und die Vielfalt ist ein Wesensmerkmal der Kinder- und Jugendhilfe – sie ist kein Selbstzweck.

Dieses Mißverständnis ist entstanden, da der Gesetzgeber im KJHG zwar jeweils die Rechte von freien Trägern und von Eltern gegenüber dem Staat beschrieben hat – das Verhältnis dieser Rechte zueinander aber weitgehend ignoriert. Es erscheint aber nur oberflächlich so, daß Elternrecht (oder Recht der Kinder und Jugendlichen) immer mit dem Recht der Träger auf Gestaltungsfreiheit identisch ist. Die Freiheit der Träger ermöglicht keineswegs automatisch das Wunsch- und Wahlrecht nach § 5 KJHG/SGB VIII. Tatsächlich gibt es durchaus Widersprüche, die nur solange nicht konflikthaft werden, wie die Leistungsempfänger froh sind, überhaupt eine erreichbare Leistung zu erhalten. Wenn z.B. ein Kindergarten in konfessioneller Trägerschaft oder ein Träger mit einem speziellen pädagogischen Konzept das einzige Betreuungsangebot am Ort ist, sind die Eltern gezwungen, dieses Angebot anzunehmen – unabhängig davon, ob es der eigenen Grundrichtung der Erziehung entspricht. Als Alternative bleibt ihnen nur, eine weiter entfernte Einrichtung zu suchen. »Die *Selbständigkeit der freien Jugendhilfe in Zielsetzung und Durchführung ihrer Aufgaben sowie der Gestaltung ihrer Organisationsstruktur*« (§ 4 Abs. 1 KJHG/SGB VIII) wird erst dann tatsächlich zu einem vielfältigen Angebot werden, wenn die unterschiedlichen Angebote erreichbar und z.B. von ihren Öffnungszeiten her bedarfsgerecht sind. In dünnbesiedelten ländlichen Gebieten wird das eher die Ausnahme darstellen.

Gesetze sollten Ziele, die gegen einander stehen, und Rechte, die einander beeinträchtigen, in eine Rangfolge bringen, damit Klarheit in Zielkonflikten herrscht. Dies hat das KJHG im Verhältnis der Rechte der Leistungsempfänger und der Privilegien, die den freien Trägern eingeräumt werden, nicht getan, und erst eine Sicht auf den Gesamtzusammenhang und das Ziel der Regelungen macht den Vorrang des Ziels der Wahlfreiheit vor dem Mittel des Trägerprivilegs deutlich.

Es besteht daneben eine zweite Unklarheit hinsichtlich des vom KJHG formulierten Vorrangs freier Träger vor der Betätigung der öffentlichen Jugendhilfe: Die Rolle und die Bedeutung der Gemeinden ist im KJHG kaum ausgeführt. Sie sind in der Regel nicht die *öffentliche Jugendhilfe* im Sinne des Gesetzes, weil als Träger der öffentlichen Jugendhilfe in § 69 Abs. 1 die örtlichen Träger (dies sind meist die Landkreise und kreisfreien Städte) und die überörtlichen Träger genannt sind (das sind die Länder oder Landschaftsverbände). Diese Vernachlässigung steht in einem erheblichen Widerspruch zu der Tatsache, daß den Gemeinden in fast allen Kommunalverfassungen der Länder ausdrücklich auch die Kinderbetreuung als eine ihrer Selbstverwaltungsaufgaben im Rahmen der Daseinsvorsorge zugewiesen wird. Zumindest also die Kindertagesbetreuung, aber darüber hinaus weitere Aufgaben, gehören also ausdrücklich zum geschützten Kernbereich der kommunalen Betätigung (s. o.)

Spätestens seit der Vereinigung der beiden deutschen Staaten hätte eine gesamtdeutsche Diskussion um die Bedeutung und die Rolle der Gemeinden bei der Wahrnehmung der Aufgaben der Kinder- und Jugendhilfe (und insbesondere der Kindertagesbetreuung) einsetzen müssen, da die Gemeinden in den östlichen Bundesländern sich auch als Träger von Einrichtungen sehr engagieren. Die Bedeutung der Gemeinden in der Kinder- und Jugendhilfe neu zu definieren, gebietet nicht zuletzt das Subsidiaritätsprinzip selbst als Prinzip der Dezentralisierung. Wenn nach der Familie die nächste zuständige gesellschaftliche Einheit zu bestimmen ist, kann man durchaus die Meinung vertreten, daß diese kleine Einheit das Dorf, die Gemeinde, der Stadtbezirk ist, die sich um die sozialen Belange ihrer Mitbürger zu kümmern haben. Der Wohlfahrtsverband oder die Kirche sind selbst in Gestalt ihrer Kreisverbände oder Kirchengemeinden nicht notwendig dezentraler, wohnortnäher und dichter an den sozialen Bezügen der Kinder und ihrer Familien.

Die Ebene des Jugendamtes

Betrachten wir nun die nächste Stufe des Gesamtsystems, so sind hier die Landkreise und kreisfreien Städte zu nennen. Sie sind die *örtlichen Träger der öffentlichen Jugendhilfe*, denen das KJHG im § 85 Abs. 1 die grundsätzliche Verantwortung *»für die Gewährung von Leistungen und die Erfüllung anderer Aufgaben«* zuweist.[4] Der örtliche Träger bildet ein Jugendamt zur Erfüllung seiner Aufgaben, § 69 KJHG/SGB VIII. Dieses Jugendamt ist in seiner Struktur eine Besonderheit, die es in dieser Form in keiner anderen Behörde gibt. Es besteht nämlich nicht nur aus der Verwaltung, sondern auch aus einem Jugendhilfeausschuß. Die Verwaltung erledigt die laufenden Geschäfte, und der Jugendhilfeausschuß befaßt sich mit allen grundsätzlichen Angelegenheiten der Jugendhilfe. Er hat ein weitgehendes Beschlußrecht und ist keineswegs nur ein beratendes Gremium, § 70 KJHG.

Der Jugendhilfeausschuß besteht aus Mitgliedern der Vertretungskörperschaft (Kreistag, Stadtverordnetenversammlung) oder von dieser Vertretungskörperschaft gewählten Frauen und Männern und aus Vertretern der anerkannten freien Träger, der Jugend- und Wohlfahrtsverbände, § 71 KJHG/SGB VIII.

[4] In einigen Bundesländern, z.B. NRW sind auch viele größere kreisangehörige Städte zu örtlichen Trägern bestimmt worden. Die entsprechenden Regelungen finden sich in den Ländergesetzen.

Die Jugendämter betreiben in der Regel Kindertagesstätten nicht selbst, sondern erfüllen ihre Aufgabe, indem sie den Bestand an Einrichtungen feststellen, den Bedarf ermitteln und Vorhaben zur Befriedigung des Bedarfs planen (*Jugendhilfeplanung* § 80 KJHG) und indem sie freie und kommunale Träger von Kindertagesstätten zu einem erheblichen Teil finanzieren. Die örtlichen Träger der öffentlichen Jugendhilfe haben die Gewährleistungsverpflichtung für die Leistungen nach dem KJHG, und daher richtet sich auch der Rechtsanspruch auf einen Kindergartenplatz gegen das jeweilige Jugendamt.[5] Eltern müssen beim Verwaltungsgericht gegen das Jugendamt klagen, wenn sie das Recht auf einen Kindergartenplatz gerichtlich durchsetzen müssen.

Die Landesebene

Die nächste Stufe stellt die Landesebene dar. Die Länder haben im System der Kinder- und Jugendhilfe nur recht allgemeine Aufgaben. Sie regen die Tätigkeit der öffentlichen und freien Jugendhilfe an, fördern diese und müssen auf einen gleichmäßigen Ausbau der Einrichtungen und Angebote hinwirken, § 82 KJHG/SGB VIII.

Die Bundesländer sind zumeist gleichzeitig auch die *überörtlichen Träger* der öffentlichen Jugendhilfe.[6] Der überörtliche Träger richtet ein *Landesjugendamt* (bestehend aus Verwaltung und Landesjugendhilfeausschuß) ein. Er ist z.B. zuständig für die Erteilung der Betriebserlaubnis, für die Planung, Förderung und Durchführung von Modellversuchen, die Fortbildung der Mitarbeiterinnen und Mitarbeiter, § 85 Abs. 2 KJHG/SGB VIII. Weiterhin beteiligen sich die Länder an der Finanzierung der Kindertagesstätten, allerdings in unterschiedlicher Art und Weise und in unterschiedlichem Umfang (s. u.).

---

[5] Ausnahme ist Thüringen, hier richtet sich gemäß Landesgesetz der Rechtsanspruch gegen die Wohnortgemeinde.

[6] Allerdings kann per Landesrecht sogenannten höheren Kommunalverbänden die Aufgaben des überörtlichen Trägers zugewiesen werden; so z.B. in NRW den Landschaftsverbänden und in Baden-Würtemberg den Landeswohlfahrtsverbänden.

Die Bundesebene

Als gegenwärtig zentralste Ebene (wir müssen abwarten, was die europäische Integration für diesen Bereich bringt) ist der Bund zu betrachten. Hier werden die Aufgaben nun vollends allgemein und abstrakt. In nur zwei knappen Paragraphen beschreibt das KJHG die Aufgaben des Bundes: Er
»soll die Tätigkeit der Jugendhilfe anregen und fördern, soweit sie von überregionaler Bedeutung ist und ihrer Art nach nicht durch ein Land allein wirksam gefördert werden kann.« (§ 83 Abs. 1)

Außerdem soll er sich durch ein Sachverständigengremium (Bundesjugendkuratorium) beraten lassen (§ 83 Abs. 2) und in jeder Legislaturperiode einen *Bericht über die Lage junger Menschen und die Bestrebungen und Leistungen der Jugendhilfe* (Bundesjugendbericht) vorlegen, § 84 KJHG/SGB VIII.

9. Der bundesgesetzliche Rahmen für die Kindertagesbetreuung

Nachdem im ersten Kapitel des KJHG/SGB VIII die *Allgemeinen Vorschriften* ausgeführt sind, folgt die Darstellung der *Leistungen der Kinder- und Jugendhilfe* als zweites Kapitel. Die Förderung von Kindern in Tageseinrichtungen und in Tagespflege ist Teil dieser Leistungen.

Kindertagesbetreuung umfaßt die Förderung von Kindern in Kindergärten, Horten und sogenannten anderen Einrichtungen (z. B. Krippen). Neben der Betreuung in Einrichtungen gehört zur Kindertagesbetreuung auch die Tagespflege, als Betreuung für einzelne Kinder im Haushalt der Eltern oder der Tagespflegeperson. Obwohl heute noch in manchen Bundesländern Schulhorte und Vorschuleinrichtungen zum Schulwesen gezählt werden und mancherorts eine verwaltungsmäßige Einordnung des Kleinkindbereichs in das Sozial- oder Gesundheitswesen erfolgt, ist die gesamte Kindertagesbetreuung unbestreitbar ein Teil der Kinder- und Jugendhilfe. Sie steht damit neben den Angeboten der *Jugendarbeit* (von Jugendfreizeitarbeit über Jugendberatung bis Jugendverbandsarbeit), der *Jugendsozialarbeit* (sozialpädagogische Hilfen in Schule, Ausbildung und Beruf zum Abbau von Benachteiligungen), der *Familienförderung* (Familienbildung, -beratung und -erholung) und den *Hilfen zur Erziehung* (Erziehungsberatung, Familienhilfe, Einzelbetreuung, Soziale Gruppenarbeit, Unterbringung in Pflegefamilien, Heimerziehung).

Diese Aufzählung eröffnet einen Überblick über das Angebots- und Leistungsspektrum der Kinder- und Jugendhilfe und diese Breite und Vielfalt ist gleichzeitig eines ihrer Wesensmerkmale. Jedes Kind, jeder Jugendliche, jede Familie hat unterschiedliche Bedarfslagen und einen unterschiedlichen Unterstützungsbedarf. Dieser Unterschiedlichkeit soll die Kinder- und Jugendhilfe mit vielfältigen und bedarfsgerechten Angeboten auch durch eine Vielfalt unterschiedlicher Träger, mit unterschiedlicher Wertorientierung, Zielrichtung und Angebotsformen begegnen, so daß sich junge Menschen und ihre Familien das für sie individuell passende aussuchen können (s. o.).

Für die Kindertagesbetreuung gelten dieselben Anforderungen. In den §§ 22 bis 26 KJHG/SGB VIII ist der allgemeine bundesgesetzliche Rahmen für die Kindertagesbetreuung zu finden.

Förderung in Einrichtungen

»§ 22 Grundsätze der Förderung von Kindern in Tageseinrichtungen
(1) In Kindergärten, Horten und anderen Einrichtungen, in denen sich Kinder für einen Teil des Tages oder ganztags aufhalten (Tageseinrichtungen) soll die Entwicklung des Kindes zu einer eigenverantwortlichen und gemeinschaftsfähigen Persönlichkeit gefördert werden.
(2) Die Aufgabe umfaßt die Betreuung, Bildung und Erziehung des Kindes. Das Leistungsangebot soll sich pädagogisch und organisatorisch an den Bedürfnissen der Kinder und ihrer Familien orientieren.
(3) Bei der Wahrnehmung ihrer Aufgaben sollen die in den Einrichtungen tätigen Fachkräfte und anderen Mitarbeiter mit den Erziehungsberechtigten zum Wohl der Kinder zusammenarbeiten. Die Erziehungsberechtigten sind an den Entscheidungen in wesentlichen Angelegenheiten der Tageseinrichtung zu beteiligen.«

Der § 22 beginnt mit einer Aufzählung, die die Einrichtungen der Tagesbetreuung *Kindergärten, Horte und andere* gleichrangig benennt. Allen gemeinsam wird der gleiche *Auftrag zur Betreuung, Erziehung und Bildung des Kindes* zugewiesen. Den *Krippen*, die nach allgemeiner Auffassung als *andere Einrichtungen* mit erfaßt werden, und den Horten werden also durch das KJHG grundsätzlich die gleichen Aufgaben zugewiesen wie den Kindergärten. Neben der Nennung der drei Aufgaben Betreuung, Bildung und Erziehung und mit der Verpflichtung, die Angebote pädagogisch und organisatorisch an den Bedürfnissen der Kinder und ihrer Familien zu orientieren, sind wichtige Maßstäbe für alle Tageseinrichtungen in der Bundesrepublik Deutschland vorgegeben.

Eine deutlich verbesserte Stellung der Eltern ist die Folge des dritten Absatzes (→ Elternrechte). Elternrechte waren nach dem Jugendwohlfahrtsgesetz (JWG) und in den meisten Kindergartengesetzen, aber auch in den Tageseinrichtungen der DDR, auf formale Beteiligung, auf Unterstützung bei Feierlichkeiten oder auf einige plakative Aspekte beschränkt. Der § 22 Abs. 3 KJHG/SGB VIII weist den pädagogischen Fachkräften die aktive Rolle an der Beteiligung zu. Betont wird dadurch der Dienstleistungscharakter der Jugendhilfe gegenüber denen, die Leistungen in Anspruch nehmen wollen; sie sind nicht mehr Bittsteller, sondern haben Rechte und Ansprüche.

Förderung in Tagespflege

»§ 23 Tagespflege
(1) Zur Förderung der Entwicklung des Kindes, insbesondere in den ersten Lebensjahren, kann auch eine Person vermittelt werden, die das Kind für einen Teil des Tages oder ganztags entweder im eigenen oder im Haushalt des Personensorgeberechtigten betreut (Tagespflegeperson).
(2) Die Tagespflegeperson und der Personensorgeberechtigte sollen zum Wohl des Kindes zusammenarbeiten. Sie haben Anspruch auf Beratung in allen Fragen der Tagespflege.
(3) Wird eine geeignete Tagespflegeperson vermittelt und ist die Förderung des Kindes in Tagespflege für sein Wohl geeignet und erfor-

derlich, so sollen dieser Person die entstehenden Aufwendungen einschließlich der Kosten der Erziehung ersetzt werden.
(4) Zusammenschlüsse von Tagespflegepersonen sollen beraten und unterstützt werden.«

Mit dem eigenständigen § 23 ist die Tagespflege als eine weitere Form der Tagesbetreuung in das KJHG/SGB VIII aufgenommen. Tagespflege ist eine meist unprofessionelle Form der außerfamilialen Betreuung, insbesondere für Kinder in den ersten Lebensjahren, die überwiegend im Haushalt der Tagespflegepersonen betrieben wird. Bildungs- und Erziehungsaufgaben werden der Tagespflege durch das KJHG nicht zugeschrieben.

Tagespflege wird spätestens seit dem siebten Jugendbericht der Bundesregierung (1986) als geeignete Betreuung für Kinder unter drei Jahren angesehen. Zwar gab es Tagespflegestellen schon vorher, doch wurde das Problem der Tagesbetreuung von unter dreijährigen Kindern im Westen eher verschwiegen. Nach allgemeiner Auffassung gehörten so kleine Kinder zur Mutter, selbst wenn die Lebenswirklichkeit weithin anders war. Viele Mütter übten eine Berufstätigkeit aus, fanden jedoch keine Betreuungsmöglichkeiten für ihre Kinder. Als das Problem nicht mehr zu ignorieren war, weil zu viele Kinder privat in Pflegestellen untergebracht wurden, gab es zwar keine Klärung des tatsächlichen Bedarfs, wohl aber wurde die Tagespflege als preiswerte und familiennahe Betreuungsform anerkannt und auch gefördert. Der vermeintliche Vorteil der Tagespflege – ihre Familienähnlichkeit, der kleine und private Rahmen der Betreuung – wird aber gleichzeitig als eines ihrer Probleme gesehen. Die meist isoliert in ihren eigenen Wohnungen arbeitenden Tagespflegepersonen benötigen dringend Unterstützung und Beratung. Folgerichtig ist im KJHG der Anspruch von Tagespflegepersonen und Eltern auf Beratung aufgenommen worden. Zusammenschlüsse von Tagespflegepersonen sollen unterstützt und ebenfalls beraten werden. Beide Regelungen haben eine notwendige Qualifizierung der Tagespflege zum Ziel.

In den östlichen Bundesländern trat die Tagespflege als gänzlich neue, bisher nicht praktizierte Form der Förderung von Kindern neben die Institutionen der Tagesbetreuung. Wegen des vorhandenen Angebotes an Krippenplätzen und auch aufgrund von Akzeptanzproblemen, ist ihr Anteil am Gesamtangebot in den östlichen Bundesländern aber nach wie vor gering.

Die vielfach behauptete Gleichberechtigung von Tagespflege und Tageseinrichtung läßt sich weder faktisch noch rechtlich begründen: Das Jugendamt *kann* zur Förderung der Entwicklung des Kindes eine Tagespflegeperson vermitteln (§ 23 Abs. 1 Satz 1). Die Kosten *sollen* vom Jugendamt ersetzt werden, *wenn* die Förderung des Kindes in Tagespflege für sein Wohl *geeignet* und *erforderlich* ist. (Abs. 3 Satz 1). Die Verpflichtung des Jugendamtes bezieht sich daher zuerst auf die Vermittlung einer geeigneten Person. Nur unter bestimmten Voraussetzungen sollen die Kosten ersetzt werden.[7] Die Voraussetzungen für die Kostenerstattung sind mit der *Erforderlichkeit* der Tagespflege relativ hoch angesetzt. Die Tagespflege muß nicht nur ein geeignetes Angebot sein, sondern zusätzlich ein erforderliches. Während die Betreuung, zumindest für Kinder im Kindergartenalter, in Tageseinrichtungen als allgemeines Angebot angesehen wird, auf das sogar ein Rechtsanspruch besteht, gelten für die Kostenerstattung der Tagespflege höhere Anforderungen.

Der Rechtsanspruch

Am heftigsten umstritten waren und sind die Regelungen im § 24 KJHG/SGB VIII, die anfangs nur die Leistungsverpflichtung der öffentlichen Jugendhilfe beinhalteten und seit 1992 auch den Umfang des Rechtsanspruchs regeln. In der ersten Fassung vom Juni 1990 lautete der § 24:

»Alle Kinder, für deren Wohl eine Förderung in Tageseinrichtungen (§ 22) oder in Tagespflege (§ 23) erforderlich ist, sollen eine entsprechende Hilfe erhalten. Die Länder regeln die Verwirklichung dieses Grundsatzes durch Landesrecht und tragen für einen bedarfsgerechten Ausbau Sorge.«

[7] *Sollen* bedeutet im Rechtsdeutsch im Regelfall *Müssen* und nur im Ausnahmefall kann abgewichen werden.

Durch das Schwangeren- und Familienhilfegesetz vom 27. Juli 1992 wurde der § 24 wie folgt formuliert und gilt so bis heute:
»Ein Kind hat vom vollendeten dritten Lebensjahr bis zum Schuleintritt Anspruch auf den Besuch eines Kindergartens. Für Kinder im Alter unter drei Jahren und für Kinder im schulpflichtigen Alter sind nach Bedarf Plätze in Tageseinrichtungen vorzuhalten. Die Träger der öffentlichen Jugendhilfe haben darauf hinzuwirken, daß ein bedarfsgerechtes Angebot an Ganztagsplätzen zur Verfügung steht.«

In einer Übergangszeit bis Ende 1998 wurde den Jugendämtern die Erfüllung des Rechtsanspruches durch die Möglichkeit der Einführung von Stichtagen, die die Zahl der anspruchsberechtigten Kinder reduzierten, erleichtert.

Von Beginn der Beratungen zum KJHG, über den Zeitpunkt seiner Verabschiedung bis zum heutigen Tag stellt der Rechtsanspruch auf einen Kindergartenplatz einen Hauptstreitpunkt dar. Bis zu den letzten Entwurfsfassungen des KJHG war noch vorgesehen, den Rechtsanspruch ins Gesetz aufzunehmen. Letztlich scheiterte dieses Vorhaben am Einspruch der (westlichen) Bundesländer, deren Kindergartenangebot bei weitem nicht bedarfsgerecht war. Begründet wurde der Einspruch allein durch die *finanzielle Mehrbelastung* der Kommunen und Länder, die aus einer höheren Nachfrage erwachsen wäre. Fachlich gab es dagegen den breiten Konsens, daß ein Kindergartenbesuch wünschenswert ist.

So wurde mit der ersten Regelung 1990 die öffentliche Jugendhilfe verpflichtet, eine Leistung zu erbringen – die Erfüllung dieser Verpflichtung einzuklagen, war aber rechtlich kaum möglich. Entsprechend blieb das Angebot an Kindertagesstätten- und Tagespflegeplätzen in allen westlichen Bundesländern – trotz der eindeutigen gesetzlichen Verpflichtung – weiter deutlich hinter dem Bedarf zurück. Eltern mußten lernen, daß eine Leistungsverpflichtung allein kaum ausreicht, die öffentliche Jugendhilfe zum Handeln zu zwingen, solange mit dieser Verpflichtung nicht ein unmittelbar einklagbares Recht verbunden ist.

Als im August 1992 das Recht nachträglich im KJHG verankert wurde und am 1. Januar 1996 in Kraft trat, hatten allerdings nicht fach-

politische Argumente gegen finanzpolitische gesiegt. Vielmehr hatte das Bundesverfassungsgericht in der Auseinandersetzung um den *Abtreibungsparagraphen* (§ 218 Strafgesetzbuch), entschieden, daß der Anspruch auf einen Kindergartenplatz zu den Hilfen für Kinder gehört, die der Staat zur Verfügung zu stellen hat. Hintergrund war die Kontroverse um die Fristenlösung des § 218 StGB. Frauen, die einen Abbruch in den ersten drei Schwangerschaftsmonaten vornehmen lassen wollen, sollten dies nur dann straffrei dürfen, wenn sie zuvor eine soziale Beratung in Anspruch genommen haben. Die Beratung soll daraufhin wirken, daß Frauen sich für das Kind entscheiden, und hierfür sollen wirksame Hilfen für Mutter und Kind angeboten werden. Zu diesen Hilfen gehört nun der Kindergartenplatz.
Für die Kinder unter drei Jahren und für die Kinder im Schulalter blieb es bei der reinen Leistungsverpflichtung für die öffentliche Jugendhilfe, die rechtlich kaum einklagbar ist – und weder öffentlich noch politisch eingefordert wird. Zwar wird immer wieder von der Fachöffentlichkeit und von Eltern die mangelhafte Ausstattung mit Krippen- und Hortplätzen bedauert, aber die gesetzliche Pflicht der öffentlichen Jugendhilfe wird weithin als scheinbar freiwillige Leistung gehandhabt. Die Formulierung im Satz 2 des § 24 KJHG/SGB VIII: *»... sind nach Bedarf Plätze vorzuhalten«* ist aber keine Beschreibung von Freiwilligkeit, sondern zwingende Handlungsvorgabe.

Ein Blick auf die Versorgungsquoten in den Bundesländern zeigt, wie sich Anbieter und Nachfrager offenbar mit der Situation abgefunden haben: Die letzten verbürgten Zahlen lieferte die Bundesjugendhilfestatistik (Stichtag: 31.12.1994). Danach spannt sich der Bogen in den westlichen Flächenländern für die Kinder im Krippenalter von 0,9% in Rheinland-Pfalz bis 2,1 % in Hessen. Hortplätze standen im Saarland für 1,5% aller sechs- bis zwölfjährigen Kinder, bis zu 4,9% in Hessen zur Verfügung. Die Stadtstaaten im Westen realisierten durchschnittlich höhere Versorgungsquoten; daher erreichten die westlichen Bundesländer im Krippenbereich einen Durchschnitt von 2,2 % (41,3 % im Osten) und 3,5% im Hortbereich (22,6 % im Osten). Diese Vergleichszahlen geben einen ungefähren Eindruck, obwohl sie einige Unsicherheiten in sich bergen. So wurden z. B. im Hortbereich die Plätze in Ganztagsschulen nicht berücksichtigt.

Wesentlich verändert haben sich diese Versorgungsgrade bis heute nicht, wie die Jugendhilfestatistik mit Stichtag 31.12.1998 zeigen wird. Dies ist zumindest insoweit positiv zu werten, als befürchtet wurde, daß die Erfüllung des Rechtsanspruches ohne eine massenhafte Umwandlung von Krippen- und Hortplätzen in Kindergartenplätze nicht möglich sein würde.

Die Zustandsbeschreibung hinsichtlich des Krippen- und Hortangebotes läßt sich auf das Angebot von Ganztagsplätzen übertragen: Auch hier gibt es eine gesetzliche Hinwirkungs*verpflichtung*, doch das tatsächliche Angebot bleibt immer noch weit hinter dem Bedarf zurück.

Seitdem 1961 in der BRD das Jugendwohlfahrtsgesetz (JWG) in Kraft gesetzt wurde, hat sich der Kindergarten von einer Nothilfeeinrichtung für sozial schwache Familien zu einer allgemein anerkannten Erziehungs- und Bildungseinrichtung für alle Kinder entwickelt. Diese gesetzliche Betonung des Bildungsauftrages war im Westen vorrangig eine Folge der Kindergartenreform in den siebziger Jahren, durch die der Kindergarten zur Elementarstufe des Bildungswesens erhoben wurde. Doch dauerte die gesetzliche Absicherung dieses Bedeutungswandels durch das KJHG noch bis 1990. Erst weitere zehn Jahre später werden nun genügend Mittel bereitgestellt, um einen Besuch der allgemein anerkannten Bildungseinrichtung Kindergarten für alle Kinder der Altersgruppe zu ermöglichen, obwohl dies schon 1921 bei den Diskussionen zum Reichsjugendwohlfahrtsgesetz gefordert wurde.

In der DDR dagegen gehörte das allgemeine und bedarfsdeckende Angebot an Krippen-, Kindergarten- und Hortplätzen zu einer der wesentlichen sozialen Errungenschaften. Der Kindergarten war selbstverständlich als Bildungseinrichtung angesehen. Diese Situation half nach der deutschen Vereinigung bei der Durchsetzung des Rechtsanspruchs im ganzen Bundesgebiet.

Sonstige Regelungen

»Mütter, Väter und andere Erziehungsberechtigte, die die Förderung von Kindern selbst organisieren wollen, sollen beraten und unterstützt werden.«

§ 25 KJHG/SGB VIII verpflichtet die öffentliche Jugendhilfe zur Unterstützung selbstorganisierter Förderung von Kindern. Ein *finanzieller* Unterstützungsanspruch läßt sich aus dieser Formulierung nicht ableiten, dazu fehlt (wie am § 24 schon einmal ausgeführt) der ausdrückliche Leistungs*anspruch*. Der Begriff der Unterstützung ist im Hinblick auf die Art der Leistung und ihre Sicherheit zu unbestimmt. Trotzdem haben selbstorganisierte Betreuungsformen einige Bedeutung erlangt; meist allerdings, wenn Betreuungslücken des öffentlichen und öffentlich finanzierten Angebotes zu schließen waren.

Es folgt als letzte Regelung des dritten Abschnitts im zweiten Kapitel des KJHG/SGB VIII:

»§ 26 Landesrechtsvorbehalt

Das Nähere über Inhalt und Umfang der in diesem Abschnitt geregelten Aufgaben und Leistungen regelt das Landesrecht. Am 31.Dezember 1990 geltende landesrechtliche Regelungen, die das Kindergartenwesen dem Bildungsbereich zuweisen, bleiben unberührt.«

Die Regelung eröffnet den Bundesländern die Möglichkeit, weitere Regelungen, die allerdings nur den bundesgesetzlichen Rahmen ausfüllen dürfen, zu erlassen. Diesen Länderregelungen werden wir uns nun zuwenden.

10. Übersicht über die Länderregelungen zum Kindertagesstättenbereich

Nicht für alle Bereiche der Kindertagesbetreuung existieren in allen Bundesländern gesetzliche Regelungen.

Allerdings hat sich die traditionelle Beschränkung auf den Kindergarten in den westlichen Bundesländern in den letzten Jahren verändert, und zunehmend werden nunmehr umfassende Kindertagesbetreuungsgesetze erlassen.

Übersicht über die Landesgesetze

Im folgenden werden die Landesgesetze zum Kita-Bereich (Stand Januar 2001) dargestellt und jeweils angegeben, welche Bereiche der Kindertagesbetreuung in diesen Gesetzen geregelt werden. Dabei wird jeweils die Kurzbezeichnung oder die Abkürzung des Gesetzes angegeben und das Ausfertigungsdatum, das wichtig ist, da in den letzten Jahren die Häufigkeit, in der die Kita-Gesetze der Länder geändert wurden, zugenommen hat:

Bundesland	Krippenbereich	Kindergarten	Hort	Tagespflege
Baden-Württemberg (BW)	als altersgemischte Gruppen in Kindergärten vom KgaG miterfaßt	Kindergartengesetz (KgaG) vom 15.3.99	als altersgemischte Gruppen in Kindergärten vom KgaG miterfaßt	keine Regelung
Bayern (BY)	keine Regelung	Bayerisches Kindergartengesetz vom 25.7.72	keine Regelung	
Berlin (BE)	s. Kiga	Kindertagesbetreuungsgesetz (KitaG) vom 25.11.98	s. Kiga bis Ende 6. Klasse	s. Kiga
	s. Kiga	Kita- und Tagespflegekostenbeteiligungsgesetz (KTKBG) vom 12.3.97	s. Kiga	s. Kiga
Brandenburg (BB)	s. Kiga	Kita-Gesetz vom 7.7.2000	s. Kiga bis Ende 6. Klasse	s. Kiga AGKJHG-Org vom 26.7.97
Bremen (HB) (Neben gemeinsamen Landesgesetzen bestehen Ortsgesetze für die Stadtgemeinden Bremen und Bremerhaven	Gesetz zur Ausführung des KJHG im Lande Bremen (BremAGKJHG) vom 17.9.91	Kindergarten und Hortgesetz im Lande Bremen (BremKgHG) vom 12.12.95 Ortsgesetz zur Änderung der Gebührenordnung für die Kindergärten und Horte der Stadtgemeinde Bremen vom 18.9.97 dito Bremerhaven v. 22.3.90	s. Kiga	s. Krippe

Bundesland	Krippenbereich	Kindergarten	Hort	Tagespflege
Hamburg (HH)	keine Regelung	Hamburgisches Kindergarten-förderungsgesetz vom 6.12.89 Hamburgisches Gesetz zum Rechtsanspruch auf einen Kindergartenplatz vom 2.1.96	keine Regelung	keine Regelung
	s. Kiga	Teilnahmebeitragsgesetz vom 7.12.94	s. Kiga	s. Kiga
Hessen (HE)	keine Regelung	Hessisches Kindergarten-gesetz vom 20.10.95	keine Regelung	keine Regelung
Mecklenburg-Vorpommern (MV)	s. Kiga	Gesetz zur Förderung von Kindern in Tageseinrichtungen und Tagespflege (KitaG) vom. 11.12.95	s. Kiga	s. Kiga
Niedersachsen (NI)	s. Kiga	Gesetz über Tageseinrichtungen für Kinder (KiTaG) i. d. F. d.	s. Kiga	s. Kiga
	s. Kiga	Bekanntmachung vom 4.8.99	s. Kiga	
Nordrhein-Westfalen (NW)	s. Kiga	Gesetz über Tageseinrichtungen für Kinder (GTK) vom 16.12.98	s. Kiga	keine Regelung
Rheinland-Pfalz (RP)	s. Kiga	Kindertagesstättengesetz (KiTaG) i.d.F. vom 10.2.98	s. Kiga	
Saarland (SL)	Gesetz zur Förderung von Kinderkrippen und Kinderhorten (Krippen- und Hortgesetz) vom 29.11.89	Gesetz zur Förderung der vorschulischen Erziehung (KiGa-Gesetz v. 18.2.75 3. AGKJHG vom 27.3.96	Gesetz zur Förderung von Kinderkrippen und Kinderhorten (Krippen- und Hortgesetz) vom 29.11.89	Gesetz zur Förderung von Kinderkrippen und Kinderhorten (Krippen- und Hortgesetz) vom 29.11.89
Sachsen (SN)	s. Kiga	Gesetz über die Kindertageseinrichtungen im Freistaat Sachsen (SäKitaG) vom 24.8.96	s. Kiga	s. Kiga

Bundesland	Krippenbereich	Kindergarten	Hort	Tagespflege
Sachsen-Anhalt (ST)	s. Kiga	Gesetz zur Förderung und Betreuung von Kindern (KiBeG) vom 31.3.99	s. Kiga Hortgesetz vom 31.8.93	keine Regelung
Schleswig-Holstein (SH)	s. Kiga	Kindertagesstättengesetz (KiTaG) vom 18.7.2000	s. Kiga	s. Kiga
Thüringen (TH)	s. Kiga	Kindertageseinrichtungsgesetz (KitaG) i.d.F. vom 2.11.93	s. Kiga Thüringer Schulgesetz (ThürSchulG) vom 16.12.96 Thüringer Gesetz über die Finanzierung der staatlichen Schulen (ThürSchFG) vom 21.7.92	Kinder- und Jugendhilfe-Ausführungsgesetz (KJHAG) i.d.F. v. 16.12.96

Diese Gesetze können hier nicht im Einzelnen dargestellt werden. Wir empfehlen allen Leserinnen, die sie betreffenden Landesgesetze selbst zu studieren. Alle Gesetze werden in den Gesetz- und Verordnungsblättern der Länder veröffentlicht. Die dort veröffentlichte Fassung ist die gültige und verbindliche; zusätzlich geben die Fachverwaltungen der Länder (auch Berufsverbände und → Gewerkschaften) den Gesetzestext in besonderen Veröffentlichungen heraus.

Verordnungen

Neben dem KJHG und den dazugehörigen Ländergesetzen existieren noch *Verordnungen*, die maßgeblich – häufig mehr als die Gesetze selbst – die Rahmenbedingungen der Kindertagesstättenarbeit bestimmen. Verordnungen werden durch die Landesregierung erlassen. Sie haben im Grunde die gleiche Wirksamkeit wie ein Gesetz. *Allerdings sind die Landesregierungen nicht frei im Erlaß von Verordnungen*. Sie dürfen nicht nach Belieben handeln.

Eine Regierung ist die *Exekutive* oder *ausführende Gewalt* in der Gewaltenteilung des demokratischen Staates. Die Regierung muß die Gesetze des Parlaments (*Legislative* bzw. *gesetzgebende Gewalt*) ausführen; sie darf nur in dem Rahmen Sachverhalte verordnen, zu dem sie der Gesetzgeber ermächtigt hat. Die *Verordnungsermächtigungen* finden sich zumeist am Ende der jeweiligen Gesetze.

Verordnungen enthalten ebenso wie die Gesetze eine Überschrift, die aber außerdem die jeweilige Ermächtigungsgrundlage enthält. Hier wird darauf hingewiesen, aufgrund welcher Paragraphen und welcher Gesetze diese Verordnung erlassen wurde.

Verordnungen werden meist in kürzeren Abständen als Gesetze geändert. Insofern ist hier das Ausfertigungsdatum noch wichtiger. Wir dokumentieren den Rechtsstand der Länder zu den Verordnungen für den Kita-Bereich vom September 1999:

Bundesland	Krippenbereich	Kindergarten	Hort	Tagespflege
Baden-Württemberg (BW)				
Bayern (BY)		Erste Verordnung zur Durchführung des Bayerischen Kindergartengesetzes v. 6.7.93 Verordnung über die Bildung und den Geschäftsgang der Kindergartenbeiräte bei den anerkannten Kindergärten (2. DVBayKiG vom 14.6.73) Verordnung über die Förderfähigkeit der Personalkosten anerkannter Kindergärten (3. DVBayKiG vom 31.7.78) Verordnung über die Rahmenpläne für anerkannte Kindergärten (3. DVBayKiG vom 6.8.79)		

Bundesland	Krippenbereich	Kindergarten	Hort	Tagespflege
Bayern (Fortsetzung)		Verordnung über die an sonstige Kindergärten zu stellenden Mindestanforderung (5. DVBayKiG vom 5.7.93)		
		Verordnung über Bau, Beschaffenheit und Ausstattung anerkannter und sonstiger Kindergärten (6. DVBayKiG vom 5.7.93)		
Berlin (BE)	s. Kiga	Kindertageseinrichtungspersonalverordnung (KitaPersVO) vom 27.11.98	s. Kiga	
Brandenburg (BB)	s. Kiga	Kita-Personalverordnung (KitaPersV) vom 22.1.2001	s. Kiga	s. Kiga
	s. Kiga	Kindertagesstätten-Betriebskosten- und Nachweisverordnung (KitaBKNV) vom 22.1.2001		
				Tagespflegeeignungsverordnung (TagpflegEV) vom 22.1.2001
Bremen (HB)	s. Kiga	Elternmitwirkungsverordnung in der Stadtgemeinde Bremen vom 25.10.82	s. Kiga	
		Ordnung für die Aufnahme von Kindern in die Kindergärten und Horte in der Stadtgemeinde Bremen vom 12.11.96	s. Kiga	
		dto. Bremerhaven vom 4.12.80	s. Kiga	

Bundesland	Krippenbereich	Kindergarten	Hort	Tagespflege
Bremen (Fortsetzung)		Ordnung für die Nutzung der Kindergärten und Horte der Stadtgemeinde Bremerhaven vom 20.3.96	s. Kiga	
Hamburg (HH)		Teilnahmebeitragsverordnung (TnBVO) vom 27.12.94 Verordnung über Kindergarten-entgelte vom 27.12.94		
Hessen (HE)		Verordnung zur Ausgestaltung der Grundstufe (Primarstufe) vom 23.8.95 (regelt die Zusammenarbeit mit dem Kindergarten)		
Mecklenburg-Vorpommern (MV)	s. Kiga	Betriebskosten-verordnung (BKVO M-V) vom 15.12.98)	s. Kiga	s. Kiga
Niedersachsen				
Nordrhein-Westfahlen (NW)	s. Kiga	Betriebskosten-verordnung (BKVO) i.d.F. vom 17.12.98 Verordnung zur Regelung des Erprobungsverfahrens nach § 21 GTK vom 8.3.99 Verordnung zur Änderung der Verfahrensordnung GTK vom 3.4.99	s. Kiga	
Rheinland-Pfalz (RP)	s. Kiga	Landesverordnung zur Ausführung des Kindertages-stättengesetzes (LVO) vom 31.3.98 Elternausschuß-Verordnung v. 16.7.91	s. Kiga s. Kiga	

Bundesland	Krippenbereich	Kindergarten	Hort	Tagespflege
Saarland				
Sachsen (SN)	s. Kiga	Fachkräfteverordnung (FachkrVO) vom 4.9.98 Elternmitwirkungsverordnung (EltMitVO) vom 29.11.97 Verordnung über Kindertageseinrichtungen im deutsch-sorbischen Gebiet (SorbKitaVO) vom 27.2.95 Integrationsverordnung (IntegrVO) vom 24.3.95 Auszahlungsverordnung (AzVO) vom 9.8.96	s. Kiga	
Sachsen-Anhalt (ST)	s. Kiga	Kinderbetreuungsverordnung (KiBeVO) wird z.Z. neu erlassen	s. Kiga	
Schleswig-Holstein (SH)	s. Kiga	Landesverordnung für Kindertageseinrichtungen (KiTaVO) v. 22.9.1999 Landesverordnung zur Bestandserhebung von Kindertageseinrichtungen vom 27.4.95		
Thüringen (TH)	s. Kiga	Thüringer Kindertageseinrichtungs-Finanzierungsverordnung (ThürKitaFVO) vom 7.9.94	s. Kiga	
	s. Kiga	Thüringer Kindertageseinrichtungs-Ausstattungsverordnung (ThürKitaAstO) vom 13.10.94	s. Kiga	
			Thüringer Hortkostenbeteiligungsverordnung (ThürHortkBKV) vom 27.8.97	

Steuerung durch Richtlinien

Neben Gesetzen und Verordnungen wird die Arbeit der Kindertagesstätten in den meisten Ländern auch über *Richtlinien*, *Erlasse* und *Verwaltungsvorschriften* gesteuert. Diese Begriffe sind Synonyme und bezeichnen im Grunde das gleiche Instrument einer Festlegung von Verfahrensweisen. Da Richtlinien *keine allgemeine nach außen gerichtete Wirksamkeit* haben, wird durch Richtlinien nur gebunden, wer zu dem Richtliniengeber in einem direkten Abhängigkeitsverhältnis steht. Richtlinien, Erlasse und Verwaltungsvorschriften werden nur *innerhalb* einer Verwaltung oder gegenüber Weisungsempfängern wirksam.

Die Steuerung der Kita-Praxis (die ja nicht zur Verwaltung der Landesregierung gehört) erfolgt, indem z. B. durch solche Richtlinien Handlungsvorgaben für die Aufsichtsbehörden erlassen werden. Diese Aufsichtsbehörden haben aufgrund anderer gesetzlicher Grundlagen die Befugnis, Vorgaben für die Arbeit der Kindertagesstätten zu erstellen. Die wichtigste Aufsichtsbehörde für eine Kindertageseinrichtung ist das Landesjugendamt; daneben sind eine Anzahl weiterer Behörden tätig, beispielsweise das Bauamt, das Amt für Arbeitsschutz und Sicherheitstechnik, das Gesundheitsamt oder das Aufsichtsamt für Lebensmittelhygiene.

Wenn z. B. ein Landesministerium seinem (nachgeordneten) Landesjugendamt vorschreibt, die Erlaubnis zum Betrieb der Kindertageseinrichtungen (vgl. § 45 KJHG/SGB VIII) nach bestimmten Kriterien vorzunehmen, kann es hierzu eine Richtlinie erlassen.

Der Einrichtungsträger, der eine Erlaubnis zum Betrieb seiner Einrichtung erhalten will, ist an die Richtlinie nicht unmittelbar gebunden; für ihn sind nur die im Erlaubnisbescheid des Landesjugendamtes genannten Auflagen von Bedeutung, sofern sie rechtskräftig geworden sind. (Gegen einen solchen Erlaubnisbescheid kann man – wie gegen jeden Bescheid einer Behörde – Widerspruch einlegen und wenn nötig klagen. Nach Ablauf der Widerspruchsfristen ist der Bescheid rechtskräftig und verbindliche Grundlage.)

Wenn Verwaltungsvorschriften veröffentlicht werden, dient dies nur der allgemeinen Information, damit im o.g. Beispiel jeder Einrichtungsträger weiß, nach welchen Kriterien das Landesjugendamt seine Erlaubniserteilung ausrichten wird.

Die Einrichtungsträger stehen sowohl zur Landesregierung als auch zum Landesjugendamt in einem Außenverhältnis. Sie sind keine Weisungsempfänger. Sie sind unabhängig und nur an Gesetze und Verordnungen gebunden. Ebenso verhält es sich mit den Beziehungen zwischen den Landesbehörden (Ministerium/Landesjugendamt) zu den örtlichen Jugendämtern. Auch zwischen den örtlichen Jugendämtern und den dortigen Trägern der Einrichtungen besteht kein Über- oder Unterordnungsverhältnis. Wie bereits beschrieben, handeln hier jeweils voneinander unabhängige Akteure, die eigene Aufgaben, Zuständigkeiten und Verantwortlichkeiten haben.

Richtlinien werden zwischen allen diesen unabhängigen Akteuren indirekt wirksam, indem sie z. B. für die Aufsichtspraxis von Behörden Vorgaben machen, die sich auf alle Kindertageseinrichtungen auswirken.

Es gibt allerdings eine Form der Steuerung, in der Richtlinien auch im Außenverhältnis wirksam werden: Die Steuerung durch Geld. So kann die Zahlung der Landeszuschüsse für Kindertagesstätten an die Einhaltung bestimmter Richtlinien zur Anzahl und Qualifikation des Personals, zur Raum- und Gruppengröße usw. gebunden werden. Daneben fördern das Land bzw. die Jugendämter für wichtig gehaltene Aufgaben finanziell und binden diese Geldzahlung an die Einhaltung bestimmter Vorgaben. Über solche speziellen Förderrichtlinien ist bundesweit kaum ein Überblick zu bekommen. Es sollen daher im Folgenden die allgemein bedeutsam erscheinenden einschlägigen Richtlinien (Verwaltungsvorschriften, Erlasse usw.) mit der Kennzeichnung dokumentiert werden, für welche Bereiche Festlegungen getroffen sind.

Bundesland	Krippenbereich	Kindergarten	Hort	Tagespflege
Baden-Württemberg (BW)				
Bayern (BY)				
Berlin (BE)				
Brandenburg (BB)				
Bremen (HB)	Richtlinen für die Errichtung und Finanzierung von sozialpädagogischen Spielkreisen für Kinder unter 3 Jahren (Bremen) vom 1.1.95	Richtlinien zu § 17 des bremischen Kindergarten- und Hortgesetzes für die Gewährung von Zuschüssen zu den Betriebskosten der Kindergärten und Horte Bremen vom 14.1.94	s. Kiga	Richtlinien zur Förderung und Betreuung von Kindern durch Tagespflegepersonen im Lande Bremen vom 7.5.97
		Richtlinien für den Betrieb von Einrichtungen gem. § 78 JWG vom 22.4.77		
		dito Bremerhaven vom 3.12.81		
		Richtlinien für die Mitwirkung der Eltern in den städtischen Kindertagesstätten Bremerhavens vom 30.11.77	s. Kiga s. Kiga	
		Richtlinie zur Förderung der Tagesbetreuung von Kindern in Eltern-Kind-Gruppen (Bremen) vom 1.1.99		
		Richtlinien zur Förderung von Spielkreisen für 3–6jährige Kinder als kindergartenähnliche Gruppe (Bremen) vom 1.1.99		
Hamburg (HH)				
Hessen (HE)				

Bundesland	Krippenbereich	Kindergarten	Hort	Tagespflege
Mecklenburg-Vorpommern (MV)	s. Kiga	Richtlinien über Voraussetzungen und Erfahrungen zur Erlaubniserteilung für den Betrieb von Kindertageseinrichtungen vom 9.7.96		
Niedersachsen (NI)	Mindestanforderungen für den Betrieb von Kindertagesstätten, kleinen Kindertagesstätten und Kinderspielkreisen vom 20.9.99			
Nordrhein-Westfalen (NW)				
Rheinland-Pfalz (RP)				
Saarland (SN)		Verwaltungsvorschriften vom 6.7.88 (Ausstattung und Bezuschussung von Personal)		
Sachsen (SN)		VwV SäKitaG-Ausstattung vom 1.8.97		
Sachsen-Anhalt (ST)				
Schleswig-Holstein (SH)				
Thüringen (TH)				

Ausgewählte Aspekte

11. Die Finanzierung der Kindertagesstätten

Beteiligt an der Finanzierung von Kindertageseinrichtungen sind entsprechend der Struktur der gesamten Kinder- und Jugendhilfe:

a) die Eltern durch ihre Elternbeiträge;
b) die Freien Träger durch ihre Eigenanteile;
c) die Jugendämter und/oder die Gemeinden, indem sie sich entweder an den Kosten der Freien Träger beteiligen oder indem sie eigene Angebote machen;

d) die Länder, indem sie den freien oder kommunalen Trägern Zuschüsse zu ihren Kosten gewähren.

Der Bund ist, wie bereits dargestellt, an der Finanzierung nicht beteiligt.

Grundsätze der Elternbeteiligung

Die Grundsätze der Kostenbeteiligung der Eltern bestimmt der § 90 KJHG/SGB VIII:

»(1) Für die Inanspruchnahme von Angeboten

1. der Jugendarbeit nach § 11,

2. der allgemeinen Förderung der Erziehung in der Familie nach § 16 Abs. 1, Abs. 2 Nr. 1 und 3 und

3.der Förderung von Kindern in Tageseinrichtungen nach §§ 22, 24 können Teilnahmebeiträge oder Gebühren festgesetzt werden. Landesrecht kann eine Staffelung der Teilnahmebeiträge und Gebühren, die für die Inanspruchnahme der Tageseinrichtungen für Kinder zu entrichten sind, nach Einkommensgruppen und Kinderzahl oder der Zahl der Familienangehörigen vorschreiben oder selbst entsprechend gestaffelte Beträge festsetzen.

(2) In den Fällen des Absatzes 1 Nr. 1 und 2 kann der Teilnahmebeitrag oder die Gebühr auf Antrag ganz oder teilweise erlassen oder vom Träger der öffentlichen Jugendhilfe übernommen werden, wenn

1. die Belastung a) dem Kind oder dem Jugendlichen und seinen Eltern oder b) dem jungen Volljährigen nicht zuzumuten ist und

2. die Förderung für die Entwicklung des jungen Menschen erforderlich ist. Lebt das Kind oder der Jugendliche nur mit einem Elternteil zusammen, so tritt dieser an die Stelle der Eltern.

(3) Im Fall des Absatzes 1 Nr. 3 soll der Teilnahmebeitrag oder die Gebühr auf Antrag ganz oder teilweise erlassen oder vom Träger der öffentlichen Jugendhilfe übernommen werden, wenn die Belastung den Eltern und dem Kind nicht zuzumuten ist. Absatz 2 Satz 2 gilt entsprechend.

(4) Für die Feststellung der zumutbaren Belastung gelten die §§ 76 bis 79, 84 und 85 des Bundessozialhilfegesetzes entsprechend, soweit nicht Landesrecht eine andere Regelung trifft.«

Folgt man dem Wortlaut, so muß man zu der Auffassung kommen, daß Kindertageseinrichtungen (wie andere Angebote der Kinder- und Jugendhilfe) grundsätzlich kostenfrei zu gestalten sind. Wie anders ist die Formulierung *»können Teilnahmebeiträge oder Gebühren erhoben werden«* auszulegen? Die Träger der Jugendhilfe *können*, aber sie müssen die Eltern nicht finanziell beteiligen.

In den siebziger Jahren war die Kostenfreiheit der Tagesbetreuung eine von vielen westlichen Bundesländern angestrebte Perspektive; in der DDR war sie sowohl für Krippe, Kindergarten und Hort eine Selbstverständlichkeit. Um Kostenfreiheit für den Kindergartenbesuch zu erreichen und zur Absicherung des Bildungsauftrages der Kindergärten wurde wiederholt der Vergleich mit der Kostenfreiheit der allgemeinbildenden Schulen herangezogen. In Nordrhein-Westfalen beispielsweise war im Kindergartengesetz von 1972 eine gestaffelte Senkung der Elternbeiträge vorgesehen. Bis 1980 sollte die Kostenfreiheit eingeführt sein. Das Kindergartengesetz wurde wenige Monate vor Inkrafttreten des im Gesetz verankerten Anspruchs auf kostenfreie Nutzung der Kindergärten geändert und Elternbeiträge weiterhin festgeschrieben. In West-Berlin war der sogenannte Nulltarif für Kindertagesstätten für eine kurze Zeit (1979 bis 1980) Realität, wurde dann aber wieder zurückgenommen. Gründe waren in beiden Fällen die Anfang der achtziger Jahre einsetzenden Sparmaßnahmen im öffentlichen Dienst, insbesondere im sozialen Bereich.

Heute ist es übliche Praxis in allen Bundesländern, daß grundsätzlich von allen Eltern Teilnahmebeiträge erhoben werden. Diese Elternbeiträge sind ein beliebtes und wirksames Instrument, um Bedarf und Nachfrage nach Plätzen zu *steuern*. Dies hatte sich in den westlichen Bundesländern besonders deutlich gezeigt in der Tagesbetreuung von Kindern unter drei Jahren und von Schulkindern. Die Elternbeiträge für Krippen- und Hortplätze waren zum Teil – im wesentlichen wegen der mangelnden Finanzierung durch die Länder – so hoch, daß nur wenige Eltern diese Summen erbringen konnten. In Berlin hat sich dieser Zusammenhang bei Einführung des *Nulltarifs* deutlich gezeigt. Die Nachfrage, insbesondere nach Hort- und Krippenplätzen, stieg deutlich an, obwohl die vorher geforderten Elternbeiträge schon weit unter dem Niveau der übrigen Bundesländer lagen. Die Nachfrage in allen Bundesländern wird also zu einem erheblichen Maß durch die Höhe der Elternbeiträge bestimmt, und der Rückgang der Betreuungsquoten (Anzahl der betreuten Kinder pro Jahrgang) in den östlichen Bundesländern und die geringe artikulierte Nachfrage nach Ganztags-, Krippen- und Hortplätzen in den westlichen Bundesländern hängen ebenfalls auch mit den geforderten Elternbeiträgen zusammen.

Fast alle Länder haben in ihren Kita-Gesetzen Festlegungen zu den Elternbeiträgen getroffen. Häufig werden Obergrenzen für Elternbeiträge festgesetzt (Rheinland-Pfalz, *bis 20%* der Personalkosten) oder es werden allgemeine Bemessungskriterien vorgegeben (Brandenburg, *sozialverträglich*). Eine landesweit verbindliche Beitragsstaffelung (wie es das KJHG durchaus erlauben würde), gibt es außer in NRW in keinem Flächenland, sondern nur in einigen Stadtstaaten. Dafür werden zum Teil die im KJHG bereits genannten Kriterien, nach denen die Elternbeiträge zu staffeln sind, übernommen und manchmal erweitert. Die Formulierung des § 90 KJHG/SGB VIII erlaubt beides.

Eine bemerkenswerte Perspektive ergibt sich aus dem Wortlaut des oben zitierten § 90 Abs. 3 KJHG/SGB VIII: die Verpflichtung für das Jugendamt, die Elternbeiträge zu erstatten oder zu übernehmen, wenn diese den Eltern und Kindern nicht zuzumuten sind.[8] Der Wortlaut des Gesetzes, der in jüngster Zeit durch Rechtsprechung bekräftigt wurde, gibt den Jugendämtern nicht die Möglichkeit, die Erstattung davon abhängig zu machen, ob sie die Betreuung (in der speziellen Einrichtung, in dem vereinbarten Umfang ...) für erforderlich halten. Sie haben in jedem Fall zu zahlen, wenn der Betreuungsvertrag zustande gekommen ist und ein Elternbeitrag rechtmäßig (= der Gesetzeslage entsprechend) erhoben wird, der jedoch den Eltern nicht zugemutet werden kann. Nur diese Zumutbarkeitsgrenze ist zu prüfen. Sie richtet sich nach den entsprechenden Regelungen des Bundessozialhilfegesetzes (BSHG).

An dieser Spezialregelung wird noch einmal deutlich, daß Elternbeiträge zwar als Beteiligung der Eltern an den Kosten durch das KJHG erlaubt sind, daß sie aber keinen Teilnahmeverhinderungsbeitrag darstellen dürfen.

---

[8] Ein *Soll* bedeutet ein *Muß*, von dem nur in besonderen atypischen Fällen abgewichen werden darf.

Die Eigenleistungen der Träger

Die Verpflichtung der (freien) Träger, sich an der Finanzierung von Kindertageseinrichtungen zu beteiligen, basiert auf § 74 KJHG/SGB VIII, der gleichzeitig eine Grundlage ihrer Förderung darstellt:

»Die Träger der öffentlichen Jugendhilfe sollen die freiwillige Tätigkeit auf dem Gebiet der Jugendhilfe anregen; sie sollen sie fördern, wenn der jeweilige Träger
1. *die fachlichen Voraussetzungen für die geplante Maßnahme erfüllt,*
2. *die Gewähr für eine zweckentsprechende und wirtschaftliche Verwendung der Mittel bietet,*
3. *gemeinnützige Ziele verfolgt,*
4. *eine angemessene Eigenleistung erbringt und*
5. *die Gewähr für eine den Zielen des Grundgesetzes förderliche Arbeit bietet.*

Eine auf Dauer angelegte Förderung setzt in der Regel die Anerkennung als Träger der freien Jugendhilfe nach § 75 voraus.«

Die Höhe für die *angemessene Eigenleistung* der freien Träger wird häufig in den Ländergesetzen bestimmt. In der Vergangenheit mußten die traditionellen freien Träger – das sind die beiden großen christlichen Kirchen, die Arbeiterwohlfahrt, der Deutsche Paritätische Wohlfahrtsverband, das Deutsche Rote Kreuz und die Jüdischen Gemeinden – zwischen 30% und 40% der laufenden Kosten ihrer Kindertageseinrichtungen selbst aufbringen. Hierin waren die Elternbeiträge eingerechnet, da sie von den Trägern erhoben werden. In Ausnahmefällen, z.B. bei Einrichtungen mit besonderer Ausstattung oder in schwierigen Einzugsbereichen, konnten geringere Eigenleistungen akzeptiert oder die öffentlichen Zuschüsse erhöht, unter Umständen sogar eine Vollfinanzierung übernommen werden.

In letzter Zeit ist die Höhe dieser Eigenleistung und weitergehend sogar die Berechtigung, eine Eigenleistung zu verlangen, politisch und rechtlich umstritten. Die freien Träger argumentieren damit, daß seit dem Rechtsanspruch eine höhere Verpflichtung der öffentlichen Träger bestehen würde. Die Kindertagesbetreuung sei nicht mehr wie ehemals eine freiwillige Tätigkeit der Träger in karitativem und eigenem Verbandsinteresse, für die die öffentliche Jugendhilfe nur eine nachrangige Unterstützungsleistung zu erbringen hätte. Kindertagesbetreuung sei eine allgemein anerkannte öffentliche Leistung für jedes Kind, und die freien Träger erbrächten *im Auftrag* der öffentlichen Jugendhilfe eine Leistung, zu der diese verpflichtet sei. Mit dieser Argumentation und mit dem Hinweis, sich aus der Tagesbetreuung zurückzuziehen, wenn sie keine höheren Zuschüsse bekämen, haben manche freien Träger in letzter Zeit geringere Eigenanteile ausgehandelt.

So nachvollziehbar und stichhaltig die Argumentation der freien Träger ist, wird die Betonung der Dienstleistungsfunktion der freien Träger zu einem zweischneidigen Schwert. Ein Dienstleister, der grundsätzlich den Anspruch auf Vollfinanzierung erhebt, könnte kaum noch die Privilegien Freier Träger beanspruchen, sondern müßte sich darauf einstellen, die Leistung in der Form und in dem Umfang zu erbringen, wie sie vom Auftraggeber (dem örtlichen Träger der Jugendhilfe) *bestellt* und bezahlt würde. Auch an dieser Frage wird zukünftig die Diskussion um das Verhältnis von öffentlicher/staatlicher Verantwortung und privater/freiwilliger Fürsorge weitergeführt werden.

Der Gesetzgeber bestimmt im § 25 KJHG/SGB VIII, daß der Zusammenschluß von Eltern *beraten und unterstützt* werden soll. Dieser Verpflichtung sind eine Reihe von Ländern in ihren Gesetzen nachgekommen, indem sie Elterninitiativen in die Reihe der zu fördernden Träger aufgenommen haben. Ob diese Finanzierungsgrundlagen ausreichen, den tatsächlichen Unterstützungsbedarf abzudecken, muß weiter beobachtet werden. Festzustellen ist, daß eine offensive Förderung, Beratung und Anregung von *Elterninitiativen* noch nicht überall gang und gäbe ist. Für sie stellt sich als besondere Schwierigkeit dar, daß sie sowohl den Trägeranteil als auch die Elternbeiträge aufbringen müssen. Nur in seltenen Fällen verfügen sie über ein Finanzpolster.

Die Beteiligung der Gemeinden

In einer Reihe von Bundesländern[9] sind die Gemeinden verpflichtend in die Finanzierung der Kindertagesbetreuung einbezogen; in Thüringen sind sie sogar die Gewährleister des Rechtsanspruchs und neben dem Land Hauptfinanzträger. Eine erhebliche, bundesweit allerdings stark differenzierende Zahl von Einrichtungen sind in Trägerschaft der Gemeinden. Für diese bringen Gemeinden in jedem Fall den Trägeranteil auf, ungeachtet ihrer Finanzbeteiligung an den Einrichtungen, den freien Träger.

Die Beteiligung der öffentlichen Jugendhilfe

Die Finanzierungsverpflichtung der Träger der öffentlichen Jugendhilfe (das sind die Jugendämter als örtliche Träger und die Länder/Landschaftsverbände o.ä. als überörtliche Träger) ergibt sich aus ihrer Zuständigkeit für die Erfüllung der Aufgaben nach § 79 KJHG/SGB VIII. Hiernach werden die öffentlichen Träger verpflichtet zu gewährleisten, daß die
»erforderlichen und geeigneten Einrichtungen, Dienste und Veranstaltungen den verschiedenen Grundrichtungen der Erziehung entsprechend rechtzeitig und ausreichend zur Verfügung stehen«.

Diese allgemein für alle Jugendhilfeangebote geltende Verpflichtung wird für Kindertageseinrichtungen auch im § 24 KJHG/SGB VIII hinsichtlich der Ganztagsplätze noch einmal ausdrücklich betont:
»Die Träger der öffentlichen Jugendhilfe haben darauf hinzuwirken, daß ein bedarfsgerechtes Angebot an Ganztagsplätzen zur Verfügung steht.«

Ein Hauptfinanzierungsträger ist in fast allen Bundesländern das Jugendamt als örtlicher Träger der öffentlichen Jugendhilfe. Die zentrale Rolle des Jugendamtes ergibt sich durch § 85 Abs. 1 KJHG/SGB VIII, der dem Jugendamt die grundsätzliche Verpflichtung zur Erfüllung der Aufgaben aus dem KJHG zuweist. Da das Jugendamt den

[9] Baden-Württemberg, Bayern, Brandenburg, Mecklenburg-Vorpommern, Niedersachsen, Saarland,Schleswig-Holstein

Rechtsanspruch gewährleisten und für die anderen Betreuungsbereiche (Krippe, Hort, Ganztagsplätze) für eine bedarfsgerechtes Angebot sorgen muß, selbst aber meist keine eigenen Einrichtungen hat, muß es andere Einrichtungsträger finanzieren, um seiner Verpflichtung zu genügen.Wie hoch der Mindestfinanzierungsanteil des Jugendamtes ist, wird zumeist durch die Kita-Gesetze der Länder bestimmt.

In manchen Ländern wird die Finanzierung (entweder insgesamt oder nur ihre Höhe) davon abhängig gemacht, ob eine Einrichtung in der Kita-Planung enthalten ist. Die Planung hat außerdem für den Einsatz von Investitionsmitteln, für die besondere Förderung in strukturschwachen Regionen oder für die Sicherstellung eines vielfältigen Angebotes eine Bedeutung. Die Kita-Planung ist Teil der Jugendhilfeplanung und daher ebenfalls eine Aufgabe des Jugendamtes. Die Jugendhilfeplanung ist in § 80 KJHG/SGB VIII näher beschrieben:

»(1) Die Träger der öffentlichen Jugendhilfe haben im Rahmen ihrer Planungsverantwortung

1. den Bestand an Einrichtungen und Diensten festzustellen,
2. den Bedarf unter Berücksichtigung der Wünsche, Bedürfnisse und Interessen der jungen Menschen und der Personensorgeberechtigten für einen mittelfristigen Zeitraum zu ermitteln und
3. die zur Befriedigung des Bedarfs notwendigen Vorhaben rechtzeitig und ausreichend zu planen; dabei ist Vorsorge zu treffen, daß auch ein unvorhergesehener Bedarf befriedigt werden kann.

(2) Einrichtungen und Dienste sollen so geplant werden, daß insbesondere

1. Kontakte in der Familie und im sozialen Umfeld erhalten und gepflegt werden können,
2. ein möglichst wirksames, vielfältiges und aufeinander abgestimmtes Angebot von Jugendhilfeleistungen gewährleistet ist,
3. junge Menschen und Familien in gefährdeten Lebens- und Wohnbereichen besonders gefördert werden,
4. Mütter und Väter Aufgaben in der Familie und Erwerbstätigkeit besser miteinander vereinbaren können.

(3) Die Träger der öffentlichen Jugendhilfe haben die anerkannten Träger der freien Jugendhilfe in allen Phasen ihrer Planung frühzeitig zu

beteiligen. Zu diesem Zweck sind sie vom Jugendhilfeausschuß, soweit sie überörtlich tätig sind, im Rahmen der Jugendhilfeplanung des überörtlichen Trägers vom Landesjugendhilfeausschuß zu hören. Das Nähere regelt das Landesrecht.
(4) Die Träger der öffentlichen Jugendhilfe sollen darauf hinwirken, daß die Jugendhilfeplanung und andere örtliche und überörtliche Planungen aufeinander abgestimmt werden und die Planungen insgesamt den Bedürfnissen und Interessen der jungen Menschen und ihrer Familien Rechnung tragen.«

Der Gesetzgeber hat an dieser Stelle recht deutliche Vorgaben für die Bestimmung eines bedarfsgerechten Angebots nach dem KJHG gemacht. Demnach reicht also eine rein zahlenmäßige Bedarfsdeckung (jedes Kind bekommt irgendeinen Platz in einer Kindertageseinrichtung) keineswegs aus. Neben der *Eignung des Angebotes*, das den *verschiedenen Grundrichtungen der Erziehung* (als Anforderung aus § 9), *dem bedarfsgerechten Angebot an Ganztagsplätzen* (aus § 24), der *pädagogischen und organisatorischen* Orientierung an den Bedürfnissen der Kinder und ihrer Familien (§ 24) entsprechen muß, finden sich im § 80 in der Aufgabenbeschreibung der Jugendhilfeplanung weitere Kriterien für ein bedarfsgerechtes Angebot, gegen die es kaum fachliche Einwände gibt.

Die Beteiligung der Länder

Soweit die Länder als überörtliche Träger der öffentlichen Jugendhilfe tätig sind, werden sie ebenfalls durch § 79 KJHG/SGB VIII in die Gesamtverantwortung einbezogen. Zusätzlich haben sie nach § 82 die Tätigkeit der freien und öffentlichen Jugendhilfe anzuregen und zu fördern sowie auf einen gleichmäßigen Ausbau der Einrichtungen und Angebote hinzuwirken.

Alle Bundesländer haben in speziellen Landesgesetzen und/oder Rechtsverordnungen die Aufgaben- und Finanzierungsverteilung der Tagesstätten geregelt. Sie beteiligen sich selbst in unterschiedlichem Maße und in unterschiedlicher Art an der Finanzierung. Manche Länder übernehmen Anteile als förderungsfähig definierter Personalkosten (z. B. Bayern), bei anderen beziehen sich die Zuschüsse auf ermittelte oder angenommene Betriebskosten (z. B. Mecklenburg-Vorpommern); einige Länder finanzieren pauschal und überlassen die nähere Ausgestaltung der örtlichen Ebene (z.B. Brandenburg), andere berechnen sehr genau die bezuschussungsfähigen Kosten (z.B. Baden-Württemberg). Auch an den Sach- und Investitionskosten ist die Beteiligung der Länder unterschiedlich geregelt.

Da gerade die Finanzierungsregelungen der Kita-Gesetze in der letzten Zeit häufig geändert werden, muß darauf verzichtet werden, diese Regelungen hier im Einzelnen darzustellen. Eine Gesamtdarstellung ist ohnehin sehr schwierig und komplex. Reduziert man die Finanzierungsstrukturen auf die vereinfachte Abbildung von Finanzierungsanteilen, so ist die Aussagekraft relativ gering. Beispielsweise ist die Höhe der prozentualen Landesbeteiligung wenig aufschlußreich, wenn die Finanzverteilung im Land nicht insgesamt berücksichtigt wird. Wenn die kommunale Seite einen hohen Anteil an den gesamten Steuer- und Finanzaufkommen erhält, können geringere Landeszuweisungen für Kindertagesstätten angemessen sein. Ein hoher Landesanteil dagegen sagt selbst noch nicht, ob die Kommunen wirklich in der Lage sind, selbst einen geringen Beitrag zu leisten.

Die Beteiligung des Bundes

Der Bund beteiligt sich an der Finanzierung der Kindertagesstätten nicht. Er hat diesen Grundsatz nur nach der deutschen Vereinigung gebrochen, als er für kurze Zeit die Tagesbetreuung in den östlichen Bundesländern mitfinanzierte, um einen Beitrag zur Erhaltung des Angebotes zu leisten.

12. Regelungen zur Strukturqualität

Personalstandards

Immer wieder werden Vergleiche der Personalausstattungen angestellt, und dabei sind regelmäßig die Personalregelungen der jeweils anderen Bundesländer von hohem Interesse. Leider erfolgt die Festlegung der Personalstandards in den Ländern höchst uneinheitlich, so daß ein Vergleich äußerst schwierig, wenn nicht sogar unmöglich ist. Sie finden sich nur selten in den Gesetzen, zumeist sind sie in (z.T. auch mehreren) Verordnungen geregelt, oder sie sind Bestandteil von Finanzierungs- oder Aufsichtsrichtlinien. Die Regelungen der Personalstandards bestehen häufig aus einer Vielzahl von Einzelbestimmungen, beinhalten Sondertatbestände und Abweichungen – und darüber hinaus werden sie häufig verändert. Zum Teil wird die Personalausstattung auf die Kindergruppe bezogen, deren Größe schwanken kann, oder der Bezug wird auf den einzelnen Platz bzw. das einzelne Kind hergestellt. Ein direkter Vergleich der Personalausstattungen wird zusätzlich dadurch erschwert, daß der zeitliche Betreuungsumfang, für den die jeweilige Personalausstattung gelten soll, in den Ländern sehr unterschiedlich ist und häufig nicht ausdrücklich benannt ist.

Trotzdem die folgende Darstellung mit großer Sorgfalt zusammengestellt worden ist, kann keineswegs ausgeschlossen werden, daß die notwendigen Vereinfachungen (um das Ergebnis übersichtlich zu halten) zu einer Verfälschung der Darstellung geführt haben oder die aktuelle Situation nicht mehr widerspiegeln.

Bundesland	Krippenbereich	Kindergarten	Hort
Baden-Württemberg (BW)	keine Regelungen	keine Regelungen	keine Regelungen
Bayern (BY) Sonderregelungen für altersgemischte Gruppen und Betreuung im »Netz der Kinder«	1 Fachkraft + 1 Hilfskraft / 8–12 Kinder	1 Fachkraft + 0,5–1 Hilfskraft / Gruppe (23–25 Kinder)	1 Fachkraft + 0,5–1 Hilfskraft / Gruppe (bis 25 Kinder)

Bundesland	Krippenbereich	Kindergarten	Hort
Berlin (BE) Zusätzliche Leitungsstellen sind vorgesehen	2–3jährige Kinder 1 Fachkraft / 7 Kinder (bei 9 Std.) 1 Fachkraft / 8 Kinder (bei 7 Std.) 1 Fachkraft / 10 Kinder (bei 5 Std.)	1 Fachkraft / 10 Kinder (bei 9 Std. Betreuungszeit) 1 Fachkraft / 12 Kinder (bei 7 Std.) 1 Fachkraft / 15 Kinder (bei 4–5 Std.)	1 Fachkraft / 16 Kinder
Brandenburg (BB) Zusätzliche Leitungsstellen vorgesehen	0,8 Fachkraft / 7 Kinder (bei 6 Std. Betreuungszeit) 1 Fachkraft / 7 Kinder (mehr als 6 Std. Betreuungszeit) Gruppengrößen nicht festgelegt Ganztags	0,8 Fachkraft / 13 Kinder (bei 6 Std. Betreuungszeit) 1 Fachkraft / 13 Kinder (mehr als 6 Std. Betreuungszeit) Gruppengrößen nicht festgelegt	0,6 Fachkraft / 15 Kinder (bis 4 Std. Betreuungszeit) 0,8 Fachkraft / 15 Kinder (mehr als 4 Std. Betreuungszeit) Gruppengrößen nicht festgelegt
Bremen (HB) Zusätzliche Leitungsstellen sind vorgesehen Sonderregelungen für altersgemischte Gruppen zusätzliches Personal ist vorgesehen	1 Fachkraft + 1 Hilfskraft / Gruppe (max. 8 Kinder) Ganztags	Bremen: ganztags = 2,7 WoStd./Kind teiltags = 2,15 WoStd./Kind halbtags = 1,4 WoStd./Kind Bremerhaven: ganztags = 48 WoStd./Gruppe Teilzeit = 37,5 WoStd./Gruppe halbtags = 29,5 WoStd./Gruppe Gruppe = 20 Kinder	1 Fachkraft / Gruppe Gruppe = 20 Kinder
Hamburg (HH) Zusätzliche Leitungsstellen sind vorgesehen zusätzliches Personal ist vorgesehen	2 Stellen/ 12–13 Kinder Teiltags 1,5 Stellen / 12–13 Kinder	ganztags: 2 Stellen/20–22 Kinder teiltags: 1,5 Stellen / 20–22 Kinder halbtags: 0,75 Stellen/20 Kinder	ganztags: 1 Stelle / 20–22 Kinder
Hessen (HE) zusätzliches Personal ist vorgesehen	1,5 Fachkräfte / Gruppe Gruppe = 7–10 Kinder	1 Fachkraft / Gruppe Gruppe = 20–25 Kinder	1 Fachkraft / Gruppe Gruppe = 20–25 Kinder
Mecklenburg-Vorpommern (MV)	1 Fachkraft / 6 Kinder	1 Fachkraft / 18 Kinder	1 Fachkraft / 22 Kinder

Bundesland	Krippenbereich	Kindergarten	Hort
Niedersachsen (NI) Gruppengröße in Gesetz geregelt; Personalausstattung + Raumgröße in Richtlinien f. d. Erlaubniserteilung; Zusätzliche Leitungsstellen sind vorgesehen; 12 Std./Woche pro Gruppe Verfügungs- und Freistellungszeit	1 Fachkraft + 1 sonst. Kraft / max. 15 Kinder Sonderregelungen für Kinderspielkreisgruppen, Kleingruppen und kleine Kindertagesstätten	1 Fachkraft + 1 sonst. Kraft / Regelgruppe (= max. 25 Kinder) 1 Fachkraft +1 weitere Fachkraft bei bes. Bedarf / Kleingruppe (= max. 10 Kinder)	1 Fachkraft + 1 sonst. Kraft / max. 20 Kinder
Nordrhein-Westfalen (NW) Gruppengröße durch Verordnung geregelt; Personalausstattung mit den Trägerzusammenschlüssen vereinbart Zusätzliche Leitungsstellen sind vorgesehen Sonderregelungen bei Unterauslastung der Gruppen und für soziale Brennpunkte	Krabbelstube = 8 Kinder 1 Fachkraft + 1 Ergänzungskraft / Krippengruppe = 6 Kinder 1 Fachkraft + 1 Ergänzungskraft / altersgemischte Gruppen (0,4–6 Jahre) = 15 Kinder	1 Fachkraft + 1 Ergänzungskraft / Gruppe (= 25 Kinder) (= 20 Kinder in Tagesstättengruppen)	1 Fachkraft + 1 Ergänzungskraft / Gruppe (= 20 Kinder)
Rheinland-Pfalz (RP) Für altersgemischte Gruppen werden im Einzelfall Sonderregelungen getroffen	2 Fachkräfte / 8–10 Kinder	Teilzeit: i.d.R. 1,75 Fachkräfte / 15–25 Kinder	1,5 Fachkräfte / 15–20 Kinder
Saarland (SL) Zusätzliche Leitungsstellen sind vorgesehen Sonderregelungen für längere Öffnungszeiten und für altersgemischte Gruppen	1 Stelle / 5 Kinder Gruppengröße = 10 Kinder	1–2 Stellen / Gruppe (= 20–25 Kinder)	1 Stelle / 12 Kinder (= 15–20 Kinder)

Bundesland	Krippenbereich	Kindergarten	Hort
Sachsen (SN)	1 Fachkraft/6 Kinder	1 Fachkraft/13 Kinder	0,8–0,9 Fachkräfte / 20 Kinder
Zusätzliche Leitungsstellen sind vorgesehen	Gruppengröße nicht festgelegt	Gruppengröße nicht festgelegt	Gruppengröße nicht festgelegt
Sachsen-Anhalt (ST)	1 Fachkraft/6 Kinder (bei 10 Std.)	1 Fachkraft/12 Kinder (bei 10 Std.)	1 Fachkraft/25 Kinder
Zusätzliche Leitungsstellen sind vorgesehen	Gruppengröße = 12–15 Kinder	Gruppengröße = 12–18 Kinder	Gruppengröße = 18 Kinder
Schleswig-Holstein (SH)	2 Fachkräfte / 10 Kinder	1,5 Fachkräfte / 20–25 Kinder	1,5 Fachkräfte / 15–20 Kinder
Zusätzliche Leitungsstellen sind vorgesehen Sonderregelungen für altersgemischte Gruppen			
Thüringen (TH)	ausreichend Fachpersonal / Gruppe	1,6 Fachkräfte / Gruppe (bei 10 Std.)	1 Fachkraft / Gruppe (bei 5 Std.)
Sonderregelungen für altersgemischte Gruppen	Gruppengröße max. 8 Kinder	Gruppengröße 15–18 Kinder	Gruppengröße 15–20 Kinder

Wie sich ablesen läßt, ist nicht nur die Art der Festlegung der Personalstandards in den Ländern höchst unterschiedlich, sondern auch deren Höhe. Es ist offensichtlich, daß es bundesweit keinen Konsens darüber gibt, wieviel Personal für notwendig erachtet wird. Auch die bisherigen Diskussionen zur Personalausstattung wurden zumeist ohne weitere Begründungen geführt, meist im Zusammenhang mit Kürzungsplänen und/oder deren Abwehr. Die vorgebrachten Begründungen bezogen sich häufig auf ‚Erfahrungswerte'; einzig eine Untersuchung im Auftrag der Max-Traeger-Stiftung der Gewerkschaft Erziehung und Wissenschaft (GEW) lieferte auf wissenschaftlicher Basis eine methodische Annäherung und zugleich eine Diskussionsgrundlage zur Verbindung von Qualität und Quantität.[10] Erst recht fehlt eine systematische Untersuchung der *Folgen* von unterschiedlichen Personalausstattungen. Hinweise dazu ergeben sich aus der Untersuchung *Wie gut sind unsere Kindergärten?*[11]

[10] Preissing/Prott: Platz- und Personalbedarf in Tageseinrichtungen für Kinder, Frankfurt, M. 1988
[11] Tietze, W. (Hg.): Wie gut sind unsere Kindergärten, Neuwied, Kriftel, Berlin. Luchterhand. 1998

Regelungen zu Raumgrößen

Ohne Zweifel sind die räumlichen Bedingungen, unter denen Erziehung, Bildung und Betreuung in Kindertagesstätten erfolgt, von höchster Bedeutung für das Aufwachsen der Kinder. Die äußere Umgebung bietet neben und mit den sozialen Beziehungen das Anregungspotential für die Kinder; sie ist der unmittelbare Teil der Welt, die erforscht und angeeignet wird; sie ist Schutzraum, in den sich Kinder zurückziehen, zu sich finden und zur Ruhe kommen; sie wirkt mit ihren Gegenständen, Farben, Formen und Menschen, die sich ebenfalls in ihr befinden, auf das Kind ein. Bei dieser Bedeutung der räumlichen Umgebung für das Gelingen des Auftrages der Kindertagesstätten liegt es nahe, daß die Anforderungen an Räume, Ausstattung und Freifläche geregelt und festgelegt sind. Die Bundesländer gehen aber auch mit dieser Frage sehr unterschiedlich um. Ist es schon äußerst schwierig, eine Übersicht über die Personalstandards zu gewinnen, so ist ein solches Vorhaben für die Raumstandards fast unmöglich. Daher verzichtet auch der sehr gründlich recherchierte (trotzdem nicht fehlerfreie) Zahlenspiegel des Deutschen Jugendinstituts[12] darauf, Aussagen über die Regelungen der Raum- und Ausstattung von Kindertagesstätten zu treffen.

Anhand ausgewählter Beispiele soll nun die Spannweite der Regelungsart und des Regelungsumfangs deutlich gemacht werden. Gesetzliche Regelungen, die über knappe und allgemeine Aussagen hinausgehen, finden sich in keinem Bundesland.
»Die Lage, das Gebäude, die Räumlichkeiten, die Außenanlagen und die Ausstattung der Kindertagesstätten müssen den Aufgaben gemäß § 3 genügen. Sie müssen ausreichend und kindgemäß bemessen sein.« (§ 13 Abs. 1 Kita-Gesetz Brandenburg)

In einigen Ländergesetzen finden sich überhaupt keine Regelungen oder nur der Hinweis, die Einrichtungen sollen *geeignet* sein (§ 10 KiTaG Rheinland-Pfalz). Selbst wo sich in Gesetzen fachlich begründete Beschreibungen finden lassen, bleiben sie doch relativ unkonkret:

[12] Deutsches Jugendinstitut (DJI): Tageseinrichtungen für Kinder – Pluralisierung von Angeboten; Zahlenspiegel, München 1998

»Zur Erfüllung des Bildungs- und Erziehungsauftrages sind die Tageseinrichtungen so zu gestalten, daß sie als anregender Lebensraum dem Bedürfnis der Kinder nach Begegnung mit anderen Kindern, Eigentätigkeit im Spiel, Bewegung, Ruhe, Geborgenheit, neuen Erfahrungen und Erweiterung der eigenen Möglichkeiten gerecht werden.« (§ 2 Abs. 3 KiTaG Niedersachsen)

Festlegungen unterhalb eines Gesetzes in Durchführungsverordnungen, die ebenfalls für alle Kindertageseinrichtungen des Bundeslandes bindenden Charakter haben, lassen sich in Bayern und Thüringen finden.

Bayern unterscheidet in anerkannte Kindergärten, die im Gruppenraum mindestens 2 m^2 Nutzfläche pro Kind und einen Gruppennebenraum von mindestens 16 m^2 für je zwei Gruppen aufweisen müssen und sonstige Kindergärten, die neben den 2 m^2 im Gruppenraum über die *erforderlichen Funktions- und Nebenräume* verfügen müssen. (6. DV BayKiG)

Thüringen hat in seiner Kindertageseinrichtungs-Ausstattungsverordnung neben der Gruppengröße auch die Fragen der räumlichen Ausstattung verbindlich geregelt. Gruppenräume in Kindergärten und Horten sollen eine Mindestfläche von mindestens 2,5 m^2 pro Kind aufweisen. Für Krippenkinder sollen in Gruppen- und Schlafraum mindestens 5 m^2 pro Kind gewährleistet sein. Auch ein Außengelände soll bereitgestellt werden mit mind. 10 m^2 pro Kind.

Einige Länder wählen den indirekten Weg, die räumlichen Voraussetzungen an die Finanzierungsrichtlinien zu binden (Saarland) oder über Richtlinien zur Erlaubniserteilung durch das Landesjugendamt Einfluß zu nehmen (Sachsen uns Niedersachsen). Diese Richtlinien für das Saarland und Sachsen regeln die räumlichen Voraussetzungen sehr viel umfangreicher und detaillierter als die angeführten Gesetze. Niedersachsen bestimmt relativ knapp die Bodenfläche im Gruppenraum (2 m^2/Kind – in kleinen Kindertagesstätten muß insgesamt 3 m^2/Kind zur Verfügung stehen) und die Notwendigkeit zusätzlicher Räume je nach Alter der Kinder und nach Umfang der täglichen Betreuungszeit.

In den *saarländischen* Verwaltungsvorschriften zur Ausstattung und Bezuschussung von Personal finden sich Festlegungen zum Standort, zum Gelände, zur Ver- und Entsorgung und zum Gebäude mit differenzierten Angaben bis zur Beschaffenheit von Fußboden und Wänden. Als wesentlichste Bestimmungen sind zu nennen: Im Gruppenraum soll eine Fläche von mindestens 2 m^2 pro Kind zur Verfügung stehen; die Einrichtung soll zusätzlich über einen Förderraum von mindestens 16 m^2 und einen Gymnastik- bzw. Mehrzweckraum von etwa 70 m^2 sowie eine Freifläche von 5 bis 10 m^2 pro Kind verfügen.

Die *sächsischen* Ausstattungsrichtlinien sind eine Vorgabe für die Erlaubniserteilung durch das Landesjugendamt. Sie beinhalten ebenfalls umfangreiche Vorgaben zu Gebäude, Bauausführung, Ausstattung und Freifläche und fordern Gruppenräume von 3 m^2 pro Krippenkind und 2,5 m^2 pro Kindergarten- bzw. Hortkind. Daneben sind zusätzliche Schlaf- und Schularbeitsräume vorzusehen.

In allen anderen Bundesländern sind Raumvorgaben (zum Teil schon vor längerer Zeit) aufgegeben worden im Zuge einer allgemeinen *Deregulierungsdiskussion* (s. u.).

13. Die aktuellen Diskussionen um die Festlegung von Personal- und Raumstandards

Neben dem Rechtsanspruch sind die Personal- und Raumstandards der Kindertageseinrichtungen die am heftigsten umstrittenen Fragen. Die Heftigkeit der Auseinandersetzung scheint noch zuzunehmen. Bemerkenswert ist die »Schlachtordnung«, die Kommunen und ihre Spitzenverbände stehen auf der einen Seite gegen Bundes- und die meisten Länderministerien, gegen die Verbände der Freien Träger, gegen die Erzieherinnen und ihre Gewerkschaften, gegen die Eltern und die gesamte Fachöffentlichkeit. Die Schlachtrufe der kommunalen Seite heißen: *Abbau von Überregulierung, Dezentralisierung* von Entscheidungen, *Entbürokratisierung* – argumentiert wird mit einer *Gängelei durch die aufsichtsführenden Landesjugendämter* und mit der unnötigen, weil sinnlosen, Festlegung von Anzahl und Abstand der Handtuchhalter in Kita-Toiletten.

Bei dieser übersichtlichen Front der Auseinandersetzung, liegt die Vermutung nahe, daß es wieder einmal hauptsächlich um die Finanzen geht. Die Bewertung der Situation scheint klar. Und doch sollte man zwei Ebenen dieser Diskussion unterscheiden, weil sie häufig durcheinandergebracht werden:

- Einerseits können und müssen Vorgaben in Landesregelungen und Standards in den Auflagen der Landesjugendämter daraufhin überprüft werden, ob der Umfang und die Dichte der Regelungen notwendig sind.
- Andererseits sind die Standards auch daraufhin zu überprüfen, ob sie die Erfüllung des Auftrages ermöglichen und ob die Mittel, die zur Herstellung dieser Standards aufgebracht werden, tatsächlich effektiv eingesetzt werden.

Überregulierung und Deregulierung

Es muß den Kritikern der Standards zugestimmt werden, wenn sie bezweifeln, ob eine landesweite Vorgabe für die Festlegung von Gruppengrößen, von Mischungsverhältnissen bei altersgemischten Gruppen, von Standardmaßen für Gruppenräume und von Details der Ausgestaltung von Gruppen- oder Sanitärräumen wirklich erforderlich ist. Es hat in der Vergangenheit tatsächlich Regulierungsauswüchse gegeben, die weder den unterschiedlichen Gegebenheiten vor Ort, noch den konkreten Anforderungen an die jeweilige Kindertageseinrichtung gerecht wurden. In der berechtigten Sorge um das Wohl der Kinder wurde die Praxis durch zwingende und allgemein verbindliche Vorgaben in einem Maße normiert, das für Träger und Fachkräfte nicht erträglich war.

Ein Beispiel: Die früher übliche und in einigen Bundesländern noch heute anzutreffende Vorgabe einer bestimmten Gruppengröße mit einer hierauf bezogenen Personalausstattung und mit der Festlegung wieviel Kinder in welchem Alter betreut werden können, entspringt dem Wunsch sicherzustellen, daß die Kinder das notwendige Maß an Zuwendung, Betreuung und Anregung durch die Erzieherinnen erhalten können. Gleichzeitig macht diese Vorgabe eine Vielzahl von Ausnahmen und Einzelfallregelungen notwendig, wenn Kinder anderer Altersgruppen betreut werden sollen oder wenn die Räume eine andere Größe haben, als das vorgesehene Standardmaß. Die Organisationshoheit der Träger und die fachlichen Erwägungen der Kita-Mitarbeiterinnen werden durch solche Vorgaben unnötig eingeschränkt.

Ein weiteres Beispiel: Auch die Anzahl der Handtuchhalter, des Aufbewahrungsortes der Zahnbürsten oder die Höhe und Form der Garderobenhaken wurden in Raumvorschriften bzw. durch die Aufsichtspraxis der Landesjugendämter oder anderer Aufsichtsbehörden landesweit normiert. Hierin drückte sich das Mißtrauen aus, die vor Ort Verantwortlichen (vom Träger der Einrichtung bis zur Mitarbeiterin) hätten kein genügendes Bewußtsein von den Gefährdungen der Kinder und von Sicherheitserfordernissen. Deshalb könne nur eine zentrale Aufsichtsbehörde gewährleisten, daß die für das Wohl der Kinder erforderlich Bedingungen eingehalten werden.

Solche Regulierungen gehören abgebaut nach dem Motto: So wenig wie möglich, so viel wie nötig! Um das Wohl der Kinder durch allgemeine verbindliche Vorgaben zu sichern, reicht es aus, wenn die Anzahl der Fachkräfte und die Größe der Spielfläche pro Kind geregelt sind. Die Größe, Zusammensetzung und Mischung der Gruppen sind pädagogische und organisatorische Entscheidungen, die sachgerecht nur vor Ort getroffen werden können.

Die vorhandene Überregulierung und eine beständige Kritik hieran haben dafür gesorgt, daß inzwischen fast alle Bundesländer dabei sind, alle Vorgaben für Standards in Frage zu stellen, und einige Bundesländer haben bereits sämtliche Regelungen außer Kraft gesetzt (wie z. B. Baden-Württemberg und Niedersachsen). Abgebaut wurden insbesondere die Raumstandards, die nur noch in wenigen Bundesländern als Gesetz oder Verordnung, für alle verpflichtend, existieren. Einige Länder versuchen noch, die Raumstandards über die Kita-Zuschüsse im Rahmen einer Finanzierungsrichtlinie oder Verwaltungsvorschrift vorzugeben (s. o.).

Auch die Personalstandards sind heftig umstritten, und auch hier gibt es Bestrebungen, diese Standards aufzuheben. Da allerdings die Betriebskosten der Tagesstätten wesentlich durch die Personalausstattung beeinflußt wird, haben die Zuschußgeber ein erhebliches Interesse, die Verwendung der Zuschüsse zu kontrollieren und sicherzustellen, daß das bezuschußte Personal auch wirklich vorgehalten wird. Insofern gibt es gegen Forderungen nach einem Abbau der Personalstandards noch erhebliche Widerstände.

Neue Steuerung

Es muß kritisch beobachtet werden, ob die verschiedenen Versuche, neue Steuerungsmodelle im Zuge von Verwaltungsreformvorhaben einzuführen, diesen Widerstand aufweichen werden. Die Verwaltungsreform, wie sie gegenwärtig in verschiedenen Behörden betrieben wird, setzt an der berechtigten Kritik an, daß die bisherige *Input-Steuerung*, die nur bestimmt, was in die Erbringung einer bestimmten Leistung hineingesteckt wird, nicht gewährleisten kann, was als Leistung tatsächlich herauskommt (*Output*). Nun soll auch im Kita-Bereich umgesteuert werden, indem dieser Output näher beschrieben wird (z. B.: ein Kita-Platz mit einem Betreuungsumfang von 6 Std. täglich für ein Kind im Alter von 3–6 Jahren). Das Jugendamt als Leistungsverpflichteter, die Zuschußgeber sollen sich dann nicht mehr um die eingesetzten Mittel (Sachkosten, Personalmenge etc.) kümmern, sondern nur noch die Erbringung der Leistung kontrollieren. Diese zugegeben vereinfachte Darstellung eines Aspekts der Verwaltungsreform macht zumindest deutlich, daß eine solche Umsteuerung den billigsten Produzenten einer Leistung bevorzugt. Bei aller Notwendigkeit, Kostengesichtspunkte zu berücksichtigen – es bleiben zwei Leerstellen in diesem Modell:

1. Es muß sichergestellt werden, unter welchen Bedingungen die Beschäftigten ihre Arbeitsleistung erbringen, sonst wird die kostengünstige Produktion auf ihrem Rücken ausgetragen.
2. Die *Qualität* der erbrachten Leistung, des Outputs, muß festgelegt werden. Eine sechsstündige tägliche Betreuung eines Kindergartenkindes kann mit geringstem personellen und materiellen Aufwand erbracht werden und dann eine organisierte Kindesvernachlässigung darstellen – oder sie kann die Erfüllung des Erziehungs-, Bildungs- und Betreuungsauftrages gewährleisten.

Die Erlaubniserteilung durch das Landesjugendamt in der Kritik

Die Verfechter einer möglichst weitgehenden Deregulierung bringen als Argument vor, daß die Träger ausreichend verantwortungsbewußt seien, für die erforderliche Ausstattung der Kindertageseinrichtungen zu sorgen. Selbst wenn sie ausnahmsweise nicht genügend verantwortlich handeln würden, hätten die Eltern ein wachsames Auge auf die Rahmenbedingungen der Kita und würden ihren Einfluß geltend machen.

Mit dieser Argumentation werden neben dem Abbau von schriftlich fixierten Normen und Standards auch die Regelungen des § 45 ff. KJHG/SGB VIII angegriffen. Ziel ist, entweder das Erfordernis einer Betriebserlaubnis für Kindertageseinrichtungen vollständig abzuschaffen oder zumindest diese Aufgabe von den Landes- auf die örtlichen Jugendämter zu übertragen.

Es besteht ausreichender Anlaß, solchen Vorschlägen skeptisch gegenüberzutreten. Es ist ein allgemein anerkannter Grundsatz, daß das *Erbringen einer Leistung von ihrer Kontrolle* getrennt werden muß, um Interessenkollisionen zu vermeiden – oder umgangssprachlich ausgedrückt, um nicht den Bock zum Gärtner zu machen. Wenn das Jugendamt z.B. vor der Schwierigkeit steht, nicht die genügende Anzahl von Plätzen zur Erfüllung des Rechtsanspruchs zur Verfügung stellen zu können, liegt es nahe, daß es die Personal- und Raumstandards verschlechtert, um zusätzliche Kinder unterzubringen. Wenn ein Träger die Zuschüsse für seine Einrichtung bekommt, unabhängig davon, ob die erbrachte Leistung qualitativ gut ist, ist die Gefahr nicht von der Hand zu weisen, daß er Kosteneinsparungen vornimmt, die dem Kindeswohl nicht zuträglich sind.

Die Selbstkontrolle kann also nicht als geeignetes Mittel angesehen werden, den bisherigen *Erlaubnisvorbehalt* (die Einrichtung darf nur betrieben werden, wenn das Landesjugendamt die Erlaubnis zum Betrieb erteilt hat) abzulösen.

Auch die Kontrolle durch die Eltern kann den Erlaubnisvorbehalt nicht ersetzen. Die Verfechter dieses Vorschlags meinen, daß eine indirekte Kontrolle durch den Markt ausgeübt würde: ein Produkt, das nicht gefällt wird nicht gekauft. Eine wesentliche Voraussetzung für das Funktionieren des Marktes und damit eine effektive Kontrolle durch die Eltern wäre allerdings, daß sie eine echte Wahlmöglichkeit hätten. Eine solche Wahlmöglichkeit setzt ein Überangebot an geeigneten Plätzen voraus, unter denen die Eltern wählen können – und diese Wahlmöglichkeit haben Eltern zumeist nicht.

Weiterhin müßte der Produzent des nicht gekauften Produktes eine finanzielle Einbuße haben. Auch diese Voraussetzung ist häufig überall dort nicht erfüllt, wo Zuschüsse gruppenweise oder für die ganze Einrichtung gezahlt werden, unabhängig vom tatsächlichen Grad der Belegung.

Ein anderer Kontrollmechanismus für Eltern läge in echten Mitwirkungsmöglichkeiten bei Trägerentscheidungen. Hierfür geben weder die bundes- und landesgesetzlichen Grundlagen viel her, noch haben gerade diejenigen Träger sich mit der Entwicklung und Sicherung von Einflußmöglichkeiten für Eltern hervorgetan, die mit dem Verweis auf die Wirksamkeit des Einflusses die Erlaubniserteilung abschaffen wollen.

Als letzte Einwände gegen die Übernahme von Kontrollfunktionen durch die Eltern im gegebenen Rahmen sind

- ihre geringe Kenntnis über den Alltag in den Kindertagesstätten und
- ihre Überschätzung der Erziehungsqualität in den Einrichtungen zu nennen.

Während die erste Tatsache auch von Erzieherinnen durchgängig bestätigt wird, wenn z. B. das *Desinteresse von Eltern* beklagt wird, ist eine zu positive Einschätzung der Kindertageseinrichtungen durch Eltern in letzter Zeit durch verschiedene Untersuchungen belegt worden. Sturzbecher und Tietze haben übereinstimmend eine fast durchgängig uninformierte, unkritische und die Qualität überschätzende Elternsicht auf die Kindertagesstätte festgestellt.[13]

[13] Sturzbecher (Hg.): Kindertagesbetreuung in Deutschland – Bilanzen und Perspektiven, Freiburg 1998
Tietze, W. (Hg.): Wie gut sind unsere Kindergärten?, Neuwied, Kriftel, Berlin 1998

Solange also keine Feststellungsverfahren über erreichte Erziehungsqualität existieren, die auf einem weitgehenden Konsens über Meßinhalte und Meßverfahren beruhen und solange solche Meßverfahren nicht regelmäßig angewendet werden, um den Output von Kindertagesstätten festzustellen, kann auf eine Festlegung des Inputs (also der Ressourcen, die für die Kindertagesstättenerziehung eingesetzt werden) und eine Kontrolle darüber nicht verzichtet werden. Insofern muß den Versuchen, mit dem Argument der Deregulierung Standards gänzlich abzubauen oder die Kontrolle der Einhaltung von bestehenden Standards aufzugeben, unterstellt werden, hier wird leichtfertig – wenn nicht absichtsvoll – Qualitätsminderung betrieben.

**Pädagogik und Recht/
Recht und Pädagogik**

Auf den Kern reduziert handeln zwar die meisten Kapitel dieses Buches von den zwei Themen Pädagogik und Recht, doch diskutieren wir das Verhältnis der beiden Bereiche zueinander im vorliegenden Abschnitt ausdrücklich und ausführlich. Für die Überschrift aber konnten wir uns nicht entscheiden, in welche Reihenfolge wir die Begriffe stellen sollen. Jede Reihenfolge suggeriert eine Wertigkeit. *Das Wichtigste zuerst!*, heißt es. Die Priorität ändert sich jedoch mit dem Betrachter und seinem Standpunkt. Wer bestimmt, was wichtig ist?

Sollen wir die Themen von unserem Wunsch her bearbeiten? Der Wunsch lautet: die Pädagogik muß an erster Stelle stehen, weil sie die Profession der Erzieherin legitimiert. Außerdem bietet die Pädagogik die entscheidende Orientierung für die Bemessung und die rechtliche Beurteilung der Aufsichtsführung.

Sollen wir die Themen von der Wirklichkeit her bearbeiten? Die Realität sieht ängstliche Erzieherinnen, eingeschränkte Kinder, unsinnige Vorschriften. Nicht ausschließlich, doch viel zu oft. Es hat den Anschein, als bestimmen rechtliche Vorgaben (oder was dafür gehalten wird) den Alltag in vielen Kindertageseinrichtungen und anderen Institutionen der Erziehung. Recht steht dort vor Pädagogik, Aufsicht vor Erziehung. Mit ihrem starren Blick auf wirkliche oder vermeintliche Rechtsvorgaben schwächen Erzieherinnen ihre pädagogische Professionalität.

Woher kommt das? Was läßt sich dagegen tun? Aus welcher Richtung können wir das Verhältnis von Recht und Pädagogik bearbeiten und so darstellen, daß unser Wunsch zur Realität werden kann? Nur eine Erkenntnis ist in den Jahren der Beschäftigung mit dem Themenkreis sicher: mit der korrekten Darstellung von Informationen allein kann das Ziel nicht erreicht werden! Das Rechtshandbuch gibt es jetzt in der siebten Fassung; wir schreiben außerdem Artikel und bieten Fortbildungen an. Aufklärung allein scheint nicht zu genügen, um das Spannungsverhältnis zwischen Pädagogik und Recht, zwischen Erziehungsauftrag und Aufsichtspflichten, konstruktiv zu nutzen.

Manche Erzieherinnen haben *Angst vor der Aufsichtspflicht,*[1] andere versuchen in doppelter Absicherung *mit Gürtel und Hosen-*

[1] Mörsberger, T.: Die Angst vor der Aufsichtspflicht, in: *Theorie & Praxis der Sozialpädagogik,* Heft 6/1980

trägern[2] zu arbeiten, wieder andere sehen *die Pädagogik im Netz der Paragraphen*[3] und den Freiraum der Erziehung durch Rechtsvorschriften gefährdet. Über die Jahre sehen wir Fortschritte. Die Reaktionen auf eine Serie zu Rechtsfragen im Alltag von Kindertageseinrichtungen in der Zeitschrift *Theorie & Praxis der Sozialpädagogik* im Jahr 1997 waren sehr ermutigend; hier sprachen sich selbstbewußte Erzieherinnen gegen zu bevormundende Interpretationen der Gesetze und Vorschriften aus. Gang und Gäbe ist dies leider nicht. Durch die Angst vor der Aufsichtspflicht wird manche Erzieherin gehindert, ihr Handwerk vernünftig auszuüben. In der Folge werden Kinder gehindert und behindert, elementare Lebenserfahrungen rechtzeitig und in notwendigem Umfang zu machen. Das nun wiederum kann nicht Ziel der Pädagogik sein.

Wer Angst vor der Aufsichtspflicht hat, kann und muß dagegen etwas unternehmen. Ein erster Schritt ist, zwischen Befürchtungen und Ängsten zu unterscheiden. Befürchtungen gründen sich meist auf Unkenntnis oder Desinformation. Befürchtungen und Zweifel gehören zusammen. Man ist sich nicht ganz sicher. Aber man ist noch handlungsfähig, um sich die benötigte Unterstützung zu beschaffen, die in weiteren Informationen, praktischer Hilfe durch andere Personen oder genauerem Nachdenken bestehen kann.

Ängste hingegen sitzen tiefer. Ängste gründen in negativen Erfahrungen und/oder dem Willen, negative Erfahrungen um jeden Preis zu vermeiden. Wer Angst hat, zweifelt nicht mehr. Bloße Informationen reichen nicht aus, um Ängste zu beheben; Nachdenken führt eher in eine Bestätigung. Wer wirklich ängstlich seine (pädagogische) Arbeit ausführt, bedarf der Beratung und Unterstützung.

Auch wenn Ängste in gewisser Hinsicht als wirkungsvolle Signale für eigene Grenzen angesehen werden können und die betreffende Person daran hindern, sich zu überfordern, so muß doch festgestellt werden, daß die Behinderung elementarer Lernerfahrungen von Kindern auf Grund von Ängsten einer Erzieherin kein auf Dauer geduldeter Zustand sein kann. Hinzu kommt, daß die Erzieherin sich dabei selbst schadet. Angst und Vernunft schließen sich tendenziell aus. Vernunft aber ist in erster Linie gefragt, wenn es um die Frage

---

[2] Bauer, J.: Mit Gürtel und Hosenträgern?, in: *Welt des Kindes,* Heft 3/1986
[3] Rothenspieler, F.W.: Pädagogik im Netz der Paragraphen, in: *Welt des Kindes,* Heft 3/1986

geht, wie Kinder zu erziehen und zu beaufsichtigen sind. Diese Aussage belegen wir in den folgenden Abschnitten ausführlich. Auf der Ebene der Information und des Wissens kann nach der Lektüre alles geklärt sein, für die Bearbeitung von Ängsten kann jede Leserin nur selbst geeignete Unterstützung suchen.

Bemerkenswert erscheint, daß in der erzieherischen Praxis nicht alle Rechtsvorschriften gleichermaßen wirken. Die Frage: »Dürfen wir das überhaupt?« wird viel häufiger gestellt als die Frage: »Was sollen wir unbedingt tun?«. Einschränkende Rechtsvorschriften, selbst wenn sie nur als Gerücht kursieren, werden schneller übernommen als erleichternde Vorgaben, die einen eigenen Interpretationsspielraum lassen. Warum ist das so? Bereitwillige Akzeptanz von einschränkenden Vorschriften, weil sie in gewisser Weise arbeitserleichternd wirken, müssen wir hier ausschließen, weil sie hier nicht diskutiert werden kann. Mangelnde Übung oder mangelndes Selbstvertrauen können weitere Gründe sein; dagegen kann und sollte jede Erzieherin etwas unternehmen.

Ein wichtiger Grund liegt auch im Recht selbst. Das Recht erscheint als klar definierter Rahmen mit eindeutigen gesetzlichen Regelungen. Recht und Unrecht, so scheint es, lassen sich klar unterscheiden. Selbst das Wissen darum, daß diese Ansichten falsch sind, weil Rechts- und Staatsanwälte sonst nicht um Auslegung und Anwendung des Rechts streiten könnten, hilft nicht allzuviel weiter. Es handelt sich schließlich um einen Streit unter Experten. Die Profession der Juristen diskutiert untereinander.

Über das, was richtige oder falsche Pädagogik ist, läßt sich dagegen vortrefflich streiten, vor allem auch professionsübergreifend. Jede und jeder waren einmal Kind, haben als solches Erziehungsmaßnahmen genossen oder erlitten; viele Menschen haben selbst Kinder, haben zumindest darüber gelesen. Während man im Alltag eher gewohnt ist, daß jede und jeder zum Thema Pädagogik etwas beitragen kann, gilt dies nicht für viele andere Professionen. Pädagoginnen räumen dem Recht deshalb oft Vorrang ein und ordnen ihre eigene Profession der der Juristen unter. Wir werden zeigen, daß in der Praxis von Erziehung und Aufsicht ein anderes Verhältnis zutrifft: Pädagogik hat gehörigen Einfluß auf die Beantwortung der Frage, was rechtlich zulässig ist und was nicht.

Rechtliche Vorschriften haben andererseits Einfluß auf die Beantwortung der Frage, was pädagogisch zulässig ist und was nicht. Recht und Pädagogik/Pädagogik und Recht stehen in Wechselwirkung zueinander, und diese Wechselwirkung gilt es aufzuklären. Angefangen bei den Kindertagesstättengesetzen über die vielen Rechtsvorschriften, ohne die kein Bau einer Einrichtung vollzogen wird, bis hin zum arbeitsrechtlichen Rahmen, dem Recht der elterlichen Sorge und den Grundrechten jedes Menschen wirken zumindest schwer zu durchschauende juristische Einflüsse auf die Erzieherinnentätigkeit ein. Die Beschäftigung mit dem Verhältnis von Pädagogik und Recht zueinander erlangt damit recht große Bedeutung. Merkwürdigerweise wird das umfassende Thema Pädagogik und Recht oft verkürzt auf das Verhältnis von Erziehungs- zu Aufsichtsfragen. Der Teilaspekt steht dann stellvertretend für das gesamte Thema, doch läßt es sich so nicht zufriedenstellend bearbeiten, bleiben andere Aspekte außen vor. Wir wollen die Pädagogik stärken und Unsicherheiten abbauen helfen. Deshalb konzentrieren wir uns auf die pädagogische Arbeit und berücksichtigen dabei Aufsichtsprobleme, erweitern die Problemstellung jedoch um wichtige Grundlagen aus anderen Rechtsgebieten. So können wir das Thema in einem großen Bogen umspannen.[4] Wir bewegen uns dabei in einer paradoxen Situation. Je mehr wir über beide Themen schreiben, desto komplizierter erscheint zunächst deren Verhältnis zueinander. Je mehr wir die rechtlichen Aspekte um der Information und Aufklärung willen ausführen, desto gewichtiger erscheinen sie gegenüber den pädagogischen Überlegungen und Voraussetzungen. Dies kann vorhandene Unsicherheiten mehr bestärken als mindern, trifft unsere Vorgehensweise doch auf eine im Erzieherinnenalltag zu beobachtende Paradoxie: Aus Unsicherheit über den rechtlichen Rahmen und seine Ausgestaltungsmöglichkeiten wird nach genauen rechtlichen Regelungen gerufen. Sie sollen Orientierung geben.

Der Preis für den Ruf nach detaillierten Vorschriften ist hoch. Er führt zu einer Delegation von Wissen, Können und Macht an Experten, entmündigt die Rufer und bringt sie auch da in Abhängig-

[4] Die arbeitsrechtlichen Anteile der Erziehertätigkeit werden im Kapitel *Recht am Arbeitsplatz* erörtert.

Entwurf eines Gesetzes über die Aufsichtspflicht in Kindergärten und Kindertagesstätten

§ 1

Jede Mitarbeiterin in Kindergärten bzw. Kindertagesstätten ist für jedes sich in ihrem Einflußbereich befindliche Kind aufsichtspflichtig.

§ 2

Zu den Aufgaben nach § 1 gehören im engeren Sinne die Sicherstellung der körperlichen und geistigen Unversehrtheit der zu beaufsichtigenden Kinder sowie deren möglicherweise Dritte schädigenden Handlungen.

§ 3

Das Maß der Aufsichtspflicht bestimmt sich unter Berücksichtigung der kindlichen Freiheits- und Entwicklungsbedürfnisse ausschließlich nach Maßgabe dieses Gesetzes. Demnach ist sicherzustellen,

a) daß alle Kinder im Alter von 0–2 Jahren niemals allein, d. h. ohne Erwachsene im Umkreis von ca. 2 m bleiben dürfen;
b) daß Kinder von 2–3 Jahren zur Förderung der Kindergartenreife pro Tag eine halbe Stunde in Sichtkontakt (ca. 15–20 m) ohne direkte Zugriffsmöglichkeiten der Betreuungsperson bleiben müssen;
c) daß sich Kinder im Alter von 3–5 Jahren ca. 30–60 Minuten täglich allein, d. h. ohne Sicht- höchstens in Rufkontakt in der Einrichtung aufhalten müssen. Zusätzlich ist für diese Altersgruppe sicherzustellen, daß alle Kinder täglich auf Gegenstände (wie Bäume, Spielgeräte etc.) klettern müssen, die mindestens doppelt so hoch wie das jeweilige Kind sind;
d) daß sich Kinder im Vorschulalter täglich mindestens halbstündlich allein außerhalb der Einrichtung und des Geländes aufhalten müssen, um eine selbständige Gewöhnung an den Straßenverkehr zur Vorbereitung des Schulweges zu gewährleisten.

Der Umgang mit spitzen Scheren, Werkzeug sowie Feuer ist in der Regel unbedenklich;

e) Hortkinder unterliegen nur noch beschränkter Aufsichtspflicht weil sie ohne das Kindertagesstättenangebot und bei berufstätigen Eltern auch ansonsten tagsüber der Aufsicht entbehren würden. Somit ist ausschließlich sicherzustellen, daß andere Personen und deren Vermögen durch Hortkinder nicht zu Schaden kommen.

f) In altersgemischten Gruppen ist dem Alter der Kinder jeweils Rechnung zu tragen gemäß obigen Ausführungen.

§ 4

Unbeschadet der Aufsichtspflicht haftet grundsätzlich der Träger bei schadhaften Bau- und Ausstattungsteilen.

§5

Die Beweispflicht trifft den Geschädigten.

Der Landesbeauftragte für Aufsichtsfragen

keit, wo sie vorher mitentscheiden oder gar selbst gestalten konnten. Die Delegation von Wissen führt zu Unwissenheit, womit der Teufelskreis perfekt ist, denn nun bedarf es spezieller Zugangsweisen, um die Wissenslücken zu füllen. Klagen Erzieherinnen über den Mangel an klaren Rechtsvorschriften, so mögen sie gleichzeitig darüber nachdenken, ob sie nicht den Teufel mit dem Beelzebub austreiben wollen. Was könnte bei einer klaren Regelung der Aufsichtsproblematik durch nicht pädagogisch *vorbelastete* Menschen (z. B. Juristen) herauskommen? Warum erhoffen sich manche Erzieherinnen Vorteile für die pädagogische Arbeit durch Regelungen, die notwendigerweise nur von Nicht-Pädagogen erarbeitet werden können?

Viele Vorschriften und Dienstanweisungen sind praxisfremd. Warum sollten sich detaillierte Vorschriften über Aufsichtsfragen als günstig erweisen? Der hier abgedruckte *Entwurf eines Gesetzes über die Aufsichtspflicht in Kindergärten und Kindertagesstätten* (siehe Seite 95/96) soll den Un-Sinn solcher Regelungen im allgemeinen und weitreichender Vorschriften im besonderen verständlich machen. Wem könnte ein solches Gesetz nutzen? Welche Auswirkungen auf das Berufsbild der Erzieherin hätte es? Eigenverantwortung und pädagogische Fachlichkeit hätten kaum noch die Bedeutung und Berechtigung, die sie jetzt innehaben. Und selbst wenn einigen Erzieherinnen ermöglicht würde, ein Aufsichtspflichtgesetz zu entwickeln, so wären mit Sicherheit andere Erzieherinnen in der Bundesrepublik Deutschland damit nicht einverstanden.[5]

Wenn wir in Frage stellen, was Nicht-Pädagogen zu einer klaren Regelung der Aufsichtsfragen beitragen können, soll damit keineswegs die Berufsgruppe der Juristen diffamiert werden, die, wie wir finden, einen sehr vernünftigen Umgang mit dem Problem entwickelt hat. Vielmehr wollen wir auf die in jeder Berufsgruppe vorhandenen spezifischen Qualifikationen hinweisen, die gleichgewichtig zur Klärung des Verhältnisses von Pädagogik und Recht betragen können.

Klagen über einen Mangel an klaren Regelungen zur Aufsichtspflicht kann man sogar entgegnen, daß es sie gibt. Sie sind vermut-

---

[5] Bislang ist eine Verständigung über Grundstandards der Pädagogik noch so wenig denkbar, wie weiland eine Reise zum Mond. Wenn schon im eigenen Metier keine Einigung möglich ist, warum dann durch die Juristen?

lich nur nicht so detailliert, wie manche Erzieherinnen sie sich wünschen. Die Aufsichtspflicht ist als *unbestimmter Rechtsbegriff* klar umrissen, d.h., sie ist nicht bis ins Einzelne definiert, sondern muß im Einzelfall nach bestimmten Anforderungen ausgestaltet werden. Nicht nur im Zweifels- also im Konfliktfall muß geprüft werden, ob eine Aufsichtsführung gehörig war oder nicht. Die Ausgestaltung der Anforderungen an gehörige Aufsichtsführung und die Anforderungen selbst sind weitgehend mit pädagogischen Überlegungen zu füllen und mit pädagogischen Begriffen zu beschreiben.

»Der Begriff ›gehörige Aufsichtsführung‹ verweist ... teilweise auf außerrechtliche, insbesondere pädagogische, soziale und gesellschaftliche Bewertungsmaßstäbe. Um im Einzelfall beurteilen zu können, ob die Aufsicht ›gehörig‹ wahrgenommen worden ist, bedarf es einer Einformung jener außerrechtlichen Beurteilungsmaßstäbe in den ausfüllungsbedürftigen Begriff ›gehörige Aufsichtsführung‹. Dadurch werden die genannten Beurteilungsmaßstäbe ›verrechtlicht‹; ihr Wandel ist zu berücksichtigen, sofern er sich allgemein durchgesetzt hat und nicht gegen geltendes Recht verstößt. Der Begriff der ›gehörigen‹ Beaufsichtigung muß diesem Wandel der pädagogischen, sozialen und gesellschaftlichen Bewertungsmaßstäbe jedenfalls teilweise angepaßt werden.«[6]

Umgekehrt wird also ein Schuh daraus. Der unbestimmte Rechtsbegriff wird durch die einschlägige pädagogische Fachkompetenz gefüllt. Die Juristen enthalten sich einer Kompetenzüberschreitung. Die Rechtsexperten fragen die pädagogischen Expertinnen und urteilen auf dieser Grundlage im Einzelfall. Der Zusammenhang von Pädagogik und Recht wird (auch) gestaltet, indem pädagogische Maßstäbe zu Recht werden, ins Recht einfließen, Recht ausgestalten. Pädagogik ist nicht hilfloses Opfer willfähriger Juristen, sondern nimmt Einfluß auf die Rechtsprechung, wenn die Möglichkeiten dazu genutzt werden.

Diese Argumentation kann durch den Hinweis auf die Rechtspflichten von Erzieherinnen unterlegt werden. Die wichtigste Pflicht einer Erzieherin ist die Erfüllung des Erziehungsauftrages. *Erzieherinnen sind zu fachlichem Handeln verpflichtet.* Wer dem Erzie-

[6] Claussen, Vent, Knappertsbusch: Aufsichtspflicht und Aufsichtspflichtverletzung unter besonderer Berücksichtigung von Einrichtungen der Jugendhilfe, Hannover 1995, S. 38

hungsauftrag nicht nachkommt und einseitig Sicherheitsmaßstäbe vor die Gestaltung von Freiräumen stellt, verletzt ebenso die Aufsichtspflicht wie jemand, der sämtliche Sicherheitsüberlegungen außer Acht läßt.

Der Beruf der Erzieherin und der Beruf eines Piloten von Verkehrsflugzeugen haben vieles gemeinsam. Beide sind verantwortlich für viele Menschen, die in mancher Hinsicht von ihnen abhängig sind. Beide dürfen sich während der Berufsausübung keine Nachlässigkeit erlauben, weil in der Folge Menschen zu Schaden kommen können. Beide müssen die Sicherheit der in ihrer Obhut befindlichen Menschen im Blick haben. Sie dürfen beide jedoch keinesfalls ihre eigentliche Aufgabe vergessen. Lenkt der Pilot aus Sicherheitsgründen sein Flugzeug statt durch die Luft nur über die Autobahn zum Zielort, vernachlässigt er seinen Auftrag und macht sich letztlich überflüssig. Ebenso wenig darf eine Erzieherin darauf bedacht sein, die ihr anvertrauten Kinder um jeden Preis vor Schaden zu bewahren. Ihr Auftrag ist die Erziehung. Erziehung muß Freiräume nutzen und erweitern. Freiräume beinhalten Risiken, die zum Leben nun einmal dazu gehören.

Erzieherinnen, die diese Freiräume verantwortlich und qualifiziert nutzen, handeln nicht gesetzeswidrig, sondern gesetzeskonform. Den oft beschworenen Widerspruch zwischen Sicherheit und Pädagogik gibt es nicht. Es gibt nur einen Widerspruch zwischen begründeter, qualifizierter Arbeit und dem Gegenteil. Es wäre nicht nur paradox, sondern in höchstem Maße absurd, würden pädagogische Zielvorstellungen wie Selbständigkeit und Handlungskompetenz als konträr zu rechtlichen Normen gelten. Die Übereinstimmung pädagogischer Zielvorstellungen mit gesetzlichen Bestimmungen und ihre Vereinbarkeit mit einer freizügigen Ausgestaltung des Erziehungsalltages läßt sich auf verschiedenen Wegen belegen. Wir versuchen, Ziele und Inhalte pädagogischer Arbeit, die in jedem Lehrbuch zu finden sind, in einschlägigen Gesetzestexten nachzuweisen. Dieser Nachweis ist kein Taschenspielertrick, sondern der Versuch, durch eine neue Argumentationslinie den Themenkomplex verständlich aufzubereiten. Widersinnig wäre doch die Annahme, Erzieherinnen würden ihre pädagogischen Zielsetzungen gegen den allgemeinen gesellschaftlichen Konsens durchsetzen müssen. So heterogen pädagogische Vorstellungen in unserer Gesellschaft vertreten werden, einige wichtige werden von allen gleichermaßen anerkannt. Sie sind u.a. zu finden in Gesetzen und Empfehlungen sowie in der anerkannten pädagogischen Fachliteratur. Wer diese allgemeinen Grundlagen bei seiner pädagogischen Arbeit beachtet, verfügt über genügend gesicherten Freiraum. Wer diese Freiräume nicht nutzt, muß sich fragen lassen, wie verantwortlich er seine Aufgabe wahrnimmt. Und als weitere Frage schließt unmittelbar an: »Wie können unter solchen Umständen die zu betreuenden Kinder zu Verantwortungsbewußtsein und Handlungsfähigkeit erzogen werden?« Gilt diese Frage schon für alle Eltern (= Personensorgeberechtigten), stellt sie sich für professionelle Erzieherinnen recht drastisch mit den Worten eines Buchtitels, der für Sozialarbeiter bestimmt war: *Wofür wirst Du eigentlich bezahlt?*[7]

Pädagogische Arbeit ist wie das Zusammensetzen eines Puzzles ohne Vorlage. Man sucht, sammelt, fügt Einzelteile zusammen und hat, wenn überhaupt, nur ein ungefähres Bild von dem im Kopf, was einmal entstehen soll. Jedes Teil wird benötigt. Am Anfang sind vielleicht die Teile des Rahmens etwas wichtiger, doch zum Schluß muß sich eins ins andere fügen. Es hilft nicht weiter, ein Teil wegzulassen, das gerade nicht passen will. Es hilft auch nicht, Teile zu verdoppeln, die einem besonders gut gefallen. Bleiben wir im Vergleich der Pädagogik mit einem Puzzle, so kann ein Teil davon die angemessene, die gehörige Aufsichtsführung bedeuten. Sie ist Teil des Gesamtbildes *Erziehung von Kindern*. Zentrale andere Teile des Bildes sind die Erziehungsziele, dazu kommen Fürsorge, anerkannte Methoden, Prinzipien und vieles mehr. Das Bild entsteht unter angemessener Einbeziehung aller Teile, nicht durch auslassen, nicht durch überbetonen. Jedes Teil muß an die richtige Stelle.

Eltern und Erzieherinnen müssen die richtige Stelle, d.h. das richtige Maß für die gehörige Aufsichtsführung finden. Wonach bemißt sich das Maß? Ganz allgemein ausgedrückt hängt es vorrangig ab

- von den Erziehungszielen
- und den Rechten anderer Personen.

---

[7] Aly, G.: Wofür wirst Du eigentlich bezahlt? Berlin 1978

Eigenverantwortung und Selbständigkeit des Kindes sind zeitgemäße Erziehungsziele, die mit geeigneten Methoden erreicht werden sollen. Eine Beschränkung der Erziehungsziele erfolgt nur dann, wenn das einzelne Kind in bedrohliche Gefahr gerät oder wenn sogenannte Dritte in ihren Rechten unzumutbar eingeschränkt werden. Erziehung muß zwischen den Polen Selbständigkeit und Schutz vermitteln. Folgende Spannungsverhältnisse können dabei entstehen:

a) noch nicht erreichter Erziehungserfolg beim Kind (Verantwortung) gegenüber dem aktuellen Schutzbedürfnis der Gemeinschaft;
b) kurzfristiger Erfolg beim Kind (aktuelle Sicherstellung) gegen den langfristigen, tragfähigeren Erfolg (Selbständigkeit; eigenverantwortliche Sicherung);
c) Erfolg im Einzelfall (Schutz eines Kindes) gegen die Interessen vieler Altersgenossen.

Zur Erläuterung:

a) Wer Kindern und Jugendlichen Freiräume ermöglicht, kann nicht von vornherein sicher sein, daß sie mit der übertragenen Verantwortung (schon) angemessen umgehen. Es gilt abzuwägen zwischen dem Erziehungsziel Verantwortung und dem Schutz der Gemeinschaft. Wenn ein Kind den Freiraum wahrscheinlich nicht angemessen nutzt, muß der Schutz der Gemeinschaft Vorrang haben. Wenn der Freiraum vermutlich vernünftig genutzt wird, kann das Risiko zu Gunsten der Erziehung zur Selbständigkeit eingegangen werden.
b) Wird ein Kind von allen Gefahren ferngehalten, ergibt sich unweigerlich die Frage, was passiert, wenn es plötzlich mit einer unvorhergesehenen Gefahr konfrontiert wird. Je älter Kinder werden, desto mehr Gefahren werden sie ausgesetzt. Wer nicht rechtzeitig und durch Erfolg lernt, kleinere Anforderungen zu meistern, wird an größeren scheitern. Totale Sicherheit gibt es nicht. Entscheidend ist neben der Höhe des Risikos auch der Zeitpunkt, zu dem das Kind ihm gegenüber steht sowie die Vorbereitung darauf. »Selbständige Kinder sind ›sicherer‹ als Verbote.«[8]

[8] Bauer, J. a.a.O. S. 193

c) Was für ein Kind angemessen sein mag, muß nicht für alle Kinder der Gruppe oder seines Alters gelten. Sieht sich eine Erziehungsperson gezwungen, den Freiraum für ein einzelnes Kind zu beschneiden, müssen andere Kinder nicht darunter leiden. Und umgekehrt: muß der Freiraum für viele Kinder eingeschränkt werden, kann es gleichwohl geboten sein, einem Kind die Chance zu geben, sich auszuprobieren. Nach einem Vorfall in einem Erziehungsheim wurde vom Gericht folgender Leitsatz formuliert: »Es ist besser, dieses gewisse Risiko einzugehen, um bei vielen Zöglingen den Erziehungszweck, zumindest teilweise, verwirklichen zu können, als auf diese Möglichkeiten weitgehend zu verzichten mit der Folge, daß viele Zöglinge später eine um so größere Gefahr für die Allgemeinheit werden.«[9]

Obwohl Juristen und Pädagoginnen bei genauer Analyse von Urteilen, wie wir sie ab S. 151 vornehmen – nicht überraschend – gleiche Ansichten vertreten, werden gleiche Schlußfolgerungen mitunter durch unterschiedliche Sprachroutinen verwischt. Hier handelt es sich lediglich um ein Kommunikationsproblem. Es tritt auf, wenn Erzieherinnen die Juristensprache rigider deuten, als sie gemeint ist. »Da ist die Rede von Geboten und Verboten, von Belehrung und Anweisungen und von Kontrolle und Überwachung. Diese Terminologie mag manchen Erzieher, der sich als Berater und Partner der ihm anvertrauten Kinder versteht, befremden, weil sie ihm autoritär und unpädagogisch erscheint.«[10] In der Tat sind sich Juristen dieses Problems bewußt. Erzieherinnen sollten sich durch das Juristendeutsch nicht ins Bockshorn jagen lassen, sondern ergründen, was jeweils gemeint ist. Wie bereits erwähnt, überlassen Juristen die pädagogisch-inhaltliche Füllung der verwendeten Begriffe letztlich den Expertinnen. Sie verwenden beispielsweise die Worte *Belehrung, Anweisung, Kontrolle* eher neutral, quasi als Arbeitsschritte. Das Wie, die konkret erforderliche Methode der Ausführung, muß die Pädagogin wählen. Sie kann sich darauf verlassen, daß Juristen in einschlägigen Verfahren ein reiches Erfahrungswissen gesammelt haben, so daß folgende Schlußfolgerung von ihnen vertreten wird:

---

[9] Urteil Hans. OLG Hamburg vom 22.6.1965, nach Claussen u.a. a.a.O., abgedruckt im Anhang ab S. 587

[10] Claussen u.a.: Aufsichtspflicht ..., Hannover 1995, S. 20

»Die konkrete Beaufsichtigung in Form von Ermahnungen, Bevormundungen, Verboten ist erfahrungsgemäß kein Mittel, Schäden zu vermeiden, da jede Eigenverantwortung im Keim erstickt wird und Kinder herausgefordert werden, vorgegebene Normen im unbeobachteten Augenblick zu durchbrechen.«[11]

Eine genaue Vorgabe beispielsweise über die Form von Belehrungen wird sich ein Jurist kaum anmaßen. Kinder sind auf Gefahren hinzuweisen, doch jede erfahrene Erzieherin weiß auch, daß eine ›vorsorgliche Belehrung‹ Kinder erst auf ›dumme Gedanken‹ bringen kann. Sie wird also entscheiden (müssen), wie weitgehend und wie intensiv sie vorsorgt. Ebenso muß sie mit ihrem Fachwissen, ihrem Wissen über das einzelne Kind und den ihr zu Gebote stehenden spezifischen sozialpädagogischen Methoden einschätzen können, wie sie das Kind anspricht, damit es die notwendigen Zusammenhänge verstehen kann. Wieder gilt es festzustellen: Wer als Erzieherin nicht sein sozialpädagogisches Fachwissen anwendet, sondern sich die angemessene Form der Belehrung durch eine fremde Profession vorgeben lassen will, oder wem bei dem Wort Belehrung ausschließlich eine schulische Form der verbalen Zuwendung einfällt, der sollte sein Handwerkszeug überprüfen.

Wenn wir schreiben, daß Erzieherinnen durch Ausgestaltung unbestimmter Rechtsbegriffe Einfluß auf die Rechtsprechung nehmen, dann stellen wir uns damit einem gängigen Vorurteil entgegen, das besagt, daß man als kleines Licht sowieso nichts zu sagen hat und dem juristischen Apparat hilflos ausgeliefert ist. Diese Meinung ist verbreitet und nicht ganz von der Hand zu weisen, denn *Recht* im weiteren Sinne ist immer auch Macht- und Herrschaftsinstrument.[12] Recht ist von Menschen gemacht, manchmal verhandelt, manchmal brutal durchgesetzt worden. Es ist aber auch entwickelt worden, um das Zusammenleben der Menschen erträglicher zu machen.

In einer Demokratie hat Recht die Funktion, die Beziehungen zwischen Menschen zu klären und verläßlich zu gestalten. Ob diese Be-

[11] Bauer, J. a.a.O. S. 193

[12] Zu diesem Themenkomplex und allgemein zum Thema Recht zwei Literaturempfehlungen, recht einfach und amüsant zu lesen:
Wesel, U.: Fast alles, was Recht ist. Jura für Nichtjuristen. Frankfurt/M. 1991
Wesel, U.: Geschichte des Rechts. München 1997

ziehungen zu aller Wohlergehen gestaltet wurden oder nur Einzelnen dienten, hing immer von den konkreten gesellschaftlichen Bedingungen ab. *Verhandlung* oder *Verordnung* von Rechtsgrundsätzen, das herrschende Prinzip der Entstehung von Recht ist das der *Auseinandersetzung*. Die Formen der Auseinandersetzung mögen mehr oder weniger heftig gewesen sein, am Prinzip ändert dies nichts. Wer demnach hofft, ein genehmes Gesetz möge aus heiterem Himmel über einen herab regnen, verkennt, daß es im Leben kaum etwas (vernünftiges) geschenkt gibt.

Ein weiterer Aspekt ist die Veränderbarkeit des Rechts. Gesetze werden verändert. Die Rechtsprechung (also ein Richter) entwickelt Auslegungen der Gesetze weiter. Ganze Staaten können verschwinden, und ein neues Rechtssystem kann vertraute Strukturen für überflüssig erklären. Einflußnahme auf diesen Prozeß ist möglich. Wieviel ist abhängig von den gesellschaftlichen Verhältnissen und von der Position des einzelnen? Ob der Einfluß als ausreichend empfunden wird oder nicht, kann nur jeder selbst entscheiden.

Im Zusammenhang von Pädagogik und Recht kann jedenfalls nicht über mangelnden Einfluß auf die Inhalte des rechtlichen Rahmens geklagt werden. Die Probleme scheinen eher auf Seiten der Erzieherinnen zu liegen. Was sollen Juristen davon halten, wenn sie erfahren, daß Erzieherinnen in einer Einrichtung das pädagogische Handeln in einer Nachbareinrichtung als *völlig unmöglich* hinstellen?

In unseren Seminaren haben Erzieherinnen regelmäßig Fallbeispiele strenger bewertet, als die Richter es taten. Die strengere Beurteilung wurde stets so begründet, daß der pädagogische Freiraum für die Kinder zu groß gewesen sein soll. Die eigene Praxis wurde als weniger freizügig geschildert. Diese Tatsache ist problematisch für den Erziehungserfolg. Noch problematischer wird es, wenn der eigene enge pädagogische Spielraum gegenüber der Urteilsbegründung verteidigt wird. Denn diese Haltung provoziert genau das, was angeblich befürchtet wird: eine weniger großzügige Rechtsprechung. Wie soll ein Richter zu Gunsten einer offensiven, fortschrittlichen Pädagogik entscheiden, wenn die *Expertinnen* behaupten, so viel Freiraum oder so großzügige Erziehungsmethoden wären unverantwortlich. Folgte man der Einschätzung dieser Erzieherinnen, stünden wir über kurz oder lang vor dem Dilemma, die Rechtsprechung zu verschärfen oder aber die vernünftigen Kolleginnen anzupassen. Besser, doch leider unmöglich ist es, übervorsichtige Erzieherinnen auszutauschen. Kurt Tucholsky schrieb in den zwanziger Jahren: »Kollektivurteile sind immer ungerecht, und sie sollen und dürfen auch ungerecht sein. Denn wir haben das Recht, bei einer Gesellschaftskritik den niedersten Typus einer Gruppe als deren Vertreter anzusehen, den, den die Gruppe gerade noch duldet, den sie nicht ausstößt, den sie also im Gruppengeist bejahend umfaßt.« Es entbehrt nicht einer gewissen Ironie, dies zu zitieren, denn Tucholsky schrieb hier gegen die Richter in der Weimarer Republik. Erzieherinnen können aus diesem Zusammenhang:

- eine Erklärung dafür ableiten, daß ihr Berufsstand nicht überall gebührend gewürdigt wird;
- die Schlußfolgerung ziehen, daß nicht die Stimme aus den eigenen Reihen das letzte Wort hat, die – aus welchen Interessen auch immer – Freiräume zu eng bemißt, Auseinandersetzungen meidet und Verantwortung negiert.

Kritik ist noch immer nicht allgemein als Methode kollegialer Beratung oder als Zeichen von Professionalität anerkannt. Durch mangelnde Offenheit schaden sich Erzieherinnen zumindest langfristig selbst am meisten. Die Bedrohung, die in einer Aufsichtspflichtverletzung liegt, bezieht sich auf das Versagen des Aufsichtspflichtigen, auf die nicht pädagogisch vertretbare Situation, sei es aus Versehen, aus Unachtsamkeit oder aus Mangel an wahrgenommener Verantwortung. Gegen ein Versehen kann man sich kaum wappnen. Gegen Unachtsamkeit helfen eigene Kontrollen und Erfahrung. Für die Folgen muß die betreffende Person gerade stehen. Verantwortungslosigkeit einzelner Erzieherinnen kann durch aufmerksame Kolleginnen, Leiterinnen und Träger verhindert werden. Für die Folgen mangelnder Verantwortung stehen letztlich alle Erzieherinnen ein, auch wenn dies im ersten Moment nicht so aussieht, besonders natürlich die, welche von dem verantwortungslosen Verhalten wußten.

Die Wichtigkeit kollegialer Kontrolle steigt mit dem Maß an Eigenständigkeit, das Kindertageseinrichtungen zugestanden wird. Die Kompetenzen bestimmen die Verantwortung. Wer mehr Rechte hat, hat auch mehr Pflichten. Im Allgemeinen wird der Alltag in Erziehungseinrichtungen, entgegen anders lautenden Klagen, kaum von außen kontrolliert. Im Gegensatz zu anderen Arbeitsfeldern herrscht eine paradiesisch anmutende Selbstbestimmung. Doch leider wird der Freiraum häufig nicht produktiv genutzt; im Gegenteil werden Auseinandersetzungen, die für die Pädagogik und für die Erfüllung der rechtlichen Anforderungen so lebenswichtig sind, durch inhaltliche Beliebigkeit und selbstverordneten Zwang zur Anpassung an den kleinsten gemeinsamen Nenner vermieden.

Wieder schließt sich ein Kreis. Die Angst vor Auseinandersetzungen führt zur Angst vor Zwischenfällen, die mit allen Mitteln verhindert werden sollen. Dadurch wird die pädagogische Arbeit auf ein vorhersagbares Maß eingependelt. Risiken wird aus dem Weg gegangen. Erklärungen brauchen nicht gegeben zu werden, und Diskussionen über Alternativen finden nicht statt. Solche Spiralen führen qualitativ abwärts.

Da immer auch Außenfaktoren diesen Trend begünstigen, bedarf es allerhöchster Wachsamkeit, um dagegen vorzugehen. Kindertageseinrichtungen haben wie viele Institutionen einen geschlossenen Charakter. Sie wirken selbstgenügsam. Der die Einrichtung umgebende Zaun prägt ihren Charakter. Unbefugte dürfen nur ausnahmsweise eintreten, Insassen dürfen während der offiziellen Öffnungszeiten nur ausnahmsweise nach draußen. Unsere Gesellschaft hat sich daran gewöhnt, daß Kinder eingesperrt gehören. Erzieherinnen begründen ihren Beruf damit. Kinder benötigen aber weitaus mehr, als ihnen die beste Institution bieten kann. Die einander widersprechenden Interessen von Erwachsenen und Kindern lassen sich nicht auflösen, jedoch durch bewußten Umgang mit dem Widerspruch als ein allgemeines Lebensrisiko für die Kinder so gestalten, daß sie beides, Schutz und Herausforderung, zugleich erhalten. Der Interessenausgleich stellt Erzieherinnen vor hohe Anforderungen, zugleich können sie daraus Selbstbewußtsein schöpfen, wenn sie in brenzligen Situationen nicht mit Scheinargumenten der Aufsichtspflicht reagieren, sondern die Erfolge ihrer pädagogischen Bemühungen wahrnehmen.

Besonders in Horten wird die Diskrepanz zwischen notwendigem Freiraum und Sicherheitspädagogik offensichtlich. Sind die Kinder nach der Schule erst einmal heil dort angelangt, gibt es kaum einen Weg heraus. Erzieherinnen beschneiden hier den Aktionsradius der

Kinder, obwohl deren persönliche Kompetenzbereiche psychisch, physisch und räumlich weit über die Einrichtung hinausweisen. Jedes Kind, das sich nicht im Hort aufhält, beweist, daß es ohne diese Einrichtung auskommen kann. Jedes Kind außerhalb eines Hortes stellt daher scheinbar die Notwendigkeit von Horterzieherinnen in Frage. Ist dies ein Grund, warum Hortkindern so wenig Freiraum außerhalb gewährt wird; Freiraum, der ihnen in der Familie schon zugestanden wird? Warum sollten die Kinder nicht allein zu Freunden, zum Sport oder auf Streifzüge gehen dürfen? Jede Erziehung muß die Erziehungsperson irgendwann überflüssig machen. Je aktiver sie daran arbeitet, desto höhere Kompetenz wird ihr zugeschrieben. Drinnen und draußen stehen in engem Zusammenhang. Das Ermöglichen selbständiger Erfahrungen, auch schon bei jüngeren Kindern, belegt nicht die Überflüssigkeit von Pädagogik, sondern ihre Notwendigkeit. Vielleicht ist die folgende Formel etwas verkürzt, doch soll sie eher als Gedankenstütze dienen, denn als detaillierte Beschreibung der Zusammenhänge:

Pädagogik soll Selbständigkeit anstreben. Diese besteht weitestgehend in der Wahrnehmung von Verantwortung gegenüber sich selbst und anderen. Verantwortung heißt, für eigenes Tun einzustehen. Damit niemand sich dabei übernimmt, werden entsprechende Kompetenzen und Eigenkontrolle benötigt. Selbständigkeit ist nichts anderes als die Aufsicht über sich selbst!

Was bei einer Erziehung, die diesen Ansprüchen genügen kann, pädagogisch und rechtlich zu beachten ist, soll nun ausführlich begründet werden. Wir zeigen, daß unser gesamtes Rechtssystem fortschrittliche Pädagogik fördernd begleitet. Ausgehend von den Erziehungsrechten und -pflichten der Eltern werden die Kriterien für die Erziehung in Kindertageseinrichtungen entwickelt und um die fachspezifischen Vorschriften ergänzt. *Als Beweis* werden ein Urteil zur Aufsichtspflicht analysiert und die möglichen Folgen einer Aufsichtspflichtverletzung erörtert.

Dieses Kapitel beschließend, werden Konsequenzen aus dem Text für verschiedene Arbeitsfelder öffentlicher Erziehung aufgezeigt.

1. Erziehungsziele in der Eltern-Kind-Beziehung

Die Grundlagen der pädagogischen Arbeit, soweit sie mit rechtlichen Aspekten verbunden sind, stehen in der Bundesrepublik Deutschland für professionelle Erziehungspersonen im allgemeinen Rahmen der elterlichen Erziehung. Zuvörderst sind Eltern für ihre Kinder zuständig. Es bedarf daher eines Blickes auf die Anforderungen, denen Eltern sich stellen müssen.

Selbständigkeit von Geburt an

Mit der Geburt eines Kindes beginnen viele lebenspraktische Probleme für das Kind und für seine Eltern. Das Kind hat Hunger, es will genährt werden. Das Kind friert, es will gekleidet werden. Das Kind will Zuwendung, es macht auf sich aufmerksam. Das Kind will lernen und fordert Anregungen. Wohl nur wenige Eltern (und mit Sicherheit kein Kind) machen sich darüber Gedanken, daß die lebenspraktischen Probleme zugleich juristische Probleme sein können, denn das Kind hat ein Recht auf diese elterlichen *Leistungen*. Seine Eltern wiederum haben das Recht, diese Leistungen erbringen zu dürfen, und in Ergänzung des Rechts ihres Kindes haben sie sogar die Pflicht, für diese Leistungen Sorge zu tragen. Doch greifen wir nicht allzuweit voraus, verweilen wir ein wenig beim scheinbar Selbstverständlichen!

In § 1 des Bürgerlichen Gesetzbuches (BGB) heißt es: *»Die Rechtsfähigkeit des Menschen beginnt mit der Vollendung der Geburt.«* Die Geburt ist mit der Durchtrennung der Nabelschnur vollendet. Lebenspraktisch hat der Mensch in dieser Situation so seine Nöte, juristisch hat er Rechte. Ab diesem Zeitpunkt ist es offensichtlich, daß er erstens ein eigenständiger Mensch ist, doch zweitens noch nicht in der Lage, die Belange seines Lebens selbständig zu regeln. Dieser Umstand zwingt Eltern oder andere Erwachsene, sich Gedanken darüber zu machen, was sie für das Kind tun wollen, wie sie es großziehen wollen, was sie von ihm erwarten, wie sie es unterstützen können und noch vieles mehr. Alle Gedanken kreisen um die Frage:

Wie kann aus dem hilfsbedürftigen Wesen ein eigenverantwortliches werden? Es sind schwerwiegende Gedanken, die sich die meisten Erwachsenen machen, gleichwohl sind euphorische Höhenflüge ob des schier unerschöpflichen Potentials der lieben Kleinen nicht ausgeschlossen.

In der Geschichte *Der kleine Lord* heißt es dagegen, Kinder seien Langweiler. Picasso hat, eigenen Aussagen zufolge, Jahrzehnte gebraucht, um endlich so zu sehen und zu malen, wie es ein Kind vermag. Emmi Pikler hat die These aufgestellt, daß ein Kind vom ersten Tag seines Lebens selbständig ist: Obwohl es ganz offensichtlich viele Fertigkeiten noch nicht erworben hat, besitzt es doch unabhängig von einem Erwachsenen die wichtigsten Fähigkeiten und Voraussetzungen. Es lernt allein und entwickelt sich (!), unterstützt durch äußere Einflüsse, doch nach seinen inneren Prozessen.

Die Einstellung einem Kind gegenüber hat Auswirkungen auf den Umgang mit ihm. Das gilt für den einzelnen Erwachsenen wie für die Gesellschaft insgesamt. Ob es nicht einfacher wäre, wenn Kinder Nestflüchter wären? Niemand müßte sich Gedanken über den Umgang mit ihnen machen. Andererseits: wollte oder würde niemand darüber nachdenken?

Erwachsensein gilt als Synonym für die Selbständigkeit. Wann ist man erwachsen? Gilt das Datum der Volljährigkeit oder was sonst? Italienische Männer gründen einen eigenen Hausstand, wenn sie knapp über dreißig Jahre alt sind. Auch in der Bundesrepublik Deutschland wird der Zeitpunkt der sogenannten zweiten Abnabelung immer weiter hinausgezögert. Junge Leute bleiben länger bei den Eltern. Auf dem Hintergrund von Massenarbeitslosigkeit, d. h. mangelnder ökonomischer Basis für eine eigene Wohnung, ist diese Entwicklung schon unmittelbar nachvollziehbar. Die längere Verweildauer in der elterlichen Obhut hat jedoch viele Ursachen. Eine davon ist die durchschnittlich geringere Zahl von Kindern in den Familien. Damit eng verbunden ist eine im Gegensatz zu früheren Zeiten umfassendere Fürsorge. Kurz und knapp: man hat weniger Kinder und kümmert sich intensiver um sie. Statt weitere Gründe für diesen Trend aufzulisten, wollen wir darauf hinweisen, daß die Versorgungsmentalität nicht bloß bei den Jugendlichen zu finden ist, sondern auch bei den Erwachsenen. Die Einschränkung des eigenständigen Lebensweges eines Kindes findet sowohl aktiv als auch passiv statt. Es gehören zwei dazu: das *Kind*, das sich so einrichtet, und die *Eltern*, die dies zulassen oder unterstützen, wobei zu Beginn eines Menschenlebens sicherlich den Eltern mit ihren Erziehungsvorstellungen der aktivere Part zukommt. Das *Hotel Mama* bietet mit seiner Fürsorge und seiner Versorgung im Laufe der Zeit so viele Annehmlichkeiten, daß der Preis einer mehr oder weniger freiwilligen Selbständigkeitsbegrenzung schließlich sogar gern gezahlt wird.

Über diese Art von Beziehungen soll hier nicht gerichtet werden. Ein gewisses Unverständnis und eine Ablehnung dem Trend gegenüber wollen wir allerdings nicht verbergen. Interessant an diesem Phänomen ist für ein Rechtshandbuch zweierlei:

1. Der skizzierte Trend setzt sich lebenspraktisch gegen die gesetzlich festgelegte Volljährigkeitsgrenze durch; die Volljährigkeit aber definiert nach allgemeinem Verständnis die fast uneingeschränkte rechtliche Selbständigkeit.
2. Lebenspraxis und rechtliche Basis haben gegensätzliche Trends. Nach der Absenkung des Volljährigkeitsalters in der Bundesrepublik Deutschland zum 1.1.1975 von 21 auf 18 Jahre[13] und einhergehender Absenkung der Altersgrenze für Wahlen werden mittlerweile politische Bestrebungen zu einer Verlegung der Wahlmündigkeit auf das vollendete 16. Lebensjahr umgesetzt. Mit anderen Worten: Jugendlichen wird eine größere politische Verantwortung (= größeres Entscheidungsrecht und Selbständigkeit) zugebilligt als vorher. Einem Mehr an möglicher Verantwortung im öffentlichen Leben steht privat eine geringere Forderung nach Verantwortungsübernahme entgegen.

Daraus kann abgeleitet werden, daß lebenspraktische Selbständigkeit mit politisch und rechtlich vorgesehener nicht übereinstimmen muß. Es kann weiter abgeleitet werden, daß der Begriff Selbständigkeit in unterschiedlichen Kontexten unterschiedlich definiert ist. Man muß sich also jeweils über seinen Inhalt und seine Bedeutung auseinandersetzen, um sich zu verständigen. Ferner kann man die

---

[13] § 2 BGB: »*Die Volljährigkeit tritt mit der Vollendung des achtzehnten Lebensjahres ein.*«

Fragen ableiten, warum gesetzlicher Anspruch und Wirklichkeit so weit auseinander liegen und welche Wirkungen dieser verbreitete *Gesetzesbruch* auf das Zusammenleben in der Gemeinschaft hat.

Erziehungsauftrag und Verantwortung

Am Anfang dieses Kapitels behaupteten wir, daß Erwachsene spätestens dann gezwungen sind, sich Gedanken um ihr Kind zu machen, wenn sie ihr Neugeborenes in den Händen halten. Kehren wir von der Philosophie der Selbständigkeit dahin zurück und begründen diese Behauptung nun juristisch. Artikel 6 des Grundgesetzes[14] schreibt vor:

»(1) Ehe und Familie stehen unter dem besonderen Schutz der staatlichen Ordnung.
(2) Pflege und Erziehung der Kinder sind das natürliche Recht der Eltern und die zuvörderst ihnen obliegende Pflicht. Über ihre Betätigung wacht die staatliche Gemeinschaft.
(3) Gegen den Willen der Erziehungsberechtigten dürfen Kinder nur auf Grund eines Gesetzes von der Familie getrennt werden, wenn die Erziehungsberechtigten versagen oder wenn die Kinder aus anderen Gründen zu verwahrlosen drohen.
(4) Jede Mutter hat Anspruch auf den Schutz und die Fürsorge der Gemeinschaft.
(5) Den unehelichen Kindern sind durch die Gesetzgebung die gleichen Bedingungen für ihre leibliche und seelische Entwicklung und ihre Stellung in der Gesellschaft zu schaffen wie den ehelichen Kindern.«

Die grundlegenden Rechte und Pflichten von Eltern in unserem Staat werden in diesem sechsten Artikel des Grundgesetzes geregelt. Gesellschaftlich akzeptiertes Tun und Lassen wird in sehr allgemeiner Form beschrieben. Eltern, so heißt es in Absatz 1, haben ein Recht und eine Pflicht. Sie haben beides zu gleicher Zeit – untrennbar. Sie haben das Recht und die Pflicht zu pflegen und zu erziehen. Sie sollen ihre Kinder pflegen und erziehen, denn Eltern sind Erwachse-

[14] siehe auch → Hierarchie der Gesetze und Vorschriften ab S. 327

ne, die Kinder haben. Diese Kinder sind *zuvörderst*[15] von den Eltern zu pflegen und zu erziehen.
Aus dem Gesetzestext ist herauszulesen, daß das Recht nicht ohne die Pflicht existiert. Beide zusammen machen aus, was mit *Verantwortung* bezeichnet werden kann. Jemand (in diesem Falle Eltern) hat die Verantwortung, etwas zu erreichen bzw. zu gewährleisten, deshalb wird diesem Jemand das Recht zum Handeln eingeräumt und zugleich erwartet, daß er es tatsächlich ausübt. So ist das Recht zugleich eine Verpflichtung. Jemand, der für etwas verantwortlich ist (»die Verantwortung übernommen hat«), muß seine Rechte und Pflichten wahrnehmen, sonst wird er oder sie zur Verantwortung gezogen (siehe auch S. 400 → Stichwort Verantwortung).

Wer darf jemand zur Verantwortung ziehen? Allgemein gesagt, sind es diejenigen, deren Verantwortlichkeit (Recht und Pflicht) darin besteht, andere an ihre Verantwortlichkeit zu erinnern. Wer kann das sein? Gibt es jemanden, der für die Wahrnehmung der Verantwortung durch Eltern zuständig ist? Auf der Grundlage des zitierten Artikels kann bislang nur gefolgert werden, daß die *staatliche Gemeinschaft* über die Betätigung der Eltern wachen soll. Die staatliche Gemeinschaft, alle Bürgerinnen und Bürger der Bundesrepublik Deutschland, wir, sollen aufpassen, daß alle Eltern ihrer Verantwortung nachkommen. Wachen sollen wir, aufpassen: mehr wird (vorerst) weder erlaubt noch erwartet.[16] Wenn jemand darüber wachen soll, daß und wie Eltern zur Pflege und Erziehung ihres Kindes tätig werden, muß es minimale Bewertungsmaßstäbe für eine sinnvolle Überwachung geben. Es würde beispielsweise nichts nutzen, genau zu beobachten, daß ein Elternteil ein Kind zehnmal schlägt. Erst die Bewertung des überwachten Verhaltens mit einem einigermaßen klaren Maßstab kann zu weiteren Handlungen führen. Ist es erlaubt ein Kind zehnmal, fünfmal, einmal oder darf man es gar nicht schlagen? Wie verhält sich das beobachtete Verhalten zum Erlaubten, das immer auch das Gewünschte ist?

Mit Worten aus der Fachsprache der Erzieherinnen: Wenn Sie das

---

[15] Wo ein Vorn ist, gibt es auch ein Hinten, jedenfalls ein Hinterdrein; Wen dies betrifft, dazu kommen wir später, eben nicht zuvörderst.

[16] Was zu tun ist, wenn jemand feststellt, daß Eltern ihren Rechten und Pflichten nicht, nur ungenügend oder nicht angemessen nachkommen, behandeln wir weiter unten und auf den Seiten 347 ff.

Verhalten eines Kindes beobachten wollen, brauchen Sie ein Beobachtungsobjekt, einen Beobachtungsanlaß, ferner eine Beobachtungshinsicht, ein Beobachtungsziel und einen Bewertungsmaßstab für das Beobachtete.

Erst seit kurzem gibt es klare gesetzliche Vorgaben, die das Schlagen von Kindern verbieten (S. 147 → Elterliche Sorge), doch wie verhält es sich in anderen Erziehungsbereichen? Gibt es außer dem Züchtigungs*verbot* vielleicht auch positiv formulierte gesetzliche Regelungen? Gibt es pädagogische Ideen in oder Vorgaben aus unseren Gesetzen, die Eltern als Orientierung dienen können für die Art und Weise, wie sie ihre Kinder pflegen und erziehen sollen? Gibt es eventuell sogar ausformulierte pädagogische Ziele oder allgemeine Verhaltensregeln, an denen sich elterlicher Umgang mit Kindern wenigstens grob einschätzen und bewerten läßt? Wenn ja, welche sind dies? Erst die Beantwortung dieser Fragen führt uns weiter sowohl in Richtung Wächteramt der Gemeinschaft als auch in Richtung Ausgestaltung des pädagogischen Angebots im Rahmen der Jugendhilfe/Kindertagesbetreuung.

Über Erziehungsziele, Prinzipien und Methoden

Ziele sind wichtig, wenn man etwas erreichen will. Sie dienen als Leuchtturm und weisen den Weg. Ziele werden gesetzt, vereinbart oder gesucht. Pädagogische Ziele gehören zum Handwerkszeug einer Erzieherin. Trotzdem manche Schwierigkeit schon bei der Zielfindung beginnt,[17] bedarf dieser Begriff hier keiner weiteren Ausführung. Ist die Phase der Zielfindung erfolgreich beendet, hat man das Ziel jedoch längst nicht erreicht. Wie gelangt man dorthin?

In der Erziehung gibt es zwar keine Garantie, doch einige Möglichkeiten, auf seine Ziele hinzuarbeiten. Eine Möglichkeit besteht darin, geeignete Methoden anzuwenden. Darin sind sich die Fachleute in der Pädagogik einig.[18] Die Einigkeit endet häufig schnell, wenn zu einem Ziel die *richtige Methode* gesucht wird.

[17] Prott, R.: Über Erziehungsziele und wie man sie formulieren kann, in: Rieder-Aigner, H. (Hg.): Handbuch Kindertageseinrichtungen, Regensburg, Bonn 1994

[18] Einverständnis herrscht nicht unbedingt bei der Frage, was Erziehungsmethoden sind. Wir verstehen darunter die (systematischen) Handlungsweisen, mit denen Kinder konfrontiert werden und mit denen bei den Kindern jeweilige Verhaltensweisen gefördert oder vermieden werden sollen.

Eine zweite Möglichkeit, etwas für das Erreichen von Zielen zu tun, ist die Anwendung von *Prinzipien*. Dieser Begriff ist mißverständlich, deshalb wollen wir kurz erläutern, was wir darunter verstehen. Prinzipien sollen allgemeine Regeln oder Anleitungen sein, die helfen, Ziele zu erreichen. Sie müssen zu den gewählten Zielen passen und dürfen ihnen nicht widersprechen. Die Anwendung von (pädagogischen) Prinzipien hat nichts mit Prinzipienreiterei zu tun. Stures Beharren auf und Einhalten von Vorgaben um ihrer selbst Willen ist nicht gemeint. Bei der Entwicklung geeigneter Prinzipien kann an die (Wirkungs-)Prinzipien in der Physik gedacht werden. Dort erklären sie, wie etwas *im Prinzip* funktioniert, d.h. unter normalen Umständen mit einigermaßen verläßlicher Vorhersagbarkeit. Ein Prinzip erklärt nicht, was im Einzelnen abläuft oder wie stark welche Reaktionen ausfallen; mit einem Prinzip wird beispielsweise nur eine allgemeine Ablauffolge beschrieben, welche in vergleichbaren Situationen immer auftritt.[19]

Die Übertragung dieser Denkweisen auf den Erziehungszusammenhang ist nicht nur sprachlich nicht ganz einfach. Schwierig ist auch die saubere Trennung zwischen den Kategorien Ziele und Prinzipien. Letztlich lohnen sich diese Gedanken, will man sich nicht zu sehr in Einzelheiten verstricken.[20]

An einem Erziehungsziel, das im nächsten Abschnitt aus einem Gesetzestext heraus entwickelt wird, skizzieren wir kurz diese Schwierigkeiten. Als Beispiel dient uns die erzieherische Überlegung, Kindern die *freie Entfaltung der Persönlichkeit* zu ermöglichen.

Einerseits kann diese Absicht als ein Erziehungsziel definiert werden. Am Ende seiner Entwicklung ist das Kind frei entfaltet. *Freie Entfaltung* bezeichnet eher den Endpunkt, weniger den Entwicklungsprozeß. Andererseits ist die *freie Entfaltung der Persönlichkeit* auch ein Prinzip. Wenn man nämlich Kinder zum Zustand der freien

---

[19] Ein Beispiel aus dem Haushalt soll dies verdeutlichen: Ein Ziel soll sein, Wasser und Fett zu erhitzen und zusammenzuführen. Ein zweites Ziel: Es soll möglichst gefahrlos ablaufen. Um beide Ziele zu erreichen, kann man sich einige Methoden überlegen. Als allgemeine Regel, als Prinzip, aber gilt, niemals Wasser in heißes Fett zu geben, weil es sonst gefährlich spritzen kann.

[20] Bei der Erarbeitung pädagogischer Konzeptionen von Kindertageseinrichtungen kann, insbesondere wenn es zu unterschiedlichen Auffassungen im Team kommt, die hier vorgenommene Einteilung hilfreich sein.

Entfaltung führen/befähigen/erziehen möchte, dann muß man das Prinzip der freien Entfaltung im Erziehungsprozeß zur Geltung bringen. Dies schließt im Regelfall das gegenläufige Prinzip der Einschränkung aus. Wann immer ich als Erziehungsperson die Wahl habe zwischen Erziehungsmethoden, die einschränken, und solchen, die ein Kind sich entfalten lassen, muß ich letztere wählen, sonst widerspreche ich mir und arbeite meinem Ziel entgegen.

Für welchen Weg oder welche Erziehungsmethode ich mich tatsächlich entscheide, ist von sehr vielen Faktoren abhängig, doch klar ist: Eine Einschränkung des Kindes ist *im Prinzip* nicht erlaubt. Statt dessen suche ich Methoden, die eine freie Entfaltung eher begünstigen, wie z. B.: Förderung, Unterstützung, Anregung, Eigeninitiative zulassen, Entscheidungsspielräume eröffnen, Forschungsdrang mit Wohlwollen betrachten u. v. m. Ausgeschlossen müssen oder sollten sein: Verhinderung von Eigenaktivität, Schläge, Einsperren und andere entwürdigende Erziehungsmaßnahmen, jedenfalls alle Methoden, die die Entwicklung eines Kindes einschränken.

Auf der allgemeinen, eben der prinzipiellen Ebene erfährt eine Erziehungsperson nicht, wie sie sich im Einzelfall zu verhalten hat. Das muß sie selbst entscheiden. So muß jede Erziehungsperson die Frage klären, ob in einem Ausnahmefall vielleicht entgegen dem sonst üblichen gehandelt werden muß und warum. Die Anwendung eines passenden Prinzips ermöglicht nur eine grobe Einteilung in Methoden, die für meine Ziele eher oder weniger tauglich sind.

Wir wollen die Diskussion um die Zuordnung nicht zu weit treiben – hundertprozentige Lösungen gibt es nicht. Es sollte deutlich werden, daß solche Überlegungen für notwendige Klarheit sorgen können und je nach Entscheidung unterschiedliche Konsequenzen nach sich ziehen. Wichtig ist, diese Überlegungen als Hintergrundwissen parat zu haben; wichtig ist nicht, sich dadurch in seiner Handlungsfähigkeit zu blockieren. Weil unser konkretes Beispiel *freie Entfaltung* von einem Gericht als Erziehungsziel verwendet wurde und wir das dazugehörige Urteil zur Aufsichtspflicht ab Seite 151 interpretieren, übernehmen wir die Entscheidung des Gerichts für die nun folgenden Ausführungen und verwenden die freie Entfaltung des Kindes als Ziel.

Erziehungsziele und Prinzipien aus Gesetzestexten

Der Artikel 6 GG beschreibt die grundlegende Zuständigkeit der Eltern für ihre Kinder und das Verhältnis des Staates zur Institution Familie. Noch davor rangiert Art. 2 GG:
»(1) Jeder hat das Recht auf die freie Entfaltung seiner Persönlichkeit, soweit er nicht die Rechte anderer verletzt und nicht gegen die verfassungsmäßige Ordnung oder das Sittengesetz verstößt.
(2) ...«

Wie kann der Text im Hinblick auf Erziehungsziele interpretiert werden? Der Absatz 1 beginnt mit dem Wort »jeder«, d. h. er gilt für alle Menschen im Geltungsbereich des Grundgesetzes, zwischen männlich und weiblich wird ebensowenig unterschieden wie zwischen alt und jung. Alle Menschen dürfen sich solange frei entfalten, wie sie niemand anderen beeinträchtigen. Das Recht auf freie Entfaltung gilt auch für Kinder. Sie dürfen nicht diskriminiert werden, schon gar nicht wegen ihres Geschlechts.
Das bekräftigt Art. 3 GG:
»(1) Alle Menschen sind vor dem Gesetz gleich.
(2) Männer und Frauen sind gleichberechtigt.
(3) Niemand darf wegen seines Geschlechtes, seiner Abstammung, seiner Rasse, seiner Sprache, seiner Heimat und Herkunft, seines Glaubens, seiner religiösen oder politischen Anschauungen benachteiligt oder bevorzugt werden.«

Aus diesen Passagen des Grundgesetzes können, kurz gesagt, zwei Erziehungsziele abgeleitet werden:
⇛ freie Entfaltung der Persönlichkeit und
⇛ Gleichberechtigung.

Die Beschäftigung mit dem Grundgesetz ist lohnend, doch wir erhalten für unser Thema *Erziehungsziele und Prinzipien* keine weiteren direkten Anhaltspunkte, deshalb wenden wir uns nun einem anderen bundesweit geltenden Gesetz zu. Im Bürgerlichen Gesetzbuch (BGB) finden wir weitere Ausformulierungen des elterlichen Erziehungsauftrages:

§ 1626 BGB
»(1) Die Eltern haben die Pflicht und das Recht, für das minderjährige Kind zu sorgen (elterliche Sorge). Die elterliche Sorge umfaßt die Sorge für die Person des Kindes (Personensorge) und das Vermögen des Kindes (Vermögenssorge).
(2) Bei der Pflege und Erziehung des Kindes berücksichtigen die Eltern die wachsende Fähigkeit und das wachsende Bedürfnis des Kindes zu selbständigem verantwortungsbewußtem Handeln. Sie besprechen mit dem Kind, soweit es nach dessen Entwicklungsstand angezeigt ist, Fragen der elterlichen Sorge und streben Einvernehmen an.
(3) Zum Wohl des Kindes gehört in der Regel der Umgang mit beiden Elternteilen. Gleiches gilt für den Umgang mit anderen Personen, zu denen das Kind Bindungen besitzt, wenn ihre Aufrechterhaltung für seine Entwicklung förderlich ist.«

§ 1631 BGB
»(1) Die Personensorge umfaßt insbesondere die Pflicht und das Recht, das Kind zu pflegen, zu erziehen, zu beaufsichtigen und seinen Aufenthalt zu bestimmen.
(2) Kinder sind gewaltfrei zu erziehen. Körperstrafen, seelische Verletzungen und andere entwürdigende Maßnahmen sind unzulässig.
(3) Das Familiengericht hat die Eltern auf Antrag bei der Ausübung der Personensorge in geeigneten Fällen zu unterstützen.«

Wie im Art. 6 GG werden das Recht und die Pflicht der Eltern, sich um ihr Kind zu sorgen, in einem Atemzug genannt, doch ist die Reihenfolge umgedreht. Seit 1.7.1998 steht die Pflicht vor dem Recht, um den Bindungsgrad zu erhöhen, bis dahin war es umgekehrt.[21] *Pflege und Erziehung* werden als zu erfüllende Aufgaben der Eltern vorausgesetzt und bestätigt. Soweit ist alles aus der Interpretation des Art. 6 GG bekannt. § 1626 Abs. 2 BGB geht einen Schritt weiter. Dort werden Erziehungsziele und -prinzipien vorgegeben, nach denen Eltern sich richten sollen.

[21] An diesem Wortspiel ist zu erkennen, daß die Reihenfolge der Begriffe in einem Paragraphen nicht zufällig, sondern von Bedeutung ist.

Es heißt, Eltern sollen das wachsende Bedürfnis und die wachsende Fähigkeit eines Kindes bei der Pflege und Erziehung berücksichtigen. Das kann als Prinzip durchgehen: »Liebe Eltern, überprüft von Zeit zu Zeit Eure Entscheidungen über Fernsehzeiten, Ausgangszeiten und Taschengeldhöhe; denkt daran, das Euer Kind, je älter es wird, mehr braucht und mehr möchte!« Das Gesetz schreibt nicht vor, wie häufig die Überprüfung erfolgen soll, und auch die Höhe des Taschengeldes ist nicht vorgegeben. Eltern haben lediglich eines vorgesetzt bekommen: die Regel, den sich verändernden Status ihrer Kinder in die Entscheidungen einzubeziehen. Warum? Was bezweckte der Gesetzgeber mit diesen Vorgaben?

Das erschließt sich aus § 1626 Abs. 2 Satz 1 BGB. Die *wachsenden Fähigkeiten und das wachsende Bedürfnis* eines Kindes sind weder aus Gründen der Vernunft, noch aus rein pragmatischen Gründen zu berücksichtigen. Eltern ist wohl klar, daß ihr mittlerweile sechzehnjähriges Kind nicht mehr unmittelbar nach dem Fernseh-Sandmännchen schlafen geht und daß es den Schulweg allein bewältigen kann und will. Eltern, die das Gesetz lesen und verstehen, erkennen, daß sie hier mit drei weiteren Erziehungszielen konfrontiert werden:

⇛ Selbständigkeit,
⇛ Verantwortungsbewußtsein,
⇛ Handlungsfähigkeit.

Die wachsenden Fähigkeiten und Bedürfnisse des Kindes sollen vor allem dann berücksichtigt werden, wenn sie zu selbständigem verantwortungsbewußtem Handeln führen. Aus dem Gesetz ist nicht ableitbar, daß die Fähigkeiten und Bedürfnisse der Kinder in jeder Hinsicht und jederzeit zu berücksichtigen sind, etwa der wachsende Wunsch eines Kindes nach größeren Nachtischportionen oder einem bequemeren Schulweg. Es ist die Verbindung der Wünsche und Bedürfnisse mit dem anzustrebenden selbständigen, verantwortungsbewußten Handeln, die die besondere Qualität dieser Regelung ausmacht. Das von Eltern allgemein erwünschte Verhalten wird gesetzlich normiert.

Das Erziehungsprinzip

◆ wachsende Fähigkeiten und Bedürfnisse des Kindes berücksichtigen

darf nicht vergessen werden!

Im folgenden zweiten Satz des § 1626 Abs. 2 BGB stellt der Gesetzgeber den Eltern zwei weitere Erziehungsprinzipien vor:
- ◆ mit dem Kind Fragen der elterlichen Sorge besprechen!
- ◆ Einvernehmen anstreben!

Das erste Prinzip heißt auf gut deutsch, daß Eltern ihr Erziehungsverhalten erklären und die Ideen der Kinder mindestens anhören müssen. Das zweite Prinzip bemüht Eltern zu Entscheidungen in der Weise, daß auch die Kinder damit einverstanden sein sollen. Durch Einverständnis erhöht sich die Wahrscheinlichkeit, daß eine Entscheidung nicht bloß toleriert, sondern akzeptiert und getragen wird. Auf der anderen Seite weiß der Gesetzgeber, daß eine lückenlose Vorschrift nicht praktikabel ist, z. B. weil im Einzelfall Eltern eine Situation besser einschätzen können als ihr Kind. Deshalb steht im Gesetzestext nicht: Eltern müssen Einverständnis *erzielen*, sondern *anstreben*. Was als Regelfall gilt, hat auch Ausnahmen zur Folge.

Aus diesen beiden Handlungs- bzw. Erziehungsprinzipien läßt sich noch ein weiteres Erziehungsziel ableiten. Es hängt zusammen mit der Überlegung, daß die Familie wichtig, doch zugleich *nur* ein Teil der staatlichen Gemeinschaft ist. Eltern sollen die Prinzipien *mit ihren Kindern reden* und *Einverständnis anstreben* anwenden, obwohl die Erfüllung der Erziehungsaufgaben dadurch nicht unbedingt bequemer für sie wird. Die Prinzipien wären nicht von so großer Bedeutung, wenn die Familie die Konsequenzen unter sich ausmachen könnte. Eine Familie existiert aber nicht allein. Ein erfolgreiches Zusammenleben von Menschen basiert im Wesentlichen darauf, daß es den Beteiligten gelingt, sich über ihre gemeinsamen Ziele, Vorstellungen, Handlungsweisen zu verständigen, eben Einvernehmen herzustellen. Für sozialverträgliche Umgangsformen sind Kompetenzen zu erwerben, die als Ziel formuliert mit dem Begriff der

⇛ Gemeinschaftsfähigkeit

zusammengefaßt werden können. In den Familien soll dazu der Grundstein gelegt werden.

§ 1631 BGB konkretisiert die Personensorge. Es wird noch einmal verdeutlicht, daß Rechte und Pflichten zusammengehören, um die *Aufgaben* Pflege und Erziehung zu gewährleisten. Als weitere Aufgaben ergänzen die *Pflicht und das Recht zur Beaufsichtigung* und zur *Aufenthaltsbestimmung* die Inhalte der Personensorge. Beaufsichtigung, das magische Wort für unbegründete Ängste und falsche Hoffnungen, hier steht es geschrieben! *Die Pflicht und das Recht der Eltern zur Beaufsichtigung* ihres Kindes ist allerdings gegenüber dem verbreiteten Schreckgespenst in der Pädagogik, Aufsichtspflicht genannt, deutlich zu unterscheiden. Die Ausübung der nicht trennbaren Verbindung von Rechten und Pflichten haben wir mit dem Begriff *Verantwortung* zusammengefaßt. Die Pflicht und das Recht zur Beaufsichtigung im Rahmen der elterlichen Sorge kann daher mit der Verantwortung der Eltern gleichgesetzt werden, *die Beaufsichtigung* tatsächlich wahrzunehmen. Legt der Begriff Pflicht eher defensive, einschränkende Gedanken nahe (etwa: »Ich bin gezwungen ...«), werden Eltern durch ihr Recht auf Ausübung der Beaufsichtigung in die Offensive gewiesen. Sie können sagen: »Es steht uns zu, unser Kind zu beaufsichtigen!« Den Eltern bleibt vorbehalten, wie sie die ungleichen Zwillinge Pflicht und Recht im Zusammenhang mit der Beaufsichtigung des Kindes unter einen Hut bringen.

Obwohl also im Gesetz keine unmittelbaren Handlungsanleitungen beschrieben werden, kommen wir doch für die Praxis von Erziehung und Beaufsichtigung einen entscheidenden Schritt weiter. Die Pflicht und das Recht zur Beaufsichtigung wird in Beziehung gesetzt zu den Pflichten und Rechten im Hinblick auf Pflege und Erziehung. Beaufsichtigung wird erst als dritte Aufgabe nach Pflege und Erziehung genannt. Ebensowenig wie die Reihenfolge der Begriffe Recht und Pflicht im Gesetz als zufällig anzusehen ist, kann man davon ausgehen, daß die Reihenfolge der Aufgaben im Rahmen der elterlichen Sorge vom Zufall bestimmt ist. Die Beaufsichtigung kann gegenüber Pflege und Erziehung bis zu einem bestimmten Grad als nachrangig angesehen werden. Sie wird deshalb sogar als Nebenpflicht bezeichnet. Nebenpflicht bedeutet, daß sie auch zu erfüllen ist, doch nur dergestalt, daß die Erfüllung der vorrangigen anderen Aufgaben Pflege und Erziehung durch sie nicht beeinträchtigt, sondern im Gegenteil sogar gefördert wird.

Nochmals zurück zum § 1631 Abs. 2 BGB. Dort werden zwei weitere Erziehungsprinzipien festgelegt:

- ◆ Kinder gewaltfrei erziehen!
- ◆ Körperstrafen, seelische Mißhandlungen und andere entwürdigende Maßnahmen sind unzulässig!

Innerhalb kurzer Zeit wurde die gesetzliche Regelung zweimal verschärft. Gewalt in der Erziehung wird nun unmißverständlich untersagt. Seit 1980 hieß es im zitierten Absatz:

»Entwürdigende Erziehungsmaßnahmen sind unzulässig.«

Mit der Neufassung des Kindschaftsrechts zum 1.7.1998 wurde dieses allgemeine Verbot durch einen Zusatz konkretisiert:

»Entwürdigende Erziehungsmaßnahmen, insbesondere körperliche und seelische Mißhandlungen, sind unzulässig.«

Damit sollte das Leitbild gewaltfreier Erziehung gestärkt werden. Der Gesetzgeber wollte bei Eltern anregen, darüber nachzudenken, welche Erziehungshandlungen förderlich und welche ungeeignet sind.[22] Jenseits vom Inhalt des Paragraphen und seiner Interpretationsoffenheit wurde durch diese Absicht eine wichtige Aussage dieses Buches gestützt, daß nämlich Gesetzestexte im Sinne wünschenswerter, fortschrittlicher pädagogischer Ideen angewandt werden können.

Aber die 1998er Version des § 1631 Abs. 2 BGB wurde als zu offene, zu weiche Formulierung kritisiert. Noch immer wurden die *entwürdigenden Erziehungsmaßnahmen* als zu weitgehend interpretierbar eingeschätzt. Auch der Zusatz der Unzulässigkeit *körperlicher und seelischer Mißhandlungen* reichte den Kritikern nicht, denn im Strafrecht werden Mißhandlungen als Handlungen angesehen, die geeignet sind, dauerhafte, schwerwiegende Schädigungen hervorzurufen. Man wollte hier im Zivilrecht eine engere Grenze zum Unzulässigen ziehen und dadurch entwicklungshemmende Vorformen von Mißhandlungen ächten. 1998 konnten die Befürworter der gewaltfreien Erziehung noch nicht mehr erreichen, aber schon zwei Jahre später wurde der § 1631 Abs. 2 BGB durch das *Gesetz zur Ächtung der Gewalt in der Erziehung* erneut geändert. Er heißt seitdem:

»Kinder sind gewaltfrei zu erziehen. Körperstrafen, seelische Verletzungen und andere entwürdigende Maßnahmen sind unzulässig.«

---

[22] vgl. hierzu auch: Störle, W.: Kindschaftsrechtsreform, Regensburg, Bonn 1998, S.53

Nun gibt es keine Zweifel mehr. Diese Vorgaben müssen bei der Erziehung eingehalten werden. Die Regeln/Prinzipien haben mindestens einen wichtigen Vorteil für Eltern: Sie sind leicht zu merken! *Alle* körperlichen Strafen (›bereits‹ sogenannte Klapse, auch Ohrfeigen oder Kopfnüsse) sind untersagt. Körperstrafen sind untaugliche Erziehungsmittel, denn sie führen zu einer Verminderung des Selbstwertgefühls von Kindern und gewöhnen diese an gewaltsame Konfliktlösungen. Durch die Neufassung des Gesetzes werden nun nicht erst seelische *Mißhandlungen*, sondern bereits seelische *Verletzungen* negativ sanktioniert (ebenso wie andere Entwürdigungen), weil sie entwicklungshemmend wirken und die freie Entfaltung eines Kindes behindern. Die Auswechselung der Begriffe belegt eine niedrigere Toleranzgrenze gegenüber früher.

Das Gebot der Gewaltfreiheit und das Verbot von Körperstrafen enthalten keine unmittelbaren Sanktionsmöglichkeiten gegenüber Eltern, die sich nicht daran halten. Das Gesetz zur Ächtung der Gewalt in der Erziehung hat ausschließlich Auswirkungen im Zivil-, nicht im Strafrecht. Diese Zielrichtung ist konsequent in der Linie des Werte- und Bewußtseinswandels, der einerseits durch das Gesetz ausgedrückt, andererseits weiter gefördert wird. Sanktionsmöglichkeiten würden keine Verbesserung für Kinder bringen. Weder ist Angst vor Strafe (bei Kindern wie bei Erwachsenen!) geeignet, positives Verhalten zu ermöglichen, noch sind Sanktionen sinnvoll, wenn der Tatbestand nicht eindeutig überwacht werden kann. Die neue Fassung des § 1631 Abs. 2 BGB dient darum mit Blick auf die Gesamtgesellschaft mehr als anzustrebende Zielnorm. Die (Nicht-) Einhaltung der Erziehungsprinzipien kann im Einzelfall als ein Kriterium in Auseinandersetzungen um die Gefährdung des Kindeswohls nach § 1666 BGB geprüft werden. (siehe auch S. 132 und S. 149)

Zwischenbilanz 1

Die eingangs gestellte Frage, ob in Gesetzestexten pädagogische Überlegungen zu finden sind, zumindest ob sie daraus ableitbar oder dafür nutzbar sind, läßt sich eindeutig bejahen. Die beiden herangezogenen Bundesgesetze, unser Grundgesetz und das Bürgerliche Gesetzbuch, enthalten allgemeine Beschreibungen von Erziehungsaufgaben, von Erziehungszielen und von Erziehungsprinzipien.
Die Formulierung *allgemeine Beschreibungen* gilt im doppelten Sinn:
- als Bezeichnung der Allgemeingültigkeit für die Bundesrepublik Deutschland und
- als Gegensatz zu detaillierten Vorschriften, die diese Gesetze im Hinblick auf unser Thema eben nicht enthalten.

Festzuhalten ist: Die zitierten Gesetze enthalten Grundlagen für elterliches Erziehungshandeln, jedoch keine konkreten Vorgaben für Erziehungsmethoden oder Verhaltensweisen. Zu vielfältig sind die möglichen Situationen, in denen die Ziele und Prinzipien beachtet werden sollen. Weder ließen sich die differenzierten Anforderungen in allgemeingültige Vorschriften fassen, noch würden sich solche Ausführungen mit der den Eltern zugeschriebenen Kompetenz (*Pflicht und Recht*) vereinbaren. Darum liegt die Umsetzung der gesetzlichen Vorgaben in der Verantwortung jedes Elternteils, *und die staatliche Gemeinschaft wacht* darüber.

In einer schematischen Darstellung fassen wir nun die bisherigen Ausführungen zu den Gesetzesvorgaben mit pädagogischer Wirkung für (alle) Eltern zusammen.

SCHEMA 1
Eltern/Kind

Eltern

Pflicht und Recht (= Verantwortung),
für die Wahrnehmung folgender Aufgaben:
Pflege, Erziehung, Beaufsichtigung,
Aufenthaltsbestimmung

Ziele:

⇛ freie Entfaltung
⇛ Selbständigkeit
⇛ Verantwortungsbewußtsein
⇛ Handlungsfähigkeit
⇛ Gemeinschaftsfähigkeit
⇛ Gleichberechtigung

Prinzipien:

◆ Wachsende Fähigkeiten und Bedürfnisse des Kindes berücksichtigen!

◆ Mit dem Kind Fragen der elterlichen Sorge besprechen!

◆ Einvernehmen anstreben!

◆ Kinder gewaltfrei erziehen!

◆ Körperstrafen, seelische Verletzungen ... sind unzulässig!

Methoden:

Keine Angaben in den Gesetzestexten. Aus der Logik ergibt sich, daß geeignete Methoden gefunden werden müssen.

Kind

2. Grundlagen öffentlicher Erziehung

Elternrecht als Grundlage öffentlicher Erziehung

Weil Eltern die Pflicht und das Recht zur elterlichen Sorge, also die Verantwortung für ihr Kind haben, bis es volljährig und dadurch rechtlich selbständig geworden ist, müssen sie mindestens bis zu diesem Zeitpunkt für ihr Kind sorgen. Sie müssen bis dahin eine lückenlose Sorge für ihr Kind sicherstellen, aber sie müssen die Sorge nicht ununterbrochen selbst tragen, sondern können andere Menschen oder Institutionen darum bitten oder sie beauftragen, an ihrer Stelle zu agieren. Die Personensorge wird dann im Auftrag der Eltern wahrgenommen.[23] Eltern können, so heißt es im § 1631 Abs. 1 BGB, *den Aufenthalt ihres Kindes bestimmen*. Sie können zum Beispiel erlauben, daß ihr Kind zu den Großeltern fährt, bei einem Freund übernachtet oder auf dem Spielplatz spielen darf. Eltern bestimmen in solchen Fällen den Aufenthalt ihres Kindes bei anderen Personen oder in Institutionen, sofern diese Personen oder Institutionen damit einverstanden sind.

Durch den Vorgang der Aufenthaltsbestimmung beteiligen Eltern sogenannte Dritte an der Erfüllung ihrer Erziehungsaufgabe. Sie tun dies manchmal notgedrungen, manchmal voller Überzeugung, doch immer dem Grundsatz nach *freiwillig*, weil ihnen niemand vorschreibt: »Du mußt Dein Kind zwei Stunden am Tag von der Oma, von Nachbarn, in der Kindertageseinrichtung oder der Spielstube im Kaufhaus betreuen lassen!« Eltern nehmen andere Personen oder Institutionen in Anspruch, wenn sie z.B. selbst an der Erziehung ihres Kindes verhindert sind, weil sie arbeiten gehen. Sie sprechen mit der Betreuungsperson ab,

- wie lange das Kind dort sein wird,
- wo das Kind betreut werden soll,
- welche Erziehungsgrundsätze beachtet werden sollen,
- wer das Kind abholen darf.

[23] Genauer gesagt geht es immer nur um Teile der Personensorge, denn solange durch ein Vormundschafts- oder ein Familiengericht nichts anderes bestimmt ist, bleibt die Letztverantwortung immer bei den Eltern.

Die Betreuungsperson wird ihrerseits eigene Interessen besprechen wollen, z. B.

- fragen, wie die Eltern zu erreichen sind;
- klären, ob sie selbst eigene Ideen bzw. Erziehungsvorstellungen entwickeln darf;
- verhandeln, wieviel den Eltern die fremdbetreute Zeit und gegebenenfalls verbrauchte Materialien und Nahrungsmittel wert sind.

Die Absprache zwischen Eltern und den sogenannten Dritten stellt rechtlich gesehen einen Vertrag dar. Die Beteiligten kommen überein, daß unter diesen und jenen Umständen dies und das zu erfolgen hat. Die rechtliche Grundlage bildet der

§ 611 BGB
»(1) Durch den Dienstvertrag wird derjenige, welcher Dienste zusagt, zur Leistung der versprochenen Dienste, der andere Teil zur Gewährung der vereinbarten Vergütung verpflichtet.
(2) Gegenstand des Dienstvertrages können Dienste jeder Art sein.«

Da haben wir es: *Dienste jeder Art.* Schuhe putzen, Autos lackieren, sogar Kinder hüten, wenn man es denn mag. Wichtig ist nur, daß sich beide Teile einig sind, worum es gehen soll. Wer macht wann was in welcher Qualität und zu welchem Preis? In der Sprache des Rechts wird eine Vergütung vereinbart. Diejenige Person, welche die zugesagten Dienste erbringt, erhält die Vergütung als Ausgleich für ihre Leistungen.

Beim Begriff der Vergütung denkt eine Arbeitnehmerin vielleicht an ihren monatlichen Vergütungsnachweis oder den Gehaltsabrechnungsbogen. In der Tat liegt der Gedanke an Geld als Gegenleistung für eine Tätigkeit sehr nahe, doch ist dies eher einer sprachlichen Gewohnheit als gesellschaftlicher Realität geschuldet. Im Gesetz steht jedenfalls nichts von Geld. Das heißt, daß jede Leistung mit jeder Gegenleistung vergütet werden kann. Deshalb fällt eine Absprache, etwa in der Art: »Putzt Du meine Fenster, lade ich Dich zum Essen ein.«, auch unter die rechtliche Norm des § 611 BGB.

Denkbar ist sogar, daß vereinbart wird, keine Vergütung zu bezahlen. Mathematisch gesprochen, geht die vereinbarte Vergütung *gegen Null.* Rechtlich ist dies zulässig, solange alle damit einverstanden sind und solange nicht gegen *die guten Sitten* verstoßen wird. Dieser Fall tritt vermutlich sehr häufig in familiären Betreuungsverhältnissen auf, wo man nicht jegliche gegenseitige Unterstützung direkt miteinander verrechnet, sondern sich durch die Langfristigkeit familiärer Beziehungen darauf verläßt, daß sich im Leben alles ausgleichen wird.[24]

Je enger die Beziehung zwischen den vertragschließenden Parteien ist und je weniger Bedeutung der Dienst und seine Gegenleistung haben, desto seltener wird ein Vertrag schriftlich fixiert. Das Gesetz läßt auch dies zu. Im § 611 BGB ist keine bestimmte Form des Dienstvertrages vorgesehen. Es kann das Prinzip *Vertrauen gegen Vertrauen* regieren. Aus einem schriftlichen Vertragsabschluß darf im Gegenzug aber nicht gleich auf Mißtrauen zwischen den Vertragspartnern geschlossen werden, sondern bloß auf das Vorhandensein weiterer Interessen,[25] allenfalls auf *noch nicht* entwickeltes Vertrauen. Auf den Vertragsabschluß selbst hat die Form keinen Einfluß, nur auf die Möglichkeit, die vertraglichen Absprachen zu belegen (siehe S. 357 → Stichwort Mündliche Vereinbarungen)

Während im privaten Kreis oder bei alltäglichen Geschäften, wie etwa dem Zeitungs- oder Brötchenkauf, meist keine schriftlichen Verträge geschlossen werden, erfolgt dies bei anderen Geschäftskonstellationen regelmäßig. Fixiert werden Leistung und Gegenleistung. Festgehalten wird nicht, aus welchem Anlaß sich die Vertragsparteien zum Handeln entschließen. Die motivationale Grundlage der Partner spielt keine Rolle. Wenn Eltern ihre Kinder für eine bestimmte Zeit des Tages außerhalb der Familie von anderen Personen erziehen lassen wollen, brauchen weder sie noch die Betreuungsperson in spe eine Rechtfertigung abzugeben, *warum* sie so handeln wollen. Eltern sind keine Rabeneltern, wenn sie ihr Kleinkind tagsüber von anderen betreuen lassen, sondern nehmen ihre

[24] Aber gerade in solchen Beziehungen wird häufig gegeneinander aufgerechnet. Vor allem in Konfliktfällen werden dann Leistung und Gegenleistung minutiös aufgeführt, so daß manch Beteiligter wünscht, vorher genauere Absprachen getroffen zu haben, gerade weil die Beziehung zwischen den »Vertragspartnern« so eng ist oder war.

[25] Es kann z.B. notwendig sein, eine schriftliche Vereinbarung abzuschließen, um dem Finanzamt gegenüber die Ausgaben/Einkünfte nachzuweisen.

Erziehungsvorstellungen wahr. Betreuungspersonen sind nicht grundsätzlich gut oder schlecht, ob sie nun Geld für ihre Arbeitskraft nehmen oder nicht. Auch der rechtliche Rahmen hat keine Bedeutung. Die Dienstleistung Kindertagesbetreuung kann ebensogut privatgewerblich wie öffentlich-rechtlich oder karitativ erbracht werden.

Wichtig ist an dieser Stelle erst einmal die Tatsache, daß Eltern die Kindertagesbetreuung *zusätzlich* bzw. in Ergänzung zu den eigenen Erziehungsleistungen in Anspruch nehmen wollen und dafür einen Vertrag abschließen mit jemandem, der diese Aufgaben für gewisse Zeit an Eltern Statt erfüllen will. Im Bereich der öffentlichen Kindertagesbetreuung sind die vertragsschließenden Parteien in der Regel die Eltern und der Träger von Kindertageseinrichtungen.

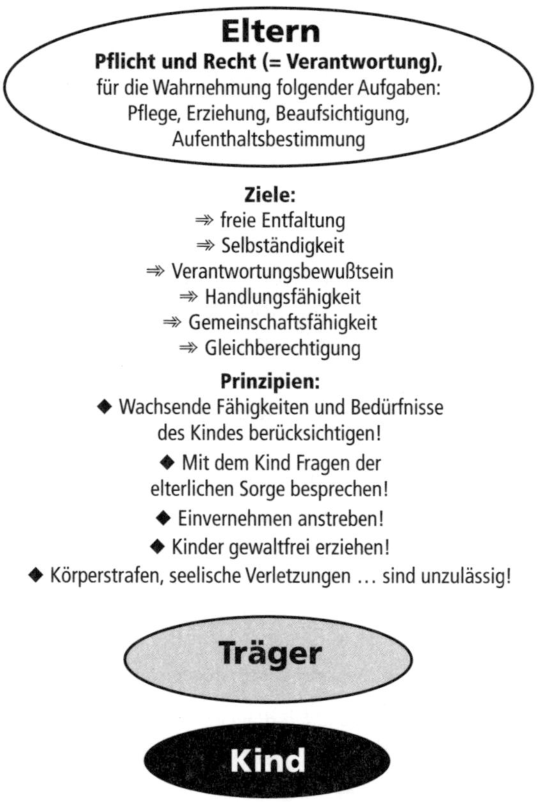

SCHEMA 2
Eltern >< Träger
§ 611 BGB
(= Grundlage für Betreuungsvertrag)

Durch Abschluß eines Betreuungsvertrages auf der Grundlage des § 611 BGB gehen Rechte und Pflichten der elterlichen Personensorge, einschließlich der Aufgaben Pflege, Erziehung, Betreuung und mit Ausnahme des Aufenthaltsbestimmungsrechts, für die vereinbarte Zeit gegen vereinbarte Vergütung auf den Träger (=Veranstalter) der Kindertageseinrichtung über. Hervorzuheben ist: Eltern geben ihre natürlichen und rechtlichen Aufgaben *vorübergehend und freiwillig* ab. Daraus folgt, daß diese Aufgaben von dem jeweiligen Vertragspartner mit genau derselben allgemeinen Zielsetzung und genau denselben allgemeinen Erziehungsprinzipien zu erfüllen sind.

Träger von Kindertageseinrichtungen können Kirchengemeinden, Vereine, Firmen, Wohlfahrtsverbände oder Jugendämter sein. Der von den Eltern gewählte oder ihnen verfügbare Träger bietet die Dienstleistung Kindertagesbetreuung an, doch betreut er die Kinder meist nicht selbst, sondern stellt dafür Personal ein. Für die pädagogische Arbeit (Erziehung und Pflege) wird pädagogisch ausgebildetes Personal gebraucht, Hauswirtschaftspersonal für die Pflege der Räumlichkeiten. Der Träger muß Pflege und Erziehung der Kinder für die vereinbarte Zeit gewährleisten, das ist in aller Kürze seine Verpflichtung aus dem Betreuungsvertrag.

Um das ganze *Unternehmen Kindertageseinrichtung* am Laufen zu halten, müssen weitere Aufgaben erfüllt werden. Je nach Größe der Einrichtung (und des Trägers selbst) braucht er Leitungskräfte, Verwaltungskräfte für das Bestellwesen und für Abrechnungen, Personal für das Personalwesen, Menschen, die die Betreuungsverträge unterzeichnen, und solche, die für die Einziehung der vereinbarten Vergütung verantwortlich sind. An der Vielzahl der Funktionen bzw. an ihrer Zusammenlegung kann erkannt werden, wie ein Träger funktioniert – auch, warum er manchmal schlecht funktioniert. Kleinere Träger kommen mit weniger Personal aus als größere, freie Träger mit weniger Personal als öffentliche Träger, östliche mit weniger Personal als westliche Träger.

Wo auch immer eine Erzieherin angestellt sein mag, sie wird zur Dienstvertragspartnerin des Trägers in Sachen Kindertagesbetreuung. Das Prinzip, wonach eine bei einem Träger angestellte Erzieherin tätig wird, ist identisch mit dem Tätigwerden des Trägers selbst. Dieser schloß auf der Grundlage des § 611 BGB einen Betreuungsvertrag mit den Eltern eines Kindes ab. Nun folgt für den Träger ein zweiter Dienstleistungsvertrag nach § 611 BGB. Diesmal handelt es sich um den Arbeitsvertrag mit der Erzieherin. Die allgemeine Grundlage wird wiederholt:

§ 611 BGB
»(1) Durch den Dienstvertrag wird derjenige, welcher Dienste zusagt, zur Leistung der versprochenen Dienste, der andere Teil zur Gewährung der vereinbarten Vergütung verpflichtet.
(2) Gegenstand des Dienstvertrages können Dienste jeder Art sein.«

SCHEMA 3
Eltern / Träger / Erzieherin

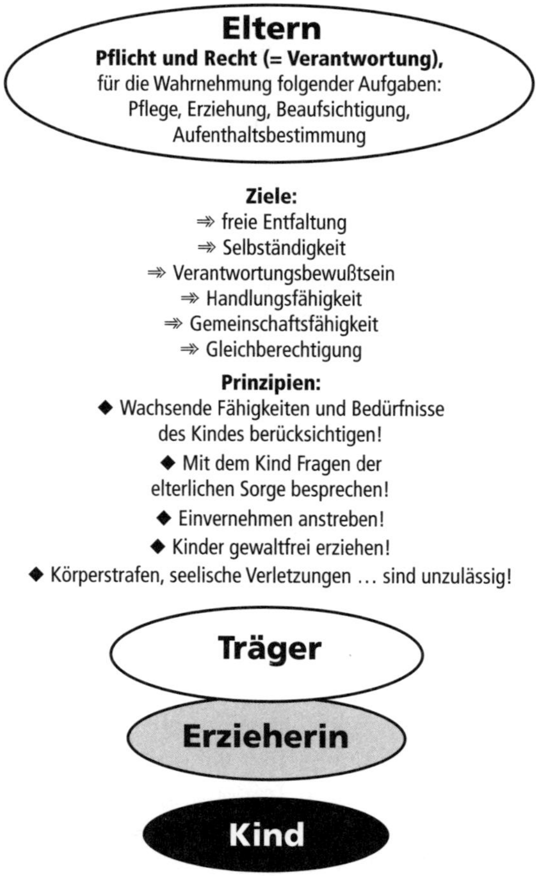

Der Dienst bzw. die Dienstleistung besteht wiederum in der Pflege und Erziehung fremder Kinder. Das ist nach dem Gesetz zugelassen: *Dienste jeder Art.* Die Erzieherin hat sich um eine Stelle beworben und zugesagt, ihre Dienste zu erfüllen, z. B. jeden vereinbarten Tag pünktlich zu kommen, ihren Urlaub und ihre Pause pünktlich anzutreten, nicht zuletzt Kinder zu pflegen und zu betreuen und schließlich ihr Gehalt – die vereinbarte Vergütung – pünktlich entgegenzunehmen. Im Gegenzug verpflichtet sich der Träger, die Vergütung bereitzustellen, vermutlich auf das Konto der Erzieherin zu überweisen.

Mehr geht aus dem § 611 BGB nicht hervor. Weitere Bestandteile des Arbeitsvertrages werden im zweiten Teil des Buches bei der Behandlung arbeits- und tarifrechtlicher Probleme erörtert (siehe ab S. 413).

Erziehungsziele aus weiteren Rechtsquellen

Über den Umweg von zwei Verträgen übt eine Erzieherin in einer Kindertageseinrichtung innerhalb bestimmter Zeiten des Tages und für bestimmte Dauer im Leben eines Kindes die Aufgaben aus, die nach der elterlichen Sorge den Eltern obliegen. Nachdem zuerst der Träger die elterlichen Aufgaben übernommen hat, tritt nun die Erzieherin an seine Stelle. Sie ist die Dritte in der Reihe. Eltern delegieren ihre Rechte und Pflichten an den Träger, der wiederum delegiert sie an die Erzieherin. Rechtlich ist das kein Problem. (siehe S. 288 Stichwort Delegation)

Die Erzieherin arbeitet demnach im Auftrag der Eltern, vermittelt über den Träger, nach den Maßstäben des Grundgesetzes und des Bürgerlichen Gesetzbuches. Die dort vorgegebenen Aufgaben der Personensorge Pflege, Erziehung und Beaufsichtigung (nicht die Aufenthaltsbestimmung) und die dort vorgegebenen Ziele müssen unter Einhaltung der Erziehungsprinzipien wahrgenommen werden.[26]

[26] In Kindertageseinrichtungen, die von Eltern initiiert werden, fallen Eltern und Träger in einer Instanz zusammen. Eltern sind dann direkte Vertragspartner der Erzieherin. Die gleiche Situation trifft zu, wenn Eltern eine Privaterzieherin für ihr Kind engagieren. Bei der Heimerziehung gilt im Grundsatz das Gesagte, doch folgen z.B. in Bezug auf die Aufenthaltsbestimmung andere Konsequenzen.

Zwei Kernaussagen können dabei nicht deutlich genug herausgestellt werden:

1. Die Inhalte, Ziele und Prinzipien des gesetzlich geregelten Erziehungsauftrages der Eltern gelten, soweit bisher diskutiert, auch für die Erzieherin. Sie übt (dies mag abwertend klingen, ist aber nicht so gemeint) keine besonderen Aufgaben aus; sie unterliegt keinen darüber hinausgehenden Verpflichtungen. In Bezug auf das Recht und die Pflicht zur Pflege, Erziehung und Beaufsichtigung der Kinder gelten für die Erzieherin die gleichen gesetzlichen Vorgaben wie für alle Eltern – ob mit oder ohne pädagogische Ausbildung.
2. Die Erzieherin leistet ihre Tätigkeit, die Dienstleistung Erziehung, auf vertraglicher Grundlage.

Nach dieser Klarstellung folgt nun eine wichtige Ergänzung. Die beschriebenen Grundlagen erzieherischen Handelns werden ergänzt durch das, was außerfamiliale, öffentliche Kindertagesbetreuung ausmacht. Das ist die spezifische *berufliche Fachlichkeit*. Öffentliche Kindertagesbetreuung ist von ihrer Geschichte her nicht bloß und ausschließlich Ersatz für Aktivitäten, an denen Eltern durch Berufstätigkeit gehindert sind. Kindertageseinrichtungen sind mehr als Noteinrichtungen und Ausfallbürgen. Öffentliche Kindertagesbetreuung erfüllt zugleich eine Sozialisationsfunktion im Auftrag der jeweiligen Gesellschaft, die sie bereithält.

Unsere Gesellschaft hat für den Totalausfall von Eltern Vorsorge getragen, in dem z.B. verschiedene Vorkehrungen gesetzlicher Art getroffen wurden. Das schon behandelte *Wächteramt* gehört dazu, ebenso der Ersatz der elterlichen Sorge im Todesfall oder in Folge der Anwendung des § 1666 BGB.[27]

Zur Kompensation eines nur teilweisen Ausfalls elterlicher Erziehungsanstrengungen stellt unsere Gesellschaft materielle Ressourcen (Personal, Geld, Räume) zur Verfügung, mit denen Kinderta-

[27] § 1666 Abs. 1 BGB: *Wird das körperliche, geistige oder seelische Wohl des Kindes oder sein Vermögen durch mißbräuchliche Ausübung der elterlichen Sorge, durch Vernachlässigung des Kindes, durch unverschuldetes Versagen der Eltern oder durch das Verhalten eines Dritten gefährdet, so hat das Familiengericht, wenn die Eltern nicht gewillt oder nicht in der Lage sind, die Gefahr abzuwenden, die zur Abwendung der Gefahr erforderlichen Maßnahmen zu treffen.*

gesbetreuung organisiert wird. Dies geschieht einerseits zur Unterstützung der Eltern und andererseits zur Aufrechterhaltung der ökonomischen Basis der gesamten Gesellschaft. Als Erziehungspersonen stehen Eltern vor allem dann zeitweise nicht zur Verfügung, wenn sie berufstätig sind. Dadurch sichern sie ihre Existenz und tragen zur Existenzsicherung der Gesamtgesellschaft bei. Kindertageseinrichtungen leisten ihren Beitrag dazu, indem sie die Elterntätigkeit für einen gewissen Zeitraum ersetzen. Selbst wenn Eltern nicht berufstätig sind, können sie in vielen Fällen ihren Kindern nicht mehr all das bieten, was diese brauchen. Unsere Gesellschaft ist inzwischen so komplex geworden, daß Eltern ihren Kindern kaum mehr eine umfassende Erziehung gewährleisten können. Die Komplexität geht einher mit entwicklungseinschränkenden Veränderungen der Umwelt, in der Kinder nur noch selten angemessene förderliche und erforderliche Spiel- und Erfahrungsräume finden. Aus gesellschaftlichem Interesse heraus müssen daher Erfahrungsmöglichkeiten für sie bereitgestellt werden, die Eltern ihnen nicht mehr oder nur unter schwierigen Umständen bieten können. Eine der dafür vorgesehenen Institutionen sind Kindertageseinrichtungen.

»Kinder sind zwar in die Verantwortung von Eltern gegeben, aber es ist zugleich die Aufgabe der gesamten Gesellschaft, dafür zu sorgen, daß Eltern ihre Verantwortung ausfüllen können und die Einrichtungen geschaffen werden, die Kinder über die Familie hinaus brauchen. Keine Mutter und kein Vater können heute allein ihren Kindern alles vermitteln, was zu einem befriedigenden Leben erforderlich ist.«[28]

Der elterliche Erziehungsauftrag wird in Kindertageseinrichtungen sowohl wahrgenommen als auch erweitert. Dieser Zusammenhang läßt sich auch so formulieren: Kindertageseinrichtungen sind dazu da, sicherzustellen, was (eigentlich) Eltern tun sollten. Zusätzlich sollen sie ausgleichen und gewährleisten, was Eltern heutzutage (kaum mehr) vermitteln oder bereithalten können. Gemeint sind

[28] Bundesministerium für Familie, Senioren, Frauen und Jugend: Zehnter Kinder- und Jugendbericht. Bericht über die Lebenssituation von Kindern und die Leistungen der Kinderhilfen in Deutschland. Bundestagsdrucksache 13/11368, S. 40, Bonn 1998

Sozialisationsbedingungen und -leistungen, die für die Entwicklung jedes Kindes wichtig und (deshalb) gesellschaftlich benötigt werden.

Für diese Ergänzung des elterlichen Erziehungsauftrages gibt es gesetzliche Grundlagen, die wir im folgenden erläutern. Wir ziehen der Übersicht wegen ausschließlich die bundesgesetzlichen Regelungen des Kinder- und Jugendhilfegesetzes (KJHG)[29] hinzu. Sie gelten für alle Bundesländer und liegen deswegen mit dem Grundgesetz und dem BGB auf einer Ebene der Gesetzeshierarchie. Zu Gunsten der bisher vorgenommenen Systematisierung mit den Kategorien Aufgaben, Erziehungsziele und Prinzipien wird eine Abhandlung der einzelnen Paragraphen in ihrer formalen Reihenfolge als nicht zweckmäßig angesehen.

Das Kinder- und Jugendhilfegesetz folgt dem Leitgedanken der elterlichen Zuständigkeit und ihrer zweifach ausgeprägten Kompetenz in der Kindererziehung, als Recht und Pflicht. Das KJHG/SGB VIII widmet sich als jugendhilferechtliches bzw. sozialpädagogisches Fachgesetz auf Bundesebene vorrangig der Aufgabe, Eltern bei der Erziehung ihrer Kinder zu unterstützen. Es übernimmt die Gewährleistung des elterlichen Erziehungsprimats und beschreibt zugleich die Grundsätze öffentlicher/gesellschaftlicher Erziehung. Da in Grundgesetz und BGB die Eltern als Zuständige für ihre Kinder identifiziert sind, nimmt es nicht Wunder, daß sich wesentliche Inhalte der bereits genannten Gesetze wiederfinden.

§ 1 KJHG/ SGB VIII
»(1) Jeder junge Mensch hat ein Recht auf Förderung seiner Entwicklung und auf Erziehung zu einer eigenverantwortlichen und gemeinschaftsfähigen Persönlichkeit.
(2) Pflege und Erziehung sind das natürliche Recht der Eltern und die zuvörderst ihnen obliegende Pflicht. Über ihre Betätigung wacht die staatliche Gemeinschaft.
(3) Jugendhilfe soll zur Verwirklichung des Rechts nach Absatz 1 insbesondere

[29] Genauer: des Achten Buches Sozialgesetzbuch (SGB VIII)

1. junge Menschen in ihrer individuellen und sozialen Entwicklung fördern und dazu beitragen, Benachteiligungen zu vermeiden oder abzubauen,
2. Eltern und andere Erziehungsberechtigte bei der Erziehung beraten und unterstützen,
3. Kinder und Jugendliche vor Gefahren für ihr Wohl schützen,
4. dazu beitragen, positive Lebensbedingungen für junge Menschen und ihre Familien sowie eine kinder- und familienfreundliche Umwelt zu erhalten oder zu schaffen.«

Im Absatz 2 wird wörtlich Art. 6 Abs. 2 GG wiedergegeben, gleichsam um den Ansatzpunkt der (sozialpädagogischen) Arbeit in der gesamten Jugendhilfe herauszuheben. Im Absatz 1 steht voran das Recht *jedes jungen Menschen* auf *Förderung* seiner Entwicklung und auf *Erziehung*. Diese Aussage hat programmatischen Charakter. Sie ergänzt die Aussage des zweiten Absatzes und widerspricht ihr sogar teilweise. Zumindest wird damit ein potentiell bestehender Grundwiderspruch zwischen den Rechten eines Kindes (als eigenständiger Person) und den Rechten der Eltern in Bezug auf ihr Kind sichtbar. Im Kern geht es um die Frage, wie weit das Recht des jungen Menschen auf Förderung und Erziehung notfalls ohne die Eltern durch den Staat zu verwirklichen ist.[30] (siehe S.143 → Rechtsstellung des Kindes)

Bei unserer Suche nach relevanten Erziehungszielen in den einschlägigen Gesetzen fallen gleich im ersten Absatz zwei pädagogische Ziele auf, nämlich
⇛ Eigenverantwortlichkeit und
⇛ Gemeinschaftsfähigkeit.
Diese beiden waren durch die Vorschriften des bürgerlichen Rechts allein für die Eltern verbindlich. Sie werden durch die Wiederholung im KJHG/SGB VIII ausdrücklich auch zu Leitzielen für die öffentliche Erziehung. Wiesner u.a. schreiben in ihrem Kommentar dazu: *»Der Gesetzgeber betont damit die individuelle und soziale Komponente und orientiert sich dabei an der Rechtssprechung des Bundes-*

[30] In den verschiedenen Kommentaren zum KJHG wird auf dieses Problem ausführlicher und kompetenter eingegangen, als wir es hier könnten, vgl. z.B. Münder u.a.: Frankfurter Lehr- & Praxis-Kommentar zum KJHG, Münster 1998; Wiesner u.a.: SGB VIII, Kommentar, München 1995

verfassungsgerichts ... Die Normierung solcher Ziele (auch mit Wirkung für Eltern und Schule) ist unbedenklich, weil sie unmittelbar aus der Verfassung entnommen sind.«[31]

Daß diese Zielsetzungen dem Gesetzgeber offensichtlich wichtig gewesen sind, kann man am § 22 Abs. 1 KJHG/SGB VIII erkennen, in welchem sie für die Förderung von Kindern in Kindertageseinrichtungen nochmals niedergeschrieben sind, obwohl der § 1 KJHG/SGB VIII als programmatischer Paragraph doch sowieso für das gesamte Gesetz Leitsatzfunktion erfüllt.

§ 22 KJHG/SGB VIII
»(1) In Kindergärten, Horten und anderen Einrichtungen, in denen sich Kinder für einen Teil des Tages oder ganztags aufhalten (Tageseinrichtungen), soll die Entwicklung des Kindes zu einer eigenverantwortlichen und gemeinschaftsfähigen Persönlichkeit gefördert werden.
(2) Die Aufgabe umfaßt die Betreuung, Bildung und Erziehung des Kindes. Das Leistungsangebot soll sich pädagogisch und organisatorisch an den Bedürfnissen der Kinder und ihrer Familien orientieren.
(3) Bei der Wahrnehmung ihrer Aufgaben sollen die in den Einrichtungen tätigen Fachkräfte und anderen Mitarbeiter mit den Erziehungsberechtigten zum Wohl der Kinder zusammenarbeiten. Die Erziehungsberechtigten sind an den Entscheidungen in wesentlichen Angelegenheiten der Tageseinrichtung zu beteiligen.«

Zur Erinnerung: die Aufgaben der Eltern bei der Wahrnehmung ihres Rechtes und ihrer Pflicht, für ihr Kind zu sorgen, waren in erster Linie Pflege und Erziehung, in zweiter Linie, sozusagen als Mittel zum Zweck, auch Beaufsichtigung und Aufenthaltsbestimmung.

Das KSHG/SGB VIII bestimmt die Funktion[32] von Jugendhilfe bzw. öffentlicher Erziehung ganz allgemein mit *Förderung* (vgl. § 1 und § 22 Abs. 1). Um sie zu erreichen, sollen nach § 22 Abs. 2 Tageseinrichtungen die Aufgaben *Betreuung, Bildung* und *Erziehung* für einen Teil des Tages oder ganztags erfüllen. Gegenüber den Eltern-

[31] Wiesner u.a.: SGB VIII, Kommentar, München 1995, S. 20; Hervorhebung im Original
[32] Korrekt wiedergegeben, wird im § 22 Abs. 2 KJHG/SGB VIII nicht von *Funktion* gesprochen, sondern von *Aufgabe*. Wir bleiben der einfacheren Lesbarkeit wegen bei den eingeführten Bezeichnungen, denn im Ergebnis handelt es sich um die gleiche Systematik.

rechten fällt auf, daß der Begriff *Pflege* ersetzt wurde durch den Begriff *Betreuung*.[33] Augenfällig ist weiterhin, daß der Begriff *Bildung* hinzugekommen ist. Dies kann als die eigentlich neue Qualität in der gemeinsamen Sorge von Eltern und Gesellschaft um die Kinder angesehen werden. Eltern können und sollen ihren Kindern Pflege und Erziehung angedeihen lassen, doch das reicht heutzutage nicht mehr aus für ein möglichst gutes Hineinwachsen in die Gesellschaft. Das elterliche Erziehungsrecht wird nun ergänzt, denn nur wenige Eltern können ihren Kindern eine Bildung vermitteln, die kindgemäßen Wissenserwerb ebenso umfaßt wie den Erwerb sozialen Verhaltens zwischen Kindern oder den Ausgleich gesellschaftlicher Benachteiligungen.

Der Vollständigkeit halber kommen wir nochmals auf das Verhältnis des § 1 zum § 22 KJHG/SGB VIII zurück. Der erste Paragraph gilt quasi als Leitsatz für das gesamte Gesetz. Seine Vorgaben müssen von der gesamten Jugendhilfe, also auch von der Jugendarbeit, den Hilfen zur Erziehung etc. angestrebt werden. Die speziellen Ausführungen für die Kindertageseinrichtungen in § 22 ff. heben die des § 1 nicht auf, sondern präzisieren sie. In der in diesem Buch entwickelten Systematik behandeln wir die Vorschriften des § 1 wie Teilaufgaben von Betreuung, Erziehung und Bildung, ohne damit ihre grundsätzliche Bedeutung schmälern zu wollen. Ähnlich wie sich Beaufsichtigung und Aufenthaltsbestimmung den übergeordneten Aufgaben der Pflege und Erziehung als Mittel oder Werkzeuge unter- bzw. zuordnen lassen, um Pflege und Erziehung unter letztlich pädagogisch bestimmter Zielsetzung zu sichern, können die im § 1 formulierten Aufgaben der Jugendhilfe so verstanden werden, daß nur durch ihre Wahrnehmung Funktionen und Ziele öffentlicher Erziehung zu gewährleisten sind. Jugendhilfe soll, so hieß es:

- Benachteiligungen vermeiden oder abbauen,
- Eltern beraten und unterstützen,
- Kinder vor Gefahren für ihr Wohl schützen und
- beitragen, positive Lebensbedingungen zu erhalten bzw. zu schaffen.

[33] Dies geschah ohne nennenswerte inhaltliche Umorientierung; die sprachliche Neuregelung umfaßt möglicherweise mehr Aspekte, doch klingt sie auch bürokratisch-neutraler, was auf den Umgang mit Kindern nicht abfärben sollte.

Aus dem ersten Kapitel des KJHG/SGB VIII, das die allgemeinen Vorschriften für alle anderen Teile des Gesetzes versammelt, sind zwei weitere Paragraphen von Bedeutung.

§ 8 KJHG/SGB VIII
»(1) Kinder und Jugendliche sind entsprechend ihrem Entwicklungsstand an allen sie betreffenden Entscheidungen der öffentlichen Jugendhilfe zu beteiligen. Sie sind in geeigneter Weise auf ihre Rechte im Verwaltungsverfahren sowie im Verfahren vor dem Vormundschaftsgericht und dem Verwaltungsgericht hinzuweisen.
(2) Kinder und Jugendliche haben das Recht, sich in allen Angelegenheiten der Erziehung und Entwicklung an das Jugendamt zu wenden.
(3) Kinder und Jugendliche können ohne Kenntnis des Personensorgeberechtigten beraten werden, wenn die Beratung aufgrund einer Not- und Konfliktlage erforderlich ist und solange durch die Mitteilung an den Personenberechtigten der Beratungszweck vereitelt würde.«

§ 9 KJHG/SGB VIII:
»Bei der Ausgestaltung der Leistungen und der Erfüllung der Aufgaben sind
1. *die von den Personensorgeberechtigten bestimmte Grundrichtung der Erziehung sowie die Rechte der Personensorgeberechtigten und des Kindes oder des Jugendlichen bei der Bestimmung der religiösen Erziehung zu beachten,*
2. *die wachsende Fähigkeit und das wachsende Bedürfnis des Kindes oder des Jugendlichen zu selbständigem, verantwortungsbewußtem Handeln sowie die jeweiligen besonderen sozialen und kulturellen Bedürfnisse und Eigenarten junger Menschen und ihrer Familien zu berücksichtigen,*
3. *die unterschiedlichen Lebenslagen von Mädchen und Jungen zu berücksichtigen, Benachteiligungen abzubauen und die Gleichberechtigung von Mädchen und Jungen zu fördern.«*

Ziele der Jugendhilfe allgemein und deshalb auch Ziele für die pädagogische Arbeit in Kindertageseinrichtungen finden wir im § 9 KJHG/SGB VIII; es sind:

⇛ Selbständigkeit,
⇛ Verantwortungsbewußtsein,
⇛ Handlungsfähigkeit und
⇛ Gleichberechtigung.

Diese Ziele sind schon bekannt aus den Regelungen des Grundgesetzes und des Bürgerlichen Gesetzbuches. Zum Teil in wörtlicher Übereinstimmung werden im Gesetz für die Jugendhilfe Regelungen des allgemeinen Rechts durch Wiederholung betont. In diesem Fall handelt es sich um Folgerungen aus der lebenspraktisch wie sozialwissenschaftlich gesicherten Erkenntnis, daß die Fähigkeiten und Bedürfnisse des Kindes wachsen (sollen), wie es selbst. Erwachsene tun gut daran, selbständiges und verantwortungsbewußtes Handeln[34] zu fördern. So atemberaubend kurz und prägnant können Erziehungsziele formuliert werden.

Dem stehen die vorgegebenen Prinzipien kaum nach. Beginnen wir mit einem Prinzip aus § 9 Nr. 2 KJHG/SGB VIII:

◆ Berücksichtigung von Fähigkeiten und Bedürfnissen der Kinder!

Es erscheint logisch und ist pädagogisch eine Banalität, daß bei der Kindererziehung die schon vorhandenen Fähigkeiten und Bedürfnisse der Kinder berücksichtigt (und auch genutzt) werden sollen. Drei Gründe sprechen dafür, auf dieses Prinzip trotzdem genauer einzugehen. Da ist erstens der Umstand, daß wieder eine pädagogische Erkenntnis in Gesetzesform daherkommt. Da zwingt uns zweitens der Wunsch nach vollständiger Analyse der Paragraphen dazu. Und drittens ist da das Wissen, daß in der Erziehung die von den Kindern bereits erworbenen Fähigkeiten nicht immer die Grundlage pädagogischer Angebote darstellen und daß die kindlichen Bedürfnisse und Wünsche in Kindertageseinrichtungen selten in dem von uns für erforderlich gehaltenen Umfang berücksichtigt werden.[35] Praktische Beispiele für diese Aussage beschreiben wir in den Kapiteln Pädagogische Arbeit und Aufsichtspflicht in Kindergarten, Krippe und Hort.

---

[34] Handeln, nicht nur Denken oder Wollen!

[35] vgl. hierzu z.B. Preissing/Prott: Selbständigkeit & Handlungskompetenz des Kindes, in: Rieder-Aigner H. (Hg.): Handbuch Kindertagesstätten, Regensburg, Bonn 1994

Aus dem § 9 KJHG/SGB VIII können Erzieherinnen in Bezug auf die Kinder weitere Handlungsprinzipien ableiten:

- besondere soziale und kulturelle Bedürfnisse und Eigenarten berücksichtigen!
- unterschiedliche Lebenslagen von Mädchen und Jungen berücksichtigen!

Das Prinzip

- Kinder beteiligen!

ist aus dem BGB (§ 1626 Abs. 2) bekannt. Die Logik, *was für die Eltern gilt, wird für die Jugendhilfe so weit wie möglich übertragen*, wird weiterhin angewendet. Deshalb ist die Beteiligung von Kindern im § 8 Abs. 1 KJHG/SGB VIII fixiert worden.

Um das Bild abzurunden, müssen wir nochmals auf den § 22 KJHG/SGB VIII zurückgreifen. Dort sind allgemeine Regeln für die Ausgestaltung der pädagogischen Arbeit genannt worden, die, anders als die bisher aufgeführten, nicht direkt auf die Kinder zu beziehen sind, sondern auf die Ausgestaltung der Rahmenbedingungen. Sie betreffen die Organisation und die Zusammenarbeit zwischen den beteiligten Erwachsenen:

- (pädagogisch und organisatorisch) an den Bedürfnissen der Kinder und ihren Familien orientieren!
- Eltern beteiligen!
- Fachkräfte und andere Mitarbeiter sollen untereinander und mit den Erziehungsberechtigten kooperieren!

Auch diese Prinzipien sind zwingende Folgen aus den Zielsetzungen. Wie anders sollen die hochgesteckten Ziele und Aufgaben der Jugendhilfe nach dem KJHG/SGB VIII insgesamt und für die Erzieherinnen in Kindertageseinrichtungen im besonderen zu erreichen sein, wenn sie nicht die *Auftraggeber* einbeziehen oder ihre unterschiedlichen im Team/Kollektiv vorhandenen Kompetenzen durch Absprache optimal zur Geltung bringen? Trotzdem die Angebote der Jugendhilfe eine gewisse Eigenständigkeit erlangen, d. h. über die Möglichkeiten des Elternhauses hinausgehend pädagogische Angebote entwickeln dürfen bzw. sollen, um allgemeine gesellschaftliche Erfordernisse zu erfüllen, müssen alle Aktivitäten mit den Grundvorstellungen der Eltern vereinbar sein. Die durchaus mögliche Gegensätzlichkeit beider Anforderungen soll durch die Einbeziehung von Eltern und Kindern bei der Entwicklung und Durchführung pädagogischer Angebote produktiv gelöst werden. Dies erscheint machbar, weil Eltern und Kindertageseinrichtungen rechtlich auf dieselben Zielsetzungen verpflichtet sind.

Zwischenbilanz 2

Die nun folgende Zusammenfassung unserer Ausführungen zu den Handlungsvorgaben für Fachkräfte der Jugendhilfe aus dem KJHG/SGB VIII erfolgt in der Form einer Gegenüberstellung zu den in der ersten Zwischenbilanz resümierten Rechten und Pflichten der Eltern, wie sie aus dem Grundgesetz und dem BGB entwickelt werden.

Die Gegenüberstellung der Verantwortlichkeiten von Eltern und Erzieherinnen zeigt weitgehende Übereinstimmung und nur wenige Unterschiede für die beiden Partner in der Erziehung. Wir lassen bei der Aufstellung außer Acht, daß Erzieherinnen, vermittelt über den Träger, ohnehin verpflichtet sind, die Personensorge im Auftrag der Eltern auszuführen. Schon von daher ist der Bezug auf die unterschiedlichen Gesetzesgrundlagen ausschließlich als theoretische Überlegung zu verstehen. Vergleicht man also die jeweils für Eltern und Erzieherinnen getrennt geltenden Regularien, zeigen sich zwei Unterschiede bei den Zielen, die in der Tabelle kursiv gedruckt sind. Während bei den Eltern durch die Einbeziehung von Art. 2 GG das Ziel der freien Entfaltung der Persönlichkeit aufgeführt ist, gibt es bei der Aufzählung der für die Erzieherin vorgegebenen Erziehungsziele zusätzlich das Ziel Eigenverantwortlichkeit. Für Erzieherinnen gibt es eine etwas detailliertere Aufgabenbeschreibung und mehr Vorgaben bei den Prinzipien festzustellen.

Es wäre überzogen, die Unterschiede als bedeutsam einzuschätzen. Ein grundsätzlicher Gegensatz läßt sich nicht ableiten. Das (oberste) Ziel der freien Entfaltung der Persönlichkeit muß als zu verwirklichendes Grundrecht (des Kindes) durch jede Person angestrebt werden, die für das Kind zuständig ist. Es gilt nicht nur für Eltern. Aber selbst innerhalb unserer strengen Aufteilung geht die Verpflichtung, dieses Ziel anzusteuern, spätestens dann auf die Erzieherin über, wenn das Kind auf Wunsch der Eltern eine Kindertageseinrichtung besucht.

Pflicht der **Erzieherin**	Pflicht und Recht der **Eltern**
(= Verantwortung) folgende **Aufgaben** wahrzunehmen:	
Betreuung/Pflege, Bildung, Erziehung Teilaufgaben • Benachteiligungen vermeiden oder abbauen, • Eltern beraten und unterstützen, • Kinder vor Gefahren für ihr Wohl schützen und • beitragen, positive Lebensbedingungen zu erhalten bzw. zu schaffen.	Pflege, Erziehung, Beaufsichtigung, Aufenthaltsbestimmung
Ziele:	
⇛ Selbständigkeit ⇛ Verantwortungsbewußtsein ⇛ Handlungsfähigkeit ⇛ Gemeinschaftsfähigkeit ⇛ Gleichberechtigung ⇛ *Eigenverantwortlichkeit*	⇛ *freie Entfaltung* ⇛ Selbständigkeit ⇛ Verantwortungsbewußtsein ⇛ Handlungsfähigkeit ⇛ Gemeinschaftsfähigkeit ⇛ Gleichberechtigung
Prinzipien:	
◆ Wachsende Fähigkeiten und Bedürfnissen des Kindes berücksichtigen! ◆ Besondere soziale und kulturelle Bedürfnisse und Eigenarten berücksichtigen! ◆ Unterschiedliche Lebenslagen von Mädchen und Jungen berücksichtigen! ◆ Kinder beteiligen! ◆ Pädagogisch und organisatorisch an den Bedürfnissen der Kinder und ihren Familien orientieren! ◆ Eltern beteiligen! ◆ Fachkräfte und andere Mitarbeiter sollen untereinander und mit den Erziehungsberechtigten kooperieren!	◆ Wachsende Fähigkeiten und Bedürfnisse des Kindes berücksichtigen! ◆ Einvernehmen anstreben! ◆ Entwürdigende Erziehungsmaßnahmen sind unzulässig! ◆ Mit dem Kind Fragen der elterlichen Sorge besprechen!

Das Ziel der Eigenverantwortlichkeit wiederum ist zwar nur im KJHG/SGB VIII explizit aufgeführt, doch kann es ebensogut als Teil des Ziels Verantwortungsbewußtsein gesehen werden. Es steht keinem anderen Ziel entgegen und bringt Eltern und Erzieherin nicht in Gegenposition zueinander. Die Tatsache, daß sowohl Verantwortungsbewußtsein als auch Eigenverantwortlichkeit aus den Gesetzestexten als Ziele herauszulesen sind, mag daher eher dazu benutzt werden, einmal über die doppelte Bezüglichkeit des Begriffs Verantwortung nachzudenken: Verantwortung kann man für sich selbst und/oder für andere Personen tragen. Wer ausschließlich für sich selbst Verantwortung übernimmt, handelt ohne besondere Verantwortung gegenüber anderen; wer nur Verantwortung für andere im Kopf hat, handelt gegenüber sich selbst unverantwortlich.

Und noch ein Gedanke dazu: Verantwortung für andere kann man nie vollständig übernehmen, ein Teil Eigenverantwortung muß und soll immer beim anderen bleiben. Ein Zugriff auf diesen Bestand oder sein Überdecken hält den anderen in Unmündigkeit. Dies würde den geforderten Erziehungszielen widersprechen.

Rechtsstellung des Kindes

Ein Kind oder Jugendlicher ist bis zur Volljährigkeit nur bedingt rechtsmündig. Seine Rechtsfähigkeit beginnt mit der Vollendung der Geburt (§ 1 BGB), seine Geschäftsfähigkeit mit der Vollendung des siebten Lebensjahres (§ 104 BGB), seine Schadensverantwortlichkeit ebenfalls (§ 828 BGB), seine Strafmündigkeit mit dem vierzehnten Lebensjahr (§ 1 JGG), um nur die wichtigsten Faktoren der Rechtsfähigkeit neben der *Grundrechtsmündigkeit* aufzuzählen. Mit dem letztgenannten Begriff wird die Fähigkeit eines Kindes oder eines Jugendlichen bezeichnet, bestimmte Grundrechte selbständig ausüben zu können, jedenfalls in einem für ihn förderlichen Rahmen.

Das Kind ist von Geburt an Grundrechtsträger.[36] Das bedeutet, daß ihm die Verfassungsrechte des Grundgesetzes zustehen. Strittig ist,

[36] Im Zusammenhang mit dem noch immer nicht befriedigend gelösten Problem der Schwangerschaftsabbrüche wird diskutiert, inwiefern schon ungeborenem Leben Grundrechte zugesprochen werden können.

ob das Kind ein eigenständiges Recht geltend machen kann oder die Rechte ausschließlich über seine Eltern zu verwirklichen sind. Der Streit hat praktische Konsequenzen. Würden dem Kind die Rechte eigenständig zustehen, könnte es sich in Streitfällen gegen den Willen seiner Eltern abgrenzen. Die staatlichen Jugendbehörden hätten das Kind bzw. den Jugendlichen im Rahmen seiner Rechte zu unterstützen, sie müßten notfalls sogar einen eigenständigen staatlichen Erziehungsauftrag entwickeln. Als herrschende Meinung gilt zur Zeit, daß keine extensive Auslegung erfolgt. Die Grundrechte der Kinder werden durch die Eltern gewahrt. Sie haben *ihr* Grundrecht auf Erziehung nach Art. 6 GG (nur) im Interesse ihres Kindes auszuüben. Eltern sind an diese Vorgaben gebunden.

Das KJHG/SGB VIII ist im Zuge der Auseinandersetzung um die Grundrechtsfrage so aufgebaut worden, daß der Adressat der Jugendhilfeleistungen die Sorgeberechtigten sind. Sie sollen in die Lage versetzt werden, die Rechte des Kindes auf Erziehung und Förderung zu verwirklichen.

Gegner dieser Auffassung führen ins Feld, daß es genügend Fälle gibt, in denen die Eltern ihre Erziehungsrechte und -pflichten nicht in pflichtgemäßem Ermessen und in Einklang mit den Grundrechten des Kindes wahrnehmen. Sie kritisieren (zu Recht, wie wir meinen), daß die vorgesehenen Hilfsmöglichkeiten für Kinder gegen die mißbräuchliche Erziehungspraxis den tatsächlichen Problemlagen nicht genügen.

Trotzdem gilt die beschriebene herrschende Meinung als Grundlage für Gesetzgebung, Rechtsprechung und -interpretation. Quasi als Kompromiß wird Kindern und Jugendlichen die Grundrechtsmündigkeit zugestanden. Ein heftig umstrittenes Rechtskonstrukt, das den Minderjährigen notfalls auch gegen die elterlichen Vorstellungen eigene Rechte zubilligt, solange bzw. sobald davon ausgegangen werden kann, daß der Betreffende überblicken und einschätzen kann, welche Konsequenzen aus seinem Wollen erwachsen.

Bevor wir uns in allzu theoretischen Erwägungen verlieren, wollen wir uns in diesem Abschnitt auf die für die Erziehung und Beaufsichtigung relevanten Belange konzentrieren. Bei der Frage, welche Überlegungen das erzieherische Handeln von Eltern und/

oder Erzieherinnen bestimmen, sind bislang die Rechte des Kindes als Einflußfaktoren der Pädagogik vernachlässigt worden. Zu berücksichtigen sind unabhängig von theoretischem Streit und Auseinandersetzungen in der Alltagspraxis drei Rechte aus dem Grundgesetz:

- das Recht auf freie Entfaltung (Art. 2 Abs. 1 GG), [Wir haben es bisher als Erziehungsziel definiert, es läßt sich getreu dem Wortlaut unserer Verfassung als Recht jedes Menschen im Geltungsbereich des Grundgesetzes interpretieren.]
- das Recht auf Leben und körperliche Unversehrtheit aus Art. 2 Abs. 2 GG,
- das Recht auf Einhaltung des Diskriminierungsverbotes nach Art. 3 GG.

Hinzu kommt aus dem § 1631 Abs. 2 BGB

- das Recht auf eine gewaltfreie Erziehung.

Im § 1 KJHG/SGB VIII finden wir noch

- das Recht des jungen Menschen auf Förderung seiner Entwicklung und auf Erziehung zu einer eigenverantwortlichen und gemeinschaftsfähigen Persönlichkeit.

Alle Rechte tauchten bereits aus anderer Perspektive in unserer Darstellung auf. Sie brauchen deshalb nicht mehr näher erläutert zu werden. Mit der eigenständigen Erwähnung der Rechte des Kindes wollten wir die Komplexität des Gesamtzusammenhangs andeuten. Wichtig war uns diese Hinwendung zu den (rechtlichen) Belangen der Kinder, um ihre eigenständige Position zu betonen. Hieran kann man erkennen, daß die Methode, Erziehungsziele aus den Verpflichtungen der Personensorgeberechtigten abzuleiten, notwendig, aber keinesfalls ausreichend ist.

Zum Ende dieses Kapitels stellen wir nun das vollständige Schema mit allen für Eltern und Erzieherinnen relevanten und rechtlich zu begründenden pädagogischen Vorgaben auf einen Blick dar. Das Schema kann aus den jeweiligen landesgesetzlichen Regelungen vervollständigt und weiter konkretisiert werden. Anzuregen ist auch, die Ableitung der Aufgaben von den Zielen über die Prinzipien im Hinblick auf die jeweils gegebenen Umstände in Kindertagesstätten

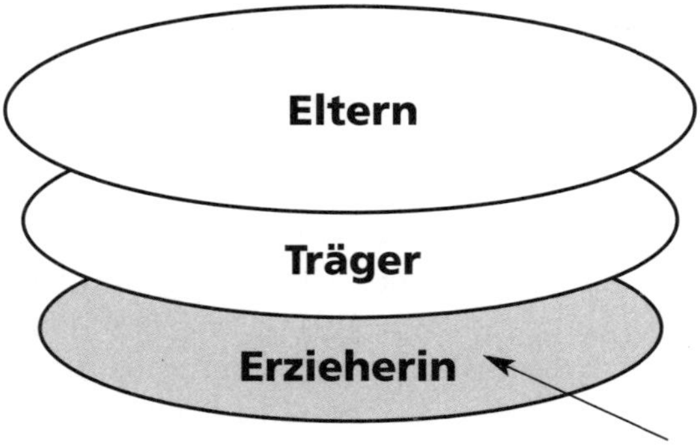

SCHEMA 4
Eltern/Träger/ Erzieherin komplett

Recht und Pflicht (= Verantwortung)
für die Wahrnehmung folgender Aufgaben:
Aufenthaltsbestimmung, Pflege, Erziehung, Beaufsichtigung, Bildung

Ziele:
⇛ freie Entfaltung
⇛ Selbständigkeit
⇛ Verantwortungsbewußtsein
⇛ Handlungsfähigkeit
⇛ Gemeinschaftsfähigkeit
⇛ Gleichberechtigung

Prinzipien:
◆ Wachsende Fähigkeiten und Bedürfnisse des Kindes berücksichtigen!
◆ Mit dem Kind Fragen der elterlichen Sorge besprechen!
◆ Einvernehmen anstreben!
◆ Kinder gewaltfrei erziehen!
◆ Körperstrafen, seelische Verletzungen ... sind unzulässig!

Teilaufgaben:
- Benachteiligungen vermeiden oder abbauen,
- Eltern beraten und unterstützen,
- Kinder vor Gefahren für ihr Wohl schützen,
- beitragen, positive Lebensbedingungen zu erhalten bzw. zu schaffen.

Kind

Ziele,
abzuleiten aus der Rechtsstellung des Kindes, s.o.
- Recht auf freie Entfaltung
- Recht auf Leben und körperliche Unversehrtheit
- Recht auf eine gewaltfreie Erziehung
- Recht auf Einhaltung des Diskriminierungsverbotes
- Recht auf Förderung und Erziehung

fortzuführen, in dem angemessene Umsetzungsmethoden entwickelt werden.
Sinn und Zweck unserer Überlegungen war es, zu zeigen:
- daß die fachlichen und rechtlichen Grundsätze der pädagogischen Arbeit in Kindertageseinrichtungen nicht im Widerspruch zueinander stehen und
- daß sie in hohem Maß mit den Vorgaben für Eltern übereinstimmen.

Elterliche Sorge (Wichtiges in Kürze)

Die rechtliche Verpflichtung von Eltern, für ihre minderjährigen Kinder zu sorgen, wird in der Bundesrepublik Deutschland im Bürgerlichen Gesetzbuch (BGB) durch den Begriff der elterlichen Sorge beschrieben (§ 1626 Abs. 1 Satz 1 BGB). Die elterliche Sorge umfaßt vier Teilbereiche, nämlich
- die Personensorge,
- die Vermögenssorge,
- die Vertretung in der Personensorge und
- die Vertretung in der Vermögenssorge (§§ 1626 Abs. 1 Satz 2; 1629, 1631 Abs. 1 BGB).

Die Personensorge umfaßt Pflege, Erziehung, Beaufsichtigung und Aufenthaltsbestimmung. Die Vermögenssorge umfaßt die Sorge für das Vermögen des Kindes. Weil Pflege, Erziehung, Beaufsichtigung vor allem durch Aktionen oder Tätigkeiten dem Kind zuteil werden, spricht man hier häufig von tatsächlicher Personensorge. Damit ist die Zuwendung und Fürsorge gemeint, die ein Kind unmittelbar erfährt oder erfahren soll.

Die Vertretung, sowohl in der Personen- als auch in der Vermögenssorge, kommt dem Kind nicht direkt zu, sondern wird in seinem wohlverstandenen Interesse mehr *im Auftrag* durch die Eltern wahrgenommen. Das geschieht beispielsweise, wenn Eltern für das Kind erklären, daß es eine Erbschaft antreten will, die sein Vermögen mehrt und nicht schmälert (Vertretung in Ausübung der Vermögenssorge). Wenn Eltern im Interesse eines Kindes vor Gericht klagen, dann tun sie dies möglicherweise im Rahmen der Vertretung in der Personensorge, jedenfalls immer dann, wenn das Kind klagen müßte, um seine Rechte gegenüber sogenannten Dritten durchzusetzen, aber selbst nicht klagen kann, weil es zu jung ist. Ein anderer Fall liegt vor, wenn Eltern in eine bevorstehende Operation einwilligen.

Tatsächliche elterliche Sorge und Vertretung können auch so unterschieden werden, daß es bei ersterer mehr oder weniger um die Ausführung von Alltagstätigkeiten geht, während es sich im anderen Fall um den Vollzug von Rechtsgeschäften handelt. Dies ist dann auch der Hintergrund. Unbeschränkt rechtsfähig, d.h. mit der uneingeschränkten Fähigkeit und Verantwortung Rechtsgeschäfte abzuschließen, sind nicht minderjährige (Kinder und Jugendliche), sondern ausschließlich volljährige Menschen (Erwachsene), soweit sie nicht entmündigt wurden oder aus anderen Gründen nur beschränkt geschäftsfähig sind.

Seit der Neuregelung der elterlichen Sorge zum 1.7.1998 haben beide Eltern die elterliche Sorge inne, sofern sie entweder miteinander verheiratet sind bzw. einander heiraten oder aber als Unverheiratete eine sogenannte Sorgerechtserklärung abgeben. Geschieht dies nicht, übt die Mutter allein die elterliche Sorge aus. Bis zum Inkrafttreten der neuen Regelung erhielten nichteheliche Mütter per Gesetz automatisch einen Amtspfleger zur Seite gestellt, der sie unterstützen und die Wahrnehmung der Rechte des Kindes, z.B. auf Vaterschaftsfeststellung, sichern sollte. Im Zuge der Aufhebung der Diskriminierung von nichtehelichen gegenüber ehelichen Kindern erfolgte demnach auch eine Aufwertung der mütterlichen Erziehungsleistungen. Allein sorgeberechtigte Mütter können jetzt zu ihrer Unterstützung einen sogenannten Beistand beantragen (wie auch verheiratete Eltern dieses Recht haben), doch es besteht keinerlei Verpflichtung dazu.

Ist eine Minderjährige Mutter geworden oder ist eine Mutter nicht geschäftsfähig, so braucht das Kind einen Vormund (§ 1773 BGB), welcher die Vertretung übernimmt. Die Mutter übt dann ausschließlich die tatsächliche Personensorge aus.

Neu in den Regelungen zur elterlichen Sorge sind die Bestimmungen,

- daß das Kind ein Recht auf Umgang mit jedem Elternteil hat (§ 1684 Abs. 1 BGB), so daß beide Eltern für die Verwirklichung des Rechts eintreten müssen;
- daß Großeltern, Geschwister und andere Personen, wenn sie wichtige Bezugspersonen sind, ein Umgangsrecht mit dem Kind haben (§ 1685 BGB); umgekehrt gilt dieses Recht auch;
- daß in Notsituationen (Gefahr im Verzug) einer von zwei sorgeberechtigten Elternteilen allein eine Entscheidung treffen darf, unter der Bedingung, daß der andere Elternteil unverzüglich benachrichtigt wird (§ 1629 Abs. 1 BGB);
- daß auch Pflegepersonen, bei denen Kinder sich längere Zeit aufhalten, berechtigt sind, Angelegenheiten des täglichen Lebens zu entscheiden und den Inhaber der elterlichen Sorge darin zu vertreten (§ 1688 BGB).

Die wichtigsten Vorschriften für Eingriffe in die elterliche Sorge, welche nach dem Art. 6 Grundgesetz nur auf Grund eines Gesetzes erfolgen dürfen, sind die §§ 1666 und 1667 BGB. Voraussetzung ist, daß Eltern die elterliche Sorge mißbräuchlich ausüben oder das Kind vernachlässigen, selbst wenn das Verhalten der Eltern als unverschuldetes Versagen anzusehen ist. Durch die Form des Umgangs mit dem Kind muß eine Gefährdung des Kindeswohls oder seines Vermögens gegeben sein; und es muß eine Gefahrenabwendung durch die Eltern unterbleiben. Sind diese Voraussetzungen erfüllt, kann das Familiengericht gemäß dem Grundsatz der Erforderlichkeit die Eltern zu verändertem Verhalten anhalten. Das Familiengericht kann Eltern ermahnen, kann ihnen das Aufenthaltsbestimmungsrecht entziehen oder die Ausübung der Personensorge beschränken, schlimmstenfalls völlig entziehen. Bei jedem Eingriff in die Personensorge muß sichergestellt werden, daß jemand die Aufgabe künftig besser erfüllt. Eine Trennung von der Familie ist nur zulässig, wenn es keinen anderen Weg und keine die Eltern unterstützenden Maßnahmen (z.B.: Leistungen des KJHG/SGB VIII) mehr gibt, so daß ein für das Kind gefahrloser Verbleib nicht zu erwarten wäre.

Weitere Ausführungen zur elterlichen Sorge nach dem BGB, etwa die Regelungen nach Scheidung oder Tod der Eltern, würden diesen Exkurs zu sehr erweitern. Wir wollten einen kurzen Überblick über die Situation nach dem neuen Recht geben. Wenn man bedenkt, daß die elterliche Sorge erst seit 1.1.1980 diesen Namen trägt, zum Jahrhundertbeginn (bei Inkrafttreten des BGB) väterliche Gewalt und später elterliche Gewalt hieß, ist es doch als gewaltiger Fortschritt zu bezeichnen, daß das neue Kindschaftsrecht zu deutlich mehr Rechten für alleinerziehende Mütter und für jedes Kind geführt hat. Der Übergang von der elterlichen Gewalt zur elterlichen Sorge ließ den § 1626 BGB unverändert. Die Einführung des § 1631 Abs. 2 BGB, wonach entwürdigende Erziehungsmaßnahmen in der Ausübung der Personensorge als unzulässig erklärt wurden, begründete im wesentlichen der Wandel von der Bezeichnung *Gewalt* zur *Sorge*. In der Neufassung zum 1.7.1998 wurde das Leitbild kindgerechter Erziehung durch Aufzählung unzulässiger Maßnahmen konkretisiert. Insbesondere körperliche und seelische Mißhandlungen waren seitdem verboten. Ein absolutes Verbot von Gewalt in der Erziehung wurde dann im Jahr 2000 im Wege einer erneuten Änderung des § 1631 Abs. 2 BGB durchgesetzt. Seitdem sind jegliche Körperstrafen sowie seelische Verletzungen und andere entwürdigende Maßnahmen unzulässig.

3. Praktische Bedeutung der rechtlichen Grundlagen

Im vorigen Abschnitt haben wir anhand von geltenden Gesetzestexten gezeigt, wer wie und warum Kinder erziehen darf. Dabei haben wir die gesetzlichen Grundlagen erklärt und, bezogen auf das Problem der Aufsichtspflicht, zwei übergreifende Gedanken verdeutlicht:

1. Die natürliche und rechtliche Logik stellt die Eltern-Kind-Beziehung vor die Erzieherinnen-Kind-Beziehung. Erzieherinnen erhalten auf Grund einer elterlichen Entscheidung den Auftrag, den eigentlich sie, die Eltern, ausführen müßten. Der fachliche Auftrag für Erzieherinnen (durch KJHG/SGB VIII und in Landesgesetzen vermittelt) beinhaltet zwar Ergänzungen und Erweiterungen des elterlichen Auftrags zur Erziehung der Kinder zu Selbständigkeit und Eigenverantwortung, jedoch keine grundsätzlich neuen Ziele. Daraus folgt, daß Eltern und Erzieherinnen nach den gleichen Maßstäben vorgehen müssen. Noch deutlicher: selbst pädagogisch unausgebildeten Eltern wird die gleiche Verantwortung abverlangt wie den hierfür ausgebildeten Erzieherinnen!
2. Das Recht und die Pflicht zur Beaufsichtigung ist nicht als eine isolierte Verpflichtung zu verstehen, Kinder zu behüten. Die Aufsichtspflicht ist vielmehr Teil eines ganzen Pakets an Vorgaben, die allesamt und gleichzeitig beachtet werden müssen. Diese Einzelvorgaben stehen in enger Beziehung zueinander, aber nicht gleichrangig nebeneinander. Die Verpflichtung, Kinder zu beaufsichtigen, dient zur Erfüllung anderer Pflichten (und Rechte). Soweit es bisher abgeleitet wurde, dient die Aufsichtspflicht der übergreifenden Verpflichtung von Eltern oder Erzieherinnen, Erziehungsziele zu erreichen.

Mit der Interpretation der Aufsichtspflicht als Erziehungsfunktion wird sie in einen übergreifenden Zusammenhang gebettet. Sie verliert den ihr von mancher Seite verliehenen Charakter eines absoluten Werts, indem ihr Hauptzweck als Garant der Erziehungsziele beschrieben wird. Die Aufsichtsführung über Minderjährige dient im Erziehungsprozeß außerdem dazu, Schädigungen abzuwenden.

Bezweckt wird die Vermeidung von Schädigungen des Minderjährigen selbst, welche im schlimmsten Fall dazu führen können, daß die Erziehungsziele nie erreicht werden. Bezweckt wird auch, *Dritte* vor Schädigungen durch zu beaufsichtigende Minderjährige zu bewahren. Die Aufsichtsführung steht damit in einer gewissen Spannung zwischen dem jeweiligen Erziehungsziel und den Rechten Dritter. Risiken bleiben dabei bestehen, denn Kinder sollen durch erzieherische Bemühungen selbständig und frei aufwachsen. Daß dabei weder sie zu Schaden kommen, noch andere Personen geschädigt werden, bleibt eine Absicht und Hoffnung ohne Gewähr.

Mit dieser Ergänzung wissen wir, wozu die Aufsichtspflicht dient und welchen Zielen sie folgt, noch immer aber nicht, wie sie auszuüben ist. Um dieser Frage auf die Spur zu kommen, analysieren wir ein Urteil aus einem Schadensersatzprozeß, bei dem die Aufsichtspflicht eine große Rolle spielte.

Der Fall: *In einer Kindertagesstätte spielten Kinder im Hortalter »Cowboy und Indianer». Dabei warfen sie mit Stöcken. Ein Kind nahm anstelle eines Stockes eine 60 cm lange Eisenstange von 2 cm Durchmesser und verletzte damit ein anderes. Resultat: eine 1 cm lange Rißplatzwunde auf dem Nasensattel und ein ausgedehntes Hämatom (blauer Fleck, Bluterguß). Der zuständige Erzieher leistete mit einem Pflaster erste Hilfe. Die für das Kind klagenden Eltern behaupteten, der Erzieher hätte verhindern müssen, daß die Eisenstange auf das Hortgelände gelangen konnte; außerdem hätten er oder eine der Kolleginnen sich direkt bei den spielenden Kindern aufhalten müssen. Demgegenüber wurde eine Aufsichtspflichtverletzung aus der Kindertagesstätte verneint: Die Gegenstände kamen von einer benachbarten Baustelle; der Erzieher sei gerade einem weiteren Kind hinterher gegangen als der Unfall geschah.*

Die im weiteren Verlauf zitierten Formulierungen können im Urteil[37] nachgelesen werden.[38] Bevor es ins Detail geht, zwei wichtige Bemerkungen zum Prozeß, seinem Urteil und seiner Begründung vorweg:

---

[37] Das Urteil ist insofern etwas kompliziert zu lesen, als die Klage gegen den Träger der Einrichtung erfolgte; der zuständige (= verantwortliche) Erzieher tritt deshalb hier als Zeuge auf.
[38] s. S. 548 ff.

a) Es handelt sich um ein Urteil zu einem Schadensfall in einer Kindertagesstätte. Wenn sich die beteiligten Kinder zum Zeitpunkt des Hergangs nicht im Aufsichtsbereich der Erzieherinnen, sondern der Eltern befunden hätten, wäre das gleiche Verfahren gegen die Eltern des den Unfall bewirkenden Kindes möglich gewesen. Die Verantwortung ist mit gleichen Maßstäben zu messen. Die Zuordnung der Aufsicht zu der einen oder der anderen Erziehungsperson unterscheidet die Ausführung in ihrer Substanz nicht grundsätzlich.
b) Das Alter des Urteils, 25 Jahre, steht nicht für neuere Trends der Rechtsprechung. Andererseits gibt es keine uns bekannte schöner formulierte Urteilsbegründung. Auch läßt sich mit diesem Urteil zeigen, worauf Gerichte schon vor mehr als zwanzig Jahren Wert legten. Erziehungsfragen werden seitdem eher toleranter und kinderfreundlicher gelöst.[39] Weitere, auch neuere Urteile sind in Auszügen ab S. 551 abgedruckt.

Der Richter stellte fest:
»Zu der Schutzpflicht der Erzieher in der Kindertagesstätte gehört es insbesondere, die Kinder zu beaufsichtigen und sie hierbei auch vor Schädigungen ... zu bewahren.«
Soweit befinden wir uns mit unseren Ausführungen in Übereinstimmung mit dem Gericht (s. o.). Der Richter ist ferner der Ansicht:
»Dabei läßt sich das Maß der zu erbringenden Beaufsichtigung naturgemäß nicht abstrakt bestimmen, sondern hängt im Rahmen des Möglichen und Zumutbaren von den Umständen des Einzelfalles ... ab.«

Der Richter drückt damit aus, daß er genau weiß, daß es keine allgemein anwendbare verbindliche Festlegung bzw. Auslegung des Begriffs *Aufsichtspflicht* gibt. Der gerade zitierte Satz ist ein Standardsatz in den Verfahren um die Aufsichtspflicht. Jemand hat ihn einmal formuliert und nun gilt er, weil alle maßgeblichen Leute finden, daß mit diesem Satz die wesentlichen Umstände hervorragend zusammengefaßt sind.

[39] Diese Aussage bedeutet nicht, daß wir meinen, unsere Gesellschaft ist insgesamt kinderfreundlicher geworden. Eher trifft u. E. das Gegenteil zu, doch ist festzustellen, daß rigide Erziehungsvorstellungen und -einstellungen deutlich seltener anzutreffen sind als damals.

Weiterhin sagt uns der Richter, daß man genau hinschauen muß, um eine Situation einschätzen zu können. Er kennt den gesetzlichen Hintergrund (Stichworte z. B.: wachsendes Bedürfnis und wachsende Fähigkeit des Kindes) und sagt, daß zur Einschätzung des Einzelfalls *insbesondere*[40]

- *das Alter der Kinder,*
- *ihre pädagogische Beeinflußbarkeit und Einsicht,*
- *ihre Zahl,*
- *die Art des Spiels,*
- *die räumlichen und personellen Gegebenheiten*

beachtet werden müssen.

Nach den genauen Umständen, die anhand dieser Kriterien zu beschreiben sind, richtet sich das Maß und die Art der Aufsichtsführung. Doch nicht nur das. Der Richter kennt die pädagogische Orientierung aller Bemühungen. Er sagt:
»Bei der Bemessung der Aufsichtspflicht muß ferner zwischen den Erfordernissen eines Mindestbestandes von Sicherheit und Ordnung einerseits und dem pädagogischen Ziel der freien Entfaltung der kindlichen Persönlichkeit abgewogen werden.«
Ein Minimum an Sicherheit und Ordnung ist erforderlich, nicht etwa die größtmögliche oder die denkbar größte Absicherung! Das Ziel der freien Entfaltung darf nicht gefährdet werden![41] Der Zweck der Veranstaltung Kindererziehung muß erkennbar bleiben, er genießt höchste Priorität! In anderen Urteilen wird ausdrücklich hervorgehoben und ergänzt, daß eine freie Entfaltung und eine Erziehung zur Selbständigkeit nicht ohne Risiken vorstellbar sind. Deshalb muß man in Kauf nehmen, daß gelegentlich ein Schaden eintritt.

In einem knapp zwanzig Jahre später beschlossenen Urteil über die Aufsichtspflicht und das Spielen von Kindern in Kindergärten stellte das Oberlandesgericht Düsseldorf sogar fest:
»Das Maß der Aufsichtspflicht muß mit dem Erziehungsziel, die wachsende Fähigkeit und das wachsende Bedürfnis des Kindes zum selb-

---

[40] Das Wort *insbesondere* bedeutet in der Juristerei immer: es gibt eine ganze Reihe, aber hier werden nur die (mir) wichtigsten aufgezählt.

[41] Dies ist die Stelle, deretwegen auf Seite 115 entschieden wurde, die ›freie Entfaltung‹ als pädagogisches Ziel aufzulisten, nicht als Prinzip.

ständigen verantwortungsbewußten Handeln einzuüben, in Einklang gebracht werden. Dieser erwünschten Persönlichkeitsentwicklung wäre eine dauernde Überwachung hinderlich; deshalb dürfen und müssen Kindern in diesem Alter im Rahmen einer verantwortlichen Erziehung auch Freiräume eingeräumt werden, bei denen ein sofortiges Eingreifen des Aufsichtspflichtigen nicht mehr möglich ist.»[42]
Die vom Richter in unserem Beispielfall genannten Kriterien wurden im Verfahren dann überprüft:

- *Alter der Kinder*: Die Kinder waren im aufsichtspflichtigen Alter (Hortkinder).
- *pädagogische Beeinflußbarkeit/Einsicht*: Es gab hierzu keine Aussagen, aber: es ist sowieso nicht völlig zu verhindern, daß Kinder gefährliche Gegenstände mitbringen.
- *Zahl der Kinder*: Auch hier keine Einzelangaben.
- *Art des Spiels*: Das Spiel verlief friedlich, es gab keine Veranlassung zur Wachsamkeit oder zum Eingreifen.
- *Räumliche und personelle Gegebenheiten*: Es waren genügend Erzieherinnen zur Aufsicht eingeteilt (Organisation). Der zuständige Erzieher war nicht ständig in unmittelbarer Nähe. Der Spielbereich war von weitem und sogar aus dem Haus heraus zu überblicken. Durch die vorhandenen Glasflächen war alles zu beobachten.

Nach Prüfung des gesamten Herganges durch Zeugenbefragungen reichten diese Angaben als Begründung für einen Freispruch aus. »Was sonst?«, ist man als Beobachter und Leser einschlägiger Urteile geneigt zu fragen. In Seminaren zur Aufsichtspflicht sind Erzieherinnen und Trägervertreterinnen immer wieder überrascht, daß die geschilderten Überlegungen wirklich für einen Freispruch ausreichten. Manchmal suchen sie nach Fallen, weil sie selbst zu einem anderen Urteilsspruch gekommen wären. Einige stets wiederkehrende Themen werden angesprochen:

1. Im Urteilsspruch steht, daß der Erzieher innerhalb einer halben Minute bei den Kindern sein konnte. Ist daraus zu schließen, daß keine Erzieherin weiter weggehen darf? Nein, der Rückschluß wäre falsch. Manchmal darf sie gar nicht weggehen und manchmal

[42] OLG Düsseldorf 18 U 225/94, Urteil vom 12.10.95 abgedruckt ab S. 551

auch länger. In diesem Fall reichte die halbe Minute aus. Wir wissen im übrigen nicht genau, ob nicht auch drei oder fünf Minuten als ausreichend eingeschätzt worden wären.

2. Ähnlich verhält es sich mit einer Unsicherheit zum Kriterium *räumliche Gegebenheiten*. Es hieß: *Durch die Glasflächen war alles zu beobachten.*
   Freuen wir uns mit den dortigen Erzieherinnen über vorteilhafte Arbeitsbedingungen, doch schließen wir aus der Formulierung keinesfalls, daß jederzeit alles beobachtet werden muß! Unzulässig ist deshalb die Interpretation, daß Erzieherinnen in Kindertageseinrichtungen, die ohne großzügige Verglasung gebaut wurden, sich immer draußen bei den Kindern aufhalten müssen, weil die Beobachtung von drinnen nicht möglich ist. Würde so weitgehend interpretiert, müßte daraus gefolgert werden, daß Kinder sich zu keiner Zeit und nirgends ohne Erwachsene aufhalten dürfen. Ganz genau gelesen, finden sich in diesem Urteil keine Aussagen über dieses Problem. Allerdings wäre eine einschränkende Interpretation weder mit dem Tenor des Urteils vereinbar noch mit der Aussage, daß jeder Einzelfall zu prüfen ist. Allgemeingültige Vorgaben für erzieherisches Einzelverhalten kann es daher nicht geben.
   Aufmerksamen Leserinnen wird nicht entgangen sein, daß zwar die *Möglichkeit* angesprochen wurde, Kinder durch die Fenster zu beobachten, es wurde jedoch offenbar erst gar nicht geprüft, ob die Erzieherinnen und der betreffende Erzieher die Kinder durch die Fenster tatsächlich beobachteten. Die Aussage aus der Urteilsbegründung sollte daher ganz nüchtern so gelesen werden: In diesem speziellen Fall konnten die Kinder durch die Fenster gesehen werden. Das Argument der Klägerin wurde (schon so einfach) widerlegt. Weitergehende Überlegungen waren nicht anzustellen, sonst wäre vielleicht damals schon dieser Satz entwickelt worden: *Eine ständige Überwachung sozusagen auf Schritt und Tritt ist auch bei Kindern im Kindergartenalter nicht erforderlich.*[43]

3. In unseren Seminaren wurden mitunter Zweifel geäußert bezüglich des Kontaktes zwischen dem Erzieher und den Kindern. Er

[43] So wurde er erst 1995, dann allerdings für die jüngere Gruppe der Kindergartenkinder, formuliert; nochmals das Urteil des OLG Düsseldorf 18 U 225/94 vom 12.10.95 abgedruckt ab S. 551

war zum Zeitpunkt des Schadenseintritts mit einem anderen Kind befaßt. Was wäre an Konsequenzen erwachsen, hätte er *einfach so* herumgestanden oder aus anderen Gründen den werfenden Kindern den Rücken zugekehrt? Auch hier gilt: wir wissen es nicht. Das Argument, *der Zeuge/Erzieher habe nichts gesehen, weil er sich wegen eines anderen Kindes kurzfristig entfernen mußte*, wurde von der Verteidigung benutzt und vom Gericht nicht weiter herangezogen. Das Argument wurde offensichtlich weder als tauglich für eine Schuldzuweisung befunden, noch spielte es in der Urteilsbegründung überhaupt eine Rolle. Abgeleitet werden kann daraus, daß dem Richter hinreichend erklärt werden konnte, daß Erzieherinnen ihre Augen nicht überall zugleich haben, geschweige denn gleichzeitig bei jedem einzelnen Kind sein können. (Dies würde im übrigen jeder pädagogischen Vernunft widersprechen, wurde aber ebenfalls nicht geprüft.)

Diese Beispiele zeigen, daß Spekulationen und Spitzfindigkeiten über die Auslegung des Urteils unnötig sind und nicht weiterhelfen. Im Nachhinein ergründen zu wollen, *was geschehen wäre wenn*, hilft nur weiter, wenn die prozessuale Seite verlassen und die pädagogisch-fachliche Seite betreten wird. Statt sich in bedeutungsschwangerer Interpretation richterlicher Formulierungen zu ergehen, ist es besser, die eigenen Gedanken zum Gegenstand der Untersuchung zu machen. Erzieherinnen könnten sich beispielsweise fragen:

- Fühle ich mich wohler, wenn ich die Kinder permanent im Auge habe?
- Wie gewährleiste ich unter den konkreten baulichen Gegebenheiten meiner Kindertageseinrichtung den Überblick über die Gruppe?
- Wieviel Aufmerksamkeit richte ich auf die Gesamtgruppe und wieviel auf jedes einzelne Kind?
- Wie kann ich die Sicherheitsanforderungen in den Dienst der Erziehung zur Selbständigkeit bringen?

Solche Überlegungen sind im Gegensatz zu spekulativen Fragen hilfreich, weil sie eigene Handlungsmöglichkeiten eröffnen. Hilfreich und notwendig sind sie nicht zuletzt auch deshalb, weil die Übertragung eines Einzelfalles auf andere Fälle schwierig bis unmöglich ist. Allein in dem hier analysierten kurzen Urteilstext wird an ungefähr sechs Stellen darauf hingewiesen, daß jeder Fall für sich zu betrachten ist.[44] Daraus folgt vor allem eines:

Jede Erziehungsperson muß (idealerweise) in jeder Situation von Neuem abwägen. Diese Anforderung gehört zur Erziehungsaufgabe, sie gehört zum Erziehungsalltag von Erzieherinnen und Eltern.

[44] Dies geschieht durch Formulierungen wie: Umstände des Einzelfalles/allgemeine Richtlinien schwerlich aufstellbar/nicht in jedem Fall ausreichend/keine Veranlassung am fraglichen Nachmittag/Einzelheiten werden naturgemäß unterschiedlich gehandhabt/allgemeine Richtlinien schwer aufstellbar.

4. Weitere Anforderungen an die Erzieherin

Fachlichkeit

Unterschiedliche Ansichten über ein Thema oder eine Sache stellen sich vor allem dann heraus, wenn Konflikte zu bewältigen sind. So etwas ereignet sich im Privatleben und im Beruf, also auch bei der Auslegung der angemessenen Aufsichtsführung. Die Auseinandersetzungen um die Aufsichtspflicht können zwischen Eltern, zwischen Erzieherinnen, zwischen Erzieherinnen und Leitung (und Träger), zwischen Eltern und Erzieherinnen, gegebenenfalls auch mit sogenannten Dritten (Nachbarn, Passanten z. B.) entstehen. Sie entwickeln sich meist dann, wenn eine der beteiligten Parteien sich benachteiligt fühlt oder wenn sie meint, *im Recht* zu sein.

Von Erziehungspersonen wird erwartet, daß sie ihr Tun und Lassen reflektieren. Sie sollen abwägen zwischen dem größtmöglichen Freiraum und dem Mindestbestand an Sicherheit und Ordnung, um ihre pädagogischen Ziele zu erreichen. Wenn zwei Menschen ihre Gedanken zu einer bestimmten Situation austauschen, endet dies nicht immer in trauter Eintracht. Im Sport gibt es für strittige Fälle Schiedsrichter. In anderen Fällen können *Richter* hilfreich sein, um den nicht geglückten Abwägungs- und Klärungsprozeß zu vollziehen, so wie es der Richter in dem analysierten *Eisenstangen-Urteil* praktiziert hat. Abstrakt ausgedrückt, nimmt der Richter eine Interessenabwägung vor, indem er die Erwägungen der Konfliktpartner zueinander in Beziehung setzt. Es kommt zu einer richterlichen Abwägung. Vor Gericht wird im Konfliktfall die der verantwortlichen Erziehungsperson auferlegte Abwägungspflicht nachträglich diskutiert, nachvollzogen und je nach Ergebnis bestätigt oder korrigiert.

Ein Richter wird erst im Nachhinein tätig. Er übt den erforderlichen Abwägungsprozeß im Gerichtsverfahren ein weiteres Mal aus, vollzieht ihn auf der Grundlage der Angaben der Erziehungsperson nach.

Die Angaben der Erziehungsperson darüber, was zu ihrer Entscheidung und Handlung geführt hat, müssen vom Richter verstanden und akzeptiert werden. Die Erziehungsperson muß dafür *glaub-*

haft bekunden und klar und frei von Widersprüchen aussagen[45] können. Nach aller Lebenserfahrung gelingt diese Anforderung derjenigen Person am Besten, die sich *vorher* bewußt gemacht hat, was sie tun würde.

Sein Tun und Lassen vorher zu überlegen, kann in der Pädagogik als pädagogische Planung bezeichnet werden. Der Qualitätssprung zwischen Vorüberlegungen und pädagogischer Planung entspricht dem Unterschied zwischen der Ausübung der Aufsichtspflicht durch Eltern oder durch Erzieherinnen. Von Eltern können zwar Überlegungen zum Erreichen erzieherischer Ziele erwartet werden, doch eine pädagogisch-fachliche Planung nicht. Noch pointierter: der Qualitätssprung zwischen familiärer und professioneller Erziehung zeigt sich in der Art der Vorbereitung und den daraus abzuleitenden Handlungen und Arbeitsmethoden, nicht etwa in der Intensität oder in der Anzahl der an die Kinder verteilten Aufsichtsblicke!

Es zeigt sich auch hier, daß hohe fachliche Anforderungen an erzieherisches Handeln die Arbeit keineswegs erschweren. Selbst wenn es zum Äußersten kommen sollte und ein (Schieds-)Richter über die Qualität der pädagogischen Arbeit einer Erzieherin in einem Einzelfall befinden müßte, würde er doch letztlich nur die Ausübung ihrer üblichen Tätigkeit mit fachlich anerkannten Methoden erwarten. Das KJHG/SGB VIII schreibt über § 72 Abs. 1 die Fachlichkeit der in der Jugendhilfe tätigen Personen vor. Zur Fachkompetenz von Erzieherinnen gehören unbestritten, die Fähigkeit zu pädagogischer Planung, die Erfordernis der Zusammenarbeit mit Eltern und den Kolleginnen[46] sowie die Kompetenz zur Öffentlichkeitsarbeit. Wer diese Teilbereiche pädagogischer Arbeit konzeptionell und praktisch umsetzt, dem sollte es wohl gelingen, seine gesamte Tätigkeit *glaubhaft* zu begründen und *klar und frei von Widersprüchen darzustellen.*

Zu vergessen ist dabei nicht, was bereits mehrfach erwähnt wurde: für *normale Eltern* gelten vergleichbare Anforderungen. Sie dürfen daher nicht überzogen ausgelegt werden, denn für alle Aufsichtspflichtigen, die besser Erziehungsberechtigte und -pflichtige heißen sollten, gilt ein allgemeiner Leitsatz:

---

[45] siehe noch einmal das zitierte *Eisenstangen-Urteil*

[46] Hierfür gibt es eine Bestätigung durch das Fachgesetz: §§ 1 Abs. 3; 9; 22 Abs. 3 KJHG/SGB VIII.

»Was verständigen Aufsichtspflichtigen nach vernünftigen Maßstäben im Einzelfall zugemutet werden kann, um einen Schaden abzuwenden«, muß getan werden.
Mehr nicht. Dieser Grundsatz wurde vom Bundesgerichtshof (BGH) schon in einer Entscheidung vom 19.11.1963 aufgestellt. Er gilt noch heute.

Für fachlich ausgebildete Aufsichtspflichtige kommt die Anforderung hinzu, ihr Handeln stets durch fachliche Überlegungen zu bestimmen, denn der Grundsatz der Fachlichkeit begründet den Status und die gesamte Arbeitsweise der professionellen Erzieherin. Wozu sonst wäre sie wohl da?

Erzieherisches Handeln
und seine Auswirkungen
auf die Funktion und das Berufsbild von Erzieherinnen

Die Voraussetzung, als Beispiel, daß ein Kind sicher radfahren kann:

Das Kind	**Die Erzieherin**	**Die Funktion**
darf in der Kita (und außerhalb) radfahren	läßt die Kompetenz des Kindes zu	der Erzieherin ist die der Erlauberin
darf in der Kita bzw. außerhalb nicht radfahren	untersagt das Rad fahren	der Erzieherin ist die der Verbieterin

Zweites Beispiel: ein Kind kann *nicht* radfahren

Das Kind	**Die Erzieherin**	**Die Funktion**
wird in der Kita weiter davor bewahrt	denkt nicht daran oder will nicht, daß das Kind Rad fährt	ist die einer Bewahrerin und Verhinderin
muß dort radfahren	überfordert das Kind	ist die einer Anweiserin und Herrscherin
darf dort üben	plant, hilft (unterstützt)	ist die einer Förderin und Erzieherin

Der Grundsatz der Fachlichkeit gebietet nicht nur, die bereits dargelegten allgemeinen Erziehungsziele und -prinzipien anzustreben und ihnen durch entsprechende Erziehungsmethoden zur Umsetzung zu verhelfen. Der Grundsatz der Fachlichkeit gebietet ebenfalls die Planung und Darstellung der eigenen Arbeit. Er gebietet drittens, daß eine Erzieherin sich in den landesgesetzlichen Regelungen auskennt und sich vor allem in den originären Fachdisziplinen[47] theoretisch und praktisch auf dem Laufenden hält. Möglichkeiten für eine Erzieherin, ihre Fachlichkeit zu halten und weiter zu entwickeln, bieten die Lektüre von Fachbüchern und Fachzeitschriften, der Besuch von Fortbildungsveranstaltungen, die Wahrnehmung von Beratungsangeboten, die Durchführung regelmäßiger Arbeitsbesprechungen, die Erarbeitung einer Konzeption und die Entwicklung von Qualitätsstandards.[48]

Der Nachweis ist wichtig, nicht erst im Gerichtsverfahren. Trotzdem kommen wir nochmals auf die Aussage im zitierten Urteil zurück. Dort hieß es, der Erzieher habe *klar und frei von Widersprüchen* ausgesagt. Er beschreibt durch seine Aussage, was und warum er so und nicht anders gehandelt hat. Sein Beweis bezieht sich vordergründig auf die Beschreibung der fraglichen Situation, er bezieht sich zugleich auf den theoretischen Hintergrund der Handlungen. Mit welchen Zielen, welchen Methoden und welchen Mitteln sollte was warum unter welchen Umständen erreicht werden? Welche Handlungsalternativen standen zur Verfügung? Solche Fragen sind zu beantworten. Einer Erzieherin sollte dies nicht schwerfallen, sind es doch Fragen, die sie sich täglich bei ihrer Arbeit stellt.

---

[47] Hierzu zählen wir: (Sozial-)Pädagogik, Psychologie, Jugendrecht

[48] Zu diesem Thema ein Buchtip aus dem verwandten Beruf der Sozialarbeiterinnen: Mörsberger/Restemeier (Hg.): Helfen mit Risiko, Neuwied 1997

7 Fragen zur pädagogischen Arbeit unter besonderer Betonung der rechtlichen Absicherung

1. Wer ist wann aufsichtspflichtig?
Klären Sie die Zuständigkeiten! Wer nicht zuständig ist, braucht sich um Haftungsfolgen keine Sorgen zu machen.

2. Wer trägt innerhalb der Einrichtung wofür die Verantwortung?
Eine Konkretisierung von Frage 1. Was entscheidet die Leiterin, was die Gruppenerzieherin? Wer muß wofür sorgen? Wie weit reicht die zugebilligte Kompetenz für Praktikantinnen? Konkrete Absprachen sorgen für Klarheit und Entscheidungssicherheit.

3. Welche pädagogischen Überlegungen bestimmen die Planung?
»Warum wird diese Aktivität durchgeführt?«, das ist die Hauptfrage. Sind allgemeingültige Erziehungsziele der Hintergrund und sind diese für die konkreten Kinder angemessen?
Es geht nicht um richtig oder falsch, vielmehr um die Frage, ob und wie die Aktion pädagogisch durchdacht war. Es macht einen entscheidenden Unterschied, ob ein Kind im Rahmen der Erziehung zur Selbständigkeit etwas für das Gruppenfrühstück einkauft oder ob es mal eben eine Zeitung kaufen soll, die die Erzieherin morgens vergessen hatte. (Unmöglich ist auch dieser Einkauf nicht, nur der acht- und sorglose Auftrag dazu.)

4. Welche konkreten Gefahren sind – absehbar – mit der geplanten Aktion verbunden?
Das Bewußtsein möglicher Gefahren soll nicht dem Abbruch der Aktion dienen, sondern vielmehr mögliche Sicherungsmaßnahmen in Gang setzen.

5. Ist das gleiche pädagogische Ziel auch mit weniger gefährlichen Mitteln erreichbar? Lohnt die geplante Aktion in dieser Weise das Risiko?
Muß für die Übung des Umgangs mit Messern das große Kochmesser genommen werden oder reicht ein kleines, zwar ausreichend scharfes Obstmesser, das aber für Kinderhände die richtige Proportionen hat?

6. Habe ich jederzeit den Überblick über das Geschehen?
Überblick heißt nicht automatisch körperliche Anwesenheit; der zu fordernde vorausschauende und beschützende Blick ist nicht mit permanentem Blickkontakt zu verwechseln. Allerdings gibt es Situationen, die eine unmittelbare Anwesenheit der Erzieherin, sogar mit der Möglichkeit zum Eingreifen, erforderlich machen.

7. (Wie) Bin ich auf einen Unglücksfall vorbereitet?
Die Möglichkeit eines Unglücksfalles ist nie zu ignorieren, also fragt sich, welche Vorbereitungen erforderlich sind. Welche Absprachen müssen getroffen werden zwischen Erzieherinnen auf einem Ausflug? Wie sind die Kinder vorbereitet? Sind die einschlägigen Telefonnummern erreichbar? Beherrscht jede die Grundlagen der 1. Hilfe? Wer weiß, wo unterwegs Hilfe geholt werden kann?
Wer diese Fragen vor einer Unternehmung beantworten kann, ist auf das Wesentliche vorbereitet.[49]

So wie im Gerichtsverfahren der Einzelfall geprüft wird, berücksichtigt die Erzieherin bei der Planung und Durchführung pädagogischer Angebote den konkreten Stand des einzelnen Kindes und den aktuellen Stand der Gruppe, wenn sie nach einer entsprechenden pädagogischen Konzeption arbeitet. Von den verschiedenen Möglichkeiten qualifizierter Arbeit in Kindertageseinrichtungen halten wir das pädagogische Konzept Situationsansatz (vgl. ab S. 220) geeignet, um die Anforderungen von Pädagogik und Aufsichtspflicht mit einer offensiven, selbständigkeitsfördernden Erziehungspraxis in fast idealer Weise zu verbinden. Die im folgenden *Fragebogen* verwendeten Kriterien zur Einschätzung von Pädagogik und Aufsichtspflicht zeigen jedenfalls eine vollständige Übereinstimmung zwischen Aufsichts- und pädagogischen Kriterien, welche nach den Grundsätzen des Situationsansatzes entwickelt wurden.

Der Stand der Fachlichkeit einer Erzieherin kann an der Qualität der Umsetzung bzw. Ausführung ihrer pädagogischen Konzeption,

---

[49] Frei nach Mörsberger, T.: Die Angst vor der Aufsichtspflicht, in: *TPS*, Heft 6/1980 und Senatsverwaltung für Jugend und Familie (Hg.): Perspektiven der Kindertagesstättenarbeit - Handlungsmöglichkeiten des Jugendamtes. S.47ff., Berlin 1994

Fragebogen zur Einschätzung
Kriterien der Pädagogik und der Aufsichtspflicht

Bitte kreuzen Sie an, ob die Aussagen Ihrer Meinung nach eher zur Pädagogik oder eher zur Aufsichtspflicht passen!

		Pädagogik	Aufsicht	
ZIELE				
Kinder sollen	selbständig,	❑	❑	
	handlungsfähig,	❑	❑	
	verantwortlich gegenüber anderen,	❑	❑	
	umsichtig,	❑	❑	
	sicher	❑	❑	werden/handeln.
BEDINGUNGEN				
Die Erzieherin muß bei ihrer Planung	Faktoren in der Person des Kindes,	❑	❑	
	Faktoren der Gruppe,	❑	❑	
	Faktoren ihrer Person,	❑	❑	
	den Erziehungsauftrag,	❑	❑	
	den allgemeinen Rahmen	❑	❑	beachten.
UMSETZUNG				
Die Erzieherin muß	ihre Arbeitsweise,	❑	❑	
	ihre Erfolge und Mißerfolge	❑	❑	reflektieren und
	ihr Verhalten	❑	❑	darauf einstellen.
DARSTELLUNG				
Die Erzieherin muß ihr Handeln/ihre Arbeit	klar/verständlich	❑	❑	
	widerspruchsfrei	❑	❑	erklären können.

an den angewandten Methoden und an den behandelten Inhalten eingeschätzt werden. Erzieherinnen können ihre Arbeit in der Regel auf einer soliden Ausbildung aufbauen. Die theoretische Basis wird durch praktisches Handeln in vielfältigen Situationen erweitert. Alltagsbegebenheiten werden ausgewertet. Erst durch diese Reflexion werden Erlebnisse zu Erfahrungen. Die Handlungskompetenzen der Erzieherinnen wachsen mit dem Wissen und den Erfahrungen.

Das Wissen selbst muß in Fortbildungen aufgefrischt werden, denn in unserer schnellebigen Zeit wird sogar seine Halbwertzeit gemessen. Als Faustformel gilt derzeit, daß einmal erworbenes Wissen etwa alle fünf Jahre um die Hälfte an Wert verliert, d.h. in diesem Rhythmus veraltet. Die Pädagogik scheint keine Ausnahme zu machen, sieht man sich die Fachliteratur zu neuen Themen und Einzelaspekten an. Fast jährlich wird eine neue Mode kreiert, die dann ebenso schnell wieder verschwindet. Hier gilt es, den Durchblick zu behalten, denn manch altes Konzept wird nur im neuen Gewand vorgestellt, anderes dient nur der Effekthascherei oder der Eigenwerbung der Autorinnen und Autoren.

In Bezug auf das Verhältnis zwischen Pädagogik und Recht, in der Auslegung des erzieherischen Auftrags und der angemessenen Aufsichtsführung, bedeuten neue Ansätze und Methoden immer eine neue und tendenziell unsichere Ausgangslage für die Erzieherin. Bei der Anwendung neuer Konzepte sollte sie daher mit besonderer Vorsicht schrittweise handeln, bis sie genügend Erfahrungen gesammelt hat. Einerseits verpflichtet das Gebot der Fachlichkeit Erzieherinnen zu Neuerungen bei Inhalten und Methoden, andererseits kann sie nicht bedenkenlos alles Neue ausprobieren. Weder verfügt sie in einer neuen Situation über gesicherte Erfahrungen, noch darf sie jeden Blödsinn mitmachen.

»Grundsätzlich ist festzustellen: Tritt ein Schaden ein, weil der Erzieher pädagogische Versuche anstellt, die nicht auf anerkannten Grundsätzen beruhen, so kann sein Verhalten ... als Verletzung der Aufsichtspflicht ... gewertet werden.«[50]

[50] Claussen u.a.: Aufsichtspflicht..., a.a.O. S. 42

Mit Fachlichkeit hat es tatsächlich wenig zu tun, wenn eine Erzieherin unreflektiert jedes neue Konzept ausprobiert, nur um die extravaganteste Kollegin im Haus zu sein. Wir leben in Mitteleuropa, mit unseren Traditionen, mit unserem Wissen, mit unseren Herausforderungen für die Zukunft. Dieser Situation müssen sich Pädagoginnen stellen. Der Besuch von Seminaren anerkannter Fortbildungsstätten gibt Orientierung auf die Frage: »Was von dem vielen Neuen ist tatsächlich wert, einbezogen zu werden in die pädagogische Konzeption unseres Hauses?« Fachbücher renommierter Expertinnen und Experten, Fachzeitschriften mit anerkannten Autorinnen und Autoren unterstützen sowohl die erforderliche berufliche Weiterentwicklung als auch die Erhaltung des (Erfahrungs-)Wissens.

Mit der Zeit trennt sich die Spreu vom Weizen. Es wird deutlich, was in der pädagogischen Arbeit Bestand haben kann. Für Außenstehende ist die Veränderung pädagogischer Grundlagen und Anschauungen viel weniger zu verstehen als für pädagogische Fachkräfte. Müssen Richter beispielsweise über die Einhaltung des Fachlichkeitsgebots durch eine Erzieherin befinden, befragen sie Expertinnen über die momentan üblichen Konzeptionen und akzeptierten Methoden pädagogischer Arbeit. Ein Richter macht sich sachkundig, um einen Streitfall in Sachen Pädagogik und Aufsicht entscheiden zu können. Er befragt dazu Menschen oder liest. Z. B. dies:

»Kinder waren noch nie so viel von Pädagogik und Aufsichtspflicht umgeben wie heute. Mit der ständigen Beaufsichtigung wird Kindern der Raum für eigenständiges Kinderleben beschnitten. Kindliche Streiche werden oft im Ansatz verhindert oder als ‚auffälliges Verhalten' interpretiert. Wir müssen unsere Wahrnehmung dafür schärfen, daß das ursprünglich emanzipatorisch gemeinte Konzept einer eigenen kindgemäßen Lebenswelt (im Kindergarten, R. P.) heute, wo Kindern kaum noch öffentliche Räume (Höfe, Straßen, Plätze, freie Natur) zugänglich sind, ungewollte einschränkende Nebenwirkungen hat: Einrichtungen für Kinder befördern auch die Ausgrenzung von Kindern aus dem Leben des Wohngebiets und aus dem Alltag und aus den Lebensbezügen der Erwachsenen. Wir brauchen ausreichende und gute Einrichtungen für Kinder, aber wir sollten uns nicht damit begnügen! Kinder brauchen auch Auslauf und Erfahrungsmöglichkeiten in der Wohnumgebung. Kinder brauchen wieder mehr Raum für eigenständiges Kinderleben sowie für selbstbestimmte und mit Gleichaltrigen ausgehandelte Formen der Umweltaneignung im Nahbereich. So paradox es klingen mag: Kindergärten müssen heute solche Erlebnisse sicherstellen, die frühere Generationen gerade außerhalb der Aufsicht von Erwachsenen in der Nachbarschaft und auf der Straße machen konnten.«[51]

Jeder Minderjährige steht jederzeit unter Aufsicht, sollte es zumindest. Über die *Art* der Aufsichtsführung entscheidet verantwortlich die jeweils zuständige aufsichtsichtspflichtige Person. Erzieherinnen haben, außer den allgemeinen, auch für Eltern geltenden Regeln, den Grundsatz der Fachlichkeit zu beachten. Sie sind gehalten, ihre Fachkompetenz zu ergänzen und zu aktualisieren. Kinder benötigen heutzutage Pflege, Erziehung, Bildung und Beaufsichtigung nicht um jeden Preis, sondern in der Weise, daß die vorgegebenen allgemeinen und die von ihnen konkretisierten individuellen Zielsetzungen erreicht werden können. *Die vorrangige Rechtspflicht einer Erzieherin besteht darin, Kinder nach fachlich anerkannten Maßstäben zu erziehen, nicht sie hundertprozentig vor Schaden zu bewahren.*

»Ein Unfall oder Schaden kann ein Indiz dafür sein, daß die Erzieherin ihren beruflichen Auftrag, ihre Rechtspflicht ernst nimmt. Eine Einrichtung, in der nie etwas passiert, könnte dagegen sogar eine für Kinder ganz gefährliche Einrichtung sein, sofern hier den Kindern zu wenig Möglichkeiten zum Selbständigwerden geboten wird.»[52]

In früheren Ausgaben des Rechtshandbuches haben wir aus diesen Zusammenhängen heraus die Formulierung gebraucht, eine Erzieherin müsse im Schadensfall ihre Arbeit nur *pädagogisch begründen* können, dann würden ihr keine Nachteile erwachsen und sie könne einer Auseinandersetzung, die notfalls auch vor Gericht geführt wird, beruhigt entgegen sehen. Im Kern ist diese Aussage korrekt, sie kann aber zu Mißverständnissen führen, etwa dergestalt,

---

[51] Colberg-Schrader u.a.: Soziales Lernen im Kindergarten, München 199 1, S. 22f

[52] Mörsberger/Prott: Rechtsfragen bei der Entwicklung der Kindertagesstättenarbeit, in: Senatsverwaltung für Jugend und Familie (Hg.): Perspektiven der Kindertagesstättenarbeit - Handlungsmöglichkeiten des Jugendamtes, Berlin 1994, S.42

daß es letztlich egal ist, wie gearbeitet wird, Hauptsache, man kann es im Nachhinein irgendwie pädagogisch verbrämen und sich dadurch herausreden. Wir versuchen, mit folgender Neuformulierung zu differenzieren:

Eine Erzieherin muß fachlich qualifiziert ihre pädagogische Arbeit ausüben (d.h. umfassend planen, Handlungsalternativen prüfen, sorgfältig durchführen und auswerten); sie muß ihre Arbeitsweise begründen (d.h. erklären und darstellen können), dann wird sie in jeder Hinsicht Erfolg haben. Dieser Erfolg tritt bei den Kindern ein, überzeugt Eltern und Kolleginnen und im (seltenen) Schadensfall erst recht den Richter.

Die Rechtfertigung für das eigene Handeln vor einem Gericht ist die absolute Ausnahme für jede Erziehungsperson. Diese mögliche Zwangssituation ändert nichts daran, daß gerade Erzieherinnen ihr tägliches Handeln jederzeit gegenüber Kindern, Eltern und Arbeitgeber vertreten und darstellen können müssen. Darstellung, Vertretung und Rechtfertigung sind an unterschiedliche Situationen angepaßte Formen der Begründung des eigenen Handelns. Sie mögen sich durch den Ort und den Anlaß unterscheiden, an denen eine Erzieherin ihre Arbeit anderen Menschen erklären muß. An der Tatsache allerdings, daß die Fähigkeit zur Begründung als Teil der Fachlichkeit von Erzieherinnen angesehen und deshalb von ihnen erwartet wird, ändern die verschiedenen Formen nichts. Wenn eine Erzieherin Angst davor hat, sich vor einem Richter rechtfertigen zu müssen, sollte sie daran denken, daß auch das von ihr betreute Kind und seine Eltern ein Recht darauf haben, die Gründe für das pädagogische Angebot erklärt zu bekommen. Wem die Darstellung im Alltag gelingt, hat vor der Rechtfertigung im Ausnahmefall nichts zu fürchten. Da es allemal besser ist, *vor* einer pädagogischen Aktivität gründlich zu überlegen, *vorher* sich über Ziele und Wege Gedanken zu machen, *vorher* Alternativen durchzuspielen und Begründungen parat zu haben, *vorher* den Konsens mit Kindern und Eltern zu suchen, gibt es in dieser Hinsicht eigentlich keinen Grund zur Besorgnis. Wer jedoch erst angesichts eines Gerichtsprozesses anfängt, seine Arbeit zu reflektieren, kann wohl nur noch hoffen, daß der Versuch, sich herauszureden, gelingt. Aber das hat ja mit fachlich qualifizierter Arbeit nichts zu tun.

Kontrolle

Der Grundsatz der Fachlichkeit beinhaltet ein bisher nicht genanntes zusätzliches Element: die Kontrolle. Eine Erzieherin muß kontrollieren, darin sind sich pädagogische wie juristische Fachöffentlichkeit einig. Allerdings ist Kontrolle ein wenig geliebtes Wort. Es ist auch ein mißverständliches Wort. Der Begriff Kontrolle wird daher häufig umgangen; um ihn nicht gebrauchen zu müssen, wird mitunter auf jegliche Form von Überprüfung verzichtet.

Wir finden (Selbst-)Überprüfung, (Selbst-)Reflexion, (Selbst-)Evaluation in der (pädagogischen) Arbeit zu wichtig, um sich an Begriffsdiskussionen aufzuhalten. Mit diesem Handbuch wollen wir mögliche Ängste vor dem Rechtsbereich verringern, deshalb verwenden wir den Begriff Kontrolle als allgemeinen Ausdruck für *Überprüfung*, wissend, daß es verschiedene Formen für unterschiedliche Situationen gibt. Juristen verwenden Kontrolle viel unbefangener als Pädagoginnen. Wir wollen zeigen, warum, und auch auf die positiven Seiten von Kontrolle hinweisen.

Kontrolle und Strafe treten meist zusammen auf, daher der bittere Beigeschmack. Von klein auf erfahren viele Menschen, daß Eltern und andere Autoritätspersonen ihnen gegenübertreten mit Worten wie: »Was hast Du schon wieder getan?« oder »Hast Du aufgeräumt?» Danach folgt ein Donnerwetter oder Schlimmeres, um das Kind zu einer Verhaltensänderung zu bewegen. In der Schule werden Hausaufgaben und Diktate kontrolliert und sanktioniert. Gute Noten (positive Sanktionen) bei wenig Fehlern, schlechte Noten (negative Sanktionen) bei vielen Fehlern; vermutlich entsprechende Reaktionen zu Hause, um das Kind zu weiterhin guten oder künftig besseren Leistungen zu bewegen. Bei diesem Beispiel zeigt sich, daß Kontrolle nicht nur mit Strafe, sondern auch mit Belohnungen zusammenhängen kann. In Erinnerung bleibt aber meist die Strafe und die Angst davor.

Sogar positive Sanktionen können langfristig negative Folgen haben. Eine Kontrolle könnte ergeben, daß die bisherige Belohnung nicht mehr gewährt werden kann, etwa weil die schulischen Leistungen nachgelassen haben. Aus der Lernpsychologie wissen wir, daß das Absetzen einer positiven Sanktion als Strafe anzusehen ist.

Dadurch kann die Angst davor entstehen, daß ein als angenehm empfundener Zustand aufhört.

Wenn Kontrolle (häufig) mit Sanktionen verbunden wird, gesellt sich auf beiden Wegen Angst dazu. Eine notwendige Reaktion gegen die Angst ist, sich der Kontrolle zu entziehen und sich selbst zu schützen. Diese Lernerfahrung wird im Erwachsenenalter oft beibehalten. In der Folge werden Fremd- und Eigenkontrolle vermieden und dadurch eine einigermaßen sichere Einschätzung für die Qualität der eigenen Leistung unmöglich gemacht.

Der hier nur skizzierte Zusammenhang hemmt viele Kinder und Erwachsene in ihren Möglichkeiten, Erfahrungen zu verarbeiten und neue Verhaltensweisen zu entwickeln. In schematischer Darstellung sieht der Zusammenhang so aus:

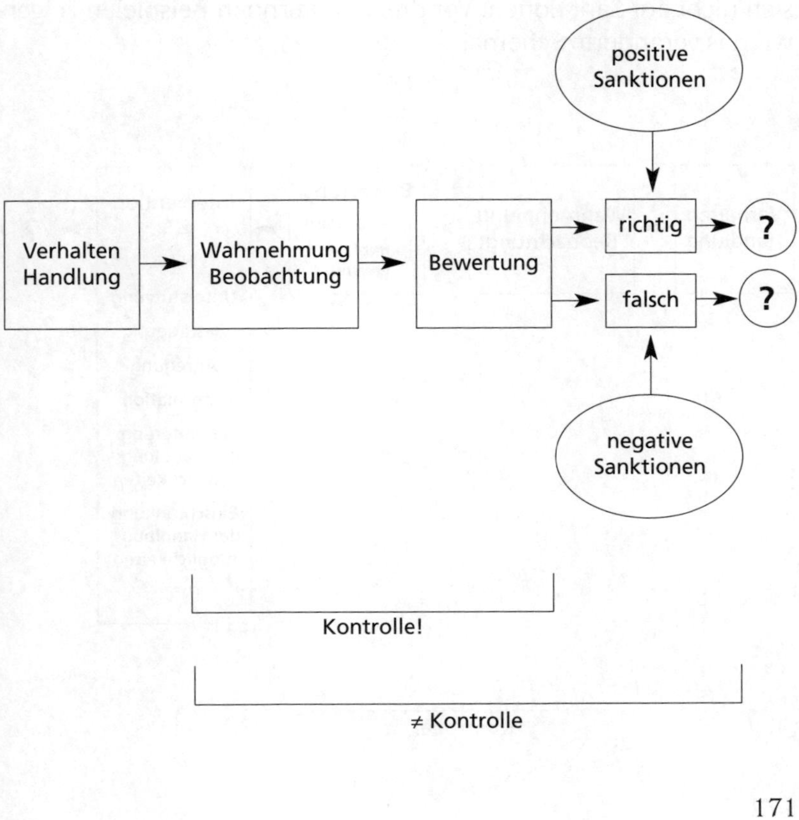

Ein Verhalten wird wahrgenommen bzw. beobachtet, dann für gut und richtig oder für falsch befunden. Eine Sanktion folgt mit dem Ziel, gewünschtes Verhalten zu erzielen. Sanktionen haben problematische Wirkungen. Fraglich ist, ob darüber langfristig ein gewünschtes Verhalten erreicht und gesichert wird. Sanktionen sind fragwürdige pädagogische Mittel. Gibt es Alternativen?

Neue Möglichkeiten eröffnen sich, wenn wir auf eine andere Ebene wechseln. Sanktionen sind dann Handlungen einer (Erziehungs-) Person, die an einer bestimmten Stelle in einem Prozeß eingesetzt werden und mit denen etwas erreicht werden soll. Ersetzen wir das Wort Sanktion durch Intervention, so ist es möglich, sich viele verschiedene und für den jeweiligen Einzelfall passende Handlungen zu überlegen. Erzieherische Handlungen sollen vorwiegend als Anregung, Förderung und Kompetenzerweiterung angelegt sein. Interventionsmöglichkeiten in einem laufenden Prozeß beschränken sich nicht auf Sanktionen. Vor drei erläuternden Beispielen zeigen wir das veränderte Schema:

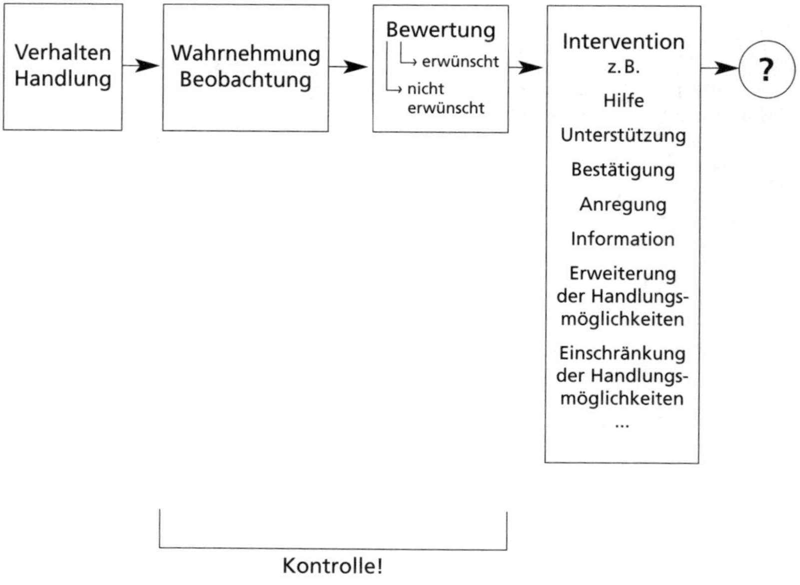

Das erste Beispiel bezieht sich auf eine Erzieherin. Sie nimmt wahr, beobachtet an sich selbst, daß sie sich auf Elternabenden unsicher fühlt. Sie bewertet diese Situation als nicht vereinbar mit dem Qualifikationsstand, den eine Erzieherin haben sollte und kommt daraufhin zu der Überlegung, daß der Zustand der Unsicherheit zu verändern ist. Sie handelt. Sie besucht ein Fortbildungseminar. Ihre Intervention bezieht sich auf sich selbst, mit der Absicht, den Eltern künftig sicherer gegenübertreten zu können.

Im zweiten Beispiel beobachtet eine Leiterin, wie eine Praktikantin von zwei Kindern ausgetrickst wird. Sie (die Leiterin) kommt zu der Einschätzung, daß das Verhalten der Kinder einerseits als nicht gravierend einzuschätzen ist (harmloser Streich), daß andererseits dadurch deutlich wird, daß die Praktikantin bestimmte Regeln im Haus noch nicht kennt. Die Leiterin interveniert. Sie gibt der Anleiterin einen entsprechenden Hinweis, so daß diese ihre Praktikantin entsprechend informieren kann. Die Praktikantin wird sich in der nächsten vergleichbaren Situation anders verhalten können, d.h. sich nicht mehr austricksen lassen.

Das dritte Beispiel bezieht sich auf die Kontrolle von Kindern. Erziehungspersonen sollen, beziehungsweise müssen Kinder von Zeit zu Zeit kontrollieren. Sie sollen die ihnen anvertrauten Kinder beobachten, über die Beobachtungen nachdenken und Konsequenzen für das pädagogische Angebot überlegen. Eine Erzieherin nimmt wahr, daß sich ein Kind nicht an die mit ihr verabredete Zeit hält. Die Bewertung dieser Beobachtung führt zu dem Standpunkt, daß das Verhalten des Kindes nicht akzeptiert werden kann. Was folgt daraus für das pädagogische Handeln?

- Die Erzieherin versucht, die Absprachen verständlicher zu treffen, weil sie feststellt, daß das Kind sie nicht verstanden hat und deshalb nicht einhalten konnte.
- Die Erzieherin trifft Vorsichtsmaßnahmen und schaut zwischendurch nach dem Kind.
- Die Erzieherin erweitert die Absprachen, weil sie feststellt, daß die Vereinbarung übertreten wurde, weil der Spielraum zu eng bemessen und das Kind damit unterfordert war.
- Die Erzieherin unterstützt das Kind bei der Einhaltung der Verabredung, in dem sie ihm eine Uhr zur Verfügung stellt.

Alle Möglichkeiten der Intervention zeigen, daß Kontrolle zu einer veränderten, ja sogar zu einer verbesserten Situation für das Kind führen kann. Dieser Satz gilt auch für die Erzieherin und die Praktikantin aus dem ersten und dem zweiten Beispiel. Alle Handlungsmöglichkeiten kommen ohne das Element der Sanktion aus. Sie zeigen die Vielfalt pädagogischer Optionen. Die Konsequenzen aus Beobachtung und Bewertung ermöglichen dem Kind weitere Schritte in Richtung Selbständigkeit. Die Erzieherin weiß, daß sie nur im Gefahrenfall ihre Ziele einschränken und den Freiraum des Kindes vorübergehend begrenzen darf.

Der Vorgang der Kontrolle besteht im engen Sinne nur in der Wahrnehmung und der Bewertung des Wahrgenommenen. Kontrolle bedeutet daher vor allem Beobachten und Nachdenken. Ist das Wahrgenommene akzeptabel? Findet dadurch eine Annäherung an die Ziele statt, oder eher nicht? Wahrnehmung und Bewertung dienen dazu, falls nötig eine Änderung des Verhaltens, des verfolgten Planes oder der gewählten Methoden herbeizuführen. Sanktionen sind für Veränderungen nicht erforderlich. Positiv verstandene Kontrolle kann darauf weitgehend verzichten, denn sie setzt – wie Pädagogik insgesamt – auf Beobachtung, Nachdenken und das Wissen, daß Verhaltensänderungen nachhaltig nur durch Einsicht und durch positive Anregungen erreicht werden.

Soweit sollen die Ausführungen zum Prozeß der Kontrolle genügen. Eine neue Frage ist jedoch unmittelbar anzuschließen: Wer oder was soll denn kontrolliert werden?

In der Pädagogik liegt der Gedanke an die Kontrolle der zu erziehenden Kinder nahe, wir aber stellen die Erzieherin und ihre Tätigkeit in den Vordergrund. Dieses Kapitel handelt schließlich von ihrer Fachlichkeit. Kontrolle in der pädagogischen Arbeit muß aus dieser Sicht zuvörderst als Reflexion des Verhaltens der Erzieherin stattfinden, deshalb haben wir zwei Beispiele für die Erziehungspersonen und nur eines für die Kinder gewählt.

Pädagogische Fachlichkeit gebietet eine qualifizierte und regelmäßige Reflexion des Handelns der Erzieherin. Jede Erzieherin, die den fachlichen Anforderungen genügen will, muß sich regelmäßg einer Kontrolle unterziehen.

Weil man sich nur schwierig selbst beobachten kann, ist es sinnvoll und ratsam, Hilfe und Unterstützung von Kolleginnen in Anspruch zu nehmen. Gemeinsame Reflexion entwickelt fachliches Handeln und sichert ab. Wenn mehrere Menschen ein Handeln als richtig einschätzen, steht man mit seinen Argumenten im Konfliktfall nicht allein. Kollegiale Beratung als Form von Kontrolle wirkt auf zwei Wegen: zum einen auf die Gestaltung der Arbeit, indem beispielsweise gemeinsam nach Verbesserungen oder Alternativen gesucht wird; zum anderen auf die Selbstsicherheit, denn eine gemeinsam entwickelte Haltung stärkt.

Kontrolle kann und muß in Kindertageseinrichtungen auch durch die Leiterin erfolgen. Das Verhältnis zwischen Leiterin und Erzieherin ist zwar nicht gleichberechtigt organisiert, doch kann immer noch von kollegialer Beratung gesprochen werden, wenn beide auf fachlicher Grundlage die Arbeit reflektieren und wenn die Leiterin sich der negativen Formen von Kontrolle enthält. Das bestehende Abhängigkeitsverhältnis soll bei dieser Erörterung keineswegs geleugnet werden, doch gibt es immerhin die Möglichkeit, durch Anwendung fachlicher Maßstäbe eine gemeinsame Grundlage der Reflexion zu schaffen. Leiterinnen haben aus ihrer Aufgabe und Fachlichkeit die Verpflichtung, die pädagogische Arbeit ihrer Erzieherinnen zu überprüfen. Ein Versuch von Leiterin oder Erzieherin, sich diesem Sachverhalt zu entziehen, nutzt keiner von beiden, ein offener Umgang hingegen nutzt viel. Es darf einfach nicht vergessen werden, daß spätestens im Konfliktfall die Arbeit der Erzieherin nachträglich geprüft wird: Hat sie fachlich angemessen gearbeitet oder nicht? Wer sich dieser Frage im Alltag stellt, braucht sie im Ausnahmefall nicht zu fürchten.

Wie im dritten Beispiel gezeigt, findet Kontrolle in der pädagogischen Arbeit auch als Reflexion des Verhaltens der Kinder statt. Ihre Entwicklung, ihre Interessen, ihr Verhalten müssen durch die Erzieherin von Zeit zu Zeit beobachtet und eingeschätzt werden. Wie für die Tätigkeit der Erzieherin, gilt, daß die Kontrolle möglichst nur als Beobachtung und Bewertung durchzuführen ist. Mögliche Folgerungen aus der Beobachtung und Bewertung werden danach und daraufhin *gezielt ohne Sanktionscharakter* entwickelt. Selbst im engen Rahmen der Aufsichtspflichtdiskussion ordnet Kontrolle sich diesen pädagogischen Überlegungen unter. Das Prinzip, *die Aufsichtspflicht soll das Erreichen der pädagogischen Zielsetzungen gewährleisten und darf nicht als Selbstzweck gestaltet werden*, gilt auch für die Kontrolle, denn Kontrolle ist Teil der Aufsichtsverpflichtung.

Kontrollieren wir unsere Aussagen mit dem *Eisenstangen-Urteil*. Der Richter dort zeigte drei Richtungen der Kontrolle auf. Die im Urteil – wie in der Rechtsprechung üblich – Überwachung genannte Kontrolle wird gefordert im Hinblick auf:

- die Erzieherinnen und ihre pädagogische Arbeit einschließlich der Organisation,
- die Kinder und ihr Verhalten,
- sowie die Art des Spiels einschließlich der Gegenstände.

Die bisherige Darstellung wird ergänzt um die Kontrolle des Spiels und der Gegenstände. Der Umgang mit gefährlichen Gegenständen ist nicht grundsätzlich auszuschließen, sondern muß sich an den Erziehungszielen und den sonstigen Gegebenheiten orientieren.

Der Richter hat, fast genau in dieser Reihenfolge, die wesentlichen Faktoren abgehandelt und hat sich dadurch ein Bild vom Geschehen in der Kindertageseinrichtung verschafft. Er hat auf diese Weise zwar nachträglich die pädagogische Arbeit kontrolliert, doch hat er andererseits die Verantwortung für die Art bzw. Form der durchgeführten Kontrollmaßnahmen in der Fachlichkeit der Erzieherinnen belassen.

Zu beachten ist:
Diese Aussagen gelten nicht für unmittelbare Gefahrensituationen! Sie erfordern ein sofortiges Eingreifen!

Möglichkeit und Zumutbarkeit [53]

Die Überwachung der Gegenstände des Spiels gehörte nach Auffassung des Richters im *Eisenstangen-Urteil* zu den Aufgaben der Erzieherinnen, besagte Eisenstange mußte überwacht werden. Die Position des Gerichts kann den Arbeitgeber freuen und manche Erzieherin ärgern. Wessen Kindertageseinrichtung neben einem hochfrequentierten Treffpunkt von Jugendlichen liegt, die abends ihre Bier- und andere Flaschen auf das Gelände befördern, der kennt die unangenehme Tätigkeit, morgens Glasscherben einsammeln zu müssen, bevor die Kinder auf den Spielplatz gehen können. Im diskutierten Fall kam die Eisenstange von der benachbarten Baustelle.

Wichtiger als die reine Feststellung, daß Erzieherinnen für die Überwachung des Geländes im Hinblick auf mögliche Gefahren verantwortlich sind, ist die in der Urteilsbegründung bestätigte Einschränkung der Verantwortung: *die Überwachung der mitgebrachten Gegenstände muß sich im Rahmen des Zumutbaren und Möglichen halten*. Diese Aussage greift die zitierte Formulierung des Bundesgerichtshofes von 1963 auf, diesmal insofern positiv gewendet, als nicht danach gefragt wurde, *was zugemutet werden muß*, sondern *was zugemutet werden kann*. Dies ist ein schönes Beispiel für die freizügigere Interpretation des gleichen Grundsatzes in einem Zeitraum von ca. 10 Jahren, die zwischen beiden Urteilen liegen.

Bereits 1976 sah ein Gericht den Umgang mit gefährlichen Gegenständen als nicht um jeden Preis zu verhindern an. Eine totale Überwachung darf der Erziehungsziele wegen gar nicht erst versucht werden. Außerdem gibt es keine absoluten, für jeden Einzelfall anzuwendenden Maßstäbe der Überwachung. Jede Überwachung wird beschränkt durch die Möglichkeiten, die real zur Verfügung stehen, und dem, was zumutbar umzusetzen ist. Angenommen, eine lückenlose Überwachung könnte in einer Kindertageseinrichtung durch den Einbau von Videokameras erreicht werden (reale Möglichkeit), müßte die Überprüfung auf Zumutbarkeit dennoch erfolgen. Die Konsequenz wird schnell klar:

---

[53] siehe auch → Zumutbarkeit ab S. 410

Wenn Überwachung als besondere Form der Aufsicht sich nicht verselbständigen darf, sondern helfen muß, den eigentlichen Zweck der Veranstaltung[55] zu erfüllen, kann das Geld für die Kameras und ihren Einbau gespart werden. Der Zweck von Kindertageseinrichtungen ist als Erziehung zur Selbständigkeit der Kinder definiert. Erziehung mit Freiräumen basiert auf Vertrauen und Zutrauen. Eine tägliche prophylaktische Taschenkontrolle z.B. würde die Vertrauensgrundlage zwischen Erzieherin und Kind erheblich beeinträchtigen und muß daher unterbleiben. Solche Überwachung läge jenseits der Grenze der Zumutbarkeit.

Die Frage ist auch, ob eine umfassende Überwachung mit oder ohne Einsatz technischer Mittel wirklich zu hundertprozentigem Erfolg führen würde. Diese Frage kann getrost mit nein beantwortet werden. Im *Eisenstangen-Urteil* war die Unmöglichkeit bereits dadurch gegeben, daß durch die Erzieherinnen weder zu verhindern, noch zu verantworten war, daß Gegenstände von der benachbarten Baustelle herabfallen konnten. Der Richter: *»Es ist unmöglich zu verhindern, daß gelegentlich derartige Gegenstände auf das Gelände der Kindertagesstätte gelangen.«*[54]

Unmögliches kann nicht erwartet werden! Wenn man diesen Satz geschrieben sieht, wirkt er einerseits logisch, andererseits lächerlich. Aber er stimmt. Von niemandem, sei es ein Elternteil oder eine Erzieherin, kann eine lückenlose Überwachung der Kinder erwartet werden. Das ist in einem offenen Erziehungsprozeß unmöglich. Günstiger ist daher, gar nicht erst den Versuch einer lückenlosen Überwachung zu starten, sondern die Gedanken auf das Wesentliche zu richten:

- Wie können Kinder im Umgang mit Gefahren geübt werden?
- Wo verläuft die Grenze zwischen Möglichem und Zumutbarem?
- Was liegt jenseits im Unzumutbaren?

Das Mögliche, besonders jedoch das Zumutbare, sind nicht als bloße moralische Größen zu verstehen. Die Zumutbarkeitsprüfung zielt

---

[54] Die Überwachung gefährlicher Gegenstände u.ä. findet eine weitere Grenze im Arbeitsrecht, denn die Erzieherin hat ein Anrecht darauf, ihrem Arbeitsvertrag und ihrer Qualifikation entsprechend eingesetzt zu werden. Eine regelmäßige oder längerfristige, täglich mehrstündige Gartenreinigung gehört mit Sicherheit nicht dazu.

erstens auf die Frage einer inneren Logik des Fallgeschehens (»Wenn dies und jenes eingetreten ist, welches Handeln war dann möglich und sachangemessen zumutbar?«), zweitens auf die Frage nach den Umständen des Fallgeschehens (»Was war im konkreten Rahmen möglich und zumutbar zu tun?«). Mit diesem zweiten Teil der Zumutbarkeitsabwägung gewinnen Kriterien an Bedeutung, die die Rahmenbedingungen des Handelns der verantwortlichen Person betreffen. Für pädagogische Fachkräfte sind das zugleich die Arbeitsbedingungen. Einer Erzieherin in einer Kindergruppe von 15 Kindern ist mehr zuzumuten als einer Kollegin mit 25 Kindern. Jedenfalls dann, wenn es sich um vergleichbare Aktionen handelt und wenn die Erzieherinnen jeweils einen vergleichbaren beruflich-persönlichen Hintergrund haben, womit zum Beispiel die Berufserfahrung gemeint ist. Ist dies nicht der Fall, wird die Zumutbarkeitsgrenze verschoben.

Je nach Erfahrung der Erzieherin variiert die Zumutbarkeit. Wer neu ist, muß vorsichtiger zu Werke gehen, wer so viel Erfahrung besitzt, daß schwierige Situationen schon vorher erahnt und entsprechend vorbereitet (nicht vermieden!) werden können, kann sich selbst mehr zumuten. Das Zumutbare ist weniger als eine bloße Zumutung im üblichen Sprachgebrauch, sondern mehr als ein Zutrauen zu verstehen.

Resümee

In den vorangegangenen Abschnitten haben wir einschlägige Bundesgesetze auf ihre pädagogischen Inhalte untersucht und ein Urteil zur Aufsichtspflicht analysiert. Wir konnten zeigen, daß die rechtlichen Rahmenbedingungen der Pädagogik eine fortschrittliche, offensive Erziehung geradezu fordern. Auf keinen Fall steht eine fachlich qualifizierte Erziehung (Idee und Umsetzung) im Gegensatz zu den gesetzlichen Vorgaben der Aufsichtspflicht.

Schon diese einfache Formulierung ist etwas schief. Sie unterstellt, daß Erziehung und Aufsicht zu trennen sind, doch das Gegenteil ist der Fall. Aufsicht und Erziehung gehören zusammen. Die Art der Aufsicht soll die Verwirklichung der Erziehungsziele unterstützen. Erziehungs- und Aufsichtsfragen sollen darum nicht getrennt behandelt werden, denn Aufsichtspflichtfragen sind Methodenfragen der Erziehung. Die Kernfrage lautet: »Wozu und wie will ich das (mir anvertraute) Kind erziehen?«

Wird ausschließlich nach der Aufsichtspflicht gefragt, etwa in dem Tenor: »Ist es erlaubt, daß ...?«, handelt es sich bei näherer Betrachtung fast durchweg um die Beschreibung einer Situation, in der eine Abwesenheit qualifizierter Erziehung unterstellt wird. Solche Fragen werden zum Teil gestellt, um einen allgemeingültigen *Persilschein* für beabsichtigtes Handeln zu bekommen. Als Antwort wird etwa: »Ja, alle Kinder dürfen immer ...« erwartet.

Gäbe es tatsächlich die Möglichkeit so zu antworten, bräuchten pädagogische Überlegungen gar nicht erst angestellt zu werden. Wenn alle Kinder grundsätzlich alles dürfen, sind individuelle Überlegungen Zeitverschwendung. Da aber das einzelne Kind im Vordergrund stehen soll, ist jedem sofort einsichtig, daß manche Kinder auf Bäume klettern, allein in den Garten, allein einkaufen gehen dürfen und andere nicht. Fragen der geschilderten Art erweisen sich als untauglich für die Lösung differenzierter Probleme.

Eine zweite Art von Fragen, die die Aufsichtspflicht von der Pädagogik isolieren, klingt ähnlich: »Das kann doch wohl nicht erlaubt sein, daß ..., oder?« Sinn und Zweck dieser Frage besteht in der Verhinderung einer bereits eingetretenen oder befürchteten Situation im Umgang mit Kindern. Die fragende Person möchte eine Bestätigung erhalten. Ihrer Meinung nach gehört ein konkretes erzieherisches Verhalten verboten. Die fragende Person unterstellt, daß Verantwortungslosigkeit Grundlage der kritisierten Handlung ist und nicht eine sinnvolle pädagogische Überlegung. Ohne diesen Vorwurf direkt anzusprechen und sich einer Auseinandersetzung zu stellen, versucht die Person stellvertretend für sich, Recht und Gesetz die Situation klären zu lassen. Vermeintlich fehlende pädagogische Qualität soll durch Aufsichtsregelungen ersetzt werden. So einfach geht es aber nicht!

Wer andere Auffassungen über Erziehung vertritt als die von ihm kritisierte Person, muß den Unterschied deutlich machen und sich über Unterschiede in den Erziehungszielen und -methoden auseinandersetzen. Niemand läßt sich von alternativen Erziehungsvorstellungen überzeugen, wenn ihm Vorschriften zur Aufsichtspflicht vorgehalten werden. Ist es nicht eher so, daß die Argumentation mit der Aufsicht immer dann helfen soll, wenn vernünftige Gründe nicht zu helfen scheinen und man mit seinem Latein am Ende ist?

Die Aufsichtspflicht darf aber nicht als Waffe mißbraucht werden. Weder von denjenigen, die ihre Ansprüche gegenüber anderen Personen vertreten und gegen sie durchsetzen wollen, noch von denjenigen, die die Aufsichtspflicht benutzen möchten, um unliebsame Ansprüche abzuwehren. Aufsichtspflicht darf nicht zur Verschleierung pädagogischer Unfähigkeit benutzt werden.

Ob ein von anderen Personen (Eltern, Kolleginnen, Leiterin, Trägervertreter) bemängeltes Verhalten der verantwortlichen Erzieherin tatsächlich als Fehlverhalten gewertet werden kann, muß im Einzelfall geklärt werden. Ungerechtfertigte Vorwürfe müssen von gerechtfertigten unterschieden werden. Notwendige oder wünschenswerte Verhaltensänderungen müssen angestrebt, andere klar abgewiesen werden. Das strittige Problem wird unter Umständen erst vor Gericht geprüft, geklärt und abschließend beschieden. Das Gericht bedient sich dabei verschiedener Kriterien, welche Ähnlichkeit mit pädagogischen Kernfragen haben und auf diese Art erneut den Zusammenhang von Erziehung und Aufsicht bestätigen. In Ergänzung zu der Einschätzung auf Seite 165 stellen wir jetzt eine Liste von variablen Merkmalen zur Einschätzung erzieherischer Aktionen und deren Planung vor. Sie ist für pädagogische Fachkräfte zusammengestellt, kann aber selbstverständlich auch von Eltern angewendet werden.

Kriterien zur Einschätzung der Wahrnehmung der Aufsichtspflicht

Faktoren in der Person des Kindes
- Alter
- Entwicklungsstand (körperlich, geistig, sozial)
- Kenntnisse, Fähigkeiten und Fertigkeiten
- bisheriges Verhalten
- Charakter, Eigenarten
- Verhaltensauffälligkeiten
- Krankheiten, Beeinträchtigungen (permanent, aktuell)
- neu in der Gruppe, in der Einrichtung, im Stadtteil, in der Stadt

...

Faktoren in der Gruppe
- Größe
- Zusammensetzung (Gruppendynamik)
- gegenseitige Kenntnis (Zeitdauer seit Bestehen, Erfahrung miteinander)
- aktuelle Situation

...

Faktoren in der Person der Erzieherin
- Alter
- Erfahrung
- Kenntnisse, Fähigkeiten und Fertigkeiten (allgemein und in bezug auf die Gesamtgruppe)
- Krankheiten, Beeinträchtigungen (permanent, aktuell)
- Beziehung zum einzelnen Kind
- Beziehung zur Gruppe (Akzeptanz, Vertrauen)
- Übersicht über das Geschehen in der Gruppe
- Art der Vorbereitung

...

Ort/Umfeld

- Bekanntheit des Geländes für das Kind bzw. die Gruppe
- für Kinder vorgesehen (Spielplatz) oder sonstiges Gelände
- drinnen
- draußen
- Abgeschlossenheit des Geländes
- Beschaffenheit des Geländes
- allgemeine Gefahren in der Umgebung (Gewässer, Hauptverkehrsstraßen, Baustellen, Bahnanlagen ...)
- konkrete Gefahren, bezogen auf das Kind/die Gruppe (Kenntnis, Vertrautheit der Kinder mit den Gefahren)

...

Aktivität/Beschäftigung

- Art des Spiels
- die davon ausgehende allgemeine Gefahr (Baden, Geländespiel, Handwerksarbeiten, Mittagsruhe, Essen)
- die davon ausgehende konkrete Gefahr (dem Kind bekannt, nicht bekannt; Umgang geübt, nicht geübt)
- mit pädagogischen Zielen vereinbar oder nicht
- Innen- oder Außenaktivität
- gleichwertige, aber ungefährlichere Alternativen vorhanden

...

Gegenstände, Spielgeräte

- allgemeine Gefährlichkeit (allgemein, z.B. Messer)
- konkrete Gefährlichkeit (dem einzelnen Kind oder der Gruppe bekannt, z.B. Übung im Umgang mit Messern)

...

Pädagogische Ziele und Grundsätze

- Aktion mit pädagogischen Zielen vereinbar oder nicht
- Einbettung in pädagogische Konzeption
- Grundsatz der Fachlichkeit und Verhältnismäßigkeit
- Abwägung, Zumutbarkeit
- Auswahl, Vorbereitung, Durchführung nach fachlichen Maßstäben

...

Wenngleich gerade Eltern sich nicht zu jeder Zeit genau Rechenschaft darüber ablegen, warum sie etwas genau so und nicht anders zu diesem oder jenem Zeitpunkt von ihrem Kind erwarten oder mit ihm tun oder ihm erlauben, stehen im Hintergrund aller Handlungen etliche der gerade aufgeführten Merkmale in Form von konkreten Überlegungen. Die gleiche Aussage läßt sich wohl für die Erzieherin vertreten. Je besser sie das einzelne Kind kennt, je mehr wird sie die konkrete Übertragung der Kriterien auf das Kind im Gefühl haben oder im Schlaf vollziehen können. Hierin kann eine Beruhigung liegen, denn gesichertes Wissen entlastet. Direkt daneben liegt eine Gefahr, denn gesichertes theoretisches und praktisches Wissen ist eine Form von Routine, die außer zu Entlastung auch zu Unachtsamkeit gegenüber positiven wie negativen Veränderungen führen kann. Bei größeren Kindergruppen wächst die Notwendigkeit zu Routinen und mit ihr die Gefahr, nicht das einzelne Kind und seinen Entwicklungs- und Interessenstand zu sehen, sondern den Gruppendurchschnitt zum Maß aller Dinge zu machen. Hinter Ge- und Verboten, Regeln und Absprachen verbergen sich häufig solche Routinen. Sie gelten dann nicht mehr für das einzelne Kind. Sie sollen nicht mehr ihm allein helfen, die nächste Stufe der Selbständigkeit zu erklimmen, sondern wirken pauschal für viele. Sie sind im Gruppendurchschnitt richtig, wirken je nach dem tatsächlichen Entwicklungsstand eines Kindes aber einschränkend oder zu weitgehend.

Die Schwierigkeit, jedes einzelne Kind im Erziehungsprozeß zu seinem Recht kommen zu lassen, steigt mit der Anzahl der zu erziehenden Kinder. Insofern haben Eltern günstigere Voraussetzungen. Erzieherinnen haben ihre anerkannte Ausbildung. Das sollte Ausgleich sein, um die freie Entfaltung der Persönlichkeit jedes Kindes auch in der Gruppe aktiv und offensiv zu ermöglichen.

5. Mögliche Folgen von Aufsichtspflichtverletzungen

Vielleicht stellt sich manche Leserin angesichts der bisherigen Ausführungen die Frage: »Kann man überhaupt die Aufsichtspflicht verletzen?» Einerseits sind die Grenzen der Erziehung einschließlich der Aufsichtsverpflichtung weit gesteckt, andererseits finden (professionelle) Aufsichtspflichtige Unterstützung dadurch, daß gesunder Menschenverstand das erzieherische Handeln leiten und kein überzogener Anspruch erfüllt werden soll.

In der Tat sind die Fälle relativ selten, in denen der Vorwurf der Aufsichtspflichtverletzung gegen Erzieherinnen durch ein Gerichtsverfahren geklärt werden soll. Wenn Kinder als handelnde Akteure Anlaß der Auseinandersetzung sind, werden die Vorwürfe in den meisten Fällen gegen ihre Eltern gerichtet, viel seltener sind Erzieherinnen oder andere Aufsichtspflichtige von Konsequenzen bedroht.

Alle Erklärungen auf den folgenden Seiten haben wir mit besonderer Vorsicht formuliert, denn die Beschreibung der theoretisch möglichen Folgen einer Aufsichtspflichtverletzung braucht viel mehr Raum, als die wenigen eingeleiteten Prozesse beanspruchen dürften. Wenn wir also auf den nächsten Seiten zu erklären suchen, welche Folgen denkbar sind, so bitten wir nachdrücklich, daran auch zu denken, daß diese Folgen für Erzieherinnen kaum jemals Realität werden.

Die wichtigste, weil häufigste Folge einer Verletzung der Aufsichtspflicht besteht tatsächlich darin, daß danach nichts geschieht! Täglich ereignen sich unzählige Fälle, in denen Erwachsene ihrer Aufsichtspflicht über Kinder nicht genügen, in denen jedoch kein Schaden verursacht wird. Für ein *zu geringes Maß* an Aufsicht oder eine nicht genügende Form von Aufsicht können Aufsichtspflichtige nicht belangt werden, wenn ihrem Handeln keine Schädigung folgt.

Wenn die Aufsichtsführung dazu beitragen soll, die Erziehung zur Selbständigkeit zu unterstützen, kann die Verpflichtung zu angemessener Aufsicht über Kinder auch durch *ein Zuviel an Einschränkungen* verletzt werden. Diese Art von Aufsichtspflichtverletzung ist kaum nachzuweisen, selbst wenn ein Kind dadurch geschädigt wird, weil seine Entwicklungsmöglichkeiten nicht optimal genutzt werden. Wie und wann sollte ein solcher Fall verhandelt werden? Ist vorstellbar, daß ein junger Erwachsener seine ehemalige Kindergartenerzieherin verklagt, weil sie ihm nicht oder zu spät erlaubt hat, Erfahrungen ohne direkte Aufsicht zu sammeln?

Die Art der Aufsichtsführung soll helfen, Erziehungsziele zu erreichen. Sie muß dabei den Mindestanforderungen an Sicherheit und Ordnung genügen. Als Instrument der Erziehung verstanden, müßte jeder Gebrauch zu (rechtlichen) Konsequenzen führen, der nicht im Sinne des Gesetzes anzusehen ist. Abweichungen in beide Richtungen von einem Konsensbereich wären zu ahnden. Wann aber können Abweichungen vom *Üblichen* als so gravierend angesehen werden, daß zumindest formale rechtliche Folgen einzuleiten sind?

In absehbarer Zeit dürfte diese Vorstellung keine Realität werden, doch möchten wir den Gedanken einführen, daß eine angemessene Umsetzung der Erziehungsrechte und -pflichten mit einer entsprechenden Aufsichtsführung durchaus in beide Richtungen zu sichern ist: gegen ein Zuviel und gegen ein Zuwenig.

In der Regel ist eine Schädigung einer Person oder einer Sache der Auslöser für eine Auseinandersetzung um angemessene oder falsche Aufsichtsführung vor einem Gericht. Die geschädigte Person klagt gegen jemanden, den sie für schuldig an der Entstehung des Schadens hält. Eine weitere Möglichkeit für den Beginn eines Prozesses besteht darin, daß nach einer Anzeige die Staatsanwaltschaft Klage erhebt. Der jeweils zuständige Richter bzw. die zuständige Richterin kann die Klage ohne Verhandlung niederschlagen, wenn er oder sie zu der Auffassung gelangt, daß die Vorwürfe gegen die aufsichtspflichtige Person entweder haltlos sind oder nicht hinreichend belegt werden können. Sollten die Vorwürfe so gravierend sein, daß eine Klärung erst durch einen Prozeß herbeigeführt werden kann, ist für die angeklagte aufsichtspflichtige Person noch nicht alles verloren. Am Ende eines durchgestandenen Gerichtsverfahrens kann die Entlastung durch einen Freispruch stehen.

Eine gegen eine Person gerichtete Klage bedeutet nicht zwangsläufig eine Schuldfeststellung.

Die Grundvoraussetzung für einen Prozeß ist also eine Schädigung. Als weitere Voraussetzung muß jemand, eine aufsichtspflichtige Person, für den Schaden verantwortlich gemacht werden. »Wer ist das gewesen?» Der oder die Schuldige wird gesucht und festgestellt. Das ist bei einem Schaden, der durch einen Zusammenstoß mit Autos entsteht, nicht anders als bei einem Tintenfleck oder beim Verlust geborgten Eigentums. Mit Ärger ist zu rechnen und mit der Forderung, den Schaden *wieder gut zu machen*. Rechtlich wird von einer *Verschuldenshaftung* gesprochen. Sie wird auch deliktische Haftung genannt, weil die Ursache ein Delikt (Vergehen, unerlaubte Handlung) ist.

Im Normalfall wird der Schaden, zumindest wenn er nicht allzu groß ist, zwischen den beteiligten Menschen, der geschädigten und der schädigenden Person, direkt geklärt, behoben und ausgeglichen. Können die beiden sich nicht einigen, geht die geschädigte Person vor Gericht. Sie versucht eine zivilrechtliche (privatrechtliche) Klärung zu erwirken; es handelt sich ja um einen Streit zwischen zwei Bürgern bzw. Bürgerinnen. Die Klärung erfolgt nach dem Bürgerlichen Gesetzbuch (BGB), das mit einigen Auszügen schon vorgestellt wurde.[55]

Sind nicht nur Gegenstände, sondern auch Personen geschädigt worden oder besteht der Schaden darin, daß ein durch andere Rechtsnormen besonders geschütztes Recht einer Mitbürgerin verletzt wird, kann zusätzlich zur privatrechtlichen Klage, über die Staatsanwaltschaft eine strafrechtliche Ahndung des schädigenden Verhaltens erfolgen. In bestimmten Fällen, beispielsweise *Körperverletzung* oder *fahrlässige Tötung*, reicht es nicht aus, daß die verursachende und die geschädigte Person (bzw. ihre Hinterbliebenen) sich einigen. In diesen Fällen macht der Staat sein Recht geltend, die schädigende Person bestrafen zu dürfen. Zusätzlich zur zivil- bzw. privatrechtlichen Regelung erfolgt in solchen Fällen eine Ahndung nach dem Strafrecht.[56]

Ist schließlich die schädigende Handlung während der Ausübung einer Berufstätigkeit geschehen, kann als dritte Folge der Arbeitgeber im Rahmen arbeitsrechtlicher Sanktionsmöglichkeiten tätig wer-

---

[55] siehe Anhang Seite 545
[56] siehe Anhang Seite 546

den oder einen Prozeß vor dem Arbeitsgericht anstrengen. Der Arbeitgeber hat ein Recht darauf, daß seine Mitarbeiterinnen ihre Arbeitsleistung mit voller Sorgfalt erbringen und weder ihn noch andere schädigen.
Ein Schaden kann Konsequenzen in drei Bereichen haben, wenn er während der Arbeitszeit verursacht wird:

Zivilrecht	Strafrecht	Arbeitsrecht

Mit einem Beispiel aus einem nicht-pädagogischen Arbeitsgebiet wollen wir diese Aussage erklären.
Eine Auslieferungsfahrerin eines Eiergroßhandels hat sich für einen Unfall, den sie während ihrer Arbeitszeit verursacht,

- im *Arbeitsrecht* zu verantworten, denn der Unfall steht im Gegensatz zu den Pflichten aus dem Arbeitsvertrag, die eine pünktliche, reibungslose Lieferung vorsehen. Je häufiger der Un-Fall eintritt oder je gravierender seine Ursache (z.B. Trunkenheit), desto härter wird die Konsequenz, von einer Ermahnung bis hin zu einer Kündigung, sein;
- im *Strafrecht* zu verantworten, wenn bei dem Unfall jemand getötet oder verletzt wurde; dies gilt auch dann, wenn die Übertretung anderer Gesetze, beispielsweise die Straßenverkehrsordnung (bei *Rot* darf nicht gefahren werden), für die Schädigung ursächlich war, aber kein Personenschaden beklagt wurde;
- im *Zivilrecht* zu verantworten, wenn die geschädigte Person die Reparaturkosten ihres Autos ersetzt haben möchte und/oder bei einem Personenschaden eine Entschädigung in Form von Schmerzensgeld verlangt.

Jede Arbeitnehmerin geht dieses dreifache Risiko ein. Im *Eisenstangen-Urteil* wurde die Aufsichtsführung der zuständigen Erzieherinnen als korrekt beurteilt. Das Prinzip möglicher Rechtsfolgen soll nun auf ein Beispiel verantwortungsloser Aufgabenerfüllung von Erzieherinnen übertragen werden. Unser Beispiel ist ein Reales aus der jüngeren Praxis der Tagesbetreuung. Es läßt sich in zwei Sätzen zusammenfassen:
In einer Kindertageseinrichtung dürfen alle Kinder an manchen Tagen zu bestimmten Zeiten ganz allein (zumindest sehr weitgehend) im Garten und allen Räumlichkeiten spielen. Diese Erlaubnis wird von

den zuständigen Erzieherinnen mit der Erziehung zur Selbständigkeit begründet.

Die Begründung klingt nicht schlecht. Was soll daran eine folgenerzwingende Aufsichtspflichtverletzung sein? Zur Beantwortung dieser Frage müssen wir die Situation genauer anschauen. Was passiert dort wirklich? Was tun die Kinder? Was machen die Erzieherinnen? Wir können es nicht wissen, weil auch die Erzieherinnen keinen vollen Überblick haben. Sie können nur berichten, was sie selbst tun, während die Kinder allein spielen. Was die Kinder tun, weiß keine genau, denn *die Erzieherinnen lassen sich reihum frisieren und nehmen zusätzlich die Dienste einer Maniküre in Anspruch.*

Da wir keine weitreichenden fachpolitischen Erörterungen anstellen wollen, fragen wir nicht nach dem Personalschlüssel, der das alles ermöglicht, nicht nach der Erfüllung des Bildungsauftrages, auch nicht nach der Verantwortung von Leitung und Träger. Wohl aber wollen wir die möglichen Folgen solcher Art Erziehung und Aufsichtsführung erörtern.

Weil die Praxis in dieser Kindertageseinrichtung schon länger besteht, gehen wir davon aus, daß die wahrscheinlichste Konsequenz tatsächlich stimmt: Folgen von Erziehungs- und Aufsichtspflichtverletzungen sind selten, selbst wenn es rechtliche Grundlagen dafür gibt.

Mögliche Konsequenzen im Arbeitsrecht

Die Erzieherinnen kommen ihren Pflichten aus dem Arbeitsvertrag nicht nach, wenn sie Teile ihrer Arbeitszeit für private Zwecke nutzen. Der Arbeitgeber hat Anspruch auf die volle Leistung, die Erzieherinnen Anspruch auf das volle Gehalt (so will es der Dienstvertrag nach § 611 BGB). Der Arbeitgeber kann die Arbeitsleistung durch eine Abmahnung (s.S. 427) einfordern oder sich in sehr gravierenden Fällen von seinen Mitarbeiterinnen lösen. Egal also, ob etwas passiert bei solcher Art Aufsichtsführung oder nicht, die Erzieherinnen verletzen hier ihre Arbeitspflichten, indem sie weder erziehen, noch beaufsichtigen, noch sonst eine Tätigkeit verrichten, die mit dem Arbeitsvertrag im Einklang steht. Deshalb darf der Arbeitgeber gegen das Verhalten der Erzieherinnen vorgehen.

Mögliche Konsequenzen im Zivilrecht

Tritt ein Schaden ein, der auf die mangelhafte Aufsichtsführung zurückzuführen ist, haften die verantwortlichen Erzieherinnen. Sie werden zum Ersatz des entstandenen Schadens und/oder zur Zahlung eines Schmerzensgeldes verpflichtet. In Verfahren auf der Grundlage des Bürgerlichen Gesetzbuches wird stets – direkt oder indirekt – über Geld verhandelt. Ein Ausgleich für Schäden wird daher meist in Geldeswert festgelegt.

Mögliche Konsequenzen im Strafrecht

Das Verhalten der Erzieherinnen könnte zu einem Schaden führen, der zusätzlich noch strafrechtlich belangt werden kann. Ein Kind könnte sich beispielsweise ernsthaft verletzen oder gar zu Tode kommen. Dann muß die Staatsanwaltschaft prüfen, ob Anklage erhoben werden muß bzw. sollte. Körperverletzung kann eine Freiheitsstrafe bis zu drei Jahren oder eine Geldstrafe nach sich ziehen; fahrlässige Tötung eines Menschen wird mit Freiheitsstrafe bis zu fünf Jahren oder mit Geldstrafe bestraft.

Eine Graphik soll die Ausführungen zusammenfassend darstellen:

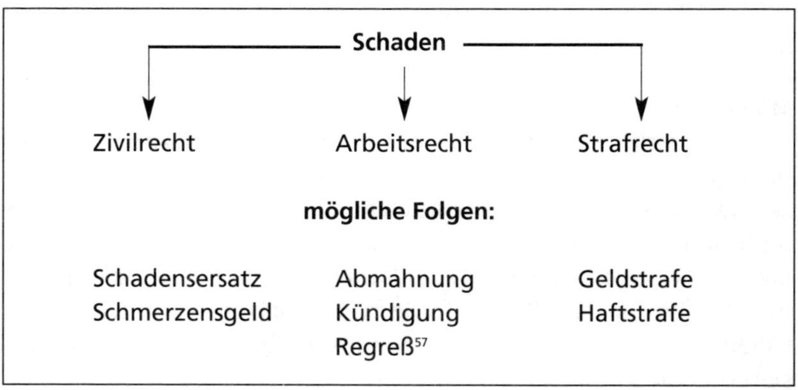

[57] Regreß heißt Rückgriff und bezeichnet hier den Fall, daß der Arbeitgeber/Träger der Erzieherinnen für einen Schaden eintreten muß, sich jedoch seine Leistung im Rückgriff auf seine Mitarbeiterinnen wiederholen möchte.

Alle drei Rechtsfolgen *können* nebeneinander eintreten, wenn ein entsprechender Schaden entstanden ist. Sie müssen nicht zusammen eintreten. Sie *müssen* gar *nicht* eintreten. Gesetzt den Fall, unsere Erzieherinnen pflegen nach wie vor besonders sich und ihre Arbeitseinstellung, aber die zu betreuenden Kinder kommen damit zurecht und keines von ihnen wird verletzt, hat nur der Träger der Einrichtung bzw. der Arbeitgeber ausreichend Grund, gegen dieses Verhalten vorzugehen. Ohne Schadensfall haben die Erzieherinnen keine direkten Folgen zu befürchten. Indirekte Folge könnte allerdings sein, daß sich die pädagogische Qualität herumspricht und niemand mehr sein Kind dort betreuen läßt.

Gesetzt den Fall jedoch, ein Kind wird tödlich oder schwer verletzt, weil die Erzieherinnen nachweislich ihre Dienstpflicht verletzt haben und dies für den Tod ursächlich war, sieht die wahrscheinliche Reihenfolge der juristischen Auseinandersetzungen so aus: Zuerst müssen die Erzieherinnen sich in einem Strafverfahren verantworten, nachfolgend mit großer Wahrscheinlichkeit in einem Zivilverfahren (Eltern verlangen Schadensersatz für ihr getötetes oder verletztes Kind) und als Dritter wird der Arbeitgeber seine Konsequenzen ziehen.

Warum aber können wir dieses Beispiel vorstellen? Warum verhindert niemand die Haar- und Nagelpflege der Erzieherinnen in der Arbeitszeit? *Eltern* können kaum dagegen vorgehen, weil kein offensichtlicher Schaden eingetreten ist. Was wissen Eltern schon vom Alltag in einer Kindertageseinrichtung? Würden sie sich trauen, dagegen einzuschreiten? Wissen sie, daß sie gegen den Träger wegen Nichteinhaltung des Betreuungsvertrages vorgehen können? Was immer die Ursache für das Stillhalten der Eltern sein mag, es trägt dazu bei, daß das Fehlverhalten der Erzieherinnen nicht genügend bemängelt wird. Von entscheidender Bedeutung ist weiterhin, daß der *Träger* sich nicht zuständig fühlt.

Niemand fordert pädagogische Qualität, kontinuierliche Erziehungsleistungen oder einen soliden Gegenwert für den Arbeitslohn. Weiß der Träger etwa nicht, was vor sich geht?

Offensichtlich führt selbst eklatantes Fehlverhalten mitunter zu keinen Konsequenzen. Wieso ist das Thema Aufsichtspflicht dann so häufig Gesprächsgegenstand? Wieso äußern Erzieherinnen so häufig Angst vor dem Risiko? Es scheint, als ähnelte die Aufsichtspflicht bestimmten Krankheiten. Je mehr man sich mit ihr beschäftigt, desto kränker fühlt man sich. Das Gefühl hat mit der objektiven Situation praktisch nichts zu tun. Die tatsächliche Gefahr, wegen der Verletzung der Aufsichtspflicht vor Gericht zu kommen, ist äußerst gering. Das Risiko hingegen, als Autofahrerin einen Unfall zu verursachen, liegt um ein Vielfaches höher. Über Ängste beim Autofahren wird selten gesprochen.

Das Risiko, sich im schlimmsten Fall vor drei verschiedenen Gerichten verantworten zu müssen, ängstigt Erzieherinnen. Diese mögliche Konsequenz ist aber beileibe nichts Ungewöhnliches und keine Schikane gegen diese Berufsgruppe. Jede Arbeitnehmerin geht in Ausübung ihrer Tätigkeit dieses dreifache Risiko ein. Jeder Privatmensch trägt das zweifache Risiko der zivilrechtlichen und der strafrechtlichen Verantwortung, wenn er in ein Auto steigt. Zwar ist Risiko nicht gleich Risiko. Das Risiko, vom Blitz erschlagen zu werden, ist etwa doppelt so hoch wie das Risiko (bzw. die Wahrscheinlichkeit), den Haupttreffer im Lotto zu gewinnen. Wie hoch ein Risiko einzuschätzen ist, erfährt man beispielsweise durch Vergleich der Versicherungen. Hohe Risiken sind per Gesetz zwangsversichert, wie die Kraftfahrzeug-Haftpflichtversicherung, niedrige Risiken können freiwillig versichert werden. Für hohe Risiken sind außerdem höhere Versicherungsprämien zu bezahlen als für niedrige. Eine Kraftfahrzeug-Haftpflichtversicherung kostet leicht 1000,– DM jährlich. Eine Berufshaftpflichtversicherung für Erzieherinnen gibt es inklusive einer Privathaftpflichtversicherung für unter 100,– DM im gleichen Zeitraum.

Wenn Rechtsfolgen im Zusammenhang mit tatsächlicher oder vermeintlicher Aufsichtspflichtverletzung eintreten, sind es fast ausschließlich Auseinandersetzungen im Zivilrecht. Fälle strafrechtlicher Verfolgung sind kaum bekannt; zu Verurteilungen kam es in den letzten 30 Jahren nur in einem Verfahren.[58] Auch gravierende arbeitsrechtliche Folgen konnten wir nur für diesen einen Fall ermitteln. Und so bleibt als häufigste Folge die *private Auseinandersetzung* zwischen einer geschädigten Person und dem Schädiger im Rahmen des Zivilrechts. Entweder sie einigen sich direkt miteinander oder aber vor Gericht, jeweils mit dem Bürgerlichen Gesetzbuches (BGB) als Rechtsnorm.

Das Ziel einer Klage kann darin bestehen, einen erlittenen Schaden ausgeglichen zu bekommen, falls der Schädiger sich weigert, den Schaden aus freien Stücken zu beheben. Beispielsweise sollen ein beschädigtes Auto angemessen repariert, ein zerrissenes Kleidungsstück ersetzt, entstandene Aufwendungen für Arztkosten erstattet werden. Welches sind die genauen rechtlichen Grundlagen, und was sagen sie aus?

Daß der Schaden eines Menschen, den ein anderer herbeigeführt hat, auch von diesem zu verantworten ist, ergibt sich aus § 823 BGB:
»(1) Wer vorsätzlich oder fahrlässig das Leben, den Körper, die Gesundheit, die Freiheit, das Eigentum oder ein sonstiges Recht eines anderen widerrechtlich verletzt, ist dem anderen zum Ersatze des daraus entstandenen Schadens verpflichtet.
(2) Die gleiche Verpflichtung trifft denjenigen, welcher gegen ein den Schutz eines anderen bezweckendes Gesetz verstößt. Ist nach dem Inhalte des Gesetzes ein Verstoß gegen dieses auch ohne Verschulden möglich, so tritt die Ersatzpflicht nur im Falle des Verschuldens ein.«
In Alltagssprache übersetzt: Jeder, der irgendeinen Schaden anrichtet, muß dem Geschädigten diesen Schaden ersetzen. Die grundsätzliche Aussage wird relativiert durch die Einschränkung, daß der Schaden vorsätzlich oder fahrlässig herbeigeführt sein muß, mit anderen Worten, *wenn* dem Schädiger die schuldhafte Entstehung des Schadens nachgewiesen wurde.[59] Selbst wenn gegen ein Gesetz verstoßen

---

[58] Das Verfahren ist inzwischen auch in der zweiten Instanz abgeschlossen. Es endete mit Bewährungsstrafen für die angeklagten Erzieherinnen. Hintergrund: ein zweijähriges Kind wäre fast ertrunken und liegt nun schon seit mehreren Jahren im Koma.

[59] Ein Schaden könnte z.B. dadurch entstanden sein, daß jemand sich gegen einen Überfall gewehrt hat und dabei die Jacke des Angreifers beschmutzte oder zerriß. Dieser Schaden dürfte mit Sicherheit nicht vorsätzlich oder fahrlässig herbeigeführt sein. Er wäre auch nicht widerrechtlich zugefügt, denn die Abwehr eines Überfalls ist rechtmäßig. Deshalb braucht der Schaden nicht ersetzt zu werden. Eine Klage des Angreifers wäre nicht nur unwahrscheinlich, sondern ohne jede Aussicht auf Erfolg.

wurde, welches eine Haftung auch ohne Verschulden möglich macht, tritt die Haftungsfolge *Schadensersatz ausschließlich bei einer Schuldfeststellung* ein.

In § 823 Abs. 1 BGB heißt es: »Wer ... verletzt ...« Diese Formulierung schließt vielfältige Möglichkeiten des Verletzens ein. Man kann sowohl durch aktives Verhalten verletzen, d.h. einen Schaden direkt herbeiführen, als auch durch passives Verhalten eine Schädigung begünstigen oder nicht ausschließen, obwohl man vielleicht dazu verpflichtet wäre. Dazu einige Beispiele:

- Wer einem anderen vorsätzlich oder fahrlässig ein Glas Rotwein über die Kleidung gießt, muß den Schaden ersetzen, also beispielsweise die Reinigung bezahlen oder ein neues Kleidungsstück kaufen.
- Wer einem anderen eine Beule ins Auto fährt, muß die Reparatur selbst sachgemäß ausführen oder in einer Werkstatt veranlassen. Eventuell entstehende weitere Kosten, wie Nutzungsausfall oder Mietwagenkosten, sind ebenfalls zu ersetzen.
- Eine Erzieherin, die durch ihr Tun oder Lassen eine Schädigung eines ihr anvertrauten Kindes herbeiführt, muß den Schaden dann ersetzen, wenn ihr Vorsatz oder Fahrlässigkeit nachgewiesen werden kann, sie also den Schaden schuldhaft herbeigeführt hat.

Die Erzieherin könnte z. B. zu wenig oder zu schlecht auf ein Kind aufgepaßt haben (eine angemessene Aufsicht unterlassen haben) und dadurch schuldhaft den Schaden dieses Kindes herbeigeführt haben. Denkbar ist auch, daß die Erzieherin einem Kind heißen Tee über den Arm gießt, das Kind demnach durch ihr Tun schädigt. Kann die Schädigung ihr angelastet werden, muß sie für Schadensersatz und Schmerzensgeld aufkommen.

Als allgemeine rechtliche Grundlage gilt § 249 BGB:
»Wer zum Schadenersatz verpflichtet ist, hat den Zustand herzustellen, der bestehen würde, wenn der zum Ersatze verpflichtende Umstand nicht eingetreten wäre. Ist wegen Verletzung einer Person oder wegen Beschädigung einer Sache Schadensersatz zu leisten, so kann der Gläubiger statt der Herstellung den dazu erforderlichen Geldbetrag verlangen.«

Die geschädigte Person braucht sich nicht in jedem Fall mit einer bezahlten Reparatur abzufinden, sondern kann den entsprechenden Geldbetrag erwarten und selbst entscheiden, wann und wo der Schaden behoben wird.

Als Schäden kommen alle Beeinträchtigungen eines vorigen intakten Zustandes einer Sache oder einer Person in Betracht. § 847 Abs. 1 BGB: *»Im Falle der Verletzung des Körpers oder der Gesundheit sowie im Falle der Freiheitsentziehung kann der Verletzte auch wegen des Schadens, der nicht Vermögensschaden ist, eine billige Entschädigung in Geld verlangen.«*[60]

Der gängige Begriff für diese Art Schäden lautet Schmerzensgeld. Es wird davon ausgegangen, daß Körperschäden nicht wiederherstellbar sind, beispielsweise wenn die Schädigung den Verlust eines Körperteils umfaßt, oder (zusätzlich) weitere immaterielle Schädigungen umfassen, beispielsweise Schmerzen während des Genesungsprozesses oder darüber hinaus. Weil solche Schäden nicht behoben werden können, wird das Schmerzensgeld als Ausgleichszahlung angesehen.

Schadensersatz und Schmerzensgeld sollen die durch eine Schädigung entstandenen Verluste, den Schaden, möglichst genau ausgleichen. Im Zweifel wird durch Gutachten oder ähnliche Verfahren die Höhe der Ausgleichszahlungen festgelegt. Ein *Strafanteil* darf darin nicht enthalten sein. Wir bewegen uns im Zivilrecht. Privatrecht und Strafrecht sind getrennt. Klagen auf Schadensersatz und Schmerzensgeld sind von Strafgedanken freizuhalten.[61]

§ 823 Abs. 1 BGB stellt mit dem ersten Wort »Wer« die Pflicht zum Schadensersatz für jede Person fest. Was auf den ersten Blick ganz einfach klingt, hat manchmal seine Tücken. Ist wirklich jede Person gemeint, ungeachtet des Geschlechts, der Herkunft oder des Alters?

[60] Der Vollständigkeit halber Absatz 2: *»Ein gleicher Anspruch steht einer Frauensperson zu, gegen die ein Verbrechen oder Vergehen wider die Sittlichkeit begangen oder die durch Hinterlist, durch Drohung oder unter Mißbrauch eines Abhängigkeitsverhältnisses zur Gestattung der außerehelichen Beiwohnung bestimmt wird.«*

[61] Klagen auf Schadensersatz werden gewissermaßen *freiwillig* geführt. Obwohl nachvollziehbar ist, daß die geschädigte Person ihren Schaden ersetzt bekommen möchte, kann nicht unbedingt davon ausgegangen werden, daß sie den Schaden ersetzt bekommen *will*. Anders im Strafrecht, wo der Staatsanwalt öffentliches Interesse durchsetzen *muß*, wenn gegen Regelungen des Strafgesetzbuches verstoßen wurde, unabhängig davon. ob die geschädigte Person als Kläger auftreten will oder nicht.

Im Text wird nicht weiter differenziert, deshalb ist wirklich jede Person gemeint, die dagegen verstößt. Doch es gibt einen weiteren Paragraphen zu beachten, das ist § 828 BGB:
»(1) Wer nicht das siebente Lebensjahr vollendet hat, ist für einen Schaden, den er einem anderen zufügt, nicht verantwortlich.
(2) Wer das siebente, aber nicht das achtzehnte Lebensjahr vollendet hat, ist für einen Schaden, den er einem anderen zufügt, nicht verantwortlich, wenn er bei der Begehung der schädigenden Handlung nicht die zur Erkenntnis der Verantwortlichkeit erforderliche Einsicht hat. Das gleiche gilt für einen Taubstummen.«

Kinder unter sieben Jahren können für einen von ihnen angerichteten Schaden nicht verantwortlich gemacht werden. Kinder und Jugendliche zwischen dem siebten und dem achtzehnten Lebensjahr genießen den Schutz der Jüngeren nur eingeschränkt. Wenn die Erkenntnis der Verantwortlichkeit für die schädigende Handlung fehlte, können auch Kinder ab dem siebten Lebensjahr und Jugendliche nicht verantwortlich gemacht werden. Noch anders ausgedrückt: Wenn die Kinder und Jugendlichen von ihrem Entwicklungsstand her in der Lage sind und wenn sie zum Zeitpunkt der Schadensverursachung nicht in ihrem Bewußtsein beeinträchtigt waren, müssen sie für einen von ihnen angerichteten Schaden gerade stehen. Wenn in einem konkreten Fall jedoch der alte Filmtitel *Denn sie wissen nicht, was sie tun* zutreffend die Handlungsfähigkeit und den Bewußtseinsstand eines Kindes (oder Jugendlichen) beschreibt, ist es für den angerichteten Schaden nicht verantwortlich.
An diese Aussagen knüpfen sich zwei Fragen:
- Gelten die Aussagen uneingeschränkt?
- Was geschieht mit dem Geschädigten und seinem Schaden, wenn die Nichtverantwortlichkeit des Schädigers festgestellt wird?

Der Grundsatz des § 823 BGB lautete sinngemäß, daß ein Geschädigter Anspruch auf Schadensersatz hat und daß der Schädiger diesen Anspruch befriedigen muß. Die geschädigte Person wird dadurch in ihren Rechten geschützt. Wenn nun durch § 828 BGB dieser Grundsatz teilweise aufgehoben wird, weil der Gesetzgeber weitere Personengruppen schützen will, die hier zusammenfassend als *in ihrer Entwicklung nicht ausgereift bzw. beeinträchtigt* bezeichnet werden können, so kann die Schutzfunktion des § 823 BGB für manche geschädigte Person nicht mehr greifen. Die Gefahr ist wirklich gegeben, doch gilt dies nicht generell für Fälle, in denen Kinder bzw. Jugendliche die Verursacher sind.

Im Gegenteil hat der Gesetzgeber insoweit Vorsorge für den Geschädigten und den nicht oder nur beschränkt Schadensverantwortlichen getragen, als er Kinder bis zur Vollendung ihres achtzehnten Lebensjahres in die Obhut der Personensorgeberechtigten gestellt hat. Sie sollen die Kinder erziehen und zielgemäß beaufsichtigen. Zuvörderst ihnen obliegt die Verantwortung für ihre Kinder, nachrangig anderen Personen, wie Lehrern oder Erzieherinnen, wenn Eltern oder Schulgesetz dies so bestimmen. Weil jetzt nicht nur Sorgeberechtigte oder ihre Vertreter und zu erziehende/zu beaufsichtigende Minderjährige betroffen sind, sondern andere, vielleicht ganz fremde Personen geschädigt sind, nennt man diesen Fall »Aufsichtspflicht bei Schädigung sogenannter Dritter«. Hierfür muß der § 832 BGB herangezogen werden:

»(1) Wer kraft Gesetzes zur Führung der Aufsicht über eine Person verpflichtet ist, die wegen Minderjährigkeit oder wegen ihres geistigen oder körperlichen Zustandes der Beaufsichtigung bedarf, ist zum Ersatz des Schadens verpflichtet, den diese Person einem Dritten widerrechtlich zufügt. Die Ersatzpflicht tritt nicht ein, wenn er seiner Aufsichtspflicht genügt oder wenn der Schaden auch bei gehöriger Aufsichtsführung entstanden sein würde.

(2) Die gleiche Verantwortlichkeit trifft denjenigen, welcher die Führung der Aufsicht durch Vertrag übernimmt.«

Kraft Gesetzes sind vor allem Eltern zur Führung der Aufsicht über ihre minderjährigen Kinder verpflichtet. Sie müssen Schäden von dritten Personen ersetzen, wenn ihre Kinder diese Schäden widerrechtlich (also beispielsweise nicht um einen Angriff abzuwehren) herbeigeführt haben. Die Eltern gelten in diesem Sinne als schuldig an der Entstehung des Schadens, weil eine nicht ordnungsgemäße Aufsichtsführung ihren Kindern ermöglichte, einen Dritten zu schädigen. *Zum Schutz des Geschädigten wird vorsorglich in jedem Fall eine Vernachlässigung der Aufsichtspflicht unterstellt.* Jeder Schaden muß vom Aufsichtspflichtigen ersetzt werden. Ausgenommen sind die Fälle nach § 832 Abs.1 Satz 2 BGB. Wenn nämlich die aufsichtspflichtige Person

- den Anforderungen genügt hat oder
- wenn der Schaden »sowieso« entstanden sein würde oder
- die Schädigung nicht zu verhindern war,

braucht sie den Schaden nicht zu ersetzen. Dann bleibt der Geschädigte mit seinem Schaden allein. Durch § 832 Abs. 2 BGB wird festgelegt, daß die gleiche Verantwortung von Personen erwartet wird, die die Aufsicht über Kinder auf vertraglicher Grundlage ausüben. Erzieherinnen gehören in aller Regel zu diesem Kreis, denn sie sind per Betreuungs- und Arbeitsvertrag an Stelle der Eltern zur Erziehung und Beaufsichtigung der Kinder berechtigt und verpflichtet.

Jedesmal, wenn Kinder einen Schaden verursacht haben, ist anzunehmen, daß eine aufsichtspflichtige Person dafür aufkommen muß. Während im Recht üblicherweise gilt, daß dem Beschuldigten eine Tat (im Strafrecht) oder eine Schädigung (nach § 823 BGB) nachgewiesen werden muß, liegt die Beweislast nach § 832 BGB bei der aufsichtspflichtigen Person. Kann sie sich nicht entlasten, muß sie den Schaden ersetzen. Weil die Last des Beweises nicht beim Kläger liegt, sondern der Entlastungsbeweis von der beklagten Person geführt werden muß, spricht man von der *Umkehr der Beweislast.*

Die umgekehrte Beweislast soll der geschädigten Person dienen, zu ihrem Recht zu kommen.[62] Zum Schutze der Geschädigten sieht der Grundsatz des § 832 Abs. 1 BGB die Ersatzpflicht vor: *»Wer kraft Gesetzes ..., ist verpflichtet.«* Sicher ist es allerdings nicht, ob sie auf diesem Wege Schadensersatz erlangt, denn es gibt ja die Möglichkeit für die Beklagte, sich zu entlasten, in dem sie den Nachweis für korrekte Aufsichtsführung bringt. In den Worten des Richters aus dem *Eisenstangen-Urteil: die aufsichtspflichtige Person muß klar und*

[62] Das Prinzip der Beweislastumkehr ist eingeführt worden, um denjenigen nicht (weiter) zu benachteiligen, der zur Verfolgung seines Anspruchs nicht die nötigen Voraussetzungen hat. Einem Geschädigten ist praktisch unmöglich zu beweisen, was eine Aufsichtsperson alles getan oder gelassen hat. Das gleiche Prinzip wird bei der Produkthaftung angewandt. Es genügt, daß ein Schaden durch ein gekauftes Produkt entstanden ist. Der Hersteller haftet, wenn er nicht beweisen kann, daß er alles ihm mögliche im Produktionsverfahren berücksichtigt und daß er außerdem sorgfältig gearbeitet hat.

frei von Widersprüchen aussagen, was sich ereignet hat. Diese Seite der Regelung dient mehr den Kindern und den Aufsichtspflichtigen.

Die Umkehr der Beweislast stellt die aufsichtspflichtige Person vor eine besondere Anforderung, doch nicht vor eine unlösbare Aufgabe. Keine Erzieherin braucht davor zurückzuschrecken, denn die Darstellung ihrer Arbeit gegenüber Eltern und anderen Personen im Rahmen der Öffentlichkeitsarbeit gehört zu ihrem Berufsbild. Wenn die aufsichtspflichtige Erzieherin den allgemeinen beruflichen Pflichten entsprechend ihre Arbeit geplant und durchgeführt hat und anderen Menschen erklären kann, besteht deshalb ein hohes Risiko für eine durch ein Kind oder durch einen Jugendlichen geschädigte Person, auf ihrem Schaden hängen zu bleiben. Umgekehrt folgt, daß das Risiko, belangt zu werden, für Erzieherinnen denkbar gering ist. Und es sinkt in dem Maß, wie die pädagogische Qualität der Arbeit steigt. Thomas Mörsberger, Leiter des Landesjugendamtes Baden, hat diesen Zusammenhang schon 1980 auf die griffige Formel gebracht: »Angst vor der Aufsichtspflicht braucht keiner zu haben, der sich einigermaßen um fachlich begründetes Handeln bemüht.«[63]

Vollends aussichtslos wird die Situation für den Geschädigten, wenn der zweite Teil von Satz 2 aus dem § 832 Abs. 1 BGB zu berücksichtigen ist: »*...oder wenn der Schaden auch bei gehöriger Aufsichtsführung entstanden sein würde*«.

Unsere Hauptaussage, daß bei den meisten Aufsichtspflichtverletzungen keine Folgen eintreten, weil kein offenkundiger Schaden festzustellen ist, kann ergänzt werden. Selbst wenn sich eine Aufsichtspflichtverletzung und ein Schaden zusammen ereignen, kann es vorkommen, daß die geschädigte Person leer ausgeht und ihren Schaden nicht ersetzt bekommt. Die aufsichtspflichtige Person ist nämlich nicht haftbar zu machen, wenn kein kausaler Zusammenhang zwischen Aufsichtspflichtverletzung und Schädigung herzustellen ist. Die Verletzung der Aufsichtspflicht muß die direkte Ursache für den Schaden sein, sonst geht der Geschädigte leer aus. Als erläuterndes Beispiel (s. S. 547; OLG Düsseldorf) soll der Fall dienen,

[63] Mörsberger, T.: Die Angst vor der Aufsichtspflicht, in: *TPS*, Heft 6/1980, S.392

in dem vierjährige Kindergartenkinder aus einem Gebüsch heraus über den Kindergartenzaun hinweg ein Auto mit Kies bewarfen und es beschädigten. Selbst wenn die Erzieherin daneben gestanden hätte, wäre es einem Kind (erst recht aus einer Gruppe heraus) möglich gewesen, sich zu bücken, Kies zu ergreifen und blitzschnell zu werfen. Egal, ob die Erzieherin ihrer Aufsichtspflicht genügt hat oder nicht, dieser Schaden wäre auch bei gehöriger Aufsichtsführung entstanden; genau wie es im Gesetz heißt. Die Folgen sind – wieder einmal – *keine* Haftungsfolgen. Zu beachten ist aber, daß der kausale Zusammenhang immer unterstellt wird, so daß die Beweislast für den Nicht-Zusammenhang wieder bei der aufsichtspflichtigen Person liegt.

Eine weitere Konstellation war einmal Realität in einem Hort einer süddeutschen Großstadt. Zwei zehnjährige Jungen tricksten die Erzieherin aus, entzogen sich ganz bewußt und vorsätzlich der Beaufsichtigung, um ungestört mit Feuer spielen zu können. Dabei brannten sie eine Scheune im Wert von 200.000,– DM nieder. Auch dieser Fall ereignete sich bei *gehöriger Aufsichtsführung*. Wenn sich Kinder im Hortalter absichtsvoll, mit Bedacht und, wie sie später zugaben, um der Erzieherin einen Streich zu spielen, so verhalten, ist eine aufsichtspflichtige Person praktisch machtlos. Die Erzieherin war nicht zu belangen.

Wie aber kamen die Kinder davon? Sie hatten Glück, daß der Träger der Einrichtung den Vorfall als Betriebsrisiko einstufte und den Schaden voll ersetzte, d. h. ohne die Kinder zu beteiligen. Diese Großzügigkeit ist um so bemerkenswerter, als davon ausgegangen werden kann, daß Hortkinder, die mit so viel Umsicht aus dem Blickfeld der Erzieherin verschwinden, um zu zündeln, die nach dem Bürgerlichen Gesetzbuch erforderliche Einsicht hatten.[64]

In bestimmten Fallkonstellationen geht der Geschädigte mit Sicherheit leer aus. Bei Schäden durch Kinder vor Vollendung des sieb-

---

[64] Der Vorfall hat eine weitere Wendung. Die Stadt hatte Jahre vorher beschlossen, die entsprechenden Versicherungen zu kündigen, weil die Prämien zu hoch waren, also kam sie für den Schaden allein auf. Da inzwischen andere Städte diesem Beispiel folgten, ist anzunehmen, daß die Kündigung der Versicherung sich trotzdem rentiert hat.

ten Lebensjahres regelmäßig dann, wenn die Aufsichtspflicht nicht vernachlässigt wurde.[65] Bei älteren Kindern und Jugendlichen muß festgestellt werden, ob sie die erforderliche Einsicht im Zusammenhang mit der schädigenden Handlung besaßen und ob jemand zur Führung der Aufsicht verpflichtet war. Kann sich die aufsichtspflichtige Person entlasten, sinken die Chancen auf Schadensersatz für die geschädigte Person, doch kann sie versuchen, sich über das Kind oder den Jugendlichen schadlos zu halten.

- Es ist möglich, daß das ältere Kind oder der Jugendliche den Schaden ganz oder teilweise selbst ersetzen muß. Beachtenswert ist dabei, daß Kinder und Jugendliche durch ihre beschränkte Schadensverantwortlichkeit einerseits geschützt sind, andererseits vor der problematischen Situation stehen, daß die Haftungsverpflichtung des Minderjährigen einer dreißigjährigen Verjährungszeit unterliegt. Wer im Alter von sechzehn Jahren ein Auto knackt und zu Schrott fährt, wer mit zwölf Jahren eine Scheune abfackelt, wer mit acht Jahren vor ein Auto rennt:[66] innerhalb von dreißig Jahren *kann* der Geschädigte versuchen, Schadensersatz zu erlangen und kann gegen das (ehemalige) Kind entschieden werden. Wenn man bedenkt, daß die meisten Verjährungszeiten nach zwei Jahren abgelaufen sind und viele nicht länger als ein halbes Jahr dauern, läßt sich erahnen, wie wichtig dem Gesetzgeber der Schutz des Eigentums vor Beschädigung oder Verlust war und ist. Doch auch in dieser Angelegenheit gibt es eine zweite Seite der Medaille. Wer heute als Geschädigter aus Menschenfreundlichkeit und weil er es sich leisten kann auf Schadensersatz verzichtet, kann nicht wissen, ob er nicht zehn Jahre später auf das Geld angewiesen sein

---

65 So auch in dem bizarren Fall, bei dem die Großmutter des schädigenden Kindes gegen ihre Tochter klagte, um ihr zerkratztes Auto wieder hergestellt zu bekommen.

66 Haftungs- und Aufsichtsfragen im Straßenverkehr sind Grund für viele Haftungsprozesse, in die Kinder involviert sind. In den meisten Fällen geht es um die Frage, wer Schuld hat, der Autofahrer oder das Kind, das meist sogar selbst zu Schaden gekommen ist. Ist das Kind mitschuldig? Wer muß wem wieviel zahlen? Der ADAC hat 1998 bei der vorerst aufgeschobenen Novellierung des Haftungsrechts versucht, das Alter der teilweisen Schadensverantwortlichkeit von Kindern auf das vollendete zehnte Lebensjahr anzuheben, damit kein jüngeres Kind, das im Straßenverkehr verletzt wurde, zusätzlich noch für einen (Teil-)Schaden haften oder sich die eigene Verletzung als Teilschuld anrechnen lassen muß.

wird. Wenn inzwischen, was durchaus nicht so selten ist, der kindliche bzw. jugendliche Schadensverursacher durch entsprechende Tätigkeit oder einen Erbfall zu solidem wirtschaftlichen Rückhalt gekommen ist, erscheint ein nachträglicher Ausgleich angemessen.

- Ab dem siebten Lebensjahr haftet ein Kind grundsätzlich in unbeschränkter Schadenshöhe, wenn es die erforderliche Einsicht in die Verantwortlichkeit für die schädigende Handlung besaß. So bestätigte das Bundesverfassungsgericht im August 1998 seine bisherige Rechtsprechung und verurteilte damit einen Sechzehnjährigen zur Zahlung von 135.000,– DM Krankenkosten sowie aller künftigen Pflege-, Therapie- und Rentenkosten für ein dreizehnjähriges Mädchen. Der Jugendliche hatte seine Freundin auf einem Moped mitgenommen, einen Unfall schuldhaft verursacht und sie dabei schwer verletzt. Wie soll der Junge das jemals bezahlen? Wer würde in dieser Situation noch eine Ausbildung absolvieren oder zu arbeiten anfangen, wenn alles Geld, das über das Existenzminimum hinaus verdient wird, zur Abzahlung der Schulden dient? Den zuständigen Gerichten steht zur Vermeidung unbilliger Härten die Möglichkeit offen, die Haftungssummen an die (wirtschaftliche) Leistungsfähigkeit des Schädigers anzupassen und entsprechend herabzusetzen. Häufig sind die Geschädigten versichert. Dann gehen ihre Versicherungen in Vorleistung, versuchen jedoch, sich das Geld vom Schädiger zurückzuholen. Kann er als Kind oder Jugendlicher nicht bezahlen, wird gewartet, bis die Volljährigkeit erreicht ist. Notfalls werden die zu begleichenden Schadenssummen herabgesetzt, werden Ratenzahlungen vereinbart oder wird auf die zustehenden Zinsen verzichtet. Versicherungen verfahren dabei nach dem Grundsatz: Wenn der ganze Schadensersatz zu erhalten ist, um so besser; aber jede Summe ist besser als nichts.

- Es ist möglich, daß der Geschädigte und die aufsichtspflichtige Person oder das den Schaden verursachende Kind (ab 7 Jahren) zu jeweils im Einzelfall festzusetzenden Anteilen den Schaden gemeinsam tragen müssen. Trifft jeden eine *Teilschuld*, müssen sie entsprechend haften.

§ 254 BGB:
»(1) Hat bei der Entstehung des Schadens ein Verschulden des Geschädigten mitgewirkt, so hängt die Verpflichtung zum Ersatze sowie der Umfang des zu leistenden Ersatzes von den Umständen, insbesondere davon ab, inwieweit der Schaden vorwiegend von dem einen oder dem anderen Teile verursacht worden ist.
(2) Dies gilt auch dann, wenn sich das Verschulden des Beschädigten darauf beschränkt, daß er unterlassen hat, den Schuldner auf die Gefahr eines ungewöhnlich hohen Schadens aufmerksam zu machen, die der Schuldner weder kannte noch kennen mußte, oder daß er unterlassen hat, den Schaden abzuwenden oder zu mindern. Die Vorschrift des § 278[67] *findet entsprechende Anwendung.«*

- Gibt es mehrere Schädiger, doch nur eine geschädigte Person, so steht es ihr im übrigen frei zu entscheiden, von wem sie sich den Schadenersatz oder das Schmerzensgeld holen will, d. h. gegen wen sie klagen will. Juristisch heißt das: der Schuldner haftet nach §§ 421, 840 BGB (hier nicht abgedruckt) als *Gesamtschuldner*. Will er oder sie nicht allein für den Schaden aufkommen, muß diese Person selbst gegen weitere Beteiligte klagen. Mit dieser Konstruktion soll vermieden werden, daß jemand, der einen durch mehrere andere zu verantwortenden Schaden erlitten hat, mehrere Prozesse führen muß, um an sein Geld zu kommen. Eine Klage reicht. Wie sich die verantwortlichen Personen untereinander einigen, ist nicht Sache des Geschädigten.

Sehen wir uns die zwei grundsätzlich zu unterscheidenden Fälle noch einmal im graphischen Überblick an:

[67] s. S. 206 ff.

a) das zu beaufsichtigende Kind kommt selbst zu Schaden,

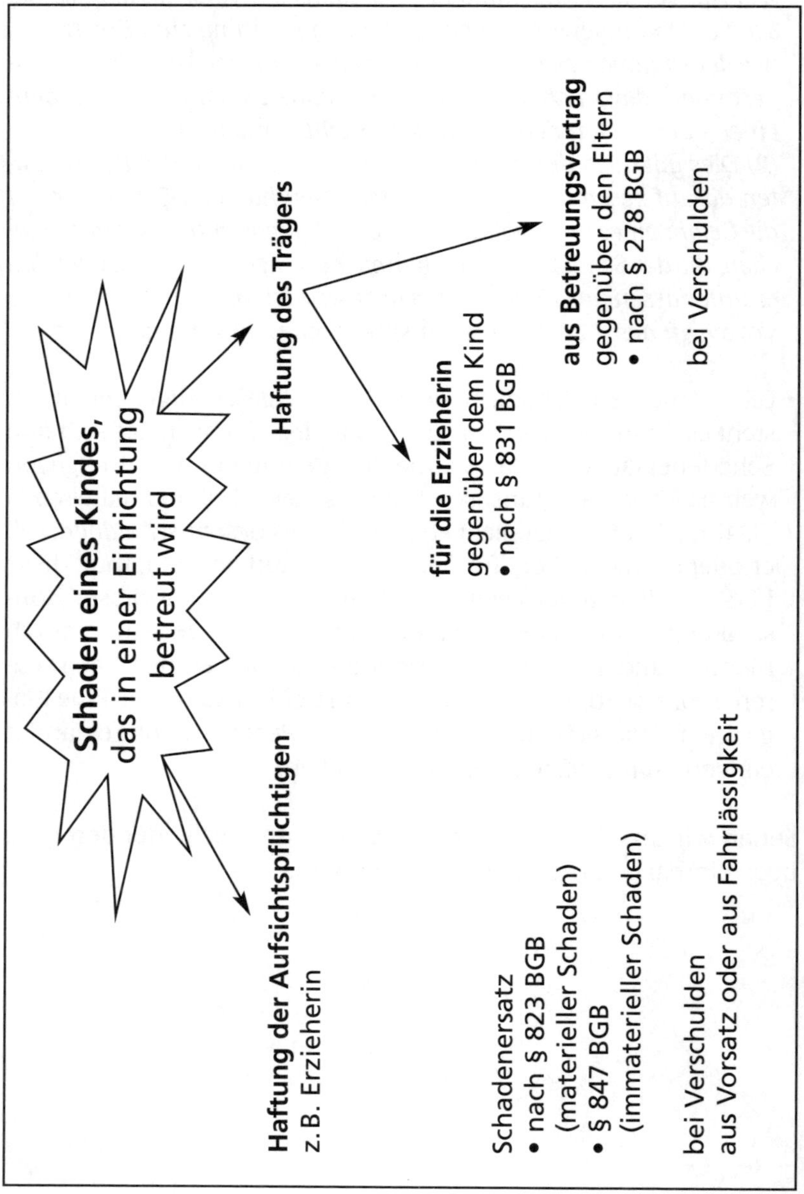

b) das zu beaufsichtigende Kind richtet einen Schaden an.

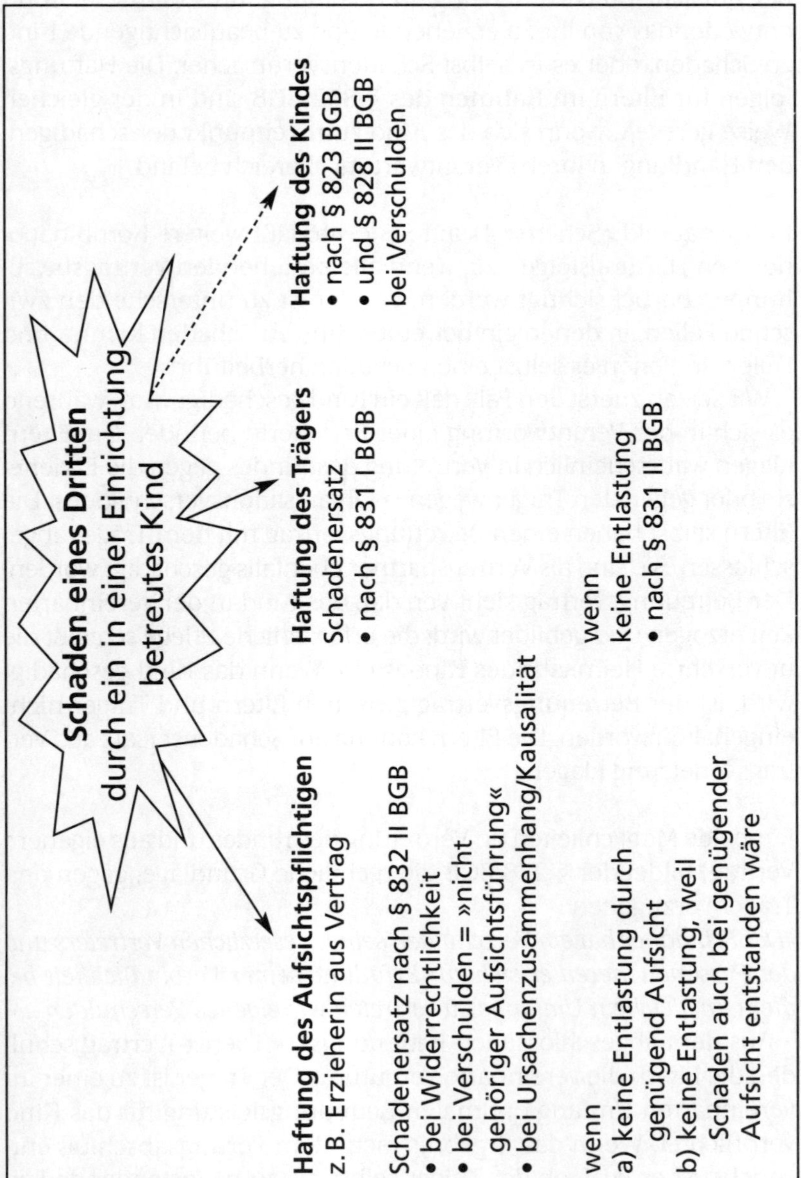

Dies sind die möglichen Haftungsfolgen für eine Erzieherin aus einer Aufsichtspflichtverletzung. In Ausübung ihres Berufes kommt entweder das von ihr zu erziehende und zu beaufsichtigende Kind zu Schaden, oder es ist selbst Schadensverursacher. Die Haftungsfolgen für Eltern im Rahmen des § 832 BGB sind in der gleichen Weise geregelt, wenn sich das Kind zum Zeitpunkt der schädigenden Handlung in ihrem Verantwortungsbereich befand.

Das Schaubild >Schema 4< auf Seite 146 läßt weitere Kombinationen von Haftungsfolgen zu, wenn alle bestehenden Vertragsbeziehungen berücksichtigt werden. Wieder ist zu unterscheiden zwischen Fällen, in denen ein betreutes Kind zu Schaden kommt und Fällen, in denen es selbst einen Schaden herbeiführt.

Wir setzen zuerst den Fall, daß ein Kind geschädigt wird, während es sich in der Verantwortung einer Erzieherin befindet. Die Eltern klagen wahrscheinlich in Vertretung des Kindes gegen die Erzieherin oder gegen den Träger wegen → Organisationsverschuldens. Die Eltern selbst haben einen Betreuungsvertrag mit dem Träger abgeschlossen. Sie sind als Vertragspartner ebenfalls geschädigt worden. Der Betreuungsvertrag sieht vor, daß das Kind in der vereinbarten Zeit erzogen und gebildet wird; die erforderliche Pflege schließt die unversehrte Heimkehr des Kindes ein. Wenn das Kind geschädigt wird, ist der Betreuungsvertrag zwischen Eltern und Träger nicht eingehalten worden. Die Eltern können auf Schadensersatz aus Vertragsverletzung klagen.

Für beide Möglichkeiten (in Vertretung des Kindes und aus eigenem Vertrag) bildet der § 278 BGB die rechtliche Grundlage, gegen den Träger vorzugehen:

»Der Schuldner hat ein Verschulden seines gesetzlichen Vertreters und der Personen, deren er sich zur Erfüllung seiner Verbindlichkeit bedient, in gleichem Umfange zu vertreten wie eigenes Verschulden ...«

Aus dem abgeschlossenen Betreuungs- (= Dienst-)Vertrag schulden die Eltern die vereinbarte Vergütung. Der Träger ist zu einer im vereinbarten Umfang optimalen Betreuungsleistung für das Kind verpflichtet. Wenn das Ergebnis nicht dem Vertragsabschluß entspricht, ist es egal, ob der Träger selbst die zu beanstandende Leistung erbrachte oder sein *Erfüllungsgehilfe*, die Erzieherin. Wesentliche Voraussetzung für eine Haftung des Trägers ist allerdings die schuldhafte Verletzung der Pflichten seines Gehilfen. Für die Erzieherin bedeutet diese Konstruktion, daß gerichtlich geprüft wird, ob der Schaden durch ihr Tun oder Lassen fahrlässig oder vorsätzlich herbeigeführt wurde.

Wird gegen den Träger geklagt (dem Geschädigten steht es frei, gegen wen er sich wendet!) und wird gegen ihn entschieden, hat er das Recht des Rückgriffs auf die Erzieherin. Sie steht mit ihm in einem Vertragsverhältnis. Daraus folgt eine mögliche teilweise oder vollständige Ersatzpflicht für Leistungen, die der Träger durch Verschulden der Erzieherin als Schadensersatz zusätzlich aufbringen mußte. Für den Schaden wird die Erzieherin in Regreß genommen, wenn sie ihn vorsätzlich oder fahrlässig herbeigeführt hat.

Eine ähnliche Rechtsfolge ist auch für den zweiten Fall vorgesehen, wenn das von der Erzieherin zu betreuende Kind einen Dritten schädigt. Zur Erinnerung sei wiederholt, wie die Rollen im *Eisenstangen-Urteil* verteilt waren:

- das geschädigte Kind klagte, vertreten durch seine Eltern; es war der Kläger;
- der zuständige Horterzieher trat als Zeuge auf;
- das die Verletzung mit der Eisenstange verursachende Kind war selbst nicht beklagt,
- denn der Träger der Einrichtung war der Beklagte.

Die Klage fußte auf § 831 BGB und der Tatsache, daß ein Schaden entstanden war, der eventuell durch den Tatbestand einer unerlaubten Handlung im Sinne von § 823 Abs. 1 BGB zu ersetzen war.

§ 831 BGB:
»(1) Wer einen anderen zu einer Verrichtung bestellt, ist zum Ersatze des Schadens verpflichtet, den der andere in Ausführung der Verrichtung einem Dritten widerrechtlich zufügt. Die Ersatzpflicht tritt nicht ein, wenn der Geschäftsherr bei der Auswahl der bestellten Person und, sofern er Verrichtungen oder Gerätschaften zu beschaffen oder die Ausführung der Verrichtung zu leisten hat, bei der Beschaffung oder der Leitung die im Verkehr erforderliche Sorgfalt beobach-

tet oder wenn der Schaden auch bei Anwendung dieser Sorgfalt entstanden sein würde.
(2) Die gleiche Verantwortlichkeit trifft denjenigen, welcher für den Geschäftsherrn die Besorgung eines der im Absatz 1 Satz 2 bezeichneten Geschäfte durch Vertrag übernimmt.«

Der Erzieher bzw. die Erzieherin treten im Falle geschädigter Dritter nicht als Erfüllungsgehilfe, sondern als *Verrichtungsgehilfe* des Auftraggebers auf. Die Erzieherin arbeitet im Auftrag des Trägers der Kindertageseinrichtung. Der Träger hat bei ihr die Verrichtung einer Aufgabe (Erziehung und Beaufsichtigung von Kindern) bestellt. Der Träger ist nach § 831 Abs. 1 Satz 1 BGB zu Schadensersatz verpflichtet, wenn der Verrichtungsgehilfe den Schaden widerrechtlich bewirkt hat.

Wie im § 832 BGB kommt es hier auf die Reihenfolge der Einzelregelungen an. Die Schadensersatzpflicht des Trägers als Auftraggeber steht als Grundsatz vorweg. Ausnahmsweise tritt die Ersatzpflicht nicht ein, wenn der Geschäftsherr/Auftraggeber entweder die bestellte Person sorgfältig ausgewählt hat oder wenn der Schaden nicht in kausalem Zusammenhang mit einer Vernachlässigung von (Aufsichts-)Pflichten steht. Ist ein Schaden nicht zu verhindern gewesen, braucht auch der Geschäftsherr nicht zu haften. Dies muß er ebenso nachweisen wie die Tatsache, daß er seinen Verrichtungsgehilfen, die Erzieherin, sorgfältig ausgewählt hat.

Der Träger einer Kindertageseinrichtung bzw. einer Einrichtung der öffentlichen Erziehung hat relativ leichtes Spiel, wenn gegen ihn geklagt wird. Obwohl einerseits der erste Anschein gegen ihn spricht, kann er sich ziemlich einfach entlasten, wenn er ein einigermaßen ordentliches Auswahlverfahren praktiziert und (ausschließlich) staatlich anerkannte, d. h. qualifizierte Erzieherinnen oder vergleichbare Fachkräfte einsetzt. Sollte beispielsweise im Einstellungsverfahren nach der Ausbildung gefragt und die Antwort durch Vorlage der Urkunde über die staatliche Anerkennung als Erzieherin bestätigt worden sein, sollten zudem bisherige Arbeitszeugnisse positiv ausgefallen sein, wurde der erforderlichen Sorgfaltspflicht in aller Regel schon entsprochen. Aus der Rechtskonstruktion des »vermuteten Verschuldens» kann sich der Träger leichter als die tatsächlich aufsichtspflichtige Erzieherin befreien.

Sollte der Träger aber doch zur Haftung herangezogen werden, hat er wie schon im vorangestellten Beispiel bei Vorsatz oder grober Fahrlässigkeit die Möglichkeit des Regresses gegen die Erzieherin. Wenn eine Verletzung der Aufsichtspflicht die tatsächlich entscheidende Begründung für die Haftung des Trägers (als einer der Gesamtschuldner) gewesen ist, so hat die eigentlich aufsichtspflichtige Person allein für den verursachten Schaden aufzukommen (§ 840 Abs. 2 BGB), *wenn* der Geschäftsherr dies geltend macht, was er nicht muß.

Vorsatz und Fahrlässigkeit

Bei der Schadenersatzpflicht nach § 823 BGB werden im Zusammenhang mit der Klärung der Schuld die Begriffe Vorsatz und Fahrlässigkeit gebraucht. Die Haftungsvorschrift des § 276 BGB steht damit in Zusammenhang:
»(1) Der Schuldner hat, sofern nichts anderes bestimmt ist, Vorsatz und Fahrlässigkeit zu vertreten. Fahrlässig handelt, wer die im Verkehr erforderliche Sorgfalt außer acht läßt. Die Vorschriften der §§ 827, 828 finden Anwendung.
(2) Die Haftung wegen Vorsatzes kann dem Schuldner nicht im voraus erlassen werden.«

Wer vorsätzlich oder fahrlässig einen Schaden anrichtet, kommt für den Ersatz des Schadens in Betracht. Wann kann von vorsätzlichem Handeln, wann von fahrlässigem Handeln ausgegangen werden?

Von Vorsatz kann dann gesprochen werden, wenn etwas absichtlich getan wird und wenn die Tat im Wissen um die Rechtswidrigkeit des Handelns erfolgte. Vorsätzlich handelt, wer rechtswidrig *einen Erfolg sucht*; bedingt vorsätzlich handelt, wer den Erfolg billigend in Kauf nimmt, d.h. damit rechnet, daß ein bestimmter Umstand eintritt. Er nimmt den Erfolg bzw. das Ergebnis hin, weil er/es günstig ausfällt.

Fahrlässigkeit ist im Gesetzestext selbst beschrieben. Sie ist dann gegeben, wenn die erforderliche Sorgfalt außer Acht gelassen wird, also im Grunde immer dann, wenn ein Schaden eingetreten ist, der voraussehbar war und zu verhindern. (Bewußte) Fahrlässigkeit liegt vor, wenn die betreffende Person darauf vertraut, alles werde schon gutgehen. Für die Schadensfolgen einer Aufsichtspflichtverletzung von Belang ist die Unterteilung in grobe und einfache Fahrlässigkeit. *Grob fahrlässig* handelt, wer die einfachsten Überlegungen bei seinem Tun vernachlässigt; Überlegungen, die von jedem Durchschnittsmenschen in vergleichbarer Situation zu erwarten sind. *Einfache Fahrlässigkeit* erschließt sich aus der Unmöglichkeit, grobe Fahrlässigkeit festzustellen, d.h. hier sind alle anderen Fälle zusammenzufassen.

Gelegentlich wird in Literatur und Rechtsprechung die einfache Fahrlässigkeit weiter in gewöhnliche (mittlere) und leichte Fahrlässigkeit unterteilt. Angewandt auf Erzieherinnen bezeichnet die gewöhnliche Fahrlässigkeit den Fall, daß eine ausgebildete und erfahrene Kraft einen Schaden verursacht hat, der mit gebotener und möglicher Aufmerksamkeit und Willensstärke hätte vermieden werden können. Mit leicht fahrlässig wird das Verhalten bezeichnet, das grundsätzlich umsichtig und sorgfältig war, doch leider nicht ausreichte um einen Schaden zu verhindern; es bleibt ein kleiner Rest an Vorwurf.

Wichtig ist die Unterscheidung zwischen grober und einfacher Fahrlässigkeit vor allem für die Klärung von Regreßansprüchen und für das Eintreten einer (Berufs-) Haftpflichtversicherung. »Nur wenn der Arbeitnehmer grob fahrlässig gehandelt, d.h. seine Sorgfaltspflicht in besonders schwerem Maße verletzt und selbst einfache ganz naheliegende Überlegungen nicht angestellt hat, kann der Arbeitgeber in vollem Umfang Regreß nehmen.«[68] Zu dieser Schlußfolgerung kommen die Autoren einer Broschüre zur Aufsichtspflicht in Einrichtungen (Heimen) der Jugendhilfe unter Hinweis auf die aktuelle Rechtsprechung des Bundesarbeitsgerichts und des Bundesgerichtshofs.

[68] Claussen u.a.: Aufsichtspflicht ..., Hannover 1995, S. 20

Fazit

Rein quantitativ nimmt die Darstellung der Schadens- und Haftungsfolgen einen großen Platz in diesem Buch ein. Dies liegt vor allem daran, daß die Zusammenhänge schwierig zu beschreiben sind. Die Erläuterung möglichst vieler Aspekte braucht viel Raum. Dieser Umstand sollte jedoch nicht dazu verleiten, das Gewicht vom Vorrang der Pädagogik bei der Aufsichtsführung auf die Schadensvermeidung zu schieben. Die Ausführlichkeit der Darstellung rührt mit daher, daß jegliche Folgen einer möglichen Schädigung eines anderen oder seines Gutes beschrieben wurden. Aufsichtspflichtverletzungen im Umgang mit Kindern (noch dazu im beruflichen Rahmen der Erzieherinnen) sind nur in einer geringen Zahl dafür verantwortlich.

Die Beschreibung bewegt sich hauptsächlich im Zivilrecht. Dies liegt nicht daran, daß in anderen Rechtsgebieten grundsätzlich keine Schwierigkeiten auftreten können, sondern vor allem daran, daß sie so gut wie nie auftreten und die Prüfung einer Aufsichtspflichtverletzung sich letztlich nach den gleichen Maßstäben wie im Zivilrecht richtet. Der in früheren Jahren von Mund zu Mund gereichte Spruch, *eine Erzieherin steht immer mit einem Bein im Gefängnis,* hat sich in der Realität als Tartarenmeldung erwiesen. Bei einer Dreiteilung der möglichen Schadensfolgen wäre die Antwort auf die Frage interessant, von wievielen Beinen ein neutraler Beobachter ausgehen muß?

Daß Erzieherinnen in einem gefahrengeneigten Beruf arbeiten, ist allgemein anerkannt. Diese Tatsache wirkt sich vor Gericht günstig aus, denn sie führt zu einer Entlastung von der Schadensverantwortung, zum einen bei der Einschätzung des jeweils Zumutbaren, zum anderen bei der Regreßregelung (nur bei grober Fahrlässigkeit oder Vorsatz).

Was bleibt? Für uns Autoren noch immer nicht genügend Anhaltspunkte für eine Einschätzung der Schwierigkeiten von Erzieherinnen, Eltern und Trägern im Umgang mit der Aufsichtspflicht. Hinweise und Diskussionsbeiträge sind uns über den Verlag herzlich willkommen.

Es bleibt ebenfalls die schwierige Gewißheit, daß die eigentlich Leidtragenden immer die Kinder sind. Schon im Normalfall kann das Kind in seiner Entwicklung beeinträchtigt werden. Seine Rechte können durch zuviel und zu wenig Aufsicht mißachtet werden. Bekommen aber die Erziehungspersonen ihre Ängste nur durch Einschränkung der kindlichen Freiräume in den Griff, verletzen sie ihre Erziehungs- und ihre Aufsichtspflichten. Erzieherinnen, die vorwiegend sich selbst abzusichern versuchen, lassen Kindern keine Chance sicherer zu werden. Die zynische Wendung bei dieser Geschichte ist, daß dieser Umstand die Sicherheit der Erziehungspersonen erst recht gefährdet.

6. Pädagogische Arbeit und Aufsichtspflicht in Krippen und Krabbelstuben

Bei der öffentlichen Erziehung der Kinder unter drei Jahren rangierte die Bundesrepublik Deutschland im Vergleich der Staaten der Europäischen Gemeinschaft in der Mitte der achtziger Jahre weit hinten. Nur für etwa 3 % aller Kinder in diesem Alter standen Plätze bereit, davon 1,6 % in Krippen und Krabbelstuben, der Rest in Pflegestellen. Zum Vergleich: in Frankreich und Belgien hatten 20–25 % und in Dänemark 44 % der Kinder unter drei Jahren einen Platz in vergleichbaren Einrichtungen. Demgegenüber war das Angebot an Plätzen in der ehemaligen DDR flächendeckend und lag 1989 durchschnittlich knapp über 80 %, allerdings bezogen auf die ein- bis dreijährigen Kinder. Im Jahr 1994 gab es in den alten Bundesländern Krippenplätze für 2,2 % und in den neuen Bundesländern für 41,3 % aller Kinder unter drei Jahren.

Die Erziehung von Kindern unter drei Jahren in Krippen oder Krabbelstuben war in der Bundesrepublik Deutschland lange Zeit heftig umstritten. Sie ist seit dem Inkrafttreten des KJHG/SGB VIII anerkannter Teil der Jugendhilfe mit einem dem Kindergarten analogen Auftrag zur Betreuung, Erziehung und Bildung der Kinder. Durch den Beitritt der neuen Bundesländer steht die öffentliche Meinung der außerfamilialen Erziehung jüngerer Kinder mit mehr Akzeptanz gegenüber. Das ändert etwas an der noch immer vorherrschenden Meinung, Kinder unter drei Jahren sollen nach Möglichkeit in der Familie, d.h. von der Mutter betreut werden. Deutlich wird diese Haltung auch im KJHG/SGB VIII, in dem zwar Kindergärten und Horte ausdrücklich genannt werden, Krippen, Krabbelstuben und andere institutionelle Möglichkeiten hingegen nur zusammengefaßt als *andere Einrichtungen* aufgeführt sind. Allerdings wird die *Tagespflege* mit einem eigenen Paragraphen (§ 23 KJHG/SGB VIII) versehen, ein Angebot, das in seinen Strukturen an die heile Familienwelt erinnert und im Westen deshalb etwas mehr akzeptiert wird.

Trotz alledem, Krippenplätze wurden und werden gebraucht und gewünscht. In den alten Bundesländern bieten lediglich die beiden

Stadtstaaten Berlin und Hamburg in nennenswertem Umfang Krippenplätze an, dazu noch wenige Großstädte. Bedarf nach außerfamilialer Erziehung von Kindern unter drei Jahren wird fast überall angemeldet. Eltern wünschen nicht allein wegen ihrer Erwerbstätigkeit für ihr Kind einen Platz in einer Krippe oder Krabbelstube, sondern auch aus der Überzeugung heraus, daß das Zusammenleben mit anderen Kindern und die Erweiterung des häuslichen Erfahrungsraumes für die Entwicklung ihres Kindes förderlich sind.

Wer nicht über einen eigenen Garten mit direktem Zugang zur Wohnung verfügt, wessen erstes oder einziges Kind keine Kontakte zu Nachbarkindern hat, wer in verkehrsreicher Umgebung oder in einer engen Wohnung lebt, kennt die Schwierigkeit, seinem Kind eine anregungsreiche Umwelt bereitzustellen. Für Kind und Mutter kann der tägliche Ausflug zum nächstgelegenen Kinderspielplatz oder Park ziemlich eintönig werden, weshalb sich die meisten Väter diesem Problem noch liebend gern durch außerhäusige Berufstätigkeit entziehen. Sie spielen bei der Erziehung der jüngeren Kinder noch immer eine untergeordnete Rolle.

Immer mehr Eltern leben in einer für ihr Kind eingeschränkten und anregungsarmen Lebenswelt. Kinder haben hingegen einen Anspruch darauf, daß ihre vitalen Bedürfnisse nach Bewegung, nach Entdeckung und Erforschung ihrer Umgebung, nach Kontakten zu anderen Menschen sichergestellt und befriedigt werden. Öffentliche Erziehung soll ausgleichende Angebote bedarfsgerecht bereitstellen.

Die Fachdiskussion um die Erziehung in Krippen und Krabbelstuben hat diese Ansprüche von Kindern und Eltern in die pädagogischen Konzeptionen aufgenommen. Damit hat auch die Aufsichtspflicht an Bedeutung gewonnen. Widmete sich die Krippenerziehung früher im wesentlichen der Pflege und Versorgung von Kleinstkindern, so steht heute die Förderung ihrer emotionalen, psychischen und sozialen Entwicklung im Mittelpunkt der pädagogischen Arbeit. Pflege und Ernährung werden darin integriert. Das Spannungsfeld zwischen pädagogischen Erfordernissen und Gewährleistung der Aufsichtspflicht ist damit größer geworden, als es bei der überwiegend pflege- und versorgungsbetonten Arbeit war.

Wenn die Kleinsten nicht mehr durch Gitterbetten und Laufställchen von anderen Kindern und den Dingen ihrer Umgebung getrennt werden, wenn sie gar mit Kindergarten- und Hortkindern in altersgemischten Gruppen betreut werden, vervielfältigen sich ihre Entwicklungsmöglichkeiten, aber auch die Gefährdungen. Schließlich ist alles gefährlich, was neu ist und noch nicht sicher beherrscht wird. Wer nicht sicher laufen kann, läuft Gefahr zu stolpern. Wer nicht klettern kann, fällt vielleicht. Wer keine Gabel kennt, sticht sich womöglich in die Zunge. Wie bei älteren Kindern, kann es bei den jüngeren nur darum gehen, sie an einen angemessenen Umgang mit den Gefahren heranzuführen. Mehr noch als bei älteren Kindern gilt, daß dies durch eigenes Handeln der Kinder erfolgen muß und nicht durch Erklärungen oder Verbote (*Belehrungen*) seitens der Erzieherinnen zu erreichen ist.

Die Raumgestaltung und Raumausstattung nimmt bei der Gestaltung des pädagogischen Alltags eine zentrale Rolle ein. Wenn Krippen und Krabbelstuben so gestaltet sind, daß sie zu ganz verschiedenen Bewegungsabläufen anreizen, werden die Kinder mit Unterstützung – und unter Aufsicht – der Erzieherinnen schnell Sicherheit in ihren Bewegungsabläufen gewinnen. Schiefe Ebenen, Klettergelegenheiten, Kriechröhren, Matratzen, Polsterelemente, Kissen, Tücher, Gegenstände, die zum Hüpfen, sich Kugeln, Laufen, Springen, Klettern, Werfen, Kriechen herausfordern, gehören in den Gruppenbereich und nicht in den gesonderten Turnraum, in dem die Kinder einmal pro Woche *beturnt* werden. Im Alltag kann die Erzieherin die Kinder unterstützen und so die Eigenheiten jedes einzelnen Kindes kennen- und einschätzen lernen. Die wechselseitige Lernerfahrung – die Kinder entwickeln Fähigkeiten, die Erzieherin lernt den Entwicklungsstand der einzelnen Kinder kennen – bestimmt das Maß der Aufsicht.

Gleiches gilt für den Umgang mit Gegenständen und Materialien. Will die Erzieherin die kindliche Neugier unterstützen und alle Sinne anregen, muß sie den Kindern vielfältige Materialien und Gegenstände zur Verfügung stellen und Kinder damit selbsttätig umgehen lassen. Neben der Vielfalt ist darauf zu achten, daß die Materialien und Gegenstände in ausreichender Anzahl zur Verfügung stehen, um nicht unnötige Konflikte zwischen den Kindern zu produzieren.

Nur in der alltäglichen Nutzung können die Kinder einen sachgerechten, ungefährlichen Umgang mit ihnen lernen. Außer den in Kisten, Körben, offenen Regalen frei verfügbaren Materialien wird es immer auch solche geben, die zunächst nur unter besonderer Anleitung der Erzieherin eingesetzt werden. Ziel sollte jedoch stets sein, sie nach einer Weile in den Bestand des offen zur Verfügung stehenden Angebots zu übernehmen.

Die Frage, ab wann Scheren und Klebstoff vom oberen Brett des Regals in das frei zugängliche untere wandern können, läßt sich nicht mit einer reinen Altersangabe beantworten. Die Frage ist vielmehr abhängig davon, wieviele und welche Erfahrungen die Kinder der jeweiligen Gruppe damit bereits sammeln konnten.

Sind die Kinder in diesem Sinne mit ihrer täglichen Umgebung in der Krippe oder der Krabbelstube vertraut und kennt die Erzieherin die Kinder und ihre Gewohnheiten, dann spricht nichts dagegen, auch die Kleinsten kurze Zeit ohne direkte Aufsicht allein zu lassen. Ein Telefongespräch mit Eltern oder die notwendige Absprache mit einer Kollegin in der Nachbargruppe können zwar den geplanten Tagesablauf stören, eine Aufsichtspflichtverletzung muß dies nicht bedeuten. Im Gegenteil: Gerade bei den kleinsten Kindern ist die Gefahr am größten, ihnen jeden Handgriff, den sie noch nicht hundertprozentig beherrschen, abzunehmen, jeden Konflikt für sie zu lösen, jede noch unsichere Bewegung zu bremsen – und sie damit in ihrer Unsicherheit festzuhalten.

Jede Erzieherin kennt Situationen, in denen sie erstaunt darüber ist, zu welchen Leistungen ein Kind – ohne Unterstützung – in der Lage ist, zum Beispiel eine Tür zu öffnen oder den Lichtschalter zu betätigen, gerade weil sie nicht hilfreich zur Seite stand. Stolz und neu gewonnenes Selbstbewußtsein stehen dem Kind auf dem Gesicht geschrieben. Und Selbstbewußtsein ist die beste Voraussetzung für Sicherheit.

Ein Kind, das sich selbst in seinen Fähigkeiten und Grenzen kennt, weil es sich ausreichend ausprobieren kann und in diesem Sinne *sich selbst bewußt* ist, wird die Erziehungsperson vor nur wenige Aufsichtsprobleme stellen, weil es selbst vorsichtig ist. Voraussetzung hierfür ist nicht die Vermeidung von Gefahren, sondern die Sicherheit der Kinder, daß sie sich dann Unterstützung holen können, wenn sie sie wirklich brauchen. Nur ein vertrauensvolles Verhältnis zwischen Erzieherin und Kind bringt Selbstsicherheit auf beiden Seiten. Ein selbstsicheres Kind wird in einer gefahrengeneigten, noch unbekannten Situation die Unterstützung der Erzieherin suchen und bei bekannten, ungefährlichen Situationen unabhängig von ihr handeln können. Eine selbstsichere Erzieherin wird zwischen beiden Situationen zu unterscheiden wissen und sich entsprechend aktiv oder zurückhaltend verhalten.

Einer Krippenerzieherin, die solche Grundsätze berücksichtigt, sind durch Aufsichtspflicht kaum Grenzen in ihrer pädagogischen Arbeit gesetzt. Sie kann mit ihrer Gruppe erlebnisreiche Erkundungsgänge machen, ein Picknick im nächstgelegenen Park veranstalten, Bus fahren, einkaufen gehen, einige Kinder alleine auf dem Flur oder auf der nicht einsehbaren zweiten Spielebene im Gruppenraum spielen lassen, ohne mit der Aufsichtspflicht in Konflikt zu geraten.

Ebensoviel (oder ebensowenig?) wie sich die Eltern eines ein- oder zweijährigen Kindes Gedanken darüber machen, ob sie die Aufsichtspflicht gefährden, wenn sie ihr Kind eine Weile im Kinderzimmer allein lassen, muß dies eine Erzieherin in einer eigens für Kinder geschaffenen Umgebung tun. Voraussetzung ist allerdings: sie kennt die Kinder gut, ihr Verhältnis untereinander und mögliche objektive Gefahren, wie kaputte Steckdosen oder ähnliches.

Andersherum formuliert: Je mehr Energien eine Erzieherin darauf verwendet, die einzelnen Kinder und die Gruppenzusammenhänge genau kennenzulernen, um so weniger Energien wird sie der reinen Beaufsichtigung widmen müssen.

In einem 1997 ergangenen Urteil des Landgerichts Berlin, das im September 1998 in der nächsten Instanz bestätigt wurde, scheinen auf den ersten Blick gegenteilige Argumente die obigen Aussagen einzuschränken. Zunächst eine kurze Fallbeschreibung:

In der Krippenabteilung einer Kindertagesstätte wurde ein neun Monate altes Kind von einem ca. eineinhalbjährigen Kind mit Spielzeug geschlagen und in die Wange gebissen, während die zuständige Erzieherin sich knapp fünf Minuten außerhalb des Raumes befand. Das geschädigte Kind erlitt Verletzungen, deren Behandlung etwas mehr als 2.000,- DM kosteten. Die gesetzliche Unfallversicherung klagte auf Begleichung der Rechnung gegen den Träger der Einrichtung. Die Klägerin war der Ansicht, es hätte eine grobe Verletzung der Aufsichtspflicht durch die Erzieherin vorgelegen, was der beklagte Träger verneinte.

Der Klage wurde stattgegeben und durch die Richterin festgestellt, daß der Träger (in Gestalt der bei ihm angestellten Erzieherin) die Aufsichtspflicht verletzt hat und daß der Schaden durch die Abwesenheit der Erzieherin schuldhaft hervorgerufen wurde. Deshalb stand der Klägerin ein Schadensersatz in Höhe der verauslagten Arztrechnungen zu, nebst 4 % Zinsen bis zum Zeitpunkt der Urteilsverkündung.

In der Begründung wurde die Aufsichtsbedürftigkeit der Kinder festgestellt, die sich nach *Alter, Eigenart und Charakter der Kinder, nach der Voraussehbarkeit des schädigenden Verhaltens sowie danach, was verständige Aufsichtspflichtige nach vernünftigen Anforderungen in der konkreten Situation an erforderlichen und zumutbaren Maßnahmen treffen müssen, um Selbstschädigungen und Schädigungen Dritter zu verhindern.*

Um die Kausalität zwischen Amtspflichtverletzung (Aufsichtspflichtverletzung) und dem eingetretenen Schaden zu widerlegen, hätte der beklagte Träger darzulegen gehabt, daß der Schaden auch bei gehöriger Aufsichtsführung entstanden wäre. *Dies hat der Beklagte nicht getan, sondern lediglich darauf verwiesen, daß es grundsätzlich immer zu spontanen aggressiven Handlungen unter Kleinkindern kommen kann.*

Daß niemand *gern* die Verantwortung für einen Schaden übernimmt, ist nachvollziehbar. Was hier zur Abwendung der Haftungsfolgen geschah, erscheint äußerst bedenklich. Anstatt nach Gründen zu suchen und die Handlungsweisen der Erzieherin *klar und frei von Widersprüchen* (siehe S. 159 ff.) zu erklären, wurde offensichtlich versucht, sich mit fadenscheinigen Begründungen herauszureden, indem auf die Spontaneität von Kindern hingewiesen wurde. Es ist davon auszugehen, daß der Träger vor Gericht mit den Angaben der Erzieherin argumentierte. Gemessen an den in den Vorkapiteln entwickelten Maßstäben war die Argumentation zu schwach, d. h. mindestens dieser Teil der pädagogischen Arbeit war mit Mängeln behaftet.

Die inhaltliche Seite sieht keineswegs besser aus. Das (einzige) Argument, *unter Kleinkindern kann es grundsätzlich zu spontanen aggressiven Handlungen kommen*, ist schlichtweg als Versuch zu werten, Kleinkinder allgemein in die Nähe wilder Tiere zu rücken und den beteiligten Kindern die Schuld in die Schuhe zu schieben. Das finden wir ethisch nicht in Ordnung, das ist einfach unfair.

Daß dieser Weg auch argumentativ in die Sackgasse führte und obendrein negative Auswirkungen auf die Anerkennung der pädagogische Arbeit mit Kleinkindern nach sich ziehen kann, zeigt die Gegenargumentation der Richterin: »*Gerade aber wenn es zu spontanen aggressiven Handlungen der Kleinkinder kommen kann und dies dem Aufsichtspflichtigen bekannt ist, ist es erforderlich, daß die zuständige Aufsichtsperson immer im Raum, zumindest ... in Hörweite bleibt oder ... dafür Sorge trägt, daß ... eine andere Person die Kinder (mit)beaufsichtigt.*«

Die Erzieherin beziehungsweise der Träger argumentierten unseres Erachtens zu Recht, daß eine Erzieherin kurz den Raum verlassen darf. Sie begründeten dies jedoch nicht vernünftig und verständig für den konkreten Fall, sondern bemühten sich ganz offensichtlich, ihre Verantwortung abzuwälzen. Die Reaktion der Richterin ist nachvollziehbar: Verständige Menschen verringern Risiken so weit sie ihnen bekannt sind und verlassen angesichts von Gefahren nicht einfach den Raum.

Die Entscheidung der ersten Instanz wurde vom Träger der Krippe angefochten. Die Berufungsverhandlung dauerte nur wenige Minuten, weil die Gründe des ersten Urteils als *eindeutig zutreffend* angesehen wurden.

Aus diesem Fall sollte keineswegs geschlossen werden, daß Kleinkinder immer unter Beobachtung zu halten sind, denn dann wäre eine zeitgemäße, qualitativ gute Krippenpädagogik kaum mehr

durchführbar. Hier war das Verhalten der Erzieherin in Kenntnis der Eigenarten der Kinder nicht angemessen. Verallgemeinern läßt sich das Urteil höchstens so:
Latent aggressive Kinder dürfen nicht allein gelassen werden![69]

7. Pädagogische Arbeit und Aufsichtspflicht im Kindergarten

Mit der Etablierung des Elementarbereichs als Teil des Bildungssystems begann die Aufwertung der Kindergartenpädagogik zu einem eigenständigen Ansatz, der die spezielle Lebenssituation der drei- bis sechsjährigen Kinder berücksichtigt. Fast 100 Jahre lang waren die Beschäftigungen der Kinder im Kindergarten von der Schule abgeschaut und verniedlicht übernommen worden. Als didaktisches Prinzip der Schulpädagogik blieb trotz Anpassung an die Altersgruppe der drei- bis sechsjährigen Kinder im Kindergarten erhalten:
- das Thema wird erst besprochen,
- dann erfolgt die Anschauung,
- hinterher werden Bilder gemalt oder Bastelarbeiten zur Vertiefung des Themas angefertigt,
- anschließend wird die Erfolgskontrolle durchgeführt.

Kennzeichen dieser schulorientierten Vorgehensweise waren und sind,
- Die Planung aller Aktionen ist von der Erzieherin bestimmt.
- Die Kinder führen aus, was die Erzieherin will.
- Wissen wird abstrakt und gelöst von sonstigen Lebenserfahrungen der Kinder vermittelt.

Günstiger als in der Schule kann jedoch im Kindergarten eine *Beschäftigung* abgebrochen und auf später verschoben werden, falls

[69] PS.: Der Träger hat sich, im Gegensatz zu unserer skeptischen Haltung, voll auf die Seite der Erzieherin gestellt. Er hätte versuchen könnnen, die Erzieherin in Regreß zu nehmen. Beide Richterinnen haben allerdings nur eine Aufsichtspflichtverletzung festgestellt und die für den Regreß entscheidende Frage offengelassen, ob grobe Fahrlässigkeit vorlag oder nicht. Der Träger hat auf einen eigenen Prozeß zur Klärung der Frage verzichtet.

die Kinder keine Lust dazu haben. In der Schule läßt der Lehrplan soviel Flexibilität nicht zu.

Der seit der Bildungsreform in den siebziger Jahren entwickelte eigenständige Ansatz der Kindergartenpädagogik erfordert eine gänzlich andere Arbeitsweise, denn auch die Ziele haben sich grundlegend verändert. Kindergartenkinder sollen keine isolierten Techniken oder isoliertes Wissen erwerben; durch flexible Grundqualifikationen sollen sie in die Lage versetzt werden, mit den sich ständig wandelnden gesellschaftlichen Gegebenheiten klarzukommen. Kinder sollen schon frühzeitig mitwirken, teilhaben und aktiv gestalten können. Dazu brauchen sie:

- Selbständigkeit/Autonomie,
- Problemlösungswissen,
- Handlungsfähigkeit,
- praktische und kognitive Kompetenzen,
- Solidarität,

welche als *neue Ziele* in der Kindergartenpädagogik besonderes Gewicht bekamen.

Neue wissenschaftliche Erkenntnisse über die Lernfähigkeit und die Lernmotivation des Menschen ergaben, daß die bis dahin weitverbreiteten Lernformen nicht sehr effektiv waren. Das Lernen, insbesondere das von Kindern, sollte nicht mehr begriffen werden als reproduzierendes Aufnehmen des Dargebotenen, sondern als tätige Auseinandersetzung mit Menschen, Gegenständen und Problemen der die Kinder umgebenden und sie interessierenden Welt.

Solche Ziele und die Grundbedingungen des Lernens erfordern in der praktischen Erziehungsarbeit eine Orientierung am Lern*prozeß*, denn in den bildungsfähigen Lebensjahren vor der Schule – damals waren als solche nur drei Jahre anerkannt – geht es vor allem darum, das Lernen zu lernen. Aufgabe der Erzieherin ist es seitdem, die aktuelle und zukünftige Lebenssituation der Kinder zu berücksichtigen. Sie muß Themen, Probleme und Anforderungen zur Grundlage der pädagogischen Arbeit machen, die die Kinder aktuell oder später bewältigen müssen. Die Kinder lernen exemplarisch, ihre aktuellen Probleme zu lösen, ihre Wünsche zu realisieren, das aktuell benötigte Wissen zu erwerben, damit sie später in ähnlichen Situationen ähnlich vorgehen können. Es ist für Kinder nicht wichtig, alles zu lernen, auch nicht von jedem etwas. Die besondere Qualität des Lernprozesses liegt darin, daß Kinder das Wichtige erkennen, was sie auf andere Situationen übertragen und anwenden können. Auf diesem Hintergrund wird deutlich, daß die Themen der Elementarerziehung nicht lehrplanartig von außen vorgegeben und abgehandelt werden können. Vielmehr muß die Erzieherin selbständig und eigenverantwortlich die Auswahl für ihre Gruppe (und am besten mit ihr) treffen.

Hilfestellung erhält die Erzieherin durch Prinzipien (Grundregeln) für die Gestaltung der Arbeit. Prinzipien sind nicht beliebig (siehe S. 113 ff.). Sie müssen den pädagogischen Zielen entsprechen. Zu den angeführten Zielen passen:

- exemplarisches Lernen in Situationen des Lebenszusammenhangs der Kinder ermöglichen, statt eines abgehobenen »Rundumschlages«,
- lieber wenige Themen vertiefen, statt viele bloß anreißen,
- aktive, tätige Auseinandersetzungsmöglichkeiten arrangieren, statt bloßer Anschauung in Büchern oder durch Erzählungen,
- in Ernstsituationen handeln, statt künstliche Angebote probeweise ausführen,
- soziale Erfahrungen ermöglichen oder erweitern, statt im Schonraum Kindergarten zu leben,
- Veränderungs- und Gestaltungsmöglichkeiten für Kinder wählen und Konsequenzen aus Handlungen erfahrbar machen, statt angeblich kindgerechter Aufbereitung bzw. Vorwegnahme von Problemsituationen.

Diese Elementarerziehung ist unter dem Begriff *Situationsansatz* (auch *situationsorientierter* Ansatz) bekannt geworden. Kernstücke dieses pädagogischen Konzepts sind die Gestaltung des Alltags mit den Kindern und Projekte, in denen Themen in ihrer Komplexität erfahrbar werden sollen. Kinder müssen sich Wissen aktiv handelnd aneignen können und neue Fähigkeiten als Veränderung im Sinne von Kompetenzerweiterung, Problemlösung und Emanzipation erleben. Lernen bekommt eine unmittelbar erlebte Relevanz (Wichtigkeit) zur Bewältigung von Alltagssituationen. Damit ist klar und offensichtlich, daß der Schon- und Abkapselungsraum Kindergarten in die Mottenkiste gepackt wurde. Das Motto: *Nicht für den Kindergarten, für das Leben leben und lernen wir!*

Selbständigkeit, aktives Handeln und Veränderbarkeit sind gesellschaftlich akzeptierte Kriterien für die pädagogische Arbeit. Die Vorbereitung auf zukünftige Lebenssituationen ist notwendig und damit eine Vorbereitung auf nicht vollständig Kalkulierbares, denn wer kann schon in die Zukunft sehen?

In der Gewährleistung von sozialpädagogischem Bildungsauftrag und der Unversehrtheit der Kinder zugleich liegt eine wichtige Anforderung an die Erzieherinnen. Aufsicht über Kinder wird nicht durch den Vorrang der Bewahrung vor Schaden im Schonraum Kindergarten definiert. Aufsicht soll Kinder befähigen, mit den Gefahren umzugehen, die das Leben nun einmal bietet. Aufsicht ist keine allgemein festzulegende Kategorie, sondern soll vor Schaden bei bestimmten pädagogischen Aktivitäten schützen, aber vorrangig die allgemein akzeptierten pädagogischen Ziele unterstützen.

Das Ziel beispielsweise, die Kinder zur Selbständigkeit zu erziehen, bedeutet stets, die Kinder zu etwas zu befähigen, wozu sie vorher allein nicht in der Lage waren und was sie hinterher gefahrlos selbst ausüben können. Die Erzieherin muß die Fähigkeiten der Kinder mehren und das Aktionsfeld entsprechend erweitern. Das bedeutet auch, daß die Kinder in der Lage sein sollen, sich dabei selbst zu schützen, Risiken abzuwägen und selbst tätig zu sein. Doch diese Beschreibung des Ziels Selbständigkeit ist nicht ausreichend. Sie vernachlässigt, daß Kinder von ihren ersten Lebensmomenten an über viele Fähigkeiten verfügen, die nur sie allein ausüben können und die viel zu häufig von Erwachsenen eingeschränkt werden. Dazu gehören jede Art (freier) Eigenbewegung und das gesamte Verhaltensrepertoire zur Erlangung von Nahrung, von Geborgenheit oder von Aufmerksamkeit. Diese Beschreibung von Selbständigkeit vernachlässigt ein zusätzliches Problem, welches darin besteht, daß die meisten Erwachsenen Kinder nur dann als wirklich selbständig ansehen, wenn die Fähigkeiten und Kenntnisse des Kindes das Leben der Erwachsenen erleichtern, zum Beispiel wenn die Kinder sich allein die Schuhe zubinden, den Po abwischen oder ohne Hilfe essen können. Was aber, wenn das Kind selbständig beschließt, *nicht* allein zu essen oder *nicht* zu schlafen oder gar ein Risiko einzugehen?

Die pädagogische Forderung nach Erweiterung des Aktionsfeldes, damit die Selbständigkeit nicht eingeschränkt sondern erweitert wird, mit gleichzeitiger Befähigung, Risiken abzuschätzen und gering zu halten, entspricht der juristischen Forderung nach wachsender Selbständigkeit und Unversehrtheit der Kinder. Beide, Pädagogik und Recht, suchen Kinder zu schützen. *Wie* dieser Schutz organisiert wird, ist Aufgabe der Pädagoginnen; zu überwachen, *daß* er organisiert wird, ist Aufgabe der Juristen. Beide können sich mit ihren Aufgaben ergänzen.

Selbständigkeit können Kinder nur entwickeln, wenn sie ausreichende Freiräume haben und sich ausprobieren dürfen. Selbständigkeit als pädagogisches Ziel kann nur angestrebt werden, wenn die Erziehungspersonen Freiräume ermöglichen, die die erworbenen Fähigkeiten der Kinder berücksichtigen und ihre Möglichkeiten zugleich erweitern.

Damit sind wir bei einigen Fragen angelangt:

- Was kann das Kind, was soll es können?
- Wie ist die aktuelle Lebenssituation des Kindes, wie seine zukünftige?
- Wie lange ist es (schon) im Kindergarten?
- Welche Erfahrungen hat es gemacht?
- Wie ist die räumliche und soziale Umgebung gestaltet?
- Welche Erfahrungsmöglichkeiten hat das Kind?
- Welche Freiräume muß die Erzieherin zulassen?

Diese Fragen sind wichtige Hilfen für die pädagogische Planung. Mit ihnen kann ebenfalls das Maß der Aufsicht bestimmt werden (vgl. S. 182 ff.). Die Beantwortung solcher Fragen wird zur Grundlage der Erziehung wie auch zur Absicherung des Erzieherinnenhandelns, d. h. pädagogische und juristische Notwendigkeit sind nahezu identisch.

Aus den Fragen ergeben sich weitere Hinweise für die Gestaltung der pädagogischen Arbeit:

- Das einzelne Kind steht im Mittelpunkt der pädagogischen Planung. Es ist Mitglied der Kindergruppe. Sie wird in ihrer Vielfalt zum bestimmenden Faktor für die Gestaltung der pädagogischen Arbeit.
- Das Leben der Kinder in der Kindertageseinrichtung wird zum Gegenstand der pädagogischen Arbeit. Der Kindergarten selbst wird als Lern- und Erfahrungsraum einbezogen. Er ändert sich mit der Gruppe.

Ein Beispiel: Wenn Erzieherinnen in einem Kindergarten das Ziel Selbständigkeit der Kinder verfolgen, dann dürfen sie sich nicht darauf beschränken, den Kindern den selbständigen Umgang mit der Schere zu vermitteln oder ab und zu ein paar Spaziergänge zu unternehmen. Um ihr Ziel, vielleicht auch weitere Ziele wie Orientierungsfähigkeit und Entscheidungsfähigkeit, zu verfolgen, muß die gesamte Institution Kindergarten in die pädagogische Planung einbezogen werden. Tagtäglich werden hier heimliche oder offensichtliche, bewußte oder unbewußte, eingeschränkte oder offene Lernerfahrungen gemacht, je nachdem, was den Kindern ermöglicht wird. Liegt die Wahl des Aufenthaltsortes, des Spiels und der Spielpartner beim Kind oder bei den Erwachsenen? Suchen sich Kinder ihre Bezugsperson selbst oder wird sie ihnen zugeteilt? Mindestens die älteren Kindergartenkinder müssen solche Entscheidungen selbst treffen können.

Das klingt sehr freizügig, doch Grenzen gibt es genug. Die Anzahl der Räumlichkeiten ist beschränkt, ihre Lage verhindert vielleicht einen freien Zugang. Die psychische Verfassung eines einzelnen Kindes bedingt gerade heute ein besonderes Ruhebedürfnis. Nicht genügend entwickelte Kooperation im Team der Erzieherinnen stellt weitere Grenzen auf, feste Essenszeiten legen Abläufe fest. Sogar schöne und interessante Angebote durch die Erzieherinnen geben den Kindern zwar notwendige Orientierung, schränken zwangsläufig aber gleichzeitig ein.

Die wenigen aufgezählten Entscheidungsmöglichkeiten sollten als Mindestmaß allen Kindern bereitgestellt und erweitert werden. Wo, wenn nicht im Kindergarten, soll das Kind sich erproben? Welcher Ort ist heutzutage noch so überschaubar, so gefahrlos und zudem eigens für Kinder in diesem Alter geschaffen, wenn nicht der Kindergarten? Wer, wenn nicht die Erzieherin, hat die ausdrückliche Aufgabe, den Kindern diese Erfahrungen zu ermöglichen?

»Kinder sind entsprechend ihrem Entwicklungsstand an allen sie betreffenden Entscheidungen zu beteiligen«, heißt es dazu im § 8 Abs. 1 KJHG/SGB VIII. Eine Einrichtung, in der den Kindern nicht erlaubt werden kann, selbst zu entscheiden, wo und wann sie mit wem spielen, ist für uns nur ausnahmsweise vorstellbar. Ein Kindergarten, in dem die Ziele Selbständigkeit oder Entscheidungsfähigkeit gelten, den Kindern aber die genannten Freiräume nicht gewährt werden, macht etwas falsch: entweder stimmen die Ziele nicht, ihre Umsetzung, oder es gibt Probleme zwischen den Erzieherinnen, mit den Eltern oder mit dem Träger.

Der individuelle Entwicklungsstand eines Kindes kann es erforderlich machen, seinen Freiraum vorübergehend enger zu bemessen. Ein neu aufgenommenes dreijähriges, vielleicht bis dahin überbehütetes Kind ist in jeder Hinsicht anders zu behandeln als ein sechsjähriges beim Übergang in die Schule. Zwischen beiden Situationen liegen Welten.

Das Sechsjährige muß in die Lage versetzt werden, allein den Schulweg zu gehen. Unverständlicherweise müssen Kinder mit unterschiedlicher Erfahrung am selben Stichtag die gleiche Leistung vollbringen, unabhängig von ihrem tatsächlichen Entwicklungsstand oder von ihrem genauen Alter. Dieser Stichtag ist der Tag der Einschulung, an dem manche Kinder sechs, andere sechseinhalb oder sieben Jahre alt sind. Kurze Zeit vorher waren die Siebenjährigen vielleicht noch im Kindergarten. Sie waren älter als einige ihrer Klassenkameraden, die nun weite Schulwege bewältigen müssen. Sie durften die Einrichtung aber nicht verlassen, um auf dem Plattenweg vor der Einrichtung oder dem Spielplatz nebenan zu spielen, nicht einmal um Brot für das Gruppenfrühstück zu kaufen.

Durften sie nicht oder waren sie dazu nicht in der Lage? Egal wie die Antwort ausfällt, wir stellen uns diese Fragen:

- Wer hatte ihnen verwehrt, diese Fähigkeit zu erwerben?
- Wie verhielt sich das zu den pädagogischen Zielvorstellungen?

Ein weiteres Beispiel soll die Ansicht bekräftigen, daß die Gestaltung des Alltags in der Kindertageseinrichtung für den Erfolg der pädagogischen Arbeit wirksamer ist als jede Beschäftigung. In vielen Ganztagseinrichtungen muß jedes Kind sich zum Mittagsschlaf hinlegen oder es wenigstens eine halbe Stunde *probieren*. In vielen Halbtagskindergärten können die Kinder sich niemals hinlegen, weil es keine Betten gibt. Wie verhält sich dies zu den Zielen Selbständigkeit und Entscheidungsfähigkeit? Wieso bestimmen Erwachsene über ein Grundbedürfnis von Kindern einmal so und einmal so? In beiden Formen von Tagesbetreuung mögen die gleichen Ziele verkündet werden, doch sie werden unterschiedlich umgesetzt und meist sogar mit der Aufsichtspflicht der Erzieherin begründet. Doch in der Verpflichtung zur Aufsicht liegt keine Begründung dafür, daß die einen schlafen müssen, während die anderen sich nicht zum Schlafen zurückziehen dürfen. Ziele sind nicht auf jede Art erreichbar, und niemand sollte die Aufsichtspflicht für seine Bequemlichkeit mißbrauchen! Wer muß darüber wachen, daß ein Kind schläft oder ruhig im Bett liegt? Doch wohl nur die Person, die das Kind an anderen Tätigkeiten hindern will. Die Aufsichtspflicht wird hierbei als bloße Ausrede benutzt, denn Kinder, die schlafen wollen, benötigen keine Aufsicht, sondern Geborgenheit; Kinder, die nicht schlafen wollen, sollten eine Umgebung vorfinden, die ihnen Raum für Aktivitäten bietet.

Dies setzt einen entsprechend vielfältig gestalteten Kindergarten voraus. Dafür müssen Erzieherinnen klare Ziele, klare Vorstellungen von der Lebenswirklichkeit der Kinder und klare Vorgehensweisen entwickeln. Daraus wird eine stimmige Konzeption für das Haus, die Gruppe und das einzelne Kind. Sie gilt als generelle Handlungsanleitung und findet im Einzelfall Anwendung. Und sie kann anderen Leuten dargestellt und erklärt werden.

So können Erzieherinnen die allgemeinen Anforderungen an die pädagogische Arbeit erfüllen und, falls wirklich einmal erforderlich, die Beweisführung zur Aufsichtspflicht antreten. Nicht mehr und nicht weniger wird von ihnen erwartet.

8. Pädagogische Arbeit und Aufsichtspflicht im Hort[70]

Mehr noch als für den Kindergarten gilt für den Hort, daß die Pädagogik Entwicklungsmöglichkeiten und Freiräume schaffen muß für Kinder, die älter, verständiger, mobiler und sicherer werden. Hortpädagogik darf sich nicht beschränken auf Hausaufgabenbetreuung, sie ist auch nicht selbstgenügsame Überbrückung der kurzen Zeitspanne zwischen Schule und zu Hause. Hortpädagogik darf sich erst recht nicht orientieren am vermeintlichen Ideal der Gestaltung von Ferienaktivitäten oder von Gruppenbeschäftigungen, die im Kindergarten schon seit Jahren als alter Hut gelten.

Die Institution Hort war (und ist teilweise noch immer) in den alten Ländern der Bundesrepublik Deutschland nur als Ausnahme im Angebot der öffentlichen Erziehung geduldet. Daher wurden die Platzzahlen so gering wie nur möglich gehalten, was den Eindruck einer Noteinrichtung noch verstärkte. Kein Wunder also, daß der Institution Hort nur ungenügend Anerkennung zuteil wurde. Selbst neun Jahre nach Inkrafttreten des KJHG/SGB VIII wandelt sich das Bild nur langsam. Der Hort ist als Tageseinrichtung gesetzlich anerkannt wie der Kindergarten, und Hortplätze werden gebraucht und eingerichtet, trotzdem scheint ein Makel am Hort zu bleiben, der den Gedanken nahelegt, es wäre besser, ein Kind müßte nicht dorthin gehen.

Selbst ein quantitativ gut ausgebautes Angebot an Horten, wie es in den sogenannten neuen Bundesländern seit vielen Jahren bereitgestellt wurde, reicht jedoch nicht aus, dem Hort einen besonderen Stellenwert zuzubilligen. Im Gegensatz zu den alten muß in den neuen Bundesländern nicht um den Ausbau, sondern um den Erhalt des Hortangebotes gekämpft werden. Sicherlich kommen hier viele ungünstige Faktoren zusammen: die Weigerung der Landes-

---

[70] Literaturempfehlung zu diesem Aspekt: Berry, G./Pesch, L. (Hg.): Welche Horte brauchen Kinder? Neuwied, Kriftel, Berlin 2000

regierungen genügend Gelder für Bildung und Erziehung bereitzustellen, die Arbeitslosigkeit von Eltern, welche aus Kostengründen ihre Kinder zu Hause behalten, auch qualitative Kritik an der Horterziehung spielt eine Rolle. Zwar war der Hort in der DDR dem Bildungsbereich zugeordnet, zwar gab es ein flächendeckendes Angebot für nahezu alle Kinder, doch gab es keine eigenständige Hortpädagogik. Sie orientierte sich einseitig am System der Schule, denn sie fand oft in den Klassenräumen statt, war Erfüllungsgehilfe bei den Hausaufgaben und ordnete sich auch den sonstigen Vorgaben der Schule unter.

Die Anerkennung des *quantitativen Bedarfs* an Hortplätzen, um etwa die Berufstätigkeit von Eltern zu sichern, ist nicht gleichzusetzen mit der Anerkennung des *qualitativen Bedarfs* an der Institution Hort, um beispielsweise (möglichst vielen) Kindern außerschulische Bildungserfahrungen zu ermöglichen. Die Anerkennung des Bedarfs wiederum ist zu unterscheiden von der Anerkennung der geleisteten Hortarbeit. Die Unterscheidungen sind wichtig für die Analyse des gesellschaftlichen Stellenwerts der Institution Hort, vor allem wichtig jedoch für die dort tätigen Erzieherinnen. Ihre pädagogische Arbeit entscheidet schließlich, ob Eltern, wenn sie die Wahl haben, ihre Kinder lieber im Hort betreut oder lieber außerhalb wissen wollen.

Welchen Stellenwert genießt, ganz allgemein, die Tagesbetreuung von Schulkindern außerhalb von Unterrichtsveranstaltungen? Im KJHG/SGB VIII werden alle Kindertageseinrichtungen (Horte, Kindergärten und Einrichtungen für noch jüngere Kinder) in einem Abschnitt gemeinsam und ausdrücklich aufgezählt und auf diese Weise als Institutionen der öffentlichen Erziehung gewürdigt. Seit bald zehn Jahren gilt die formale Gleichstellung aller Kindertageseinrichtungen und der ihnen gemeinsame eigenständige sozialpädagogische Bildungsauftrag. Auf Gesetzesebene sind nun die Aufgaben der Bildung, Erziehung und Betreuung fixiert. Sind damit Eigenständigkeit, Professionalität und allgemeine Achtung erreicht? Gewiß nicht, denn das Verhältnis des Hortes zur Schule ist damit nicht geklärt; auch kann aus dem Auftrag und den Aufgaben der Horterziehung nicht automatisch auf eine Umsetzung auf hohem

Niveau geschlossen werden. Das ist ein Grund, weshalb die erwähnten Vorbehalte gegenüber der öffentlichen Erziehung außerhalb der Schule fortbestehen. Vielerorts wird Horterziehung aus Kostengründen und Gewohnheit noch immer in Klassenräumen und ohne eigenständige Ausstattung wie ein Anhängsel zum Schulunterricht organisiert. Auch das erinnert an vergangene Zeiten und trägt zur Skepsis bei. In der Summe mindern alle Faktoren die Anerkennung des Hortes und sogar derjenigen Erzieherinnen, die in ihrer Arbeit wirklich neue Ansätze entwickelt haben.

Neben diesen Rahmenbedingungen mindern Horterzieherinnen den Stellenwert ihrer Arbeit selbst und tragen auf diese Weise dazu bei, daß Schule Priorität hat bei der Wahl zwischen Schul- und Hortelternabenden oder daß Eltern ihre Kinder abmelden, weil wieder einmal die Hortbeiträge erhöht werden. Horterzieherinnen ziehen daraus häufig den falschen Schluß, Eltern würden sich nicht ausreichend für ihre Kinder interessieren, sich nicht um sie kümmern.

Dieser Vorwurf ist pauschal und falsch. Er lenkt vom eigentlichen Problem ab. Das Problem besteht darin, daß es zu wenige Ansätze einer eigenständigen, offensiv vertretenen Hortpädagogik gibt, einer Hortarbeit, die ein wirkliches Gegengewicht zur Schule darstellt, weil sie den Kindern Möglichkeiten eröffnet, die im schulischen Alltag nicht denkbar sind:

- Bildungsansprüche der Kinder zu befriedigen jenseits von Stillsitzen, Zensurendruck und Konkurrenz;
- Erziehungsansprüche der Kinder zu befriedigen jenseits von Maßregelungen, Strafarbeiten und festgefügter Hierarchie zwischen Erwachsenem und Kind;
- Betreuungsansprüche der Kinder zu befriedigen jenseits von qualitativer und quantitativer Überbehütung und Mittagessen.

Gerade eine Überbehütung der Kinder im Hort trägt zur Unterbewertung der Hortarbeit entscheidend bei. Die Überbetonung des Schutzgedankens führt unwillkürlich zu Fragen:

- Erstens, was wird dem Kind im Hort außer Hausaufgaben und Sicherheit noch geboten?
- Zweitens, sind für Schutzmaßnahmen nicht vor allem Sicherheitsexperten zuständig?
- Drittens, ist für Hortkinder ein besonderer Schutz notwendig?

Die Mehrheit der Kinder in dieser Altersgruppe kommt ohne Hort zurecht. 1994 besuchten 3,5% der Kinder zwischen sechs und zwölf Jahren in den alten Bundesländern einen Hort, in den neuen Ländern waren es 22,6%.

Alle anderen Kinder wachsen ohne den Schutz des Hortes auf. Wir können uns nicht vorstellen, daß die Mehrheit von ihnen sich einfach nur selbst überlassen ist, ohne Schutz, ständig in Gefahr. Wem also nutzt der Hort, wem der Schutz – den Hortkindern oder den Erzieherinnen? Die Überbetonung des Schutzgedankens als Argument für die Notwendigkeit des Hortes beweist im Grunde das Gegenteil: Es ist gut möglich, aufzuwachsen, ohne einen Hort zu besuchen. Mit dieser Folgerung werden nicht die Institution Hort oder der Beruf der Horterzieherin in Frage gestellt, sondern eine verbreitete Praxis.

Kinder werden heutzutage weitgehend ausgegrenzt von dem, was sie später einmal bewältigen sollen. Kinder in Tageseinrichtungen laufen oft Gefahr, im isolierten Raum aufzuwachsen. Anstatt Beihilfe zu dieser Entwicklung zu leisten, sollten Erzieherinnen durch und mit einer offensiven, eigenständigen Hortpädagogik versuchen, Kinder zum Umgang mit dem *Draußen* zu befähigen.

Dazu ein Beispiel. Ein wunderschönes Gelände direkt neben einem Hort, aber jenseits des Zaunes gelegen, durfte trotz räumlicher Enge im Haus von den Kindern nicht genutzt werden. Ihnen wurde verboten, dort zu spielen. Die Institution und der Wunsch der Erzieherinnen nach Absicherung hatten Vorrang gegenüber den Kindern, ihren Spielbedürfnissen und dem Erziehungsauftrag. Da das Gelände in diesem realen Fall objektiv als nicht gefährlich einzustufen war, konnte das Verbot pädagogisch nicht akzeptiert werden. Die Einschränkung war um so unverständlicher, als die Kinder jeden Tag allein zur Schule und nach Hause gingen, am fraglichen Gelände vorbeikamen und dort spielten – an Wochenenden sowieso. Die Einschränkung schützte daher nicht die Kinder, sondern ihre Erzieherinnen vor eventuellen Unannehmlichkeiten.

Zu ihrer *Ehrenrettung* muß das Beispiel ergänzt werden. Die Erzieherinnen überlegten, wie die enge Spielfläche des Hortes erweitert werden könnte. Obwohl es mit großer Mühe für die Erzieherinnen verbunden war, stellten sie einige Anträge beim Jugendamt. Schließlich hatten sie Erfolg. Das fragliche Gelände wurde dem Hoheitsgebiet des Hortes zugesprochen. Mit einer Ausnahme blieb es unverändert: ein Zaun verläuft seitdem drumherum. Durch ihn wurde das Gelände angeblich sicherer.

Uns zeigt das Beispiel, wie die Institutionalisierung von Kindheit fortschreitet. Die Institution Hort wird (unter Mithilfe der Erzieherinnen und des Jugendamts) ausgeweitet; sie verselbständigt sich in gewisser Weise. Das eingezäunte Gelände steht nur noch den Hortkindern zur Verfügung. Für alle anderen ist es verloren, und verloren ist es auch für spontane Kontakte von Hort- und Nichthortkindern, verloren ist es als Treffpunkt für Freundschaften, die während der Hortzeit getrennt sind, und verloren ist es schließlich als Spielgelände sogar für die Hortkinder, nämlich in den Zeiten, in denen der Hort geschlossen ist.

Der angebliche Schutzraum wird größer, aber ist das eine Verbesserung? Wieviel Schutz brauchen Kinder? Sind sie nur noch in Reservaten denkbar? Was lernen die Kinder daraus? Eine pädagogische Leistung?

Die Betreuungsfunktion des Hortes beinhaltet selbstverständlich eine aktuelle Absicherung der Kinder, das heißt die Bewahrung vor körperlichem Schaden in der Gegenwart. Kann Absicherung aber absolut gesehen werden? Diese Frage ist sowohl im Hinblick auf die pädagogischen Zielsetzungen als auch in Kenntnis der alltäglichen Gefahren des Lebens schon für jüngere Kinder zu verneinen, für den Lebensabschnitt Hortkind schon überhaupt nicht.

»Seien wir ehrlich, Leben ist lebensgefährlich«, schrieb Erich Kästner. Damit müssen wir uns abfinden, wollten wir nicht eine zentrale Aufgabe von Horterzieherinnen vernachlässigen: Das ist die Absicherung der Kinder in *zukünftigen Lebenssituationen* durch den Erwerb von Handlungskompetenzen, Wissen und Sicherheit im Umgang mit Menschen, Gegenständen und in verschiedenen Lebenslagen. Diese Art von Absicherung ist tatsächlich eine pädagogische Aufgabe. Da sämtliche pädagogischen Ziele erst in zukünftigen Situationen erreicht werden können, darf sich die Pädagogik nicht an der Gegenwart, sondern muß sich an der Zukunft orientieren. Der Blick in die Zukunft darf wiederum nicht von deren möglichen Ende bestimmt sein, wie es der Fall ist, wenn pädagogische Angebote einzig so hinterfragt werden: »... und wenn was passiert?« Der Katastrophenfall darf nicht zum bestimmenden Faktor und das mögliche Ende des Lebens (eines Kindes) nicht zum alltäglichen Bestandteil der Arbeit werden. Ausnahmen müssen beachtet, jedoch nicht als Einschränkung allgemein eingeplant werden.

Ein angstbesetzter Blick in die Zukunft verführt sogar zu falschen Maßnahmen, wie wir mit dem obigen Beispiel gezeigt haben. Damit schaden Erzieherinnen sich und den Kindern. Was gewinnen die Kolleginnen dadurch, daß das Gelände eingezäunt ist? Macht es einen Unterschied, wenn innerhalb des Zaunes einem Kind etwas zustößt statt außerhalb? Wird der Schmerz erträglicher, die Fragen der Eltern angenehmer, das Bedauern intensiver?

Eine weitere unnütze Maßnahme zeigt unser nächstes Beispiel. Die Kolleginnen baten die Eltern der Hortkinder um Einverständnis und um die Unterschrift für folgende Feststellung:
»Hiermit erlaube ich, daß mein Kind ... den Hort verlassen darf. Ich weiß, daß mein Kind für diese Zeit nicht versichert ist.«

Als nur wenige Eltern diese Zeilen unterschrieben, zogen die Horterzieherinnen ihre Konsequenzen. Sie verboten den Kindern in die nahegelegene Stadtbücherei, zum Bäcker oder zur Wohnung eines Freundes zu gehen. Zugleich beklagten sie sich über die mangelnde Unterstützung ihrer Arbeit (!) durch die Eltern. Wir sehen das Problem etwas anders. Die Erzieherinnen haben ungewollt die Aufsichtspflicht zur Daumenschraube gemacht. Sie haben sich selbst, den Kindern und den Eltern geschadet.

Betrachten wir zunächst den ersten Satz des Schreibens: »Hiermit erlaube ich, daß mein Kind ... den Hort verlassen darf.« Als Nachricht an die Eltern wird dadurch vielleicht mitgeteilt, daß eine Neuerung im pädagogischen Konzept der Einrichtung vorgenommen wird, zumindest wird daran erinnert, daß von den Erzieherinnen solche *Ausflüge* grundsätzlich akzeptiert werden. Dies den Eltern mitzuteilen, ist notwendig und ihre Zustimmung prinzipiell erforderlich, weil damit die praktizierte oder sich verändernde Konzeption des Hortes erklärt wird.

§ 22 Abs.3 KJHG/SGB VIII:
»Die Erziehungsberechtigten sind an den Entscheidungen in wesentlichen Angelegenheiten der Tageseinrichtung zu beteiligen.«

Wie die Erziehungsberechtigten sich entscheiden, hängt von der Vorarbeit der Erzieherinnen ab. Stimmen die Eltern mit der (veränderten) Richtung der Erziehung überein? Oder haben sie den Eindruck, daß die Bedingungen des ursprünglichen Betreuungsvertrages einseitig geändert werden sollen, so daß sie ihre Zustimmung versagen, vielleicht sogar ihr Kind abmelden müssen?

Noch etwas kann diesem Satz entnommen werden. Die Bitte um Erlaubniserteilung legt den Gedanken nahe, daß damit (alle) Aufsichtspflichten von den Erzieherinnen genommen werden sollen. Das trifft selbstverständlich nicht zu, aber einige Eltern könnten den Satz so verstehen und ihre Konsequenzen ziehen. In rechtlicher Hinsicht befreit eine Erlaubniserteilung keineswegs von individueller Aufsichtsführung. Die Prüfung, ob einem Kind zugetraut werden kann, die Einrichtung zu verlassen, muß jede Erzieherin jeden Tag von Neuem vornehmen. Selbst ein Kind, das ansonsten sehr sicher ist, muß nach seiner Tagesform eingeschätzt werden: ist es krank, aufgeregt, nervös, wütend oder sonstwie belastet? Gibt es sonstige Umstände, die es der Erzieherin ratsam erscheinen lassen, das Kind heute nicht zu diesem Treffen oder jenem Vorhaben gehen zu lassen?

»Ich weiß, daß mein Kind für diese Zeit nicht versichert ist.« Der zweite Satz aus dem Schreiben ist falsch. Schlicht und einfach. Ab Seite 318 werden die Zusammenhänge der → Gesetzlichen Unfallversicherung näher erklärt, an dieser Stelle geht es um die pädagogische Arbeit, die Zusammenarbeit mit den Eltern und die Klagen der Erzieherinnen.

Was ist geschehen? Die Erzieherinnen wollten eine bestätigende Unterschrift für etwas, das den Eltern zusteht (Nachricht über die Konzeption) und für mißverständliche beziehungsweise falsche Informationen (Aufsichtspflicht, Versicherung). Die Erzieherinnen haben damit erreicht, daß die Mehrheit der Eltern ihre Unterschrift nicht gaben. Wahrscheinlich wurden einige Eltern sogar mißtrauisch, denn wozu braucht man für solche Zwecke eine Unterschrift? (→ Mündliche Vereinbarungen, S. 357) Die Horterzieherinnen lassen die Kinder jetzt nicht mehr allein aus der Einrichtung, sie arbeiten ihrem erklärten Ziel Selbständigkeit entgegen. Nichts jedoch schädigt das Ansehen der eigenen Arbeit mehr, als wenn man seine Ziele nicht verfolgt und außerdem die Kooperationspartner mißtrauisch macht. Eine Schädigung (im übertragenen Sinne) wurde der Hortpädagogik ganz allgemein zuteil. In dem die Erzieherinnen mittlerweile gängige Standards des pädagogischen Angebots gesondert absichern wollten, haben sie indirekt ausgesagt, daß Aktivitäten außerhalb des Hortes als etwas besonderes anzusehen sind. Jede Erzieherin, die solche Außenaktivtitäten ganz selbstverständlich im Programm hat, wird erst einmal an den Rand und in die Rechtfertigung gedrängt, je mehr Kolleginnen solche Unterschriftensammlungen praktizieren. Je unterschiedlicher die pädagogische Praxis gehandhabt wird, je schwieriger ist die Feststellung, was als normal und was als Ausnahme zu gelten hat. Erzieherinnen, die selbstverständliche Aktionen als besondere Bemühungen darstellen, arbeiten einer oft beklagten allgemeinen Verunsicherung in die Hände, denn

»Tritt ein Schaden ein, weil der Erzieher pädagogische Versuche anstellt, die nicht auf anerkannten pädagogischen Grundsätzen beruhen, so kann sein Verhalten ... als Verletzung der Aufsichtspflicht gemäß § 832 BGB gewertet werden.«[71]

Je verbreiteter in der Praxis bestimmte Methoden sind, desto eher ist von deren allgemeiner Anerkennung auszugehen, desto stärker wirkt die gegenseitige (indirekte) Unterstützung der Erzieherinnen untereinander.

Das Rechtshandbuch ist kein pädagogischer Ratgeber zur Hort- oder zur Elternarbeit. Wir bearbeiten überwiegend die rechtlichen Aspek-

[71] Claussen u.a.: Aufsichtspflicht ..., Hannover 1995, S. 42

te der Pädagogik. Da doch andererseits nach so vielen Aussagen *Wie man es nicht machen soll!* von uns eine klare Stellungnahme zu wünschenswerten Ansätzen erwartet wird, möchten wir uns dem nicht entziehen. Die Vorstellungen, die unserer Kritik zu Grunde liegen, drücken wir als Mindestanforderungen an zeitgemäße pädagogische Arbeit im Hort aus. Wären wir Eltern eines Hortkindes, hätten seine Erzieherinnen sich mit diesen Erwartungen und Ansprüchen auseinanderzusetzen.

Hortkinder sollen und müssen nach kurzer Zeit, möglichst schon als Kindergartenkinder, in der Lage sein, allein zur Schule zu gehen. Die Wege zwischen Elternhaus, Schule und Hort werden ihnen also bekannt und vertraut sein. Damit ist das Einzugsgebiet im Groben beschrieben, in dem sich die Kinder auskennen und aufhalten können, zumindest gilt diese Aussage für die Bereiche, in denen Kinder nicht per Schulbus weite Strecken zwischen den verschiedenen *Sozialisationsorten* zurücklegen müssen. Je nachdem, wie die Gegend beschaffen ist, erhalten wir Anhaltspunkte über das Maß der von den Kindern selbständig zu bewältigenden Gefahrenmomente: viel Verkehr, Ampelregelungen, Mähdrescher, Wassergebiet ...

Weiterhin ist davon auszugehen, daß die Kinder dieses Gebiet, zumindest teil- und zeitweise, auch in der schul- und hortfreien Zeit benutzen. Sie können und dürfen sich darin bewegen, sie kennen die Spielmöglichkeiten, sie kennen sich aus. Es ist Aufgabe der Horterzieherinnen, zu allererst eine Bestandsaufnahme über das Wissen, die Fähigkeiten, die Vorlieben der Kinder zu erstellen. Erzieherinnen, die nicht wissen, was die Kinder vermögen, können die Kinder nicht unterstützen und fördern.

Auf diesem Grundwissen kann die pädagogische Arbeit aufgebaut werden. Die Fähigkeiten der Kinder sind systematisch zu erweitern, Unsicherheiten sind abzubauen. Kindern, die nicht über diese Fähigkeiten verfügen, ist der Erwerb zu ermöglichen. Der Aktionsradius und die Vielfalt der Aktionsmöglichkeiten sind dem zunehmenden Alter und Erfahrungsstand entsprechend zu vergrößern.

Dies gilt nicht nur für das Einzugsgebiet. Zu beachten ist, was Kinder in diesem Alter gern spielen, welche Tätigkeiten sie gern ausüben und welche Möglichkeiten sie hierfür haben. Freundschaften werden wichtig, spannende Spiele locken, Mutproben sind zu bestehen. Der Platzbedarf für die einzelnen Betätigungen wird größer, denn Fahrrad fahren, Inline skating, Fußballspielen sind *Renner* und selten in der Einrichtung befriedigend auszuüben. Daraus folgt, daß häufig nur außerhalb des Hortes die motorischen Bedürfnisse befriedigt werden können: auf dem hoffentlich unbenutzten Parkplatz der Einrichtung, auf der Asphalt-Auffahrt, der Spielstraße zwei Ecken weiter, im Sportverein oder in der Interessengruppe, die von der Schule angeboten wird.

Das Verhältnis zu den Erwachsenen beeinflußt die Qualität der Pädagogik. Weder erzieherische noch aufsichtsrechtliche Anforderungen legen nahe, daß (Hort-)Kinder sich in permanentem Sichtkontakt zu den Betreuungspersonen befinden müssen. Das würde im Gegenteil gerade den Zielen der Horterziehung widersprechen. Nehmen wir als Beispiel das Ziel *Gemeinschaftsfähigkeit/Soziale Kompetenz*, konkreter: sich streiten und vertragen können. Kinder können diese Kompetenz im Umgang mit Erwachsenen nicht gut lernen, weil das Unterordnungsverhältnis zu bestimmend ist. Sich streiten kann man nur mit prinzipiell Gleichgestellten und ohne drohenden Eingriff seitens pädagogischer Schiedsrichter. Hier verhindert die Anwesenheit der Erzieherinnen mehr als sie nutzt, auch wenn die Streitigkeiten nicht immer in Formen ablaufen, die wir von Erwachsenen erwarten dürfen. Immerhin sollen die Kinder die Kompetenz erst lernen und nicht bereits fehlerfrei praktizieren.

Erzieherinnen in Horten sollen ihr Angebot an Aktivitäten an den Interessen und der (notwendigen) Entwicklung der Kinder ausrichten. Eine Verlängerung der Kindergartenzeit durch den siebenten Gipsguß zu Nikolaus, das vierte Herz aus Salzteig zum Muttertag, lehnen wir ab. Wichtig für die Auswahl und die Gestaltung der Spiel-, Lern- und Erfahrungsmöglichkeiten sind die Gegenwart der Kinder (Was wollen sie; wie sind ihre Bedürfnisse zu erweitern?) und ihre Zukunft (Was müssen sie nach Verlassen des Hortes selbständig können?). Wenn einem Kind in einem Hort verboten wird, zwischendurch für eineinhalb Stunden zum Schwimmtraining zu gehen, stellt sich die Frage, wie die Erzieherinnen ihre Aufgabe begreifen.

Kinder, die im Hort durch Verbote mehr eingeschränkt werden, als sie es sonst gewöhnt sind, langweilen sich schnell, übertreten Verbote, stören die Abläufe und werden schnell zu auffälligen Kindern gestempelt, wo doch ihr Verhalten als eine gesunde Reaktion auf einschränkende Bedingungen angesehen werden kann.

Mitunter und besonders im Rahmen von Hortbetreuung an Schulen wird Druck auf die Erzieherinnen seitens des Lehrkörpers oder des Rektors ausgeübt, die Aufsicht *schulähnlicher* durchzuführen, also mit mehr Präsenz der Erwachsenen. Eine solche Situation ist nicht leicht auszuhalten und noch weniger leicht zu ändern. Wir wollen mit diesem Kapitel die dringende Notwendigkeit hervorheben, den eigenständigen Charakter der Hortpädagogik (Jugendhilfe) gegenüber der Schule und ihren in ihrem Rahmen berechtigten spezifischen Anforderungen zu verteidigen. Schule und Hort gehören unterschiedlichen Systemen an. Sie betreuen die gleichen Kinder, doch in unterschiedlichem Rahmen. Deshalb ist die pädagogische Arbeit im Hort (einschließlich der Anforderungen an die Aufsichtspflicht) nach Schulmaßstäben ebensowenig durchführbar wie die Gestaltung des Unterrichts mit Hortmethoden. Schule und Hort sollten gegenseitig ihre jeweiligen Kompetenzen und Bereiche achten, nicht dominieren.

Im zehnten Kinder- und Jugendbericht der Bundesregierung wird auf die eigenständige Bedeutung außerschulischer Erfahrungen für Kinder im Hortalter hingewiesen. Es heißt dort,

»daß Kinder nach der Schule ein anderes räumliches Umfeld bekommen sollten, das sich vom schulischen Alltag abhebt und in der Ausstattung den Anforderungen der Kinder in diesem Alter genügt ...

Ältere Kinder haben zunehmend Anspruch auf eine ›selbstbestimmte Kinderkultur‹. Dieser Begriff steht für eine Zurücknahme der Einmischung von Erwachsenen zugunsten eines selbständigen und gemeinschaftlichen Lernens.

Der Hort und die anderen Angebote für Kinder im Schulalter sollten sich weder auf eine soziale Defizite ausgleichende, noch auf eine den schulischen Unterricht ergänzende und unterstützende Funktion reduzieren lassen. Vielmehr geht es hier um die Initiierung und Förderung von Sozialisations- und Lernprozessen von Kindern im

Schulalter durch situationsorientierte Hilfestellung und Unterstützung bei dem Bestreben, eine eigenständige Persönlichkeit zu werden.«[72]

9. Pädagogik und Aufsichtspflicht in der offenen Kinderarbeit

Alle Angebote der Jugendhilfe, die von Kindern selbständig und eigenmotiviert wahrgenommen werden, die ihnen außerhalb von Schule und Familie zur Verfügung stehen und deren Wahrnehmung nicht von einem Vertragsabschluß zwischen den Eltern und dem Veranstalter (bzw. Träger) abhängt, bezeichnen wir hier als *offene Kinderarbeit*. Die Form des Angebots variiert zwischen *stationären Einrichtungen*, z. B. als Abenteuerspielplatz, als Freizeitheim, als Haus der offenen Tür, und *mobilen Angeboten*, beispielsweise einem Spielmobil oder einer Spielaktion mit eher animatorischem Charakter.

Da zwischen den Eltern und dem Träger der Veranstaltung keinerlei Vertragsverhältnis eingegangen wird, übernehmen die dort tätigen Erzieherinnen die Aufsicht über anwesende Kinder nicht per Vertrag. Die Regelungen des § 832 BGB können – anders als in Krippe, Kindergarten oder Hort – von daher keine Anwendung finden. Dennoch sind die Erzieherinnen in der offenen Kinderarbeit nicht frei von einer Verpflichtung zur Beaufsichtigung der Kinder. Wenn sie z. B. für die Arbeit auf einem Abenteuerspielplatz angestellt sind, sollen sie den Kindern, die den Platz aufsuchen, pädagogische Unterstützung, Anregung und Förderung geben. Dies ist ohne Aufsicht unmöglich zu gewährleisten; von daher ergibt sich die Verpflichtung aus dem Arbeitsvertrag.

Die Arbeit in der offenen Kinderarbeit lebt von Kindern, die freiwillig kommen und gehen. Die Verpflichtung zur Aufsicht beschränkt sich auf ihre Anwesenheit. Kinder, die nicht da sind, können nicht

[72] Bundesministerium für Familie, Senioren, Frauen und Jugend: Zehnter Kinder- und Jugendbericht. Bericht über die Lebenssituation von Kindern und die Leistungen der Kinderhilfen in Deutschland, Bonn 1998, S. 201

beaufsichtigt werden, insofern sind Erzieherinnen in der offenen Kinderarbeit nur für diejenigen verantwortlich, die das Angebot erkennbar wahrnehmen (wollen).

Durch das Prinzip der Freiwilligkeit und den vertragslosen Zustand zwischen den Eltern und dem Träger des Angebots brauchen die Kinder gegenüber den Erzieherinnen keine Rechenschaft über ihre Teilnahme oder Nichtteilnahme am Angebot abzulegen. Die allgemeine Aufsichtsverpflichtung liegt weiterhin bei ihren Eltern, so als hielten sie sich auf der Straße oder auf dem Hof auf. Pädagogische Mitarbeiterinnen in der offenen Kinderarbeit können voraussetzen, daß die Kinder mit Einverständnis oder zumindest mit Duldung der Eltern in ihre Einrichtung kommen bzw. das Angebot wahrnehmen.

Deshalb erstreckt sich die Aufsicht über die Kinder in der offenen Kinderarbeit nur auf besonders gefährliche Tätigkeiten und den Umgang mit besonders gefährlichen Gegenständen. Diese Minimalverpflichtung ergibt sich aus den Vorschriften des Bürgerlichen Gesetzbuches,

»wonach verschuldete unerlaubte Handlungen eine Verpflichtung zur Leistung von Schadensersatz nach sich ziehen. Dies leuchtet unmittelbar ein, wenn Betreuer durch aktives Verhalten die Unfallursache setzen, indem sie z. B. einem erkennbar noch nicht hierzu reifen Kind gefährliches Werkzeug ohne Anleitung und Beaufsichtigung in die Hand geben und es sich im Umgang mit diesem Werkzeug verletzt. Aber auch Unterlassungen als Unfallursache können eine solche Haftung auslösen.«[73]

Eine Erzieherin, die auf einem Abenteuerspielplatz Äxte an Dreijährige ausgibt, handelt nicht verantwortungsbewußt und muß für Folgeschäden einstehen. Ebenso kann einer Erzieherin schuldhaftes Versagen vorgeworfen werden, wenn sie nicht einschreitet, falls Kinder sich mit Werkzeugen bewerfen. Die Verpflichtung zum Einschreiten trifft allerdings auch jeden Passanten auf der Straße; der Unterschied zu diesen besteht allerdings im *Maß der Verantwortlichkeit*. Für Angebote der offenen Kinderarbeit wird meistens und

[73] Feldmann 1980, S. 64

ausdrücklich qualifiziertes Personal eingesetzt, damit die Kinder pädagogisch betreut werden. Von Erzieherinnen ist daher eher ein den Kindern und den Aktivitäten angemesseneres Verhalten zu erwarten als von Passanten. Die Erzieherin sieht sich höheren Anforderungen ausgesetzt, *richtig* zu handeln.

Wie in anderen pädagogischen Bereichen auch, besteht ein Spannungsverhältnis zwischen der Anforderung an Sicherheit und der Bereitschaft zu erwünschten Risiken. Gefahren dürfen nicht um jeden Preis vermieden werden, Risiken sind erwünscht. Abenteuerspielplätze werden aus pädagogischen Gründen gerade deshalb eingerichtet, weil Kindern (über den Überlebenskampf im Straßenverkehr hinaus) Abenteuer und Risiken zugemutet werden sollen. Die Risikobereitschaft wird juristisch nur soweit eingeschränkt, wie verhindert werden soll, daß Kinder *absehbar* – mit hoher Wahrscheinlichkeit – verunglücken. Der Auftrag zum Abenteuer entlastet die Erzieherin von überzogenen Sicherheitsvorstellungen. Nehmen wir den kritischen Satz als zutreffend an: »Abenteuerspielplätze haben soviel mit Abenteuern zu tun, wie ein Gummibaum mit einem Dschungel«, lassen sich die tatsächlichen Risiken für Kinder als geringfügig werten. Die Chance für Erzieherinnen, den Anforderungen an die Aufsicht zu genügen, steigt dementsprechend.

Kinder besuchen Einrichtungen der offenen Kinderarbeit selbständig. Sie halten sich im Rahmen des Aufenthaltsbestimmungsrechts der Eltern, im weitesten Sinne mit deren Einverständnis oder Duldung dort auf. Eltern (müßten) wissen, welches Angebot ihre Kinder dort erwartet. Sie sind prinzipiell damit und mit seinen Risiken einverstanden. Erzieherinnen haben gleichwohl die Verpflichtung, darauf zu achten, *daß* die Besucher sich in der Einrichtung sicher bewegen können, und zu schauen, *ob* sie sich sicher bewegen können. Das Einschätzen von Alter und Verhalten der Kinder ist hierfür in der Regel ausreichend. Haben die Erzieherinnen einen hinreichenden Eindruck über das sichere Verhalten eines Kindes gewonnen (und können sie dies begründen), sind sie nicht verpflichtet, es bei seinen Tätigkeiten zu begleiten.
Dies wäre in der Praxis weder möglich, noch wünschenswert.

Kinder lernen miteinander und voneinander. Erzieherinnen können darauf bauen, daß Kinder sich miteinander beraten, anregen und ein gemeinsames Verständnis darüber entwickeln, was an bestimmten Orten und in bestimmten Situationen möglich ist und was nicht. Auch das entlastet die jeweilige Erzieherin bei der Gestaltung ihres Angebots sowie bei der vorrangigen Aufgabe, gemeinsam verständliche, tragfähige und nachvollziehbare Regeln zu entwickeln, die von möglichst allen akzeptiert und eingehalten werden können. Diese Regeln können sich auf den Umgang mit Werkzeug und Material beziehen, auf die Nutzung von Räumen oder die Zusammenarbeit zwischen Erzieherinnen und Kindern. Ebenso wie in anderen pädagogischen Einrichtungen ist es sinnvoll, diese Regeln in Form einer pädagogischen Konzeption aufzuschreiben. Dies erhöht die Verbindlichkeit, hilft bei der Einarbeitung neuer Kolleginnen und setzt den Träger in die Lage, seine *Garantenstellung* gegenüber den Eltern zu erfüllen. Der Träger wird dadurch unterstützt, zu vertreten, daß die Veranstaltung bzw. das Angebot für Kinder geeignet ist; er kann das Angebot dadurch besser inhaltlich tragen.

Die Verantwortung für die Ausgestaltung der Arbeit einschließlich der Aufsichtsführung liegt in der Hand der Erzieherinnen – und dies ist auf jeden Fall zu begrüßen. Individuelle Verantwortlichkeit läßt mehr Spielraum zu, als es generelle Regelungen vermögen, welche sogar meist einschränkend wirken. Größere Unfälle auf öffentlichen Spielplätzen, die sich an Spielgeräten ereignen, ziehen häufig den Abbau dieser Geräte nach sich. So werden die ohnehin schon eingeschränkten Spielmöglichkeiten weiter reduziert oder ganz verhindert.[74] Es liegt weder im Interesse von Kindern noch in dem von Erzieherinnen, wenn sie pauschal bevormundet werden. Wenn alles vorgegeben wird und keine Situation selbst gestaltet werden kann, dürfen Erzieherinnen kein Risiko selber einschätzen. Ihre Verantwortlichkeit wird reduziert, und sie selbst werden dequalifiziert.

---

[74] Der letzte uns bekannte Vorfall dieser Art ereignete sich im Herbst 1998 in Berlin auf einem öffentlichen Spielplatz mit geprüften Spielgeräten. In der Folge wurden Erzieherinnen in Kindertagesstätten durch Rundschreiben ihrer Träger von dem Unfall informiert, jedoch leider nicht so, daß eine Verhaltenssicherheit erreicht wurde, sondern eher eine Ängstigung, weil sie einseitig auf die grundsätzliche Gefahr aufmerksam gemacht wurden. In manchen Stadtteilen wurde gar der Abbau baugleicher Geräte erwogen und in die Wege geleitet, obwohl die Geräte seit mehr als zehn Jahren unfallfrei benutzt wurden.

Erzieherinnen, die ihre Arbeit ernst nehmen und ihren Beruf selbstbewußt ausfüllen, müssen ihre pädagogischen Fähigkeiten auf den Einzelfall bezogen anwenden und individuell verantworten. Die Grenzen, die sich aus juristischen Regelungen ergeben, sind gerade in der offenen Kinderarbeit weit gesteckt. Sie lassen eine an den Interessen der Kinder und pädagogischen Vorstellungen orientierte Arbeit zu, ja sie fordern sie geradezu heraus.

10. Pädagogische Arbeit und Aufsichtspflicht in anderen pädagogischen Feldern

Erzieherinnen arbeiten nicht ausschließlich in der Kindertagesbetreuung oder in der offenen Kinder- und Jugendarbeit. Im Rahmen von Hilfen zur Erziehung wachsen Kinder und Jugendliche in Heimen oder anderen betreuten Wohnformen außerhalb der Herkunftsfamilie auf und werden hier von pädagogischem Fachpersonal betreut, erzogen und beaufsichtigt. Die zu Kindertageseinrichtungen unterschiedlichen Rahmenbedingungen der Institutionen, wie z. B.

- eine kontinuierliche Betreuung rund um die Uhr,
- organisatorische Besonderheiten, wie Schichtdienste oder Teamarbeit,
- Fluktuation und
- Aufnahme von Kindern mit schwierigem Erfahrungshintergrund,

bedingen entsprechend angepaßte Formen der Aufsichtsführung, verändern jedoch nicht die allgemeine pädagogische Zielsetzung des KJHG/SGB VIII. Pädagogik und Aufsicht in betreuten Wohnformen unterscheiden sich daher nicht grundsätzlich von den anderen Berufsfeldern der Erzieherinnen. Die allgemeinen Ausführungen aus den vorangegangenen Kapiteln gelten deshalb mit Angleichung an diese Rahmenbedingungen ebenso.[75]

---

[75] Für eine ausführlichere Auseinandersetzung empfehlen wir die schon mehrfach zitierte Broschüre: Claussen/Vent/Knappertsbusch: Aufsichtspflicht und Aufsichtspflichtverletzung unter besonderer Berücksichtigung von Einrichtungen der Jugendhilfe, veröffentlicht als: Wissenschaftliche Informationsschriften der Arbeitsgemeinschaft für Erziehungshilfe AFET e.V. – Bundesvereinigung –; Heft 12/1995, Hannover; außerdem: Münder, J.: Beratung, Erziehung und Recht; Handbuch für Lehre und Praxis, Münster 1991

Der *Vorrang des pädagogischen Auftrags* wurde beispielsweise mit einem vielzitierten Urteil des Oberlandesgerichts Hamburg aus dem Jahre 1988 bestätigt. Nachdem zwei vierzehn bzw. fünfzehn Jahre alte Jugendliche aus einem Heim entwichen waren, ein Kanu entwendet und beschädigt hatten, ging der Bootsbesitzer mit seiner Klage auf Schadensersatz leer aus, weil das Gericht feststellte:
»Allerdings hätte das Entweichen der beiden Zöglinge und damit der dem Kläger entstandene Schaden verhindert werden können, wenn die Jugendlichen gleichsam gefängnisartig eingeschlossen gehalten würden. Das ist aber nicht Aufgabe dieses Heimes, welches der Erziehung schwererziehbarer Jugendlicher dient. Zu diesem Zweck war den Bediensteten des Beklagten (des Heimträgers) ... diejenige Aufsicht über die Jugendlichen übertragen, die sonst ihren Eltern oblegen hätte.«[76]

Das Gericht wies auf die allgemein anzulegenden *strengen Maßstäbe* bei der Beurteilung von Aufsichtspflichten hin. Gerade bei *schwererziehbaren Jugendlichen* sollte die Aufsicht so geführt werden, daß (weitere) Straftaten verhindert würden. Sinnvolle Methoden dafür wären *sinnvolle Freizeitbeschäftigung, Übertragung gewisser Verantwortlichkeiten im Heimalltag, Belehrungen über die Schädlichkeit von Straftaten* u.v.m. Ein vollständiger Einschluß wurde jedenfalls als pädagogisch völlig unvertretbare Maßnahme angesehen, entgegengesetzt den Zielen *Selbständigkeit* und *Eigenverantwortung*. Das Gericht befand schließlich:
»Würden Eltern so restriktiv handeln, würden sie eventuell das Jugendamt wegen Gefährdung des Kindeswohls auf den Plan rufen.«

Das Urteil erging zwei Jahre vor Inkrafttreten des KJHG/SGB VIII, noch mit dem Jugendwohlfahrtsgesetz als gesetzlichem Hintergrund. Bei diesem Gesetz wurde stets kritisiert, daß es noch deutliche Züge des preußischen Polizeirechts trug und deshalb ersetzt gehörte, weil es den erreichten pädagogisch-fachlichen Stand in keinster Weise reflektieren würde.[77]

---

[76] zitiert nach NJW-RR 1988, 799

[77] In der momentanen aktuellen Diskussion um die Wiedereinführung von geschlossenen Heimen könnte die sachliche pädagogische und juristische Auseinandersetzung sicherlich mehr helfen als die auf kurzfristigen politischen Erfolg geführte Schlagzeilenhascherei.

Die Hamburger Richter verglichen die erforderlichen Pflichten der Heimerzieherinnen mit denen der Eltern. Sie bezogen sich insbesondere auf die Erziehungsziele und die Pflicht, strengere Maßnahmen als üblich in Betracht zu ziehen und gegebenenfalls zu ergreifen, *wenn* gefährdende Umstände bekannt sind. Die allgemeine Aufgabe der Erziehung und Beaufsichtigung muß in der besonderen Situation ausgestaltet werden. Die allgemeinen gesetzlichen Vorgaben des Grundgesetzes und des Bürgerlichen Gesetzbuches, ergänzt um das Fachgesetz (jetzt: KJHG/SGB VIII) sind zu beachten. Für die Erziehung in Heimen und sonstigen betreuten Wohnformen (beispielsweise Außenwohngruppen, Jugendwohngemeinschaften und betreutes Einzelwohnen) ergänzt § 34 KJHG/SGB VIII den gesetzlichen Rahmen:

»Hilfe zur Erziehung in einer Einrichtung über Tag und Nacht (Heimerziehung) oder in einer sonstigen betreuten Wohnform soll Kinder und Jugendliche durch eine Verbindung von Alltagsleben mit pädagogischen und therapeutischen Angeboten in ihrer Entwicklung fördern. Sie soll entsprechend dem Alter und Entwicklungsstand des Kindes oder des Jugendlichen sowie den Möglichkeiten der Verbesserung der Erziehungsbedingungen in der Herkunftsfamilie
1. eine Rückkehr in die Familie zu erreichen versuchen oder
2. die Erziehung in einer anderen Familie vorbereiten oder
3. eine auf längere Zeit angelegte Lebensform bieten und
auf ein selbständiges Leben vorbereiten.[78] *Jugendliche sollen in Fragen der Ausbildung und Beschäftigung sowie der allgemeinen Lebensführung beraten und unterstützt werden.«*

Je älter die zu betreuenden Minderjährigen werden, je mehr Selbständigkeit sollte ihnen nicht nur in Einzelfragen, sondern schon bei der Wahl der Wohnform zugebilligt werden. Trotzdem dürfen Betreuung und Unterstützung nicht vergessen werden. Hilfen zur Erziehung begleiten Minderjährige in mehr oder weniger krisenhaften Situationen professionell. Die Entwicklung von Selbständigkeit

[78] Hervorhebung durch die Autoren

und Eigenverantwortung ist weder mit Bevormundung möglich, noch mit einer Laissez-faire-Haltung.
Im Rahmen von Hilfen zur Erziehung kann es angebracht sein, die Methode der Erlebnispädagogik als angemessene Form zur Unterstützung des Minderjährigen anzuwenden. Erlebnispädagogik, schon der Name steht dafür, Jugendliche eher ungewöhnliche Situationen erfahren zu lassen. Sie werden besonderen Anforderungen ausgesetzt und müssen sich daran bewähren. Gerade bei äußerst schwierigen Jugendlichen kann eine lockere Form der pädagogischen Betreuung der auslösende Schritt zur Eigenverantwortung bedeuten. Entscheidend ist die pädagogische Prognose im Einzelfall. Das Spannungsverhältnis zwischen rechtlich begründetem pädagogischem Auftrag (langfristige Sicherheit) und rechtlich gebotener Verpflichtung zur aktuellen Absicherung wird wieder deutlich. Erzieherinnen müssen individuell abwägen und versuchen, die beste Entscheidung zu treffen.

Wenngleich die Entscheidungsspielräume groß und zu Gunsten einer offensiven Pädagogik gestaltet sind, können die Aufsichtspflichtigen von ihrer Verantwortung nicht entbunden oder kann auf Aufsichtsführung nicht verzichtet werden. Ganz im Gegenteil, das Spannungsverhältnis erfordert erfahrene Erziehungsfachkräfte, die durch verantwortungsvolles Handeln ihrer beruflichen Verantwortung nachkommen. Das pädagogische Handeln ist dabei nicht beschränkt auf die unmittelbare Interaktion zwischen Erzieherin und Jugendlichem, sondern schließt – sogar mit besonderer Bedeutung – die Vorbereitung und die Begründung des jeweiligen Angebots ein.

Als Unterstützung für Erzieherinnen sei nochmals darauf hingewiesen, daß das Maß der Aufsicht sich nach diversen Faktoren richtet, die mit- und gegeneinander abgewogen werden müssen. Dem Zweck der Veranstaltung sind die weiteren Überlegungen nachgeordnet. Die Aufsicht muß so gehandhabt werden, daß dieser Zweck erreicht werden kann; bei erlebnispädagogischen Unternehmungen ist ein hohes Maß an Offenheit unerläßlich. Verglichen mit anderen Unternehmungen steigt damit einerseits das objektive Risiko für den Jugendlichen, für Dritte und für die Erzieherin. Andererseits schützt der besondere pädagogische Zweck die Erzieherin vor einer einschränkenden Beurteilung ihres Handelns. Das pädagogische Ziel ist nie ohne Risiken zu erreichen. Das subjektive Risiko der Erzieherin sinkt mit der allgemeinen Anerkennung des objektiven Risikos.

Die Aufsichtspflicht dient den Erziehungszielen und den aktuellen Schutzinteressen sogenannter Dritter wie gleichfalls den Schutzinteressen der Jugendlichen selbst. Der anzustrebende pädagogische Erfolg ist nicht alleiniger Maßstab, aber der wichtigste, der gegenüber dem auch bei bester Vorbereitung verbleibendem Risiko abzuwägen ist. Eine verständige Aufsichtspflichtige muß und wird durch Abwägung der verschiedenen Interessen zu einer vernünftigen Form der Umsetzung (= pädagogischen Arbeit) kommen.

Überall, wo Minderjährige unterschiedlichen Geschlechts zusammen leben, kann es zu sexuellen Kontakten untereinander kommen. Die zuständigen Erziehungspersonen können in Situationen geraten, in denen sie für Schäden ungewöhnlicher Art haftbar gemacht werden. In einem bei Claussen u. a. veröffentlichten Urteil[79] ging es um die Frage, ob die Heimleiterin bzw. der Heimträger für den Unterhaltsanspruch eines Kindes einstehen muß, das ein vierzehnjähriger Heimbewohner mit einer vier Jahre älteren (damals noch nicht volljährigen) Bewohnerin des gleichen Heimes gezeugt hatte. Der minderjährige Vater des Kindes hatte geklagt, weil er das Kind bei angemessener Wahrnehmung der Aufsichtspflicht durch das Heim nicht hätte zeugen können. Mit vielleicht diesen Worten des Klägers: »Bei intensiverer Überwachung hätte die Heimleiterin verhindern können, daß ich solchen Schaden anrichte« wurde im ersten Prozeß der Klage stattgegeben. In der zweiten Instanz wurde sie dann abgewiesen.

Aus dieser an sich kuriosen Situation können einige Überlegungen abgeleitet werden, die für die gemeinsame Erziehung von Jungen und Mädchen in betreuten Wohnformen oder auf Jugendreisen wichtig sind. Da Koedukation eine grundsätzlich anerkannte Form der Erziehung darstellt, dürfen koedukative Angebote durchgeführt werden. Eine Trennung der Geschlechter ist jedenfalls da notwendig und gegebenenfalls zu überwachen, wo die Gefahr von Folgen

[79] A.a.O. S. 159 f.

besonders groß ist. In der Regel sollten Mädchen und Jungen, zumindest ab einem gewissen Alter, in getrennten Räumlichkeiten schlafen. Eine lückenlose Überwachung ist dabei grundsätzlich ebensowenig geboten wie eine unüberbrückbare Trennung. Es reicht in der Regel, wenn es für die Erzieherin möglich ist, sich über das Verhalten der betreuten Jugendlichen zu informieren und gelegentliche Kontrollen wahrzunehmen. In besonderen Situationen kann sogar von getrennten Räumen abgewichen werden, dann allerdings sind höhere Anforderungen an die Aufsicht zu stellen.

Das Gericht begründete seine Entscheidung gegen die Unterhaltszahlungen als Schadensersatz so:

»Jede Aufsicht findet ihre Grenzen in der Notwendigkeit, den Kindern ... ein ständig steigendes Maß von Freiheit zu gewähren. Ohne einen gewissen Spielraum der freien, d. h. unbeaufsichtigten Betätigung kann sich ein Mensch nicht zur Selbständigkeit entwickeln, auf die er angewiesen ist, um später im Leben bestehen zu können. Jede Freiheitsgewährung ist aber bei unausgereiften Menschen mit Gefahren verbunden. Diese müssen im Rahmen der Erziehung in Kauf genommen werden, da andernfalls die weit schwerwiegendere Gefahr besteht, daß ein ständig beaufsichtigtes Kind, wenn es bei Erreichung der Volljährigkeit aus der Aufsicht entlassen wird, sich plötzlich vor Aufgaben gestellt sieht, denen es in keiner Weise gewachsen ist.«

Freiräume und Freiheiten bergen Gefahren. Der Schutz von Jugendlichen auch vor sich selbst kann nicht so weit gehen, daß jedes Risiko ausgeschaltet wird. Das Gericht erkannte, daß weitreichende Kontrollen zwar vielleicht den Geschlechtsverkehr zwischen den beiden Jugendlichen verhindert, jedoch durch die damit verbundenen Einschränkungen weit schwerwiegendere Folgen für sie selbst gehabt hätten. Deshalb wurde das pflichtgemäße Verhalten der Heimleiterin durch Freistellung von der Haftung gewürdigt.

11. Zur Aufsicht in der DDR

Obwohl die deutsche Vereinigung nun rund zehn Jahre zurückliegt, halten wir es für erforderlich, zum Thema Aufsichtspflicht nicht nur die nun für alle geltende West-Version zu erklären, sondern auch – mit großer Vorsicht – die Vorgaben der ehemaligen DDR zu beschreiben. Gerade weil wir erfahren haben, daß zwischen Schleswig-Holstein und Baden-Württemberg, zwischen Brandenburg und Nordrhein-Westfalen, zwischen Städten und Dörfern, zwischen Ost und West so gut wie kein Unterschied in den Fragen, Themen und Problemen rund um die Aufsichtspflicht besteht, kann ein Blick auf die so gegensätzlichen Voraussetzungen helfen, die Unsicherheiten von Erzieherinnen zu verstehen. Wenn unterschiedliche Rahmenbedingungen die gleiche Angst hervorruft, können die Gemeinsamkeiten vielleicht besser erkannt und die entscheidenden Gründe eher gefunden werden.

Schon in der Endphase der DDR hörten wir, daß (von den politischen Vorgaben einmal abgesehen) die pädagogische Arbeit in den Kindertageseinrichtungen der DDR hatte nie so frei sein dürfen, wie es die westlichen Konzepte versprachen. Als Grund wurde stets die vorgeschriebene ständige Aufsicht über die Kinder angeführt. Die sprachliche Regelung im Osten schrieb vor, von der *Fürsorge- und Aufsichtspflicht* zu sprechen, während im Westen der Begriff *Aufsichtspflicht* Schrecken und Einengung hervorrief. In der BRD rief ein interpretationsfähiger unbestimmter Rechtsbegriff (*Gummibegriff*) Unsicherheit hervor; in der DDR sorgte seit 1966 eine allgemein verbindliche, schriftlich fixierte Ordnung für Klarheit bei der Ausführung der Erziehungs- und Aufsichtspflichten, aber auch für Ängste.[80]

Inzwischen sind viele Jahre ins Land gegangen. Noch immer wird mit Grausen über die Einschränkungen (nicht die Qualität!) in der Erziehungspraxis der DDR gesprochen. Inzwischen werden auch

[80] 1. Durchführungsbestimmung zur Verordnung über die Pflichten und Rechte der Lehrkräfte und Erzieher – Arbeitsordnung für pädagogische Kräfte der Volksbildung – Fürsorge- und Aufsichtsordnung für pädagogische Kräfte der Volksbildung – Fürsorge- und Aufsichtsordnung – vom 5.1.1966 (GBl. II Nr.5 S. 19)

gegenteilige Erfahrungen berichtet. Mit Sehnsucht aber wird vielerorts der damals klaren rechtlichen Sachlage nachgetrauert.

Kann die Erziehungspraxis und ihr organisatorisches Umfeld in der DDR heute noch nachgezeichnet werden? Andererseits: kann die damalige Praxis ignoriert werden? Wie kann der westliche Rahmen von Pädagogik und Recht erklärt werden, ohne auf die Unterschiede zu den alten Regelungen einzugehen? Wir haben uns entschlossen, das Thema nicht auszuklammern. Eine ausführliche Darstellung der ehemals geltenden Regelungen versuchen wir erst gar nicht; wem sollte die Kenntnis nicht mehr gültiger Vorschriften nützen? Als Ergänzung der anderen Überlegungen stellen wir einige wichtige Informationen zur Fürsorge- und Aufsichtsordnung vor – sozusagen der Vollständigkeit halber. Wir packen dabei unser Hauptthema im Rechtshandbuch *Umgang von Erzieherinnen mit der Aufsichtspflicht* von einer nochmals anderen Seite her an, denn mit Sachwissen allein und der Interpretation von Vorschriften ist dem Problem Aufsichtspflicht nicht beizukommen. Wir vertreten inzwischen die Ansicht, daß in der pädagogischen Praxis die Aufsichtsführung vor allem von der Sozialisation der aufsichtsführenden Person abhängt und zwar so stark, daß teilweise wider bessere Einsicht oder fachliches Wissen und sogar wider die Intention der Rechtsvorgaben gearbeitet wird. Diese Aussage gilt für Ost wie West und für die Zeit vor und nach der Vereinigung.

In der Fürsorge- und Aufsichtsordnung hieß es im § 2 (Inhalt und Umfang der Fürsorge und Aufsicht):

»(1) Die Leiter, Lehrkräfte und Erzieher der Einrichtungen haben in Ausübung ihrer beruflichen Tätigkeit eine umfassende Fürsorge und Aufsicht der ihnen anvertrauten Kinder und Jugendlichen zu sichern.
(2) Ihnen obliegt insbesondere:
a) die ihnen anvertrauten Kinder und Jugendlichen zur Selbständigkeit und zum Verantwortungsbewußtsein für unsere sozialistische Gesellschaft zu erziehen,
b) durch Bildung und Erziehung die Kinder und Jugendlichen zu befähigen, Gefahren zu erkennen ...«

Die Fürsorge- und Aufsichtsordnung galt für Kinder in Kindergärten und Schulen sowie Horten. Die zuständigen Personen werden im ersten Absatz aufgezählt. Dann folgt der Hinweis auf die *insbesondere*, aber nicht ausschließlich, obliegenden Pflichten, von denen die Erziehung zu *Selbständigkeit* und zu *Verantwortungsbewußtsein* als erste genannt werden. Danach folgt die Pflicht, Kinder zum Erkennen von Gefahren zu befähigen. Es wird nicht die Pflicht aufgeführt, Gefahren um jeden Preis zu vermeiden.

Die Zuständigkeit und die Verantwortlichkeit der jeweiligen Erziehungskräfte für ihre Gruppe werden im § 6 Abs. 1 wiederholt, danach heißt es weiter:

»(2) Sie haben insbesondere die Pflicht:

- *die Umsicht und Gewandtheit der Kinder und Jugendlichen ... zu entwickeln und in ihnen Selbständigkeit, Selbstvertrauen und bewußtes Verhalten zu stärken;*
- *zur Abwendung von Gefahren aufmerksam und umsichtig ihr ganzes fachliches Wissen und Können einzusetzen sowie stets mit vollem Einsatz ihrer Person und des persönlichen Mutes zu handeln ...«*

§ 7

»(1) ...

(2) Lehrkräfte und Erzieher haben das Recht, vom Direktor oder Leiter der Einrichtung eine Entscheidung darüber zu erwirken, ob und inwieweit auch Schüler bis zur 6. Klasse bei entsprechenden Voraussetzungen ohne persönliche Begleitung durch den Lehrer oder Erzieher Unterrichtswege zurücklegen oder bestimmte Warte- und Pausenzeiten verbringen können. Als Voraussetzungen hierfür gelten gute, bewußte Disziplin der Klasse oder Gruppe sowie Wege und Orte ohne besondere Gefahrenquellen usw.

(3) ...

(4) Lehrkräfte und Erzieher haben das Recht, im Rahmen der Erziehung der Jugend zur Selbständigkeit einzelnen Kindern oder Jugendlichen besondere Aufträge zu erteilen. Alter und Entwicklungsstand der Kinder und Jugendlichen sind dabei, vor allem im Hinblick auf die Art des Auftrages, sorgfältig zu berücksichtigen ...«

Selbständigkeit, Selbstvertrauen, Umsicht und Gewandtheit sind Erziehungsziele, für deren Erreichen Lehrer und Erzieher unter Beachtung der individuellen Voraussetzungen eines Kindes und der konkreten Umstände Freiräume gewähren. Ihnen selbst werden hierfür Freiräume als Recht und als Ermessensspielraum zugebilligt, die sie im Rahmen ihrer beruflichen Verantwortung ausfüllen müssen. Sollte *die wichtige Arbeitspflicht der pädagogischen Kräfte der Volksbildung*, das ist die Fürsorge- und Aufsichtspflicht, verletzt worden und dadurch ein Kind oder Dritte zu Schaden gekommen sein, ist mit Konsequenzen in drei Rechtsbereichen zu rechnen:
»Disziplinarmaßnahmen können neben die materielle und strafrechtliche Verantwortlichkeit treten; hierbei handelt es sich um Folgen aus verschiedenen Rechtsgründen.«[81]

Die Folgen können, müssen jedoch nicht in dieser Form zusammen eintreten:
»Eine disziplinarische Verantwortlichkeit kann sich bereits ergeben, wenn der Aufsichtsführende seine Pflicht schuldhaft gröblich vernachlässigt, ohne daß sich eine Haftpflicht oder eine Strafverfolgung daraus ergibt.«[82]

Soweit in wichtigen Auszügen die Fürsorge- und Aufsichtsordnung der DDR. Sie liest sich kaum anders als unsere Darstellung der Aufsichtspflicht *West* einschließlich der Haftungsfolgen. Erziehungsziele stehen voran, dann werden mögliche Rechtsfolgen aufgezählt. Sprachlich ließe sich vielleicht nach dreißig Jahren einiges geschickter ausdrücken, doch rein formal inhaltlich ist die Nähe zu den bundesrepublikanischen Regelungen, die allerdings sämtlich andere Rechtsqualität haben, beeindruckend. Während jedoch im Westen eine vielfältige Erziehungspraxis stattfand, führten die inhaltlich identisch klingenden Vorschriften im Osten eher zu einheitlicher Erziehungspraxis mit – so wurde uns erzählt – wenig Freiraum für die Kinder zu unbeobachtetem Spiel etc. Was sich bei den Erzieherinnen in Ost wie West gleichermaßen durchsetzte, waren Angst vor Verletzung der Aufsichtspflicht, Angst vor den möglichen Folgen und eine zu große Einschränkung kindlicher Entwicklungsräume.

---

[81] Anmerkung zu § 10 der Fürsorge- und Aufsichtsordnung
[82] ebda.

Folgende Passage der Fürsorge- und Aufsichtsordnung kann die Diskrepanz zwischen Erziehungsanspruch und Umsetzung erklären helfen:
»Dieser Grundsatz verlangt von den Lehrkräften und Erziehern, stets aufmerksam und umsichtig zu handeln, ihr ganzes fachliches Können und Wissen einzusetzen, um vorbeugend jede Situation zu vermeiden, die die Kinder und Jugendlichen ihrer Klasse und Gruppe gefährden könnte. Sie müssen ständig vorausschauend überdenken, wie sich die Kinder und Jugendlichen verhalten werden. Die gesetzlichen Bestimmungen fordern hier, daß alle Pädagogen das menschenmögliche tun, um die Kinder und Jugendlichen vor Schaden zu bewahren.«

Der Auszug aus der *Anmerkung zu* § 6 Abs. 2, 2. Spiegelstrich (s. o.) *kann* als absolute Vorrangverpflichtung für die Gewährung von Schutz und Gefahrenabwehr gegenüber den Erziehungszielen interpretiert werden. Allerdings folgt der zitierten Passage die Aussage, daß die Erziehungskräfte *selbständig* agieren sollen. Im übrigen wäre es höchst bemerkenswert, wenn einer Anmerkung höhere und hier sogar entgegengesetzte Rechtsverbindlichkeit zukäme als den Grundaussagen des Textes selbst. Die eher eingeschränkte Interpretation der zugestandenen Rechte in der pädagogischen Praxis kann dadurch erklärt werden, daß juristische Texte immer etwas rigider klingen, als sozialpädagogische Ohren es zu hören gewohnt sind. Vielleicht ist eine – sinnwidrige – Betonung der Worte *stets aufmerksam, jede Situation vermeiden, ständig vorausschauend, das menschenmögliche tun* ursächlich für viele Einschränkungen gewesen, vielleicht war es die Angst zu versagen vor schier übermenschlich klingenden Anforderungen.

In der Fürsorge- und Aufsichtsordnung wurden nicht nur die Rechtspflichten von Lehrern und Erziehern beschrieben, sondern auch die der vorgesetzten Direktoren und Leiter sowie die Kompetenzabgrenzung zwischen dem elterlichen (z. B. Schulweg) und dem schulischen Bereich (z. B. bei schulischen Veranstaltungen an anderen Orten). Gerade bei der Beschäftigung mit unverantwortlichem Erzieherinnenhandeln[83] liest sich die Klarstellung der Aufgaben des

[83] Vgl. das ab Seite 188 geschilderte Beispiel

Leiters einer Einrichtung in § 5 nicht als Drohung, sondern als Beschreibung von Verantwortlichkeit.

Wir wollen nicht spekulieren, warum die Erziehungspraxis in der DDR weithin von Angst und Einschränkung geprägt war und Kinder nicht unbeobachtet spielen durften. Sinnvoller scheint uns, mögliche Begründungen für dieses Phänomen aufzulisten, wie wir sie bei unseren Recherchen erfahren haben. Sie mögen von Einrichtung zu Einrichtung und von Person zu Person in unterschiedlichem Maße zutreffend gewesen sein, der Problemkomplex *Angst der Erzieherin vor der Aufsichtspflicht* ist ja davon gekennzeichnet, daß er so vielschichtig ist. Viele der Gründe für die Diskrepanz zwischen rechtlichem Rahmen und praktischer Durchführung der Aufsicht finden wir auch im Westen. Es scheint mehr Parallelen als Unterschiede gegeben zu haben.

- *Unkenntnis*
  Die wohl schlichteste Erklärung für den unnötig rigiden Umgang mit Aufsichtspflichten stellt in den Mittelpunkt, daß die meisten Pädagoginnen und Pädagogen den genauen Wortlaut der Regelungen gar nicht kannten. Ein *Hörensagen* führte zu Gerüchten, Spekulationen und verschwindend geringer Sachinformation.
- *Vertrauen und Angst*
  Wer nicht selbst liest, ist auf Informationen (von Vorgesetzten) angewiesen. Er oder sie muß darauf vertrauen, daß Auskünfte richtig und Anweisungen korrekt sind. Ist Vertrauen nicht möglich, kann Angst vor Abweichung die gleiche Funktion erfüllen: es wird widerspruchslos getan, was die vorgesetzte Person will. Im Gegenzug kann man sich darauf verlassen, daß die Vorgesetzte zu ihren Vorgaben steht.
- *Scheu vor Auseinandersetzungen*
  Die weibliche Sozialisation fördert nicht gerade die Fähigkeit zur Auseinandersetzung, während die männliche meist an mangelnder Konstruktivität scheitert. Wer setzt sich gern mit Vorgesetzten auseinander? Also bleibt oder wird alles so, wie es (scheinbar) vorgeschrieben ist. Empfehlungen werden als Muß gewertet.
- *Personengebundene Umsetzung*
  Nicht alle haben tatsächlich alles gleich gemacht. Es gab Nischen. Ob und wie weit eine reale oder vermutete Vorschrift eingehalten

wurde, entschied die einzelne Person, das Kollektiv oder die Leitung der Einrichtung. Der Stil des Hauses variierte die Vorgaben, während er im Westen in weitgehendem Mangel an Richtlinien als prägendes Element wirkte. Das Stichwort *personengebundene Umsetzung* hat einen zweiten Aspekt, der auch mit dem nächsten Schlagwort in Verbindung gebracht werden kann.

- *Trägerqualität*
  Die Fachberaterinnen mit Vorgesetztenfunktion standen für die Sicherung einer bestimmten Qualität der Erziehungspraxis. Als Personengruppe einigten sie sich auf eine bestimmte Interpretation der allgemeinen Vorgaben und sorgten persönlich für deren Umsetzung beziehungsweise deren Einhaltung in den nachgeordneten Kindertageseinrichtungen. Was im Osten durch genaue Definition, Verbindlichkeit und Kontrolle erreicht worden sein mag, wurde im Gegensatz dazu im Westen durch Beliebigkeit und Unverbindlichkeit erreicht: das Vorgesetztenverhalten bestärkte die Angst vor der Aufsichtspflicht.
- *Bequemlichkeit*
  Warum soll etwas geändert werden? Weil irgendjemand es gerade so will? Wer weiß, wer danach kommt? Klare Vorgaben sind bequem, weil sie das Denken abnehmen. Die Ausführung der Aufsichtspflicht wird häufig von dem bestimmt, was die Erziehungsperson aus Bequemlichkeit zuläßt, nicht von dem, was die Kinder brauchen.
- *Überholte Erziehungsvorstellungen und Schulorientierung*
  Beide Stichworte kombiniert wirken wie die reine Provokation, doch kann wirklich jemand behaupten, die deutsche Schulpädagogik würde besonderen Wert auf ihre Reformer gelegt haben? Überholte Erziehungsvorstellungen wirken jedoch nicht nur in der Schule, sondern sind ein gesamtgesellschaftliches Problem. Verstärkt durch die zu wenig eigenständige Sozialpädagogik im vorschulischen und außerunterrichtlichen Bereich haben kindzentrierte progressive Ansätze einen schweren Stand.

Diese und sicherlich noch weitere Faktoren führen zu einer *verqueren* Aufsichtsführung, die Kinder einschränkt und letztlich sogar die Erziehungspersonen belastet, obwohl sie hoffen, sich dadurch absichern und entlasten zu können. Die Faktoren führen zu einer Angst vor Folgen, die jeder realen Grundlage entbehrt. Sie finden und fanden sich in Ost und West in unterschiedlicher Gestalt, jedoch nicht grundsätzlich anders.

Das ist unser vorläufiger Diskussionsstand. Wer hat andere Erfahrungen, eine andere Meinung, einen anderen Standpunkt? Tragen Sie zur Diskussion bei, schreiben Sie uns oder an den Verlag! Mehr Wissen und ein offener Umgang mit den Hintergründen trägt dazu bei, die Angst der Erzieherinnen vor der Aufsichtspflicht zu verringern.

12. In der Regel: ungeeignet!

Über den üblichen Umgang mit Regeln in der Aufsichtspflicht[84]

Als erstes stelle ich die Regel auf: Wer bis hierher gelesen hat, muß bis zum Ende lesen! Wenigstens probieren könnten Sie! Bitte. Bitte, bitte! Warum wollen Sie nicht? Weil die Regel unsinnig ist? Genau! Dies aus zwei Gründen. Erstens ist der Inhalt absurd; zweitens ist die Konstruktion nicht sinnvoll.

Der Inhalt: Kennzeichen vieler Regeln, insbesondere der nicht eingehaltenen, ist ihre Absurdität. Sie geben inhaltlich nichts Vernünftiges her. Eine Person, die eine Regel aufstellt, möchte zwar etwas erreichen, doch gibt beispielsweise meine Bedingung »anfangen zu lesen/beenden müssen« keinen Sinn. Kinder haben dafür ein feines Gespür. Dem Erwachsenen bleibt dann nur noch zu drohen oder zu flehen, um seine Absicht umzusetzen. Die Regel jedoch ist überflüssig. Übertretene Regeln gehören deshalb auf den Sinnzusammenhang überprüft, nicht die Kinder besser angepaßt!

Die Konstruktion: Meine Regel zum Beispiel war einseitig gesetzt. Solche Regeln funktionieren, wenn überhaupt, nur aus einer Machtposition heraus. Die ist einem Autor gegenüber seinen Leserinnen nicht gegeben. Gesetzte Regeln sind Vorschriften. Wer sie anders nennt, versteckt sich und seine Absichten.

---

[84] Kapitel wurde zuerst abgedruckt in: *Theorie und Praxis der Sozialpädagogik*, Heft 4/98

Wenn Sie sich an meine Regel halten, weil Sie es *wollen*, habe ich Glück gehabt. Um das Glück nicht zu versuchen, könnte ich diese Regel vorher mit Ihnen abgesprochen haben. Gegenseitig abgesprochene Regeln aber sind soziale Übereinkünfte. Sie setzen auf Konsens, Vernunft und Partnerschaft. Solche Regeln nennt man Absprachen.

Mit dieser Unterscheidung könnten Klarheit und Handlungssicherheit in die Welt, zumindest die Welt einer Kindertageseinrichtung, gebracht werden. Die Unterscheidung hilft jeder Erzieherin spätestens, wenn jemand mit einer als Regel getarnten Vorschrift beeindrucken will. Wenn sie selber schwankt zwischen »Vorschrift setzen« und »Übereinkunft erzielen«, dann kann sie überlegen, was sie damit tatsächlich erreichen will.

Ein Beispiel: In einer *akuten* Gefahrensituation gibt es keine Zeit zum Aushandeln. Es kann trotzdem als Konsens zwischen Erzieherin, Eltern und Kind vorausgesetzt werden, daß es (das Kind) unverletzt bleiben soll. Doch selbst, wenn darüber kein Konsens besteht, gebietet es die Vernunft, daß in einem solchen Fall partnerschaftliche Absprachen hintanstehen. Die Vorschrift hat dann Vorrang vor einer Übereinkunft, denn Sicherheit hat hier Vorrang.

Aber nicht immer! Völlige Gefahrenfreiheit kann gar nicht hergestellt und darf nicht zum Ziel pädagogischer Arbeit werden. Freie Entfaltung der Kinder birgt Risiken, für sie selbst, für die Eltern und die Erzieherin. Die Risiken kalkulierbar zu gestalten, dafür sind soziale Übereinkünfte (Absprachen) zwischen Erzieherinnen, Kindern und Eltern eine tragfähige Möglichkeit. Sie allein führt zu den bekannten Zielen der Erziehung: Selbständigkeit, Verantwortung und Handlungskompetenz.

Ein Beispiel hierfür: In vielen Kindertageseinrichtungen gibt es »die Regel«, daß nur 3, 4 oder 5 Kinder allein im Garten oder in der Bauecke spielen dürfen. Damit soll meistens erreicht werden,

- daß die Kinder ruhig (= ohne Streit) spielen können oder
- daß die Gruppe überschaubar ist (für die Erzieherin) oder
- daß scheinbare Vorschriften der Aufsichtspflicht eingehalten werden.

Was lernen die Kinder bei Anwendung dieser Vorschrift? Bis 3 oder 4 oder 5 zu zählen. Was aber könnten sie lernen, wenn sie durch die

Erzieherin auf das Wesentliche vorbereitet würden? Sie könnten lernen, daß man sich mit jedem auseinandersetzen muß, der anders spielen will als man selbst. Sie lernen dabei, ihre Interessen zu behaupten; sie lernen, mit Interessenkonflikten umzugehen, nicht sie zu vermeiden. Warum sollen Kinder ohne Streit spielen? Das ist doch völlig lebensfremd! Hier hilft die Unterscheidung zwischen Vorschrift und Übereinkunft nicht weiter, sondern nur die Überprüfung der eigenen Erziehungsziele und -methoden.

Die vorgestellte Regel ist für ein Kind absurd, weil es weiß, daß Streit schon mit einem zweiten Kind entstehen kann. Kinder ahnen, daß die Überschaubarkeit der Gruppe vorwiegend der Bequemlichkeit der Erwachsenen dient. »Regeln aushandeln« ist für Kinder untereinander ein sehr ernstes Spiel. Zwischen Kindern und Erwachsenen geht das nicht besonders gut. Erwachsene sind zu dominant oder zu ungeduldig, wollen eine schnelle und bequeme Lösung. Eltern und Träger zu erklären, daß es nicht Aufgabe einer Erzieherin ist, bloß »eine Situation zu regeln«, sondern dauerhaft selbstverantwortetes Verhalten entwickeln zu lassen und dafür ein entsprechendes Klima zu schaffen, ist ein schwieriges Geschäft. Um so mehr, als viele Träger und Eltern glauben, sie würden mit Regeln/Vorschriften viel erreichen und vieles unterstützen.

Ähnlich wie die Baueckenregel gibt es häufig die Trägervorschrift, daß eine Erzieherin nur mit 10, 15, 20 Kindern allein in den Garten gehen darf. Die Vorschrift ist bequem überprüfbar, doch nicht hilfreich für die Erziehung und die Aufsichtsführung. Manchmal ist eben schon das zweite Kind und manchmal jede Erzieherin zuviel. Die Vorschrift des Trägers schränkt die Eigenverantwortlichkeit der Erzieherin ein. *Das* ist gefährlich, denn die Verantwortung für die Gruppe trägt immer sie selbst. Wenn sie stur dem Träger folgt, ohne auf die konkrete Situation zu achten, kann die Erzieherin sich einzig darauf berufen, seine Regel eingehalten zu haben. Damit erfüllt sie nicht alle erforderlichen Erziehungs- und Aufsichtskriterien, sondern »nur« eine Arbeitsanweisung eines ängstlichen Trägers.

Permanente Überschaubarkeit soll Macht und Einfluß auf Verhalten sichern. Das gilt im Strafvollzug, beim Militär und im Kindergarten, überall. Erwachsene sind Kindern gegenüber in dieser Hinsicht im

Vorteil. Erwachsene haben die Überwachungs-Macht, Kinder nicht. Aber der Größenvorteil eines Erwachsenen für die Überwachung von Kindern wird dann zum Nachteil, wenn diese Überwachung nicht gewollt ist, weil man Kindern Freiräume zugestehen will. Pädagogische Ziele, alle Kindergartengesetze, die Aufsichtspflicht und die Professionalität von Erzieherinnen fordern die Freiräume. Die Erzieherin muß deshalb überlegen, wie sie das Machtverhältnis begrenzen will, und sich mit denen auseinanderzusetzen, die eine permanente Überwachung fordern. Das ist risikobeladen. Da scheint es manchmal einfacher, einschränkende Regeln für Kinder aufzustellen. Was dabei jedoch nicht vergessen werden darf: Wer Regeln aufstellt, muß sie überwachen! Das verändert das Berufsbild, ist das gewünscht?

Meist gelten alle Regeln für alle Kinder. Warum eigentlich ist es in Kindergruppen unüblich, individuelle Regeln zu entwickeln? Ist es (s. o.) die Bequemlichkeit? Ist es ein Gleichheitsanspruch? Den würde ich allerdings lieber Gleichheitswahn nennen, denn kein Kind gleicht dem anderen. Wenn sie es wären, müßten sie erst recht unterschiedlich behandelt werden, denn sie sollen zur Individualität erzogen werden. Absprachen zwischen zwei Personen sind »in der Regel« verbindlicher als in Gruppen. Daraus ließe sich pädagogisches Kapital schlagen. Ein Kind darf allein einkaufen gehen, das andere fährt Fahrrad auf dem Gehweg vor dem Kindergarten, das nächste muß heute in der Obhut der Erzieherin bleiben. Das ist individuelle Erziehung, die mit der Aufsichtspflicht vollkommen in Übereinstimmung steht, weil sie den unterschiedlichen Stand von Kindern berücksichtigt und weil im Einzelfall entschieden wird, gerade wie es die Ethik der Erziehung fordert. Alles andere ist von Gleichmacherei nicht zu unterscheiden. Soziales Verhalten im Sinne von Unterordnung des eigenen Interesses in das gemeinsame wird anders gelernt.

Erziehung heißt Risikobereitschaft und setzt Zutrauen voraus, damit daraus Vertrauen wachsen kann. Angst verhindert Risikobereitschaft. Angst verhindert Zutrauen, entzieht dem Vertrauen den Nährboden. Wer Angst um andere hat, kann oft nicht genug Vertrauen in die eigenen Fähigkeiten entwickeln, kann Kindern nur begrenzt ein Vorbild sein.

In Seminaren wird mir gesagt: »Die Angst um die Kinder zwingt zur Aufstellung von Regeln.« Gemeint sind Vorschriften, praktisch sind es *Verbote*. Zugunsten der Einschränkung möglicher negativer Erfahrungen werden mögliche positive ausgeschlossen. Dies Verfahren wird als allgemeingültige Selbstverständlichkeit ebenso selten hinterfragt wie in Theorie und Praxis über Möglichkeiten der Erarbeitung entwicklungsfördernder *Gebote* nachgedacht wird. Können aber Erwachsene (Eltern wie Erzieherinnen) elementare Erfahrungen von Kindern auf Dauer verhindern? Der Versuch widerspricht dem Erziehungsauftrag. Die Lebenspraxis zeigt, daß Erwachsene nicht einmal einen objektiv richtigen Zeitpunkt für eine beliebige Erfahrung bestimmen können, also sollten sie sie zulassen und fördern, sobald sich die Chance dazu bietet.

Die Angst um die Kinder stellt sich nach solcher Diskussion als Angst vor Rechtfertigung vor den Eltern dar. Das hieße: die Angst der Erzieherin vor den Eltern läßt sie die Kinder einschränken. Die Angst vor Rechtfertigung ist Angst vor Auseinandersetzung und Unsicherheit, den eigenen Standpunkt zu behaupten. Wenn nicht gar Angst vor Übernahme von Verantwortung eine Ursache davon ist, so zumindest Unsicherheit vor deren offensiver Darstellung. Selbstbewußte Erzieherinnen sagen nicht: »Ich habe *aber* die Verantwortung!«, sondern: »*Ich* habe die Verantwortung. Aus ihr heraus versuche ich, Risiken so zu gestalten, daß ein Zuwachs an Erfahrung, Zutrauen und Vertrauen für Kinder, Eltern und mich möglich wird.«

Stichworte zu Recht und Pädagogik

Aufgaben der Leitung

Leitungstätigkeit in der Jugendhilfe erfährt zur Zeit einen regelrechten Boom. Als Sozialmanagement oder Management in Organisationen sozialer Arbeit gibt es eine Fülle von Anregungen für Interessierte. Damit können und sollen die folgenden Ausführungen dieses Stichworts nicht konkurrieren. Vielmehr soll das Arbeitsfeld Leitung in einer Art konzeptionellem Überblick strukturiert und einige rechtliche Aspekte erläutert werden. Verzichtet wird auf detaillierte Ausführungen zur Umsetzung des Konzeptes und beispielsweise auch auf die besonderen Aspekte der Leitung einer privaten Kindertageseinrichtung einschließlich der Finanzierungsaspekte. In dem vorzustellenden Konzept haben Finanzierungsfragen ihren Raum innerhalb der Leitungsfunktion »Organisation«.

Das vorzustellende Leitungskonzept kommt mit drei Funktionen aus: Pädagogik, Personal, Organisation. Ihm liegt eine Idee zu Grunde. Sie geht davon aus, daß der Sinn und Zweck einer Unternehmung (hier: der Pädagogik) das bestimmende Merkmal für die Ausgestaltung aller anderen Funktionen und Aufgaben sein soll. Leitung hat die Verantwortung dafür, daß der eigentliche Anlaß der Veranstaltung Kindertagesbetreuung jederzeit im Vordergrund der Bemühungen steht und daß die hierfür formulierten Ziele und pädagogischen Standards das Handeln im Bereich Personal und Organisation bestimmen. Wäre dem nicht so, würde es letztlich egal sein, was man leitet und auch: wer mit welcher Qualifikation leitet.

In unserer Gesellschaft werden Leitungsaufgaben und -funktionen meist bestimmten Personen zugeordnet, den Leiterinnen. Auch ist die Ausübung der Leitungsfunktion meist mit einem Über- bzw. Unterstellungsverhältnis verbunden, wobei einzelne Personen mehrere andere leiten. Leitungstätigkeit wird als eine höherwertige Tätigkeit verstanden. Dies alles muß nicht sein. Es sind Konventionen, für die andere Regelungsmöglichkeiten denkbar sind: rotierende Leitung, Team-Leitung, gleicher Lohn für alle. Für die weiteren Ausführungen sind diese Gedanken nicht wichtig, nur einer durchzieht dieses Stichwort ganz funktional und unpersönlich. Er lautet: Es kann kein qualifiziertes Arbeitsfeld ohne Leitung geben. Leitung muß überall dort stattfinden, wo ziel-, aufgaben- und erfolgsorientiert gearbeitet werden soll, wo (mehrere) Menschen Arbeitskraft, Methoden und Hilfsmittel zweckmäßig einsetzen und miteinander koordinieren wollen. Leitung ist zunächst nichts anderes als ein Teil einer gewissen Arbeitsteilung. Das Setzen von Zielen, Planung, Unterstützung und An-Leitung bei der Durchführung und Kontrolle sind als Einzelaufgaben des Leitens zu verstehen.

Leitungstätigkeiten in Kindertageseinrichtungen lassen sich auf den pädagogischen, den personellen und den organisatorischen Funktionsbereich hin beschreiben. Der Leitungsauftrag liegt jeweils darin, die bestmögliche Erfüllung der den einzelnen Bereichen zugeordneten Aufgaben zu gewährleisten und Verantwortung für die Durchführung zu tragen.

Die genannten Bereiche existieren nicht unabhängig voneinander, sondern beeinflussen sich wechselseitig. Sie sind jedoch auch in bestimmter Weise einander nachrangig, denn die wichtigste Funktion ist zunächst diejenige, welche das Ziel und den Zweck der Tätigkeit (oder hier: der Institution) bezeichnet. Sie bildet die Orientierung für die Gestaltung der anderen Funktionen, zumindest *sollte* sie so ausgefüllt werden.

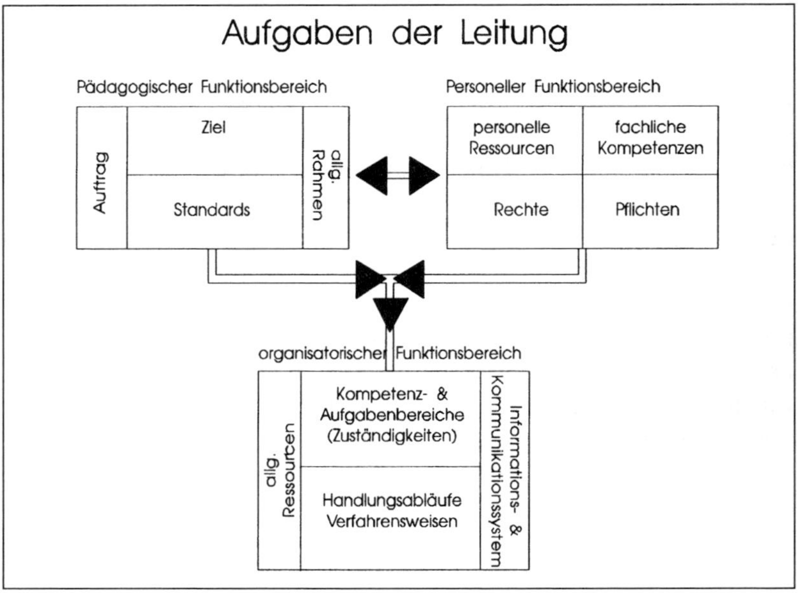

1. Pädagogischer Funktionsbereich

Kindertageseinrichtungen sind Institutionen, die zu dem Zweck gesellschaftlich akzeptiert sind, Kinder pädagogisch zu betreuen und zu fördern. Demnach muß der pädagogische Funktionsbereich als der zentrale angesehen werden, dem der personelle und der organisatorische nachgeordnet sind. Auf die Erfüllung des sozialpädagogischen Bildungsauftrages hin muß alles konzentriert werden, was in der und für die Kindertageseinrichtung praktiziert und organisiert wird.

Aufgabe von Leitung innerhalb dieses Bereiches ist es, in Kenntnis des allgemein formulierten Auftrags von Kindertageseinrichtungen wie des speziellen Trägerauftrages allgemeine Zielvorstellungen der Gesellschaft und der Pädagogik zu konkretisieren, den Rahmen der Vorgaben wie der Ausführung zu berücksichtigen und für die Schaffung und Einhaltung von pädagogischen Standards zu sorgen, die dem Ziel, dem Auftrag und dem Rahmen angemessen sind.

2. Personeller Funktionsbereich

Die personelle Verantwortung von Leitung bezieht die Zielvorstellungen und Voraussetzungen grundlegend ein. Als Beispiel: Eine pädagogische Institution wird und muß ihre Ziele nur mit qualifizierten (Fach-)Kräften erreichen können; entsprechendes Personal ist vom Träger bereitzustellen. Leitungstätigkeit muß dafür sorgen, daß diese personellen Ressourcen erhalten bleiben, unter Umständen erweitert werden, jedenfalls genügend gesichert sind. Im Alltag geschieht dies z. B. durch eine differenzierte → Dienstplangestaltung, eine qualifizierte Personalauswahl oder durch die Beschaffung von Vertretungskräften.

Leitungstätigkeit sucht unter Berücksichtigung der vorhandenen Ressourcen und fachlichen Kompetenzen die Voraussetzung für einen optimalen Personaleinsatz zu schaffen (s. u.). Sie muß darauf achten, diese fachlichen Kompetenzen zu erhalten und zu erweitern, einerseits im Hinblick auf den Auftrag und die Ziele, andererseits im Hinblick auf die Förderung der Mitarbeiterinnen (Fürsorgepflicht). Dabei sind jeweils die Rechte und Pflichten aller an diesem Erziehungsprozeß Beteiligten zu wahren sowie die Möglichkeiten zu schaffen, Rechte und Pflichten ausüben zu können. Wenn auch in unterschiedlichem Ausmaß und mit unterschiedlicher Gewichtung hat Leitung hier sämtliche personellen Möglichkeiten in die Überlegungen einzubeziehen: Mitarbeiterinnen, Eltern, Fachberaterinnen u.v.m.

3. Organisatorischer Funktionsbereich

Der Verantwortungsbereich Organisation bezieht sich darauf, unter Berücksichtigung der pädagogischen Ziele und der personellen Gegebenheiten die jeweils adäquate Form der Umsetzung zu bestimmen und zu gewährleisten. Dazu gehört die bestmögliche Nutzung der Rahmenbedingungen (allgemeine Ressourcen), die Schaffung eines angemessenen Informations- und Kommunikationssystems, die Klärung und Einhaltung von Kompetenz- und Aufgabenbereichen sowie die Herausbildung geeigneter Handlungsabläufe und Verfahrensweisen einschließlich der Ausübung von Kontrollaufgaben.

Wenn hier jeweils von Verantwortung die Rede ist, dann muß nach der Beschreibung der Verantwortungs- und Aufgabenbereiche kurz darauf eingegangen werden, wem gegenüber diese Verantwortung zu erbringen ist.

- Da soll ausnahmsweise zuerst der Träger genannt werden. Ihm gegenüber ist jede Mitarbeiterin für die korrekte Erfüllung ihres Arbeitsauftrages verantwortlich. Die Grundlage hierfür bildet vor allem der Arbeitsvertrag und sämtliche sich daraus ergebenden Rechte und Pflichten (auch bei Leitungsfunktionen).
- Die Verantwortung gegenüber den Mitarbeiterinnen wurde z.T. schon beim Stichwort *personeller Funktionsbereich* erläutert. Sie bezieht sich vor allem darauf, daß Leitung den Mitarbeiterinnen ermöglicht, ihren Arbeitsauftrag zu erfüllen, sie mit Kritik und anderer Unterstützung zu fordern und zu fördern sowie die allgemein üblichen Arbeitsbedingungen zu sichern.
- Verantwortung gegenüber den Kindern, den Eltern, der Gesellschaft soll hier zusammengefaßt werden, als die Verantwortung

gegenüber den Auftraggebern der öffentlichen Erziehung und Bildung. Ohne sie gäbe es die Institution nicht, sie bestimmen die Zielsetzungen und den Auftrag der pädagogischen Arbeit. Für sie ist das Angebot an und in Kindertageseinrichtungen zu gestalten. Ihnen gegenüber sind alle dort Tätigen verantwortlich für die bestmögliche Ausführung.

Unterhalb der Funktions- und Aufgabenebene kann die Ebene einzelner Arbeiten bzw. Tätigkeiten angesiedelt werden. Ein Katalog zu erledigender Leitungstätigkeiten ist vielfältig und abhängig davon, wie detailliert und akribisch er aufgestellt wird. Welche Tätigkeit eine Leiterin tatsächlich (selbst) ausübt, hängt außer von den oben beschriebenen Funktionen auch von ihrem Rollenverständnis, von ihren Vorlieben, von ihren Fähigkeiten ab. Versteht sich die Leiterin als »Mutter vons Janze«, ist sie »Herr im Haus« oder ist sie »(nur) Teil vom Team«? Welche Anteile der Arbeit sind ihr angenehm: die vielfältigen, abwechslungsreichen Kontakte, daß »man auch mal rauskommt«, ebenso wie sie sich mal im Büro hinter Rechnungen und Papierkram verschanzen kann?

Einige Beispiele von Leitungsaufgaben zur Auswahl und Diskussion;
zuerst der pädagogische Bereich:
- Erstellung einer verbindlichen Hauskonzeption;
- Beteiligung der Erzieherinnen an der Erstellung und Umsetzung einer Konzeption;
- Bewahrung der Eigenständigkeit der Erziehungsarbeit einzelner Kolleginnen;
- eigene pädagogische Angebote.

Im personellen Bereich:
- partnerschaftliche Zusammenarbeit praktizieren;
- Anerkennung und Kritik äußern;
- Klärung schwieriger Fragen;
- Kenntnisse der Mitarbeiterinnen erweitern.

Bei der Organisation:
- Dienstplangestaltung nach Maßgabe der pädagogischen Konzeption;
- regelmäßige Dienstbesprechungen;
- Beteiligung der Erzieherinnen an der Materialbeschaffung;

- Sorge für guten Informationsfluß tragen, Informationen zur Geschäftslage geben.

Wie weit schließen sich diese Aufgaben gegenseitig aus, wie weit bedingen sie einander? Was muß eine Leiterin davon (selbst) ausführen?

Es ist keineswegs so, daß die Leiterin alles allein erledigen muß oder ganz allein für alles verantwortlich ist, was in einer Kindertageseinrichtung geschieht. Keine Person, die für die Erfüllung bestimmter Aufgaben verantwortlich ist, muß diese Aufgaben tatsächlich alle selbst erledigen. Verantwortung für die Erledigung zu tragen, heißt bloß, Sorge dafür zu tragen und alles entsprechende zu tun, daß die Aufgaben bestmöglich erfüllt werden. Verantwortung tragen heißt weiter, notfalls für Fehler einstehen müssen, die einem nicht hätten passieren dürfen.

Jedoch muß nicht jeder für alles und jedes geradestehen. Sollte eine Erzieherin z. B. falsche Auskünfte an Außenstehende geben, ist die betreffende Leiterin nicht zwangsläufig dafür verantwortlich. Auch die pädagogische Arbeit der Gruppenerzieherin ist nicht Aufgabe der Leiterin, sie trägt diese Verantwortung demnach nicht. Sie muß die Mitarbeiterin aber auf Fehler aufmerksam machen, sie kritisieren und fördern. Eine Leiterin muß z. B. *unhaltbare Zustände* in einer Gruppe abstellen und trägt dafür die Verantwortung.

Eine Leiterin ist der Erfüllungsgehilfe des Trägers im Sinne des § 278 BGB. Als Vorgesetzte übt sie die Fürsorgepflicht des Anstellungsträgers (Arbeitgebers) gegenüber den Arbeitnehmerinnen aus, d. h. sie darf die Rechte der Mitarbeiterinnen nicht unzulässig einschränken.

Weil sie u. a. für die pädagogische Arbeit richtungsweisend sein soll, ist die Leiterin die nächste Fachvorgesetzte von Erzieherinnen. Sie ist gleichzeitig die nächste Dienstvorgesetzte, weil sie z. B. für den Personaleinsatz und die Urlaubsregelung mitverantwortlich ist. Diese klare Aussage wird nicht überall geteilt. Bei manchen Trägern wird den Leiterinnen ausschließlich der Status einer Fachvorgesetzten zugestanden, d.h. über sämtliche arbeitsrechtsrelevanten Angelegenheiten entscheiden andere Personen (beispielsweise die Leitung der allgemeinen Verwaltung).

Auch die Ausgestaltung der Kompetenzbereiche von Leiterin und Erzieherinnen unterliegt unterschiedlichen Auslegungen. Beispielsweise darf bei einem Träger die Leiterin einer Erzieherin verbieten, mit der Kindergruppe einen Ausflug zu unternehmen; ein anderer Träger sieht die Entscheidung für oder gegen einen Ausflug als Bestandteil der pädagogischen Arbeit an. Daher liegt die Entscheidung im Kompetenzbereich der Erzieherin. Trotzdem bleibt der Leiterin als Vorgesetzte die Befugnis, → Dienstanweisungen zu erteilen. Wenn sie Bedenken gegen den Ausflug hat, muß sie einschreiten und den Ausflug notfalls verbieten. Denkbar ist ein Fall, wo eine unsichere Erzieherin ihre Fähigkeiten überschätzt und die Gruppe gefährden würde.

Soweit die Meinung zweier Träger. Rechtlich ist eher der zweiten Version zuzustimmen, denn eine Leiterin trägt keine Verantwortung für das konkrete Tun oder Lassen einer Erzieherin, auch nicht auf einem Ausflug. Ausnahmen bestätigen die Regel. Weiß eine Leiterin, daß die Erzieherin die Kita angetrunken verlassen will, muß sie einschreiten. Ist die Erzieherin aus anderen Gründen unsicher oder nicht in der Lage die Situation einzuschätzen, muß die Leiterin eingreifen. Eine Mitverantwortung trägt sie auch dann, wenn sie über entscheidendes Wissen bezüglich der Kinder verfügt und die Erzieherin nicht davon in Kenntnis setzt.

Ansonsten kann eine Leiterin davon ausgehen, daß der Träger seiner Fürsorgepflicht gegenüber den Kindern und der Vertragspflicht gegenüber den Eltern nachkommt und ausschließlich qualifiziertes Personal einsetzt, das sehr wohl in der Lage ist, Risiken zu erkennen und genügend qualifiziert zu arbeiten.

Ausflüge mit der Kindergruppe

Das Salz in der Suppe. Auf Ausflügen wird der Erfahrungsschatz der Kinder erweitert; Ausflüge helfen den Alltagstrott zu durchbrechen; Ausflüge bringen die Erzieherin in sichere Entfernung von Kolleginnen, mit denen sie sich nicht versteht. Ausflüge machen Spaß und Arbeit.

Wer darf mit wem unter welchen Umständen ausfliegen? Nach den allgemeinen Grundsätzen der Aufsichtspflicht beschränken sich die Überlegungen der Gruppenerzieherin nicht nur auf die Auswahl des Ausflugziels, sondern beziehen auch den Weg, die Verkehrsmittel, die Anzahl der Begleitpersonen und die Anzahl der Kinder in die Planung ein. Von Erzieherinnen wird erwartet, daß sie sich z. B. folgende Fragen stellen:

- Wie lange kenne ich die Kindergruppe?
- In welcher momentanen Verfassung befindet sich die Gruppe (Aggression, Müdigkeit, Ausgeglichenheit ...)?
- Welche Erfahrungen hat die Gruppe im Straßenverkehr?
- Welche Verkehrsmittel werden benutzt?
- Habe ich mit den Kindern klare Absprachen getroffen?
- In welcher Verfassung befinde ich mich selbst?
- Will ich mit den Kindern allein losziehen oder wen will und kann ich als Begleitperson mitnehmen?
- Ist das Ausflugsziel mir oder den Kindern bekannt?
- Wie bin ich bzw. sind die Kinder auf einen Notfall vorbereitet?

Durch die Beantwortung solcher Fragen wird die jeweilige Situation konkret bestimmbar und einschätzbar. Es kann daher keine allgemein gültige Gruppengröße für Ausflüge festgelegt werden; darin gleichen sie allen übrigen Gruppenaktivitäten.

Die vertretbare Zahl der auf Ausflügen mitgenommenen Kinder in Relation zu den erwachsenen Begleitpersonen ist von vielen Variablen abhängig. Hinweise geben uns die je nach Bundesland verschiedenen allgemein gültigen Gruppengrößen: Die in den Kindergartengesetzen und anderen Vorschriften festgelegten Zahlen gelten jeweils als ›Normalwert‹. Ein weiterer Maßstab ist das, was als pädagogisches Angebot für die jeweilige Altersgruppe angemessen ist. Aus der Tatsache, daß die Gruppengröße so bemessen sein muß, daß die Kindertagesstätte ihrem pädagogischen Auftrag nachkommen kann, läßt sich schließen, daß sämtliche anerkannten Angebote mit allen Kindern einer Kindergruppe durchzuführen sein müßten.

Einschränkungen dieser allgemeinen Regel sind dann zu beachten, wenn ein Träger einer Kindertageseinrichtung eine spezielle → Dienstanweisung erlassen hat. Unabhängig von den Bestimmungen der Aufsichtspflicht muß jede Erzieherin die Dienstanweisungen ihres Arbeitgebers einhalten, sofern damit nicht eine pädagogisch akzeptable Arbeit unmöglich wird. Einige Träger haben besondere Regelungen für Ausflüge innerhalb bzw. außerhalb der jeweiligen Ortsgrenzen erlassen. Manche Träger wünschen, daß die Erzieherinnen die geplanten Ausflüge offiziell anmelden. Eine häufige Begründung hierfür ist, daß Ausflüge außerhalb der Ortsgrenzen *arbeitsrechtlich* als Dienstreisen anzusehen sind, so daß sich Konsequenzen für die Vergütung ergeben könnten.

Manchmal wird die Anmeldung jedes einzelnen Ausflugs damit begründet, daß sich der Träger absichern muß. Dies ist ein grober Unfug, der die tägliche Arbeit mit überflüssigen Verwaltungshandlungen belastet, ohne ein Mehr an Sicherheit zu produzieren. Kein Trägervertreter kann per telefonischer Rücksprache wirklich entscheiden, welcher Ausflug noch zulässig und welcher zu verbieten ist.

Ebensowenig nutzen allgemein gültige Dienstanweisungen mit einem genauen Zahlenverhältnis zwischen erwachsenen Begleitpersonen und mitgenommenen Kindern. Träger(vertreter), die für solche Situationen genaue Vorgaben machen, übernehmen eine Verantwortung, die sie letztlich nicht erfüllen können. Sie entscheiden und entheben damit (teilweise) die Erzieherin von ihrer Verantwortung, ohne den Einzelfall zu kennen. Für die betreffende Erzieherin gilt die Dienstanweisung. Sie gilt sogar als *Indiz* für eventuelles fachliches Fehlverhalten der Erzieherin, wenn diese gegen die Vorgabe verstößt. Aber das Indiz ist längst kein Beweis im Einzelfall.

Die Beantwortung der Frage, ob die Kindergruppe von einer oder von mehreren Personen begleitet werden muß, hängt von den gleichen Kriterien ab wie die Frage nach der zumutbaren Gruppengröße. Wenn keine ausdrückliche Dienstanweisung vorliegt, entscheidet die Gruppenerzieherin (oder die Leiterin, → Aufgaben der Leitung). Sie muß für eventuelle Notfälle in dem Rahmen Vorsorge treffen, wie es der pädagogische Auftrag der Kita zuläßt und fordert. Sicherheit und das Ziel der Entfaltung der kindlichen Persönlichkeit müssen gegeneinander abgewogen werden. Auf diesem Hintergrund bestimmt sich, was mit einer Kindergruppe unternommen werden kann oder nicht.

Pädagogisches Ziel muß sein, daß die Kinder sich selbständig verhalten können; sie sollen lernen, Situationen zu überschauen. Der den Kindern gewährte Freiraum muß den jeweils nächsten Entwicklungsschritt zulassen. Eine Kindergruppe muß nicht in Reih und Glied die Straße entlang marschieren oder ein Seil festhalten. Vielleicht genügt die Absprache, daß auf der Straße nicht mit Bällen gespielt und beim Vorlaufen an den Straßenecken gewartet wird, bis die Gruppe gemeinsam die Straße überquert. Bei älteren Hortkindern wird die Verabredung genügen, daß sie sich zu einer bestimmten Zeit am Zielort einfinden. Ausflüge von Kindergruppen sind ein Weg, zusammen mit den Kindern Erfahrungen zu machen. Sie sollen nicht dazu dienen, militärische Marschformen und Drill einzuüben.

Wenn eine Erzieherin nach gewissenhafter Überlegung davon ausgehen kann, daß ihre Kindergruppe außerhalb der Einrichtung Gefahren selbständig einschätzen und aus dem Weg gehen kann, dann ist der Aufsichtspflicht Genüge getan. Die Erzieherin muß besonders berücksichtigen, daß viele Situationen den Kindern nicht bekannt sein mögen. Dies erhöht die Wichtigkeit fortdauernder Übung, der Gespräche mit den Kindern über ihr Verhalten und der schrittweisen Heranführung.

Beginn und Ende der Aufsichtspflicht

Eltern geben die zuvörderst ihnen zugebilligte und obliegende Pflicht zur Erziehung und Beaufsichtigung ihres Kindes an den Träger einer Kindertageseinrichtung und seine Erzieherinnen weiter. Den Prozeß der Weitergabe nennt man → Delegation. Das Grundprinzip der Erziehung bleibt bei der Delegation erhalten. Kinder (und Jugendliche), die nicht oder nur eingeschränkt geschäftsfähig und schadensverantwortlich sind, stehen jederzeit unter Schutz und Aufsicht von Erwachsenen, welche zuständig und letztlich verantwortlich für das Kind sind.

Das Prinzip ist klar, doch wann ist welcher Erwachsene zuständig und daher verantwortlich? Beim Übergang der Erziehungs- und Aufsichtsverpflichtungen von einer Person auf andere können unklare Zuständigkeiten, Mehrfachzuständigkeiten oder Zuständigkeitslücken entstehen. Solche Unklarheiten können diejenigen in Schwierigkeiten bringen, die sich zunächst verantworten müssen, obwohl sie letztlich vielleicht gar nicht zuständig sind und daher von vornherein freizustellen wären. Für diejenigen aber, die tatsächlich die Verantwortung tragen, es nur nicht wissen, kann das dicke Ende noch kommen. Dabei sind solche unklaren Situationen recht einfach durch Absprachen zu vermeiden.

Immer wenn mehrere Erziehungs- und Aufsichtspflichtige zusammentreffen, sollten sie miteinander klären, wer in welchem Umfang für ein Kind zuständig ist. Wer nicht zuständig ist, ist auch nicht verantwortlich und braucht keine Folgen von Aufsichtspflichtverletzungen zu befürchten.

Eltern können ihre Erziehungs- und Aufsichtsrechte und -pflichten an Erzieherinnen in Kindertageseinrichtungen delegieren. Gibt eine Mutter ihr Kind – wortwörtlich genommen – in die Hand der Erzieherin, übergibt sie im übertragenen Sinne ihre Pflichten und Rechte für die vereinbarte Betreuungszeit mit. Verläuft die Abholsituation nach gleichem Muster, werden Pflichten und Rechte wieder zurück übertragen. Dieser Fall ist klar und einfach, wenn die Mutter unmittelbar nach der Übergabe ihrem Vergnügen oder einer Berufstätigkeit nachgeht, wenn sie jedenfalls die Kindertageseinrichtung verläßt. Im folgenden sollen einige Komplikationen vorgestellt und mögliche Umgangsweisen beschrieben werden.

- *Gesetzt den Fall die Mutter geht nicht sofort.* Das ist ein Fall, der nicht selten eintritt. Wer ist für das Kind verantwortlich, wenn es sich aus der Hand der Erzieherin gelöst hat und frei spielt? Die Erzieherin denkt, die Mutter hat Vorrang; die Mutter fühlt sich als Gast in der Tageseinrichtung. Außerdem hat die vereinbarte Betreuungszeit schon begonnen.

  Allgemeine Aussagen lassen sich, wie so oft, nicht machen. Der Einzelfall entscheidet. Im Grunde müßte die Frage nach der Verantwortlichkeit den beteiligten Erwachsenen gestellt werden: »Was haben Sie vereinbart?«

  Unklare Situationen schaffen Unsicherheit darüber, wie jemand sich verhalten soll und wie ein eventueller Rechtsstreit ausgehen würde. Wenn keine klaren Vorgaben existieren oder bekannt sind, können die unmittelbar beteiligten Personen sich selbst Gewißheit und Verhaltenssicherheit schaffen. Sie sollten ihren Entscheidungsspielraum für Absprachen vollständig nutzen.

- *Auf Festen oder Ausflügen* kann es zu ähnlichen Unklarheiten kommen, darum gelten die obigen Aussagen gleichfalls. Zu klären ist weiterhin, ob es sich um eine Veranstaltung der Kindertageseinrichtung handelt oder um ein *offenes Angebot*, das mehr oder weniger zufällig von Eltern, Kindern und Gruppenerzieherin wahrgenommen wird.

  Zum Beispiel könnten sich alle am Nachmittag oder abends zum Kino verabreden. Dieses Treffen ist höchstwahrscheinlich als Privatangelegenheit anzusehen. Die Kinder müßten von ihren Eltern betreut werden. Findet der Kinobesuch zum Ende des Kindergartenjahres als Abschiedsfeier statt, kann von einer offiziellen Veranstaltung des Kindergartens *am anderen Ort* ausgegangen werden. Die Erzieherin ist nicht nur Teilnehmerin, sie ist Initiatorin, also sollte sie klären, ob sie die Kinder allein betreut (und die Eltern schauen zu) oder ob die Betreuung aufgeteilt wird (und gegebenenfalls wie).[1]
- Manchmal haben es Eltern morgens eilig (manche Eltern haben es immer eilig), dann öffnen sie die Eingangstür der Tageseinrichtung einen Spalt, zwängen ihr Kind hindurch und verschwinden. *Diese Eltern übergeben das Kind nicht direkt.* Das Kind steht im Eingangsbereich, die Erzieherin sitzt im Gruppenraum. Während anzunehmen ist, daß das Kind weiß, wo die Erzieherin und die anderen Kinder der Gruppe zu finden sind, weiß die Erzieherin nicht unbedingt, daß das Kind (schon) da ist. Sie kann nicht wissen, daß das Kind gekommen ist und ist daher nicht zur Verantwortung zu ziehen. Erst ab dem Zeitpunkt, ab dem sie das Kind zu Gesicht bekommt, beginnen ihre Betreuungspflichten.

  Kann sie nicht wissen, daß das Kind gekommen ist? Doch, doch, sie kann – unter Umständen. Beispielsweise, wenn sie die Tür hat klappen hören und ein »Mach's gut!« der Eltern vernommen hat; beispielsweise, wenn das Kind laut zu weinen oder zu singen beginnt; beispielsweise, wenn das elterliche Verhalten verabre-

[1] Die Aussagen gelten zunächst einmal für den Fall, daß Eltern und Erzieherin sich über die Betreuung für das Kind dieser Eltern einigen. Für den denkbaren Fall, daß Eltern auch für andere Kinder zuständig werden, siehe unter → Delegation.

dungsgemäß stattgefunden hat, die Erzieherin also darauf eingestellt ist; und schließlich, wenn das Verhalten der Eltern zwar nicht verabredet, doch durch *tägliche Übung* üblich war. In diesen und ähnlichen Fällen kann von einer Mitverantwortung der Erzieherin ausgegangen werden. Wie groß ihr Anteil tatsächlich ist, sollte nicht erst in einem Gerichtsverfahren ausgelotet werden, sondern kann schon vorher im Rahmen des Betreuungsvertrages zwischen Eltern und Erzieherin eigenverantwortlich ausgehandelt werden.

Das Bestimmung des Zeitpunktes, ab dem eine Erzieherin zuständig wird für ein Kind, kann nur im Zusammenhang mit den Trägervorgaben und den konkreten räumlichen und personellen Gegebenheiten vorgenommen werden. Trägervorgaben ergänzen möglicherweise den Betreuungsvertrag um genauere Absprachen. Räume können durch großzügige Verglasung so günstig gestaltet sein, daß die Ankunft eines Kindes auf jeden Fall bemerkt wird, sie können ein Kind auch erst einen langen dunklen Flur entlang führen. Die Personalausstattung kann eine zusätzliche Empfangsperson vorsehen oder eine Erzieherin morgens allein lassen.

Entscheidend für die Einschätzung der Übergabesituation ist – nicht zu vergessen – die pädagogische Konzeption. Zu fragen ist doch aus pädagogischer Sicht: Wie ist der Eingangsbereich gestaltet? Findet das Kind dort seine spielenden Freunde? Kennt es sich überall im Haus aus? Kann es sich dort sicher bewegen, oder muß es sich sogar abmelden, wenn es zur Toilette gehen will?

- Nehmen wir an, die sich gehetzt fühlenden Eltern aus unserem Beispiel haben ihr Kind nicht aus Eile, sondern mit Absicht nur bis in den Eingangsbereich gebracht, damit es die restlichen Meter allein, also selbständig, zurücklegen kann. Nehmen wir sogar an, daß Eltern ihr *Kind allein zum Kindergarten* schicken, weil sie die Erziehung zur Selbständigkeit ernstnehmen. Ab wann ist die Erzieherin für das betreffende Kind zuständig? Die Antwort ist im Grunde die gleiche. Die Erzieherin ist dann verantwortlich, wenn ein Kind für sie erkennbar in ihren Einflußbereich gekommen ist, wenn es von ihr als zu betreuendes Kind wahrgenommen werden kann.

Ist darüber hinaus weiteres mit den Eltern vereinbart oder durch übliche Praxis bestätigt, erweitert sich der Verantwortungsbereich entsprechend. Rufen zum Beispiel Eltern an, daß sie ihr Kind auf den Weg schicken, und müßte es spätestens zehn Minuten danach in der Einrichtung ankommen, hat die Erzieherin mit dem Telefonat *stillschweigend* die Verpflichtung angenommen, den Eltern mitzuteilen, wenn das Kind nicht ankommt. Durch die mit den Eltern getroffene Absprache muß sie sich schon um das Kind kümmern, bevor es eingetroffen ist. Die Aussage trifft ebenfalls zu, wenn ein Kind schon wochenlang Punkt 8.30 Uhr oder nach dem Schulbesuch um 14.00 Uhr durch die Eingangstür kommt. Wird dieser Rhythmus ausnahmsweise durchbrochen, ist von ihr zu erwarten, daß sie sich im Rahmen ihrer Möglichkeiten (die anderen Kinder müssen weiter betreut werden!) um den Verbleib des Kindes kümmert. Sie dehnt, ganz praktisch gesprochen, ihre Verantwortung für das Kind innerhalb der vereinbarten Betreuungszeit auf andere Räume aus.

- Kommt ein Kind regelmäßig allein, kann und darf es meist auch *allein von der Kindertagesstätte nach Haus* gehen. Das Kind verläßt den Verantwortungsbereich der Erzieherin zu der Zeit, die mit den Eltern verabredet ist.[2] Mit der verabredeten Verabschiedung gibt die Erzieherin das Kind sozusagen frei; sie übergibt es in den Verantwortungsbereich der Eltern, denn für die Wege von und zur Kindertageseinrichtung sind die Eltern zuständig.

  Eine Ausnahme hiervon ist dann gegeben, wenn Umstände eingetreten sind, die vermuten lassen, daß Eltern in Kenntnis der besonderen Situation ihre Zustimmung zum selbständigen Nachhauseweg des Kindes widerrufen würden. Ein Kind könnte beispielsweise am Nachmittag erkranken oder eine heftige Auseinandersetzung mit einem anderen Kind oder der Erzieherin gehabt haben und deshalb noch ganz außer sich sein; kurz: es ist zu befürchten, daß das sonst so kompetente und besonnene Kind die übliche Aufgabe nicht bewältigen wird. In einem solchen Fall verlängert die Erzieherin ihren Verantwortungsbereich über die ver-

---

[2] Falls ein Kind sich nicht an die zwischen der Erzieherin und den Eltern getroffene Verabredung hält und die Einrichtung schon vorher verläßt, siehe unter → Weglaufen von Kindern, ab S. 401

einbarte Zeit hinaus. Sie betreut das Kind weiter, bis die Eltern es abholen, und sie benachrichtigt die Eltern von ihrer Entscheidung.

- Wie kann dieser Fall eingeschätzt werden: *Ein Kind wird nicht abgeholt?* Wenn Eltern die vereinbarte Zeit für das Abholen ihres Kindes nicht einhalten, ist meistens etwas dazwischen gekommen. Selten nur geschieht es, daß Eltern einer Erzieherin aus Gleichgültigkeit oder anderen Interessen zumuten, ihr Kind sogar über Nacht bei sich zu behalten. Ausgesprochen selten geschehen zum Glück Unfälle oder ähnliche schwierige Ereignisse, die zum selben Resultat führen. Häufen sich Verspätungen, kann mit den Eltern gesprochen und auf Einhaltung des Betreuungsvertrages gepocht werden, der eine bestimmte Uhrzeit vorsieht.

Anstatt das Problem direkt anzusprechen, versuchen manche Erzieherinnen, es über das Kind zu lösen. Sie versuchen, den Eltern ein schlechtes Gewissen zu machen: »Ihr Kind hat sie so vermißt. Es war ganz, ganz traurig. Ihr Kind versteht gar nicht, warum immer nur Sie zu spät kommen.« Die nonverbale Version instrumentalisiert das Kind vollständig: Es wird schon ausgehfertig (im Winter mit Stiefeln, Schal und Mütze) angezogen und möglichst auffällig dort plaziert, wo es garantiert nichts anderes tun kann, als den Eindruck eines Häuflein Unglücks zu machen.

Das Problem nicht abgeholter Kinder stellte sich bis vor wenigen Jahren vorwiegend am Ende eines Betreuungstages in einer Kindertageseinrichtung. Heute, in Zeiten punktgenauer Betreuungsverträge über fünf, sieben oder neun Stunden, häuft sich das Problem der zu spät kommenden Eltern, weil die Elternbeiträge passend zu den Zeiten gestaffelt sind. Eltern mit wenig Einkommen kalkulieren eher (zu) knapp und schon ist das Risiko für einen Konflikt vorhanden. Eltern, Kind und Erzieherin tragen dann aus, was durch politisch gewollte Rahmenbedingungen verursacht wird. Hier sollten Erzieherinnen und ihre Leiterinnen wachsam sein und mit den Eltern Betreuungsmöglichkeiten anzustreben versuchen, die dem Bedarf tatsächlich entsprechen.

Es bleibt im Einzelfall der konkrete Umgang mit dem *Problem* – dem nicht abgeholten Kind bei der Erzieherin. Was ist zu beachten? Wird ein Kind innerhalb der Öffnungszeit der Einrichtung, aber entgegen dem Betreuungsvertrag zu spät abgeholt, sollte ein

Gespräch mit den Eltern genügen. In Bezug auf das Kind verlängert sich die faktische Betreuung durch seine Anwesenheit und die Tatsache, daß es von der Erzieherin nicht einfach nach Hause geschickt werden darf, falls nicht entsprechendes abgesprochen wurde. Mit der zeitlichen Verlängerung der Betreuung verlängern sich alle Rechte und Pflichten der Erzieherin gegenüber dem Kind.

Der gleiche Sachverhalt trifft zu, wenn durch das zu späte Abholen die Öffnungszeit der Einrichtung überschritten wird. Die Arbeitszeit der Erzieherin wird verlängert. In dieser Zeit betreut sie das betreffende Kind. Sie wird nach gewisser Zeit versuchen, die Eltern zu erreichen, die Großeltern, Nachbarn oder andere ihr bekannte und dem Kind vertraute Personen. Günstigenfalls wurde lang vorher abgesprochen, wie die Erzieherin vorgehen soll. Schlimmstenfalls gibt es keine Regelung. Dann muß sie eine *zumutbare Zeit* das Kind weiterbetreuen. Als Faustregel gilt eine zusätzliche Betreuung von zwei Stunden in der Einrichtung als zumutbar. Träger können genaueres regeln. Nach dieser Zeit sind weitere Schritte zu unternehmen. Die Betreuungs- und Aufsichtspflicht besteht weiter, solange das Kind sich in der Obhut der Erzieherin befindet, sie wird im Rahmen der Zumutbarkeit höchstens eingeschränkt.

- Weitaus häufiger, nämlich täglich, kann es zu *Komplikationen bei der Abholsituation* kommen. Welches Kind wurde bereits abgeholt, welches ist ohne sich zu verabschieden schon mal vorausgegangen? Die Betreuungspflicht der Erzieherin endet normalerweise, wenn sie das Kind den Eltern zurückgibt.

Holen Eltern ihr Kind ab, ohne sich von der Erzieherin zu verabschieden, haben die Eltern die gesamte Verantwortung zurückgenommen. Die Erzieherin kann jedoch nicht wissen, was geschehen ist. Sie wird daher versuchen, Handlungssicherheit zu erlangen, indem sie bei den Eltern anruft, sie aufsucht, Kolleginnen oder andere Eltern fragt, ob sie etwas gesehen haben.

Wie bei der Bringesituation kann es auch in der Abholsituation zu unklaren Zuständigkeiten kommen, weil die Erzieherin denkt, daß nun die Eltern sich wieder um ihr Kind kümmern, während die Eltern sich als Gäste fühlen und nicht in die Kompetenzen der Erzieherin eingreifen wollen. Was beim Bringen hilft, ist sinvoll auch beim Auseinandergehen: Absprachen, Absprachen, Absprachen. Ersatz- und ausnahmsweise reicht für beide Situationen die Darstellung des gewünschten Verfahrens in der Hauskonzeption, sofern sie wirklich allen Eltern genügend zur Kenntnis gebracht wurde.

- Als letztes Beispiel soll nun die *geteilte Aufsicht im Team* vorgestellt werden. Wechselt ein Kind die Gruppe oder übergibt eine Erzieherin ihre nicht abgeholten Kinder an einen Spätdienst oder gibt es Regelungen im Team darüber, wer für den Garten, den Turnraum, den Keller zuständig ist, werden jedesmal die Grenzen von Verantwortungsbereichen festgelegt und Beginn und Ende der Aufsichtspflicht aktuell neu bestimmt. Die Aussagen für die verschiedenen Fälle von Delegation zwischen Eltern und Erzieherin gelten im Erzieherinnenteam analog. Abzusprechen ist die jeweilige Zuständigkeit für Aktionen und Personen; die allgemeinen Verabredungen hierzu können in der pädagogischen Konzeption festgehalten werden. Sie müssen aktuell überdacht und konkretisiert angewandt werden. Im Konfliktfall wird vor Gericht danach gefragt: »Zur Organisation haben die Zeugen eine ausführliche Darstellung gegeben«, heißt es in dem Urteil ab Seite 544.

Belehrungen

Belehrungen sollen, wie → mündliche Vereinbarungen und schriftliche Bestätigungen, der Absicherung dienen.

In Klassenbüchern der Schulen gibt es eine *Rubrik Belehrungen*. In der DDR waren Belehrungen in Schulen und Kindergärten vorgeschrieben.[3] Leitungskräfte sollten ihre Lehrkräfte und Erzieher regelmäßig über *Fürsorge- und Aufsichtsmaßnahmen* belehren und diese Belehrungen aktenkundig machen. Sinn dieser Aktionen war zum einen, die Erziehungskräfte zur Aufsicht und Fürsorge gegenüber den ihnen anvertrauten Kindern zu befähigen, zum anderen ging es darum, sich bei eventuellen Vorkommnissen abzusichern. Lehrer und Er-

[3] Da der Begriff Belehrungen in der Jugendhilfe unüblich ist, vermuten wir, daß er mit der Schulpädagogik zusammenhängt; in der DDR gehörte der Kindergarten zum Bildungswesen, weshalb möglicherweise auch dort *belehrt* werden mußte.

zieherinnen wiederum mußten »regelmäßige Belehrungen über Gefahren- und Unfallquellen durchführen und sie im Klassenbuch eintragen«.[4]

Der Sinn der Belehrung ist ursprünglich, Kinder auf den *Umgang mit Gefahren* vorzubereiten. Eine erste Abwandlung erfolgt, wenn sie gerade noch *auf die Gefahren vorbereitet* werden. Eine zweite Wandlung durchläuft die Belehrung, wenn Kinder nur noch informiert werden, daß es Gefahren gibt. Die belehrende Person kann sich zwar *schriftlich absichern*, doch den Umgang mit unsicheren Situationen lernen Kinder dadurch nicht.

Belehrungen sind ein scheinbar probates Arbeitsmittel, um bestimmte Verhaltensweisen bei *anderen* zu erreichen, obwohl doch die Sozialpädagogik (nicht die Schulpädagogik!) und die Lernpsychologie längst erkannt haben, daß Belehrungen zu den passiven, also den nur gering erfolgreichen Lernformen gehören. Auch nichtpädagogische Arbeitsfelder bedienen sich dieser Methode. In der Badeverordnung des Landes Berlin[5] beispielsweise steht unter Ziffer 5 *Belehrung und Unterweisung* folgender Text:
»Die Minderjährigen sind vor Antritt einer Wanderung ... über die Gefahren beim Baden im Freien zu unterweisen. In Heimen, sonstigen betreuten Wohnformen sowie Kindertagesstätten ist außerdem eine Unterweisung in jedem Jahr vor Beginn der Badezeit erforderlich. Die Belehrung kann gegenüber einem Kind unterbleiben, wenn es nach der Entscheidung der Beaufsichtigenden zu jung ist, um das erforderliche Verständnis zu besitzen.«[6]

Fast alle Vorschriften sind unklar oder mehrdeutig formuliert. Deshalb gibt es vielfältige Formen ihrer Auslegung und Umsetzung. Was steckt in Ziffer 5 der Berliner Badeverordnung? Der erste Satz verpflichtet eine erwachsene Person, Kinder und Jugendliche über Ge-

---

[4] Fundstelle: Fürsorge- und Aufsichtsordnung vom 5.1.1996; siehe auch S. 249 ff.

[5] Senatsverwaltung für Jugend und Familie (Berlin): Ausführungsvorschriften über das Baden und Schwimmen mit Kinder- und Jugendgruppen (AV-Bad) vom 30.12.1994

[6] Es folgt der Hinweis auf fünf weitere Vorschriften und Informationsquellen, die zur Belehrung herangezogen werden sollen.

fahren beim Baden im Freien zu *unterweisen*, d.h. wohl besser: *aufzuklären*. Dann soll die Unterweisung jährlich einmal, nämlich vor Beginn der Badesaison, prophylaktisch und zusätzlich durchgeführt werden, vorausgesetzt die Kinder werden professionell und institutionell betreut. Im dritten Satz heißt die Unterweisung dann Belehrung. Was jedoch wichtiger ist, kommt danach: *die Belehrung kann unterbleiben, wenn das Kind sie nicht verstehen kann!* Wie wichtig kann der Inhalt einer vorgeschriebenen Belehrung sein, wenn sie verzichtbar ist?

Stellen wir unsere Zweifel am Erfolg der Belehrung als pädagogischer Methode einmal zurück, so ist mit einer Unterweisung oder einer Belehrung doch wohl beabsichtigt, jemandem Wissen zu vermitteln, über das er oder sie nicht in erforderlichem Umfang verfügt. Mit Bezug auf den zu Belehrenden formuliert: der Sinn einer Belehrung oder Unterweisung besteht darin, daß jemand durch sie etwas lernt und dann mehr versteht als vorher. Die Vorschrift aber signalisiert: Wenn der Minderjährige sie nicht verstehen kann, geht es auch ohne. Die Belehrung kann man sich sparen.

Pädagogisches Handeln und Aufsichtsführung unterliegen vergleichbaren Anforderungen an Herangehensweise, Durchführung, Sorgfalt und anderem mehr. Die pädagogische Fachkompetenz gebietet es, Kinder auf Gefahren vorzubereiten, sie schrittweise heranzuführen und mögliche Reaktionen in schwierigen Situationen zu üben und zu besprechen. Pädagogisches Handeln umfaßt demnach weit größere Anforderungen, als eine Bade-Verordnung jemals enthalten könnte. Trotzdem wissen wir, daß manche Erzieherinnen diese und ähnliche Verordnungen wie einschränkende Gesetze betrachten. Sie haben soviel Angst, daß sie die Verordnungen *übererfüllen* (z.B. Kindern vortragen, die fast nichts verstehen) oder als Ritual abhandeln in der Hoffnung: »Wenn ich den Kindern sage, daß sie aufpassen sollen, kann mir nichts mehr passieren.«

Das ist nicht nur widersprüchlich, sondern in mehrfacher Hinsicht unsinnig und gefährlich. Eine Verordnung ist kein Gesetz (siehe → Hierarchie der Gesetze und Vorschriften). Anstatt sich darauf zu konzentrieren, was in der konkreten Situation und der beabsichtigten Aktion (ob beim Baden, Radfahren oder bei einem Theaterbesuch) sinnvoll vorbereitet werden kann, werden sinnlos Regeln heruntergebetet oder Ängste heraufbeschworen (»Paßt bloß auf, sonst ...«). Solches Handeln degradiert die eigene Fachlichkeit. Kinder können nicht davon profitieren. Ein solches Handeln kann sich für die Kinder direkt und für die Erzieherin indirekt als geradezu gefährlich auswirken, denn das bloße Einhalten von Vorschriften sichert sie in keinster Weise vor den Folgen fahrlässiger pädagogischer Arbeit bzw. Aufsichtsführung ab.

Richtig ist, daß Kinder *auch* verbal auf Gefahren aufmerksam gemacht werden müssen. Richtig ist gleichfalls, daß gewünschte Verhaltensweisen vorher besprochen werden *können*. Und richtig ist schließlich, daß solche Vorschriften (z. B. vor Gericht) als *Anhaltspunkte* herangezogen werden, um zu klären, ob die Erzieherin korrekt gehandelt hat. Aber keine Vorschrift der Welt kann die eigene Überlegung einer Erzieherin ersetzen. Keine Vorschrift hat Bestand, wenn die Erzieherin glaubhaft erklären kann, warum sie von ihr abgewichen ist. Keine Vorschrift kann fachkompetentes Erziehungshandeln auch nur annähernd zusammenfassen. Noch einmal: Unseres Erachtens ist die hier vorgeschriebene Belehrung der Kinder nur ein kleiner Teil der erforderlichen pädagogischen Aktivitäten beim Baden und keinesfalls ihr wichtigster.[7]

Zum Schluß bleiben leider viele Fragen offen. Warum gewinnen Vorschriften so leicht Schreckenscharakter? Warum werden sie häufig überinterpretiert? Warum wird trügerische Hilfestellung erwartet? Warum läßt sich sozialpädagogische Arbeit in Kindertageseinrichtungen so leicht durch schulpädagogische Belehrungen an die Wand drücken?

Juristen gebrauchen den Begriff *Belehrungen* ebenfalls. Sie benutzen ihn jedoch anders als Pädagogen – als Sozialpädagogen allemal. Bei Gericht

---

[7] Für die Nichteinhaltung von Vorschriften allein hat man höchstens disziplinarische Folgen zu befürchten.

»ist die Rede von Geboten und Verboten, von Belehrung und Anweisungen und von Kontrolle und Überwachung, um nur einige zu nennen. Diese Terminologie mag manchen Erzieher, der sich als Berater und Partner der ihm anvertrauten Kinder versteht, befremden, weil sie ihm als autoritär und unpädagogisch erscheint.«[8]

Die Sprache der Richter ist nicht die der Pädagogen. Für Juristen ist dieser Sachverhalt selbstverständlich und kaum zu beachten; in der Pädagogik sorgt er für Verunsicherung über den Wert der eigenen Professionalität gegenüber dem Recht. Dabei folgen Richter von der Sache her, fast möchte man sagen, vollkommen den pädagogischen Zielvorstellungen. Weder die Art der Aufsichtsführung mögen sie im einzelnen vorgeben, noch die Methoden der Zielerreichung, noch die Methoden der Belehrung und der fallspezifisch erforderlichen Überwachung. Juristen verwenden den Begriff Belehrung zunächst wertfrei. In welcher Art und Weise eine Erzieherin die Vorbereitung ihrer Kindergruppe auf eventuelle Gefahren vornimmt, bleibt ihr als Expertin überlassen.

Besuchskinder

Wenn in Kindertageseinrichtungen über Besuchskinder nachgedacht wird, dann gleiten die Gedanken schnell zu den Hindernissen und Schwierigkeiten, die solche Besuche mit sich bringen mögen. Fragen tauchen auf: »Dürfen wir fremde Kinder reinlassen?«, »Denken Eltern und Träger, wir Erzieherinnen sind nicht ausgelastet, wenn wir noch mehr Kinder hereinlassen?«, »Leisten wir einer Erhöhung der Gruppenfrequenzen Vorschub?«, »Was geschieht bei einem Unfall?«

Es ist in der Tat auf den ersten Blick heikel, zugleich für einen besseren Personalschlüssel einzutreten und mehr als die angemeldeten Kinder in der Kindertageseinrichtung spielen zu lassen. Doch wie so oft, reicht ein erster Eindruck nicht aus, um das eigentliche Problem zu erkennen und eine angemessene Lösung zu finden. Schon der zweite Blick offenbart, was hinter den Fragen stecken mag: Angst oder Unsicherheit vor Übertretung einer nicht bekannten Wei-

[8] Claassen u.a.: Aufsichtspflicht... Hannover 1995, S.11

sung des Trägers; Unsicherheit darüber, ob Eltern und Träger die pädagogische Arbeit würdigen; die Befürchtung, daß die Arbeitsbedingungen verschlechtert werden könnten; Angst vor den Folgen einer Aufsichtspflichtverletzung; die Befürchtung, inkonsequent zu erscheinen.

Über diese Hintergrundthemen sollten Erzieherinnen diskutieren, damit sich im Team ein begründeter Standpunkt herausbilden kann. Eine Entscheidung für oder wider Besuchskinder in der Kindertageseinrichtung darf solche Themen nicht aussparen, sonst wird vielleicht eine Stellvertreterdiskussion geführt. Nochmals zurück zu den Fragen: sie sind ausnahmslos erwachsenenbezogen formuliert. Die Kinder, um die es gehen soll, stehen im Hintergrund. Warum sollen Kinder zu Besuch kommen? Welche Bedeutung haben Besuche für Kinder in Kindertageseinrichtungen?

Freunde und Freundinnen, die sich sonst nach der Öffnungszeit verabreden, könnten sich früher sehen; andere Freundschaften können sich vielleicht erst durch eine Besuchsregelung entwickeln. Kinder, die keine Tageseinrichtung besuchen, können Freunde nach eigener Auswahl und Entscheidung mit nach Haus bringen. Sollte diese Möglichkeit nicht allen Kindern zustehen? Die Aufnahme in eine Kindertageseinrichtung grenzt die angemeldeten Kinder üblicherweise ein und die nicht angemeldeten aus; durch Besuchskinder verliert die Institution Kindertagesstätte an Anstaltscharakter. Vom pädagogischen Anspruch her ist ein Kontakt zwischen Kindern innerhalb und außerhalb einer Kindertageseinrichtung sehr zu empfehlen.

Zu vergessen ist nicht, daß auch Erzieherinnen Gründe und Interesse (und eben nicht nur Ängste und Unsicherheiten) an Besuchskindern haben können. Um auszuprobieren, ob ein Kind in die Gruppe paßt, kann es einige Zeit *auf Probe* kommen. Der Status eines Besuchskindes kann hilfreich und erleichternd für die Eingewöhnung eines Kindes sein, und zwar für das Kind und für die Erzieherin.

Erzieherinnen sollten zur Aufnahme von Besuchskindern unterstützt werden. Träger von Kindertagesstätten können Klarheit schaffen, indem sie eindeutige konzeptionelle Impulse setzen.

Wie aber verhält es sich mit der Aufsichtspflicht? Zu unterscheiden ist, ob ein Kind mit Kenntnis oder Duldung der Eltern, also nach Absprache zwischen Erzieherinnen und Personensorgeberechtigten die Einrichtung besucht. Dann ist in der Regel davon auszugehen, daß eine vertragliche Übernahme der Aufsichtspflicht (siehe S. 125 ff.) durch die Erzieherin vorliegt.

Kommt ein Kind auf Einladung eines aufgenommenen Kindes oder einfach aus Neugier einmal in die Kita (wissen also die Eltern nichts davon), dann obliegt der Erzieherin keine Aufsichtspflicht, die Eltern üben sie ungebrochen aus. Die Erzieherin, die Leiterin, der Träger übernehmen gleichwohl ein unbestimmtes Maß an Verantwortung. An der Frage, die häufig im Vordergrund steht: »Was geschieht, wenn etwas passiert?«, werden zwei Möglichkeiten diskutiert:

1. *Das Besuchskind erleidet einen Schaden.*
   Für Schäden, die Besuchskinder erleiden, haftet der Träger, da er für die Kindertageseinrichtung verantwortlich ist. Ihm obliegt die → Verkehrssicherungspflicht, die Aufgabe also, Gefahrenstellen zu sichern oder Spielgeräte intakt zu halten. Das ist nicht anders als bei den angemeldeten Kindern. Falls der Schaden durch Kinder entstanden ist, die in der Kita angemeldet sind und weil ihre Erzieherin die Aufsichtspflicht verletzt hat, kann auch ihr gegenüber ein Haftungsanspruch geltend gemacht werden. In diesem Falle könnte eine → Berufshaftpflichtversicherung für die Erzieherin eintreten.
2. *Das Besuchskind verursacht einen Schaden.*
   Wenn ein Kind bei einem Besuch in einer Einrichtung einen Schaden anrichtet, haften dafür die Eltern des Kindes im Rahmen der allgemeinen Bestimmungen, da sie für die Aufsicht zuständig sind. Eine Erzieherin könnte nur dann ein Vorwurf treffen, wenn der Schaden vorhersehbar und vermeidbar gewesen wäre. In diesem Fall würde zusätzlich gegen die Erzieherin ein Haftungsanspruch bestehen. Wer bloß zuschaut, wie sich ein Schaden entwickelt, ohne ihn zu verhindern, muß für sein Verhalten einstehen.

Die pädagogische Arbeit in Kindertagestätten geht grundsätzlich von dem Prinzip einer offenen Kinder- und Jugendarbeit in dem Sinne aus, daß die Einrichtungen Kindern, die nicht angemeldet sind, nicht verschlossen bleiben sollen. Freunde sollen die Hortkinder in der Einrichtung besuchen dürfen und Kinder im Kindergartenalter, die bereits auf der Straße spielen, werden ab und zu einmal neugierig in die Kindertagesstätte schauen wollen. Erzieherinnen haben in einem solchen Fall nur darauf zu achten, daß durch die Anwesenheit der Besuchskinder keine höhere Gefährdung für die angemeldeten Kinder in der Einrichtung entsteht. Daraus folgt praktisch, daß Besuchskinder im Rahmen der normalen pädagogischen Arbeit mitbeaufsichtigt werden müssen. Auch mit ihnen müssen die Erzieherinnen klare Absprachen treffen.

Brandschutzvorschriften

Garderobenschränke aus Sicherheitsstahl, Verbote für das Aufstellen von Sofas und Sitzelementen in Eingangshallen, Auseinandersetzungen um Dekorationen, die von der Zimmerdecke hängen: auf vielerlei Wegen versuchen Vertreter anderer Ressorts, die Gestaltungsfreiheit von Erzieherinnen in Kindertageseinrichtungen einzuschränken und zwar so, daß es weit über das Maß des Zumutbaren hinausgeht.

Bei den jährlichen Begehungen der Kindertagesstätten durch Brandschutzexperten oder auch bei der Einrichtung von Neubauten soll viel zu häufig der pädagogische Auftrag hinter überzogenen Brandschutzinteressen zurückstehen, und manchmal erscheint es, als würde bei genauer Einhaltung der Vorschriften die Sicherheit im Kindergarten erhöht, der pädagogische Auftrag aber nicht mehr durchzuführen sein.

Manchmal ist der Fortschritt eine Schnecke, kommt langsam daher, streckt die Fühler aus und zieht sich überraschend schnell zurück. In die Berliner Brandschutzvorschriften wurde im Dezember 1990 folgender Satz neu aufgenommen, der sogar noch die Neufassung überlebt hat:

»Hierbei ist gemeinsam nach Wegen zu suchen, die Erfordernisse der Brandsicherheit mit den pädagogischen Aufgaben der Einrichtung in Übereinstimmung zu bringen.« (Nr. 6 Abs. 1 Ausführungsvorschriften über die Brandsicherheit in Einrichtungen – BSVE)

Die Reihenfolge in der Formulierung verdient Beachtung: die Erfordernisse der Brandsicherheit sind mit den pädagogischen Aufgaben in Übereinstimmung zu bringen, nicht umgekehrt. Die Vorgabe stand im Abschnitt über die Sicherung der Rettungswege, doch kann man sagen, daß damals ein Zeichen für den Vorrang der Pädagogik gesetzt wurde. Wie bei der Aufsichtspflicht wurde -wenigstens zum Teil- deutlich, daß Sicherheitsvorkehrungen wichtig sind, jedoch nicht isoliert gesehen werden können. Sie dürfen den eigentlichen Zweck der Veranstaltung nicht unmöglich machen, sonst müßten die Einrichtungen geschlossen werden. Allerdings würden dann keine Brandschutzvorschriften gebraucht.

Der Rückschritt ist an anderen Stellen nachzulesen. 1990 hieß es:

»Dekorationen, die an der Decke befestigt oder unterhalb der Decke gespannt werden, sollen zur Verhinderung der Brandausbreitung grundsätzlich aus schwer entflammbarem Material bestehen.« (Nr. 4 Abs. 4 BSVHm)

Die Neufassung aus dem Jahr 2000 gibt vor:

»Dekorationen, die an der Decke befestigt oder unterhalb der Decke gespannt werden, dürfen zur Verhinderung der Brandausbreitung nur aus schwer entflammbarem Material bestehen.« (Nr. 4 Abs. 2 Satz 1 BSVE)

Die alte Fassung ließ Spiel- und Interpretationsraum, die neue nicht mehr. Ausnahmen sind nicht mehr möglich, wenn die Begriffe »müssen, sind, dürfen nur« gebraucht werden. Strittig ist allenfalls noch, was schwer entflammbare Materialien sind, denn

»Dekorationen aus natürlichem Laub- und Nadelholz sind nur zugelassen, solange sie frisch sind ...« (Nr. 4 Abs. 2 Satz 2 BSVE)

Warum wurden die Vorschriften geändert und verschärft? Ausführungsvorschriften werden in der Regel für fünf oder zehn Jahre erlassen, dann werden sie an veränderte Entwicklungen angepaßt. Meistens ist dieser formale Umstand nützlich, von Zeit zu Zeit muß auf den Inhalten Staub gewischt werden. Dieses Mal gab es keine neuen Entwicklungen, nur leider wurden in der Vorweihnachtszeit des Jahres 1999 in einer Kindertagesstätte zwei Kinder verletzt, weil ihre Kostüme Feuer fingen. Es läßt sich mit Fug und Recht sagen, daß dieser Unglücksfall Auswirkungen auf dieErarbeitung der neuen Vorschriften hatte, nur leider verschärfend, verunsichernd und keinesfalls förderlich. Das Unglück war Anlaß für hektische (Alibi-) Aktivitäten, z.B. Fortbildungsmaßnahmen, Überprüfungen von Rettungswegen, → Dienstanweisungen und anderem mehr. Das Problem bei all dem ist nur, daß damit das Unglück und die Verletzungen von Kindern künftig nicht ausgeschlossen werden können. Es hatten sich ja keine Deckendekorationen, sondern die Bekleidung der Kinder entzündet. Wem also dient nun die Neufassung der Vorschriften wirklich?

Daß nicht alle Vorschriften ihren Zweck erfüllen, sondern dem Grunde nach beliebig sind, erfuhren Berliner Erzieherinnen bereits im Jahre 1996. Weil Hortplätze knapp wurden, gab es Pläne, die Nachmittagsbetreuung an Schulen auszuweiten. Bei der Überprüfung von Räumen auf ihre Eignung stellte sich heraus, daß die Garderobenhaken aus Sicherheitsgründen *in* den Klassenräumen und nicht auf dem Flur angebracht sein müssen. Wird der gleich Raum jedoch am Nachmittag als Hortraum genutzt, müssen die Garderobenhaken *außen* angebracht sein.
Oder war es doch umgekehrt?
→ Feuer in der Kindertagesstätte

Delegation der Aufsichtspflicht

»Dürfen Praktikantinnen, Eltern, sonstwer die Kinder beaufsichtigen?« Die allgemeine Antwort darauf lautet klar und einfach: »Ja!« Eine Anwort aber, die auch für spezielle Fälle anwendbar ist, hat den Zusatz: »Es sei denn ...« Und schon muß wieder das abgewogen werden und die klare Antwort ist zum Teufel. Ursachen für nicht eindeutige Antworten sind komplexe Fragen und, so komisch es klingt, manchmal auch *falsch gestellte Fragen*. Mit diesem Begriff sollen Fragen zusammengefaßt werden, die ein beobachtetes Phänomen und eine damit verbundene Unsicherheit falsch anpacken und dadurch nicht zu brauchbaren Lösungen führen.

Die eingangs gestellte Frage zur Aufsicht von Praktikantinnen wird dann gestellt, wenn Unsicherheit darüber herrscht, ob sie in der Lage sind, die Beaufsichtigung durchzuführen. Die Frage: »Wann bzw. unter welchen Umständen kann ich einer Praktikantin zutrauen, die Kinder zu beaufsichtigen?«, wäre dann zutreffender.

Mit der Frage könnte genauso gut gemeint sein: »Gibt es Vorschriften (des Trägers, der Ausbildungsstellen), die verbieten, daß Praktikantinnen Kinder beaufsichtigen?« Schließlich kann nach den allgemeinen Möglichkeiten und Grenzen im Rahmen der Aufsichtspflicht gefragt werden. Diese Beispiele sind mögliche Varianten einer einzigen Frage. Sie zeigen, daß viele verschiedene Hintergründe in einer einzigen Formulierung versteckt sein können. Wenn aber viele Einzelfragen zu erklären sind, kann es nicht nur eine einfache Antwort geben. Die gibt es, wenn überhaupt, nur auf eine einfache Frage.

Die Verpflichtung, Kinder zu betreuen, zu bilden, zu erziehen und zu beaufsichtigen, übernimmt eine Erzieherin per Vertrag von ihrem Arbeitgeber, dem Träger, der diese Verpflichtung bereits per Vertrag von den Eltern übernommen hat. Aus Sicht der Eltern formuliert: Sie haben ihre Verpflichtung gegenüber dem Kind im begrenztem Umfang dem Träger übertragen. Der Prozeß der Übertragung wird rechtlich *Delegation* genannt. Damit ist klar, daß die Aufsichtspflicht prinzipiell delegiert werden kann. Was ein- oder zweimal funktioniert, läßt sich grundsätzlich mehrfach praktizieren. Möglich ist daher, die Pflicht zur Betreuung und Beaufsichtigung der Kinder auch an weitere Personen zu delegieren.

Gibt es Grenzen? Wer kann die Delegation einschränken?

Zunächst kommen die Eltern des Kindes in Betracht, von denen alle Delegation ausgeht. Sie könnten beispielsweise im Betreuungsvertrag regeln (wollen), daß nur ausgebildete Erzieherinnen für ihr Kind zuständig sein dürfen. Wenn der Träger dem zustimmt, sind sehr enge Handlungsgrenzen gezogen. Eltern können zum Beispiel ihr Kind von der Teilnahme an einem Ausflug ausschließen, wenn sie nicht damit einverstanden sind, daß andere Eltern mit zur Aufsicht herangezogen werden. Gleiches gilt für Praktikantinnen. In der Regel kann jedoch davon ausgegangen werden, daß keine speziellen Vertragsvereinbarungen getroffen wurden und daß Eltern keine Einwände gegen einzelne Personen geltend machen. Ausgeschlossen ist ohnehin die Situation, in der die pädagogische Betreuung einen grundsätzlich anderen Charakter erhält als vertraglich vereinbart wurde und zu einer reinen Aufbewahrung verkommt, in dem statt ausgebildeter Erzieherinnen über lange Zeiträume bloße Aushilfen eingesetzt werden, um kranke oder zu wenige Erzieherinnen zu ersetzen. Der Träger würde dann seiner Verpflichtung gegenüber den Eltern nicht mehr nachkommen.

Sind die allgemeinen Bedingungen akzeptiert, können alle in der Kindertageseinrichtung offiziell für die Erziehung der Kinder vorgesehenen Personen tätig werden ... vorausgesetzt, der Träger hat von sich aus keine einschränkenden → Dienstanweisungen erlassen. Er könnte, was er besser läßt, bestimmen, daß Praktikantinnen gar nicht oder erst nach dem fünften Monat des Berufspraktikums oder nur für drei Kinder eingesetzt werden dürfen. Eine solche Vorgabe wäre als Dienstanweisung einzuhalten. Sie hat jedoch mit der grundsätzlichen Delegationsfähigkeit der Aufsichtspflicht nichts zu tun.

Die sachliche Entscheidung, ob die Delegation der Aufsicht eingeschränkt wird oder ob einer oder mehrerer Personen eine Teilverantwortung übertragen wird, hängt von der konkreten Person und den Umständen des Einzelfalles ab. Wer eine Person zur Verrichtung einer Tätigkeit bestellt, muß diese Person gewissenhaft aussuchen, weil er für sie (zumindest teilweise) haftet. Die Verpflichtung trifft den Träger, der ausgebildetes Personal in genügender Anzahl für die Erziehung der Kinder bereitstellen muß. Die Verpflichtung gilt ebenso für die Erzieherin bei der Auswahl der unterstützenden Personen. In den Grundsätzen des Bundesgerichtshofes liest sich das so:

»a) *Ob der Aufsichtspflichtige durch Übertragung der Aufsicht an eine andere Person seiner Pflicht zur Aufsicht genügt, hängt von den Umständen des Einzelfalls ab.*

b) *Durch die Übertragung der Aufsicht wird der Aufsichtspflichtige seiner Pflicht zur Aufsicht nicht gänzlich ledig.*« (BGH-Urteil vom 11.6.1968)

Was ist bei der Auswahl der unterstützenden Person zu beachten? Sie muß im Umgang mit Kindern kompetent sein, schließlich soll sie Teile der Betreuungsarbeit vollbringen. Weiterhin braucht sie gewisse persönliche Fähigkeiten – Erfahrungen mit Kindern sind nicht verkehrt. Sie sollte Kinder ansprechen, sich auf sie einstellen können, Orientierungsvermögen, Ortskenntnisse oder Kenntnisse in Erster Hilfe haben. Wenn die Person der engeren Wahl beispielsweise als Lehrerin arbeitet, schon öfter in der Kindertageseinrichtung geholfen hat oder als Übungsleiterin im Sportverein tätig ist, sind Erfahrungen mit

Kindern vorhanden. Persönliche Eigenschaften, wie Zuverlässigkeit und Gewissenhaftigkeit, aber auch Ruhe und Besonnenheit qualifizieren für die Übertragung der Aufsichtspflicht natürlich auch.

Wichtig für die Auswahl der Person und den Umfang der Delegation (wieviele Kinder, welche Aufgaben, welcher Zeitraum) ist die bestmögliche Einschätzung der Gesamtsituation, denn die Delegation darf nicht zu einer Überforderung der Hilfsperson führen. Gerade (junge, lebensunerfahrene) Praktikantinnen werden leicht in ihren Kompetenzen überschätzt. Eine überforderte Hilfsperson wird leicht selbst zur Gefahr. Es kann deshalb sogar günstiger sein, allein mit einer Gruppe einen Ausflug zu machen, als um jeden Preis irgendjemand mitzunehmen.

Natürlich läßt sich stets ein Gegenbeispiel finden. Gesetzt den Fall, auf einem Ausflug, den die Erzieherin allein mit einer Gruppe von Kindern unternimmt, stellt sich heraus, daß dringend Hilfe zu holen ist. Was tun? Ein Kind schicken? Das ist eine Möglichkeit. Eine andere ist, ein verständiges Kind zu bitten, auf die anderen aufzupassen, bis die Erzieherin zurückkehrt. Das hängt vom Alter, der Gruppengröße und den sonstigen Umständen ab. Eine fremde Person bitten, Hilfe zu holen? Auch gut, wenn denn jemand vorbeikommt. Falls die Erzieherin nicht Hilfe holen kann, sondern ein Kind sofortiger Hilfe zuführen muß, kann es sinnvoll sein, die fremde Person (und die anderen Kinder) zu bitten, sich nicht von der Stelle zu rühren, bis sie selbst wiederkehrt. Notsituationen können auch bei bester Planung und Vorbereitung eintreten. Wie geht die Erzieherin damit um? Hier wie in Normalsituationen gilt die Verhältnismäßigkeit der Mittel, d.h. die Erzieherin muß abwägen, was eine geeignete Maßnahme in der jeweiligen Situation ist. Eine fremde Person mit der Betreuung der Kinder zu beauftragen, mag im Normalfall höchst bedenklich erscheinen, in einer besonderen Situation ist diese Wahl vielleicht die beste Lösung.

In der Regel wird die Aufsicht im Rahmen der Kindertagesbetreuung als vorausschauende Maßnahme zur Unterstützung delegiert. Mütter oder Väter werden als zusätzliche Hilfskräfte eingesetzt, Praktikantinnen werden durch die Übertragung von Teilaufgaben des Gruppengeschehens schrittweise an die Befähigung zur Übernahme voller Verantwortung herangeführt. Für die Übernahme von

Teilfunktionen benötigen die ausgewählten Personen eine Anleitung und eine Orientierung durch genaue Absprachen. Wenn eine Erzieherin das erste Mal mit der ausgewählten Person kooperiert, hat sie kaum Anhaltspunkte und schon gar keine Erfahrung. Die Erzieherin muß die Kompetenzen der unterstützenden Person *einschätzen*. Bei Praktikantinnen oder einer neuen Zweitkraft wird besonders deutlich, daß Vertrauen und Zutrauen erst wachsen müssen. Vertrauen entwickelt sich mit Erfahrung, also muß der erste Schritt getan werden. Er geht ins Ungewisse. Nach jeder gemeinsamen Aktion muß eine Auswertung folgen: Was ist gut gelaufen, was weniger gut? Wo fühlte die Hilfsperson sich unsicher, wie kann dem das nächste Mal begegnet werden? Was hat die Erzieherin beobachtet, welche Veränderungsvorschläge hat sie? Was kann der nächste Schritt sein? Die Auswertung ist eine notwendige Kontrolle.

Wenngleich die Alltagspraxis in Kindertageseinrichtungen dargestellt wurde, gilt das Prinzip der Delegation doch überall: in Heimen, bei Ferienaufenthalten und, nicht zu vergessen der Ort, an dem alles seinen Anfang nimmt, in der Familie. Eltern delegieren ihre Aufsichtspflichten nicht nur an Personen mit professionellem Hintergrund, sondern vor allem auch im privaten Rahmen. Großeltern, Freunde und Nachbarn, alle werden irgendwann einmal gebeten, auf ein Kind aufzupassen. Für alle gilt, daß sie vertrauenswürdig und kompetent sein müssen – was eine banale Feststellung ist. Eltern geben ihre Kinder, von Ausnahmen abgesehen, nur Personen, denen sie vertrauen und die eine Gewähr dafür bieten, mit dem Kind umgehen zu können. Wichtig ist die Erwähnung in diesem Zusammenhang dennoch, weil an Eltern im Konfliktfall die gleichen Fragen gestellt werden wie an eine Erzieherin. Auch Eltern müssen belegen, ob sie als *Aufsichtspflichtige durch Übertragung der Aufsicht an eine andere Person ihrer Pflicht zur Aufsicht genügt haben*. Da kann es schon einmal vorkommen, daß vor Gericht geklärt wird, ob die Eltern berechtigt waren, der Großmutter die Betreuung ihres Enkels anzuvertrauen.[9]

Die Aufsicht kann sogar Kindern übertragen werden. In der Erinnerung an die eigene Schulzeit tauchen Kinder aus älteren Klassen auf,

[9] Urteil des OLG Düsseldorf , abgedruckt ab S. 559

die manchmal beauftragt wurden, auf uns jüngere aufzupassen. Ältere Geschwister holen oder bringen jüngere Kinder zur Tagesstätte. Beides sind Fälle von Delegation der Aufsicht. Das Oberlandesgericht in Köln entschied am 10.11.1970, daß eine Erzieherin nicht zu belangen war, die einem dreizehnjährigen Jungen die Aufsicht über mehrere Kinder im Alter zwischen fünf und dreizehn Jahren übertrug, um eine Kleingruppe zum Besuch eines 1500 Meter entfernten Sportplatz zu bringen, weil sie bei der Auswahl des Jungen die nötige Sorgfalt hatte walten lassen. Der Fall wurde *gerichtsanhängig*, nachdem ein Kind der Kleingruppe auf dem Weg verunglückte.

Vollständig nachvollziehbar ist für uns die zu beobachtende Problematisierung der Delegation der Aufsichtspflicht nicht. Im Kern ist Erziehung die Verselbständigung von Kindern. Weil sie am Beginn ihres Lebens weder geschäftsfähig noch schadensverantwortlich und in jeder Hinsicht noch stark auf die Unterstützung von ihren Eltern und anderen Erwachsenen angewiesen sind, haben diese zuerst die volle Verantwortung für das Kind. Mit zunehmendem Alter und Verstand wird mehr und mehr vom Kind selbst gefordert. Auch in dieser Hinsicht findet, eine Übertragung der Verantwortung von den ursprünglich zuständigen Eltern auf eine andere Person statt, nämlich auf das Kind selbst. Ziel muß sein, das Kind aus seiner Abhängigkeit zu entlassen. Für die Verselbständigung sollen Eltern und andere zuständige Erziehungspersonen Risiken einschätzen und eingehen. Im Ergebnis muß eine aufsichtspflichtige Person immer einschätzen, was wann unter welchen Umständen dem Kind an Verantwortung für sich selbst zugetraut werden oder einer dritten Person an Verantwortung für das Kind zugemutet und tatsächlich übertragen werden kann.

Vermutlich verbergen sich hinter den Problemen, die die Delegation für viele Erzieherinnen aufwirft, vorrangig Unsicherheiten bezüglich der Haftung und der → Versicherung. Wir wollen die Stichpunkte hier nicht wiederholen, sondern lediglich mögliche Folgen der Delegation von Aufsichtspflicht für die übernehmende Person aufgreifen. Die schon bekannten Formen der gesetzlich und der vertraglich begründeten Aufsichtsführung ergänzen wir deshalb um die *tatsächlich übernommene Aufsicht*.

Jede Verletzung einer Aufsichtspflicht auf vertraglicher Grundlage kann Haftungsfolgen nach sich ziehen (s. S. 185 ff.). Verträge bedürfen weder der Schriftform noch einer Bezahlung als Gegenleistung für die Aufsicht. Insofern kann die Unterscheidung zwischen vertraglicher Übernahme der Aufsichtsführung und einer tatsächlichen Aufsicht schwerfallen, wenn beide nur mündlich abgesprochen sind und die Aufsicht unentgeltlich ausgeführt wird.

Die vertragliche Übernahme findet in Abgrenzung zur tatsächlich übernommenen Aufsicht in einem recht festen Vertragsrahmen (z. B. Ausbildungsverhältnis als Praktikantin) statt. Absprachen zwischen Eltern und Großeltern eines Kindes oder zwischen Eltern und der das Kind *mal eben* betreuenden Nachbarin gelten in diesem Sinne nicht als Verträge. Die Betreuung des Kindes zählt zu den *Gefälligkeitsleistungen*, wenn sie nicht regelmäßig und/oder nicht gegen Vergütung erfolgt. Eine tatsächlich übernommene Aufsichtsverpflichtung zieht nach herrschender Meinung in der Rechtsprechung nur eine Haftung nach § 823 BGB nach sich. Für einen Schaden, den das betreute Kind einem Dritten widerrechtlich zufügt, muß die Person der tatsächlichen Aufsichtsverantwortung demnach nicht geradestehen, sondern die Eltern dieses Kindes. Die Verantwortung der tatsächlich aufsichtsführenden Person beschränkt sich auf eventuelle Folgen für Schäden, die das Kind erleidet, und für die sie schuldhaft zu machen ist.

Diebstähle durch Kinder

Drei Gelegenheiten sollen unterschieden werden, in denen Kinder zu Dieben werden:

a) bei der Einübung sozialen Verhaltens,
b) in materiellen Notsituationen,
c) in psychischen und physischen Notsituationen (Mißbrauch).

a) *Diebstähle im Zusammenhang mit der Einübung sozialen Verhaltens*
Kinder sollen *Mein* von *Dein* unterscheiden. Respekt vor fremdem Eigentum gehört zu den wichtigen sozialen Erwartungen an Kinder im Sozialisationsprozeß. Kinder sollen akzeptieren, daß sie nur über die Dinge verfügen, die ihnen oder ihrer Familie oder ihrer Kindergruppe gehören. Der Lernprozeß ist kompliziert, die Unterscheidung zwischen Erlaubtem und Nichterlaubtem muß geübt werden.

- Eine Ursache von Fehlverhalten liegt in Unsicherheit über das Gewünschte bzw. Akzeptierte. Kinder haben ein gewisses *Gewohnheitsrecht* auf kleinere Geschenke beim Einkaufen: die Wurstscheibe beim Metzger, die Brezel beim Bäcker wandern von freundlichen Verkäuferinnen in die Hände der Kinder. In einem Selbstbedienungsgeschäft können die Kinder auf die Idee kommen, sich das Gewohnte selbst zu holen. In Versuchung geführt werden sie mit System und mit Erfolg. In Supermärkten und Warenhäusern wird das Angebot psychologisch so geschickt präsentiert, daß der *Zugreif-Reflex* möglichst aller Kunden herausgefordert wird.
- Eine zweite Ursache: Kinder erproben die Glaubwürdigkeit von Erwachsenen, indem sie deren Grenzen und Regeln in Frage stellen. Die Einübung sozialen Verhaltens funktioniert nicht ohne das Austesten der Grenzen.
- Eine dritte Ursache: Soziales Verhalten, als Verantwortung für andere Menschen, setzt Selbstbewußtsein voraus. »Klaufen« oder »englisch einkaufen« als Probe der eigenen Geschicklichkeit ist zwar ein recht untaugliches Mittel, die eigenen Kompetenzen zu erfahren, doch besser vielleicht als gar keines.
- Eine vierte Ursache variiert die Geschicklichkeitsprobe zur Mutprobe. Ein Kind will vor anderen beweisen, was es kann. Es will dazu gehören. Oder es will die sozialen Verhaltensweisen der peergroup befolgen. Einübung in soziales Verhalten auch hier, nur mit falschem Vorzeichen, weil die allgemeinen Regeln und Normen an dieser Stelle entgegenstehen.
- Fünftens: Ladendiebstähle sind ein Massenphänomen unserer Gesellschaft. Es geht nicht um *Schuld* oder *Sünde* von einzelnen. Eine Umfrage unter 84 Mitgliedsfirmen der *Bundesarbeitsgemeinschaft der Mittel- und Großbetriebe des Einzelhandels* ermittelte 1998 gut 160.000 Ladendiebstähle (minus 7,5 % gegenüber 1997) und 464 Mitarbeiterdelikte (minus 8 % gegenüber 1997). Jedoch werden 20% der Gesamtschadenssumme den Mitarbeiterinnen zugeschrieben.

Es läßt sich sagen, daß Kinder, die zulangen, in gewisser Weise versuchen, es den Erwachsenen nachzumachen. Sie wollen sein wie sie.

Eine detaillierte soziologische oder psychologische Analyse fördert sicherlich weitere Gründe zutage. Mit den Beispielen hier sollte ausschließlich darauf aufmerksam gemacht werden, daß Kinder sich in der Sache sehr wohl falsch/unangemessen verhalten können und doch kein Unrechtsbewußtsein haben müssen, weil sie gerade beim *richtigen Lernschritt* angekommen sind. Es geht nicht um Toleranz von Diebstählen, doch Überreaktionen der Erwachsenen sind völlig fehl am Platze. Zu fragen ist in jedem Fall: *Warum* hat das Kind die Eigentumsverhältnisse nicht akzeptiert bzw. Grenzen erprobt?

b) *Diebstähle im Zusammenhang mit materiellen Notsituationen*
Auch in der reichen Bundesrepublik stehlen Erwachsene und Kinder, weil sie arm sind. Sie haben wenig zu essen, kaum Kleidung. Armut ist relativ.[10] Materielle Not beginnt schon da, wo die meisten so wohlhabend sind, daß sie sich Dinge leisten, die für eine Minderheit unerreichbar bleiben. Gesetzesübertretungen sind keine zwingende Folge und schon gar keine Lösung des Problems, doch für Kinder muß es schwierig sein, die unverschuldete Situation zu ertragen.
Der soziale Aspekt spielt auch hier eine Rolle – das Kind will zu den Klassenkameraden gehören, will wie die Freunde am Leben/Konsum teilhaben, will einfach nur wie sie essen.
Kindern, die aus wirklicher Armut klauen, muß geholfen werden, indem man ihre Lebenssituation verbessert.

c) *Diebstähle im Zusammenhang mit psychischen und physischen Notsituationen*
Diese Gruppe von stehlenden Kindern wird von Erwachsenen mißbraucht. Sie benutzen die Abhängigkeit dieser Kinder zum eigenen Vorteil. Sie setzen Kinder unter Druck. Sie bestrafen die, die sich wehren und scheuen vor Mißhandlungen nicht zurück. Diese Erwachsenen sind zu feige, selbst anzuschaffen und nutzen eine rechtliche Regelung (s. u.), die zum Schutze der Kinder erlassen wurde, zu ihrem Vorteil.

---

[10] Bundesministerium für Familie, Senioren, Frauen und Jugend: Zehnter Kinder- und Jugendbericht. Bericht über die Lebenssituation von Kindern und die Leistungen der Kinderhilfen in Deutschland. Bonn 1998

Dies ist zu bedenken, wenn in gewissen Abständen zur Ablenkung von den eigentlichen Ursachen und den hilflosen Aktionen eine einfache Abhilfe gefordert wird. Nur sehr wenige Kinder sind voll »krimineller Energie«. Ob sie durch Herabsetzung des Strafmündigkeitsalters und/oder die Wiedereinführung der geschlossenen Unterbringung auf den rechten Weg gebracht werden, darf nach allen früheren Erfahrungen und denen anderer europäischer Staaten (Großbritannien) stark bezweifelt werden.

Für eine realistische Einschätzung der Diebstahldelikte in der Altersgruppe der bis zu 14-jährigen Kinder helfen statistische Aussagen. 12 % aller Ladendiebstähle werden von Kindern unter 14 Jahren verübt. Die Belastung der Mädchen ist dabei relativ höher. Kinder stehlen in der Regel billige Waren, es handelt sich bei ihren Delikten um Bagatellangelegenheiten. Kinder stehlen:

1. Spielwaren,
2. Sportartikel,
3. Schreibwaren,
4. Kassetten / CDs,
5. Süßigkeiten.[11]

Die *Bundesarbeitsgemeinschaft des Einzelhandels* hat Kriterien aufgestellt, wann keine Anzeige bei der Polizei erfolgen sollte, um eine Stigmatisierung des Täters zu vermeiden:

1. falls Spielzeug oder Süßigkeiten gestohlen wurden;
2. falls der Täter Schüler oder Rentner ist;
3. falls der Täter strafunmündig oder über 60jährig ist;
4. falls der Wert des Schadens ca. 5,– DM nicht übersteigt.

Ungefähr zwei Drittel der Diebstähle in Warenhäusern und dergleichen werden von den unter 14jährigen gemeinschaftlich mit anderen verübt. Dies ist typisch für Kinder und untypisch für das Einzeldelikt Ladendiebstahl. Das Schuldgefühl von Kindern verringert sich offensichtlich, *wenn andere es auch tun*.

Weil das Thema so normal ist, sollte es in Gesprächen mit Kindern und Eltern nicht hochgespielt und damit erst aufgewertet werden. Wenn Kinder klauen, sind sie zunächst als Opfer anzusehen. Er-

[11] Die Orientierung auf eher billige Artikel findet sich übrigens ebenfalls bei der Altersgruppe der über 60jährigen.

wachsene sollten sich Fragen stellen: Reicht das → Taschengeld? Wieviel bekommen die Kinder im Freundeskreis? Geschehen die Diebereien der Kinder zu Hause oder wo sonst? Welche Möglichkeiten hat das Kind, sich begehrte Dinge legal, z. B. durch kleine Arbeiten zu verschaffen (→ Kinderarbeit)? Gibt es außer dem Wunsch nach Besitz vielleicht andere Motive für den Diebstahl?

Mit drakonischen Strafandrohungen oder Dramatisierungen wird wahrscheinlich das genaue Gegenteil dessen erreicht, was angestrebt sein müßte: den Kindern die Akzeptanz fremden Eigentums zu vermitteln.

Rechtliche Folgen:
Nach dem Gesetz können Kinder unter 14 Jahren unabhängig von der Schwere des Delikts nicht verurteilt werden. Deshalb mißbrauchen manche Erwachsene bevorzugt Kinder unter 14 Jahren für Diebstähle. Erst Jugendliche, die zur Tatzeit das 14. Lebensjahr vollendet haben, werden strafrechtlich zur Verantwortung gezogen, wenn sie von ihrer Entwicklung her reif sind, ihr Unrecht einzusehen:

§ 1 Jugendgerichtsgesetz (JGG)
»(1) Dieses Gesetz gilt, wenn ein Jugendlicher oder ein Heranwachsender eine Verfehlung begeht, die nach den allgemeinen Vorschriften mit Strafe bedroht ist.
(2) Jugendlicher ist, wer zur Zeit der Tat vierzehn, aber noch nicht achtzehn, Heranwachsender, wer zur Zeit der Tat achtzehn, aber noch nicht einundzwanzig Jahre alt ist.«

§ 3 JGG
»Ein Jugendlicher ist strafrechtlich verantwortlich, wenn er zur Zeit der Tat nach seiner sittlichen und geistigen Entwicklung reif genug ist, das Unrecht der Tat einzusehen und nach dieser Einsicht zu handeln. Zur Erziehung eines Jugendlichen, der mangels Reife strafrechtlich nicht verantwortlich ist, kann der Richter dieselben Maßnahmen anordnen wie der Vormundschaftsrichter.«

Dies schließt allerdings nicht aus, daß Kinder nach der Vollendung des siebten Lebensjahres schadensverantwortlich und daher eventuell schadensersatzpflichtig sind:

§ 828 Abs. 2 BGB
»Wer das siebente, aber nicht das achtzehnte Lebensjahr vollendet hat, ist für einen Schaden, den er einem anderen zufügt, nicht verantwortlich, wenn er bei der Begehung der schädigenden Handlung nicht die zur Erkenntnis der Verantwortlichkeit erforderliche Einsicht hat ...«

Dienstplangestaltung

Die Gestaltung von Dienstplänen ist ein hervorragendes (Leitungs-) Werkzeug für die Umsetzung der pädagogischen Konzeption. Besonders in großen Kindertageseinrichtungen, d.h. überall dort, wo viele Erzieherinnen mit unterschiedlichen Stundenkontingenten den Betrieb einer Ganztagstagseinrichtung gewährleisten müssen, können durch eine kluge Dienstplangestaltung sowohl die Umsetzung des pädagogischen Auftrages als auch die Arbeitszufriedenheit des Personals gefördert werden. Weniger noch als andere Alltagsprobleme in Kitas ist die Gestaltung des Dienstplans daher eine Angelegenheit rechtlicher Erörterungen, sondern eher eine Frage der Kooperationsfähigkeit, eine Frage des beruflichen Selbstverständnisses, eine Frage der Verantwortungsbereitschaft und der Leitungskompetenz in puncto Organisation.

Gehen wir von der Grundannahme aus, daß der Personalstand in einer Einrichtung den Vorschriften entspricht, dann sind alle Stellen, die z. B. nach einem Kindergartengesetz oder speziellen Trägerrichtlinien vorhanden sein müssen, besetzt. Damit steht fest, wieviel Personal für wieviel Kinder insgesamt eingesetzt wird. Unklar ist noch, über welche Zeitspanne während eines Tages und für wieviele Tage der Woche, des Monats, des Jahres die Kinder betreut werden sollen. Stimmt die Öffnungsdauer der Einrichtung mit der durchschnittlichen täglichen Arbeitszeit des Personals überein, so dürften zunächst keine Probleme zu erwarten sein: die Erzieherinnen kommen zu ihrem Arbeitsplatz, öffnen das Haus, erziehen Kinder, schließen die Einrichtung, gehen nach Haus, fertig. Es bräuchte kein eigenes Stichwort, wäre der Alltag nicht komplizierter.

Die Erörterung beginnt mit den Pausenregelungen. In den → Pausen haben Arbeitnehmerinnen das Recht, sich zu erholen, d.h. sich vom Arbeitsauftrag oder Arbeitsgegenstand soweit zu entfernen, daß ein Erholungseffekt eintreten kann.

Im traditionellen Kindergarten mit Mittagsschließung stellt die Pausenregelung organisatorisch kein Problem dar. Wenn die aufgenommenen Kinder mittags von ihren nichtberufstätigen Müttern abgeholt werden, beginnt für die Erzieherinnen die Erholung. Sie dauert, bis die Kinder am Nachmittag wiederkommen, falls sie wiederkommen, doch das ist ein anderes Problem. Wahrscheinlich haben viele Kolleginnen in der kinderlosen Mittagszeit nicht nur pausiert, sondern einen Teil der notwendigen Vor- und Nachbereitungen erledigt. Oberflächlich betrachtet passen daher in solchen Einrichtungen die Belange der Institution mit denen der Erzieherinnen überein, aber wo bleiben Kinder und Eltern? Wer fragt sie, ob es günstig ist, wenn der Kindergarten um 12 Uhr geschlossen wird wie der Lebensmittelladen an der Ecke?

Einrichtungen, deren Öffnungszeiten über die regelmäßige Arbeitszeit der Erzieherinnen hinausgehen, also Kindertagesstätten oder Ganztagseinrichtungen, kommen um ein ausgeklügeltes System zur Pausenregelung nicht herum. Da sind zunächst Arbeitnehmerbelange zu beachten. Nach sechs Stunden muß Arbeitnehmerinnen eine mindestens halbstündige Pause gewährt werden (§ 4 ArbZG; Arbeitszeitgesetz). Die Dienstplangestaltung in Tageseinrichtungen mit durchgehendem Betrieb über die Mittagszeit muß berücksichtigen, daß einerseits alle Erzieherinnen ihr Recht auf Erholung wahrnehmen können, daß andererseits aber die Kinder weiter betreut werden müssen. Die Frage »Wer geht wann zur Pause?« wird damit ein wichtiger Faktor in der Ablaufplanung eines Tages. Einerseits sollen Erzieherinnen ihre Pause nehmen können und dabei nicht allein sitzen müssen, andererseits muß die Erfüllung des Arbeitsauftrages gewährleistet sein, d. h., die Kinder dürfen nicht mehr als sonst im Rahmen der Aufsichtspflicht üblich allein gelassen werden. Die mitunter anzutreffende *Lösung* dieses organisatorischen Problems, in der fraglichen Zeit eine Ruhezeit für alle Kinder anzuordnen, ist unter pädagogischen Qualitätsgesichtspunkten nicht akzeptabel.

Eine Erholungszeit ganz besonderer Art ist der → Urlaub, als Arbeitnehmerrecht sogar besonders zu beachten. Wohl alle Kindertageseinrichtungen sind auf das Jahr bezogen an mehr Tagen geöffnet, als die tarifvertraglichen Regelungen die Anwesenheit von Erzieherinnen vorschreiben. Vereinfacht ausgedrückt: der Urlaub der Erzieherin dauert länger als die Schließungszeit der Einrichtung im Sommer.

Die Urlaubsplanung kommt daher als nächster Faktor für die Dienstplangestaltung hinzu. Der Grundsatz gilt wie für die Pausen: Die Erfüllung des Arbeitsauftrages muß gewährleistet sein! Innerhalb dieses Rahmens kann die Urlaubs- und Dienstplanung frei erfolgen. Fragen, die dabei geklärt werden müssen, sind z. B.: Wieviele Erzieherinnen müssen mindestens anwesend sein? Oder anders: Wieviele dürfen gleichzeitig in Urlaub gehen?

Ist bei der Urlaubsplanung an eine Vertretungsregelung gedacht worden? Nach welchen Maßstäben? Ist die Regelung bis an die Grenze des Vertretbaren gezogen worden oder gibt es noch Spielraum für Unvorhergesehenes, z. B. Krankheit? Auch jetzt wieder die Frage: Wieviele Erzieherinnen gewährleisten den Bildungsauftrag für wieviele Kinder?

Nahezu täglich muß die Frage gestellt werden, häufig verbunden mit einer weiteren: Sind alle Zeiten des Tagesablaufs gleich? Im Hinblick auf die pädagogische Arbeit ist zu klären:

- Wie kann Eltern und Kindern das sichere Gefühl vermittelt werden, von der ersten bis zur letzten Minute der täglichen Öffnungszeit willkommen zu sein und genügend Ansprechpartner zu haben?
- Welche Zeiten sind besonders betreuungsintensive Zeiten?
- Wie soll und kann die Erzieher-Kind-Relation in den Kernzeiten aussehen?
- Wie soll und kann die Erzieher-Kind-Relation im Früh- und Spätdienst aussehen?
- Wie kann Arbeitskapazität konzentriert und für wichtige Aufgaben «gespart« werden?

Früh- und Spätdienste sind der organisatorische Ausdruck von bedarfsgerechten Öffnungszeiten. Von Zeit zu Zeit sollten sie kontrolliert werden. Hat sich seit dem letzten Jahr eine Verschiebung ergeben? Kommen mehr oder weniger Kinder gleich morgens um 6 Uhr in die Einrichtung? Wieviel von ihnen bleiben bis zum Schluß? Wieviele Kinder benötigen darüber hinaus noch ein Angebot? Genügt es vielleicht schon, den Kindergarten morgens etwas eher, mittags etwas länger zu öffnen und stattdessen am Nachmittag zu schließen? Gilt dies für alle Tage der Woche, und welche Konsequenzen für die Dienstplangestaltung erwachsen daraus?

Am Anfang des Stichwortes wurde die kinderfreie Mittagszeit in traditionellen Kindergärten erwähnt, die als Pausenzeit genutzt wird und zugleich der Vor- und Nachbereitung der pädagogischen Arbeit dienen soll. Damit ist ein weiterer Aspekt der Dienstplangestaltung angesprochen. Alle Erzieherinnen müssen neben der direkten pädagogischen Arbeit mit Kindern weitere Aufgaben erfüllen, wie eben Vor- und Nachbereitung, Elternkontakte, Durchführung von Elternveranstaltungen u.v.m. Manches davon läßt sich tagsüber in Anwesenheit der Kinder erledigen, anderes nicht. Werden die Aufgaben außerhalb der täglichen Öffnungszeit und über die regelmäßige Arbeitszeit hinausgehend erfüllt, so müssen diese Zeiten ausgeglichen werden (→ Überstunden) und in den Dienstplan eingearbeitet werden. Zu beachten ist dabei, daß die betreffende Erzieherin ihre vereinbarte durchschnittliche → Arbeitszeit laut Arbeitsvertrag einhält.[12] Außerdem muß eine Vertretungsregelung geplant werden, denn die Kinder müssen versorgt sein.

Spätestens jetzt wird deutlich, daß die Dienstplangestaltung nicht nur der Notwendigkeit unterliegt, Arbeitnehmerbelange, erzieherischen Auftrag und Familieninteressen unter einen Hut zu bringen, sondern daß sie auch abhängig ist von der Anzahl der zur Verfügung stehenden Erzieherinnen, vom Personalschlüssel also. Ganz allgemein muß davon ausgegangen werden, daß sämtliche Aufgaben, die von Erzieherinnen zu erfüllen sind, mit dem bewilligten Personal erledigt werden müssen. Umgekehrt muß der Personalschlüs-

[12] Für Erzieherinnen, deren Arbeitsgrundlage der → BAT ist, gilt seit 1.4.1990 ein Zeitraum von einem Jahr als Grundlage der Berechnung (§ 15 BAT). Das läßt genügend Gestaltungsspielraum.

sel so bemessen sein, daß über die gesamte Öffnungszeit eine vergleichbare Qualität der pädagogischen Arbeit gewährleistet ist. Landesregierungen, Jugendämter und Träger haben häufig andere Vorstellungen als Erzieherinnen über die Höhe des Personalschlüssels, das soll hier nicht diskutiert, nur weitere Aspekte der Dienstplangestaltung vorgestellt werden.

Ist der Personalschlüssel beispielsweise darauf ausgerichtet, daß Einrichtungen in den Sommerferien geschlossen sind, um möglichst viele Urlaubstage der Erzieherinnen zu bündeln, dann verschlechtern diejenigen ihren Personalschlüssel, die keine Schließungszeit organisieren. Wenn auch familiäre Gründe aus der Sicht einzelner Erzieherinnen gegen den Urlaub in der Schließungszeit sprechen, so bedeutet jeder Tag Urlaub, der außerhalb genommen wird, eine relative Verschlechterung des Personalschlüssels; zugleich wächst das Erfordernis nach einem detaillierten Dienstplan.

So schwierig der Träger zu verpflichten ist, für alle notwendigen Arbeiten und erst recht für die Erfüllung der eigenen Vorgaben zu sorgen, so muß er doch genügend Personal bereitstellen. In einem Kinderheim z. B. muß immer Personal vorhanden sein, um Nachtdienste durchzuführen. Bei Personalmangel können mitunter nicht alle Zeiten befriedigend besetzt werden. Dies darf ›eigentlich‹ nicht geschehen, Mißstände sind anzuzeigen und um Abhilfe ist zu ersuchen, doch zunächst muß der Dienstplan unter Beachtung und Abwägung aller Faktoren so effizient wie nur möglich gestaltet werden.

Gibt z. B. der Träger vor, daß Früh- oder Spätdienste nur von zwei Mitarbeiterinnen zusammen durchgeführt werden dürfen, dann ist zu erwarten, daß genügend Personal zur Verfügung gestellt wird, aber auch, daß sich die Mitarbeiterinnen danach richten. Es müssen ja nicht unbedingt zwei Erzieherinnen sein, meist sind lediglich zwei Erwachsene gefordert, also vielleicht eine Berufspraktikantin oder auch eine Wirtschafts- oder Reinigungskraft.

In Berlin wurde im Jahre 1998 die Auseinandersetzung zwischen dem Träger einer Kindertagesstätte und dem Landesjugendamt (LJA) um die Frage bekannt, ob täglich bis zum Ende der Öffnungszeit dieser Einrichtung zwei Mitarbeiterinnen anwesend sein müssen oder nicht. Es handelte sich um die letzte halbe Stunde der Betreuung.

Das LJA beharrte auf seinem Standpunkt, daß mindestens eine Erzieherin und eine Reinigungskraft da sein müßten, widrigenfalls würde die Betriebserlaubnis zu widerrufen sein. Der Träger argumentierte, daß der Personalschlüssel dies nicht zulasse und daß für eventuelle Notfälle vorgesorgt wäre, in dem eine Mitarbeiterin aus der Verwaltung immer ansprechbar sei.

Das LJA zitierte ein Urteil des Hessischen Verwaltungsgerichtshofs (9 OE 15/83), der Träger der Einrichtung ein Urteil des Niedersächsischen Oberverwaltungsgerichts in Lüneburg (OVG 4 L 1919/91). In Hessen ging der Streit letztlich darum, ob für den Betrieb eines eingruppigen Kindergartens eine zweite Erziehungskraft *eingestellt* werden müsse, um die Betriebserlaubnis zu erhalten. Der Verwaltungsgerichtshof bejahte diese Frage. In Niedersachsen wurde hingegen die Frage geklärt, ob für die gesamte Öffnungszeit einer Einrichtung zwei Erziehungskräfte *anwesend* sein müssen. Das Gericht in Lüneburg bestätigte ein Urteil der Vorinstanz, wonach zwischen Betreuungszeiten mit voller Personalausstattung und Bringe- und Holzeiten zu unterscheiden ist, in denen eine weniger intensive Betreuung stattfinden kann, so daß dies die Anwesenheit nur einer Erzieherin rechtfertige. Das OVG Lüneburg sah die Sicherheit der Kinder nicht gefährdet. Es forderte eine *lebensnahe Betrachtung des Risikos* und folgte der Argumentation des dortigen Trägers:
»Lege man einen an den Erfordernissen des praktischen Lebens orientierten Maßstab an, sei eine Gefährdung des Wohls der Kinder nicht ernsthaft zu befürchten, weil es sich nur um eine relativ kurze Zeit und jeweils nur wenige Kinder handele.«
Der Streit in Berlin wurde bislang nicht entschieden. Der Fall zeigt jedoch, daß nicht nur innerbetriebliche Faktoren Einflüsse auf die Dienstplangestaltung nehmen.

Der Einsatz der Wirtschaftskräfte ist im großen Dienstplangerangel nicht zu vernachlässigen. Wann sollen Reinigungsarbeiten durchgeführt werden? Während die Kinder anwesend sind, damit in ihr Bewußtsein eindringt, daß Schmutz nicht von Heinzelmännchen beseitigt wird? Oder besser nach der Betreuungszeit, damit die Arbeit schnell und kostengünstig von der Hand gehen kann? Wann soll die Köchin kommen, sofern der Träger eine bezahlt? In manchen Kindertageseinrichtungen mit Mittagessenbetrieb richten sich die Essenszeiten der Kinder nicht nach ihrem Hungerbedürfnis, sondern nach den Arbeitszeiten der Wirtschaftskräfte. Besonders schwierig ist es überall dort, wo seit vielen Jahren die gleichen Arbeitszeiten praktiziert quasi zum Gewohnheitsrecht geworden sind.

Arbeitnehmerrechte gegen Kinderinteressen? Pausen, Urlaubsansprüche, gewohnte Arbeitszeiten gegen das Recht der Kinder? Wie ein eventueller Konflikt gelöst wird, zeigt den Stand der Streitkultur und der Berufsethik. Hier wird der eindeutige Standpunkt vertreten, daß die Erwachsenen sich den Kinderinteressen unterzuordnen haben. Gewohnheitsrechte dürfen einer Dienstplangestaltung im Interesse der Kinder nicht entgegenstehen. Hier können Leiterinnen und Mitarbeiterinnenteams trotz schlechter Rahmenbedingungen mit bewußtem Umgang, offenen Auseinandersetzungen und wenig Aufwand zugunsten der Kinder wirken.

Elternrechte (in Kindertageseinrichtungen)

Die Pflicht und das Recht von Eltern, ihre Kinder zu erziehen, sind durch den Artikel 6 des Grundgesetzes vor dem Zugriff des Staates und seiner Institutionen gesichert. Im § 1 Abs. 2 des Kinder- und Jugendhilfegesetzes (KJHG/SGB VIII) wurden Inhalt und Formulierungen des Grundgesetztextes nochmals aufgenommen:
»Pflege und Erziehung der Kinder sind das natürliche Recht der Eltern und die zuvörderst ihnen obliegende Pflicht. Über ihre Betätigung wacht die staatliche Gemeinschaft.«

Weitere Gesetze unterstützen die elterliche Einflußnahme auf die Erziehung ihrer Kinder durch Absicherung der grundrechtlichen Vorgaben oder durch allgemeine Hinweise auf Erziehungsziele (z.B. §§ 1626, 1631 BGB). Eingriffsmöglichkeiten in die elterliche Sorge werden nur als Ausnahme und ausschließlich den Familiengerichten gestattet.

Eltern haben im Kinder- und Jugendhilfegesetz eine starke Stellung. Das ist abzulesen an der Übernahme der schon zitierten Passage aus dem Grundgesetz: Welchen anderen Grund hätte der Gesetzgeber, einen älteren Text nochmals abzuschreiben, außer ihn hervorheben zu wollen?

Im KJHG/SGB VIII gibt es weitere Vorgaben, die die Elternposition stärken. § 5 KJHG/SGB VIII befaßt sich mit dem Wunsch- und Wahlrecht hinsichtlich der Gestaltung der Jugendhilfe:
»Die Leistungsberechtigten haben das Recht, zwischen Einrichtungen und Diensten verschiedener Träger zu wählen und Wünsche hinsichtlich der Gestaltung der Hilfe zu äußern. Der Wahl und den Wünschen soll entsprochen werden, sofern dies nicht mit unverhältnismäßigen Mehrkosten verbunden ist. Die Leistungsberechtigten sind auf dieses Recht hinzuweisen.«

Ergänzt wird das Wahlrecht der Eltern mit der Auflage für die Jugendhilfe, darauf zu achten, daß bei der Ausgestaltung der Leistungen und der Erfüllung der Aufgaben
»die von den Personensorgeberechtigten bestimmte Grundrichtung der Erziehung ... zu beachten« ist (§ 9 Nr. 1 KJHG/SGB VIII).

Im weiter gefaßten Zusammenhang der Elternrechte in der Jugendhilfe ist der § 27 KJHG/SGB VIII zu nennen. In ihm werden die Personensorgeberechtigten und nicht die Kinder und Jugendlichen als Empfänger der *Hilfen zur Erziehung* (Leistungsberechtigte) genannt. Zumindest in der Entwicklungsphase des Gesetzes war die Regelung sehr umstritten. Sinn des Gesetzes bzw. dieses Paragraphen soll sein, die Erziehungskraft der Eltern (Familie) zu erhalten bzw. zu stärken, um weitergehende Eingriffe zu vermeiden. Die starke Position der Eltern/Personensorgeberechtigten mag in manchen Fällen gegen das eigenständige *Recht auf Erziehung* des einzelnen Kindes oder Jugendlichen stehen, betrifft also vorrangig deren Verhältnis zueinander. Für eine Einschätzung der Regelung im Zusammenhang von Elternrechten in der Jugendhilfe muß berücksichtigt werden, daß Eltern und Kinder zusammen im KJHG/SGB VIII deutlich mehr Rechte haben als nach altem Recht. → Kinderrechte

Kindertageseinrichtungen sind sozialpädagogische Bildungseinrichtungen mit familienergänzendem Auftrag.
§ 22 Abs. 2 KJHG/SGB VIII:

»Die Aufgabe umfaßt die Betreuung, Bildung und Erziehung des Kindes. Das Leistungsangebot soll sich pädagogisch und organisatorisch an den Bedürfnissen der Kinder und ihrer Familien orientieren.«
Nehmen wir den nächsten Absatz hinzu:
»Bei der Wahrnehmung ihrer Aufgaben sollen die in den Einrichtungen tätigen Fachkräfte und anderen Mitarbeiter mit den Erziehungsberechtigten zum Wohle der Kinder zusammenarbeiten. Die Erziehungsberechtigten sind an den Entscheidungen in wesentlichen Angelegenheiten der Tageseinrichtung zu beteiligen.«

Pädagogisch und organisatorisch soll das Angebot bedarfsgerecht ausgestaltet werden. Die Fachkräfte sollen mit den Erziehungsberechtigten (Eltern) zusammenarbeiten. Fachkräfte haben die Verpflichtung, Eltern zu beteiligen. Eltern haben das Recht, beteiligt zu werden. Das KJHG gibt nicht nur die Aufgabe *Zusammenarbeit* vor, sondern auch, von wem die Initiative und die Bemühungen dazu ausgehen müssen: Das sind die Erzieherinnen.

Sicherlich, Eltern, die ihre Kinder für einen begrenzten Zeitraum des Tages in eine öffentliche Erziehungs- und Bildungseinrichtung geben, delegieren die Ausübung eines Teils der elterlichen Sorge an den Träger dieser Einrichtung bzw. dessen Mitarbeiterinnen. Eltern tun dies aus unterschiedlichen Gründen. Sie wollen das Angebot einer Kindertageseinrichtung nutzen, weil sie wissen, daß ihre Kinder dort so erzogen werden, wie sie es heutzutage nicht mehr selbst tun können. Sie wollen das Angebot nutzen, damit ihr Kind mit anderen aufwächst. Sie wollen es nutzen, weil sie arbeiten gehen müssen oder wollen. Insofern geben sie aus vielen Gründen ihre Rechte für einen Teil des Tages in die kompetenten Hände von Erzieherinnen, deren Aufgabe es deshalb ist, selbständig und eigenverantwortlich die pädagogische Arbeit zu gestalten.

Eltern behalten jedoch ihr Recht, die Grundrichtung der Erziehung ihrer Kinder zu bestimmen. Dieses Recht ist in den alten Ländern der Bundesrepublik zum größten Teil schon dadurch eingeschränkt, daß nicht genügend (unterschiedliche) Einrichtungen zur Verfügung stehen, so daß eine wirkliche Wahlmöglichkeit entfällt. Das gilt besonders für die Erziehung von 0–3jährigen und Kindern im Hortalter. Es sollte daher eine Selbstverständlichkeit sein, daß das Recht der Eltern, die einen Platz für ihr Kind gefunden haben, nicht durch die Erzieherinnen oder den Träger eingeschränkt wird.

Immerhin gibt es seit dem Inkrafttreten des KJHG die Soll-Vorschrift des § 25 KJHG, so daß sich Eltern zur Not selbst helfen können: *»Mütter, Väter und andere Erziehungsberechtigte, die die Förderung von Kindern selbst organisieren wollen, sollen beraten und unterstützt werden.«*

Nicht überall klappt die Zusammenarbeit von Kindertageseinrichtungen mit den Eltern. Im Alltag bleibt an Personen hängen, was an Unzulänglichkeiten durch Strukturen vorgegeben ist. Der Elternbeteiligung wird unterschiedliche Wertigkeit zugemessen, obwohl sie in allen Kindertagesbetreuungsgesetzen verankert ist. Als allgemeine Aufgabe von Erzieherinnen ist die Beteiligung von Eltern an den *wesentlichen Angelegenheiten* der Kindertageseinrichtung beschrieben.
Unter Beteiligung in diesem Sinne muß die Verpflichtung für das pädagogische Personal verstanden werden, *Einverständnis* der Eltern mit der pädagogischen Arbeit herbeizuführen. Eine bloße Informationsweitergabe über Tagesabläufe oder Ausflüge reicht nicht aus, vielmehr sind erforderlich:
- die Zustimmung der Eltern zur Konzeption,
- zu den Öffnungszeiten und
- zur Organisation der Gruppen.

Warum ist eine Zusammenarbeit mit Eltern so schwierig? Eine Begründung ist der vermeintliche Gegensatz zwischen den Erziehungsbereichen Elternhaus und Kindertageseinrichtung. Eltern haben die Pflicht, ihre Kinder zu erziehen, Erzieherinnen haben einen eigenständigen Erziehungsauftrag. In der Kindertagesstätte überschneiden sich beide Kompetenzbereiche, dabei kommt es zum Kampf, wenn sich die Interessen der Beteiligten nicht aufeinander abstimmen lassen. Die Interessen der Eltern gleichberechtigt zu ihren gelten zu lassen, fällt denjenigen Erzieherinnen schwer, die in der Ausbildung erfahren haben, daß Elternarbeit die Kunst ist, die Eltern zu bearbeiten. Den Eltern sollen die Erziehungsvorstellungen der Kindertageseinrichtungen übergestülpt werden. Als eine andere Form von Elternarbeit wird *Elternbildungsarbeit* gefordert: Eltern werden hierbei als Konsumenten von mehr oder weniger gut gehaltenen Vorträgen über *Sauberkeitserziehung*, *Trotzphase* oder *Vorbereitung* der *Einschulung* angesehen.

Diese Ansätze von Elternarbeit sind falsch, weil sie als Problem aufbauen, was vorgeblich verhindert werden soll. Die Ansätze unterstellen eine Einseitigkeit: Erzieherinnen wissen, wie Eltern erziehen sollen, welche Ziele und Vorstellungen sie zu übernehmen haben. Die Ansätze mißachten die Kompetenz und die Kompetenzen von Eltern. Mißachtung und Einseitigkeit sind keine Voraussetzung für Zusammenarbeit, hier hakt es demnach.

Erzieherinnen verstehen viel von Pädagogik. Sie haben gelernt, Kinder in Gruppen zu erziehen. Eltern aber zu erzählen, wie sie ihre Kinder zu Hause nach den Maßstäben der Gruppenpädagogik erziehen sollen, muß zu Widerständen führen. Eltern weigern sich zu tun, was Erzieherinnen erwarten; nach einiger Zeit kommen sie nicht einmal mehr zu den Elternabenden. Ist dieses Stadium erreicht, wird mit Tricks, Kaffee, Tee oder anderen Zeiten ein besseres Ergebnis zu erzielen versucht, doch die Resultate sind begrenzt befriedigend, weil nur die äußere Form verändert wird, nicht der Grundansatz.

Egal in welchem Einzugsbereich eine Erzieherin versucht, solchermaßen vorzugehen, hat sie Eltern vor sich, die, so sieht sie es, *sich für ihre Kinder nicht interessieren*. Merkwürdig dabei ist, daß das konkrete Verhalten von Eltern, das in einem Einzugsbereich gewünscht wird, in einem anderen schon vorhanden, aber auch dort wieder nicht richtig ist. Einmal sind es die hochgestochenen Akademikereltern mit ihren hohen Ansprüchen, ein andermal die Eltern, deren Kinder nur vor der Glotze sitzen usw. usf.

Wenn Einseitigkeit keine Voraussetzung für Zusammenarbeit ist, sondern ihr Grundproblem, dann stellt eine gegenseitige Anerkennung der unterschiedlichen Vorstellungen über Erziehung keine Garantie, wohl aber eine gute Möglichkeit dar, miteinander auszukommen.

Hierin liegt eine Chance und die Aufgabe einer guten Erzieherin. Sie muß Elternarbeit als *Zusammenarbeit mit den Eltern* ansehen.

Sie muß die häuslichen Voraussetzungen der Kinder und der Eltern als Grundlage ihrer Arbeit begreifen. So wie beim situationsorientierten Ansatz (→ Pädagogische Arbeit und Aufsichtspflicht) die Lebenssituation der Kinder als Ausgangspunkt der pädagogischen Überlegungen ernstgenommen wird, bekommt auch die Zusammenarbeit mit den Eltern einen völlig anderen Charakter, wenn die Lebenssituation der Familien zur Grundlage der pädagogischen Arbeit wird.

Eltern sollten nicht als Gegenstände einer Elternarbeit behandelt, sondern als Partner der Zusammenarbeit bei der Kindererziehung verstanden werden. Partner verdienen Auseinandersetzung, Unterstützung und Beteiligung. Sie haben ein Recht darauf.

Fahrten im Privat-Pkw

Trotz der Probleme mit dem Autoverkehr, trotz der Probleme für den Umweltschutz: in manchen Situationen wäre es vorteilhaft, könnten Erzieherinnen *ihre Kinder* bzw. eine Teilgruppe ins Auto einsteigen lassen und kurzerhand losfahren, anstatt auf die zeitaufwendigen, oftmals teuren → öffentlichen Verkehrsmittel angewiesen zu sein. Soll ein spontaner Entschluß verwirklicht werden, muß mancherlei bedacht werden.

Im Vordergrund stehen – natürlich – *pädagogische Überlegungen*, wie sie bei den allgemeinen Aufsichtsfragen beschrieben werden, z. B.:

- Wie sinnvoll ist die Aktion?
- Wie sind die Kinder vorbereitet?
- Welche Kinder passen zusammen?
- Ist es wirklich günstiger, mit dem PKW zu fahren als mit öffentlichen Verkehrsmitteln?
- Was wird damit erreicht, was damit verhindert?

Können genügend Gründe für die Aktion und für die Benutzung des PKW gefunden werden, müssen rechtliche Überlegungen folgen. Die wichtigste Frage für den pädagogischen Alltag betrifft die Eltern (Personensorgeberechtigten), denn nur sie dürfen darüber entscheiden, ob ihr Kind mitfahren darf oder nicht.

- Sind (also) die Eltern der Kinder einverstanden?

Die *Einwilligung* der Eltern ist generell erforderlich. Eine Absprache mit ihnen ist notwendig; einer Schriftform bedarf die Zustimmung nicht. Die Einwilligung gilt auch als erteilt, wenn Eltern beim Eintritt ihres Kindes in die Kindertageseinrichtung (beispielsweise im Einführungsgespräch oder aus der Konzeption) erfahren, daß solche Fahrten häufig durchgeführt werden und dem nicht widersprechen. Stimmen Eltern jedoch nicht zu, dürfen nur öffentliche Verkehrsmittel benutzt werden.

Keine Regel ohne Ausnahme. Wenn z. B. ein Kind verunglückt und schnelle Hilfe nur mit dem Auto zu erreichen ist, kann jede Erzieherin sich über die fehlende Zustimmung oder ein Verbot der betreffenden Eltern hinwegsetzen. Juristisch wird in diesem Fall von einem *vermuteten Interesse* der Eltern gesprochen. Dieser Begriff faßt zusammen, daß alle Eltern ein höheres Interesse daran haben, ihr Kind so schnell wie möglich versorgt, als die Einhaltung ihrer Vorgaben garantiert zu wissen. Der Begriff *vermutetes Interesse* unterstellt, daß ein Verbot nur für den Normalfall gilt, nicht für den Notfall.

In manch einer Kindertageseinrichtung gelten spezielle *Trägervorschriften* (→ Dienstanweisungen) zur Benutzung von Privat-PKWs. Nicht selten dienen sie dazu, diese Fahrten zu verhindern, weil nach Auffassung des Trägers das Risiko zu groß ist. Ein PKW-Benutzungsverbot kann finanzielle Gründe haben. Der Träger befürchtet Kosten, wenn die Mitarbeiterinnen für Fahrten in Ausübung ihres Erziehungsauftrages ein *Kilometergeld* erstattet bekommen wollen. Solche Dienstanweisungen bestehen nicht bei allen Trägern. Manche dulden die Fahrten stillschweigend, vorausgesetzt die Eltern der betreuten Kinder geben ihr Einverständnis. Andere Träger unterstützen aktiv. Sie schließen Versicherungen ab oder stellen sogar Fahrzeuge bereit. Die Unterschiedlichkeit der vielen Träger dokumentiert sich sogar bei diesem Thema.

Noch einige Worte zum Thema → Versicherungen: Kein Pkw darf in der Bundesrepublik Deutschland ohne den Abschluß einer Haftpflichtversicherung zugelassen werden. Die Haftpflichtversicherung soll eventuelle Geschädigte schützen und auch den Fahrzeughalter als potentiellen Schädiger. Geschädigte sollen Schadensersatz (S. 189) erhalten, der vielleicht über dem liegt, was der Schädiger allein bezahlen könnte.

Verursacht eine Erzieherin bei einem Ausflug einen Unfall schuldhaft, aber nicht vorsätzlich, so kommt deshalb ihre *normale* Kfz-Haftpflichtversicherung bis zur vereinbarten Schadenshöhe für Schäden des Unfallgegners und/oder der mitfahrenden Kinder auf.

Verursacht ein anderer Verkehrsteilnehmer einen Unfall schuldhaft, so muß dessen Haftpflichtversicherung den Schaden der Erzieherin und der sie begleitenden Kinder regulieren.

Wer befürchtet, daß Mitfahrer (Kinder oder Erwachsene) durch das normale *Betriebsrisiko* des PKW zu Schaden kommen, weil etwa ein Reifen platzt oder der Tank explodiert, kann vorbeugen. Eine gesonderte *Insassenunfallversicherung* deckt dieses Risiko.

Bei PKW-Ausflügen mit Kindern sind *zwei verkehrsrechtliche Vorschriften* besonders zu beachten:

1. Für *nicht-gewerbliche* Fahrten in PKWs und Kleinbussen bedarf es keiner gesonderten Erlaubnis zur Fahrgastbeförderung, § 48 Abs.1 Fahrerlaubnisverordnung (FeV) vom 18.8.98. Auch die *Freistellungsverordnung*[13] befreit in § 1 Nr. 3 alle Beförderungen in Fahrzeugen mit nicht mehr als 6 Sitzen und wenn kein Entgelt entrichtet wird von einer gesonderten Erlaubnis.§ 1 Nr. 4i nimmt ausdrücklich Fahrten für oder durch Kindergartenträger zwischen Wohnung und Kindergarten aus.
2. Kinder dürfen nur auf eigens gesicherten Plätzen befördert werden. Erst ab dem Alter von 12 Jahren bzw. einer Körpergröße über 150 cm ist es erlaubt, sie wie Erwachsene angeschnallt zu transportieren, § 21 Abs. 1a Straßenverkehrsordnung (StVO). Ausnahmsweise dürfen Kinder ohne spezielle Rückhaltesysteme auf den Rücksitzen transportiert werden, wenn andere Personen gesichert werden müssen und keine Möglichkeit mehr besteht, das Rückhaltesystem zu befestigen.

[13] Verordnung über die Befreiung bestimmter Beförderungsfälle von den Vorschriften des Personenbeförderungsgesetzes ... in der Fassung vom 30.6.1989 (BGBl. I S. 1273)

Feuer in der Kindertagesstätte

Brennende Kerzen gehören sicherlich zu jeder Geburtstags- oder Weihnachtsfeier. Kerzen sind eine Möglichkeit, im Gruppenraum eine gemütliche Atmosphäre zu schaffen – gerade in der kalten Jahreszeit. Allerdings ist beim Umgang mit Kerzen erhöhte Aufmerksamkeit angebracht.

Allgemein gilt: Kinder sollen lernen, selbständig mit gefährlichen Gegenständen und Situationen umzugehen. Sie sollen durchaus schon im Kindergartenalter – unter Aufsicht – lernen, Kerzen selbst anzuzünden und auf Untersetzern zu befestigen. Die Erzieherin sollte insbesondere bei Kindern im vorschulischen Alter den Raum nicht verlassen, solange Kerzen brennen, und es sollten sich ein Eimer mit Wasser oder ein Feuerlöscher im Raum befinden. Landesrecht oder der Träger können spezielle Vorschriften erlassen.

Stellvertretend werden die Ausführungsvorschriften über die Brandsicherheit in Einrichtungen – BSVE vom 19.10.2000 zitiert: *»Kerzen sind nur auf nicht brennbaren Ständern mit ausreichendem Wachsfang zu verwenden. Kerzen dürfen nur in Gegenwart Erwachsener verwendet werden; gleichzeitig sind Löschmittel bereitzuhalten. Zündhölzer und Feuerzeuge sind so aufzubewahren, daß sie dauernd dem Zugriff von Kindern sowie von solchen Minderjährigen entzogen sind, die nicht die Gewähr für einen sorgsamen Umgang damit bieten.«* (BSVE Nr. 2 Abs. 2)

In Berlin ist diese Vorschrift bindend einzuhalten, Ausnahmen sind nach der Verschärfung gegenüber der vorherigen Fassung nicht zulässig (vgl. auch S. 286ff.)

Das Grillen mit Holzkohle ist im Garten von Kindertagesstätten grundsätzlich möglich, wenn eine hierfür eingerichtete Feuerstelle oder ein Grillgerät vorhanden ist. Ein Eimer mit Wasser oder Sand bzw. ein Feuerlöscher müssen auch hier bereitstehen. Sicherheitshalber sollten zum Anzünden von Holzkohle gerade in Kindertageseinrichtungen Spezialanzünder gebraucht und auf Brennspiritus verzichtet werden. Spiritus birgt für Kinder große Gefahren, wie das im Anhang abgedruckte Urteil zeigt (s. S. 572).

Weiterhin zu beachten: Die Nachbarn sollten, wenn sie nicht sowieso mitfeiern, nicht durch Rauch belästigt werden.

Lagerfeuer bedürfen auch in einer eigens vorgesehenen Feuerstelle auf dem Gelände der Kita einer Genehmigung der zuständigen Dienststellen (in der Regel Polizei und Bauaufsicht). Das ist alles ziemlich aufwendig. Hier lohnt die genaue Kenntnis der Möglichkeiten, die der Stadtteil bietet: auf Abenteuerspielplätzen und in einigen Parks sind Feuerstellen angelegt, an denen man mit Kindern Feuer machen kann.
→ Brandschutzvorschriften

Frühstückskasse

Viele Erzieherinnen sind dazu übergegangen, das tägliche Frühstück in der Gruppe nicht mehr als lästiges Anhängsel der Arbeit zu betrachten, sondern es als erzieherische Aufgabe pädagogisch zu nutzen und zu gestalten. Gute Gründe sprechen dafür. Das täglich selbst zubereitete Frühstück in der Gruppe bietet Möglichkeiten für die Kinder, soziale Verhaltensweisen auszuprobieren, motorische Fähigkeiten zu entwickeln, beim Einkaufen Umweltkenntnisse zu erweitern, gesunde Ernährungsweisen zu erlernen, um nur einige pädagogische Effekte zu benennen. Daß ein solches Frühstück auch mehr Spaß macht, daß außerdem weniger Speisen und Verpackungsmüll weggeworfen werden und daß die Kinder sich keine Konkurrenzschlachten mit vermeintlich besserem Essen liefern, sind weitere Vorteile für die pädagogischen Bemühungen der Erzieherinnen.

Doch das Frühstück wird noch längst nicht überall und für Kinder jeder Altersgruppe als pädagogisch wertvoll oder sozial anerkannt, seine Bereitstellung durch die Kindertageseinrichtung bzw. den Träger wird nicht als so notwendig erachtet wie das Mittagessen. Liegekrippen ausgenommen, gehört die Versorgung der Kinder mit einer weiteren Mahlzeit nicht zum Standard von Kindertageseinrichtungen.[14]

---

[14] In der DDR war im gesamten Krippenbereich eine Vollversorgung vom Frühstück bis zur Nachmittagsvesper gewährleistet. Sie kostete zuletzt 0,80 M täglich.

Das Frühstück wird also meist nicht vom Haus gestellt. Es kommt daher auf das Engagement und die Vorstellungen jeder Erzieherin an, ob sie das *Frühstück als Vehikel ihrer pädagogischen Ideen* gebraucht oder nicht. Vom Aufwand und den Mühen, die Eltern von der Wichtigkeit des Gruppenfrühstücks zu überzeugen, Geld einzusammeln, Geschirr zu organisieren, Kolleginnen zu überzeugen und anderem mehr, kann hier nicht berichtet werden, ebensowenig können Tips zur Umsetzung gegeben werden. Doch das Stichwort *Frühstückskasse* gäbe es in diesem Handbuch nicht, wenn nicht auch rechtliche Aspekte zu bedenken wären.

Im öffentlichen Dienst darf nicht jede Person Gelder in Empfang nehmen. In Vorschriften für die öffentliche Verwaltung (z. B. den Haushaltsordnungen der Länder oder entsprechenden Regelungen der Kreise und Gemeinden) wird festgelegt, wer zur Geldeinnahme befugt ist. Erzieherinnen und auch Leiterinnen von Kindertagesstätten gehören nicht unbedingt zu diesem Personenkreis. Wenn einerseits Geld eingesammelt werden muß, damit der Frühstückstisch gedeckt werden kann, wenn andererseits solche Aktionen verboten sind, stehen Erzieherinnen in einem Konflikt.

Als eines Tages in einer Kindertagesstätte die Frühstückskasse gestohlen wurde, erfolgte bei der Frage nach einem eventuellen → Schadensersatz (S. 193) die ›grundsätzliche Klärung‹, ob die Gelder rechtmäßig eingesammelt wurden oder nicht.

Die Frage wurde durch die oberste Landesjugendbehörde des Landes Berlin im Einvernehmen mit dem Finanzministerium juristisch erörtert. Fazit der Klärung ist, daß das Einsammeln von Frühstücksgeld durch Erzieherinnen *nicht für den Träger* erfolgt. Vielmehr ist dieser Akt als *treuhänderische Tätigkeit* im Auftrag der Eltern zu bewerten. Das heißt: Eigentlich geben die Eltern ihren Kindern das Geld für das Frühstück mit. Da aber Kinder bis zur Vollendung des siebenten Lebensjahres nicht einkaufen dürfen, weil sie nicht die erforderliche → Geschäftsfähigkeit besitzen, übernimmt ihre Erzieherin stellvertretend für die Eltern die Verwaltung des Geldes. Das Geld bleibt rechtlich im Besitz der Eltern, deshalb ist die Frühstückskasse in der Kindertageseinrichtung zulässig.

Aus dieser Konstruktion folgt, daß der Träger der betreffenden Einrichtung nicht für einen eventuellen Verlust des eingesammelten Geldes haftet. Er muß nicht einmal kontrollieren, ob eine korrekte Verwendung erfolgt. Erzieherinnen sprechen mit den Eltern aus ihrer Gruppe geeignete Verfahrensweisen eigenständig ab. Um Mißverständnisse zu vermeiden, sollten Erzieherinnen sämtliche Einnahmen und Ausgaben aufschreiben und in regelmäßigen Abständen von den Gruppenelternvertretern gegenzeichnen lassen. Als allgemeine Grundlage für das konkrete Verfahren in den Gruppen können Vereinbarungen zwischen der Gesamtelternvertretung und dem gesamten Erzieherinnenteam dienen.

Zu beachten: Manche Träger untersagen die Aufbewahrung von Geldern in der Einrichtung über Nacht.
(→ Schwarze Kassen)

Geschäftsfähigkeit

Dürfen Kinder einkaufen? Wie so viele Fragen, läßt sich auch diese nicht bloß mit Ja oder Nein beantworten. Neben besonderen gesetzlichen Bestimmungen, wie z. B. dem Verbot des Verkaufs von Alkohol, Zigaretten oder jugendgefährdenden Schriften an Kinder, gibt es Unterschiede, die im Alter der Kinder begründet sind.

Allgemein bezeichnet der Begriff *Geschäftsfähigkeit* die Kompetenz, Geschäfte jeder Art (Rechtsgeschäfte) zu tätigen und daraus entstehende Konsequenzen zu tragen. Die Frage der Geschäftsfähigkeit bezieht sich nicht nur auf Kinder, sondern auch auf Erwachsene. Der Gesetzgeber unterstellt dabei, daß Volljährige (Personen, die das 18. Lebensjahr vollendet haben) grundsätzlich voll verantwortlich und daher voll geschäftsfähig sind, falls nicht besondere individuelle Gründe dagegen sprechen.

§ 104 BGB bestimmt, daß Minderjährige bis zur Vollendung des 7. Lebensjahres *nicht geschäftsfähig* und ihre Willenserklärungen daher nichtig sind (§ 105 Abs. 1 BGB). Kinder unter sieben Jahren können keine rechtsgültigen Geschäfte abschließen, ihnen darf nichts verkauft und von ihnen darf nichts gekauft werden, es sei denn, sie sind der Übermittler eines Kaufwunsches eines Erwachsenen. Es ist also trotzdem möglich, Kindergartenkinder zum Einkaufen von Brötchen für das Gruppenfrühstück zu schicken.

Nach Vollendung des siebenten Lebensjahres und bis zum Eintritt der Volljährigkeit sind Minderjährige *beschränkt geschäftsfähig*, §§ 106 ff BGB. Jedes von ihnen getätigte Geschäft ist *schwebend unwirksam*, bis die Eltern zustimmen.

Die Ausnahme von der Regel findet sich in § 110 BGB. Kinder ab dem vollendeten siebenten Lebensjahr dürfen mit Bezug auf den sogenannten Taschengeldparagraphen für sich selbst Geschäfte abschließen. Diese müssen sich im Rahmen des den Kindern üblicherweise zur Verfügung stehenden Geldes bewegen, oder es darf sich um eine Summe handeln, die ihnen für diesen gesonderten Zweck zur Verfügung gestellt wurde. Wenn ein zehnjähriges Kind ein Spielzeug im Wert von 5,– DM kauft, so ist das ebensowenig ein Problem wie der Einkauf eines CD-Players im Wert von 200,– DM durch einen siebzehnjährigen Lehrling.

Was sind heutzutage angemessene Relationen zwischen Alter und Verfügungsmacht über Geld? Kinder verfügen über Geldsummen, die vor zehn oder zwanzig Jahren erst Jugendlichen zur Verfügung standen. Für Verkäuferinnen ist eine richtige Einschätzung schwierig; Kinder, Eltern und Erzieherinnen haben das Recht, jede Ware zurückzugeben, die dem Kind verkauft wurde, wenn der Preis das → Taschengeld übersteigt. Es genügt der Hinweis, daß das Kind keine Erlaubnis für diesen Kauf hatte.

Deutlicher wird das Gesetz bei Ratenkäufen und Dauerschuldverhältnissen (z. B. Eintritt in eine Buchgemeinschaft). Beide Arten von Geschäften bedürfen der Einwilligung des gesetzlichen Vertreters, selbst wenn sie im Rahmen des Taschengeldes bleiben. Ebenso wie beim Einkauf außerhalb des zulässigen Rahmens, muß die Einwilligung des gesetzlichen Vertreters vorliegen oder nachträglich eingeholt werden (§§ 107, 108 BGB), damit der Kaufvertrag Gültigkeit erlangt.
Verträge ohne Einwilligung der Personensorgeberechtigten sind null und nichtig. Geleistete Zahlungen müssen zurückerstattet werden.

Auch bei Geschenken, die Folgekosten verursachen, wie beispielsweise Tiere, muß eine Zustimmung der Personensorgeberechtigten erfolgen. Geschenke, die einen jungen Menschen ausschließlich begünstigen, bedürfen dagegen keiner Genehmigung.

Gesetzliche Unfallversicherung

Es klingt vielleicht merkwürdig, aber an der Entwicklung der gesetzlichen Unfallversicherung (GUV) lassen sich die Fortschritte des Bildungswesens ablesen.

Am 1.1.1885 trat das *Unfallversicherungsgesetz für Beschäftigte in Unternehmen mit besonders hohen Unfallrisiken* in Kraft. Von 1942 an umfaßte die Versicherung Schutz für alle Arbeitnehmer und Arbeitnehmerinnen. Als erkannt wurde, daß Bildung einen gesellschaftlichen Wert darstellt, der (auch) gesellschaftlich abgesichert werden muß, wurden dann ab 1971 Schüler und Studenten sowie Kinder in Kindergärten in die Sozialversicherung einbezogen. Für sie galt nun ein staatlich finanzierter und abgesicherter Unfallversicherungsschutz durch das *Gesetz über die Unfallversicherung der Schüler und Studenten sowie Kinder in Kindergärten* (BGBL. I 1971, S. 237), das den einschlägigen § 539 Abs. 1 Nr. 14 Buchstabe a) bis d) der *Reichsversicherungsordnung* (RVO) änderte.

1971 wurden Kindergärten *versicherungsrechtlich* als Elementarbereich des Bildungswesens anerkannt und deshalb den anderen Bildungseinrichtungen wenigstens in diesem Bereich gleichgestellt. Nicht gesetzlich unfallversichert waren aber nach wie vor Kinder, die in Krippen, Horten oder ähnlichen Einrichtungen betreut wurden. Als politisch nicht gewünschte und daher wenig geförderte Einrichtungen blieben sie Angebote zweiter Klasse.

Die Situation wurde mit dem KJHG geändert. Seit 1991 gehören Betreuung, Bildung und Erziehung zum Auftrag aller Kindertageseinrichtungen (§ 22 Abs. 2 KSHG/SGB VIII). Folgerichtig wurde das Gesetz über die Unfallversicherung geändert. Das *Unfallversicherungs-Einordnungsgesetz* trat am 1.1.1997 in Kraft. Als siebtes Buch des Sozialgesetzbuches (SGB VII) löste es die Regelungen der Reichsversicherungsordnung ab. Nun sind alle Kinder *»während des Besuches von Tageseinrichtungen im Sinne des achten Buches«* (§ 2 Nr. 8

Buchstabe a SGB VII) in die gesetzliche Unfallversicherung einbezogen, denn alle Tageseinrichtungen gehören zum allgemeinen Bildungsangebot.

In welchem Umfang tritt die Versicherung ein?
Versichert sind alle Tätigkeiten der Kinder, die in einem zeitlichen, örtlichen und inneren Zusammenhang mit dem Besuch der Einrichtung stehen. Das sind u. a. die Veranstaltungen der Kindertageseinrichtung auch außerhalb des eigentlichen Geländes und natürlich alle Aktivitäten während des Tagesablaufs. Der Zusammenhang wird als gegeben angesehen, wenn die Aktivität von den Mitarbeiterinnen der Tageseinrichtung veranstaltet und im Rahmen der pädagogischen Arbeit durchgeführt wird. Indiz für den Zusammenhang ist regelmäßig die Zustimmung (Kenntnis ohne Widerspruch) des Einrichtungsträgers für einzelne Aktivitäten, wie Sommerfeste, → Reisen, → Übernachtungen ...

Versichert sind zusätzlich alle Wege, die im Rahmen des Besuches der Einrichtung gegangen oder gefahren werden, d.h. mit ihm in einem zeitlichen Zusammenhang stehen. Wege der Kindergruppe zu Veranstaltungen/Aktionen gehören genauso dazu wie der tägliche Hin- und Rückweg. Es ist nicht erforderlich, den kürzesten Weg von zu Haus zur Einrichtung zu gehen, versichert ist vielmehr der *übliche Weg*, selbst wenn er länger dauert, weil er mehr Sicherheit bietet. Der Weg beginnt bzw. endet in der Regel an der Außentür der häuslichen Wohnung, doch kann im Einzelfall anders zu entscheiden sein (→ Weglaufen von Kindern).

Versichert sind alle betreuten Kinder und alle in den Einrichtungen tätigen Personen, seien sie fest angestellt oder vielleicht auch nur ehrenamtliche Helfer auf Ausflügen oder bei Sommerfesten.

Der gesetzliche Versicherungsschutz gilt auch für Helfer bei Unglücksfällen bzw. ein Tätigwerden in Gefahrensituationen. Es spielt keine Rolle, ob die Helfer zur Hilfeleistung verpflichtet sind oder nicht. Jeder Helfer bzw. jede Helferin in Not und gemeiner Gefahr (Überschwemmungen, Unwetter, Verkehrsunfälle, Brand, Unwetter...), der/die Gefahr für Leben, Körper oder Gesundheit anderer Personen abwenden will und dabei selbst verunglückt, ist gesetzlich versichert.

Ausführungsbehörden für die gesetzliche Unfallversicherung sind die sogenannten Träger der gesetzlichen Unfallversicherung, etwa die Berufsgenossenschaften, Gemeindeunfallversicherungen, die Eigenunfallversicherungen oder die Unfallkassen.[15]

Den gesetzlichen Unfallversicherungen sind durch Gesetz vorrangig drei Aufgabengebiete zugewiesen, §§ 1, 14ff, 26 bis 80 SGB VII:

a) Unfallverhütung

Prävention hat Vorrang vor den anderen Aufgaben. Die Unfallverhütung schließt sowohl die Feststellung und Beseitigung baulicher und sonstiger Mängel in Einrichtungen und an Spielgeräten als auch die vorbeugende Sicherheitserziehung ein. Hierzu geben die Träger der gesetzlichen Unfallversicherung sogenannte Curricula zu verschiedenen Bereichen der Unfallvorsorge heraus, die im Grunde entweder auf einseitiges Training bestimmter Verhaltensweisen oder auf schulpädagogische Lernformen hinauslaufen. Ein erstes Umdenken ist im Bereich *Unfallverhütung durch Bewegungserziehung* zu erkennen.[16] Hier werden die Erkenntnisse der Unfallforschung und Entwicklungspsychologie recht konsequent in elementarpädagogische Handlungskonzepte umgesetzt. Der Ansatz zielt darauf, den natürlichen Bewegungsdrang der Kinder zu fördern und ihre motorischen Kompetenzen zu entwickeln, weil festgestellt wurde, daß ungeschickte Kinder häufiger und schwerer in Unfälle verwickelt waren als geübte. (s. u.)

b) Rehabilitation der Verletzten

Rehabilitation der Unfallverletzten schließt alle notwendigen medizinischen Heilbehandlungen und den Ersatz von evtl. beim Unfall beschädigten Körperteilen mit ein, soweit sie überhaupt ersetzbar sind. Der Arzt oder das Krankenhaus rechnen direkt mit dem Träger der GUV ab; die Krankenkasse, bei der das Kind (über seine Eltern) versichert ist, ist von Leistungen freigestellt.

---

[15] Für Auskünfte, auch über Zuständigkeiten: BAGUV – Bundesverband der Unfallversicherungsträger der öffentlichen Hand – Fockensteinstraße 1, 81539 München

[16] BAGUV (Hg.); T. Kunz (Autor): Voraussetzungen und Möglichkeiten der Sicherheitserziehung im Kindergarten, (München) 1989

c) Entschädigung für Unfallfolgen durch Geldleistungen

Entschädigungsleistungen sind beispielsweise Rentenleistungen auf Grund bleibender Schädigungen der Person. Schmerzensgeldleistungen oder Ersatz von Sachschäden sind im Rahmen der gesetzlichen Unfallversicherung grundsätzlich nicht möglich, es sei denn, der Schaden wäre vorsätzlich herbeigeführt worden (OLG Nürnberg 2 U 2993/90).

Der zuständige Träger der Unfallversicherung muß seine Leistungen von Amts wegen erbringen, d.h. es muß kein besonderer Antrag gestellt werden. Grundlage ist im konkreten Einzelfall der Unfallbericht des Einrichtungsträgers bzw. der Leiterin der Kindertageseinrichtung. Sie sind zur Wahrung von Ansprüchen des Verletzten innerhalb von drei Tagen nach einem Unfall berichtspflichtig.

Sollte es vorkommen, daß die Entschädigung durch die GUV nicht von Amts wegen festgestellt wird, muß innerhalb von zwei Jahren nach dem Unfall ein Antrag nachgeholt werden, um die Ansprüche zu wahren.

Es kommt vor, daß hinsichtlich der Einschätzung des Umfanges versicherter Tätigkeiten oder hinsichtlich der zu gewährenden Leistungen unterschiedliche Auffassungen zwischen der versicherten Person, dem Unfallversicherungsträger oder dem Träger der Kindertageseinrichtungen bestehen. Zur Not kann nur auf gerichtlichem Weg eine Klärung erfolgen. Die Einschätzung des Unfallversicherungsträgers allein ist kein Maßstab. Dazu gab es schon zu viele Fälle, in denen die Versicherung meinte, der Fall wäre nicht abgesichert, doch die Sozialgerichte sahen dies anders. Ein Beispiel:

Nach Auffassung der Unfallversicherung unterliegen private Aktivitäten auf Kinderreisen nicht dem gesetzlichen Versicherungsschutz. Die Schlafenszeit soll dazu gehören. Doch ihr Beginn und Ende sind interpretationsfähig. Schon 1995 befand das Bundessozialgericht, daß die durch einen Lehrer auf einer Klassenreise verhängte Zeit der Nachtruhe nicht das Ende der Versicherung bedeutet, weil bei Kindern (im pubertären Alter) die Maßstäbe weniger streng zu sehen sind als bei Erwachsenen. Das altersabhängige Gruppenverhalten ist zu berücksichtigen, deshalb ist ein Schaden, der durch eine Rauferei im Schlafraum entsteht, als innerhalb des organisatorischen Verantwortungsbereiches der Schule anzusehen und deshalb versichert (3 RU 44/94).

Ausgeschlossen sind von der gesetzlichen Unfallversicherung sogenannte *eigenwirtschaftliche Betätigungen*. Manche Träger betonen, daß Einkäufe von Kindern ohne direkten Erzieherkontakt (im Rahmen der Erziehung zur Selbständigkeit) nicht dazu gehören sollen. Demgegenüber hat das Bundessozialgericht in einem weiteren Fall (→ Weglaufen von Kindern) festgestellt, daß diese eigenwirtschaftlichen Tätigkeiten in Kindertageseinrichtungen kaum denkbar sind. Deshalb sind Kinder grundsätzlich während des gesamten Besuchs der Einrichtung versichert.

Was tun, wenn ein Unfall geschehen ist?

Am besten ist, erst einmal den Papierkram zu vergessen, Erste Hilfe zu leisten und die Feuerwehr bzw. den Rettungswagen zu benachrichtigen.

Bei einem bloßen Verdacht auf eine Verletzung (z. B. Gehirnerschütterung) reicht es aus, wenn man sich und das verletzte Kind von einem Taxi ins Krankenhaus fahren läßt.[17] Während man auf Feuerwehr oder Taxi wartet, sollten die Eltern benachrichtigt werden. Danach sollte eine dem Kind vertraute Person ins Krankenhaus oder zum Unfallarzt mitfahren, damit es sich nicht allein fühlt. Mitzunehmen ist die Karteikarte des Kindes, in der alle wichtigen Eintragungen vorgenommen sein sollten, wie z. B. Impfungen, schwere Krankheiten, frühere Unfälle.

Sicherheitsvorkehrungen und Unfallursachen

Abschließend noch einige Bemerkungen zu den Sicherheitsvorkehrungen und damit auch zu Unfallursachen. In jeder Kindertageseinrichtung muß ein Sicherheitsbeauftragter gewählt werden. Das ergibt sich aus dem § 9 der Unfallverhütungsvorschrift der GUV und dem § 22 SGB VII. Dem Sicherheitsbeauftragten ist vom Arbeitgeber die Wahrung seiner Aufgaben während der Arbeitszeit zu er-

[17] Achtung: Quittung geben lassen! Sie kann bei der Versicherung oder der Krankenkasse abgerechnet werden.

möglichen. Sicherheitsbeauftragte sollen z.B. Gefahrenquellen feststellen, Kolleginnen über Unfallverhütungsmaßnahmen aufklären und helfen, geeignete Erziehungsmaßnahmen zu entwickeln.

Bevor nun Aktionsprogramme zur Sicherheitserziehung gestartet werden, aber sicherlich notwendige vorbeugende Maßnahmen doch bloß ausschließlich bei den Kindern ansetzen, müssen Ergebnisse aus der Unfallforschung, Erkenntnisse der Entwicklungspsychologie und pädagogisches Wissen miteinander in Verbindung gebracht werden.

Die Zahlen über die Unfallursachen belegen deutlich, daß die Schuld für Unfälle weniger bei den Kindern zu suchen ist als bei den Erwachsenen; genaugenommen sogar eher bei den Einrichtungsträgern. Zahlen:

ca. 65 %	aller angezeigten Unfälle sind Sturzunfälle, davon etwa
53 %	Stürze auf Boden etc.,
22 %	an Baulichkeiten (Türrahmen, Heizkörper),
19 %	an (nicht von!) Einrichtungsgegenständen,
6 %	auf herumliegendes Spielgerät

»Für die Sturzunfälle ist nur zum geringen Teil mangelndes Gefahrenbewußtsein der Kinder verantwortlich zu machen. Die Kinder sind vielmehr durch ihre körperliche Entwicklung noch nicht in der Lage, sich bei Stürzen mit den Händen abzufangen und so Kopfverletzungen zu vermeiden.« (BAGUV 1989, S.9)

Zum Teil sind die Gefährdungen also als entwicklungsbedingt anzusehen, aber sicher ist auch, daß Kinder, die nicht genügend Gelegenheit für motorische Spiele und Übungen bekommen, besonders gefährdet sind, denn sie können die erforderliche Geschicklichkeit nicht entwickeln bzw. trainieren. Ein *Sitzkindergarten* gefährdet die Gesundheit der Kinder; ein Kindergarten ohne ausreichende Trainingsmöglichkeiten (z. B. auf einer sogenannten *Bewegungsbaustelle*[18]) trägt zum Unfallgeschehen bei.

[18] Miedzinski: K.: Die Bewegungsbaustelle – Kinder bauen ihre Bewegungsanlässe selbst, Dortmund 1983

Verbreitete Unfallursachen stellen auch bauliche Mängel dar. Eine fehlende oder verunreinigte Sandschicht unter Spiel- und Klettergeräten gehört dazu. Mangelhafte Reinlichkeit des Sandes ist nicht nur ein hygienisches Ärgernis sondern ein Gefahrenmoment, denn sauberer Sand ist lockerer und damit elastischer.

Trotz Sicherheitsvorkehrungen treten in Kindertageseinrichtungen sogar Verätzungen und Vergiftungen als Unfallursachen auf (ca. 3 % aller Unfälle). Ca. 7 % der bekanntgewordenen Verletzungen sind Quetschunfälle an Türen. Von ihnen ereigneten sich nur 9 % bei Rangeleien der Kinder untereinander, jedoch bei 56 % wurde die Tür von anderen unbeabsichtigt geschlossen, d. h. daß das Kind nicht gesehen wurde. Noch schwerwiegender ist, daß mehr als ein Drittel dieser Unfälle geschah, als Kinder versuchten, die Tür selbst zu öffnen: das gibt Anlaß, über die Konstruktionsweise von Türen nachzudenken, aber auch über die vorhandenen und benötigten Kräfte der Kinder zum gefahrlosen Öffnen (EUV Berlin: Unfallverhütung und Unfallgeschehen in Kindergärten, Berlin 1979, S. 12).

Hausaufgaben für die Schule

Schulkinder verbringen täglich einige Stunden in der Schule. Sie wenden außerdem einen beträchtlichen Teil ihrer Zeit für die Erledigung von Hausaufgaben auf, so daß die Freizeit nicht nur kostbar ist, sondern auch knapp bemessen. Erziehungsberechtigte oder Erziehungsbeauftragte stehen dann im Zwiespalt einer unbefriedigenden Alternative:

- Sollen die Kinder sämtliche Hausaufgaben fertigen? Dann wird unter Umständen riskiert, daß keine ausreichende Erholungsphase bleibt, aber dafür gibt es weniger Ärger mit den Lehrerinnen.
- Oder setzen sich die Erwachsenen für die Freizeitinteressen der Kinder ein? Dann wird vielleicht der Schulerfolg riskiert.

Viele Erzieherinnen und Eltern fühlen sich als verlängerter Arm der Schule mißbraucht, wenn Kinder Hausaufgaben erledigen müssen, deren Sinn und/oder Grundlagen sie in der Schule nicht verstanden haben. Die Bearbeitung der Hausaufgaben gerät dann zum Nachhilfeunterricht.

Paradox ist, daß die Kinder, für die die Schule am schwierigsten ist, auch am Nachmittag die meiste Zeit aufwenden (oder aufwenden müßten), um die schulischen Anforderungen zu erfüllen. Kein Wunder also, daß diese Kinder sich bestraft fühlen. Neben die Grundfrage, ob Hausaufgaben sinnvoll sind, tritt ein strukturelles Problem, das als persönliches Problem der Kinder erscheint. Die Zeiten, die für die Hausaufgaben aufgewendet werden sollen, sind am durchschnittlichen Leistungsstand orientiert. Wer unter dem Durchschnitt liegt, braucht mehr Zeit. Jedes Kind leidet unter dem Entzug von Freizeit. Manche kämpfen mit den Erwachsenen, die sie zu den Hausaufgaben zwingen wollen. Was im Idealfall von den Kindern selbst erledigt werden kann, wird zu einem außengeleiteten Anspruch und so zum Gegenstand fortdauernder Konflikte, ohne daß der Urheber (die Schule) einbezogen ist.

Das Problem der mangelnden Zeit wird für Kinder noch komplizierter, wenn sie einen Hort besuchen, wo die Erzieherinnen den Anspruch haben, eine eigenständige pädagogische Arbeit in Form von Aktionen und Beschäftigungen vorzuweisen. Aus fachlicher Sicht nachvollziehbar, wächst für die Kinder die Gefahr, daß keine Zeit für eigeninitiierte Aktivitäten bleibt.

Manche Erzieherin ist versucht, die Erledigung von Hausaufgaben grundsätzlich abzulehnen und das Problem entweder an die Schule zurückzugeben oder in die Zuständigkeit der Eltern weiterzuleiten. Doch mit solchen Reaktionen würden die Kinder mit dem Problem und seinen Folgen alleingelassen. Gerade Kinder, die aufgrund ihrer häuslichen Situation nicht in der Lage sind, dort in Ruhe zu arbeiten, brauchen die Unterstützung ihrer Erzieherin. Sie kann ihnen beim Lernen helfen und kann Kinder unterstützen, *gemeinsam* an den Hausaufgaben zu arbeiten. Lernen muß nicht Qual sein, muß dann jedoch entsprechend organisiert werden.

Dies soll nicht heißen, daß Horterzieherinnen die Erfüllungsgehilfen der Schule sind oder werden sollen. Auch in Schulhorten muß sich das pädagogische Angebot am Auftrag der Jugendhilfe orientieren und nicht als Ausfallbürge für das Versagen von Lehrerinnen fungieren. Deshalb sollen Hausaufgaben nicht den Nachmittag bestimmen, aber sie können auch nicht ignoriert werden.

Viele Lehrerinnen bekommen keinen Eindruck davon, wie lange die Kinder mit den Hausaufgaben beschäftigt sind oder welche Aufgaben von den Kindern einfach nicht verstanden werden. Hier liegt eine Aufgabe von Erzieherinnen und Eltern darin, sich mit den Lehrerinnen zusammen- und auseinanderzusetzen. Lehrerinnen werden dadurch mit der Situation der Kinder nach der Schule konfrontiert. Erzieherinnen wirken darauf hin, daß die Hausaufgaben tatsächlich eine Übung und keine Mühsal sind. Zusammenarbeit zwischen Grundschule und Hort kann nicht heißen, daß der Hort die Arbeiten übernimmt, die ihm die Schule zuweist. Vielmehr sollten Erzieherinnen als Anwälte der Kinder auch in der Schule auftreten. Hierzu bieten sich Elternabende, Lehrerinnengespräche oder Hospitationen an und helfen umgekehrt Einladungen an die Lehrerinnen, den Hort zu besuchen.

Als Ziel der pädagogischen Arbeit wird der sozialpädagogische Bildungsauftrag des Hortes nicht aus den Augen verloren, der sich nicht im Mittagessen und in der Hausaufgabenhilfe erschöpft, der gleichwohl nicht als vollgepacktes Aktionsprogramm geplant wird, welches den Kindern weitere Freizeit nimmt.

Bis hierhin ist *die Schule* als die Verursacherin vieler Konflikte dargestellt worden. Das Bild soll etwas korrigiert werden, weil es ja nicht die Schule ist, sondern ganz bestimmte Personen, die bestimmte einseitige Ansprüche vertreten. Zur Einschätzung, ob eine Lehrerin überzogene Vorstellungen hat oder man selbst völlig daneben liegt, soll ein Blick in allgemeingültige Vorschriften nötige Orientierung bieten. Im Land Berlin gibt es, wie anderswo auch, *Ausführungsvorschriften über Hausaufgaben*, (AV-Hausaufgaben vom 15. März 1991) die für alle Schulen verbindlich anzuwenden sind. Einige Auszüge:

- *Hausaufgaben müssen von den Schülerinnen und Schülern selbständig, das heißt ohne Hilfe ... angefertigt werden können.*
- *Hausaufgaben sind nur zu erteilen, wenn sie unter didaktischen Gesichtspunkten notwendig sind. Es ist nicht erforderlich, täglich Hausaufgaben zu erteilen.*

- *Als Strafe oder als Mittel zur Wahrung der Disziplin sind Hausaufgaben pädagogisch nicht vertretbar und daher unzulässig.*
- *Hausaufgaben dürfen nur dann erteilt werden, wenn die Schülerinnen und Schüler innerhalb des Unterrichts so mit dem Lerngegenstand vertraut gemacht worden sind, daß sie die Hausaufgaben selbständig anfertigen können. Dazu gehört auch das Vertrautsein mit den Arbeitstechniken und dem Gebrauch von Hilfsmitteln.*
- *Schülerinnen und Schüler dürfen weder überfordert noch in ihrer Freizeit unangemessen eingeschränkt werden.*

Hausaufgaben haben also nicht die Aufgabe, am Nachmittag nachzuholen, was im Unterricht nicht erreicht wurde. In der Regel sind in den Ausführungsvorschriften der Kultusbehörden zeitliche Rahmenvorgaben festgelegt. In Berlin gelten folgende Werte jeweils höchstens für alle Fächer zusammen:

Klassenstufe 1	*= 15 Minuten tägliche Arbeitszeit*
Klassenstufe 2	*= 30 Minuten tägliche Arbeitszeit*
Klassenstufe 3 & 4	*= 45 Minuten tägliche Arbeitszeit*
Klassenstufe 5 & 6	*= 60 Minuten tägliche Arbeitszeit*

Hierarchie der Gesetze und Vorschriften[19]

Das Grundgesetz der Bundesrepublik Deutschland wirkt als Verfassung unseres Staates mit Vorrang vor allen übrigen Gesetzen und Verordnungen. Als Grundlage unseres Gemeinwesens stellt es die *oberste rechtliche Norm* dar, der sich alle anderen unterordnen müssen. In den siebziger Jahren, zur Zeit des kalten Krieges nach außen und des heißen Kampfes im Innern zwischen Terroristen und Polizei, mußte, wer im Staatsdienst angestellt oder Beamter werden wollte, belegen, daß er mit seiner Gesinnung auf dem Boden der freiheitlich-demokratischen Grundordnung (dem Grundgesetz) stand. Das Grundgesetz sollte ursprünglich die Verfassung des westdeutschen Staates nach dem zweiten Weltkrieg werden. Man entschloß sich auf Grund der fehlenden staatlichen Souveränität und der Teilung Deutschlands, von dem Begriff *Verfassung* Abstand zu nehmen. Im

[19] siehe hierzu auch das Kapitel von Detlef Diskowski ab S. 15 ff.

Falle einer Vereinigung sollte dann eine neue Rechtsgrundlage, die Verfassung, entwickelt werden.

Inzwischen wissen wir es besser. Ost und West sind politisch vereint, die DDR ist dem Geltungsbereich des Grundgesetzes beigetreten und dieses darf nun fortgesetzt als Verfassung wirken. Obwohl man 1949 überzeugt war, daß das Grundgesetz in einem späteren neuen Staat anzupassen, sogar zu verbessern wäre, gilt es nun weiter. Das Grundgesetz ist im Laufe der Jahre gleichwohl mehrfach verändert und dabei überwiegend verschlechtert worden. Der Liedermacher und Jurist Franz-Josef Degenhardt beklagte die Verschlechterung schon Ende der sechziger, Anfang der siebziger Jahre: »Grundgesetz, wie zum Hohn, tausend Mal geändert schon«. Andere Kritiker bemängeln, daß das Gesetz in etlichen Punkten nicht mehr die Intentionen seiner Mütter und Väter widerspiegelt. Das einstmals vorbildliche Asylrecht, nach den Erfahrungen des zweiten Weltkrieges und aus einer Schuld gegenüber den anderen Völkern geschaffen, ist nach vielen Änderungen nicht einmal mehr seinen Namen wert. Alle Teiländerungen des Grundgesetzes zusammen haben seine grundsätzliche Überarbeitung zu einer neuen Verfassung für einen neuen, einheitlichen Staat sicher nicht ersetzen können.

Das Grundgesetz ist die oberste Rechtsnorm unseres Staates. Alle untergeordneten Regularien müssen mit seinen Grundgedanken übereinstimmen. Gesetze, die zum Teil älter als die Bundesrepublik sind, mußten dem Grundgesetz angepaßt werden, wenn die Vorschriften ihm nicht entsprachen. Das war und ist ein sehr komplizierter Prozeß.

Im Bürgerlichen Gesetzbuch (offiziell seit 1.1.1900 in Kraft) gab es beispielsweise Regelungen, das Rechtsverhältnis zwischen Mann und Frau oder die Rechtsstellung von Kindern, die in einer Ehe geboren und die außerehelich geboren wurden, betreffend. Noch Ende der fünfziger Jahre durfte nach dem BGB der Ehemann seiner Frau eine Berufstätigkeit untersagen, und erst im Jahr 1998 wurde die rechtliche Gleichstellung zwischen ehelichen und nichtehelichen Kindern rechtlich vollzogen. Für beide Fälle bedurfte es des Bundesverfassungsgerichts, das die rechtlichen Grundlagen und die gesellschaftliche Praxis rügte, den Gesetzgeber zu einer verfassungskonformen Änderung des BGB aufforderte und somit dem Grundgesetz zu seinem Vorrang verhalf. Dabei hätte jeder Abgeordnete des Deutschen Bundestages seit 1949 Zeit gehabt, das Grundgesetz zu lesen. Dort ist von Anfang an die Gleichberechtigung zwischen Mann und Frau verankert (*Art. 3 GG*) und die Diskriminierung nichtehelicher Kinder nach *Art. 6 Abs. 5 GG* verboten. Im ersten Fall dauerte es bis zu Beginn der sechziger Jahre, bis das Zivilrecht zu Gunsten der Frauen dem Grundgesetz angepaßt wurde, im zweiten Fall insgesamt 49 Jahre. Zeitlich dazwischen lag 1976 eine Reform des Familienrechts, die unter dem Eindruck der gesellschaftlichen Veränderungen der *Sechziger* und der Frauenbewegung vorgenommen wurde.[20]

Die Anpassung der Gesetze an die gesellschaftliche Entwicklung und auch an das Grundgesetz haben in diesen Fällen lange gedauert. Schließlich aber wurde dem Grundgesetz Vorrang verschafft. Wie immer in Politik und Recht ist es eine Frage des Drucks und des politischen Einflusses, ob und wie schnell die als notwendig erachteten Änderungen umgesetzt werden.

Das Grundgesetz wirkt als Norm einerseits für alle Gesetze in der Bundesrepublik Deutschland, andererseits für alle Bürgerinnen und Bürger, unabhängig davon, wo sie wohnen. Das schon erwähnte BGB, das Strafgesetzbuch (StGB), das Arbeitszeitgesetz, das Kündigungsschutzgesetz, das KJHG/SGB VIII und viele weitere Gesetze gelten ebenfalls bundesweit für alle Menschen. Sie heißen *Bundesgesetze*.

Die Bundesrepublik Deutschland ist ein föderalistischer Staat, ein Bundesstaat. Sie besteht aus sechzehn Bundesländern, die verfassungsrechtlich eigene Staaten sind, mit eigener Verfassung, eigenem Parlament, eigener Regierung und folgerichtig mit eigenen Gesetzen. *Landesgesetze* gelten nur im jeweiligen Bundesland. Sie passen häufig bloß geltendes Bundesrecht an die besonderen Gegebenheiten des Landes an. Sie werden dann als *Ausführungsgesetze* bezeichnet, wie beispielsweise die Ausführungsgesetze der Länder zum KJHG/SGB VIII. Sie heißen *AG KJHG Bundesland XY*. An-

[20] Wesel, Uwe: Fast alles, was Recht ist. Jura für Nicht-Juristen. Frankfurt/M. 1991, S. 162ff

dere Landesgesetze sind eigenständige Gesetze. Sie werden in Bereichen erlassen, wo der *Bund* keine Befugnisse hat. Hierzu gehören die Schulgesetze der Länder, denn der Kulturbereich fällt in die Länderhoheit.

Auf Landesebene stellen diese Gesetze die jeweils höchsten rechtlichen Regularien (nach der Verfassung des Landes) dar. Sie müssen sich aber den bundeseinheitlichen Gesetzen und insbesondere dem Grundgesetz unterordnen, d. h. sie dürfen ihnen inhaltlich nicht widersprechen.

Eine weitere Stufe tiefer stehen *Verordnungen* und andere allgemeinen Verwaltungsvorschriften. Dies sind Rechtsnormen mit allgemein verbindlichem Charakter, jedoch ohne Gesetzeskraft. Sie konkretisieren meistens die einschlägigen Gesetze aus dem gleichen Fachbereich.

Das folgende Schema zeigt den hierarchischen Zuammenhang von Vorschriften für den Bereich der Kindertageseinrichtungen im Land Berlin. Das Grundgesetz (GG) rangiert über dem KJHG/SGB VIII, dies wiederum über dem Kindertagesbetreuungsgesetz (KitaG) und dem Gesetz über die Beteiligung der Eltern an den Kindertagesstättenkosten (KTKBG). Auf der vierten Stufe wirken beispielsweise die Badeverordnung, die Bauordnung oder die Vorschriften zum Schutz vor Brandgefahren auf die Arbeit in den Kindertageseinrichtungen:

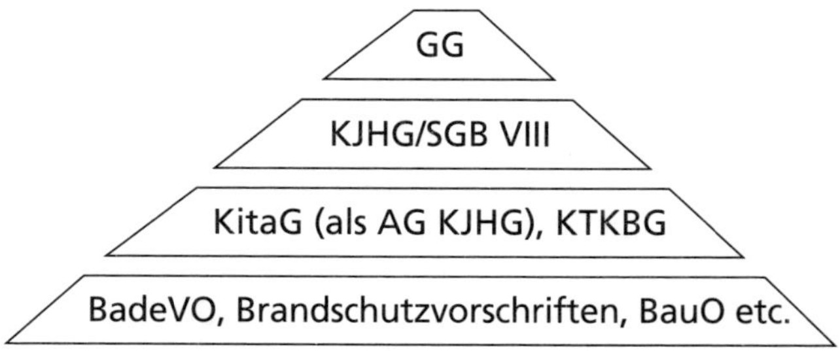

Jedem Träger steht es frei, innerhalb und unterhalb dieser für alle geltenden Rechtsvorschriften, weitere Verbindlichkeiten festzulegen, wenn und soweit er dies für richtig hält. Im Binnenverhältnis Arbeitgeber – Mitarbeiterin/Erzieherin gibt es dann zum Beispiel:

- *Dienstvereinbarungen* (Gleitzeitregelungen, Betriebsschließungen in den Sommerferien ...)
- *allgemeine Dienstanweisungen* (für alle Erzieherinnen geltende, einen konkreten Fall betreffende Regeln, z.B.: Allen Kindern sind beim Baden Schwimmflügel anzulegen! Es dürfen nur jeweils zwei Erzieherinnen mit einer Kindergruppe spazierengehen!)
- *individuelle Dienstanweisungen* (für eine Erzieherin geltend, einen konkreten Sachverhalt regelnd, z. B.: Sie bleiben heute eine Stunde länger im Spätdienst! Sie müssen jetzt an der Schaukel aufpassen, nicht an der Rutsche!).

Je weiter wir auf der Hierarchieleiter hinabsteigen, desto konkreter werden die Regeln. Sie rücken einer Erzieherin regelrecht auf den Pelz. Paradox ist, daß die untergeordneten Regelungen häufig mit größerem Nachdruck vertreten werden, als die höherwertigen, weil jemand für ihre Umsetzung zuständig ist. Er oder sie wird für die Durchsetzung einer Vorschrift bezahlt und verrichtet diese Arbeit mit Lust und Liebe für den eigenen Lebensunterhalt. Dabei kann es zu Irrtümern verschiedenster Art kommen, z.B.

a) Irrtum über den Sinn der Regelung

Manche Vorschrift wirkt für sich genommen ganz vernünftig. Erst bei ihrer Anwendung ist zu merken, daß sie den eigentlichen Zweck der Veranstaltung zunichte macht. Wenn die Aufsichtspflicht in der Weise ausgeübt wird, daß zu wenig Raum für die Entwicklung der Kinder bleibt, geht ihr Sinn verloren. Wenn Brandschutzregelungen isoliert gesehen und überinterpretiert werden, sehen Kindertageseinrichtungen aus wie Kliniken, weil angeblich keine papierene Wand- oder Deckendekoration gestattet werden darf. Wenn ein Träger die Dienstanweisung erläßt, daß ein Gruppenspaziergang ausschließlich dann gestattet ist, wenn zwei Erzieherinnen die Gruppe begleiten, werden in Anbetracht des vielerorts bestehenden Personalschlüssels die Gruppen bei Ausflügen groß, unübersichtlich und dadurch gefährlich, oder die Spaziergänge fallen aus.

b) Irrtum über den Stellenwert der Regelung

Manche Regelung wirkt, weil sie mit Nachdruck vertreten wird oder weil sie von einem hierarchisch höher stehenden Menschen ausgesprochen wird. Aus der Hierarchie der Menschen sollte jedoch nicht auf die Hierarchie der Regularien geschlossen werden. Vorgesetzte können irren. Ihre Interessen, ihre Ängste, ihre Ideale können dazu führen, daß sie eine Regelung vertreten, die es unmöglich macht, den Erziehungs- und Bildungsauftrag von Kindertagesstätten so erfüllen, wie es die entsprechenden übergeordneten Gesetze vorschreiben. Das Problem mit dem Stellenwert verschiedenartiger Vorschriften kann ebenfalls entstehen, wenn Mitarbeiterinnen anderer Dienststellen unter Berufung auf ihre Vorschriften Einfluß auf die Arbeit in einer Kindertageseinrichtung nehmen wollen. Haben sie das *höherwertige Recht* auf ihrer Seite, oder liegt es bei den Erzieherinnen?

c) Irrtum über unterschiedliche Zuständigkeiten

Unter dem Deckmantel von Regelungen wird gern in andere Bereiche hineinregiert. Es ist offenbar für viele Menschen erhebend, wenn sie anderen Menschen Vorschriften machen dürfen.[21] Sie dehnen deshalb ihre Zuständigkeit *absichtlich* aus. Unklare Kompetenzregelungen oder Doppelzuständigkeiten hingegen führen dazu, daß irrtümlich und *unabsichtlich* in andere Arbeitsbereiche eingegriffen wird. Dann gibt es noch die Fälle vorauseilenden Gehorsams, bei denen eine Bemerkung eines Vertreters der Unfallversicherung oder eines Brandschutzexperten bei der Sicherheitsbegehung sofort als Verpflichtung zur Umsetzung angesehen wird.

Um zu einer Klärung der sachlichen Grundlage zu kommen, muß die Frage ist geklärt werden: »Wer darf was abschließend bestimmen?« Für die Erteilung der Betriebserlaubnis einer Kindertages-

[21] Kurt Tucholsky: »Ein deutsches Glück, hinter einem Schalter zu sitzen. Ein deutsches Schicksal, davor zu stehen.«

einrichtung ist das Landesjugendamt zuständig. Haben andere beteiligte Behörden Bedenken gegen die Erteilung, kann das Landesjugendamt (die Kindertagesstätten-Aufsicht) diese Bedenken teilen und die Ursachen beheben. Es kann die Bedenken als zwar richtig, doch als nicht relevant bzw. zu einschränkend zurückstellen. Das Landesjugendamt muß aus seiner Sicht die Einwände beurteilen und seine gegensätzliche Sicht begründen können. Die Erteilung der Betriebserlaubnis liegt in der Zuständigkeit des Landesjugendamtes, also wird dort die letztliche Entscheidung getroffen.

Die Regelungen auf den unteren Stufen der Hierarchie können schneller und einfacher verändert werden als die weiter oben. Für die Änderung des Grundgesetzes bedarf es einer qualifizierten Mehrheit der Bundestagsabgeordneten und der Zustimmung des Bundesrates; für den Erlaß neuer Verwaltungsvorschriften entweder neuer Gesetze oder des Ablaufs der Geltungsfrist. Für eine neue Dienstanweisung bedarf es im Zweifel nur schlechter Laune der Vorgesetzten. Je unmittelbarer eine Rechtsvorschrift erlassen wird und je einfacher sie verändert werden kann, desto geringer ist ihr Stellenwert. Diese Bemerkungen sollen niemand verführen, sich leichtfertig über → Dienstanweisungen hinwegzusetzen. Vielmehr soll verdeutlicht werden, daß auf das tägliche Handeln in Kindertageseinrichtungen oftmals Regelungen einwirken, die es zweifelhaft erscheinen lassen, ob die übergeordneten Vorgaben eingehalten und die verfassungsgemäßen Ziele erreicht werden können.

Im Zusammenwirken verschiedener Verwaltungsstellen zum Betrieb einer Kindertageseinrichtung wird häufig geblufft. Dinge werden behauptet, die nicht belegbar sind. Es ist wichtig, einen Bluff zu durchschauen, nur dann kann eine Erzieherin ihrer Arbeit ordnungs- und auftragsgemäß nachgehen. Wenn sie zum Beispiel in einem Kindergarten ein selbsteingekauftes und selbstzubereitetes Gruppenfrühstück einführen will und eine Mitarbeiterin des Gesundheitsamtes untersagt dies »aus hygienischen Gründen«, muß die Erzieherin nach dem genauen Wortlaut der Gründe fragen. Der Bluff wird schnell auffliegen, denn solche Vorschriften gibt es nicht. Ein weiteres Beispiel: Zuerst wurde behauptet, daß eine Erzieherin vor einem Laternenumzug die Erlaubnis der Feuerwehr einholen muß;

schließlich wurde sogar behauptet, daß für die Erteilung einer Genehmigung ein Feuerwehrmann am Umzug teilnehmen muß. Auch diese Regelung war frei erfunden.

»Auseinandersetzungen um derartige Fragestellungen gehören zu den unangenehmen Situationen des Kita-Alltags ... Hier hilft es zu überlegen, ob es überhaupt entsprechende Vorschriften gibt und abzuwägen, was sie wert sind. *Verordnungen, Richtlinien oder Auflagen, die dem Auftrag der Kita widersprechen, den Betrieb behindern und den Sinn der pädagogischen Veranstaltung Kindertagesstätte außer Kraft setzen, müssen nicht eingehalten werden. Sie mögen ›in sich‹ richtig sein, aber sie sind insofern irrelevant, als ihre konsequente Einhaltung letztendlich die Schließung der Einrichtung bewirken würde.*«[22]

Weniger gravierende Beispiele von Einschränkungen stellen nicht gleich das gesamte Angebot in Frage, wohl aber die Erzieherinnen vor einige Probleme. Ein Träger der beispielsweise ausdrücklich → Fahrten mit Kindern im Privat-Pkw verbietet, obwohl er weiß, daß sich dieser Fall nicht immer vermeiden läßt, verschlechtert die Situation der Erzieherinnen. Dies geschieht vorgeblich, um Schaden zu verhüten, tatsächlich aus einem übergroßen Regelungsbedürfnis oder eigenem Absicherungsstreben heraus. Das Verbot bewirkt keine größere Sicherheit, denn ohne es gelten für die Erzieherin die normalen Verhaltensanforderungen, wie für jeden Autofahrer auch, sogar erhöht im Hinblick auf die Mitnahme fremder Kinder. Normales Versicherungsrecht würde zur Absicherung greifen. Durch die neue Vorschrift, das Verbot der Mitnahme, wird der Normalfall relativiert. Im Schadensfall müßte die Erzieherin sich nicht nur gegenüber dem Träger dafür verantworten, eine Dienstanweisung mißachtet zu haben, sondern auch gegenüber der Versicherung rechtfertigen, die sicherlich aus dem *abweichenden Verhalten* der Erzieherin eine Kausalität zum Schaden begründen würde, um dadurch nicht allein für den Schaden aufkommen zu müssen. Dienstanwei-

[22] Mörsberger/Prott: Rechtsfragen bei der Entwicklung der Kindertagesstättenarbeit, in: Senatsverwaltung für Jugend und Familie Berlin (Hg.): Perspektiven der Kindertagesstättenarbeit – Handlungsmöglichkeiten des Jugendamtes, Berlin 1994, S.52; Hervorhebungen im Originaltext.

sungen solcher Art schaden darum eher. Der Verstoß gegen eine Dienstanweisung gilt als *Indiz* für fachliches Fehlverhalten, ist aber bei weitem kein ausreichender Einzelbeweis, auf den es immer ankommt.

Die Dienstanweisung als hierarchisch untergeordnete Regelung stellt in diesem Fall die allgemeingültigen Rechtsnormen der Absicherung auf unsichere Füße. Sie ist überflüssig, weil ohne sie die Modalitäten bereits geklärt sind. Jeder Träger sollte daher zur Sicherheit seiner Mitarbeiterinnen und der betreuten Kinder nur dann Dienstanweisungen herausgeben, wenn sie in der Sache wirklich notwendig sind, wenn sie orientieren (nicht verunsichern), wenn sie Entwicklungen fördern (nicht einschränken).

HIV-betroffene Kinder

HIV ist die Abkürzung für Human Immuno Deficiency Virus = Menschliches Immundefekt Virus. Wenn dieser Virus in den menschlichen Körper gelangt, sucht er wie alle Viren nach einer Zelle, nistet sich dort ein, lebt von ihr und kann dabei die Erbinformation dieser Zelle so verändern, daß sie nicht mehr ihre ursprüngliche Aufgabe wahrnimmt, sondern stattdessen selbst Viren produziert, bis sie abstirbt. Der HI-Virus setzt sich auch im Immunsystem des Menschen fest. Das Immunsystem wird geschwächt. Sind dort zu viele Zellen zerstört, kann der Mensch nicht mehr angemessen auf die üblichen Krankheitserreger reagieren. Er stirbt an den Folgen vergleichsweise harmloser Infektionen.

Die Tatsache, daß ein Mensch den HI-Virus in sich trägt, bedeutet noch nicht, daß der Virus aktiv wird. Mitunter zehn und mehr Jahre verläuft die Infektion ohne Symptome. Die betroffenen Menschen sind in dieser Zeit so gesund wie andere Menschen auch. Erst wenn der Virus sich vermehrt, spricht man vom Beginn der AIDS-Erkrankung (AIDS = Acquired Immuno Deficiency Syndrome, d.h. Erworbener Immundefekt).

Der HI-Virus wird ausschließlich von Mensch zu Mensch übertragen. Blut, Sperma, Vaginalflüssigkeit sind die Transportmittel. Eine Ansteckung ist *nicht möglich*

- durch Niesen, Atmen, Husten,
- durch Beißen,
- über gemeinsam genutztes Geschirr, Wäsche, Zahnbürsten,
- Benutzen derselben Toilette,
- durch Insekten,
- durch fließendes Blut,
- durch alltägliche Körperkontakte (Hände schütteln, streicheln, umarmen, küssen).

Kinder wurden in der Vergangenheit am häufigsten durch die Verabreichung von Blutpräparaten infiziert. Seitdem diese Mittel besser kontrolliert werden, besteht das größte Infektionsrisiko durch die HIV-positive Mutter schon während der Schwangerschaft oder hernach beim Stillen. Doch nicht jedes ungeborene Kind einer HIV-positiven Frau wird während der Schwangerschaft infiziert, nur knapp ein Fünftel wird selbst zum Virusträger. Ein Nachweis ist ab einem Alter von ca. 15 Monaten möglich.

Kinder können in zweierlei Hinsicht vom HI-Virus *betroffen* sein: sie sind entweder selbst infiziert oder sie leben in ihrer Familie mit jemandem zusammen, der bzw. die diesen Virus in sich trägt. Was sollten Erzieherinnen im Umgang mit ihnen beachten?

Jedes Kind braucht seine besondere, individuelle Förderung und Unterstützung. HIV-betroffene Kinder machen da keine Ausnahme. Die Kunst dürfte für eine Erzieherin darin bestehen, die Besonderheit zu gewährleisten und zugleich die Situation so *normal* wie möglich anzusehen.

HIV-infizierte Kinder sind nicht schwerkrank. Sie spielen, lachen, weinen wie andere Kinder auch. Wie die Infektion verläuft, kann niemand vorhersagen.

Kinder, die mit einem HIV-infizierten Familienangehörigen zusammenleben, erleben dessen Sorgen, Untersuchungen, vielleicht sogar den Krankheitsausbruch. Sind Bruder oder Schwester infiziert, erfährt ein Kind vielleicht die besondere Zuwendung der Eltern für das Geschwister als Zurückweisung seiner selbst. Kinder können auf vielfältige Weise HIV-betroffen sein und brauchen Hilfe zur Verarbeitung ihrer Erfahrungen durch kompetente und liebevolle Erwachsene.

Pädagogische Arbeit nach dem Situationsansatz knüpft an der aktuellen und an der zukünftigen Lebenssituation der Kinder an. Sie sollen kindgemäße Erfahrungen machen, um mit aktuellen Problemen fertig zu werden und für künftige Situationen zu nutzen. Die Infektion/Erkrankung ist als besondere Lebenssituation des Kindes in die pädagogische Arbeit einzubeziehen. Als Grundlage für entsprechende Angebote muß die Erzieherin eine genaue Kenntnis des häuslichen Umfeldes des Kindes haben und intensiv mit den Eltern zusammenarbeiten. Alltägliche Ansprüche in einer zum Glück nicht alltäglichen Situation. Für jedes Kind muß ein geeigneter Weg gefunden werden. Manche Fragen sollten immer gestellt und beantwortet werden:

- Was kann die Kita zur Förderung und Entwicklung eines Kindes beitragen, dessen Lebensperspektive besonders ungewiß ist?
- Was kann getan werden, um dem Kind den produktiven Umgang mit seinen Ängsten zu ermöglichen?
- Wie kann ihm lebenspraktisch (z.B. bei der Einnahme von Medikamenten) geholfen werden?
- Was weiß das Kind von der Erkrankung, was soll es wissen?
- Wie kann erreicht werden, daß es jetzt und heute Teil hat an allem, was es interessiert?

HIV-betroffene Kinder waren, als das Problem bekannt wurde, in der Gefahr, ausgegrenzt zu werden. Auch aus und von Kindertageseinrichtungen. Diese Kinder waren Projektionsfläche für viele Ängste. Inzwischen hat sich die Aufregung gelegt. Man sieht, daß *jedes* Kind ein Recht auf einen Kindergartenplatz und nach Bedarf auf einen Krippen- oder Hortplatz hat. Da praktisch keine Ansteckungsgefahr vom Kind ausgeht, gibt es keine vernünftigen Gründe, dem Kind die Aufnahme in einer Kindertageseinrichtung zu verweigern.

Manchmal ist ein Perspektivenwechsel nötig, um vor Überreaktionen gewappnet zu sein. Für HIV-infizierte Kinder stellt der Kindergarten eine besondere Gefahr dar. Ihre Infektionsanfälligkeit ist erhöht und *sie*, nicht die anderen Kinder, bedürfen des Schutzes, der sich doch zugleich in vertretbarem Rahmen halten soll, denn ein Kindergarten ist keine Krankenstation. Bestimmte Kinderkrankheiten (Masern, Röteln, Scharlach oder Windpocken) können schwierige Verläufe nehmen, deshalb müssen die Eltern des Kindes sofort benachrichtigt werden, wenn ein Fall in der Kita bekannt wird. Schutzimpfungen erfolgen nur nach Absprache mit dem betreuenden Arzt und den Eltern.

Für die Erzieherin ergibt sich im Alltag nicht mehr als die Notwendigkeit, bei Verletzungen die üblichen Hygienemaßnahmen einzuhalten. Eine Auffrischung der Kenntnisse in Erster Hilfe ist von daher vielleicht anzuraten. Früher an Erzieherinnen erteilte Ratschläge, auf jeden Fall Handschuhe bei der Wundversorgung oder beim Windelwechsel anzuziehen, haben sich als übervorsichtig erwiesen.

Wie gering die reale Ansteckungsgefahr ist, zeigt, daß eine HIV-Infektion nicht zu den → meldepflichtigen Krankheiten nach dem Bundesseuchengesetz gehört. Aus diesem Grund kann auch von keinem Kind/Elternteil ein HIV-Test vor Aufnahme in eine Kindertageseinrichtung verlangt werden. Zum Schutz der Betroffenen sind eine HIV-Infektion oder AIDS nicht einmal meldepflichtig.

Für den Umgang zwischen Erzieherinnen und den Eltern eines HIV-betroffenen Kindes ergibt sich die Schwierigkeit, zu entscheiden, wer, wann, in welcher geeigneten Form informiert werden soll. Da die Infektion nicht meldepflichtig ist, brauchen Eltern weder Erzieherinnen, noch Leiterin, noch Träger zu informieren. Wenn sie es tun, ist dies nicht als Selbstverständlichkeit, sondern als *besonderer Vertrauensbeweis* zu bewerten, mit dem sorgfältig umgegangen werden muß!

Nicht die Frage, *ob* eine solche Information sinnvoll oder wünschenswert ist, wird hier gestellt. Vielmehr soll darauf hingewiesen werden, daß Menschen in schwierigen Lebenslagen vorsichtig sind und sein müssen.

»Überlegen Sie für sich und mit Ihren Kolleginnen, welche Ängste, Unsicherheiten und Vorurteile bei Ihnen ausgelöst werden. Prüfen Sie,

ob Sie sich in der Lage fühlen, einer HIV-positiven Mutter mit einem eventuell HIV-positiven Kind offen gegenübertreten zu können. Wenn eine Mutter Ihre Sicherheit zu diesem Thema spürt, wird sie sich Ihnen vielleicht anvertrauen und Sie können eine entscheidende Hilfe sein.« (Aktion Jugendschutz, Landesarbeitsstelle Hamburg: HIV-betroffene Kinder im Kindergarten, S. 10)

Die Eltern der anderen Kinder aus der Gruppe dürfen nur mit Zustimmung der betroffenen Eltern informiert werden. Ja, sogar innerhalb des Teams und gegenüber der Leiterin darf die Information ohne Einverständnis nicht weitergegeben werden. Überhaupt sollte als Grundsatz gelten, den Kreis der Wissenden so klein wie möglich halten und auf die unmittelbar Betroffenen zu beschränken. → Datenschutz und → Schweigepflicht!

Die Aufnahme in Kindertageseinrichtungen kann Hilfestellung für die Mutter-Kind-Beziehung sein. Fremdunterbringungen in Pflegefamilien oder in Heimen (oder sogar eine Adoptionsfreigabe) sind Eingriffe und Hilfen, die die Familie zugleich be- und entlasten. Einerseits muß alles für den schlimmsten und fast unausweichlichen Fall (des Todes) in vielleicht schon naher Zukunft vorbereitet werden, daher sind alle Hilfen für das Kind anzubahnen, doch andererseits kann und soll jetzt, in der Gegenwart, gelebt werden, darf die Mutter-Kind-Beziehung nicht destabilisiert werden. Dies alles erfordert sorgsame und einfühlsame Arbeit, erfordert ein hohes Maß an Unterstützungsbereitschaft. Erschwerend wirkt, daß Mütter von HIV-infizierten Kindern meist selbst erkrankt sind und sozial eher zu Außenseitern gehören oder geworden sind. Sie gelten als Rabenmütter, finden selten Verständnis und Hilfe, leben isoliert. Anders z.B. als männliche Homosexuelle, die, wenn sie HIV-erkrankt sind, Halt in Selbsthilfegruppen suchen können, stehen Mütter mit ihrem Problem, das auch das ihres Kindes ist, aus *moralischen Gründen* meist allein da.

Einzelaspekte

- HIV-infizierte Kinder unterliegen wie andere Kinder in öffentlicher Erziehung dem Schutz der → gesetzlichen Unfallversicherung.

- Ebensowenig wie die HIV-Infektion als Hinderungsgrund für die Aufnahme eines betroffenen Kindes in die Kindertageseinrichtung gilt, reicht sie als Grund für die Kündigung eines bereits geschlossenen Betreuungsvertrages.

- Erzieherinnen, die ein HIV-betroffenes Kind nicht in ihrer Gruppe betreuen wollen, brauchen die Unterstützung ihrer Kolleginnen und des Trägers, denn:
  »Für eine Betreuungsverweigerung durch Erzieher gibt es weder Anlaß noch Grund. Die Haftungsfrage stellt sich nur bei Verletzung der Aufsicht und wird nach den üblichen Kriterien behandelt. Auch das Verlangen von Eltern anderer, nicht infizierter Kinder nach besonderen Maßnahmen entbehrt jeder Grundlage.« (Der Senator für Jugend und Familie, Berlin: Rundschreiben Nr. 1/1989, S.6).

Kinderarbeit

Kinderarbeit ist verboten. Nur mit wenigen Ausnahmen ist es gestattet, Kinder in den Kreis der Erwerbstätigen einzubeziehen. Kindertageseinrichtungen sind Gebiete ohne Kinderarbeit, obgleich viele Erzieherinnen diesen Begriff tagtäglich verwenden. Sie gebrauchen ihn als Kurzformel für *pädagogische Arbeit* oder Arbeit mit Kindern. Verräterisch.

Wenn Kinderarbeit verboten ist, wieso findet ausgerechnet in Kindertageseinrichtungen *Kinderarbeit* statt? Wenn ein *Hauptbegriff* der Erzieherinnentätigkeit nicht korrekt gebraucht wird, läßt sich dann nicht fragen: Was läuft da noch alles schief? Oder stecken hinter dem Begriff Kinderarbeit die pädagogische Haltung und das Konzept der Kinderbearbeitung?[23] Dann ist ein baldiger Besuch einer → Fortbildungsveranstaltung anzuraten. Wird *Kinderarbeit* eher gewohnheitsmäßig und nachlässig gebraucht? Vorsicht: Gewohnheit und Nach-

[23] Eine Parallele dazu ist die Elternarbeit. Ebenso verräterisch wie die Kinderarbeit, nämlich entweder als Ausdruck für einen veralteten Gebrauch eines Fachbegriffes oder als Ausdruck von Nachlässigkeit oder sogar als Ausdruck eines verqueren Verständnisses der Zusammenarbeit mit Eltern. → Elternrechte

lässigkeit sind so ziemlich die einzigen wirklichen Feinde von Erzieherinnen, besonders bei der Ausübung ihrer Aufsichtspflicht!

Dabei könnte *Kinderarbeit als pädagogisches Konzept* durchaus seinen Sinn haben. Ausgangspunkt der Überlegungen ist die Tatsache, daß das Verbot der Kinderarbeit einerseits ein wichtiger sozialer Fortschritt war, andererseits jedoch die Trennung der Kinder aus der Erwachsenenwelt vertiefte. Im neunzehnten Jahrhundert waren Kinder nicht selten die Hauptemährer der Familie. Sie waren wichtig. Sie gingen unter harten Bedingungen mit echtem Werkzeug um. Sie erfuhren das Leben in schrecklicher Form, aber immerhin, wie es war. Das Verbot der Kinderarbeit beraubte die Ex-Verdiener auch ihres Statusses innerhalb der Familie.

Demgegenüber haben Kinder heute ein (über-)behütetes Leben. Sie erfahren Wirklichkeit aus zweiter Hand. Sie erhalten → Taschengeld. Sie brauchen Pädagoginnen, die sie auf das Leben vorbereiten. Sie brauchen pädagogisches Material, weil echtes ihnen nicht mehr zur Verfügung steht. Sie besuchen Kindertageseinrichtungen und Schulen, während die meisten Erwachsenen an Orte gehen, die ausschließlich ihnen vorbehalten sind.

Kinder wollen diese Trennung nicht. Sie sind neugierig auf die Orte, an denen gearbeitet wird. Sie sind stolz auf das erste selbstverdiente Geld. Sie wollen die Erfahrung der Arbeit, beim Schuhe putzen, Auto waschen, Holz machen, Kochen.

Pädagogische Konzepte versuchten im Grunde von Anfang an der fortschreitenden Trennung der Kinder- von der Erwachsenenwelt bei gleichzeitiger Zuordnung zur Produktions- bzw. Reproduktionssphäre entgegenzuwirken:
- Holzhämmerchen und Nagelbrettchen, Fröbel-Bausteine, Kindergartenliedchen von den fleißigen Handwerkern in früheren Zeiten;
- das Konzept des *lebensnahen Lernens* in den siebziger Jahren;
- polytechnischer Unterricht in der DDR.

Die Trennung der Kinder- von der Erwachsenenwelt mußte künstlich überbrückt und den Kindern *pädagogisch* schmackhaft gemacht werden. Das ist so und daran läßt sich im Prinzip nichts ändern. Die Frage ist nur immer, *was* wird den Kindern zugemutet/zugetraut und *wie*; vor allem aber: Wie können Kinder ihrem Entwicklungsstand gemäß einbezogen/beteiligt werden an der Gestaltung ihres aktuellen Lebens und in Vorbereitung auf ihr zukünftiges. → Kinderrechte

Welche Gesichtspunkte sind bei der Entwicklung eines pädagogischen Konzeptes zu berücksichtigen, welches Bild vom Kind steckt dahinter und zu welchen Folgerungen müßte man kommen? Beispiele:

- Stichwort *Wirklichkeit aus zweiter Hand*: Sind damit nur elektronische Medien oder alles Spielzeug gemeint? Soll es eine zweite Wirklichkeit nur für Kinder geben?
- Stichwort *Erfahrungen als Grundlage von Wissenserwerb*: Welche lebenswichtigen Erfahrungen können Kinder in Kindertageseinrichtungen machen?
- Stichwort *Verantwortung*: Über welche Erfahrungen können Kinder selbst bestimmen (als Grundlage von Verantwortung für sich selbst)? Wer wundert sich ernsthaft über nachlässige Kinder, denen tagtäglich der Schmutz weggeräumt und das Essen aufgedrängt wird, ohne daß sie etwas dazu tun *dürfen*.

Es geht nicht um vereinzelte Aktionen oder Projekte oder gar um sinnentleerte Putzrituale, sondern um die konzeptionelle Integration dieser Aspekte in ein pädagogisches Konzept oder um die bewußte Abgrenzung von diesen Vorstellungen, sollte man anderer Ansicht über das Thema sein. Der Alltag in jeder Kindertageseinrichtung bietet jedenfalls Möglichkeiten genug.

Gesellschaftlicher Fortschritt ist Ausdruck der jeweils herrschenden Kultur. Das Verbot von gesundheitsgefährdender, ausbeuterischer Arbeit von Kindern ist ein sozialer Fortschritt. Daraus folgt, daß Kinderarbeit zu anderen Zeiten anders als heute bewertet wurde und in anderen Kulturen noch immer anders bewertet wird. Kinder nichtdeutscher Herkunft können in der Bundesrepublik deswegen gegensätzlichen Anforderungen ausgesetzt sein. In ihrer Herkunftskultur sind Roma-Kinder mit dreizehn Jahren erwachsen, können verheiratet werden und sollen ihren Lebensunterhalt durch einen angemessenen Beitrag sichern; in unserer Kultur gelten sie als Kinder, die vor jeglichen Gefahren zu schützen sind, auch vor Arbeit. Arbeit wiederum gilt als einzig legaler Weg, zu Geld für den Lebensunterhalt zu kommen. Es bleiben im Prinzip nur zwei Möglichkeiten: längere Abhängigkeit oder illegale Handlungen. Ein Grund für → Diebstähle durch Kinder. *Ein* Grund für ein sozialpädagogisches Projekt in Berlin (»Fallschirm«), straffällig gewordenen Kindern durch Arbeiten, wie Schrott sammeln oder Scheiben von Autos putzen, neben Unterstützung zu mehr → Taschengeld zu verhelfen.

Aus pädagogisch-konzeptioneller Sicht ist dieser Ansatz interessant, weil mit *echter Arbeit* interveniert und die Trennung von Pädagogik und Arbeitswelt verwischt wird. Zur Information im Hintergrund gehört, daß die Kinder vorher nicht nur straffällig waren, sondern manche von ihnen auf den Strich gingen. Kinderarbeit wird eben in jeder Hinsicht kulturell unterschiedlich eingeschätzt.

In einer repräsentativen Studie zum Freizeitverhalten von knapp 1500 Schülerinnen und Schülern[24] zwischen 12 und 18 Jahren stellten die Autorinnen fest, daß etwa 10 % regelmäßig neben der Schule arbeiteten, rund 60 % dagegen nie. Es gab keine geschlechtspezifischen Unterschiede festzustellen, wohl aber Alters- und Nationalitätsunterschiede:

- 12- bis 13-jährige arbeiteten zu 70 % nie, wenn sie deutscher Herkunft waren, zu 83 % nicht bei nicht-deutscher Herkunft;
- 14- bis 15-jährige arbeiteten zu 57 % nie, wenn sie deutscher Herkunft waren, zu 82 % nicht bei nicht-deutscher Herkunft;
- 12- bis 13-jährige arbeiteten zu 5 % regelmäßig, wenn sie deutscher Herkunft waren, zu 3 % regelmäßig bei nicht-deutscher Herkunft;
- 14- bis 15-jährige arbeiteten zu 8 % regelmäßig, wenn sie deutscher Herkunft waren, zu 4 % regelmäßig bei nicht-deutscher Herkunft.

Die *UN-Kinderrechtskonvention* von 1989 (→ Kinderrechte) sieht vor, daß Kinder und Jugendliche vor Arbeiten geschützt werden sollen, die ihre Gesundheit oder Entwicklung gefährden können. Jeder Vertragsstaat hat Regelungen für das Mindestalter für unterschiedliche Arten von Arbeit und die Arbeitszeiten festzulegen. Kinder sollen vor Ausbeutung geschützt werden, Art. 32, 34, 36.

---

[24] Lischke, E./Sierks, M.: Studie zum Freizeitverhalten Neuköllner Jugendlicher, Berlin 1997/98

Im Bürgerlichen Gesetzbuch gibt es einen Paragraphen, nach dem Kinder arbeiten müssen. § 1619 BGB, Dienstleistungspflicht in Haus und Geschäft:
»Das Kind ist, solange es dem elterlichen Hausstand angehört und von den Eltern erzogen oder unterhalten wird, verpflichtet, in einer seinen Kräften und seiner Lebensstellung entsprechenden Weise den Eltern in ihrem Hauswesen und Geschäfte Dienste zu leisten.«

Zum Schluß einige wichtige Regelungen aus dem Jugendschutzgesetz:

- Die Beschäftigung von Kindern unter 15 Jahren im gewerblichen Bereich ist verboten, § 5 Abs. 1 in Verbindung mit § 2 Abs. 1 JarbSchG.
- Wenn die Personensorgeberechtigten zustimmen, dürfen Kinder über 13 Jahre Beschäftigungen ausüben, die leicht und für Kinder geeignet sind. Die Sicherheit, Gesundheit und Entwicklung des Kindes dürfen nicht nachteilig beeinflußt werden.
- Die Beschäftigung darf nicht länger als zwei Stunden täglich, in landwirtschaftlichen Familienbetrieben nicht länger als drei Stunden täglich dauern.
- Die Beschäftigung darf nicht zwischen 18.00 und 8.00 Uhr erfolgen, sowie nicht vor oder während des Schulunterrichts und an nicht mehr als 5 Tagen in der Woche.
- Jugendliche ab 15 Jahren können während der Schulferien höchstens vier Wochen im Jahr arbeiten.
- Für Veranstaltungen (Theater, Musikaufführungen) kann es Sondergenehmigungen geben, § 6 JarbSchG. Das Jugendamt ist vorher anzuhören.

Kinderlärm

Kinderlärm ist Zukunftsmusik! Auf diese sinnreiche Formel wurde die Lösung des komplexen Problems gebracht, daß Kinder Geräusche machen, die manche Erwachsene stören. Die Formel signalisiert einen Bewußtseinswandel der Öffentlichkeit. Kindern wird das Recht (→ Kinderrechte) zugestanden, sich ihrem Entwicklungsstand gemäß zu verhalten, mit dem Hinweis, daß die Zukunft unserer Gesellschaft von ihnen abhängt. Das subjektive Interesse eines Kindes ist zugleich objektives Interesse von uns allen.

Das war und ist nicht überall so. Kinderlärm ärgert manche Erwachsene. Sie erleben ihn als Beeinträchtigung, ähnlich dem Lärm des Straßenverkehrs, dem Lärm von Flugzeugen oder dem von Gewerbebetrieben. Anders als der Lärm allerdings, den Flugzeuge, Autos und Maschinen erzeugen, wird die Geräuschentwicklung von Kindern als vermeidbarer Lärm gesehen. Obwohl sie nicht auszuschalten sind, wird unterstellt, man könne Kinder auf Knopfdruck zum Schweigen bringen.

Es stimmt schon: Die Interessen der Kinder stehen manchmal im Gegensatz zu denen der Nachbarn. Kinder müssen sich bewegen, und sie müssen dabei auch laut sein dürfen. Kinder, die dem Idealbild des konzentrierten, sauberen, stillen, mit sich selbst beschäftigten Kind genügen, laufen Gefahr, seelisch und körperlich zu erkranken. Nachbarn, die im Schichtdienst arbeiten und tagsüber des Lärms wegen nicht schlafen können, werden krank; andere sind es schon: Lärmempfindlichkeit ist ein bekanntes und verbreitetes Krankheitsbild.

Was tun? Pädagoginnen sollten im Konfliktfall für die Rechte der Kinder auf freie Entfaltung der Persönlichkeit streiten und sich nicht für eine Disziplinierung hergeben. Sie können die Kinder direkt durch Beistand unterstützen, aber auch indirekt: Kinder brauchen Orientierung, damit sie einschätzen lernen, wann sie *überziehen*. Das Recht des Kindes auf freie Entfaltung steht nicht prinzipiell mit der Rücksichtnahme auf die Interessen anderer in Konflikt. Eine Rücksichtnahme seitens der Kinder setzt aber voraus, daß auch ihre Interessen geachtet werden.

Für Mitarbeiterinnen in der Jugendhilfe greift der Allzweckanspruch des § 1 Abs. 3 Nr. 4 KJHG/SGB VIII, wonach Jugendhilfe dazu beitragen soll, positive Lebensbedingungen sowie eine kinderfreundliche Umwelt zu schaffen. Das ist ziemlich schwierig zu bewerkstelligen. In den Kampf der gegensätzlichen Interessen mischen sich mehr und mehr gesellschaftspolitische Aspekte. Dort, wo Wohnungen so eng und Spielplätze so klein sind, wo überhaupt Spielmöglichkeiten oder Tageseinrichtungen fehlen, gibt unsere Gesellschaft Kindern so wenig eigenen Lebensraum, daß Konflikte mit

Erwachsenen programmiert sind. Diese Auseinandersetzungen sind von den Kindern allein nicht produktiv, meist sogar gar nicht lösbar.

Selbst Erwachsene können sich nicht immer einigen und streiten vor Gerichten. Beispiele aus Gerichtsentscheidungen über Lärmprobleme mit Kinderbeteiligung:

- Das Landgericht Berlin in seinem Urteil vom 16.1.1986 (61 S 288/85):
  »Das Spielen im Innenhof gehört heutzutage, auch des Straßenverkehrs wegen, zum vertragsgemäßen Gebrauch, wenn vermeidbarer Lärm unterbleibt.«
- Das gleiche Gericht wies 1989 die Klage eines Nachbarn ab, der verhindern wollte, daß Kinder aus einer privaten Kindertagesstätte, die in einer normalen Wohnung eingerichtet wurde, im Garten spielen.
- Das Amtsgericht Aachen stellte am 21.11.1986 (14 C 318/86) fest, daß vor dem Schlafzimmerfenster eines Schichtarbeiters ein Sandkasten errichtet werden durfte. Fenster und Sandkasten lagen neun Meter auseinander.
- Die Toleranz endet nach Ansicht des Amtsgerichts Kiel dann, wenn Kinder absichtlich lärmen, um den Nachbarn zu ärgern (8 C 383/83).
- Das Oberverwaltungsgericht Münster:
  »Wer Kinderlärm als lästig empfindet, hat eine falsche Einstellung, die rechtlich nicht relevant ist.« (11 A 1288/85)
- Amtsgericht Starnberg:
  Anders als bei Maschinenlärm sind die Geräusche kleiner Kinder nicht per Knopfdruck abzustellen. (1 C 1021/91)
- Amtsgericht Bergisch Gladbach:
  Lachen, Weinen und Schreien von Kleinkindern muß auch nachts als natürliches Verhalten geduldet werden. (26 C 14/82)

Aber es gibt auch andere Beispiele. Da mußte in Marbach am Neckar eine zwei Stockwerke hohe Betonmauer um einen Kindergarten gebaut werden, weil der Nachbar befürchtete, daß es zu laut werden könnte. Und auch aus Dortmund wurde ein ähnliches Beispiel bekannt. Das Landgericht Hamburg befand: Eltern müssen darauf achten, daß Kinder die allgemeinen Ruhezeiten und auch die Hausordnung beherzigen. (11 S 246/82)

Gibt es eine Tendenz in den Urteilen? Ja, erstens zu mehr Kinderfreundlichkeit. Und zweitens eine Orientierung: War der Nachbar eher da als die Kinder, der Spielplatz oder der Kindergarten, ist er im Vorteil; zog der Nachbar an den Spielort des Schreckenslärms, hat er das Nachsehen.

Noch ein Urteil:
Das Oberlandesgericht Schleswig wies die Klage des Nachbarn eines Teichbesitzers ab, der verlangte, daß die Frösche im Teich Ruhe zu geben hätten. In der Begründung heißt es, von einem Nachbarn könne nicht verlangt werden, daß er die Lärmbelästigung, die von den Fröschen in seinem Teich ausgeht, verhindere. Die Beseitigung eines Gartenteiches sei nicht zulässig, da damit den Fröschen ihr Lebensraum genommen würde (U 202/84).

Kinderrechte

Kinder sind *Träger von Grundrechten*, hat das Bundesverfassungsgericht festgestellt. Dieser Status sichert ihnen verschiedene Rechte des Grundgesetzes (unserer Verfassung) zu, obwohl Kinder nach herrschender Meinung und aktueller Rechtslage bis zur Volljährigkeit keine rechtlich vollwertigen Mitglieder unserer Gesellschaft sind.

Zu den Grundrechten gehören die freie Entfaltung der Persönlichkeit, die Achtung der Menschenwürde, die Unverletzlichkeit der Person und der Freiheit sowie die Gleichberechtigung von Jungen und Mädchen.

Die Grundrechte stehen jeder Person gegenüber anderen Personen und gegenüber den staatlichen Organen zu. Rechte von Kindern stehen ihnen auch gegenüber den eigenen Eltern zu, deshalb können die Rechte der Kinder den Rechten der Eltern entgegenstehen. Dies gilt beispielsweise dann, wenn Eltern die Grundrechte ihres Kindes mißachten und die elterliche Sorge zum Nachteil ihres Kindes ausüben. Die Grundkonstruktion ist jedoch immer, daß Eltern die Grundrechte für ihr Kind und in seinem wohlverstandenen Interesse wahrnehmen.

Das KJHG/SGB VIII gibt ein schönes Beispiel für die widerstreitenden Positionen. In § 1 Abs. 1 ist das Recht des Kindes auf Förde-

rung und Erziehung festgelegt, während in § 1 Abs. 2 das Grundgesetz zitiert wird und die Rechte der Eltern an ihrem Kind bestätigt werden. In der Fachdiskussion vor und nach dem Inkrafttreten des KJHG/SGB VIII war diese Konstruktion heftig umstritten. Durchgesetzt hat sich die Meinung, daß das Recht des Kindes auf Förderung und Erziehung von seinen Eltern um- und durch sie durchzusetzen ist. Ein *eigenständiges Recht* auf Förderung und Erziehung besitzen Kinder nur insoweit, als Eltern ihr Erziehungsrecht mißbrauchen bzw. nicht wahrnehmen. Selbst dann sollen Eltern durch Jugendhilfe zuerst befähigt werden, ihr Recht wahrzunehmen, und nur, wenn keine Aussicht auf Erfolg besteht, kann das Recht eines Kindes auch gegen den Willen der Eltern durchgesetzt werden. Der gedankliche Hintergrund dieser Überlegungen bezieht sich weniger auf mögliche Konflikte zwischen Eltern und Kindern, als vielmehr auf Auseinandersetzungen (und Erfahrungen) um ein *staatliches Erziehungsrecht*. Die Frage, die zu entscheiden war, lautete:
»Kann/darf es eigene staatliche Erziehungsnormen geben, auf die sich Kinder (und Sozialarbeiterinnen und andere Hilfspersonen) berufen dürfen und die gegen den jeweiligen Willen der Eltern durchgesetzt werden können?«

Der Gesetzgeber hat für Nein votiert und die elterliche Verantwortung im Grundsatz bestätigt. Für Eingriffe in Elternrechte liegt die Meßlatte hoch; sie bedürfen richterlicher Entscheidungskompetenz.

Im Zivilrecht wird die Rechtsfähigkeit von Geburt an anerkannt, § 1 BGB: *»Die Rechtsfähigkeit des Menschen beginnt mit der Vollendung der Geburt.«*[25]

In Konkretisierung des § 1 BGB und zur Gewährleistung der Grundrechte besitzen Kinder eher passive Rechte, z. B. das Namensrecht, das Recht auf Staatsangehörigkeit, das Eigentums- und Erbrecht. Manche Rechte stehen ihnen vom ersten Lebenstag zu, andere folgen mit zunehmendem Alter. Hierzu gehören beispielsweise das Recht auf Religionswahl als Alleinentscheidung ab dem vollende-

[25] Vollendung der Geburt = Durchtrennung der Nabelschnur

ten 14. Lebensjahr und das Recht auf Ferienarbeit ab dem Alter von 15 Jahren (→ Kinderarbeit).

Die allgemeinen Rechte von Kindern und Jugendlichen nach den deutschen Gesetzen sind eingebettet in internationales Recht durch Beitritt der Bundesrepublik Deutschland zur *Konvention der Vereinten Nationen über die Rechte der Kinder von 1989* (kurz: UN-Kinderrechtskonvention; in Deutschland gültig seit 1992). Beispiele für Rechte aus der Konvention, die Kindern und Jugendlichen bis zur Volljährigkeit gewährt werden sollen:

- Schutz vor Diskriminierungen (Art. 1), Minderheitenschutz (Art. 30),
- Gewährleistung des Kindeswohls (Art. 3),
- Recht auf Leben (Art. 6),
- Recht auf Namen, Staatsangehörigkeit und Identität (Art. 7 & 8),
- Recht auf Berücksichtigung des Kindeswillens (Art. 12),
- Recht auf Meinungs- und Informationsfreiheit (Art. 13),
- Recht auf Zugang zu den Medien (Art. 17),
- Recht auf Gleichbehandlung und besondere Unterstützung bei Behinderung (Art. 23),
- Recht auf gesunde Entwicklung und Gesundheitsvorsorge (Art. 24),
- Recht auf Bildung, Schule und Berufsausbildung (Art. 28),
- Schutz vor Gewalt, schädlicher Arbeit, Ausbeutung und Mißhandlung (Art. 32, 34, 36),
- Recht auf Ruhe und Freizeit (Art. 31).

Einige Rechte sind in unserem Land schon weitgehend gesichert (z. B. Jugendarbeitsschutz), andere eher weniger. Einige Rechte werden hierzulande kaum aus einer offensiven Haltung heraus diskutiert, sondern eher abwehrend. Das Recht auf freien *Zugang zu Informationen (und Medien)* stellt kein Thema in der pädagogischen Diskussion dar. Pädagoginnen hierzulande tendieren eher dazu, Kinder vor den Medien zu schützen.

Rechte stehen Kindern und Jugendlichen auch nach dem KJHG/SGB VIII zu. Das Recht auf Erziehung und Förderung (§ 1 Abs. 1) wurde in seiner latenten Kontroverse zu den Elternrechten bereits erwähnt. Es ist nicht das einzige Recht der Kinder in der Jugendhilfe; weiterhin gehören dazu:

- ➠ Recht auf Beteiligung entsprechend dem Entwicklungsstand, § 8 Abs. 1 KJHG/SGB VIII;
- ➠ Recht, sich in allen Angelegenheiten der Erziehung und Entwicklung an das Jugendamt zu wenden, auch ohne Kenntnis der Eltern, § Abs. 2 & 3 KJHG/SGB VIII;
- ➠ Recht auf Gleichberechtigung und Abbau von Benachteiligungen, § 9 KJHG/SGB VIII;
- ➠ Rechte im Verwaltungsverfahren, vor dem Vormundschaftsgericht und vor dem Verwaltungsgericht, §§ 36, 50ff. KJHG/SGB VIII;
- ➠ Recht auf Datenschutz, §§ 61ff. KJHG/SGB VIII.

Rechte sind nicht ohne Pflichten zu verwirklichen. Zwei Möglichkeiten gibt es:

1. Ein und dieselbe Person wird zu etwas berechtigt und gleichzeitig dazu verpflichtet. Eltern zum Beispiel haben die Pflicht und das Recht, für ihr Kind zu sorgen. Zuvörderst, sie dürfen das Recht ausüben, aber sie müssen es tatsächlich tun (vgl. S. 108ff.).
2. Eine Person hat Rechte, die einer anderen Person Pflichten auferlegen. Das Recht auf freie Entfaltung der eigenen Person verpflichtet jeden, das Recht anderer Personen auf freie Entfaltung zu achten. Das Recht auf freie Meinungsäußerung verpflichtet den Staat, sie zu schützen.

Nicht immer verläuft die Sicherung von Rechten und deren gegenseitiges Abwägen reibungslos. Manche Rechte werden nicht eingefordert, manche Pflichten nicht erfüllt. Prinzipiell stimmt es trotzdem. Auch auf die Situation von Kindern bezogen.

Kinder haben ein Recht auf liebevolle und für sie sorgende Eltern, sie haben dafür die Pflicht zur Mithilfe im Haushalt (→ Kinderarbeit). Kinder haben ein Recht auf gewaltfreie Erziehung, Eltern dürfen keine Körperstrafen anwenden. Kinder haben das Recht auf Schulbildung. Es verpflichtet sie, regelmäßig die Schule zu besuchen. Kinder haben ein Recht auf Kindergartenbesuch, der öffentliche Träger ist verpflichtet, genügend Plätze bereitzustellen. Kinder haben ein Recht auf Beteiligung in Einrichtungen der Kinder- und Jugendhilfe, Erzieherinnen müssen gewährleisten, daß Kinder an den Entscheidungen in entwicklungsgemäßer Weise ihren Willen äußern können. Das schließt, um mit dem Erziehungsauftrag langfristig erfolgreich zu sein, selbstverständlich ein, daß der Willen der Kinder umgesetzt wird.

Die Verpflichtung der Jugendhilfe, Kinder zu beteiligen, ist weithin bekannt. Beteiligungsverfahren sind allerdings noch wenig entwickelt, ob bei der Gestaltung des Hilfeplans oder in Kindertageseinrichtungen. Je jünger die Kinder, desto schwieriger die Aufgabe für die Erzieherinnen. Aber es geht.

Am besten/ehesten können Kinder an den elementaren lebenspraktischen Angelegenheiten beteiligt werden. Die Regel »Kein Kind wird zum Essen gezwungen, keines zum Schlafen!« gewinnt unter Beteiligungsgesichtspunkten Brisanz. Können Kinder solche Entscheidungen *allein, mit wem, wie* treffen? Werden sie an der Gestaltung des Tagesablaufs beteiligt, so daß sie ihren Rhythmus finden und sich möglichst wenig anpassen müssen?

Die Wichtigkeit der Beteiligung von Kindern (als ihr Recht und als praktische Verpflichtung der Jugendhilfe) für ihre Sozialisation, hebt auch der zehnte Kinder- und Jugendhilfebericht[26] der Bundesregierung hervor. Für die Beteiligungsrechte in Kindertageseinrichtungen sind besonders die Seiten 145/146 interessant:

»Die Kinder kritisieren manchmal auch Anordnungen der Erzieherinnen. Es ist wichtig, daß diese Wünsche und Klagen der Kinder ernstgenommen werden, denn in diesen Reaktionen zeigt sich die Erwartung, einen wichtigen Bereich ihres Lebens mitgestalten zu können.«

Kindesmißhandlung

Kinder werden geschlagen, mißhandelt, gequält und gedemütigt. Dies geschieht nicht in Einzelfällen, sondern regelmäßig und häufig. Fachleute schätzen die Zahl der mißhandelten Kinder auf weit über eine Million jährlich. Die Dunkelziffer ist beträchtlich, und die Mehrzahl der Erwachsenen, die mit Mißhandlungen zu tun hat, arbeitet mit daran, daß die Fälle *nicht* bekannt werden. Schutz für die Kinder ist nicht in genügendem Maße gesichert.

---

[26] Bundesministerium für Familie, Senioren, Frauen und Jugend: Zehnter Kinder- und Jugendbericht. Bonn 1998

Dies geschieht, obwohl die Bundesrepublik Deutschland in ihrem Selbstverständnis eine soziale demokratische Gesellschaft ist, obwohl das Grundgesetz das Recht auf Leben und körperliche Unversehrtheit in den Verfassungsrang hebt (Art. 2 Abs. 2 GG) und obwohl das Strafgesetzbuch in § 223 Körperverletzung unter Strafe stellt.

Die Mißhandlung von Kindern ist Alltag, sie findet vornehmlich in Familien, aber auch in pädagogischen Institutionen statt.

Gesetze allein helfen nicht. Strafandrohungen halten Eltern und andere Erwachsene nicht davon ab, Kinder zu mißhandeln. Zwei Gründe sind dafür maßgebend:

1. Die Stellung des Kindes in der Gesellschaft, in der es als Sache und als Eigentum gehandhabt wird. »*Mein* Kind behandele ich so, wie es mir gefällt.« Kindern werden von Erwachsenen elementare Rechte auf Selbstbestimmung und körperliche Unversehrtheit verweigert, weil sie nicht als gleichberechtigte Partner gesehen werden.
2. Die soziale und psychische Situation vieler Familien, Hoffnungs- und Perspektivlosigkeit, die dazu führt, daß das Kind in der Familienkonstruktion zum Sündenbock wird. An diesem wehrlosen Opfer können Aggressionen eher abgelassen werden, als sie an die richtige Adresse zu richten.

Wichtig ist in diesem Zusammenhang, daß eine Bestrafung der Eltern letztlich nicht hilft und daß eine bloße moralische Verurteilung den Familien keinen Weg läßt, den Teufelskreis der Gewalt zu verlassen. Geschlagene Kinder suchen häufig Situationen, in denen sie wieder geschlagen werden. Wer kennt nicht die Kinder, die immer wieder Situationen provozieren, in denen sie bestraft werden? Hier helfen Gelassenheit und Unterstützung, den Eltern und den Kindern das Gefühl zu geben, daß ihnen geholfen werden soll, ohne daß sie verurteilt werden. Dies wiederum setzt bei den Erzieherinnen selbst ein Bewußtsein über die eigene Rolle in einem solchen Beratungsprozeß und ein geklärtes Verhältnis zu gewaltsamen Strukturen in der Familie – also auch zur eigenen Familiengeschichte – voraus. Beratung und Unterstützung sind nötig.

Noch schwieriger wird diese Frage, wenn es um psychische Mißhandlung geht, die schwieriger nachzuweisen und mit der auch schwieriger umzugehen ist, weil sie den Beteiligten selbst meist nicht bewußt ist. Keiner braucht sich etwas vorzumachen: Auch Kindergärten sind Orte der psychischen Mißhandlung von Kindern. Ein guter Weg, sich die Lage von Kindern nachvollziehbar zu machen, ist der Versuch, sich die Kindertageseinrichtung aus ihrer Perspektive anzusehen und zu überlegen, in welcher Situation man sich schlecht, vernachlässigt, gedemütigt und mißhandelt fühlen würde.

Bei psychischer Mißhandlung Hilfe anzubieten, ist schwierig, weil die Möglichkeiten der Verleugnung größer sind. Es ist aber an der Zeit, nicht immer wieder auf *schwierigen Kindern* herumzuhacken, sondern sich denen zuzuwenden, die es den Kindern so schwierig machen.

Von ihrem gesetzlichen Auftrag her haben die Allgemeinen Sozialpädagogischen Dienste der Jugendämter die Funktion der Bearbeitung von Fällen der Mißhandlung und Vernachlässigung. Es steht jeder Erzieherin frei, sich an diese Institution zu wenden. Es gilt, die Möglichkeit *fremder Hilfe* abzuwägen gegen die Möglichkeiten, die in einer direkten Beratung der Eltern liegen. Falsch ist es allerdings, zu schweigen oder sich um die Auseinandersetzung herumzudrücken.

Unterstützung bieten auch viele freie Träger an, z.B. die örtlichen Kinderschutzzentren oder das Deutsche Kinderhilfswerk e.V. (Zentrale: Rungestr. 20, 10179 Berlin)

→ sexueller Mißbrauch

Kranke Kinder

Ein Problem, viele Facetten. Die Kinder zuerst. Kranke Kinder sollen Gelegenheit haben, in Ruhe wieder gesund zu werden. Wann ist ein Kind krank? Wenn ein Arzt die Erkrankung feststellt! Kinder haben schnell einmal erhöhte Temperatur, das kann, muß jedoch kein Anzeichen einer Krankheit sein. Vielleicht ist das Kind aufgeregt, vielleicht steht es vor einem *Entwicklungsschub*.

Was tun, wenn ein Kind während des Tages erkrankt? Ist es sinnvoll, sofort ein Elternteil anzurufen, um das Kind aus der Einrichtung zu entfernen? Wahrscheinlich nicht. Dem Kind wird kaum damit zu helfen sein. Selten ist sofortige ärztliche Hilfe von Nöten. Die meisten Krankheiten entwickeln sich langsam, so daß es meist genügen wird, abzuwarten bis das Kind abgeholt wird.

In Kindertagesstätten gibt es sogenannte Isolierzimmer. Die stammen ideengeschichtlich aus der Zeit der großen Seuchen. In diesen Räumen sollen erkrankte Kinder zum Schutz ihrer Spielkameradinnen *abgesondert* werden. Wenn ein Kind jedoch wirklich erkrankt ist, braucht es eher Zuwendung und Beobachtung als Isolation, bis es ärztlich versorgt werden kann. Ein ruhiges Eckchen im Gruppenraum, abgeschirmt von den anderen Kindern, dürfte in der Regel ein geeigneterer Ort sein als das Isolierzimmer. Bricht eine Krankheit aus, sind die Erreger eh schon verstreut.

Bei festgestellter Erkrankung soll das Kind zu seinem Schutz und wegen der Ansteckungsgefahr zum Schutz anderer Kinder zu Hause bleiben. Ein Betreuungsanspruch besteht für kranke Kinder nicht. In Kindertageseinrichtungen sind die Vorschriften über → meldepflichtige Krankheiten zu beachten. Wenn das Kind nach überstandener Krankheit wiederkommen soll, braucht es eine ärztliche Bescheinigung, daß es nun frei von ansteckenden Krankheiten ist.

Manche Träger haben die Attest-Pflicht ausgeweitet auf *jedes längere Fehlen* der Kinder im Kita-Alltag. Das ist eine belastende Vorschrift, die Eltern und Kind mindestens einen zusätzlichen Termin aufzwingt. Besser sind Vorgaben, wie sie früher in Berlin bestanden: nach Krankheiten oder *Fehlen aus unbekanntem Grund* mußte ein Attest erbracht werden. Das ließ genügend Entscheidungsraum für die Mitarbeiterinnen der Kitas und Gelegenheit mit den Eltern zu sprechen.

Manche Kinder sind nicht richtig gesund, aber auch nicht richtig krank. → HIV-infizierte Kinder leben mit dem Virus, bedürfen der besonderen Beachtung, gerade was Infektionskrankheiten in der Tageseinrichtung anbelangt, doch sind sie im eigentlichen Sinne nicht krank, sondern in der Regel so gesund wie andere Kinder auch. Wieder andere Kinder sind wegen einer Behinderung auf die Verabreichung bestimmter Medikamente angewiesen. Krank sind sie nicht. Soll die Erzieherin ihnen die Medikamente verabreichen oder verwehren? Eine Verweigerung käme dem dauerhaften Ausschluß dieser Kinder vom Besuch der Tageseinrichtung gleich. Das würde dem Integrations- und Fördergebot des KJHG widersprechen. Noch andere Kinder bedürfen nach überstandener Krankheit, noch ein paar Tage lang Ohren- oder Nasentropfen oder ähnliches. Was soll eine Erzieherin tun?

Überlegen, nachdenken: Was braucht das Kind, was kann sie leisten? Vom Grundsatz her kann sie nicht gezwungen werden, Medikamente zu reichen. Dafür ist sie nicht ausgebildet. Vielleicht aber gibt es in der Kindertageseinrichtung eine Kollegin, die vorher Kinderkrankenschwester war. Die kennt sich aus.

Bedacht werden sollte, ob es für die Erzieherin eine zumutbare Belastung darstellt, ein Medikament zu geben. Kann sie es sicher vor anderen Kindern aufbewahren? Kann sie es sicher verabreichen oder besteht Verwechslungsgefahr? Sind Spezialkenntnisse erforderlich? Für wieviele kranke Kinder muß sie zur gleichen Zeit sorgen? Die Folgen einer falschen Medikamentenbehandlung würden zu Lasten der Erzieherin gehen. Doch wie groß ist die tatsächliche Gefahr im Vergleich zu der Entlastung für Kind und Eltern, wenn die Erzieherin sich auf dieses Unterstützungsangebot für die Familie einläßt?

Es gibt Eltern, die würden eine solche Situation aus Sorglosigkeit oder unter dem Zwang ihrer Lebensbedingungen ausnutzen. Die zur Verfügung stehenden Tage der → Arbeitsbefreiung reichen nicht in jedem Jahr aus. Besonders alleinerziehende Eltern kommen dann unter Druck, doch auch bei Ehepaaren läuft nicht immer alles glatt. Kranke Kinder zu Hause sind überwiegend Aufgabe der Mütter. An ihnen bleibt es hängen, dabei haben auch Väter Anspruch auf Freistellung. Werden Kinder zur Kindertageseinrichtung gebracht, bei denen die Erzieherinnen den Verdacht hegen, sie sind nicht völlig gesund, gelten die Frauen dann als Rabenmütter. Ihnen wird unterstellt, sie hätten kein Interesse am Kind. Die Väter müssen derweil für den Unterhalt sorgen.

Haben Erzieherinnen den Eindruck, Eltern gehen zu sorglos mit Medikamenten (z.B. Fieberzäpfchen) um, sollten sie das Thema ansprechen. Bei einer solchen Auseinandersetzung eine nicht vorwurfsvolle, sondern verständnisvolle Haltung einzunehmen und dennoch die Interessen der Kinder zu vertreten, ist so schwierig wie nötig. Die Erziehung in Kindertageseinrichtungen soll Kinder und Eltern unterstützen.

Meldepflichtige Krankheiten

Erkranken Kinder oder eine mit ihnen in häuslicher Gemeinschaft lebende Person oder eine Erzieherin bzw. eine Mitarbeiterin in der Kindertageseinrichtung an besonders gefährlichen (oder) leicht übertragbaren Krankheiten, dürfen sie die Einrichtung nicht betreten und muß dies an die örtliche Gesundheitsbehörde gemeldet werden. Das *Bundesseuchengesetz* (BSeuchG) enthält die wesentlichen Bestimmungen.

§ 45 BSeuchG
»(1) Lehrer ... Schüler ..., die an ansteckender Borkenflechte, Cholera, Diphterie, Enteritis infectiosa, Keuchhusten, Krätze, Masern, Meningitis/Encephalitis, Milzbrand, Mumps, Ornithose, Parathyphus, Pest, Pocken, Poliomyelitis, Q-Fieber, Röteln, Scharlach, Shigellenruhr, ansteckungsfähiger Tuberkulose der Atmungsorgane, Tularämie, Typhus abdominalis, virusbedingtem hämorrhagischem Fieber, Virushepatitis oder Windpocken erkranken oder dessen verdächtig oder verlaust sind, dürfen die dem Schulbetrieb dienenden Räume nicht betreten, Einrichtungen der Schule nicht benutzen und an Veranstaltungen der Schule nicht teilnehmen, bis nach dem Urteil des behandelnden Arztes oder des Gesundheitsamtes eine Weiterverbreitung der Krankheit oder der Verlausung durch sie nicht mehr zu befürchten ist. ...«

§ 46 BSeuchG
»Die zuständige Behörde kann beim Auftreten übertragbarer Krankheiten oder einem hierauf gerichteten Krankheitsverdacht auf Vorschlag des Gesundheitsamtes die Schließung von Schulen oder von einzelnen Schulklassen anordnen. ...«

§ 48 BSeuchG
»(1) Die Bestimmungen der §§ 45 bis 47 gelten für Schülerheime, Schullandheime, Säuglingsheime, Kindergärten, Kindertagesstätten ... und ähnliche Einrichtungen entsprechend ...

(2) Tritt in den in Absatz 1 genannten Einrichtungen eine übertragbare Krankheit im Sinne des § 45 Abs. 1 oder ein hierauf gerichteter Krankheitsverdacht auf, so hat der Leiter, unbeschadet der Meldepflicht anderer Personen nach § 4, das für die Einrichtung zuständige Gesundheitsamt unverzüglich zu benachrichtigen.
(3) Die zuständige Behörde kann im Einvernehmen mit dem Gesundheitsamt für die in Absatz 1 genannten Einrichtungen Ausnahmen von dem Verbot nach § 45 Abs. 1 zulassen, wenn die hygienischen Einrichtungen dieser Heime ausreichend sind, eine Absonderung möglich und die ärztliche Betreuung sichergestellt sind.«

Die Meldung einer HIV-Infektion gehört nicht dazu.
→ HIV-betroffene Kinder
→ Kranke Kinder

Mündliche Vereinbarungen und schriftliche Bestätigungen

Hin und wieder wird in Zeitschriftenartikeln oder Ratgebern der Tip gegeben, man möge sich gegen dies und jenes schriftlich absichern. Wir möchten zu dieser Haltung eine Gegenposition zur Diskussion stellen und entwickeln sie an einem Beispiel, das im Zusammenhang mit Erziehungs- und Aufsichtsfragen häufig Anlaß ist für diese Ratschläge:
Eine Mutter ruft in der Kindertageseinrichtung an und bittet die Erzieherin, ihr Kind ausnahmsweise eine halbe Stunde eher allein auf den Nachhauseweg zu schicken. Darf die Erzieherin der Bitte folgen? Was ist, wenn dem Kind etwas passiert? Was, bitte schön, wenn die Mutter sich hinterher beschwert und behauptet, sie hätte niemals angerufen?[27]
Die Frage: *Wie kann sich die Erzieherin absichern?*

Der Rat zur Absicherung wird erteilt, weil offenbar ein Bedarf dafür existiert. Wo liegt der Absicherungsbedarf von Erzieherinnen? Wo-

[27] Zum korrekten Sachverhalt: Die Erzieherin darf das Kind schicken, vorausgesetzt, die Mutter ist sorgeberechtigt, es sprechen keine anderen Regelungen (Trägervorgaben) dagegen, und es gibt auch keine aktuellen im Befinden des Kindes begründeten Einschränkungen.

gegen möchten sie sich absichern? Gegen die Folgen von Arbeitsfehlern? Gegen andere Menschen und ihre böswilligen Unterstellungen? Diese wichtige Unterscheidung muß gut durchdacht sein, sonst geht die Absicherung schief. Die Wichtigkeit fachlich hochstehender pädagogischer Arbeit zur Klärung von Haftungsfragen haben wir im Kapitel *Pädagogik und Recht/Recht und Pädagogik* ausführlich beschrieben. Hier wird nun die Absicherung gegen andere Personen in den Vordergrund gestellt.

Warum möchten Erzieherinnen sich in ihrer Arbeit absichern, was steckt hinter dem Wunsch nach Absicherung? Eigene Unsicherheit könnte eine Ursache sein, Mißtrauen (zumindest mangelndes Vertrauen in die andere Person) eine weitere.

Unsicherheit kann entstehen, wo wichtige Informationen fehlen. Unwissenheit als eine Ursache von Unsicherheit kann durch eine sachgerechte Antwort auf die Frage »Wie kann sich die Erzieherin absichern?« behoben und beendet werden. Anscheinend ist es aber mit einer korrekten Anwort allein nicht getan, denn immer wieder müssen Experten Rede und Antwort stehen. Die Ausführungen der Experten laufen vielleicht am Ziel vorbei, weil möglicherweise die zutreffende, grundsätzlichere Frage nicht gestellt wird. Sie lautet: »Muß sich die Erzieherin absichern?« Erst wenn geklärt ist, ob die Absicherung notwendig ist, macht es Sinn, nach dem günstigsten Verfahren zu fragen.

Eine noch grundsätzlichere Frage rührt an den Kern der Persönlichkeit jeder Erzieherin und wird deshalb vielleicht sogar von ihr vermieden: »Was brauche *ich*, um mich abzusichern?«

Eine selbstsichere Erzieherin braucht wahrscheinlich nur wenig äußere Absicherung. Sie vertraut auf sich, auf ihre Kompetenz und auf die Welt. Wenn sich Komplikationen anbahnen, wird sie ihr Handeln entsprechend begründen. Sie wird nachweisen, daß sie korrekt gehandelt hat. Sie wird beispielsweise nachweisen, daß die eventuelle Schädigung eines Kindes nicht ursächlich mit seinem früheren Weggehen zusammenhing. Sie wird sich – auch ohne Eintritt einer Schädigung – mit der Mutter auseinandersetzen.

Wissen über rechtliche Zusammenhänge wird ihr helfen und sie in ihrer Sicherheit stärken. Der Satz gilt nicht zwangsläufig. Der bloße Erwerb von Rechtskenntnissen führt nicht immer zu Sicherheit. Wodurch wird jemand sicher bzw. verunsichert? Mangelndes Wissen kann durch Wissenserwerb ausgeglichen werden, Unterlegenheitsgefühle einer Erzieherin gegenüber einem Elternteil nicht. Mangelnde Berufspraxis wird durch theoretisches Wissen nicht ausgeglichen, und sollte Angst vor heftigen Auseinandersetzungen die Ursache von Absicherungswünschen sein, müssen eher die persönlichen Vermeidungsstrategien bearbeitet werden. Nur selten ist Unkenntnis der Grund für Unsicherheit. Die persönliche Absicherung sollte für eine Erzieherin damit beginnen, daß sie herausfindet, worin ihre Unsicherheit wirklich besteht, und dadurch ergründet, welche Art von Absicherung ihr nutzt.

Muß die Erzieherin sich absichern? haben wir gefragt. Die unkomplizierte Variante des Ausgangsfalles bringt das Kind nicht in Gefahr, aber die Mutter in Rage: Das Kind kommt heil zu Hause an, aber die Mutter beschwert sich und steht nicht zu ihrem Anruf,

- vielleicht weil sie durch ihren Partner unter Druck geriet (»Wie kannst Du nur das Kind so früh allein kommen lassen!«),
- vielleicht weil sie der Erzieherin schon länger eins auswischen will,
- vielleicht weil sich ihre Schwester, die die gleiche Stimme hat, mit dem Anruf einen Spaß machen wollte.

Wenn die Erzieherin diese oder ähnliche Auseinandersetzungen vermeiden will, kann sie versuchen, sich *gegen die Mutter abzusichern*. Doch kann man sich wirklich gegen solche Mütter bzw. solche Situationen sichern? Wir glauben nicht.

Menschen, die nicht zu ihrem Wort stehen, gibt es. Wenn die Mutter der Erzieherin auf diese Art und Weise Ärger bereiten will, wird sie dies tun. Eine Absicherung dagegen kann es nicht geben, höchstens die vage Möglichkeit, die Auseinandersetzung recht zügig zu beenden. Immer wieder hören wir von dem *Rat, eine Erzieherin möge sich absichern, in dem sie eine Kollegin als Zeugin des Telefonats hinzuzieht*. Der Ärger der Mutter wird durch das Hinzuziehen einer Zeugin nicht minder, er kann nur besser abgeschmettert werden. Eine

Absicherung gegen den *Spaß* der Schwester gibt es gleich gar nicht. Auch das gibt also Ärger, wenn die Mutter des Kindes ihn will. Würde ein irgendwie gearteter Nachweis des Anrufs eventuell *gegen den Träger absichern?* Dies setzt voraus, daß die Erzieherin etwas von Trägerseite zu befürchten hätte. Was wäre das für ein Träger, der einerseits die Erzieherin verunsichert und andererseits sich damit begnügt, daß sie den Anruf belegen kann? Sicherer dürfte daher sein, mit dem Träger rechtzeitig Umgangsweisen für heikle Situationen zu entwickeln, nicht erst wenn man schon mittendrin steckt.

Nicht einmal eine formale Absicherung ist nötig, falls das zu früh nach Hause geschickte Kind in einen Schadensfall verwickelt wird. Wem gegenüber muß die Erzieherin sich also absichern, und wie kann sie dies tun? Wenn die Mutter an der Sachklärung interessiert ist und der Träger zu seiner Mitarbeiterin steht, kommt ein Richter in Betracht. Er kann in zwei Grundkonstellationen agieren:

1. Richtet das heimgeschickte Kind einen Schaden gegenüber einem Dritten an, dürfte dies kaum in Zusammenhang mit dem vorzeitigen Gehen des Kindes in Verbindung zu bringen sein. Der Weg liegt ohnehin im Verantwortungsbereich der Eltern. Eine Stunde früher oder später dürfte nur in sehr wenigen Fällen entscheidend für das Fehlverhalten eines Kindes sein, das der Erzieherin angelastet werden kann.
2. Kommt das Kind selbst zu Schaden, müßte ebenfalls die frühere Zeit ursächlich dafür sein. Denkbar, aber sehr konstruiert, ist dies: durch ein (fälschliches) früheres Schicken kommt das Kind in der Hauptverkehrszeit auf die Straße. Eine Stunde später wäre der Heimweg völlig ruhig und gefahrlos. *Nur allein durch diesen Umstand* kommt das Kind zu Schaden. Die Erzieherin muß nun dafür gerade stehen, und sie wird erklären müssen, wie sie ihre Verantwortung wahrgenommen hat.

In beiden Fälle wird wahrscheinlich folgendes geschehen: Der Richter klärt, ob das Kind überhaupt allein gehen durfte und ob das zu frühe Gehen und der Schaden in kausalem Zusammenhang miteinander standen. Dann wird er wissen wollen, ob die Erzieherin alles Erforderliche getan hat, um die Identität der Mutter festzustellen. Er wird wahrscheinlich nicht danach fragen, ob die Erzieherin ihrer Kollegin von dem Anruf Kenntnis gegeben hat.

Noch einmal: Was könnte der Anruf mit dem eventuellen Schadenseintritt zu tun haben? Was könnte die entscheidende Wendung zuungunsten der Erzieherin bewirken, wenn sie keine Zeugin des angeblich oder tatsächlich erfolgten Anrufs hätte?[28] Uns fällt dazu keine Variante ein.

Nur wenige Probleme und Unsicherheiten lassen sich durch den Nachweis des Anrufs, wie es als Absicherung empfohlen wird, beheben. Umgekehrt wird vielen Problemen der Boden bereitet.

Die Mutter in unserem Beispiel hat den Anruf in der Kindertageseinrichtung geleugnet. Wievielen Eltern in einer Kindertagesstätte kann diese Unzuverlässigkeit zugetraut werden? Wieviele haben es schon praktiziert? In welchem zahlenmäßigen Verhältnis stehen demgegenüber die Eltern, zu denen ein ausgesprochenes Vertrauensverhältnis besteht oder aufgebaut werden kann? Lohnt es sich wirklich, diesen Eltern mit Mißtrauen zu begegnen? Kann mangelndes Vertrauen verbessert werden, wenn die Erzieherin sich den Eltern gegenüber pauschal abzusichern versucht? Wir glauben nicht.

Die Eltern werden sich fragen, warum die Erzieherin sich gegen alle rückversichern will. Sie werden schnell auf den Kern der Sache stoßen und sich unbehaglich und unterschwellig diffamiert fühlen, als Menschen, die ihr Kind vorsätzlich in Gefahr bringen würden, nur um der Erzieherin eine Falle zu stellen. Die Verpflichtung, daß die in den Einrichtungen tätigen Fachkräfte mit den Erziehungsberechtigten zusammenarbeiten (§ 22 Abs. 3 KJHG/SGB VIII) sollen, wäre nicht einzuhalten. Eine vertrauensvolle Zusammenarbeit dürfte sich auf dem Wege einer pauschalen Absicherung kaum verwirklichen lassen.

---

[28] Es ist im Gegenteil doch denkbar, daß die Erzieherin in die Lage käme, trotz eines Anrufs das Kind im Kindergarten zu behalten, weil sie einschätzt, daß die Umstände es rechtfertigen, das Kind nicht loszuschicken. Wie könnte sie sich in einem solchen Fall gegen Vorwürfe absichern?

Aufgabe der Erzieherin ist es, die Kinder abzusichern, nicht sich selbst. Denkt die Erzieherin vorrangig an die eigene Sicherheit, hat das Kind nichts davon. Fördert und befähigt sie jedes einzelne Kind, sichert die Erzieherin vorrangig das Kind und zugleich auch sich.

Absicherungsrituale sollten vermieden werden. Anstatt alle Eltern und alle Situationen über einen Kamm zu scheren, sollte eine Erzieherin überlegen und zu einer vernünftigen Entscheidung darüber kommen, wie sie jeweils aktuell und individuell reagieren muß oder will. Wenn jemand anruft, dessen Stimme sie nicht kennt, darf sie das Kind nicht gehen lassen. Wenn der anrufende Elternteil stark *angeheitert* (betrunken) ist, wird sie versuchen, eine bessere Lösung zu finden. Wenn sich der Elternteil auch vorher schon als unzuverlässig erwiesen hat oder wenn ein Sorgerechtsstreit kurz vor der Entscheidung steht (und die Erzieherin nicht sicher ist, ob das Kind überhaupt zu dem anrufenden Elternteil gehen darf), wird sie die Leiterin oder eine Kollegin zu Rate ziehen. Pauschale Verhaltensregeln, gar bloße Rituale sind fehl am Platze. Diese Aussage erweitern wir für sogenannte Absicherungen auf schriftlichem Wege.

Eine prophylaktische Unterschriftensammlung taugt in der Regel nicht einmal als Beginn einer Autogrammsammlung. Unterschriften der Eltern als Einverständniserklärungen sollten in Kindertageseinrichtungen nur dort verlangt werden, wo sie entweder vorgeschrieben sind (z. B. für die Schwimmerlaubnis) oder wo ausgesprochen ungewöhnliche Aktivitäten durchgeführt werden (wie wäre es mit Drachenfliegen?). Das Einverständnis der Eltern mit der pädagogischen Konzeption und den Aktivitäten der Einrichtung ist wichtig, es muß nicht bei jeder Kleinigkeit bestätigt werden.

Das hätte sogar einen ausgesprochen nachteiligen Effekt. Mit jeder Unterschrift für eine Aktion macht eine Erzieherin deutlich, daß diese Aktivität eher ungewöhnlich ist und nicht zum üblichen Angebot der Bildungseinrichtung gehört. Je unüblicher aber die Aktion, desto eher muß sich die Erzieherin dafür rechtfertigen. Dies hieße, den Teufel mit dem Beelzebub auszutreiben. Aus der beabsichtigten Absicherung ist eine Relativierung der pädagogischen Arbeit insgesamt geworden.

Öffentliche Verkehrsmittel

Kindheitsforscher beschreiben Kindheit heute mit der sogenannten Verinselungsthese. Kinder leben danach auf verschiedenen Inseln: in der elterlichen Wohnung, im Kindergarten, in der Schule, im Sportverein. Die Orte gab es auch früher schon. Neu an der Entwicklung ist, daß diese Inseln isoliert nebeneinander bestehen. Sie liegen weit auseinander, die Wege dazwischen sind weit und/oder gefährlich. Sie sind von Kindern häufig nicht allein zu überbrücken oder die Eltern wollen ihre Kinder zu den Angeboten begleiten.

Für den Transport von einer zur anderen Insel ist das Auto unverzichtbar; es ist aber gleichzeitig Ursache für das Entstehen der Inseln, zumindest trägt das Auto zur Verinselung bei. Konnten die Kinder früher gefahrlos von zu Haus aus zum Kindergarten oder zur Schule laufen, so liegen heute stark befahrene Straßen dazwischen, welche die kindlichen Lebens- und Erfahrungsräume voneinander trennen. Außerdem führt der starke Automobilverkehr zu einer Gefährdung, die für das einzelne Kind dadurch *aufgehoben* wird, daß es selbst in ein Auto gesetzt wird.

Resultat ist, daß viele Kinder die Räume zwischen den Inseln nicht mehr erleben. Sie erfahren *das Dazwischen* im Auto und sind auf diese Weise getrennt von ihrer sozialen Umwelt. Das Auto hält vor der Tür des Kindergartens, die Kinder werden in den Eingang geschoben, und am Abend findet alles in umgekehrter Reihenfolge statt.

Es ist problematisch, diese Entwicklung im Rahmen öffentlicher Erziehung fortzusetzen und Kindern keine Alternative zu bieten. Sicherlich wird nur im Einzelfall zu entscheiden sein, ob es günstiger ist, für einen Ausflug, eine Besichtigung oder einen Theaterbesuch mit der Kindergruppe einen Autokorso zu organisieren bzw. einen Kleinbus zu mieten oder lieber darauf zu verzichten. Die Entscheidung hängt ab von der Lage der Kindertageseinrichtung, hängt ab von der Verfügbarkeit über öffentliche Verkehrsmittel, hängt ab von der Wichtigkeit der Aktivität, hängt ab von der Mobilität der Kinder. Zu bedenken ist:

- Jeder Gebrauch eines Pkw trägt zur Umweltzerstörung bei;

- jede Aktivität, die die Kinder nicht selbständig erreichen können, unterstützt das Konsumdenken;
- jede der → Fahrten im privaten Pkw hält die Kinder von den Mitmenschen fern und
- verhindert, daß sie lernen, sich im öffentlichen Raum zu bewegen;
- jede Fahrt, die nicht mit öffentlichen Verkehrsmitteln erfolgt, ist Verkehrserziehung mit fragwürdiger Zielsetzung.

Was noch tragbar und was nicht mehr zulässig ist, darüber kann nicht abstrakt geurteilt werden, das sollte Teil einer Konzeptionsdiskussion in jeder Kindertageseinrichtung werden, so daß dort die nötigen Schlüsse für das erzieherische Verhalten gezogen werden können. Wenn man Kindern soziale Kompetenzen vermitteln will, können öffentliche Verkehrsmittel dafür genutzt werden. Sie sind eine Möglichkeit, am Leben teilzunehmen, die soziale Umwelt zu erleben und Kontakte zu knüpfen. Kinder lernen, wie andere Menschen reagieren, lernen, sich angemessen zu verhalten, lernen, wie *Gesellschaft* funktioniert.

Neben Erfahrungsmöglichkeiten für Kinder bietet die Benutzung öffentlicher Verkehrsmittel die Chance, der Verdrängung von Kindern aus dem Stadtbild entgegenzuarbeiten. Indem sie andere Benutzer von Bus und Bahn mit Kindern in Kontakt bringen, leisten Erzieherinnen einen wichtigen Beitrag für die Akzeptanz von Kindern in der Öffentlichkeit. Sie unterstützen die Bemühungen, *eine kinder- und familienfreundliche Umwelt zu erhalten oder zu schaffen*, wie es im § 1 KJHG gefordert ist.

Fragen der Aufsichtspflicht stellen sich in öffentlichen Verkehrsmitteln entsprechend der Situation nur abgewandelt (siehe allgemeine Ausführungen ab S. 178). Eine Erzieherin muß hier beispielsweise darauf achten, daß die Kinder nicht an den Türen spielen oder anders in Gefahr geraten. Für die allgemeine Sicherheit aller Passagiere ist im Rahmen der allgemeinen → Verkehrssicherungspflicht die jeweilige Beförderungsgesellschaft zuständig.

In den Beförderungsrichtlinien der Anbieter des öffentlichen Personennahverkehrs können wichtige, zu beachtende Informationen aufgeführt sein. So verlangen einige Verkehrsbetriebe die vorherige Anmeldung von Gruppen für die Fahrt im Nahverkehrsbus; anderswo sollen Gruppen vor der Benutzung von S- oder U-Bahnen beim Bahnhofspersonal angemeldet werden.

Die Meldung beim Zugabfertiger hat den Vorteil, daß der Zug wirklich stehen bleibt, bis die Gruppe im Waggon ist oder ihn verlassen hat. Die Anmeldung für den Bustransport soll sicherstellen, daß die Gruppe genügend Platz findet. Wer allerdings spontan mit der Gruppe fahren will, wird deshalb nicht ausgeschlossen. Kein Schaffner oder Bahnfahrer darf einzelne Kinder oder eine Gruppe stehen lassen, solange genügend Platz in Bus oder Bahn vorhanden ist. Die Kinder haben (auch als Gruppe) Anspruch auf Beförderung, und das sollten sie wissen, damit sie im Konfliktfall nicht unsicher werden.

Organisationsverschulden

Kommt es in einer Kindertageseinrichtung zu einer Schädigung eines betreuten Kindes oder eines Dritten durch ein zu betreuendes Kind, wird zur Klärung der Haftungsfrage geprüft, ob die Arbeit (das Tun und Lassen) der Erzieherin in einem kausalen Verhältnis zum Schaden steht oder nicht. Bei Drittschäden wird der Zusammenhang unterstellt, deshalb muß die aufsichtspflichtige Erzieherin den Gegenbeweis antreten, bei Eigenschäden des Kindes muß ihr die Schuld zuzuschreiben sein.

Wenn die Erzieherin ihre Arbeit vernünftig und verständig ausgeführt hat und der Vorwurf gegen sie nicht bestätigt werden kann, ist denkbar, daß der Geschädigte gegen die Leiterin oder den Träger der Einrichtung klagt. Diese Klage zielt auf Schadensersatz und wird rechtlich mit einem sogenannten Organisationsverschulden begründet. Darunter ist ein schuldhaftes, d. h. den Verantwortlichen anzulastendes Fehlverhalten in ihrem Kompetenzbereich zu verstehen, das für den Schaden ursächlich war. Ohne Organisationsverschulden wäre der Schaden nicht entstanden. Das Organisationsverschulden begründet die Haftung der Leiterin oder des Trägers.

Eine Form davon stellt die mangelhafte Auswahl der Erziehungspersonen dar. Dies kann dem Träger jedoch nur schwer nachgewiesen werden, insbesondere dann nicht, wenn er ausgebildete Fachkräfte in ausreichender Anzahl eingestellt hat. Andere Beispiele, die dem Träger (zumindest anteilig) die Haftungsverantwortung belassen, zeigen Möglichkeiten, die Erzieherinnen sowohl konkret entlasten, als auch ihnen Hinweise geben, worauf sie achten müssen. Ein Organisationsverschulden liegt höchstwahrscheinlich dann vor, wenn eine Erzieherin (über längere Zeit) zusätzlich zu ihrer Gruppe weitere Kinder betreuen muß, weil keine Vertretung für eine erkrankte Kollegin verfügbar war. Kommt es wegen nicht sachgemäßer Dienstplangestaltung zu Personalengpässen und deshalb zu Gruppenzusammenlegungen, gelangt man sicherlich zu einer ähnlichen Einschätzung.

Erschwerend würde hinzu kommen, wenn diese Mehrbelastung einer unerfahrenen Erzieherin oder gar einer → Praktikantin zugemutet wird. Ein Organisationsverschulden liegt mit Sicherheit auch dann vor, wenn dem Träger Mißstände in der Einrichtung bekannt sind, er jedoch keine Maßnahmen ergreift, um sie abzustellen. Schließlich kann die nicht genügende Wahrnehmung der → Verkehrssicherungspflichten als Organisationsverschulden angesehen werden, wenn dem Träger (bauliche) Mißstände bekannt waren und er, trotz ausreichender Zeit, keine Abhilfe angestrebt hat.

Ein festgestelltes Organisationsverschulden der Leiterin oder des Trägers entlastet daher die Erzieherin, doch sollte sie sichergehen, daß beide um die mangelhaften Zustände wissen. Die Erzieherin ist ihren Vorgesetzten gegenüber verpflichtet, auf Mißstände hinzuweisen.

Praktikantinnen

Praktikantinnen sind Auszubildende in unterschiedlichen Ausbildungsphasen. Sie haben ein Recht auf eine gute Ausbildung.

Bei der arbeitsrechtlichen Beurteilung des Praktikantinnenstatus ist zu unterscheiden zwischen

a) Schul- bzw. Blockpraktikantinnen, die einen praktischen Teil im Rahmen ihrer Ausbildung absolvieren und keinen Anspruch auf Urlaub, Bildungsurlaub, Fortzahlung der Ausbildungsbeihilfe im

Krankheitsfall usw. haben. Sie werden behandelt wie Schülerinnen ihrer Schule, die in der Einrichtung hospitieren;

b) Vorpraktikantinnen, die Auszubildende im Sinne des § 19 BBiG (*Berufsbildungsgesetz*) sind, daher am Ende des Praktikums zwar keinen Beruf abgeschlossen, jedoch arbeitnehmerähnlich Anrecht auf einen Vertrag, auf Vergütung, auf Urlaub und ein Zeugnis haben;

c) Berufspraktikantinnen, die in der Einrichtung arbeiten. Die Ableistung dieser Arbeit ist ein Teil der Ausbildung. Sie bekommen Urlaub entsprechend den gesetzlichen Vorschriften, haben Anspruch auf Fortzahlung der Ausbildungsvergütung im Krankheitsfall und auf die sogenannten vermögenswirksamen Leistungen, sofern das Praktikum vergütet wird. Das alles ist tarifvertraglich geregelt. Zu beachten ist, daß die Arbeitnehmerrechte dort, wo das Berufspraktikum als Teil der schulischen Ausbildung organisiert ist, entfallen.

Für alle Praktikantinnen gilt, daß sie keine für den Betrieb notwendige Arbeitskraft ersetzen dürfen. Der Ausbildungszweck soll im Vordergrund der Arbeit stehen, sie dürfen keine Überstunden machen.

Dies ist ein schwieriger Punkt, denn viele Träger setzen *billige und willige* Praktikantinnen statt ausgebildeter Zweitkräfte ein. Manchmal sind Einsparungsvorgaben der aktuelle Grund oder zumindest der Anlaß, aber immer muß es eine rechtliche Grundlage geben, die den Einsatz als Zweitkraft zuläßt, das sind z. B. die jeweiligen Kindergartengesetze oder die Ausführungsvorschriften über den Personaleinsatz. Da ist es erfreulich, wenn große und kleine Träger ihrer Ausbildungsverantwortung nachkommen. Das Jugendamt Köln hat 1990 in seinen Personalrichtlinien festgelegt, daß Berufspraktikantinnen nur als zusätzliche Kräfte in den Gruppen eingesetzt werden sollen.

Es sind nicht nur die gesetzlichen Vorgaben oder die Träger, auch in den Einrichtungen wird am Ausbildungsziel vorbeigearbeitet. Bei Not an der Frau auf der Planstelle sollen Praktikantinnen einspringen, und viele Tageseinrichtungen von freien Initiativen sind ohne Praktikantinnen nicht arbeitsfähig.

Die Anleitung von Praktikantinnen bewegt sich immer in einem Spannungsfeld zwischen Überbehütung und Überforderung. Der Unterschied zwischen zumutbarer Selbständigkeit und hilfloser Überforderung ist nur graduell. Praktikantinnen sollten keinesfalls im Alltag verschlissen werden, ihnen sollte eher ein Freiraum geschaffen werden, in dem sie Luft und Muße haben, sich auszuprobieren und einen eigenen Arbeitsstil zu finden.

Mit der Praktikantenanleitung transportieren Erzieherinnen ihre Berufsethik auf die nächste Generation. Um den Ausbildungszweck (und sein Ziel) zu erreichen, bedarf es daher gewissenhafter Überlegungen und strenger Disziplin für die Praktikantin und für die Einrichtung. Günstig ist ein allgemeines Praktikantenkonzept, in welchem die Ziele, Anforderungen und Unterstützungsleistungen für die verschiedenen Arten der Praktika aufeinander abgestimmt werden. Es muß deutlich erkennbar sein, daß jedes Praktikum eine andere Wertigkeit, eine andere Gewichtung und andere Gestaltungsmöglichkeiten hat. Auf dieser allgemeinen Grundlage, die sich auch an den Ausbildungsordnungen der Fachschulen etc. orientieren muß, kann dann ein individueller Ausbildungsplan für jede Praktikantin erstellt und mit ihr vereinbart werden.

Zum Schutz der Praktikantinnen sollten allgemeine Regeln vereinbart werden, z. B.:

- Sie dürfen keine pädagogischen Gespräche über einzelne Kinder mit den Eltern führen, ohne daß ein Vorgespräch stattgefunden hat und die Anleiterin zugegen ist.
- Bei Personalnot können Berufspraktikantinnen ab dem 8. Monat für kurze Zeit allein in ihrer Gruppe eingesetzt werden, wenn sie vorher bewiesen haben, daß sie dazu in der Lage sind. Die Anleiterin vertritt in der Nachbargruppe, nicht die Praktikantin.

Alle Praktika unterliegen allgemeinen Anforderungen, die z. B. in Ausbildungsordnungen der Erzieherfachschulen oder der Fachhochschulen festgelegt sind. Diese Ausbildungsordnungen verlangen in der Regel einen Ausbildungsplan, den die Praktikumsstelle gemeinsam mit den Praktikantinnen aufstellt. Der Erarbeitungsprozeß des Ausbildungsplanes ist nicht zusätzliche Arbeit, sondern ein wichtiges Qualifizierungsinstrument der Erzieherin für die Auszubildende. Regelmäßige Anleitungsgespräche zwischen Erzieherinnen und Praktikantinnen werden darin mit genauen Zeitabständen fixiert. Schließlich haben die Praktikantinnen ein Recht auf eine pünktliche und qualifizierte Beurteilung. Noch einmal: Praktikantinnen haben einen Rechtsanspruch auf eine qualitativ hochstehende Ausbildung, welche als Aufgabe der gesamten Kindertageseinrichtung angesehen, geplant und durchgeführt werden muß. Praktikantinnen sind keine billigen Arbeitskräfte.

Rauchen in der Kindertageseinrichtung

Die Schädlichkeit des Rauchens ist ebenso erwiesen, wie die des Passivrauchens. Kinder leiden darunter noch stärker als Erwachsene. Rauchende Erzieherinnen wissen, daß sie weder sich noch den Kindern einen Gefallen tun.

Helfen Informationen? Todsicher nicht, denn obwohl der Bundesgesundheitsminister auf jeder Packung auf die Gefahren hinweist, werden Milliarden für Zigaretten und für die Folgen ausgegeben.

Helfen Appelle? Wohl kaum, trotzdem: Macht Euch bewußt, daß Umwelt- und Gesundheitserziehung für Kinder nicht glaubwürdig vermittelt werden können, wenn die Erzieherin nicht danach lebt!

Helfen Verbote? Eher nicht, wenn das Rauchen einfach untersagt werden könnte, würden viele Schulleiterinnen und Schulleiter aufatmen.

In manchen Bundesländern (z. B. Brandenburg, Berlin) ist es gesetzlich geregelt:
»In Anwesenheit von den Kindern und in Räumen, die von Kindern genutzt werden, darf nicht geraucht werden.« (§ 6 Abs. 4 KitaG Berlin).

Die Regelung ist vernünftig, doch bei näherem Hinsehen gibt es Gründe, warum das Einhalten der Regel manchmal schwerfällt. Da gibt es in kleinen oder alten Einrichtungen keine gesonderten Pausenräume, da brauchen Erzieherinnen eine Mittagspause und gleichzeitig soll ein Kind getröstet werden, Es gibt einige Gründe dafür, daß Kinder dem Rauch von Zigaretten ausgesetzt werden. Gleichwohl: es gibt keine Entschuldigungen. Kindertageseinrichtungen haben die Aufgabe, zum Wohl der Kinder beizutragen. Sie sollen

»... dazu beitragen, positive Lebensbedingungen für junge Menschen und ihre Familien sowie eine kinder- und familienfreundliche Umwelt zu erhalten oder zu schaffen.« (§ 1 Abs. 3 Nr. 4 KJHG)

Eine *rauchfreie Zone Kindertageseinrichtung* gehört dazu.

Für Auseinandersetzungen zwischen Raucherinnen und Nichtraucherinnen im Kolleginnenkreis gibt es nur sehr allgemeine Orientierungen. Als Faustregel ist inzwischen akzeptiert, daß Arbeitgeber Nichtraucher schützen müssen, allerdings *nur im Rahmen der Möglichkeiten und nicht bei außergewöhnlichen Überempfindlichkeiten.* Raucherinnen *und* Nichtraucherinnen können sich mit ihrem Verhalten auf die grundgesetzlich garantierte Freiheit der persönlichen Entfaltung berufen. Da Raucherinnen jedoch Schadstoffe ausstoßen, sind ihrer Freiheit (un)bestimmte Grenzen gesetzt, die sogar bis zum Rauchverbot am Arbeitsplatz führen können (z. B. in einem Großraumbüro; Arbeitsgericht Frankfurt/M. 8 Ca 2783/93).

Reisen mit Kindern

Bei Reisen mit Kindergruppen haben Erzieherinnen eine gesteigerte Aufsichtspflicht, weil den Kindern und meist auch ihnen die Umgebung nicht bekannt ist. Die höhere Anforderung ergibt sich aus den allgemeinen Kriterien der Aufsichtspflicht (vgl. S. 182). Das Maß der Aufsichtspflicht richtet sich u.a. nach der Beschaffenheit des Geländes, dem Bekanntheitsgrad und der Sicherheit, mit der sich Kinder und Erzieherinnen darin zu bewegen vermögen. Je unbekannter und gefahrenträchtiger ein Gelände, je vorsichtiger muß gehandelt werden.

Wenn es sich um die erste Kinderreise handelt, die diese Gruppe unternimmt, verschieben sich nochmals die Gewichte. In der Regel wird eine Erzieherin *ihre Kinder* kennen. Es liegt in der Natur der Sache, daß Reisen, die zur Erweiterung des Erfahrungsschatzes der Kinder durchgeführt werden oder mit denen sie neue Stufen der Selbständigkeit erleben sollen, auch insoweit ein Risiko bergen, als daß die Erzieherin nur begrenzt vorhersehen kann, wie die Kinder auf eine ihnen nicht vertraute Umgebung reagieren. Die möglichen

Folgen beginnen beim schlichten Heimweh, sie äußern sich in übergroßer Vorsicht, vielleicht in unvorsichtigem Draufgängertum oder in psychosomatischen Reaktionen. Schon vor Reiseantritt können Schwierigkeiten oder Gefahren reduziert werden. Die Erzieherin muß sich bei den Eltern über eventuelle Krankheiten (Allergien z.B.) der Kinder erkundigen, um auf Hilfsmaßnahmen vorbereitet zu sein.

Wie in allen Fällen der Aufsichtspflicht und ihrer Ausübung ist es wichtig, daß die Aufsichtführenden sich über die möglichen Gefährdungen Gedanken machen und sich mit ihrem Verhalten darauf einrichten.
»Bei der Bemessung der Aufsichtspflicht muß ferner zwischen den Erfordernissen eines Mindestbestandes von Sicherheit und Ordnung einerseits und dem pädagogischen Ziel der freien Entfaltung der kindlichen Persönlichkeit andererseits abgewogen werden« (Landgericht Berlin zur Aufsichtspflicht, Geschäftsnummer 7.0.247/75).

Auch auf Reisen mit Kindern können Sicherheit und Ordnung nur ein Gesichtspunkt unter anderen sein, die beachtet werden müssen. Es empfiehlt sich, die neue Umgebung – möglichst mit den Kindern – in überschaubaren Etappen zu erkunden und gemeinsam Verhaltensregeln aufzustellen. Vorrangig zu beachten ist das pädagogische Ziel, dem die Aufsichtsüberlegungen dienen sollen. Darum können zu einer Reise auch besondere Unternehmungen gehören, wie z. B. Ponyreiten, Dampferfahrten, Nachtwanderungen.

Der Schutz der → gesetzlichen Unfallversicherung für Kinder und Erzieherinnen gilt wie bei allen Unternehmungen der Kindertageseinrichtung.

Ein besonderes Problem stellt die Aufsicht *rund um die Uhr* dar. Bei Antritt der Reise verpflichten sich die Betreuungspersonen, während der ganzen Dauer der Reise die Aufsicht zu gewährleisten. Dies heißt nicht, daß nachts jeweils eine Person wachbleiben muß. Eine Erzieherin muß aber für die Kinder immer erreichbar sein, und mögliche Gefahrenquellen (z. B. Feuer) müssen für die Nacht beseitigt werden. Die zu ergreifenden Maßnahmen richten sich nach dem Alter der Kinder, ihrer Verständigkeit, der Gesamtsituation am Reiseort, der Art und Weise der Unterbringung usw.

Neben den Aufsichtsproblemen fallen vor und auf einer Kinderreise noch arbeitsrechtliche Probleme an. Diese werden i. d. R. durch eine sogenannte Nebenabrede zum gültigen Arbeitsvertrag zwischen dem Anstellungsträger und den Erzieherinnen vereinbart. Der wichtigste Punkt dieser Nebenabrede ist sicherlich die Vergütung, die die Erzieherin für die Zeit erhält, die sie über die normale Arbeitswoche, d. h. ihre vertraglich vereinbarte Arbeitszeit, hinaus arbeitet.

Im öffentlichen Dienst wird in der Nebenabrede manchmal die abzugeltende Arbeitszeit gemäß § 15 BAT unter Einschluß einer Arbeitsbereitschaft von täglich drei Stunden pauschal auf täglich elf Stunden erhöht. Damit gilt die gesamte Arbeitsleistung als bezahlt. Die zusätzlichen 3 Stunden werden mit einer im Einzelfall zu vereinbarenden Bruttovergütung abgegolten. Da in der Regel diese erhöhten Einkünfte auch zu höheren Abzügen bei der Erzieherin führen, sind die zusätzlichen Einkünfte durch eine Kinderreise meist gering. Für Träger mit vielen Einrichtungen summieren sich die zusätzlichen Gehaltskosten trotzdem so sehr, daß Gruppenreisen zeitweise nur eingeschränkt oder unter der Maßgabe bewilligt werden, daß die Erzieherin auf ihre Ansprüche verzichtet.

Ein weiteres Problem ist der Ausgleich von freien Tagen. Auf einer Kinderreise wird nicht nach der Fünf-Tage-Woche gearbeitet. Gesetzliche Feiertage, die in den Reisezeitraum fallen, sind angefüllt mit Arbeit. Dennoch ermöglichen nicht alle Träger eine nachträgliche Abgeltung dieser Zeiten, sei es als Zeitausgleich, sei es durch Geld. Freie Tage sollen bei ihnen nur auf der Reise selbst genommen werden – z. B. durch einen privaten Ausflug. Dies setzt aber eine entsprechende personelle Ausstattung und gute Absprachen unter den Erzieherinnen voraus.

Bei kleineren Trägern oder Initiativen kann die Abgeltung für die Mehrarbeit individuell ausgehandelt werden (Stundenabrechnung, Bargeldpauschale, Zeitausgleich). Individuelle Vereinbarungen sind sinnvoll, weil sie auf verschiedene Situationen reagieren. Wichtig ist, sich vorher mit erfahrenen Kolleginnen zu beraten.

Allgemein kann gesagt werden, daß Reisen mit Kindern ein wichtiger Bestandteil pädagogischer Arbeit sein können. Einrichtungen der Kinderarbeit sollten trotz der Belastungen auf solche Möglichkeiten nicht verzichten, Träger sollten solche Aktivitäten unterstützen.

Schwarze Kassen

Schwarze Kassen, d.h. Geldbestände, über die nicht Buch geführt wird, werden von Trägern offiziell untersagt. Die für die pädagogische Arbeit zur Verfügung stehenden Gelder reichen für das Eis am heißen Sommertag oder für den Schwimmbadbesuch in der Regel nicht aus. Kinder essen Eis und gehen schwimmen.

Daraus folgt, daß es einen Weg gibt, den Widerspruch zu vereinbaren. Sowohl Erzieherinnen als auch Trägervertreter wissen, daß *Spenden* der Eltern in der Kinderarbeit verwendet werden, die nicht durch die Buchhaltung laufen. Formal gelöst wird das Problem z.B., indem die Elternvertreter eine Gruppenkasse führen, aus der sie den Erzieherinnen Geld für bestimmte Aktivitäten zur Verfügung stellen. Damit ist die Erzieherin rechtlich abgesichert. Sie selbst nimmt keine Zahlungen entgegen, sondern verwendet treuhänderisch das Geld der Eltern für die Kinder (→ Frühstückskasse).

Da alle Beteiligten von dieser Praxis wissen – und sie sich bewährt hat – könnte alles so bleiben, wenn es nicht ein kleines, aber grundsätzliches Problem gäbe. Die Schwarzen Kassen oder Gruppenkassen verschleiern die nicht befriedigende Situation, daß Träger für die pädagogische Arbeit oftmals zuwenig Geld zur Verfügung stellen. Dieses Defizit wird von den Eltern ausgeglichen oder besser: fast immer ausgeglichen. Denn es gibt Eltern, die sich auch geringe Summen nicht leisten können.

Daher ist zu fordern, daß Kosten, die in der pädagogischen Arbeit entstehen, vom Träger übernommen werden. Den Einrichtungen sollte ausreichendes Handgeld zur Verfügung gestellt werden, wobei jeweils zu verhandeln ist, was unter *ausreichend* verstanden wird. Eine Auseinandersetzung zwischen Erzieherinnen und Eltern um einen Beitrag zur Gruppenkasse verlagert sich dann auf einen Konflikt zwischen Erzieherinnen und Träger, sogar wenn dieser grundsätzlich bereit wäre, Geld zur Verfügung zu stellen. Wofür soll es ausgegeben werden? Zu fast allen pädagogischen Aktionen lassen sich Gegenargumente finden; am Anfang steht daher eine Diskussion um die Konzeption.[29]

[29] Eltern bezahlen nicht nur aus Geldknappheit unpünktlich oder gar nicht, sondern auch aus Unverständnis darüber, was mit dem Geld gemacht werden soll.

Nehmen wir die Ferienangebote von Horten als Beispiel: Endlich stehen die Kinder nicht mehr unter dem Druck der Schule und nun der pädagogischen Energie der Erzieherin zur Verfügung. Sie plant: Schwimmbad, Zoo, Wander- und Radausflug, Freizeitpark, Picknick, alles was das Herz begehrt. Alles?

Wo bleiben Ruhe und Muße, Erholung, Faulenzen, Nichtstun und Langeweile für die Kinder? Statt des vollen Stundenplans der Schule gibt es in den Ferien einen vollen Aktionsplan im Hort und den Konsum pädagogischer Ware Marke Erlebnispädagogik. Die vollgepackten Terminkalender des Alltags werden nun auf die Freizeit übertragen, wenn auch die Inhalte als angenehmer empfunden werden.

Andererseits kann jede Horterzieherin in den Ferien endlich einmal unbeschwert von zeitlichen Einschränkungen und schulischen Vorgaben ihre pädagogischen Schwerpunkte setzen, kann mit den Kindern schöne, nicht-alltägliche, sonst kaum erreichbare Aktionen ansteuern.

Wieviel ist nötig? Wieviel ist zumutbar? Wieviel ist machbar? Die Geldfrage ist nachrangig zu klären.

Schwarzes Brett für Eltern

Unter dem Begriff eines *Schwarzen Brettes* sollen verschiedene Medien, wie zum Beispiel Tafeln, Schaukästen, Pinnbretter zusammengefaßt werden, die der Weitergabe von Informationen innerhalb einer Kindertageseinrichtung dienen. Zu unterscheiden sind:

a) Schwarze Bretter, die von der Einrichtung (Erzieherinnen, Leiterin, Träger) für Eltern und
b) Schwarze Bretter, die von Eltern (Elternvertretergremium) für andere Eltern genutzt werden.

Zu a):

In § 22 Abs. 3 KJHG/SGB VIII ist die Verpflichtung der in den Einrichtungen tätigen Kräfte beschrieben, mit den Eltern zusammenzuarbeiten (→ Elternrechte):

»Bei der Wahrnehmung ihrer Aufgaben sollen die in den Einrichtungen tätigen Fachkräfte und anderen Mitarbeiter mit den Erziehungsberechtigten zum Wohl der Kinder zusammenarbeiten. Die Erzie-

hungsberechtigten sind an den Entscheidungen in wesentlichen Angelegenheiten der Tageseinrichtung zu beteiligen.«

Die Formulierung ist so gewählt, daß die Aktivitäten von den Mitarbeiterinnen der Institution ausgehen sollen. Als *Minimum* einer Beteiligung kann die *Information* angesehen werden, daher läßt sich interpretieren, daß Erzieherinnen (und Träger) verpflichtet sind, Eltern über wesentliche Angelegenheiten der Tageseinrichtung mindestens zu informieren. »Ich warte, bis die Eltern fragen«, reicht als Standpunkt nicht aus. Informationsweitergabe ist Bringepflicht.

Für Schwarze Bretter eignen sich, der Öffentlichkeit wegen, vorrangig allgemeine Informationen, das sind solche, die im Prinzip alle Eltern angehen. Erfahrungen zeigen, daß alles, was alle angeht, meist von niemandem richtig zur Kenntnis genommen wird. Hinzu kommt, daß die Informationstafeln in vielen Fällen nicht auf dem neuesten Stand und/oder unübersichtlich gestaltet sind. Als Medium der (internen) Öffentlichkeitsarbeit taugen die Schwarzen Bretter darum nur sehr eingeschränkt. Es wäre verkehrt, Eltern dafür die Schuld zuzuschieben (»Die interessieren sich einfach nicht...«); konstruktiver ist es, über geeignetere Vermittlungsformen nachzudenken.

Zu b):
Eltern delegieren Teile ihres Personensorgerechts an den Träger einer Kindertageseinrichtung, geben es damit aber keinesfalls ab. Um ihre Interessen als Erziehungsberechtigte wahren zu können, haben sie das Recht, sich zu organisieren. Träger anerkennen das Organisationsrecht durch die Förderung von institutionalisierten Elternvertretungen und Erlaß entsprechender Satzungen, in denen die Beteiligungsrechte aufgeführt werden.

Elternvertretungen müssen zur Wahrnehmung ihrer Rechte über geeignete Informationsmittel verfügen können. Eines dieser Mittel kann ein von allen Eltern erreichbares Mitteilungsbrett sein. Auf diesem Schwarzen Brett dürfen Aushänge von Eltern für Eltern hängen. Der Informierende ist für den Inhalt verantwortlich. Schwierigkeiten gibt es mitunter, wenn Interessenkonflikte zwischen Eltern und Träger thematisiert werden, beispielsweise über die Ausstattung der Einrichtung oder die Personalausstattung.

Dabei gilt: Gibt es in der Einrichtung ein Mitteilungsbrett der Eltern(vertretung), dann sind nur die Eltern(vertreter) berechtigt, Informationen anzubringen oder zu entfernen. Wenn der Träger mit dem Inhalt nicht einverstanden ist, muß er die Elternvertreter bitten, den oder die Zettel zu entfernen. Weigern sich die Elternvertreter, gibt es für den Träger keinen anderen Weg, als die Entfernung einzuklagen. Auch der Hinweis, daß es sich bei der Einrichtung um ein Haus des Trägers handelt, hilft hier nicht. Das Brett gehört den Eltern. Sie sind als unmittelbar am Erziehungsprozeß Beteiligte nicht auszusperren, auch nicht von Informationen untereinander. (vgl. OVG Berlin 6 S 64.82)

Schwimmen mit der Kindergruppe

Schwimmen zu gehen, ist eine Aktivität, die zum Alltag von Kindergruppen gehört. Kinder sollen schwimmen lernen, sie sollen planschen, sich im Wasser wohlfühlen. Übermäßige Ängstlichkeit beim Besuch von Schwimmbädern ist nicht angeraten. Die Kinder sollen zum Umgang mit Wasser ein unverkrampftes Verhältnis entwickeln.

In Schwimmbädern geschehen, wie überall, seltene tragische Unfälle, die manchmal auch zum Tode eines Badbesuchers führen. Um Unfälle der bei ihnen betreuten Kinder zu verhindern, versuchen Träger von Kindertageseinrichtungen den Badebetrieb von der Amtsstube aus genau zu regeln. Dies ist ein problematisches Unterfangen, denn mit allgemeinen Richtlinien sind Einzelfälle kaum und schon gar nicht im Detail vorbeugend zu erfassen.

Generell gilt für das Schwimmen mit Kindergruppen, daß eine erhöhte Verpflichtung zur Beaufsichtigung der Kinder gegeben ist. Dies gilt vor allem dann, wenn die Kinder nicht sicher schwimmen können. Trotzdem darf das Ziel des Schwimmbadbesuches nicht gefährdet werden, denn die Aufsicht darf die Pädagogik nicht in Frage stellen, sondern soll sie unterstützen.

Erzieherinnen müssen darum genügend Zuwendung an die Kinder sicherstellen und gleichzeitig dafür sorgen, daß keines der Kinder in Schwierigkeiten gerät. Wenn beispielsweise zwei Erwachsene mit einer Gruppe zum Schwimmen gehen, kann sich eine Person um einzelne Kinder kümmern, während die andere den Gesamtüberblick über die Restgruppe übernimmt und dabei auch auf eventuelle Gefahrenquellen achtet.

Eine Gefahrenquelle stellt die Grenze dar, an der Kinder sicher stehen können, ohne Wasser zu schlucken. Die Wasseroberfläche muß sich unterhalb der Mundhöhe der Kinder befinden. Die Grenze kann von außerhalb vom Beckenrand her oder im Becken stehend überwacht werden. Die Wahl des Standortes ist Sache der eigenen Einschätzung und der Absprache mit der Kollegin, was man jeweils für günstig erachtet. Wer welche Aufgabe übernimmt, ist ebenfalls Sache der Absprache zwischen den Betreuerinnen.

Hierbei ist es (fast) völlig gleichgültig, wer diese Personen sind: das kann ein Elternteil sein, eine Praktikantin, eine Kollegin. Das Maß der Verantwortung ist zwar jeweils unterschiedlich und muß von der verantwortlichen Erzieherin eingeschätzt werden, doch genügt bei der Begleitperson in der Regel die Kenntnis der Kinder und die sichere Fähigkeit des Schwimmens.

Im Schwimmbad stehen die Erzieherinnen mit ihrer Aufsichtspflicht nicht allein da. Schwimm- oder Bademeister sind dafür angestellt, Gefahren vorzubeugen und Sicherheit zu geben. Damit sie überhaupt aktiv werden können, müssen sie wissen, daß eine Kindergruppe anwesend ist. Erzieherinnen sollten daher sicherstellen, daß die Ankunft ihrer Gruppe von den Bademeistern bemerkt wurde. Doch die Erzieherin delegiert ihre Aufsichtspflicht über die Kindergruppe dadurch nicht vollständig (jedenfalls nicht ohne eine spezielle Absprache). Es kommt vielmehr zu einer Aufgabenteilung, bei der der Bademeister die allgemeinen Sicherungsbelange beachten muß, während die Erzieherin die besonderen Belange für ihre Gruppe wahrnimmt. Wie immer bei der Aufsichtspflicht kann erst im Einzelfall bestimmt werden, wo die Grenze zwischen beiden Verantwortungsbereichen verläuft.

Wenn Kinder nicht schwimmen können, dürfen sie selbstverständlich nur im Nichtschwimmerteil des Bades unter ständiger Aufsicht baden. Ältere Kinder, die sichere Schwimmer sind, können nach Absprache auch andere Bereiche nutzen. Wer als Freischwimmer nachmittags allein das Schwimmbad nutzen kann oder dies im Rahmen des Schulunterrichts darf, dem ist auch als Hortkind die Nutzung des gesamten Bades zuzutrauen, wenn entsprechende Absprachen getroffen wurden.

Die Kinder müssen in die Regeln der Badeanstalt eingewiesen werden. Sie müssen darauf aufmerksam gemacht werden, daß Fliesen als Bodenbelag besonders schlüpfrig sind, daß Schubsen verboten ist, ebenso wie wilde Spiele am Beckenrand.
Da das Schwimmen bei bestimmten Erkrankungen von Kindern (z. B. Ohrenleiden) nicht ratsam bzw. nur bei besonderen Vorsichtsmaßregeln möglich ist, müssen Eltern einverstanden sein. Wenn das Schwimmen regelmäßig im Rahmen der pädagogischen Arbeit einer Kindertageseinrichtung veranstaltet wird, kann es in der pädagogischen Konzeption vermerkt und den Eltern schon bei der Aufnahme in die Einrichtung erklärt werden. Viele Träger bestehen darauf, daß Eltern ihr Einverständnis schriftlich geben und außerdem eine ärztliche Bescheinigung über die Schwimmtauglichkeit des Kindes vorgelegt wird.

In der Anlage 1 zu den *»Empfehlungen zum Schwimmen mit Kindern aus Kindertagesstätten«* des Landes Rheinland-Pfalz (Az.: 934-75 130-1 vom 2. Januar 1996) heißt es hierzu:
»Grundsätzlich ist davon auszugehen, daß eine ärztliche Bescheinigung nicht gefordert werden kann, es sei denn, der Fordernde übernimmt hierfür die entstehenden Kosten. Eltern sind zuständig, die gültige Aussage zu treffen und somit die sichergestellte Unbedenklichkeit verantwortlich mitzuteilen.«

Badeverordnungen der Länder oder Trägervorgaben können unter Umständen noch spezielle Regelungen enthalten. Sie geben Auskunft über den ungefähren Rahmen dessen, was als *allgemein vernünftig* angesehen werden kann. Darüber hinaus sind sie selten hilfreich, weil nur der konkrete Einzelfall zu sehen und zu entscheiden ist. Die Schwierigkeit besteht für Erzieherinnen darin, die vorhandenen Vorschriften zu kennen und zu beachten, aber auch genau zu prüfen, ob es sinnvoll ist, sie anzuwenden. Die Verantwortung liegt bei ihr, und allgemeine Trägervorgaben schützen sie nicht automatisch für jeden Einzelfall.

Umgekehrt können Trägervorgaben Erzieherinnen dann in die Bredouille bringen, wenn sie sie sinnvollerweise *nicht* einhalten. Eine Trägervorgabe ist eine → Dienstanweisung, deren Nichteinhalten Folgen haben kann. Wenn eine Trägervorgabe oder sonstige (Bade-) Verordnung veröffentlicht wurde, wird von der aufsichtsführenden Erzieherin im Falle eines Unfalles nicht nur erwartet, daß sie ihr Tun und Lassen erklären kann, sondern auch, daß sie die Kenntnis der Vorschrift nachweisen und ihr möglicherweise davon abweichendes Handeln begründen kann.

Manche Regelungen verunsichern schon vor dem Besuch des Schwimmbades. Drei Beispiele sollen zur Rechtssicherheit beitragen.

a) In der Berliner Badeverordnung heißt es unter Nr. 1:
»Es darf nur an Stellen gebadet werden, die zum Baden freigegeben sind. Nach Möglichkeit sind offizielle Hallen-, Frei- oder Sommerbäder zu besuchen.«
Daraus wird mitunter interpretiert, daß nirgendwo sonst gebadet werden darf. Diese Auslegung ist nicht zulässig. Ist das Gewässer eine öffentliche Badestelle, haben andere Personen die Prüfung über die Badetauglichkeit vorgenommen; ist das Gewässer der Erzieherin bekannt, muß sie es für geeignet halten. Es könnte sich beispielsweise um ihren privaten Badesee oder Swimmingpool handeln.

Zu fragen ist nach dem Sinn der Vorschrift. Das ist hier: Kinder sollen vor für sie nicht erkennbaren Gefahren geschützt werden. Wer diese Aufgabe wo übernimmt, ist unerheblich. Wenn man den Spieß umdreht, wird es deutlich. Es könnte sein, daß eine Erzieherin in einer geschützten/bewachten Badestelle zuerst und als einzige Person eine Gefahr bemerkt, dann muß sie sie melden und vorher noch ihre Kinder in Sicherheit bringen. Sie darf sich keinesfalls beruhigt zurücklehnen, weil sie für die Verkehrssicherheit an diesem Ort nicht verantwortlich ist.

b) Wieder die Berliner Badeverordnung, jetzt Nr. 3 Abs. 1:
»Baden ist nur unter Aufsicht einer Person zulässig, die die gültige Lehrberechtigung für Schwimmen besitzt oder das deutsche Rettungs-Schwimmabzeichen in Silber – Ausstellungsdatum bzw. Wiederholungsprüfung nicht älter als zwei Jahre.«

Was geschieht, wenn eine Erzieherin ohne Rettungsschwimmschein mit ihrer Gruppe außerhalb einer bewachten Stelle badet? Was ist der Sinn dieser Regelung? Sie soll sicherstellen, daß eine Person im Notfall in der Lage ist, ein Kind aus dem Wasser zu retten und gegebenenfalls Wiederbelebungsversuche zu machen. Diese Aufgabe kann man nicht ausschließlich nach den DLRG-Schwimmschein-Statuten erfüllen, sondern auch mit dem hawaiianischen, dem australischen oder litauischen Äquivalent. Das Papier hilft gar nichts. Es kommt auf die Fähigkeiten an, die jemand erworben haben muß, egal ob dies überhaupt und wo es testiert wurde. Zur Not muß die Erzieherin nachträglich beweisen, daß sie den Anforderungen genügen kann. Wieder umgedreht: Was nutzt ein Rettungsschwimmschein, wenn die betreffende Person aktuell nicht in der Lage ist, die Anforderungen dafür zu erfüllen?

c) Eine Dienstanweisung über den Gebrauch von Schwimmflügeln: Als Folge eines tragischen Unfalles erließ ein Träger die Anweisung, daß alle Nichtschwimmer »nur mit Schwimmflügeln (Mehrkammer-Sicherheitssystem) ins Wasser« dürfen.

Für das Kind, das Anlaß für die Dienstanweisung war, kam die Anweisung leider zu spät, d.h. die der Regelung zugrundeliegenden Überlegungen wurden zu spät angestellt. Doch nicht nur das (sie könnten immerhin für andere Kinder gerade noch rechtzeitig kommen), die Überlegungen gingen in die falsche Richtung. Die Anweisung hilft niemandem, denn Kinder können sich der Schwimmflügel durchaus allein entledigen. Außerdem kann es sinnvoll sein, mit den Kindern das Schwimmen in nicht zu tiefem Wasser ohne Flügel zu üben.

Um ihrer Aufsichtspflicht zu genügen, braucht eine Erzieherin die Schwimmflügel einem Kind nicht anzulegen, wenn andere Maßnahmen die Sicherheit gewährleisten.

Die Erzieherin hätte die bereits zitierten Empfehlungen des Landes Rheinland-Pfalz auf ihrer Seite. Sie geben eine zur Ansicht des Berliner Arbeitgebers gegensätzliche Einschätzung über die Sinnhaftigkeit von *Hilfsmitteln* (Zif. 6.3) wider:
»Auftriebsmittel wie Schwimmreifen, Schwimmflügel und Korkringe, die es dem Nichtschwimmer ermöglichen, sich über Wasser zu halten,

sind wenig geeignet. Dagegen haben sich Schwimmbretter aus Schaumstoff oder PVC, Stangen, Tauchringe oder Sprossen bewährt, weil sie kein unerwünschtes Sicherheitsgefühl vermitteln.«

Doch leider hilft ein Blick über die Grenzen der Bundesländer oder Träger hinweg nur indirekt als Argumentationshilfe. Zunächst muss jede Erzieherin die Vorgaben ihres Arbeitsgebers befolgen. Arbeitsrechtlich kann die Regelung zum Problem werden, denn *eigentlich* sind solche Bestimmungen einzuhalten. Es sieht so aus, als wäre die Dienstanweisung durch den Träger erlassen worden, um *sich* abzusichern, nicht die Kinder. Daß er dabei noch die bei ihm angestellten Erzieherinnen verunsichert, ist kein geringes Problem.

Deshalb als Faustformel für die pädagogische Praxis: alle Anweisungen müssen der konkreten Situation standhalten; sie sind jeweils angemessen anzuwenden und auszulegen. Die Verantwortung für konkretes Tun und Lassen bleibt bei der Erzieherin. (vgl. das Urteil ab S. 581)

Sexualerziehung

Das Bundesverfassungsgericht hat in seinem Beschluß vom 21.12.77 festgestellt, daß die individuelle Sexualerziehung in erster Linie zum natürlichen Erziehungsrecht der Eltern gehöre. Verankert sei dies im Artikel 6 des Grundgesetzes. Dort heißt es im ersten Satz des Absatz 2:

»Pflege und Erziehung der Kinder sind das natürliche Recht der Eltern und die zuvörderst ihnen obliegende Pflicht.«

Das Bundesverfassungsgericht war weiter der Auffassung, daß sich eine Einschränkung dieses Grundsatzes aus dem staatlichen Erziehungs- und Bildungsauftrag der Schule ergäbe, die, bei Rücksichtnahme auf elterliche Vorstellungen, ebenfalls Aufklärungsarbeit durchführen dürfe. Ähnlich steht es z. B. auch im Berliner Schulgesetz. Dort wird ausgeführt, daß Eltern über Sexualerziehung für ihre Kinder rechtzeitig zu unterrichten sind und daß Kindern das notwendige Wissen und verantwortungsbewußtes Verhalten gelehrt werden soll. So weit der rechtliche Rahmen.

Kindertageseinrichtungen kommen darin nicht vor. Und doch weiß jedes Kind (!), daß die Sexualität vom ersten Tag des Lebens an dazu gehört. Von Beginn an lernen Kinder Sexualerziehung durch Erwachsene kennen, und später tragen sie untereinander erheblich zu den Kenntnissen bei. Das beginnt bei blauen und rosa Strampelanzügen, die fein säuberlich nach Geschlechtszugehörigkeit verteilt werden, und endet nicht bei den Reaktionen von Erwachsenen bei Doktorspielen in der Hecke des Kindergartens.

Schon in der Krippe, spätestens im Kindergarten, wird die Erzieherin an Grenzbereiche zur Sexualerziehung im engeren Sinne kommen. Projekte wie »Ich und mein Körper«, »Kranksein und sich so fühlen«, »Klein und groß – ich war mal ein Baby«, alle Themen kommen ohne Fragen zur Sexualität kaum aus. Und dabei ist nur an Sexualerziehung im früher üblichen Sinne der *Aufklärung* gedacht. Erweitern wir unsere Perspektive, dann kommen Themen wie »Zärtlich sein«, »Mädchen, Junge, Frau und Mann«, »Rollenverhalten: Wer macht was im Haushalt und in der Gesellschaft?« ins Blickfeld. Sozialerziehung, Sexualerziehung, geschlechtsspezifische Erziehung, wo läuft die Trennlinie?

Was als sinnvoll zu vermitteln oder für die jeweiligen Kinder und für die gesamte Gruppe zuzulassen angesehen wird, kann und soll von der Erzieherin nur im Zusammenwirken mit den Erziehungsberechtigten geklärt werden. Absprachen über Ziele und Inhalte der pädagogischen Arbeit, Einbeziehung der Eltern in die pädagogische Konzeption der Kindertageseinrichtung, das sind die Grundlagen auch für eine einvernehmliche Sexualerziehung. Weshalb in diesem Buch überhaupt ein so langes Stichwort erscheint, wo doch Sexualerziehung kein aktuelles Modethema ist, liegt an zwei Gründen. Erstens kann auf einen der wenigen *echten* Fälle zurückgegriffen werden, in denen Erzieherinnen wegen ihrer Arbeitsweise vor Gericht standen. Drei Erzieherinnen wurden wegen sexuellen Mißbrauchs von Hortkindern angeklagt, weil sie zugelassen hatten, daß die Kinder Sexualitätsprobleme offen darlegten. Zweitens soll noch einmal auf den »heimlichen Lehrplan der Sexualerziehung« von Jungen und Mädchen hingewiesen werden.

Der Fall, Anfang der achtziger Jahre in West-Berlin. Die Zeiten gelten als aufgeklärt und fortschrittlich. In der Kindertagesstätte Celsiusstraße spielen Hortkinder sog. Sexy-Shows; sie ziehen sich aus, ahmen Geschlechtsverkehr nach, beschimpfen sich mit Ausdrücken. Noch während die drei Kolleginnen überlegen, wie sie diesem Problem pädagogisch begegnen können, platzt eine Bombe. Wegen angeblicher Duldung und Förderung sexueller Handlungen von Kindern werden sie angezeigt, angeklagt und vom Dienst ' suspendiert. Später kommt es nicht zur völligen Rehabilitation der Erzieherinnen, weil sie nicht möchten, daß die betroffenen Kinder vor Gericht aussagen müssen. Aber das Verfahren wird niedergeschlagen. Arbeitsrechtlich ein interessanter Fall, mit Konsequenzen für die Erzieherinnen (sie suchen sich neue Arbeitgeber) und für den Arbeitgeber (der muß Abfindungen bezahlen). Im Zusammenhang hier interessiert die jeweilige Argumentation über die gewünschte Form der Sexualerziehung in einer Kindertagesstätte.

Die Erzieherinnen gingen von folgenden Voraussetzungen aus:
1. Sexualität ist mehr als Faktenwissen,
2. sexuelle Bedürfnisse sind von klein auf vorhanden,
3. der Umgang mit den Bedürfnissen muß (wie alles andere auch) gelernt werden, dazu sind die Erwachsenen Vorbilder und
4. dazu muß Raum zum Ausprobieren gegeben werden.
5. Sexualerziehung muß auch andere Formen geschlechtsspezifischer Verhaltensformen bearbeiten und
6. da sie im weiteren Sinne alle anderen Gefühle, Sinne und Bedürfnisse im täglichen Leben einbeziehen muß, kann sie nicht über einen bestimmten, eng umgrenzten und von Eltern, Lehrerinnen, Erzieherinnen verordneten Zeitraum erfolgen.

Der zuständige Träger meinte, der Kindertageseinrichtung stehen keine eigenen pädagogischen Vorstellungen zur Sexualerziehung zu. Man müsse im Gegenteil sehr behutsam vorgehen, dürfe die Kinder nur das Nötigste wissen lassen und Nacktheit von Kindern nicht fördern, aber da, wo es nicht anders ginge, auch mal so belassen. Gingen die Erzieherinnen mit den Kindern schwimmen, könnten sie schon den Badeanzug unter ihrer Kleidung tragen, damit sie sich vor den Kindern nicht nackt zu zeigen bräuchten.

Dieser Auffassung war nur eines von damals zwölf Jugendämtern, aber für die betroffenen Kolleginnen war es das falsche, denn es war ihr Arbeitgeber, mit dem die Auseinandersetzung geführt werden mußte.

Die Richter des Verfahrens um die drei Erzieherinnen wollten und konnten nicht die Instanz sein, pädagogische Standards für die Arbeit in Kindertagesstätten festzulegen. Sie waren der Ansicht, das müßten die dort tätigen Fachfrauen erledigen. Hierbei helfen: ein fundiertes Sachwissen, eine darauf aufbauende pädagogische Konzeption, die nach Möglichkeit in der gesamten Kita Zustimmung, Unterstützung und Umsetzung findet sowie das Eingeständnis eigener Ängste und Schwierigkeiten und eben die Zusammenarbeit mit den Eltern.

Gegen die Argumentation dieses Jugendamts und für die Unterstützung von Erzieherinnen, ist wichtig zu wissen, daß das grundgesetzlich verankerte Erziehungsrecht der Eltern nicht nur durch die Schulgesetzgebung relativiert ist. Weitere Einschränkungen ergeben sich, wenn Eltern ihrer Pflicht und ihrem Recht zur Erziehung nicht nachkommen, sondern das Kind vernachlässigen. Außerdem ist jedes Kind Träger von Grundrechten. Das ist ebenfalls im Grundgesetz bestätigt (→ Kinderrechte). Das Recht des Kindes ist in den letzten Jahren zunehmend zugunsten einer eigenständigen Entwicklung ausgelegt worden.

Für den Bereich der Jugendhilfe wird in diesem Zusammenhang der § 1 des KJHG/SGB VIII als Grundlage genommen, nach dem jeder junge Mensch ein Recht auf Förderung seiner Entwicklung und auf Erziehung hat.

Daß bei all diesen Diskussionen die Erziehungsvorstellungen der Eltern als Grundlage einer kontinuierlichen und erfolgreichen Erziehung einbezogen werden müssen, ist für Pädagoginnen eine Selbstverständlichkeit. Sie berücksichtigen die §§ 1 und 9 KJHG/SGB VIII in ihrer Arbeit.

Zu beachten sind bei solch allgemeinen Entwicklungen gerade die Besonderheiten. Beispielsweise werden aufgrund der unterschiedlichen religiösen Vorstellungen Kinder ausländischer Mitbürger oftmals eingeschränkt. Hier hilft eine offene Auseinandersetzung weiter und nicht, den Kopf in den Sand zu stecken. Den Kindern wird nicht geholfen, wenn nur die deutschen Normen als Maßstäbe angelegt werden, z. B. wenn Kinder sich zum Turnen ausziehen oder vielleicht *nur* das Kopftuch ablegen sollen.

Sexualerziehung ist auch geschlechtsspezifische Erziehung und umgekehrt. Noch immer gelten die Erkenntnisse des sechsten Jugendberichts der Bundesregierung. Mädchen und Jungen werden in der Jugendhilfe so erzogen, daß die Mädchen in der Regel benachteiligt sind. Zwar bemühen sich Erzieherinnen, Mädchen und Jungen gleich (wertig) zu behandeln. Die Gleichbehandlung nützt den Mädchen wenig bis nichts, weil sie vorhandene Benachteiligungen eher festschreibt als auflöst. Um Mädchen (und Jungen) wirklich zu helfen, aus den Rollenfixierungen und den geschlechtsspezifischen Benachteiligungen herauszukommen, müssen spezielle Angebote auf- oder ausgebaut werden. Erzieherinnen in Kindertageseinrichtungen haben innerhalb der Jugendhilfe nochmals eine besondere Rolle und Verantwortung, weil sie im frühen Lebensalter der Kinder wirken und weil die Kinder für einen vergleichsweise langen Zeitraum betreut werden.

Es geht hierbei nicht nur um eine abstrakte pädagogische Diskussion. Bei genauerem Hinsehen stehen Rollenprobleme der Erzieherinnen selbst zur Diskussion ebenso wie berufspolitische Fragen. Dürfen z. B. beide Leitungspositionen eines Kindertagheims mit zwei Männern besetzt werden? Dürfen zwei Erzieher in einer Gruppe tätig sein? Überall werden Frauenförderpläne aufgestellt; Erzieherinnen in Leitungspositionen stellen den Hauptanteil bei den Kindertageseinrichtungen, brauchen wir hier einen Männerförderplan? Warum ist der Anteil der Erzieher in der praktischen Arbeit prozentual geringer als der in den leitenden Positionen der Jugendhilfe? Wie wirken solche Realitäten im Bewußtsein der betreuten Kinder?

Sexueller Mißbrauch von Kindern

Mit dem Begriff Sexueller Mißbrauch von Kindern wird allgemein jede sexuell motivierte Handlung von Erwachsenen oder Jugendlichen an Kindern beschrieben, die diese in ihrem körperlichen Selbstbestimmungsrecht beeinträchtigen. Sexueller Mißbrauch wird nicht nur in Formen offener Gewalttätigkeit vorgenommen. Sexueller Mißbrauch ist eine Form von → Kindesmißhandlung.

Das Thema wird offensiv diskutiert, dank der Initiative und Beharrlichkeit von Frauengruppen. Es herrscht Übereinstimmung darüber, daß

- sexueller Mißbrauch sehr häufig vorkommt;
- die Dunkelziffer höher ist als die Zahl der bekannt werdenden Fälle;
- sexueller Mißbrauch von Kindern in den meisten Fällen Mädchen trifft, wenn auch die bekannte Zahl der mißbrauchten Jungen gestiegen ist;
- sexueller Mißbrauch an Kindern vor allen Dingen von Männern verübt wird;
- sexueller Mißbrauch an Kindern in der überwiegenden Zahl aller bekanntgewordenen Fälle in der Familie oder im nahen Bekanntenkreis der Kinder stattfindet;
- sexueller Mißbrauch von *ganz normalen* Männern, aus allen Berufsgruppen und aus allen Schichten verübt wird.

Auch wenn keine exakten Zahlen vorliegen können, so zeigen doch Erfahrungsberichte aus Frauengruppen und Frauenhäusern, daß sexuelle Gewalt gegen Frauen und Kinder Alltag ist. Schätzungen gehen davon aus, daß jedes vierte Mädchen zumindest zeitweise darunter zu leiden hat. Um Anzeichen sexuellen Mißbrauchs wahrnehmen zu können, ist es wichtig, sich vom Bild des *unbekannten schwarzen Mannes* zu verabschieden, der die Kinder mit Bonbons verführt. Viele Jahre wurde vor ihm gewarnt, um Kinder zu schützen. Dieses meist falsche Feindbild hat sehr lange dazu verleitet, zu ignorieren, daß in der überwiegenden Zahl aller Fälle der Täter den Kindern bekannt war, weshalb die Täter leichtes Spiel und die Kinder meist keine Chance hatten und haben.

Daß sexueller Mißbrauch meist im Familien- oder Freundeskreis stattfindet, macht die Intervention so schwierig. Denn nicht die nicht vorhandenen gesetzlichen Möglichkeiten verhindern die Bestrafung der Täter, sondern die Verwicklung in Familienstrukturen und – interessen. Es ist schwierig, als Außenstehende Anzeichen eines Mißbrauchs wahrzunehmen und angemessen zu reagieren. Mißbrauchte Kinder behalten ihr Geheimnis für sich, Mütter verdrängen das Problem, Erzieherinnen und Lehrerinnen haben Angst – mit dem Ergebnis, daß die Kinder mit ihrem Leiden allein sind.

Unprofessionelle Hilfe (z. B. eine Überreaktion) verschlimmert die Situation. Erstens wird der Täter gewarnt und weiß, daß er künftig vorsichtiger agieren muß. Zweitens können Kinder auch durch die Umstände der Untersuchung und des Nachfragens psychisch belastet werden. Drittens lastet zumindest vorläufig ein belastender Verdacht auf einem Familienmitglied.

Bei der Vermutung, es könnte ein sexueller Mißbrauch vorliegen, ist es von entscheidender Wichtigkeit, das Kind in eine Lage zu versetzen, sein Schweigen zu überwinden, ihm bedingungslos zu vertrauen und zu glauben. Je jünger die Kinder, je schwieriger ist die Situation. Wer mit sexuellem Mißbrauch konfrontiert ist, sollte sich Beratung holen. In den letzten Jahren haben Frauen- und andere Gruppen Beratungsstellen eingerichtet. Adressen gibt es in Jugendämtern, in Kinderschutzzentren, bei den Frauenbeauftragten und in Stadtteilzeitungen.

Spielflächen im Freien

Vom Grundsatz her stellen sich bei der Gestaltung und Beaufsichtigung der Spielflächen im Freien die gleichen Fragen wie im Inneren einer Einrichtung. Die Verpflichtung der Träger und der bei ihnen angestellten Erzieherinnen und Leiterinnen besteht einerseits in der verantwortungsvollen Gestaltung, andererseits in der verantwortungsvollen Nutzung und Beaufsichtigung der Freiflächen.
Die Spielflächen einer Kindertageseinrichtung sind, trotz aller Öffnungsgedanken, keine allgemeinen Spielflächen. Für sie besteht daher keine ganz allgemeine, auch keine so weitgehende → Verkehrssicherungspflicht wie für öffentliche Spielplätze. Die Spielflächen

einer Kindertageseinrichtung müssen nicht so gestaltet sein, daß sie allen Ansprüchen einer Öffentlichkeit genügen, sondern nur den Anforderungen ihrer Zielgruppe. Das sind bei den Einrichtungen der Jugendhilfe, die mit fest angemeldeten Kindern arbeiten, nur die Kinder, für die die Betriebserlaubnis (§ 45 KJHG/SGB VIII) gilt.

Generell kann gesagt werden, daß eine Spielfläche und die sich auf dieser Fläche befindenden Spielgeräte sowie die bespielbaren anderen Bestandteile (Bäume z. B.) so gestaltet sein müssen, *»daß diese bei bestimmungsgemäßer Benutzung nicht selbst zur Gefahrenquelle«* werden (v. Feldmann 1980, S. 54).

Die *bestimmungsgemäße Benutzung* der fraglichen Geräte und Flächen ist das *Spiel*. Bei der Gestaltung von Kinderspielflächen muß der pädagogische Sinn im Vordergrund der Überlegungen stehen. Sicherheit als Gebot für Spielgeräte und Spielflächen kann nur beurteilt werden, wenn zunächst einmal deutlich wird, wie das Spiel aussehen soll. Sicherheitsüberlegungen setzen bei der Frage an, wie das gewünschte Ziel erreicht werden kann. Die an Spielgeräte zu stellenden Anforderungen sollen *»weder das kindliche Spielbedürfnis, die entwicklungsfördernde Wirkung von Spielgeräten, noch ein unter pädagogischen Gesichtspunkten sinnvolles Spiel beeinträchtigen«* (v. Feldmann 1980, S. 62).

Der Normenausschuß Bauwesen im DIN (Deutsches Institut für Normung e.V.) hat die einschlägige Norm 18034 ausgearbeitet. Darin heißt es: *»Sicherheitsmaßnahmen sind zusammen mit der Forderung zu sehen, daß Spielflächen, abgestuft nach Altersgruppen, vor allem auch eine erzieherische Funktion ausüben. Freude am Abenteuer und Bestehen eines Risikos als Bestandteil des Spielwertes sind im Rahmen kalkulierter spielerisch-sportlicher Betätigung erwünscht. Für Kinder nicht erkennbare Gefahrensituationen sind zu vermeiden.«* [33]

Der Vorgängerfassung von Norm 18034 im Jahre 1988 wurden *Erläuterungen* beigefügt, die immer noch so interessant sind, daß sie hier wiedergegeben werden sollen, obschon der Inhalt inzwischen allgemeines Gedankengut geworden ist:

[33] Deutsches Institut für Normung e.V.: Nr. 5.1, in DIN 18034 : 1999-12

»Praktische Erfahrungen und Forschungen ... haben die große gesundheitliche, erzieherische und gesellschaftliche Bedeutung des Spiels für die Entwicklung und das Wohlbefinden des Menschen erwiesen. Daher soll unsere Umwelt dem Bedürfnis nach Spiel im weitesten Sinn Rechnung tragen. Entsprechend den geänderten Verhältnissen ... soll die Umwelt so gestaltet werden, daß Spielen nicht mehr nur auf ausgewiesene Flächen beschränkt bleibt, sondern sich auf sonstige Spielbereiche (z. B. auf Wohnstraßen, Höfe, allgemeine Grünflächen) ausdehnen kann. Dabei soll die Begegnung der Familien, der unterschiedlichen Alters- und Gesellschaftsgruppen und die Integration der Behinderten unterstützt werden.

Die Spielbereiche sollen so gestaltet sein, daß sie die Fähigkeiten der Nutzer anregen und fördern.

Sicherheitsmaßnahmen sollen Gefahren für Kinder möglichst ausschalten, aber auch einen ›Freiraum‹ lassen, damit Kinder und Jugendliche frühzeitig lernen, Gefahren zu erkennen, um sich entsprechende Verhaltensweisen anzueignen. Maßstab hierfür ist das Risiko spielerisch-sportlicher Betätigung.«

Dem Zusammenhang von Entwicklung, Erziehung und Sicherheit wird deshalb ein vergleichsweise breiter Raum gegeben, weil die Praxis (vieler Träger) darauf hinausläuft, die Sicherheit zu stark und den Spielwert der Flächen und Geräte zu wenig zu beachten. Vorrangig zu klären ist, welche Erfahrungen Kinder machen sollen. Erst auf diesem Hintergrund kann man die Risiken kalkulieren und überlegen, wie man sie gering halten kann.

Spielflächen müssen den Kindern je nach ihren altersgemäßen Fähigkeiten allein zugänglich sein. Die Gestaltung muß so ausgeführt sein, daß die Flächen für die jeweilige Zielgruppe interessant sind. Die sich nach und nach entwickelnden Fähigkeiten von Kindern müssen auf diesen Flächen gefördert und gefordert werden. Die Elemente Gleichgewicht, Geschicklichkeit, Kraft, Ruhe, Schnelligkeit, Spannung und Gefahr müssen in den Angeboten berücksichtigt werden. Wer Spielflächen gestaltet, kann nicht davon ausgehen, daß Spielsituationen völlig gefahrlos zu gestalten sind. Ein gefahrloses Spiel ist langweilig, ohne Reiz. Gerade in den Außenbereichen, in denen Kinder sehr stark körperlich agieren, ist eine Gefährdung nicht völlig auszuschließen. Dies wird auch von Gerichten so gesehen.

Peter von Feldmann faßte als Richter am Verwaltungsgericht Berlin seine Auswertung der Urteile zu Spielplatzunfällen zusammen:

»1. *Das Gerät muß von den Kindern beherrschbar sein. Sie müssen mit dem Risiko umgehen können. Sie müssen es gefahrlos verlassen können, wenn ihnen das Risiko zu groß erscheint, was besonders für Drahtseilbahnen, Karussells und sehr hohe Rutschen von Bedeutung ist. Wenn gefordert wird, daß die Beherrschbarkeit des Gerätes an den ‚jüngsten' Kindern ausgerichtet werden müsse, so kann dies nicht ... in der Allgemeinheit akzeptiert werden. ... Die Beherrschbarkeit von Geräten ist daher auf die Gruppe der jüngsten Kinder abzustellen, die erfahrungsgemäß schon von selbst derartige Geräte benutzen. Im übrigen ist auch vom Standpunkt der Verkehrssicherungspflicht unbedingt zu fordern, daß Spielgeräte auch der gelegentlichen Benutzung durch Erwachsene standhalten, zumal die Spielbeteiligung der Erwachsenen auf dem Spielplatz anzustreben ist.*

2. *Geräte, von denen die Benutzer aus einer gewissen Höhe herabfallen können, müssen über weichem Sandboden oder weichem Kunststoffbelag stehen. Die Fundamente dürfen nicht so angeordnet sein, daß die Benutzer auf sie herabfallen können.*

3. *Rutschen und andere Spielgeräte, die von einer höheren Plattform aus benutzt werden, müssen eine ausreichende seitliche Sicherung gegen Absturz haben.*

4. *Ebenso wie für die Bodenbeschaffenheit des Platzes erfordert die Verkehrsicherungspflicht auch für die Spielgeräte eine planmäßige Überwachung.*« (v. Feldmann 1980, S. 61)

Wenn die Gestaltung von Spielflächen und die Spielgeräte an der Altersgruppe ausgerichtet werden sollen, die sie *erfahrungsgemäß von selbst* benutzt, muß erstens geklärt werden, welche Zielgruppe mit dem Angebot angesprochen werden soll. Zweitens müssen Überlegungen darüber folgen, wie Kinder sich entsprechend ihren Fähigkeiten die Geräte selbst aneignen können.

Wenn beispielsweise ein Baum auf einem Spielplatz zum Klettern gut geeignet ist, weil er Äste hat, die es Kindern einer bestimmten Entwicklungsstufe ermöglichen hinaufzusteigen, dann entspricht dieser Baum ihren Fähigkeiten. Es wäre falsch, die Äste abzusägen, um *Sicherheit* für jüngere Kinder herzustellen. Spielgeräte und die Beschaffenheit des Geländes sollen verhindern, daß Kinder in Situationen kommen, die sie nicht überschauen oder nicht bewältigen können. Spielgeräte, die durch ihre relative Gefährlichkeit von vornherein jüngere oder nicht geübte Kinder *abschrecken*, können daher sehr wohl aufgestellt werden, weil sie für ältere Kinder Anreize bieten.

Diese Überlegungen gelten für öffentliche Spielplätze. In Einrichtungen der Jugendhilfe sieht die Sache etwas anders aus. Zum einen verschärft sich die Anforderung, daß die Freiflächen bei ordnungsgemäßem Umgang keine Gefahrenquelle darstellen dürfen. Die Träger und damit auch ihre Angestellten, die Leiterinnen und Erzieherinnen, müssen im Rahmen ihrer Dienstpflichten beispielsweise darauf achten, daß an den Spielgeräten keine Schrauben locker sind oder der Ast des Kletterbaumes bereits angebrochen ist. Eine offensichtliche Gefahrenquelle muß beseitigt werden. Dies gebietet schon der gesunde Menschenverstand. Auch müssen die Geräte auf den Spielflächen regelmäßig überprüft werden, ebenso wie es sinnvoll ist, sich auf dem Gelände in geeigneten Abständen umzusehen und gefährliche Gegenstände (z. B. Glasscherben) aufzusammeln.

Auf der anderen Seite aber ergeben sich für die Freiflächen einer Kindertagesstätte auch geringere Anforderungen an die Sicherheit als auf öffentlichen Spielflächen. Die Erleichterungen leiten sich aus der Aufsichtspflicht der Erzieherinnen und der Leiterinnen ab. Die Kinder der Einrichtung sind den pädagogischen Kräften bekannt. Damit stehen auch die Anforderungen an die Spielgeräte fest. Erzieherinnen brauchen sich bei der Gestaltung und Beaufsichtigung von Freiflächen nicht auf ein abstraktes Kind zu beziehen, das auf den Platz kommen könnte. Eventuelle Gefahren können mit den bekannten Kindern besprochen werden. Regeln können gemeinsam aufgestellt werden; ihre Einhaltung ist überprüfbar.

Von daher sind auf den Freiflächen pädagogischer Einrichtungen Spielgeräte und Spielformen denkbar, auf die sich ein Gartenbauamt bei der Gestaltung eines öffentlichen Platzes nicht ohne weiteres einlassen kann.

Sicherlich verhalten sich die Träger pädagogischer Einrichtungen hier – aus Angst vor der Haftung – eher zu vorsichtig. Es werden ausschließlich Geräte gekauft, die einen TÜV-Stempel tragen. Aus einer rechtlichen Position heraus ist dies nicht notwendig. Sicherlich kann man geltend machen, daß ein Gerät, welches geprüft und mit einem entsprechenden Stempel versehen wurde, beruhigend wirkt, weil die Geräte dieser Baureihe schon einmal unter Sicherheitsaspekten angeschaut wurden. Aber: Die Normierung der Spielgeräte führt gleichfalls zu einer Eintönigkeit von Spielflächen, die mit knalligen Farben nur mühsam übertüncht werden kann, und dabei wird die Haftung des Trägers nicht entscheidend gemindert.

Es ist vielmehr anzustreben, daß Spielgeräte in vielfältigeren Formen z. B. auch von Eltern, Anwohnern und Anwohnerinnen, Mitarbeiterinnen und freien Einrichtungen erstellt werden. Die Träger von Einrichtungen haben die Möglichkeit, im Rahmen ihrer Gestaltungsfreiheit solche Angebote zu machen und sich bei der Frage der Sicherheit von Fachleuten (Schreinern, Metallbauern, anderen Handwerkern) beraten zu lassen oder von der eigenen Kenntnis auszugehen. Dies ist in anderen Ländern durchaus üblich und wird im zusammenwachsenden Europa auch hierzulande an Bedeutung gewinnen.

Bei der Frage der Gestaltung scheint uns aber auch der Bereich der Spielflächen, die nicht *möbliert* sind, wichtig. Für Kinder bedeutet Aufsicht durch Erzieherinnen allzuhäufig die totale Kontrolle. Freiflächen, eingerichtet nach den Gesichtspunkten

- Übersichtlichkeit,
- Pflegeleichtigkeit,
- Kostenarmut,

werden oft zu Bereichen, die Kindern kaum noch Anregungen für ein nicht beobachtetes Spiel geben. Dagegen sind neben offenen Bereichen auch solche zu schaffen, in denen Kinder sich verstecken, verkriechen, etwas bauen oder andere, eigene Spielformen entwickeln können. Dies bedeutet, daß es veränderbare Bereiche geben muß und daneben wilde Grünbereiche mit Buschwerk, Hecken, Hügeln und Sträuchern, in denen ein unbeobachtetes Spiel möglich ist.

In diesem Zusammenhang nochmals zurück zur Aufsichtspflicht. In der pädagogischen Diskussion darf Aufsicht nicht mit ständiger Beobachtung von Kindern verwechselt werden. Seiner Aufsichtspflicht nachzukommen, heißt zu wissen, welche Gefahren den Kindern bei dem drohen, was sie tun, und die Kinder davor zu schützen. Das ist allerdings in vielen Fällen auch durch Regeln, Absprachen und Informationen für die Kinder möglich. Aber:

»Die Kindergärtnerin erfüllt ihre Aufsichtspflicht besser, indem sie die Kinder unterstützt, auf den Baum zu klettern, als wenn sie die Kinder lang und breit über die Gefahren des Kletterns belehren und ihnen deshalb schließlich das Klettern verbieten würde. Das Verbot würde die Kinder reizen, in einem – nie gänzlich vermeidbaren – unbeobachteten Augenblick doch auf den Baum zu klettern, dann alleine aufgrund der Belehrungen über die Gefahren nicht einigermaßen geschickt klettern zu können.« (Schmitt-Wenkebach 1978, S. 20/21).

Zum Abschluß noch eine Bemerkung über Zäune. Kindereinrichtungen sind äußerlich nach dem Grundsatz der geschlossenen Anstalt abgegrenzt. Dies ist sicherlich auch ein Schutz der Kinder, es grenzt die Kinder aber auch von der sozialen Realität außerhalb der Mauern ab, grenzt andere Menschen aus. In innerstädtischen Gebieten, mit geringen Freiflächen ist das sicherlich ein Problem.

Wie diese Frage auch zu lösen ist, welche Rolle eine Freifläche für Anwohner und andere Kinder spielen könnte und sollte, kann hier nicht diskutiert werden. Wichtig ist nur: Von Seiten der juristischen Regelungen ist für die Gestaltung von Spielflächen lediglich zu fordern:

- der Spielplatz muß so gestaltet sein, daß er für die Kinder, die ihn vornehmlich nutzen, nicht zu einer Gefahrenquelle wird;
- er muß so abgegrenzt sein, daß die Kinder diese Grenze als eine solche wahrnehmen, d. h. nicht im Spiel versunken auf die Straße rennen.

Gegenüber besonderen Gefahrenquellen, wie z. B. Hauptverkehrsstraßen, Eisenbahnlinien, Flüssen usw., müssen die Maßstäbe strenger angelegt werden. Welche Ansprüche an Abgrenzung darüber hinaus formuliert werden, ergibt sich nicht aus dem Charakter der Spielfläche, sondern aus dem Charakter der Einrichtung. (Handelt es sich um eine Krippe, einen Kindergarten oder worum sonst?)

Die Einfriedungen von Kindertageseinrichtungen müssen nach den Vorschriften der Unfallversicherungsträger mindestens einen Meter hoch sein. Nirgends jedoch sind Zäune oder Mauern vorgeschrieben, eine schöne Hecke kann das Problem *Einfriedung* allemal lösen.

Staats- bzw. Amtshaftung

Die gesetzliche Aufsichtspflicht der Eltern geht über verschiedene Verträge auf eine Erzieherin in einer Kindertageseinrichtung über. Sie ist in einem Rahmen so zu erfüllen, daß die pädagogischen Zielsetzungen erreicht werden können.

Auf dem gleichen Weg und mit vergleichbarer Zielsetzung, nur unter veränderten Rahmenbedingungen erfüllen Erzieherinnen in Kinderheimen und ähnlichen Institutionen ihre Erziehungsaufgaben. Für sie gelten, wenn die jeweilige Erziehungsmaßnahme auf der Grundlage der §§ 27ff. KJHG/SGB VIII durchgeführt wird, die bisherigen Aussagen vollkommen analog. Für die Erzieherinnen handelt es sich um einen Fall vertraglicher Übernahme von Erziehungs- und Aufsichtspflichten, weil das Jugendamt nur mit Zustimmung der Eltern (formal: nur auf Grund ihres Antrages) tätig wird und erforderlichenfalls einen geeigneten Heimplatz zur Verfügung stellt. Am privatrechtlichen Charakter der Übertragung der Aufsichtspflichten ändert die rechtliche Verpflichtung des Jugendamtes zur Gewährung von *Hilfen zur Erziehung* nichts. Öffentliche Erziehung, d. h. Erziehungsleistungen, welche im Rahmen gesellschaftlicher, im Grunde gesetzlicher Regelungen durch Einzelpersonen oder Institutionen mit Kostenbeteiligung des Jugendamtes stattfindet, erfolgt zumeist auf privater Grundlage. Öffentliche Erziehung begründet kein eigenes originäres Recht, daher gelten die privatrechtlichen Haftungsgrundsätze des BGB.

Eine sogenannte Staats- oder Amtshaftung auf der Grundlage des Art. 34 GG, wie sie beispielsweise nach dem Jugendwohlfahrtsgesetz bei der Fürsorgeerziehung galt, gibt es in der Jugendhilfe praktisch nicht mehr.

Art. 34 GG
»Verletzt jemand in Ausübung eines ihm anvertrauten öffentlichen Amtes die ihm einem Dritten gegenüber obliegende Amtspflicht, so trifft die Verantwortlichkeit grundsätzlich den Staat oder die Körperschaft, in deren Dienst er steht. Bei Vorsatz oder grober Fahrlässigkeit bleibt der Rückgriff vorbehalten. Für den Anspruch auf Schadensersatz und für den Rückgriff darf der ordentliche Rechtsweg nicht ausgeschlossen werden.«

Fürsorgeerziehung war dadurch gekennzeichnet, daß Kinder oder Jugendliche aus der elterlichen Verantwortung unter Einschränkung des elterlichen Sorgerechts für einen mehr oder weniger langen Zeitraum in einem Heim erzogen wurden, wenn Eltern nicht willens oder in der Lage waren, für ihr Kind zu sorgen.

Das Jugendamt wird heutzutage nur ausnahmsweise *amtlich tätig*, etwa bei der sogenannten Inobhutnahme nach § 42 KJHG/SGB VIII, wenn das Kind diese Leistung nachfragt oder kurzfristig eine Gefahr abgewendet werden soll. Bis zur Entscheidung über ein weiteres Vorgehen *übt das Jugendamt das Recht der Beaufsichtigung, Erziehung und Aufenthaltsbestimmung aus* (§ 42 Abs. 1 KJHG/SGB VIII). Die elterliche Sorge wird dadurch für kurze Zeit ersetzt, und der Staat tritt an ihre Stelle.

Kurz gefaßt läßt sich sagen: Wenn der Staat über eine gesetzliche Regelung in das Eltern-Kind-Verhältnis eingreift, unterliegen die Folgen daraus strengeren Schutz- und Haftungsvorschriften als im Privatrecht. Die Logik der schärferen Handhabung liegt darin, daß der Träger der hoheitlichen Gewalt für *seine alleinige Entscheidung* voll haftbar sein muß und nicht selbst die Regeln für seine Entlastung auf einfache Weise festsetzen darf.[31]

[31] Vgl. Claussen u.a.: Aufsichtspflicht..., Hannover 1995, S.19

Vergleichbar ist dieser Zusammenhang in etwa mit den Pflichten von Lehrern. Die Schulpflicht greift in elterliche Rechte ein. Es gibt sozusagen kein Entrinnen. Im Gegenzug und als Ausgleich werden strengere Maßstäbe der Behütung von Kindern angelegt, als sie durchschnittlich für Kindertagesbetreuung, Heimerziehung oder Freizeitangebote gelten. Wenn mitunter strenge Urteile gegen Lehrer wegen Verletzung der Aufsichtspflicht durch die Presse gehen, können die Maßstäbe nicht geradlinig auf Eltern oder auf Erzieherinnen übertragen werden.

In Schulen mit offenem Ganztagsbetrieb oder hortähnlicher Betreuung kommt es hin und wieder zu Auseinandersetzungen zwischen Lehrern und Rektor auf der einen und Erzieherinnen auf der anderen Seite, weil beide *Parteien* die Verpflichtung zur Aufsicht unterschiedlich interpretieren. Beispielsweise stellen Rektoren die Regel auf, daß in den Schulpausen und im nachunterrichtlichen Freizeitbereich alle Kinder grundsätzlich im Blick zu halten sind. Lehrer müssen sich daran halten, Erzieherinnen sollen dies ebenso. Solche Hausregeln führen die Erzieherinnen in einen Konflikt mit ihrem Erziehungsauftrag. Sie müssen sich daher wehren, sonst können sie ihren Arbeitsauftrag nicht erfüllen.

Ein solcher Konflikt geht nicht unbedingt auf böse Absicht zurück. Er hat seine objektive Ursache in der unterschiedlichen Basis der Zuständigkeit für die Kinder. Lehrer einerseits und Erzieherinnen anderseits unterliegen anderen Bedingungen ihrer jeweiligen pädagogischen Arbeit. Die einen arbeiten auf gesetzlicher, die anderen auf vertraglicher Grundlage und vor allem mit jeweils unterschiedlichen Aufträgen, Inhalten und Zielen. Lehrer und Erzieherinnen müssen daher zum Teil andere Aufsichtsmethoden anwenden. Die eine oder die andere Form der Beaufsichtigung zu verabsolutieren und auf die jeweils andere Seite übertragen zu wollen, ist falsch. Erzieherinnen sind in ihrem Bereich verantwortlich, Lehrer in ihrem. In Grenzfällen müssen sie sich einigen.

Taschengeld

Unter Taschengeld wird üblicherweise das Geld verstanden, das Kinder von Eltern oder anderen Erwachsenen bekommen, damit sie sich kleinere oder größere Alltagswünsche verwirklichen und gleichzeitig den Umgang mit Geld üben können. *Taschengeld* als pädagogisches Instrument.

In der Tasche haben Kinder häufig mehr als die von den Eltern regelmäßig zur Verfügung gestellten Summen. Durch Geschenke zu Festtagen, Belohnungen für kleinere Arbeiten (→ Kinderarbeit) oder kleinere Geschäfte am Rande der Legalität (→ Diebstähle) verfügen Kinder zum Teil schon über beträchtliche Summen. *Taschengeld* als in der Tasche befindliches Potential der Teilhabe an der Erwachsenenwelt.

Rechtlich knüpft der Taschengeldbegriff mehr an der zweiten Definition an, die nicht legalen Anteile außer Acht lassend. § 110 BGB ist die Grundlage für die Haftung von Kindern zu Schadensersatz (→ Schadensverantwortlichkeit) und analog für die Möglichkeit von Kindern, selbständig Einkäufe tätigen zu können (→ Geschäftsfähigkeit).

»Ein von dem Minderjährigen ohne Zustimmung des gesetzlichen Vertreters geschlossener Vertrag gilt als von Anfang an wirksam, wenn der Minderjährige die vertragsmäßige Leistung mit Mitteln bewirkt, die ihn zu diesem Zwecke oder zu freier Verfügung von dem Vertreter oder mit dessen Zustimmung von einem Dritten überlassen wurden.«

Dieser *Taschengeldparagraph* billigt Kindern ab dem vollendeten siebten Lebensjahr zu, selbsttätig Geschäfte abschließen zu können, solange sie sich im Rahmen der ihnen üblicherweise zur alleinigen Verfügung stehenden Mittel halten. Sie sind nicht auf die Zustimmung der Eltern angewiesen. Die Kehrseite ist, daß sie bis zu dieser Höhe einen von ihnen verursachten Schaden ausgleichen müssen, wenn sie ihn zu verantworten haben.

Mancher Autor[32] leitet aus dem Persönlichkeitsrecht des Art. 2 GG (freie Entfaltung) und dem Recht auf Erziehung zur Eigenverant-

32 Z.B.: Renn, H.: Rechtskunde für Erzieherinnen, Weinheim und Basel 1999, S. 43f.

wortung eine Verpflichtung der Eltern ab, ihre Kinder regelmäßig mit Taschengeld zu versorgen:
»Falls sich die Eltern oder Erziehungsberechtigten weigern, Taschengeld zu zahlen, kann sich der junge Mensch an das Jugendamt wenden, um nötigenfalls gerichtlich seinen Anspruch durchzusetzen.«

Aus dem Recht des Kindes auf Taschengeld leitet Renn folgerichtig die Unrechtmäßigkeit von Kürzung oder Entzug desselben ab. Ausschließlich ausnahmsweise dürfe das Taschengeld als Teil einer Erziehungsmaßnahme verwendet werden, etwa für Schadenersatz.

Persönlichkeitsrecht oder nicht; Anspruch hin oder her, die meisten Kinder bekommen Taschengeld, und so ist die angemessene Höhe Zielpunkt von Auseinandersetzungen und/oder pädagogischen Überlegungen. In einer repräsentativen Umfrage[33], die 1997/98 unter knapp 1500 Kindern und Jugendlichen in einem Jugendamtsbereich in Berlin durchgeführt wurde, antworteten 2,2 % der befragten 12- bis 20jährigen, daß sie gar kein Geld für ihren persönlichen Bedarf zur Verfügung hatten. Ebenso viel hatten monatlich bis 10,– DM und knapp 6 % zwischen 11,– und 20,– DM monatlich für sich. Am anderen Ende lagen gut 7 % mit durchschnittlich über 200,– DM pro Monat. Gefragt wurde nach verfügbarem Geld, sowohl Zuwendungen als auch Erarbeitetes (→ Kinderarbeit). Weitere Ergebnisse in Kürze:

- Die Höhe des Taschengeldes für die jeweils meisten der befragten 12-, 13- und 14-jährigen lagen bei 30,– bzw. 40,– und 50,– DM pro Monat.
- Über alle Altersgruppen hinweg hatten Mädchen weniger Taschengeld als Jungen zur Verfügung;
- Jungen nicht-deutscher Herkunft mehr als deutsche;
- Mädchen nicht-deutscher Herkunft weniger als deutsche;
- Jugendliche nichtdeutscher Herkunft haben weniger Nebenjobs; als Jungen erhalten sie mehr Taschengeld;
- 12- bis 13-jährige Jungen erhalten 44;– DM, Mädchen 39,– DM im Durchschnitt monatlich;
- 14- bis 15-jährige Jungen erhalten 77,– DM, Mädchen 57,– DM im Durchschnitt monatlich.

[33] Lischke, E./Sierks, M.: Studie zum Freizeitverhalten Neuköllner Jugendlicher, Berlin 1997/98

Anhaltspunkte für als angemessen anzusehende Taschengeldhöhen gibt es bei einem Blick auf die von den Ländern gewährten Taschengeldsätze für Kinder, die in Heimerziehung oder ähnlichen Betreuungsformen aufwachsen. Als Beispiel werden die Vorschriften über Barleistungen nach §§21 Abs.3 und 27 Abs. 3 BSHG in Verbindung mit den *Ausführungsvorschriften über die Gewährung von Taschengeld an junge Menschen nach § 39 SGB VIII* (AV-TG) aus Berlin herangezogen. Stand 1.7.1999:

Vom Beginn des 5. Lebensjahres bis zur Einschulung	9,85 DM/Monat
Vom Beginn der Einschulung (ggf. vom Beginn des 7. Lebensjahres) bis zur Vollendung des 10. Lebensjahres	24,62 DM/Monat
Vom Beginn des 11. bis zur Vollendung des 14. Lebensjahres	49,23 DM/Monat
Vom Beginn des 15. bis zur Vollendung des 17. Lebensjahres	98,46 DM/Monat
Im 18. Lebensjahr	114,87 DM/Monat

Tierhaltung

Das Halten von Tieren in Kindertageseinrichtungen kann pädagogisch sehr nützlich sein. Gegen eine Tierhaltung sprechen Gründe des Aufwandes und der Arbeitsbelastung; dies sollte im Verhältnis zum pädagogischen Nutzen diskutiert werden.

Weiterhin muß an die Tiere gedacht werden: das Tierschutzgesetz verlangt eine artgerechte Haltung auch an Wochenenden und während der Schließungszeiten der Einrichtung. Die gehaltenen Tiere dürfen keine erhöhte Unfallgefahr für Kinder darstellen.

Zu beachten ist, daß das Infektionsrisiko im Rahmen der üblichen Haustierhaltung liegen muß. Hamster, Zwerghasen oder Goldfische brauchen das Gesundheitsamt nicht zu interessieren. Wer sicher gehen will, kann sich dort beraten lassen; erforderlich ist dies nur dort, wo es der Träger ausdrücklich verlangt.

Mitunter haben Mitarbeiterinnen bzw. Mitarbeiter des zuständigen Gesundheitsamtes Einwände gegen die Tierhaltung. Wenn sie sich pauschal gegen Tierhaltung aussprechen, sollten Pädagoginnen eine offensive Auseinandersetzung suchen. Von der Absicht, Tiere halten zu wollen, sollte nur dann Abstand genommen werden, wenn das Gesundheitsamt eine Gefährdung der Kinder oder der Angestellten *nachweisen* kann. Nicht die Kindereinrichtung ist beweispflichtig für die Ungefährlichkeit, sondern das Gesundheitsamt für die Gefährdung.

Im Prinzip muß in einer Kindergruppe all das möglich sein, was auch im Familienhaushalt für Kinder als relativ ungefährlich gilt.

Übernachten in der Einrichtung

Für die Übernachtung von Kindern und Erzieherinnen in der Einrichtung gibt es gute Gründe. Der Zusammenhalt in der Gruppe wird gefördert. Die Trennung der Kinder von den Eltern kann die Selbständigkeit und das Selbstbewußtsein weiterentwickeln. Die Erzieherin wird in einer ungewohnten Situation kennengelernt; dadurch kann eine größere Vertrautheit entstehen. Die Erzieherinnen selbst erfährt die Kinder anders – schon mancher Eindruck von einem Kind konnte in neuer Situation positiv korrigiert werden. Durch das notwendige Einbeziehen der Eltern in die Vorbereitung wird die Zusammenarbeit zwischen der Kindertageseinrichtung und der Familie gefördert.

Eltern müssen der Übernachtung zustimmen. Sie übertragen damit ihr Erziehungsrecht über die vertraglich vereinbarte übliche Zeit hinaus auf den Träger bzw. die Erzieherin. Auch die Zustimmung des Trägers für die Übernachtung ist erforderlich, damit die Räume genutzt werden dürfen.

Die Zustimmung des Trägers gilt als Indiz für die Akzeptanz der Übernachtungsaktion als pädagogisches Angebot im Rahmen des Erziehungsangebots der Kindertageseinrichtung, auch gegenüber der → gesetzlichen Unfallversicherung. Da Kinder und die mithelfenden Erwachsenen bei sämtlichen *üblichen* Aktivitäten des Kindergartens versichert sind, ist es sinnvoll, Übernachtungen regelmäßig durchzuführen und konzeptionell zu verankern. Als Veranstaltung im Rahmen der pädagogischen Arbeit der Kindertageseinrichtung ergeben sich rechtlich keine Besonderheiten.

Eine etwas kuriose Ansicht vertritt der Träger der gesetzlichen Unfallversicherung in Berlin. Danach endet die gesetzliche Unfallversicherung in dem Moment, wo die Kinder schlafen, weil der Nachtschlaf nicht zum pädagogischen Angebot der Kindertageseinrichtungen zu rechnen ist. Diese Auslegung soll auch für → Reisen mit der Kindergruppe gelten. Praktische Konsequenzen folgen daraus nicht, denn zwischen einschlafen und aufwachen ist dann für die Kinder die jeweilige Krankenversicherung der Eltern zuständig.

Die Aufsichtspflicht ist analog zu den allgemeinen Bestimmungen zu regeln. Sie ist entsprechend der Zielsetzung, dem Alter der Kinder, der Bekanntheit der Situation, der Zahl der Erwachsenen, ihrer Erfahrung, ihrer Kenntnis der Kindergruppe usw. zu bestimmen und durch Absprachen mit den Kindern auszuüben.

Einwände bei der Genehmigung von Übernachtungen seitens der Träger sind nur aus Betriebskindertagesstätten in Produktionsbetrieben bekannt. Hier hilft, wenn die Schwierigkeiten nicht auszuräumen sind, nur die Suche nach einer Alternative:

- eine Übernachtung in einer Partner-Einrichtung,
- ein Zeltplatz,
- eine Jugendherberge o.ä.

Schwierigkeiten durch den Träger sind selten, da gegen pädagogisch aktive Erzieherinnen nichts einzuwenden ist. Die Vergütung der geleisteten Arbeitszeit gibt mitunter Diskussionsstoff. In der Regel wird die Zeit nicht als → Überstunden anerkannt, sondern ist als Mehrarbeit *abzubummeln*, damit dem Träger keine Kosten entstehen.

Empfehlenswert ist eine vorbeugende Nachricht an die zuständige Polizeidienststelle, denn es ist vorgekommen, daß der nächtliche Betrieb in der Kita für einen Einbruch gehalten wurde.

Verantwortung

Die Verantwortung der Eltern erstreckt sich darauf, die Pflicht und das Recht zur elterlichen Sorge wahrzunehmen. Die Verantwortung der Erzieherin liegt darin, den Erziehungsauftrag zu erfüllen, indem Eltern und Kinder einbezogen werden.

Die Formen, in denen dieser Auftrag umgesetzt wird, sind mit Sicherheit sehr vielgestaltig. Wer jeweils verantwortlich ist, bestimmt die Form der Umsetzung. Verantwortung und Letztentscheidung im Einzelfall hängen zusammen.

Eltern haben von Natur aus und per Gesetz die Verantwortung für ihre Kinder. Erzieherinnen übernehmen die Verantwortung für die zu betreuenden Kinder und die Erfüllung des Erziehungsauftrages per Vertrag. Der Vertrag bindet die Erzieherin. Sie wird legitimiert, ihre fachliche Kompetenz in einer jeweiligen Kindergruppe anzuwenden; ihr wird ein Kompetenzbereich zugeschrieben (und sie willigt mit dem Arbeitsvertrag ein), für den sie nun im vereinbarten Rahmen voll verantwortlich ist.

Die Verantwortung behält sie, solange sie nicht kündigt oder der Träger bzw. die Leiterin den Kompetenz- bzw. Verantwortungsbereich nicht einschränkt. Wie sie die Verantwortung wahrnimmt, ist abhängig von vereinbarten Rahmenbedingungen, von den Zielsetzungen, den allgemein anerkannten Methoden und nicht zuletzt von ihrer Fachkompetenz. Würde jemand der Erzieherin im einzelnen vorschreiben, was sie zu tun oder zu lassen hätte, wäre dies ein Beweis für eine äußerst abhängige, gänzlich *unverantwortungsvolle* Tätigkeit.

Aus der Zuschreibung der Verantwortung zur Erzieherin ergibt sich außer der Feststellung einer qualifizierten Tätigkeit und der Festschreibung eines Kompetenzbereiches umgekehrt die Tatsache, daß sie die Verantwortung nicht ablehnen kann.

Die Verantwortung für die ihr anvertrauten Kinder hat sie für die vereinbarte Zeit. Sie muß ihre Arbeit nach bestem Wissen und Gewissen ausführen. Beeinträchtigen andere Umstände, die nicht von der Erzieherin zu vertreten sind, ihre Arbeit und damit die Wahrnehmung ihrer Verantwortung, so muß sie versuchen, die beeinträchtigenden Umstände abzustellen, z. B. den Träger darauf aufmerksam machen, daß sie aus Personalmangel schon längere Zeit mehr Reinigungstätigkeiten als pädagogische Arbeit verrichtet. Dem Träger obliegt es dann, im Rahmen seiner Verantwortung für Abhilfe zu sorgen.

Die Erzieherin hat durch die Meldung gegenüber dem Träger die Verantwortung nicht abgegeben, sondern hat ihre Verantwortung gegenüber den Kindern (und dem Träger) durch Information wahrgenommen und nimmt sie weiter durch die Betreuung der Kinder wahr, nur eben in eingeschränktem Rahmen.

Einsichtig wird die Unterscheidung zwischen dem *Ob* und dem *Wie* der Wahrnehmung einer Verantwortung für Kinder wiederum im Vergleich mit den Pflichten und Rechten, die den Eltern zugeschriebenen sind. Eltern können sich der Verantwortung für ihre Kinder – rechtmäßig – nicht entziehen. Sie haben nur die Möglichkeit, andere Personen vorübergehend an der Verantwortung zu beteiligen, in dem sie ihr Kind in einer Kindertageseinrichtung oder in einer betreuten Wohnform der Jugendhilfe erziehen lassen.

Zusammengefaßt: Eine vertraglich oder sonstwie übernommene Verantwortung läßt sich im Einzelfall *nicht ablehnen*; besondere Umstände zwingen nur zu einer veränderten Wahrnehmung dieser Verantwortung. Erzieherinnen tun gut daran, sich nicht im (falschen) Glauben gesichert zu fühlen, sie wären all ihrer Verantwortung ledig, weil sie eine unbefriedigende Situation der Leiterin oder dem Träger gemeldet und sich dadurch entlastet hätten.

Verkehrssicherungspflicht

Jede Person, die eine Gefahrenquelle schafft, muß die notwendigen Vorkehrungen zum Schutze Dritter treffen, damit eine Gefährdung möglichst nicht eintritt. Diese Aussage erscheint auf den ersten Blick widersinnig. Warum sollte jemand eine Gefahrenquelle schaffen, deren Gefährdung sogleich entschärft werden muß?

Jeder Gegenstand stellt (ob groß oder klein) eine größere Gefahr für Menschen dar, als wenn er nicht vorhanden wäre. Wer beispielsweise ein Werbeschild aufstellt oder ein Plastikdach über dem Balkon montiert, wer ein Spielgerät installiert oder die Schneebeseitigung vor seinem Haus übernommen hat, ist verantwortlich dafür, daß diese Gegenstände (einschließlich des Gehwegs) ordnungsgemäß gesichert sind, daß sie intakt sind, daß von ihnen keine besonderen Gefahren ausgehen.

Die Verpflichtung, für den sicheren Umgang (Verkehr) mit ihnen zu sorgen, nennt man *Verkehrssicherungspflicht*.

Eine Verkehrssicherung, die alle denkbaren Gefahren ausschließt, kann es ebenso wenig geben wie eine totale Sicherheit im Rahmen der Aufsichtspflicht. Daher braucht niemand für alle erdenklichen Möglichkeiten eine Absicherung zu treffen, sondern nur für solche Fälle, die

- nach den Erwartungen des jeweiligen Verkehrs
- im Rahmen des Zumutbaren
- Gefahren von Dritten abwenden können,
- sofern ein bestimmungsmäßiger Gebrauch vorliegt.

Die verantwortliche Person muß sich bei ihrer Vorsorge ebenfalls auf einen *nicht gänzlich bestimmungsmäßigen Gebrauch* einstellen, d.h. daß sie davon ausgehen muß, daß der von ihr in den Verkehr gebrachte Gegenstand in Grenzen auch unsachgemäß benutzt wird.

Als erläuterndes Beispiel kann die Aufstellung einer Schaukel in einer Kindertageseinrichtung dienen. Schaukeln werden in verschiedenen Größen und Ausführungen für verschiedene Alters- bzw. Entwicklungsstufen der Kinder angeboten. Ihr Gebrauch ist recht einfach, einige grundlegende Sicherheitsüberlegungen sind zu beachten. Die Verkehrssicherungspflicht gebietet eine solide Verankerung, eine Sicherung des Schwingbereichs, die besondere Gestaltung des Untergrunds und die regelmäßige Überprüfung der Funktionstüchtigkeit. Werden diese Vorgaben ordentlich eingehalten, dürfte der Betreiber der Schaukel seiner Verkehrssicherungspflicht weitgehend genügt haben. Fällt ein Kind, das von Alter und Entwicklungsstand her zur vorgesehenen Nutzergruppe gehört, trotzdem und ohne Fremdverschulden von der Schaukel, verletzt es sich dabei, so ist es *selbst schuld*. Der Betreiber ist dann nicht schadensersatzpflichtig.

Wird die Schaukel nicht nur zu Schwingzwecken gebraucht, sondern vielleicht als Absprunggerät für einen Wettkampf im Weitsprung, gehört dies *nicht ganz zum bestimmungsmäßigen Gebrauch* des Gerätes. Jeder, der Kinder beim Spielen beobachtet, weiß aber, daß der Weitsprung mit dem Schwung einer Schaukel ab einem bestimmten Alter einfach dazu gehört. Der Betreiber der Schaukel muß mit dieser Spielvariante rechnen und den Schwungbereich entsprechend weit durch Sand absichern. Versäumt er dies, läuft er Gefahr, haftbar gemacht zu werden.

Anders verhält es sich, wenn eine Schaukel erkennbar und bestimmungsgemäß nur für kleinere Kinder installiert wird und ältere Kinder oder gar Jugendliche versuchen mit ihr einen Überschlag. Kommt bei dieser *Spielvariante* jemand zu Schaden, haftet derjenige, der die Schaukel aufgestellt hat, wohl nicht dafür.

Für den Betrieb von Kindertageseinrichtungen ist die Verkehrssicherungspflicht insofern wichtig, als durch sie der Träger verpflichtet wird, Gefährdungen, die vom Bau, von den Einbauten und sonstigen bereitgestellten Gegenständen ausgehen können, zu sichern. Treppen, Spielgeräte und Türen müssen ordnungsgemäß funktionieren und für die Nutzer gefahrlos nutzbar sein. Dabei ist zu bedenken, daß Kindertageseinrichtungen ebenfalls für *Mitnutzer* konzipiert sind, denn Eltern, Freunde der Kinder und andere Personen sind im Rahmen zeitgemäßer Pädagogik nicht einfach vor dem Gartentor zu verabschieden, sondern stellen einen lebendigen Anteil am Leben in der Einrichtung dar.

Für die Leiterin und jede Erzieherin in der Einrichtung stellt die Unterstützung des Trägers bei der Verkehrssicherungspflicht einen Teil ihrer arbeitsvertraglich übernommenen Pflichten dar. Die Pädagogik bleibt selbstverständlich ihr hauptsächlicher Arbeitsinhalt, doch sind sie verpflichtet,

- einen Teil der Verkehrssicherungspflicht des Trägers, ihres Arbeitgebers, zu übernehmen und für ihn auszuführen; insbesondere besteht die Verpflichtung, regelmäßig nach möglichen Gefahren zu schauen und den Träger davon unverzüglich zu unterrichten;
- die betreuten Kinder vor akuten Gefahrenquellen zu schützen; beispielsweise könnte eines Morgens festgestellt werden, daß die Verankerung einer Schaukel durchgerostet ist, dann müssen die Schaukel gesperrt, die Kinder informiert und der Zustand dem Träger gemeldet werden.

Kommt die Erzieherin ihrer Verpflichtung zur Information oder unmittelbaren Gefahrenabwehr nicht nach, steht sie im entsprechenden Umfang für einen eventuellen Schaden ein. Hat sie den Träger unterrichtet (und sich auch sonst adäquat verhalten), trifft die Verantwortlichkeit den Betreiber allein.

Die Verkehrssicherungspflicht kann als Verpflichtung zur Aufsicht über Gegenstände angesehen werden. Im Rahmen einer Auseinandersetzung um Schadensersatz kann der Klärung der Verkehrssicherung eine ebenso große Rolle zukommen wie der Klärung der Aufsichtspflicht über die beteiligten Kinder. Rechtlich gehört die Verkehrssicherungspflicht zum *Gesamtpaket* des § 823 BGB, der Schadensersatzpflicht. Mit ihr soll sichergestellt werden, daß eine geschädigte Person ihren Schaden ersetzt bekommt, wenn sie nicht selbst für die Schädigung verantwortlich ist. Kommen mehrere Schädiger als Ersatzpflichtige in Betracht, erfolgt eine Klärung über eine Abwägung der jeweiligen *Schuldanteile*.

Keine Verkehrssicherungspflicht besteht regelmäßig gegenüber Personen, die sich unbefugt in einem Gefahrenbereich aufhalten. Sie sind genauso für sich allein verantwortlich, wie diejenigen, die vorhandene Sicherungsmaßnahmen mißachten und dadurch zu Schaden kommen.

Weglaufen von Kindern

Eltern geben ihre Kinder in Kindertageseinrichtungen, damit sie in der Obhut von Erzieherinnen betreut, erzogen und gebildet werden. Manche Eltern leiten daraus ab, daß die Erzieherin ihr Kind ohne Unterbrechung überwachen soll. Sie halten dies für eine altersgemäße Fürsorge und für eine Auflage der → Aufsichtspflicht. Richtig an dieser Auffassung ist die Erwartung, daß eine Erzieherin dem Grundsatz nach wissen muß, wo sich die Kinder aufhalten und was sie tun und daß ungefährlich ist, was sie tun. So sollte die Erzieherin wissen, wann und warum ein Kind die Einrichtung verläßt.

Aber es muß differenziert werden. Jeder Einzelfall liegt anders. *Kleinstkinder* beispielsweise dürfen ihre Krippen oder Krabbelstuben nie ohne Begleitung (»ohne Aufsicht«) verlassen. Hingegen ist es für *Hortkinder* durchaus sinnvoll und erforderlich, alleine oder in kleinen Gruppen zum Sportverein zu gehen oder außerhalb zu spielen (→ Pädagogische Arbeit im Hort und Aufsichtspflicht). *Kindergartenkinder* sollen auf den Schulweg vorbereitet werden oder gehen fürs Gruppenfrühstück einkaufen. (→ Pädagogische Arbeit im Kindergarten und Aufsichtspflicht). Für geplante Aktivitäten gelten im Rahmen der Selbständigkeitserziehung die allgemeinen Grundsätze der Aufsichtspflicht. Sinnvoll ist die gemeinsame Entwicklung von Regeln, die festlegen, wann und wie die Kinder ihre Einrichtung verlassen können und wann nicht. Kinder, die immer eingesperrt werden, versuchen zu entkommen.

Kinder müssen erleben, daß sie mit wachsenden Fähigkeiten mehr Rechte erhalten. Den praktischen Kompetenzen müssen die Entscheidungskompetenzen entsprechen. Das Verfahren der Absprache ergibt sich aus der pädagogischen Konzeption, den Beteiligungsrechten der Kinder, den Verabredungen mit den Eltern und der Erfahrung der Erzieherinnen.

Trotz aller Vorsicht laufen mitunter Kinder weg – weil sie sich eingesperrt *fühlen*, weil außerhalb der Einrichtung interessante Dinge locken, weil sie die Erzieherinnen provozieren wollen, weil sie nach Hause möchten, weil sie Kummer haben ... Es gibt viele Gründe. Das Weglaufen ist nicht zu verhindern, selbst dann nicht, wenn man die Kindertageseinrichtung abschließt. Irgendeine Lücke findet sich immer. Doch sowieso ist eine lückenlose Kontrolle über die Kinder weder sinnvoll noch wünschenswert. Kindheit verläuft heutzutage eher zu kontrolliert. Pädagogik muß dagegen Freiräume eröffnen und Vertrauen in die Kinder setzen. Der pädagogische Auftrag der Erziehung zur Selbständigkeit und Eigenverantwortung muß mit dem Mindestmaß an Sicherheit umgesetzt werden. Was also tun?

Prävention, Vorbeugung, ist als Rat immer wohlfeil, doch lassen sich einige Gründe, warum Kinder fortlaufen, tatsächlich voraussehen. Mit entsprechenden pädagogischen Aktivitäten kann dann vorausschauend gearbeitet werden. Greifen wir die Beispiele des letzten Absatzes noch einmal auf!

- Wenn Kinder sich eingesperrt (oder eingeengt) fühlen, muß ihr Handlungsraum erweitert werden.

- Wenn außerhalb der Einrichtung interessante Dinge locken, muß ihnen nachgegangen werden. Neugierige, wißbegierige Kinder sind ein Schatz; sie brauchen Anregungen.
- Wenn Kinder ihre Erzieherin provozieren wollen, müssen die Gründe herausgefunden und die Beziehung ins Lot gebracht werden.
- Wenn Kinder nach Hause gehen möchten, ist es ihnen vielleicht zu langweilig, haben sie vielleicht Angst um ihre Eltern, fühlen sie sich in der Kita vielleicht nicht heimisch genug.
- Wenn ein Kind Kummer oder Ärger hat, will es vielleicht einfach nur mal für sich sein.

Hinter jedem Weglaufen steckt ein Bedürfnis, für das es in einer Kindertageseinrichtung eine Möglichkeit zu seiner Realisierung geben sollte.

Ist aber ein Kind aus der Einrichtung weggelaufen, so muß schnell und trotzdem gründlich nachgedacht sowie koordiniert gehandelt werden. Die jeweils richtigen Reaktionen sind nur aus der Situation selbst zu entwickeln. Es sind das Alter der Kinder, ihre Fähigkeit sich im Verkehr zurechtzufinden und der vermutliche Grund des Weglaufens zu berücksichtigen. Wenn z. B. ein zehnjähriges Hortkind die Einrichtung verläßt, weil es gegen den Willen der Erzieherin auf einen Jahrmarkt in der Nähe gehen will, so wird es in der Regel reichen, die Eltern zu informieren. Wenn genügend Erzieherinnen anwesend sind, sollte trotzdem eine von ihnen auf dem Jahrmarkt nachschauen und versuchen, das Kind zur Rückkehr zu bewegen. Läuft hingegen ein dreijähriges Kind nach einem heftigen Streit davon, muß die zuständige Erzieherin sofort nach dem Kind suchen bzw. es suchen lassen.

Juristisch ist die Erzieherin nur verpflichtet, im Rahmen ihrer Möglichkeiten darauf zu achten, daß die Kinder nicht unbeaufsichtigt bzw. ohne Absprachen die Einrichtung verlassen. Die Erzieherin ist nicht verpflichtet, selbst nach dem weggelaufenen Kind zu suchen, denn sie darf dafür die anderen Kinder nicht unbeaufsichtigt lassen. Sucht sie das Kind nicht selbst, muß sie auf jeden Fall so schnell wie möglich die Eltern informieren. Zusätzlich muß sie die Polizei verständigen und das Kind suchen lassen, wenn nach ihrer Ansicht das Kind die Anforderungen auf der Straße nicht allein bewältigen kann. Günstig ist es in jedem Fall, wenn alle Mitarbeiterinnen der Kindertageseinrichtung sich (vorher) verständigt haben, wie sie auf das Weglaufen eines Kindes arbeitsteilig reagieren wollen.

Der Erzieherin kann nur dann ein Vorwurf gemacht werden, wenn sie hätte absehen können, daß das Kind wegläuft, und wenn sie darauf nicht reagiert hat. Wichtig ist, daß Eltern, Erzieherinnen und Träger sich klar machen, daß eine totale Sicherheit nicht wünschenswert und auch nicht möglich ist. Pädagogische Einrichtungen, aus denen kein Kind mehr entkommen kann, sind Gefängnissen vergleichbar.

Ein weiteres Problem in diesem Zusammenhang stellt die Frage des Versicherungsschutzes der → gesetzlichen Unfallversicherung (GUV) dar. Kinder sind auf den Wegen von und zur Kindertageseinrichtung versichert, wenn es sich um den üblichen Weg im zeitlichen Zusammenhang mit dem Besuch der Einrichtung handelt.

Zwei Varianten, *Weg und Zeit*, sind zu beachten. Läuft ein Kind nach Haus, besteht der Versicherungsschutz. Üblicherweise (jeden Tag, auch in Begleitung der Eltern) beginnt und endet der Schutz der gesetzlichen Unfallversicherung mit dem Weg von und zur Kindertageseinrichtung an der Außentür des Wohnhauses. Diese Regelung ist eindeutig.

Kompliziert wird es durch den Zeitaspekt. Bis hin zur Bundesebene hatten die Sozialgerichte einen Fall zu entscheiden, in dem ein knapp vierjähriges Kind ohne Kenntnis seiner Erzieherin fortgelaufen, in sein Wohnhaus gelangt und dort aus einer höheren Etage hinabgestürzt war. Das Kind wurde schwer verletzt. Handelte es sich um einen Wegeunfall (Zuständigkeit GUV) oder nicht?

Das Bundessozialgericht entschied als oberste Instanz, daß der gesetzliche Versicherungsschutz zum Zeitpunkt des Unfalls bestand, weil das Kind die Kindertageseinrichtung nicht erlaubt verlassen hatte. Deshalb stand es in Obhut der Einrichtung und prinzipiell unter Aufsicht der Erzieherin. Auch wenn ihr kein Vorwurf zu machen ist, ändert dies doch nichts daran, daß das Kind sich zu dieser Zeit in ihrer Zuständigkeit befand.

Aus dem Urteil des Bundessozialgerichts (B 2 U 20/97 R), gekürzt: Wird ein Kind in die Obhut einer Kindertageseinrichtung gegeben, dauert diese Obhut aufgrund des Betreuungsvertrages bis das Kind sie in erlaubter Weise wieder verläßt. *Erlaubt* heißt hier, es wechselt wieder in die Obhut der Personensorgeberechtigten oder einer beauftragten Person oder das Kind verläßt *mit Einverständnis* seiner Eltern die Einrichtung allein. Der Unfallversicherungsschutz folgt der Obhutspflicht des Kindergartens, besteht also so lange und in dem Umfang, wie sich diese zeitlich und räumlich erstreckt.

Grundlage ist seit 1.1.1997 der § 2 Abs. 1 Nr.8 Buchstabe a SGB VII. Das Erfordernis der Zusammenarbeit von Fachkräften und Eltern zum Wohl des Kindes bestätigt § 22 SGB VIII. Zum Betreuungsauftrag gehört die Gewährleistung einer lückenlosen Obhut für das Kind. Dieser öffentlich-rechtlichen Aufgabe muß der gesetzliche Unfallversicherungsschutz folgen.

Durch das unerlaubte Verlassen befand sich das Kind weiter im Betreuungskreis des Kindergartens, weil es nicht mit Erlaubnis der Eltern die Einrichtung verlassen hatte. Es stand weiter unter dem gesetzlichen Versicherungsschutz. Auf die Frage, ob eine Mitarbeiterin des Kindergartens (Erzieherin) ein Verschulden trifft, kommt es für die Beurteilung des Fortbestehens des Unfallversicherungsschutzes nicht an. Auch das Durchschreiten der Haustür stellte keinen automatischen Wechsel in den Obhutsbereich der Eltern dar. Das zum Unfall führende Verhalten des Kindes stand daher im inneren Zusammenhang mit seiner versicherten Tätigkeit, so daß das Ereignis versicherungsrechtlich als Arbeitsunfall anzusehen ist.

Zumutbarkeit

Die Einschätzung dessen, was einem Aufsichtspflichtigen zuzumuten ist, beeinflußt die Entscheidungsfindung vor Gericht.

Eine Erzieherin sollte allerdings schon bei Abschluß des Arbeitsvertrages klären, was ihr durch die Übernahme des Erziehungsauftrages an Arbeitsleistung zugemutet wird, und was sie sich selbst zumuten kann. Die Klärung muß von Zeit zu Zeit wiederholt werden, denn Arbeitsbedingungen können geändert werden, und die Kompetenzen der Erzieherin sind nicht für alle Zeiten festgelegt.

Die Überprüfung der Zumutbarkeit einer Handlung ermöglicht zu überprüfen, ob die verschiedenen, sich manchmal gegenseitig ausschließenden Aufträge im angemessenen Verhältnis abgewogen wurden. Wurden beispielsweise die pädagogischen Interessen mit den Interessen des Kindes und anderer Personen nach Sicherheit in vernünftige Beziehung gesetzt oder war es der Erzieherin zuzumuten, *besondere* Vorsichtsmaßnahmen zu überlegen und gegebenenfalls sogar durchzuführen?

Die Zumutbarkeit wird im Einzelfall interpretiert. Wie andere unbestimmte Rechtsbegriffe auch, wird sie innerhalb eines allgemeinen Rahmens konkret mit Inhalten gefüllt. Dazu ein Beispiel:

Die allgemeinen Arbeitsbedingungen eines Trägers legen fest, wieviele Kinder von einer Erzieherin betreut, gebildet und erzogen werden. Sie soll mit der vorgegebenen Zahl von Kindern den landesgesetzlich bestimmten Erziehungsauftrag erfüllen. Sofern die Kinderzahl den allgemein üblichen Vorgaben entspricht, kann grundsätzlich erst einmal davon ausgegangen werden, daß die Arbeitsbedingungen – Kinderzahl im Verhältnis zum Erziehungsauftrag – für die Erzieherin zumutbar sind.

Im konkreten Einzelfall bestimmen weitere Umstände die Einschätzung der Zumutbarkeit. Ist beispielsweise genügend Personal in der Kindertageseinrichtung anwesend, so wie es die Personalausstattungsvorschriften vorschreiben, oder betreut die Erzieherin gerade zwei Gruppen? Wer hat dies zu verantworten? Hat der Träger der Erzieherin vielleicht zusätzlich zu ihrer Arbeit mit der Kindergruppe die Aufgabe übertragen, Einladungen zum Jubiläum zu schreiben oder regelmäßig das Essen zu kochen, weil die Köchin eingespart wurde? Weder sind diese Arbeitsbedingungen als zumutbar zu bezeichnen, noch ist von der Erzieherin eine hundertprozentige Erziehungs- und Aufsichtsleistung zu erwarten, wenn der Träger die zusätzlichen Leistungen einfordert.

Was einem Menschen objektiv nicht zugemutet werden kann, jedoch tatsächlich abgefordert wurde, dafür kann er nicht verantwortlich gemacht werden. Auch das Gegenteil ist richtig, was jemandem zugemutet werden kann, das wird von ihm erwartet.

Zumutbarkeit hat demnach entlastende und belastende Aspekte. Die Anforderungen an die Aufsichtsführung können deshalb strenger oder freizügiger sein.

Eine ausgebildete, berufserfahrene Erzieherin sollte mit einer Kleingruppe von drei Kindern sicherer umgehen können als eine hilfsbereite Nachbarin, die *mal eben kurz* aufpaßt. Die Anforderung an die Erzieherin, sicherzustellen, daß kein Kind zu Schaden kommt oder jemanden schädigt, ist bei der Kleingruppe höher als bei einer Gruppe in der Regelgröße zwischen 15 und 25 Kindern.

Stellt der Träger nicht genügend Personal zur Verfügung und muß die Erzieherin über einige Tage zwei Gruppen gleichzeitig betreuen, verändert sich die Zumutbarkeit. Die Erzieherin muß ihr Handeln auf die Situation einstellen. Pädagogische Höhenflüge sind nicht mehr zu erwarten, also nicht zumutbar. Wohl eher muß sie für eine Grundsicherung sorgen, unter Umständen sogar den Spielraum der Kinder einschränken. Diese Aussage gilt nicht für längere Vertretungszeiten. Sie sind der Erzieherin nicht zuzumuten, weil ihre Arbeitsbedingungen dadurch vertragswidrig verschlechtert würden. Außerdem wird sie durch die Vertretungssituation in der Erfüllung ihres Arbeitsauftrages (des Erziehungsauftrages) gehindert. Eine Verdoppelung der Gruppengröße läßt pädagogisches Arbeiten nicht zu.

Dieses Beispiel bezieht sich auf die Veränderung des äußeren Rahmens (hier: Anzahl der Kinder pro Erzieherin) als Kriterium für die Veränderung dessen, was als zumutbar anzusehen ist. Für die Einschätzung der Zumutbarkeit muß die aufsichtspflichtige Person selbst *auf den Prüfstand*. Für eine pädagogisch unausgebildete Mutter gelten andere Grenzen der Zumutbarkeit als für eine ausgebildete, eigens und ausschließlich für die Kindererziehung angestellte Erzieherin. Diese wiederum wird *in Hochform* sich selbst und den Kindern anderes zumuten und zutrauen können, als wenn sie sich mit letzter Kraft zur Arbeit schleppt. Einer qualifizierten Erzieherin ist zuzumuten, daß sie einschätzen kann, unter welchen Umständen sie selbst zur Gefahr für die Kinder wird.

Recht am Arbeitsplatz

Schon im Einzelfall ihres Arbeitsverhältnisses kann eine Arbeitnehmerin nicht immer eine Auseinandersetzung mit dem Arbeitgeber vermeiden, geschweige denn, werden tarifliche oder soziale Fortschritte als Geschenk ohne vorherige Auseinandersetzung überreicht. Sein Recht bekommt man nicht ohne weiteres. Das beginnt vielleicht bei unzulässigen Fragen im Einstellungsgespräch, setzt sich fort über unzumutbare Arbeitsbedingungen, über Mobbing und sexuelle Übergriffe am Arbeitsplatz, rechtswidrige Dienstanweisungen, willkürliche Abmahnungen, Auseinandersetzungen um Aufsichtsfragen, die korrekte tarifliche Eingruppierung, eine betriebs- oder personenbedingte Kündigung bis zur Erstellung eines Zeugnisses. Einzeln dagegen anzugehen ist schwierig genug. Trotzdem ist festzustellen, in all diesen Fällen kann jede und jeder etwas dagegen unternehmen. Fühlt sich jemand am Arbeitsplatz unrechtmäßig behandelt, kann versucht werden, Abhilfe durch Einschaltung eines Arbeitsgerichts zu schaffen. Das war nicht immer so, zumindest nicht im heute üblichen Rahmen.

1873 wurde bei den Buchdruckern der erste deutsche Tarifvertrag geschlossen. Wieder einmal wurde der Satz »Wissen ist Macht« bewiesen. Von alters her waren diejenigen, die lesen konnten, besser informiert und dadurch bessergestellt als die Unwissenden. Wer nicht nur über Wissen verfügte, sondern auch über die Herstellung bzw. Verbreitung von Wissen, konnte durchsetzen, wovon die meisten Arbeiterinnen und Arbeiter nur träumten. Daß die Inhalte des Tarifvertrages gemessen an unseren heutigen Arbeitsbedingungen keineswegs paradiesische Arbeitsverhältnisse regelten, weist auf die zum Teil nicht mehr glaublichen Zustände in den Betrieben hin, in denen Menschen als *freie Arbeiter* schlimmer als die Sklaven des Altertums gehalten wurden. Der Tarifvertrag war eine neue Form kollektiver Interessenvertretung von Menschen in abhängigen Arbeitsverhältnissen. Man kann sagen, daß er eine moderne Form war, die den sich neu entwickelnden gesellschaftlichen Verhältnissen entsprach.

Ein Arbeitsrecht im heutigen Sinne existierte nicht. Uwe Wesel datiert seine Entstehung in die Zeit nach dem ersten Weltkrieg:

»Erst in der Weimarer Republik entsteht das Arbeitsrecht im eigentlichen Sinn, mit Gesetzgebung, Rechtsprechung, Wissenschaft und einer allgemein anerkannten Gewerkschaftsbewegung. Im Anfang steht der Achtstundentag ... (Er) war der Preis, für den die deutschen Arbeiter auf eine Revolution verzichteten und sich damit erträgliche Lebensbedingungen erkauften, zusammen mit der Einrichtung von Betriebsräten. Gesetzliche Regelungen kamen 1918 mit der Tarifvertragsordnung und 1920 mit dem Betriebsrätegesetz ... Die Grundlage für eine angemessene Rechtsprechung wurde 1926 gelegt, durch das Arbeitsgerichtsgesetz mit einer eigenständigen Gerichtsbarkeit in Arbeitssachen, Arbeitsgerichten, Landesarbeitsgerichten und dem Reichsarbeitsgericht ...«[1]

Aus den wenigen bisher geschriebenen Zeilen lassen sich im Grunde alle wesentlichen konstitutiven (= begründenden) Merkmale des Arbeitsrechts ableiten. Zum Arbeitsrecht gehören:
- Gesetze und andere staatliche Normen die allgemeine Regelung von Arbeitsverhältnissen betreffend;
- Richter an eigens dafür eingerichteten Gerichten;
- eine Rechtsprechung (Auslegung der Gesetze durch Richter, sogenanntes Richterrecht);
- (Einzel-)Auseinandersetzungen und kollektive Arbeitskämpfe zwischen Arbeiterinnen und Unternehmern;
- Einigungen und Vereinbarungen zwischen Arbeiterinnen und Unternehmern (z.B. Dienstvereinbarungen und Tarifverträge).

Nach Däubler[2] sind zu ergänzen:
- eine Arbeitsrechtswissenschaft;
- die sogenannte herrschende Meinung;
- die Einbettung des Arbeitsrechts in Völkerrechtsnormen des überstaatlichen Rechts.

Wohl kein anderer Rechtsbereich zeigt so deutlich wie das Arbeitsrecht, daß alles Recht von Menschenhand geschaffen und zum Teil

---

[1] Uwe Wesel: Geschichte des Rechts: Von den Frühformen bis zum Vertrag von Maastricht. München, Beck 1997, S. 449

[2] Wolfgang Däubler: Das Arbeitsrecht Band 1 und 2; Leitfaden für Arbeitnehmer, Reinbek bei Hamburg 1998, vgl. Bd. 1, S. 47ff.

in erbitterten Auseinandersetzungen gewachsen ist. Gleich welcher politischen Ansicht jemand ist, wird niemand bestreiten können, daß mit dem Arbeitsrecht gewaltige gesellschaftliche Konflikte reguliert werden. Zu unterschiedliche Interessen prallen aufeinander: hier die Interessen der Arbeitnehmerinnen (wie sie inzwischen heißen) nach möglichst menschenwürdigen, sicheren Arbeitsplätzen und guter Bezahlung, da die Interessen der Arbeitgeber nach möglichst kostengünstigen Produktionsbedingungen. Egal ob im staatlichen Bereich durch entsprechende Gesetze, ob im überstaatlichen Bereich durch Abkommen und Empfehlungen oder im betrieblichen Bereich durch Tarifverträge und andere *freiwillige Vereinbarungen*, die Rechtssetzung im Arbeitsrecht wird nicht allein von vernünftigen Erwägungen bestimmt, sondern meist erst in knallharten Auseinandersetzungen errungen.

In der Nazizeit wurden die Gewerkschaften verboten. Das kollektive Arbeitsrecht wurde abgeschafft, während das individuelle Arbeitsrecht eher gestärkt wurde. Die Arbeitszeitordnung (AZO) von 1938 regelte bis in die neunziger Jahre den zeitlichen Rahmen einschließlich der Pausen eines Arbeitsverhältnisses. 1940 wurde das Mutterschutzgesetz erlassen. In der Bundesrepublik wurde diese Grundrichtung des Arbeitsrechtes eher gestärkt denn umgekehrt. Individuelles Arbeitsrecht ist durch verschiedene Gesetze ausgebaut worden (z. B. durch Einführung des Lohnfortzahlungsgesetzes und des Bundesurlaubsgesetzes) während das kollektive Arbeitsrecht »auch in der Bundesrepublik nicht wieder auf den Stand der Weimarer Zeit«[3] kam. Nach herrschender Meinung gilt grundsätzlich jeder Streik als rechtswidriger Eingriff in das Recht am Gewerbebetrieb (des Eigentümers), der mit Schadensersatzforderungen belegt werden kann, wenn er nicht *sozialadäquat* verläuft. Eine Überprüfung dieses Sachverhalts kann naturgemäß erst vor den Arbeitsgerichten stattfinden. Die theoretisch möglichen Schadensersatzforderungen haben in der Bundesrepublik dazu beigetragen, daß im Gegensatz zu unseren europäischen Nachbarstaaten relativ wenig gestreikt wurde (und wird). In den siebziger Jahren gab es zwar eine leichte Entspannung zu Gunsten der Arbeitnehmerinnen, doch

[3] Wesel, a. a. O. S. 538

wurde mit der Novellierung des Arbeitsförderungsgesetzes von 1986 (besonders § 116 AFG) die Situation wieder verschärft.
»Seitdem gibt es kein Arbeitslosengeld, wenn Betriebe ihre Produktion einstellen müssen wegen Zulieferungsschwierigkeiten durch Streiks in anderen Gebieten. Das zwingt die Gewerkschaften, auch hier viele Millionen zu zahlen.«[4]
Entsprechend vorsichtig müssen sie sich verhalten.

Politik und Rechtsprechung wirken an der Ausgestaltung des Rechts mit, im gewählten Beispiel an seiner Verschärfung durch Beschneidung der Handlungsmöglichkeiten der Arbeitnehmerinnen und ihrer Vertretungen. Die überwiegende Tendenz ist konservativ. Eine Ausnahme bildeten die siebziger Jahre. Die Auswirkungen der 68er Bewegung und der Konkurrenzkampf der politischen Systeme zwangen zu relativer Offenheit gegenüber sozialen Verbesserungen. Jede einzelne allerdings mußte mühsam erkämpft werden, manche davon sind seit Beginn der achtziger Jahre schon wieder rückgängig gemacht worden.

Das Arbeitsrecht entsteht in Auseinandersetzungen. Einmal geschaffen, steht es den Auseinandersetzungen nicht unbedingt neutral gegenüber. Teile davon entwickeln ein Eigenleben. Abhängig vom politischen Standort ist, in welcher Rolle das Arbeitsrecht, z. B. die Gesetzgebung, die Rechtsprechung und die herrschende Meinung der Rechtswissenschaft in den Auseinandersetzungen, gesehen wird. Manche Autoren sehen diese wichtigen Teilbereiche als neutrale Vermittler in Konflikten zwischen Arbeitgebern und Arbeitnehmerinnen, Wesel und Däubler ordnen sie eher den gesellschaftlich einflußreichen Kreisen zu, d. h. tendenziell arbeitgeberfreundlich. Gerade weil es im Arbeitsrecht in großem Umfang möglich und notwendig ist, die Rechtsnormen zu interpretieren, damit Entscheidungen in Einzelfragen herbeigeführt werden können, werden deutlich mehr konservative als fortschrittliche Einflüsse wirksam.

Dabei ist sicherlich zu unterscheiden zwischen Entscheidungen, die das einzelne Arbeitsverhältnis betreffend vor Gericht geklärt werden

---

[4] Wesel, a. a. O. S. 539

(individuelles Arbeitsrecht), und solchen, die als Grundsatzfragen die Arbeitsbedingungen von vielen beeinflussen (kollektives Arbeitsrecht). Letztere werden häufig erst vor dem Bundesarbeitsgericht in Kassel eher zu Gunsten der Arbeitgeber entschieden. Frühere Entscheidungen zu Tariffragen oder zu Streik und Aussperrung belegen dies.

Frei von *Tendenzschwankungen* sind die Richter auf den unteren Instanzen des dreistufigen Aufbaus unserer Arbeitsgerichtsbarkeit keineswegs. Sind die Zeiten angenehmer, entscheiden sie tendenziell großzügiger für die Arbeitnehmer als in härteren Zeiten. Die verbreitete aktuelle Kritik an der öffentlichen Verwaltung (den relativen oder tatsächlichen Wohlstand betreffend) wirkt sich nach Aussagen etlicher Rechtsanwälte auch vor den Arbeitsgerichten aus. Beispielsweise werden dort gegenüber früheren Jahren eher ungünstigere, strengere Entscheidungen bei Abmahnungen oder in Kündigungsschutzverfahren beschlossen. Diese Tendenzen setzen nicht den Rechtsstaat außer Kraft. Sie kehren das Rechtssystem nicht ins Gegenteil, sie zeigen nur (wieder einmal), wie beeinflußbar, wie zeitabhängig und wie machtabhängig das Recht ist.

Da unser Rechtssystem beeinflußbar ist, hilft kein Klagen, sondern nur das Streben nach mehr Einfluß, damit es die Bevölkerungsmehrheit im eigenen Sinne mit ausgestalten kann. Däubler sieht auf diesem Hintergrund die kollektiv geregelten Bereiche des Arbeitsrechts als die am umfassendsten demokratisch legitimierten an. Da sie keine Gesetzeskraft und meist nur begrenzte Laufzeit haben, können sie im Grunde recht leicht geändert werden. Die alljährlichen Tarifvertragsverhandlungen beweisen dies. Die Verschlechterungen der letzten Jahre aber zeigen (sogar beim *gesetzlichen* Schutz vor → Kündigungen) deutlich die momentanen Kräfteverhältnisse. Regelungen mit hohem Veränderungspotential bergen daher größere Risiken für Arbeitnehmerinnen gegenüber der Verankerung von arbeitsrechtlichen Normen in Gesetzen oder sogar auf verfassungsrechtlicher Grundlage. So wird der Zwiespalt für Gewerkschaften und Arbeitnehmerinnen deutlich:

- Sollen Arbeitsrechtsregelungen durch Auseinandersetzungen um Tarifverträge angestrebt werden (Veränderbarkeit auch im eigenen Interesse möglich, hohes Risiko, wenn schwache Basis vorhanden) oder

- sollen Arbeitsgesetze angestrebt werden (Schutz gegen *sozialen Kahlschlag* einerseits, fortschreitende Verrechtlichung des Arbeitsbereichs mit eigenen Nachteilen andererseits)?

Aus Sicht der Arbeitnehmerinnen sind die kollektiv erstrittenen Rechte sicherlich die mit dem größten Nachhall, sie schaffen das Bewußtsein möglicher gesellschaftlicher Veränderungen. Wenn gesagt wurde, daß die staatliche Arbeitsgesetzgebung und die Rechtswissenschaft nicht unbedingt arbeitnehmerfreundlich eingestellt sind, so darf dennoch nicht unterschlagen werden, daß schutzwürdige Interessen von Arbeitnehmerinnen nicht bloß und ausschließlich von ihnen selbst erstritten werden. Unsere Gesellschaft funktioniert komplexer. Die Grenzen verlaufen manchmal quer zu allen üblichen *Fronten*. Die Einschränkung und das Verbot von Kinderarbeit im letzten Jahrhundert erfolgten, weil es nicht genügend wehrfähige junge Erwachsene gab. Unter den schlechten Arbeitsbedingungen konnten Kinder nicht die erforderliche körperliche Tüchtigkeit ausbilden. Das Verbot bewirkte zugleich eine Verknappung der auf dem Markt zur Verfügung stehenden Arbeitskraft, was die Vertragsbedingungen für die Arbeiterinnen und Arbeiter verbesserte.

Ein Beispiel aus jüngerer Zeit: Die Flexibilisierung der Arbeitszeiten ermöglicht längere tägliche Produktionszeiten. Die davon betroffenen Menschen arbeiten nicht mehr als tarifvertraglich vereinbart, doch unter Umständen zu anderen Tageszeiten. Sie bedürfen zum Beispiel anderer Ladenschlußzeiten (gegen die Interessen der dort Tätigen und der Einzelhändler) und bedürfen gleichfalls anderer Zeiten der Kinderbetreuung (gegen die Interessen von Erzieherinnen). Der Gesetzgeber kann es sich nur selten leisten, Gesetze für einzelne Bevölkerungsteile zu erlassen. Meistens erfolgt eine gesetzliche Regelung, die die (gesamtwirtschaftlichen) Interessen am günstigsten zu berücksichtigen verspricht.

Folgerichtig wurden im Beispiel, wenn auch sehr verkürzt dargestellt, die gesetzlichen Regelungen zur → Arbeitszeit geändert, wurde das Ladenschlußgesetz neu gefaßt und vielerorts die bis dahin üblichen Kindergartenöffnungszeiten dem Dienstleistungscharakter des Angebots entsprechend angepaßt.

In seinem umfangreichen Werk über *Das Arbeitsrecht* stellt Däubler die Wichtigkeit und Bedeutung kollektiv erstrittener Arbeitsrechte in den Vordergrund, dazu gehören das Tarifvertragsrecht, das Streikrecht, das Mitbestimmungsrecht und das Recht der betrieblichen Interessenvertretung. Arbeitnehmerinnen besitzen jedoch schon im Vorfeld eines Arbeitsvertrages Rechte, wie beispielsweise das Recht auf ein korrektes Einstellungsverfahren[5] und das Recht auf einen korrekten Arbeitsvertrag. Einen breiten Raum im Arbeitsrecht nimmt das *Arbeitnehmerschutzrecht* ein, darunter werden die gesetzlichen Regelungen zusammengefaßt, die die einzelne Arbeitnehmerin *am Arbeitsplatz* schützen sollen, angefangen von Regelungen zu Arbeitszeit und Pausen, zum Urlaub, zum Unfallschutz, Nichtraucherschutz und bei Krankheiten.

In einem Arbeitsverhältnis haben Arbeitgeber und Arbeitnehmer jeweils Rechte und Pflichten. Das Recht des einen ist häufig die Pflicht des anderen. Pflichten des Arbeitgebers bestehen beispielsweise darin, dafür zu sorgen, daß die Personalakte der Mitarbeiterin niemand Unbefugten in die Hände gerät. Die Fürsorgepflicht des Arbeitgebers ist als umfassende Sorge für das Leben und die Gesundheit der Arbeitnehmerin im Arbeitsprozeß zu verstehen; sie umfaßt darüber hinaus die Verpflichtung des Arbeitgebers, seine Mitarbeiterinnen über alle sie betreffenden Angelegenheiten zu informieren, in erforderlichem Umfang Steuern und Sozialversicherungsbeiträge zu entrichten oder für zumutbare Arbeitsplätze zu sorgen. Zu den Pflichten der Arbeitnehmerinnen gehören die Pflicht, in vereinbartem Umfang und vereinbarter Qualität zu arbeiten, gehören sogenannte Nebenpflichten (z. B. Mehrarbeit im gewissen Maß; Nebenarbeiten, wie Reinigung des Arbeitsplatzes, Information des Arbeitgebers über für ihn wichtige Umstände), gehört die Pflicht, sich angemessen zu kleiden, gehört die Haftung gegenüber dem Arbeitgeber bei verursachten Schädigungen, für die der Arbeitgeber (zunächst) eintreten muß. Rechte und Pflichten stehen in der Führung wie in der Beendigung eines Arbeitsverhältnisses für

[5] Unter dem Begriff *Recht zur Lüge* wird das Recht der Arbeitnehmerin bezeichnet, sich gegen unzulässige Fragen im Bewerbungsverfahren zu wehren (siehe s. S. 451 ff. → Bewerbungs- und Einstellungsverfahren).

den Arbeitgeber und für Arbeitnehmerinnen in einem untrennbaren Zusammenhang. Der eine muß Arbeitsentgelt zahlen, die andere muß ihre Arbeitsleistung erbringen; der eine darf unter bestimmten Umständen kündigen, die andere hat unter anderen Umständen Kündigungsschutz; der eine darf keine unbilligen Arbeitsansprüche stellen, die andere darf unter Umständen die Arbeitsleistung verweigern.

Es würde hier viel zu weit führen, sämtliche Teilgebiete des Arbeitsrechtes auch nur zu erwähnen. Trotzdem soll noch auf einige Besonderheiten aufmerksam gemacht werden. Besondere Rechte in Arbeitsverhältnissen genießen Frauen, Behinderte und junge Menschen. Der → Mutterschutz, das Verbot sexueller Beeinträchtigung und das Gleichberechtigungsgebot sollen Frauen im Arbeitsprozeß unterstützen und schützen; das Schwerbehindertengesetz und das Jugendarbeitsschutzgesetz sind für den Schutz dieser Personengruppen gedacht.

Das Arbeitsrecht variiert nach Beschäftigungsgebieten (Branchen). Neben spezifischen Regelungen für einzelne Berufe gelten spezielle Regelungen für ganze Berufsgruppen: es gibt getrennte Rechte für Arbeiter, Angestellte und Beamte, es gibt unterschiedliche Regelungen für Angestellte in Privatunternehmen, bei Kirchen und im öffentlichen Dienst.

Erzieherinnen arbeiten als Angestellte meist im öffentlichen Dienst oder bei einem sogenannten freien Träger der Jugendhilfe (hier wiederum oft bei einem konfessionsgebundenen Arbeitgeber). Unter *Dienstrecht* wird meist das besondere Arbeitsrecht des öffentlichen Dienstes verstanden, das dem Recht aus dem Beamtenverhältnis weitgehend angeglichen ist. Wie im *normalen Arbeitsrecht* werden im Begriff Dienstrecht (das kein einheitliches Werk ist, sondern eine Ansammlung verschiedener Rechtsquellen) Rechte und Pflichten der Mitarbeiterinnen und des öffentlichen Dienstherrn zusammengefaßt.

Kirchliches Dienstrecht betrifft das Arbeitsrecht bei konfessionellen Trägern. Wie andere freie Träger (aber auch bei Presse und Funk) handelt es sich bei diesen Arbeitgebern um sogenannte → Tendenzbetriebe. Darunter sind Betriebe zu verstehen, die anerkanntermaßen so besonders sind, daß sie an ihre Mitarbeiterinnen ganz besondere Anforderungen stellen dürfen. Mit dem Tendenzschutz sollen die jeweiligen Interessen des Betriebes besonders geschützt werden. Ein kirchlicher Arbeitgeber hat, anders als beispielsweise ein öffentlicher, das Recht, ausschließlich Mitarbeiterinnen anzustellen, die seiner Konfession angehören. Auch kann er bestimmte Anforderungen an den Lebenswandel seiner Mitarbeiterinnen stellen, beispielsweise fordern, daß sie regelmäßig den Gottesdienst besuchen oder nicht unverheiratet mit einem Partner zusammenleben. Sogar Aufgaben, die nicht unmittelbar mit dem Arbeitsverhältnis im Zusammenhang stehen, zum Beispiel die Erteilung von Religionsunterricht bei Bedarf, können von einer Arbeitnehmerin bei einem kirchlichen Arbeitgeber verlangt werden.

Für Erzieherinnen, egal ob bei freiem oder öffentlichem Träger, von hervorragender Bedeutung ist der → Bundesangestelltentarifvertrag, kurz BAT. Er regelt speziell die Arbeitsverhältnisse aller Angestellten des öffentlichen Dienstes einschließlich der Vergütungen. Ihm angeglichen sind (unter Vorbehalt des Tendenzschutzes) die tariflichen Regelungen für die angestellten Erzieherinnen bei kirchlichen oder anderen freien Trägern. In Stellenausschreibungen freier Träger wird gern darauf hingewiesen: »Bezahlung analog BAT«, heißt es da oder »das Arbeitsverhältnis ist dem öffentlichen Dienst angeglichen«. Weil wir hier kaum den BAT angemessen beschreiben können, müssen erst recht die Sonderregelungen anderer Träger(gruppen) unberücksichtigt bleiben.

Wir bitten alle Leserinnen, sich bei ihrem Arbeitgeber nach den jeweiligen Einzelbestimmungen zu erkundigen.

Stichworte zum Arbeitsrecht

Abmahnung, Ermahnung, Verweis

Abmahnungen, Ermahnungen, Rügen, Belehrungen sind Formen der Kritik am Arbeitsverhalten der Angestellten mit höchst unterschiedlicher Bedeutung und Wirkung.

Bei geringfügigen Pflicht- und Arbeitsvertragsverletzungen können Vorgesetzte ihre Mitarbeiterinnen ermahnen, rügen oder belehren, sich in Zukunft um korrekteres Arbeitsverhalten zu bemühen. Zu diesen Formen der Arbeits- bzw. Verhaltenskritik gehören beispielsweise die Hinweise von der Leiterin einer Kindertagesstätte, eine Erzieherin möge bitte in Zukunft pünktlich am Arbeitsplatz erscheinen oder das Rauchen in der Küche unterlassen. Eine solche *Ermahnung* bedarf keiner besonderen Form. Vermerke darüber in der Personalakte sind nicht zulässig.

Eine sehr viel schwerwiegendere Form von Kritik stellt die *Abmahnung* dar. Sie wird erteilt, wenn Mängel im sogenannten Leistungsbereich der Arbeitnehmerin vorliegen, wenn also die Arbeitsleistung nicht ausreicht, fehlerhaft ist oder zu sonstigen Beanstandungen Anlaß gibt. Eine Abmahnung kann auch erteilt werden bei Verstößen gegen Arbeitsanweisungen oder rechtswirksame Vorgaben. Abmahnungen dienen entweder der Vorbereitung einer → Kündigung, oder sie werden als bloße Rüge erteilt (Bundesarbeitsgericht BAG 10.11.1988, 2 AZR 215/88). Welche der beiden Formen der Abmahnung der Arbeitgeber wählt, hängt vor allem von der Schwere des Verstoßes ab, den sich die Arbeitnehmerin zu Schulden hat kommen lassen bzw. der ihr vorgeworfen wird. Kündigungsvorbereitend wirkt nur die erstgenannte Form der Abmahnung, für die, im Gegensatz auch zur Ermahnung, einige Kriterien eingehalten werden müssen:

- die Abmahnung muß ein Fehlverhalten genau bezeichnen und den Hinweis enthalten, dieses Fehlverhalten aufzugeben;
- die Abmahnung muß eindringlich und für die Arbeitnehmerin deutlich erkennbar sein;
- die Abmahnung muß Hinweise auf die vertraglichen Pflichten und die ordnungsgemäße Erfüllung des Arbeitsvertrages enthalten sowie die Warnung, daß im Wiederholungsfall das Arbeitsverhältnis gefährdet ist.

Abmahnungen können mündlich oder schriftlich erfolgen, beide haben rechtlich die gleiche Bedeutung. Nach der Rechtsprechung des Bundesarbeitsgerichts sind Abmahnungen in der Regel dann nicht zu beachten, wenn sie mehr als sechs Monate vor Ausspruch der Kündigung verhängt wurden. Zur Rechtfertigung einer sogenannten verhaltensbedingten Kündigung bedarf es daher regelmäßig wiederholter und zeitlich eng aufeinander folgender Abmahnungen.

Grundsätzlich können Abmahnungen von jedem Vorgesetzten ausgesprochen oder geschrieben werden. Meist sprechen der Leiter der Personalabteilung zusammen mit dem Fachvorgesetzten eine mündliche Abmahnung aus; schriftliche Abmahnungen sind von der Personalstelle zu fertigen. Der Wortlaut der Abmahnung wird Bestandteil der → Personalakte. Der Vorgang ist aber nach zwei Jahren zu entfernen.

Der Personalrat hat bei Ab- und Ermahnungen kein Mitbestimmungsrecht. Er kann die Arbeitnehmerin jedoch beraten.

Einer Abmahnung ist trotzdem niemand hilflos ausgeliefert, der oder die sich zu Unrecht beschuldigt sehen. Erforderlich für eine Klärung ist allerdings die Bereitschaft, ein Verfahren vor dem → Arbeitsgericht anzustrengen.

Im Alltag kann eine Unterscheidung zwischen Ermahnungen und Abmahnungen schwierig sein. Vielleicht handelt es sich aber bei einer Aufforderung durch die Leiterin, die Erzieherin möge dies oder jenes tun, nur um eine bloße Anordnung, der sie besonderen Nachdruck verleihen will. Für eine Abmahnung spricht regelmäßig der Hinweis auf eine mögliche Kündigung.
Beispiele:

- Eine Erzieherin weigert sich, Vertretungsdienste zu übernehmen. Die Leiterin spricht eindringlich mit ihr. Wahrscheinlich wird sie die Erzieherin zuerst ermahnen, ihre Pflichten aus dem Arbeitsvertrag einzuhalten. Sollte dies nichts nutzen, wird die Leiterin, der es auf Ausübung der Dienste ankommt, eine dienstliche Anordnung (als letzte *gütliche* Aufforderung) folgen lassen. Kommt die Erzieherin ihr nicht nach, so dürfte eine Abmahnung als nächste Stufe der Eskalation folgen.

- Weil eine Reinigungskraft erkrankt ist, verlangt die Leiterin von einer Erzieherin, sie solle sich am Putzen der Kita beteiligen. Die Erzieherin lehnt ab und verweist auf ihren Arbeitsvertrag, der Putzarbeiten nicht einschließt. Die Leiterin informiert die Erzieherin darüber, daß in bestimmten Notfällen außerordentliche und über den Vertrag hinausgehende Tätigkeiten ausgeführt werden müssen. Hierfür gilt allerdings ein enger Rahmen: im Beispiel nicht das Putzen der Kita, sondern nur und vorübergehend das Putzen des Gruppenraumes. Die Erzieherin wird von der Leiterin ermahnt, die vertraglichen Nebenpflichten zu erfüllen.

Wird eine Erzieherin ihrer Meinung nach zu Unrecht zu einer bestimmten Leistung aufgefordert oder ermahnt, diese Leistung zu erbringen, so sollte sie der Aufforderung trotzdem nachkommen, es sei denn, die eingeforderte Arbeit wäre offensichtlich gesetzeswidrig. Die Erzieherin kann und muß ihre Bedenken und die gegensätzliche Meinung deutlich äußern, schriftlich festhalten und dadurch die Verantwortung für die Ausführung der geforderten Tätigkeit ablehnen. *»Hat ein Mitarbeiter nach Anordnung gearbeitet, so steht ihm frei, dies oder seine abweichende Auffassung in den Akten zu vermerken; hiervon ist demjenigen, der die Anordnung erteilt hat, vor Ausführung Kenntnis zu geben.«* (Grundsätze für die Führung und Zusammenarbeit in der Berliner Verwaltung, Anhang 2 Nr.13 III zu § 18 II der GGO I = Gemeinsamen Geschäftsordnung von 1989)

Anschließend empfiehlt es sich, mit einem Mitglied der Personalvertretung oder einem Rechtsanwalt die Situation und weitere Handlungsmöglichkeiten zu überprüfen. (→ Dienstanweisungen; → Beschwerden; → Arbeitsgerichtsverfahren)

Abmahnungen und Ermahnungen sind von einem *Verweis* zu unterscheiden, der erst nach einem Disziplinarverfahren ausgesprochen werden darf. Ein Verweis ist eine → Disziplinarmaßnahme, eine Art innerbetrieblicher Buße oder Strafe. Abmahnungen und Ermahnungen gehören nicht dazu, wohl aber können sie einem Verweis vorausgehen, weil ja schon »Beweismaterial« gesammelt wurde. Der Verweis sanktioniert ein *unrechtes Verhalten* der Arbeitnehmerin, das sich meist in der Störung der betrieblichen Ordnung festmachen läßt, also keine Leistungsmängel beinhaltet.

Abordnung, Umsetzung, Versetzung

Eine *Abordnung* ist der Einsatz für eine vorübergehende, zeitlich begrenzte Tätigkeit in einer anderen Arbeitsstelle (Einrichtung) desselben Arbeitgebers und auf seine Anordnung aus »dienstlichen oder betrieblichen Gründen«, wie es im Bundesangestelltentarifvertrag (→ BAT) heißt.[1] Diese Gründe sind zumeist Krankheits- oder Schwangerschaftsvertretungen bei personellen Engpässen. In einem solchen Falle kann man sich nicht erfolgreich gegen einen vorübergehenden Wechsel des Arbeitsplatzes wehren; die eigene Zustimmung ist nicht Voraussetzung für die Abordnung (vgl. § 12 BAT).

Der Personalrat hat erst dann ein Mitbestimmungsrecht, wenn die Abordnungsdauer drei Monate überschreitet.

Umsetzungen oder *Versetzungen* sind demgegenüber zeitlich nicht begrenzte Zuweisungen eines anderen Arbeitsplatzes für die Arbeitnehmerinnen. Möglich sind Umsetzungen bzw. Versetzungen, weil der Arbeitgeber ein *Direktionsrecht* (Weisungsrecht) besitzt, das ihm aus betrieblichen Gründen einen gewissen Entscheidungsraum für den Personaleinsatz läßt. Das Direktionsrecht hat seine Grenzen entweder in konkreten, im individuellen Arbeitsvertrag festgehaltenen Einschränkungen oder in der allgemeinen Fürsorgepflicht des Arbeitgebers gegenüber den Arbeitnehmerinnen. Die Fürsorgepflicht beinhaltet, daß die Interessen der Angestellten nicht unangemessen eingeschränkt werden dürfen, auch sind willkürliche Maßnahmen untersagt. Versetzungen dürfen außerdem nicht auf minderwertige Arbeitsplätze erfolgen, selbst wenn die Arbeitnehmerinnen für die Tätigkeit dort den gleichen Lohn erhalten würden. Notfalls können solche Maßnahmen jedoch erst vor dem → Arbeitsgericht geklärt werden.

[1] Da Abordnungen, Um- und Versetzungen zwischen allen Kindertageseinrichtungen desselben Trägers am Ort möglich sind, sollte jede Erzieherin ihren Träger kennen. Das ist manchmal nicht so ganz offensichtlich. In Berlin sind die kommunalen/bezirklichen Jugendämter Träger der meisten Einrichtungen. Erzieherinnen schließen ihre Verträge nicht mit einer bestimmten Einrichtung, sondern mit »dem Land Berlin, vertreten durch das jeweilige Bezirksamt«. Daraus folgt, daß sie nicht nur in jeder Kita des Bezirks eingesetzt werden können, sondern bei jedem Jugendamt in ganz Berlin.

In der Praxis sind Umsetzung und Versetzung nur schwer auseinander zu halten. Eine Versetzung kann aus dienstlichen oder betrieblichen Gründen erfolgen, sie kann auch haushaltsrechtliche oder *in der Person des Angestellten liegende Gründe* haben.
Beispiele hierfür:
- der Arbeitgeber versetzt eine Erzieherin in eine andere Kita, um ihr dort eine Planstelle zuzuweisen;
- eine Vorschulgruppenleiterin einer Kindertagesstätte (Jugendamt) wechselt in die Vorklasse an einer Grundschule (Schulamt) desselben kommunalen Trägers;
- eine Berliner Erzieherin wechselt mit Zustimmung des bisherigen Jugendamtes (Arbeitgeber), aber auf eigenen Wunsch, in das Jugendamt eines anderen Verwaltungsbezirks der Stadt.

Von einer Umsetzung kann z. B. dann gesprochen werden, wenn der Hort einer Kindertageseinrichtung aus Mangel an Kindern nur noch zwei statt vorher drei Gruppen belegen kann. Dadurch wird mindestens eine Planstelle ›überzählig‹, und eine Erzieherin muß in eine andere Kita umgesetzt werden, weil ihr weder gekündigt werden darf, noch soll.

Sowohl bei Umsetzungen als auch bei Versetzungen unterliegt der Arbeitgeber dem Verbot der Willkür; auch dürfen die individuellen Interessen der Angestellten »nicht unangemessen eingeschränkt« werden. Allerdings gibt es einen Haken. Während der Arbeitgeber eine Umsetzung nicht ausdrücklich begründen muß, hat er bei Versetzungen seine Gründe offenzulegen und den Personalrat zu beteiligen. Der Arbeitgeber muß sich bei der Auswahl der zu versetzenden Mitarbeiterinnen an (sozialen) Auswahlkriterien orientieren. Diese müssen notfalls einer arbeitsgerichtlichen Prüfung standhalten. Zu berücksichtigen sind u. a.:
- das Alter, der Familienstand, die (dauerhafte) körperliche Verfassung der Mitarbeiterinnen;
- die Dauer der Tätigkeit in der bisherigen Einrichtung, die Lage der neuen wie der alten Einrichtung in bezug auf den Wohnort,
- die Frage, ob sich eine Kollegin evtentuell schon selbst auf eine andere Stelle beworben hat.

Hinter einer Umsetzung liegen deshalb häufig andere Interessen verborgen, sei es, daß ein unbequem gewordenes Team auseinandergerissen werden soll, sei es, daß eine Kollegin eingeschüchtert werden soll. Will der Arbeitgeber aus solchen oder ähnlichen Gründen eine Erzieherin zur Arbeit in eine andere Kindertageseinrichtung als die bisherige schicken, so wird dieser Vorgang als Umsetzung und nicht als Versetzung deklariert. Eine Umsetzung bietet dem Arbeitgeber die Möglichkeit zu mehr oder weniger heimlichen Disziplinierungsmaßnahmen.

Sich der Rechtfertigungspflicht durch Etikettenschwindel zu entziehen, ist nicht nur möglich, sondern üblich. Vorgesetzte ersparen sich unliebsame Auseinandersetzungen. Verstärkend wirkt, daß eine Rücknahme der Umsetzung von der betroffenen Arbeitnehmerin manchmal selbst dann nicht mehr eingeklagt werden kann, wenn die Entscheidung des Trägers als falsch oder unbegründet nachzuweisen ist. Darauf verweist ein Urteil des Arbeitsgerichtes in Berlin von 1976, das Arbeitgebern einen Freibrief für sachlich und fachlich falsche Entscheidungen im Rahmen der schon ausgeführten Angemessenheit zubilligt:
»Überspitzt ausgedrückt: Dieses einseitige Bestimmungsrecht des Arbeitgebers schließt das Recht ein, sachlich falsche Entscheidungen zu treffen, sofern sie sich im Rahmen des ihm obliegenden Beurteilungsspielraumes halten und besondere Rechte des Arbeitnehmers nicht verletzt werden. Etwaige Fehlentscheidungen einer öffentlichen Verwaltung obliegen der politischen Kontrolle der gesetzgebenden Körperschaft bzw. der öffentlichen Meinung; sie können jedoch vom einzelnen Arbeitnehmer, dessen persönliche Stellung durch eine sachliche Fehlentscheidung betroffen wird, nicht auf dem Wege über die Reklamierung eigener Rechte reklamiert werden.« (Arbeitsgericht Berlin, 19.2.1976).

Trotz dieses negativen Urteils, welches einen schwer zu verallgemeinernden Fall zum Gegenstand hatte, sollte man bei Umsetzungen generell das Arbeitsgericht einschalten, wenn zu vermuten ist, daß disziplinarische Gründe dahinterstehen. Da schon die Grenzen zwischen Umsetzung und Versetzung fließend sind, sollte jede Erzieherin in ihrem speziellen Fall die Personalvertretung einschalten und zuerst mit ihrer Unterstützung eine Klärung zu erreichen suchen – danach notfalls auch durch ein Urteil des Arbeitsgerichts. Spätestens im Klageverfahren vor dem Arbeitsgericht muß der Arbeitgeber die Gründe für die Umsetzung oder Versetzung genau darlegen; ein eventueller Mißbrauch des Direktionsrechts unterliegt durchaus der richterlichen Kontrolle.

Versetzungen sind auch als → Disziplinarmaßnahme bei Verletzungen des Arbeitsvertrages möglich. Die Personalvertretung ist in das Verfahren von Anfang an einzubeziehen.

Während der Probezeit darf keine Angestellte im öffentlichen Dienst ohne Zustimmung versetzt oder abgeordnet werden, § 12 Abs. 3 BAT.

In den neuen Bundesländern einschließlich dem Land Berlin finden seit Jahren Umsetzungen in größerem Umfang und auch → Kündigungen statt. Aufgrund sinkender Geburtenzahlen werden allerorts Kindertageseinrichtungen geschlossen bzw. die Platzzahl in den verbleibenden Einrichtungen reduziert. Hierdurch gelangen viele Erzieherinnen in den sogenannten Überhang, denn der jeweilige Träger kann nur so viele Erzieherinnen beschäftigen, wie es der durch länderspezifische Regelungen festgelegte Personalschlüssel vorsieht. Soweit es dem Träger möglich ist, muß er den Erzieherinnen einen gleichwertigen Arbeitsplatz z. B. in der Verwaltung oder in einem anderen Arbeitsfeld der Jugendhilfe anbieten. Die Erzieherinnen werden dorthin umgesetzt bzw. versetzt.

Überall dort, wo Kündigungen ausschließlich nach den sogenannten Sozialkriterien durchgeführt werden, entstehen Lücken in den Teams, die Erzieherinnen aus anderen Häusern im Wege von Umsetzung/Versetzung schließen müssen.

Anerkennung der Bildungsabschlüsse

Für Erzieherinnen und andere pädagogische Fachkräfte der ehemaligen DDR beschloß die Konferenz der Kultusminister (KMK) der Länder im Juni 1991 eine bundesweit geltende *Teilanerkennung* der folgenden Ausbildungsabschlüsse. Teilanerkennung meint, daß die Abschlüsse für das Arbeitsfeld, auf das sich die Ausbildung bezog, als gleichwertig zu den einschlägigen Voraussetzungen der Westausbildungsgänge anzusehen sind.

DDR-Abschluß	**Anerkennung für**
Krippenerzieherin	Krippe
Kindergärtnerin	Kindergarten
Horterzieherin	Hort
Erzieherinnen in Heimen und Horten	Heim und Hort
Heimerzieherin	Heim
Erzieherin für Jugendheime	Heim
Erzieherin im kirchlichen Dienst	Kindergarten
Kinderdiakonin	Kindergarten
Gruppenerzieherin	Kindergarten
Unterstufenlehrerin mit Befähigung zur Arbeit in Heimen und Horten	Heim und Hort
Unterstufenlehrerin mit Befähigung zur Arbeit im Schulhort	Hort

Die Teilanerkennung gilt in allen Bundesländern, nicht nur im »Heimatland«. Sie bedeutet beispielsweise, daß eine Erzieherin, sofern sie in ihrem gelernten Arbeitsbereich arbeitet, einer staatlich anerkannten Erzieherin der alten Bundesländer völlig gleichgestellt ist. Sie wird folgerichtig in die gleiche Vergütungsgruppe eingestuft, allerdings mit dem jeweils geltenden (niedrigeren) tariflichen Abschluß (→ Eingruppierung).

Krippenerzieherinnen der DDR sind in den alten Bundesländern automatisch als Kinderpflegerinnen anerkannt. Dieses ist eine zusätzliche Anerkennung, die nur dann zum Tragen kommt, wenn eine Krippenerzieherin als Zweitkraft in einem Kindergarten oder Heim in einem der alten Bundesländer arbeitet. Solange sie jedoch in einer Krippe oder einer altersgemischten Gruppe, in der Kinder im Krippenalter betreut werden, arbeitet, ist sie einer Erzieherin gleichgestellt.

Über die Teilanerkennung stellt die zuständige Landesbehörde (in der Regel die Landesjugendämter bzw. das zuständige Ministerium, in Sachsen die Oberschulämter) eine Bescheinigung aus. Diese gilt in Verbindung mit dem Abschlußzeugnis der Ausbildungsstätte. Die

Bescheinigung dient dem Nachweis der entsprechenden Qualifikation. Sie ist daher Voraussetzung für die entsprechende Eingruppierung *bei einem Wechsel* zu einem anderen Arbeitgeber. Sicherheitshalber sollte die Bescheinigung beantragt werden.

Um einer in der alten Bundesrepublik ausgebildeten staatlich anerkannten Erzieherin *in allen Arbeitsbereichen gleichgestellt* zu sein, ist laut KMK-Beschluß der erfolgreiche Abschluß einer berufsbegleitenden Fortbildung (*Anpassungsfortbildung*) erforderlich.

Die Anforderungen an diese Fortbildungen, die inzwischen fast überall abgeschlossen sind, waren unterschiedlich, je nach Alter und Berufserfahrung der Erzieherin. Die konkreten Fortbildungsangebote variierten von Bundesland zu Bundesland.

In allen Bundesländern gab es die von der KMK festgelegte Unterscheidung zwischen

a) Erzieherinnen, unter 25 Jahren alt und mit weniger als drei Jahren Berufserfahrung;
b) Erzieherinnen, unter 25 Jahren alt, aber einer mindestens fünfjährigen Berufserfahrung;
c) Erzieherinnen, mindestens 25 Jahre alt und mindestens zweijährige Berufserfahrung.

Für die Gruppe a) galten längere Fortbildungszeiten als für die übrigen Gruppen (je nach Bundesland zwischen 200 und 240 Stunden Theorie). Für die beiden anderen Gruppen wurden in der Regel zwischen 100 und 120 Stunden Theorieanteile gefordert. Zusätzliche Anforderungen waren länderspezifisch festgelegt, z.B. Nachweis von Praxis in einem weiteren Arbeitsfeld als dem, zu dem die Ausbildung befähigt und/oder Teilnahme an einem Kolloquium am Ende der Fortbildung.

Keine Teilanerkennung erhielten Freundschaftspionierleiterinnen sowie Unterstufenlehrerinnen mit der Befähigung zur Arbeit als Freundschaftspionierleiterinnen und Unterstufenlehrerinnen der Absolventenjahrgänge 1977, 1978 und 1979. Diese Ausbildungsjahrgänge gelten als ideologisch zu stark belastet. Personen aus diesem Berufskreis werden lediglich wie eine ungelernte Arbeitskraft bewertet. Um überhaupt im pädagogischen Arbeitsfeld zu arbeiten, gab/gibt es zwei Möglichkeiten, die beide eine Prüfung der *konkreten persönlichen Voraussetzungen* durch den Arbeitgeber voraussetzen:

a) als »Angestellte in der Tätigkeit, z. B. einer Erzieherin« angestellt zu werden, mit der Konsequenz einer schlechteren → Eingruppierung;
b) als »sonstige Angestellte« einer Erzieherin gleichgestellt zu werden. Diese Möglichkeit ist durch den Tarif für die Sozial- und Erziehungsberufe grundsätzlich gegeben. Die Arbeitgeber gehen mit dieser Möglichkeit jedoch sehr unterschiedlich um.

Arbeitsbefreiung für die Pflege erkrankter Familienmitglieder

Im Sozialgesetzbuch V (SGB V) wird die gesetzliche Krankenversicherung geregelt. Es ist zuletzt im März 1999 geändert worden. Im § 45 des SGB V sind die wichtigen Bestimmungen zusammengefaßt, nach denen Eltern erkrankter Kinder ihre bezahlte Freistellung von der Arbeit erwirken können. Sie erhalten dafür ein *Krankengeld*, so als würden sie selbst erkrankt sein.

Je Kind erhält jedes Elternteil pro Jahr Krankengeld für bis zu 10 Tagen »nach ärztlichem Attest zur Beaufsichtigung, Betreuung oder Pflege ihres erkrankten und versicherten Kindes«, wenn niemand anderes im Haushalt zur Verfügung steht. Das Kind darf das zwölfte Lebensjahr nicht vollendet haben. Bei mehreren Kindern können nicht mehr als 25 Tage je gesetzlich Versichertem bewilligt werden.

Für Alleinerziehende werden die Freistellungstage verdoppelt, so daß sie gegenüber den verheirateten Eltern nicht benachteiligt werden: 20 Tage pro Kind und Jahr bei höchstens 50 Tagen insgesamt.

Die Regelungen des § 45 SGB V bedeuten einerseits die Zahlung von Krankengeld (das in der Regel niedriger liegt als das Gehalt), andererseits die Verpflichtung der Arbeitgeber, für die in Frage kommende Zeit Arbeitsbefreiung zu gewähren. Im allgemeinen erfolgt die Auszahlung des Krankengeldes durch die Personalstelle des Arbeitgebers, die auch die erforderlichen Formalitäten erledigt, so daß den Angestellten kein zusätzlicher Aufwand entsteht.

Für die Angestellten des öffentlichen Dienstes ist zusätzlich der → BAT heranzuziehen. Die Regelungen des SGB V sind in bezug auf Kinder weitgehender als der einschlägige § 52 BAT, der bestimmt, daß Eltern

- bei schwerer Erkrankung eines Kindes,
- das das 12. Lebensjahr noch nicht vollendet hat,
- wenn im laufenden Kalenderjahr kein Anspruch nach § 45 SGB V besteht oder bestanden hat,

bis zu vier Tage im Kalenderjahr zur Pflege unter Fortzahlung der Bezüge zustehen.

Erkrankt ein Familienangehöriger schwer, der älter ist als zwölf Jahre und der im gleichen Haushalt wie die Angestellte lebt, so wird eine Arbeitsbefreiung *von einem Tag* gewährt. Die Freistellung ist daran gebunden, daß keine andere Person zur Verfügung steht und die Gesamtdauer (für die Pflege aller Familienangehörigen) pro Jahr nicht fünf Tage überschreitet. Voraussetzung ist weiterhin, daß ein Arzt die »Notwendigkeit der Anwesenheit des Angestellten zur vorläufigen Pflege bescheinigt«.

Erkrankt die Betreuungsperson eines Kindes, das das achte Lebensjahr noch nicht vollendet hat oder dauernd pflegebedürftig ist, wird die Angestellte zur Betreuung ihres Kindes unter Fortzahlung der Bezüge ebenfalls bis zu vier Tagen Arbeitsbefreiung erhalten.

Arbeitsbefreiung aus weiteren Anlässen

Der Tarifabschluß von 1996 hat deutliche Verschlechterungen für die Arbeitnehmerinnen bewirkt. Die Anlässe für Dienstbefreiung sind seitdem drastisch reduziert und die Anzahl der möglichen Freistellungen im Durchschnitt halbiert. Arbeitsbefreiung nach § 52 Abs. 1 BAT gibt es bei

Niederkunft der Ehefrau	für einen Arbeitstag,
Tod des Ehegatten, eines Kindes oder Elternteils	für zwei Arbeitstage,
Umzug aus dienstlichem Grund an einen anderen Ort	für einen Arbeitstag,
25-, 40-, 50-jähriges Arbeitsjubiläum	für einen Arbeitstag.

Zur Wahrnehmung einer *staatsbürgerlichen Pflicht* (Zeugenaussage, Schöffendienst ...) sind Arbeitnehmerinnen freizustellen, wenn sie gesetzlich vorgeschrieben ist und nicht außerhalb der Dienstzeit wahrgenommen werden kann. Die Vergütung wird gewährt, eventuelle Ersatzzahlungen sind dem Arbeitgeber zu erstatten, § 52 Abs.2 BAT.

Der Arbeitgeber kann in sonstigen dringenden Fällen Arbeitsbefreiung unter Fortzahlung der Vergütung bis zu drei Tagen gewähren, § 52 Abs. 3 BAT.

Die gewählten Vertreter gewerkschaftlicher Gremien können Arbeitsbefreiung unter Fortzahlung ihrer Vergütung zur Teilnahme an Tagungen erhalten, wenn nicht dringende dienstliche Belange entgegenstehen. Die Arbeitsbefreiung muß in einem solchen Fall von der betreffenden Gewerkschaft beantragt werden, § 52 Abs. 4 BAT. Unabhängig davon können alle Arbeitnehmer für die Teilnahme an Gewerkschaftsveranstaltungen → Sonderurlaub beantragen.

Verschiedene Feiertage werden nicht bundeseinheitlich begangen, teilweise sogar in einem Bundesland je nach Region verschieden (→ Tabelle im Anhang). Sie haben religiösen Hintergrund und sind abhängig von der jeweils vorherrschenden Konfession.

Damit auch religiöse Minderheiten ihren Glauben geschützt ausüben können, wird ihnen durch die Arbeitgeber des öffentlichen Dienstes die Möglichkeit gegeben, bei Lohnfortzahlung dem Dienst fernzubleiben. Allerdings sind auch hier die Freistellungsmöglichkeiten in den letzten Jahren erheblich eingeschränkt worden. Gab es früher Arbeitsbefreiung für einen ganzen Tag, wurde sie reduziert auf die Zeit des Gottesdienstes (für anerkannte Konfessionen *etwa 2 Stunden*), und diese Zeit muß bei manchen Arbeitgebern vor- oder nachgearbeitet werden. So richtig die Trennung zwischen Arbeitszeit und privater Glaubenszeit ist, so richtig ist auch die Feststellung, daß die Zeiten großzügiger Regelungen vorbei sind.

Da es keine einheitlichen Regelungen gibt, sollten die aktuellen Regelungen besser beim Arbeitgeber oder bei der → Personalvertretung erfragt werden.

Siehe auch → Sonderurlaub.

Arbeitsgerichtsverfahren

Manche Konflikte zwischen Arbeitgebern und Arbeitnehmerinnen können nicht direkt miteinander, sondern nur unter Hinzuziehung Dritter gelöst werden. In solchen Fällen wird regelmäßig vor den Arbeitsgerichten gestritten. Anlässe hierfür können vielfältig sein, z. B. von der Arbeitnehmerin als ungerechtfertigt angesehene → Abmahnungen oder → Kündigungen. Es liegt in der Natur der Sache, daß die Klagen eher auf Betreiben der Arbeitnehmerinnen zustandekommen, weil die Arbeitgeber ihre Interessen meist direkt durchsetzen können. Arbeitsgerichte üben deshalb eine gewisse Schutzfunktion für Arbeitnehmerinnen aus. Ein Arbeitgeber könnte jedoch z. B. eine Klage gegen eine Arbeitnehmerin einreichen mit dem Ziel, daß sie ihre arbeitsvertraglichen Pflichten bis zum strittigen Ende einhält. Arbeitsgerichte sind auch zuständig für Konflikte der Tarifvertragsparteien, z. B. über Inhalt und Auslegung von Tarifverträgen.

Verfahren vor den Arbeitsgerichten sind Mittel, Unstimmigkeiten in Zusammenhang mit Arbeitsverhältnisses zu klären. In den Zeitungen ist anschließend zu lesen über die Höchstdauer von Privattelefonaten, über die soziale Rangfolge bei der Urlaubsplanung, über die Frage, wie weit eine Toilette vom Arbeitsplatz entfernt sein darf. Um niemanden an der Möglichkeit zu hindern, seine Rechte in Anspruch zu nehmen, ist die *Zugangsschwelle* zum Arbeitsgericht betont niedrig gehalten.

Die Arbeitsgerichte sind in allen Instanzen mit vorsitzenden Berufsrichtern und paritätisch besetzten Laienrichtern als Vertreter der Arbeitnehmer- bzw. Arbeitgeberseite besetzt.

In der ersten Instanz, dem Arbeitsgericht, kann sich jede Arbeitnehmerin selbst vertreten. Wer sich nicht zutraut, sein Anliegen vor Gericht allein zu vertreten, kann jede erwachsene Person seines Vertrauens beauftragen oder als Mitglied einer → Gewerkschaft, Beistand erfragen. Sofern der Fall nicht ganz hoffnungslos eingeschätzt wird, stellt die Gewerkschaft einen ihrer Angestellten (*Rechtsschutzsekretär*) unentgeltlich als Prozeßvertreter. Dadurch sind Kosten zu sparen und Rechtssicherheit zu gewinnen. Anwälte sind demgegenüber teuer, doch kann hier eine → Rechtsschutzversicherung eintreten.

In der nächsthöheren Instanz, dem Landesarbeitsgericht, müssen Rechtsanwälte oder Gewerkschafts- bzw. Arbeitgeberverbandsvertreter als Prozeßvertreter fungieren. Erst am Bundesarbeitsgericht herrscht Anwaltszwang.

Verfahren vor den Arbeitsgerichten müssen, wenn sie erfolgreiche Hilfe bieten wollen, schnell durchgeführt werden (Beschleunigungsgrundsatz). Sie sollen möglichst in einem Termin verhandelt werden. Eine weitere Beschleunigungsmöglichkeit ist der sogenannte Gütetermin bzw. die Güterverhandlung.

Darunter ist eine Ladung der Kontrahenten (oder ihrer Vertreter) vor den vorsitzenden Richter zu verstehen, § 54 Arbeitsgerichtsgesetz (ArbGG). Ziel dieses Termins ist die *gütliche Einigung* vor dem Urteilsverfahren, § 57 Abs. 2 ArbGG. Das Gericht hört bei diesem Gütetermin die streitenden Parteien, würdigt die Argumente und läßt eine erste Einschätzung der Situation erkennen. Nach Däubler[2] werden 40% aller Streitigkeiten schon hier durch einen Vergleich erledigt. Andere Fälle werden zurückgezogen. Nur in 10% kommt es noch zu einer streitigen mündlichen Verhandlung.

Es gibt also zwei Möglichkeiten zur Entscheidungsfindung und Klärung, bevor es durch die Hinzuziehung eines Anwalts teurer wird, wenn man keine Rechtsschutzversicherung abgeschlossen hat. Arbeitsgerichtsverfahren unterscheiden sich von Auseinandersetzungen vor Amtsgerichten dadurch, daß die Gebühren, die nach dem Streitwert ermittelt werden, geringer sind. Zieht man die Klage zurück, fallen keine Gebühren an. In der ersten Instanz bezahlt jede Partei ihren Anwalt selbst, § 12a Abs.1 ArbGG. Die Verliererpartei zahlt zusätzlich die Gerichtskosten.

Die Kosten für ein Verfahren vor dem Arbeitsgericht können beim Finanzamt im Lohnsteuerjahresausgleich als Werbungskosten geltend gemacht werden.

---

[2] Däubler, W.: Das Arbeitsrecht Band 2, Reinbek 1998, S. 1113

Aus eigenem Erleben ein Beispiel: Der Arbeitgeber sprach ungerechtfertigt eine Abmahnung aus. Der Fall war so eindeutig, daß das Gericht nach etwa zehn Minuten entscheiden konnte. Trotzdem blieb der ungerechtfertigt Abgemahnte auf Anwaltskosten von etwa 1800,– DM hängen, um den Makel loszuwerden, den ein böswilliger Vorgesetzter anheftete, um sein Mütchen zu kühlen.

Ein anderer Fall ist bekannt, in dem der Arbeitgeber dieses böse Spiel acht Mal spielte, wofür keine Rechtsschutzversicherung mehr eintreten wollte, der Arbeitnehmer seine Ersparnisse aufbrauchte und, obwohl er alle Prozesse gewann, schließlich doch anderswo eine neue Stelle antrat.

Solche Extremfälle sind glücklicherweise selten. Meist gehen Arbeitsgerichtsverfahren für Arbeitnehmerinnen gut aus. In Verfahren zum Kündigungsschutz bedeutet ein Prozeßgewinn für die Arbeitnehmerin gleichwohl meist den Verlust des Arbeitsplatzes, wegen des durch den Konflikt gestörten Vertrauensverhältnisses, jedoch zum Preis einer angemessenen Abfindung.

Arbeitszeit

»Arbeitszeit im Sinne dieses Gesetzes ist die Zeit vom Beginn bis zum Ende der Arbeit ohne die Ruhepausen ...«, § 2 Abs. 1 Arbeitszeitgesetz (ArbZG).

Die *regelmäßige* Arbeitszeit wird zwischen den Tarifpartnern (Gewerkschaften und Arbeitgebern) ausgehandelt und im Tarifvertrag festgelegt. Für die Angestellten des öffentlichen Dienstes gelten die Bestimmungen des Bundesangestelltentarifvertrages (→ BAT), dessen Inhalt als Vorbild für die Regelungen bei vielen Freien Trägern auch hinsichtlich der Arbeitszeit dient. Zur Zeit beträgt die regelmäßige wöchentliche Arbeitszeit ausschließlich der → Pausen in den alten Bundesländern durchschnittlich 38,5 Stunden, in den neuen Bundesländern 40 Stunden, § 15 BAT-O. Von den Ergebnissen der Tarifverhandlungen ist abhängig, wann die Angleichung an die 38,5 Stunden-Regelung in den neuen Bundesländern vorgenommen wird.

Von der Arbeitszeit zu unterscheiden ist die tatsächlich erforderliche *Anwesenheitszeit*. Sie umfaßt die regelmäßige Arbeitszeit einschließlich der Pausen.

Da z.B. im Rahmen der Gleitzeitvereinbarungen innerhalb einer Arbeitswoche mehr oder weniger Stunden als durchschnittlich erforderlich gearbeitet werden darf, kommt es zu *Mehrarbeitszeiten* (→ Überstunden), die ausgeglichen werden müssen, um im Durchschnitt die regelmäßige Arbeitszeit zu erreichen. Richtschnur ist der § 15 Abs. 1 BAT:
»Für die Berechnung des Durchschnitts der regelmäßigen wöchentlichen Arbeitszeit ist in der Regel ein Zeitraum von bis zu einem Jahr zugrunde zu legen.«

Es wird davon ausgegangen, daß alle Mehrarbeitszeiten durch eine entsprechende → Dienstplangestaltung ausgeglichen werden können, so daß die regelmäßige Arbeitszeit innerhalb dieser Frist einzuhalten ist. Spezielle Trägervereinbarungen können den Rahmen flexibler Arbeitszeit näher bestimmen, z.B. vorsehen, daß nicht mehr als zwei Arbeitstage als Guthaben ›angesammelt‹ werden.

Maßgebend für die Berechnung der Arbeitszeit im öffentlichen Dienst ist § 15 Abs. 7 BAT:
»Die Arbeitszeit beginnt und endet an der Arbeitsstelle, bei wechselnden Arbeitsstellen an der jeweils vorgeschriebenen Arbeitsstelle oder am Sammelplatz.«

In der dazugehörigen Protokollnotiz wird näher beschrieben, was als Arbeitsstelle zu verstehen ist:
»Der Begriff der Arbeitsstelle ist weiter als der Begriff des Arbeitsplatzes. Er umfaßt z. B. die Dienststelle oder den Betrieb, während unter dem Arbeitsplatz der Platz zu verstehen ist, an dem der Angestellte tatsächlich arbeitet.«

Die Arbeitszeit von Erzieherinnen wird ab dem Betreten der Einrichtung und nicht des Gruppenraumes berechnet.

Die regelmäßige Arbeitszeit nach dem BAT wird pro Jahr um zwei Tage gekürzt. Ein Tag davon wird auf die je halbtägige Freistellung am Heiligabend und an Sylvester angerechnet; der zweite Tag steht zur freien Disposition der Arbeitnehmerinnen.

Der Ausgleich der Arbeitszeit gilt rechtlich nicht als Urlaubsanspruch, daher *soll grundsätzlich* die Freistellung für den Tag nicht unmittelbar vor oder nach dem Erholungsurlaub liegen. Während unter bestimmten Umständen Urlaubsansprüche ausgezahlt werden dürfen, ist eine Abgeltung des arbeitsfreien Tages nicht möglich. Wird eine Arbeitnehmerin an dem von ihr beantragten Freistellungstag krank, gilt der Anspruch als verfallen.

Arztbesuche

Wer sich in Ausübung seines Berufes verletzt, muß einen Arzt aufsuchen dürfen. Wer akut erkrankt, ebenfalls. Aus Fürsorgepflicht gegenüber der Mitarbeiterin und allen anderen, die von ihr angesteckt werden können, stellen Arbeitgeber eine erkrankte Mitarbeiterin selbstverständlich von der Arbeit frei.

Strittig hingegen ist vorwiegend ein Arztbesuch, der länger geplant, zeitlich vorhersehbar und (frei) zu vereinbaren war. Ein Standpunkt: »Ohne Arbeit kein Geld«. Wer nicht arbeitet, sondern zum Arzt geht, erhält keine Vergütung für die aufgewendete Zeit. Allgemeine Rechtsgrundlage ist das BGB.
»Durch den Dienstvertrag wird derjenige, welcher Dienste zusagt, zur Leistung der versprochenen Dienste, der andere Teil zur Gewährung der vereinbarten Vergütung verpflichtet.« § 611 Abs. 1 BGB.

Ein anderer Standpunkt: »Alles so kleinlich hier, man geht ja nicht aus Spaß zum Arzt. Ich könnte gleich ganz krank machen.» Den letzten Satz übersehen wir, dafür ist eine → Kündigung möglich. Der Rest ist Ansichtssache, eine Frage der Solidarität (mit den arbeitenden Kolleginnen, den Kindern und den Eltern!) und der Berufsethik. Das wird hier nicht diskutiert.

Rechtlich sieht es so aus:
Arbeitgeber müssen ihren Mitarbeiterinnen einen Arztbesuch während der Arbeitszeit nur gestatten, wenn keine Möglichkeit außerhalb besteht. Bei gleitender Arbeitszeit und → Überstunden- bzw. Mehrarbeitsregelungen gibt es genügend Spielraum. Wenn allerdings ein Arzt bestimmte Untersuchungen nur zur festgelegten Zeit durchführt, die nun gerade in die Arbeitszeit der betreffenden Person fällt, dann muß ihr gestattet werden, genau um diese Zeit dort

hinzugehen. Das Prinzip der freien Arztwahl verbietet dem Arbeitgeber, die Mitarbeiterin auf jemand anderen zu verpflichten, der bzw. die günstigere Untersuchungs- oder Behandlungstermine für den Betrieb anbietet. Unerheblich ist, ob die Untersuchung zu Beginn, zu Ende oder mitten in der Dienstzeit angesetzt wird.

Die Quelle der Regelung für den öffentlichen Dienst sind § 18 BAT:
»(1) Die Arbeitszeit ist pünktlich einzuhalten. Persönliche Angelegenheiten hat der Angestellte unbeschadet des § 52 grundsätzlich außerhalb der Arbeitszeit zu erledigen.
(2) Der Angestellte darf nur mit vorheriger Zustimmung des Arbeitgebers der Arbeit fernbleiben. Kann die Zustimmung den Umständen nach nicht vorher eingeholt werden, ist sie unverzüglich zu beantragen. Bei nicht genehmigtem Fernbleiben besteht kein Anspruch auf Bezüge.«
und § 52 BAT → Arbeitsbefreiung.

Bankzeit

Seit dem 1.1.1980 ist jede/r im öffentlichen Dienst Arbeitende verpflichtet, ein Girokonto zu unterhalten. § 36 Abs. 1 BAT ist dahingehend abgeändert worden.
Einerseits sind Gehaltszahlungen als Bringeschuld des Arbeitgebers anzusehen, weshalb den Angestellten ermöglicht werden muß, innerhalb der Dienstzeit zu ihrem Geld zu kommen. Andererseits besteht schon seit 1979 Konsens zwischen den Tarifpartnern (Arbeitgeber und Gewerkschaften), daß
»dem Arbeitnehmer, ***soweit erforderlich****, ausreichende Arbeitsbefreiung unter Fortzahlung der Vergütung zum Abheben bei dem Geldinstitut gewährt werden muß.«*[3]

Die technische Entwicklung (Bankautomaten) und die Flexibilisierung der Arbeitszeiten haben dafür gesorgt, daß es praktisch allen Arbeitnehmerinnen ohne Mühen möglich ist, jederzeit an ihr Geld zu kommen und Bankgeschäfte zu tätigen, so daß die Erforderlich-

[3] Auszug aus der Niederschrift zu den Redaktionsverhandlungen zur Änderung der Manteltarifverträge vom 31.10.1979 zwischen den öffentlichen Arbeitgebern und der Gewerkschaft ötv. Hervorhebung durch den Autor.

keit einer Arbeitsbefreiung selbst im kleinen Rahmen nicht mehr angenommen werden kann. Im Klartext: Eine Bankzeit gibt es nicht automatisch gesichert, höchstens mit Duldung des Arbeitgebers. Ist die nicht gegeben, muß jede Arbeitnehmerin sehen, wie sie am günstigsten ihr Gehalt von der Bank holt.

Überweist ein Arbeitgeber häufig den Lohn zu spät, so daß der Arbeitnehmerin wegen Überziehung des Kontos Zinsen entstehen, hat der Arbeitgeber den Schaden zu ersetzen. Das Arbeitsgericht Frankfurt/Main entschied unter 7 Ca 1573/96 gegen einen Arbeitgeber, der die Überweisung wiederholt bis zu fünf Tagen zu spät ausführte.

BAT (Bundesangestelltentarifvertrag)

Der BAT ist die Grundlage für die Gestaltung der Arbeitsverhältnisse für die Angestellten des öffentlichen Dienstes in Bund, Ländern und Gemeinden. Er ist von den *Tarifparteien* ausgehandelt und am 23.2.1961 abgeschlossen worden. Er ist Gegenstand fortwährender Anpassung durch Nach- oder Neuverhandlungen im Wege der Tarifverhandlungen. Die Tarifpartner waren/sind auf der Seite der Arbeitgeber der Bund, die Tarifgemeinschaft deutscher Länder (TdL) und die Vereinigung der kommunalen Arbeitgeberverbände. Auf der Seite der Arbeitnehmer verhandelten die → Gewerkschaft ötv und die Deutsche Angestelltengewerkschaft (DAG).

Der BAT gewährleistet eine weitgehende Übereinstimmung der Regelungen für die Arbeitsverhältnisse im gesamten öffentlichen Dienst und eine Angleichung an die dienstrechtlichen Verfahren bei den Beamtinnen. Der BAT enthält die Verhandlungsergebnisse der Tarifpartner, z.B. zur Regelung der → Arbeitszeit, zur → Kündigung, zur → Arbeitsbefreiung, zu → Urlaub, Dienstwohnungen und Dienstkleidung.

Der BAT wird ergänzt durch verschiedene (Teil-)Tarifverträge oder Anlagen, z. B. den Vergütungstarifvertrag oder die Vergütungsordnungen für Angestellte im Pflegedienst.

Seit dem 10.12.1990 gilt der sogenannte BAT-O, das ist der Tarifvertrag für die Angestellten des öffentlichen Dienstes in den neuen

Bundesländern. Er regelt die laufenden Arbeitsverhältnisse und enthält auch Vereinbarungen zur schrittweisen Heranführung an das westdeutsche Tarifniveau. Weite Teile sind identisch mit dem BAT, manche gelten eingeschränkt mit Übergangsregelungen. Insbesondere die Arbeitszeit- und die Vergütungsregelungen sind in den neuen Ländern noch zu Ungunsten der Angestellten festgelegt.

Bei Tarifverträgen grundsätzlich zu beachten ist, daß sie nur für diejenigen gelten, die einer der Tarifparteien angehören, es sei denn, es wäre im individuellen Arbeitsvertrag ausdrücklich die Übernahme vereinbart worden. Für Arbeitnehmerinnen bedeutet dies, daß tarifliche Rechte dann automatisch für sie gelten, wenn sie Mitglied in einer Gewerkschaft sind, die zur *Gemeinschaft der Gewerkschaften und Verbände des öffentlichen Dienstes* gehört. Sind sie es nicht, gilt vom Grundsatz her *Verhandlungsfreiheit* zwischen den Einzelpersonen und den Arbeitgebern. Natürlich wird kein Arbeitgeber gesonderte Verträge abschließen wollen (zumindest nicht im öffentlichen Dienst), doch in Arbeitsauseinandersetzungen, z. B. Streik, kann die Nicht-Mitgliedschaft in einer Gewerkschaft schon unmittelbar zu Nachteilen führen.

Für die Angestellten/Erzieherinnen bei den Freien Trägern gilt meist eine direkte Übernahme der Bedingungen des Arbeitsverhältnisses nach BAT oder ein Arbeitsvertrag nach AVR. Diese *Arbeitsvertragsrichtlinien* passen den BAT an die Belange der kirchlichen Träger an, wobei eine weitgehende Identität bei den Einzelregelungen gegeben ist.

Beihilfen

Auf der Grundlage des § 40 BAT gewähren Arbeitgeber des öffentlichen Dienstes auf Antrag Beihilfen zu den Kosten eines Geburts- oder Todesfalles, eines Krankenhausaufenthaltes oder zur Beschaffung von medizinischen Hilfsmitteln.

Pflichtversicherte der gesetzlichen Krankenversicherungen bekommen jedoch selten etwas, da die Kosten meist schon von der Krankenkasse abgedeckt sind.
Es empfiehlt sich im Einzelfall nachzufragen.

Berufshaftpflichtversicherung

Haftpflichtversicherungen decken die Risiken ab, die in bestimmten Lebenszusammenhängen auf einen Menschen zukommen (können) und für die er/sie, falls verantwortlich, selbst aufkommen (= haften) müßte. Manche Lebensrisiken werden als so wahrscheinlich und so gravierend eingeschätzt, daß der Gesetzgeber eine Haftpflichtversicherung zur Auflage macht, andere Risiken werden als eher geringfügig eingestuft, so daß es jeder Person freisteht, sich zu versichern oder nicht. Das *Gesetz über die Pflichtversicherung für Kraftfahrzeughalter* (kurz: Pflichtversicherungsgesetz)[4] beispielsweise schreibt vor, daß Autos und andere Kraftfahrzeuge ohne eine Haftpflichtversicherung nicht zugelassen werden dürfen. Hier ist das öffentliche Interesse an einer Absicherung aller Verkehrsteilnehmer so groß, daß den Kfz-Haltern der Abschluß einer (nicht gerade billigen) Versicherung auferlegt wird. Privathaftpflichtversicherungen dagegen decken Risiken des Alltags, eben im Privatbereich, für die versicherte Person und eventuelle Familienmitglieder auf freiwilliger Grundlage ab.

Eine Berufshaftpflichtversicherung ist demzufolge als Absicherung des Haftungsrisikos gedacht, das eine Arbeitnehmerin in Ausübung ihres Berufes eingeht. Die Berufshaftpflichtversicherung soll den Ersatz des Schadens übernehmen, für den die Versicherungsnehmerin aufkommen müßte, falls die Verantwortung bei ihr *hängenbliebe*.

Für Erzieherinnen bestehen die grundsätzlichen Möglichkeiten, daß sowohl die zu beaufsichtigenden Kinder, als auch möglicherweise geschädigte dritte Personen Schadensersatz- und Schmerzensgeldansprüche gegen die verantwortlichen Mitarbeiterinnen geltend machen können. Ein weiteres Risiko liegt in der Möglichkeit eines *Regresses* durch eine Krankenversicherung oder die → gesetzliche Unfallversicherung, welche eventuelle Leistungen ersetzt bekommen möchten.

---

[4] von 1965 mit Stand 1997

Haftpflichtversicherungen kommen sowohl für Ansprüche aus Personenschäden als auch aus Sachschäden auf. Eine Autofahrerin beispielsweise, die wegen nicht richtig beaufsichtigter Kinder ausweichen muß und dabei in den Graben fährt, kann für ihr beschädigtes Auto den Ersatz der Reparaturkosten verlangen, gegebenenfalls Ersatz für einen Verdienstausfall sowie ein angemessenes Schmerzensgeld. Darüber hinaus wird ihre Krankenversicherung die eventuell entstandenen Arzt- und Krankenhauskosten verlangen.

In jedem Schadensfall *können* sich die Schadenssummen zu erheblichen Geldbeträgen summieren, die von der Geschädigten als Schadensersatz beansprucht werden. Sie müssen bezahlt werden, vorausgesetzt, die schadensverantwortliche Erzieherin kann eine ausreichende Wahrnehmung ihrer Aufsichtspflicht nicht nachweisen. Eben gegen dieses Risiko, d. h. gegen die möglichen Zahlungsverpflichtungen, ist man durch den Abschluß einer Berufshaftpflichtversicherung abgesichert.

Geteilte Meinungen bestehen hinsichtlich der unbedingten Erforderlichkeit einer Berufshaftpflichtversicherung. Hierfür kann es keine Ratschläge geben. Viele Faktoren sind zu bedenken. Vorrangig sollte jede Erzieherin sich klar darüber werden, wie wichtig ihr und ihrem Wohlbefinden der Abschluß eines Versicherungsvertrages ist. Als Entscheidungshilfe können vielleicht folgende Überlegungen dienen:

- Der Gesetzgeber ordnet die Berufshaftpflichtversicherung nicht den Pflichtversicherungen zu, sondern stellt sie ins private Belieben. Daraus ist abzulesen, daß das tatsächliche Risiko als relativ gering eingeschätzt wird.
- Berufshaftpflichtversicherungen kosten für Erzieherinnen ca. 100,– DM pro Jahr, Kfz-Haftpflichtversicherungen dagegen kommen je nach Fahrzeugtyp und Schadensfreiheitsrabatt leicht und locker auf 1000,– DM, woraus folgt, daß das tatsächliche Schadensrisiko um ein zehnfaches höher liegt. Wäre das Berufsrisiko von Erzieherinnen größer, würden die Versicherungsprämien steigen, denn die Versicherungen wollen (nur) eines: Sie wollen verdienen, also weniger ausgeben, als sie einnehmen. Wenn also das Berufsrisiko von Erzieherinnen so gering ist, daß es mit 100,– DM

jährlich abzudecken ist, läßt sich mit einiger Berechtigung fragen, warum man es überhaupt absichern soll.

Andererseits:
- Wenn die Versicherung so günstig zu haben ist, warum soll sie dann nicht abgeschlossen werden? Für den Preis von etwa fünfzig Pfennig pro Arbeitstag können vorsichtige Gemüter ruhiger schlafen.
- Wer Kinder hat, ist mit einer Privathaftpflichtversicherung gut beraten; wird diese mit der beruflichen Variante kombiniert, fährt man noch preisgünstiger als mit Einzelverträgen.

Es ist vor allem eine Frage der Lebenseinstellung, wie die Entscheidung getroffen wird.

Zu bedenken ist noch, daß jede Haftpflichtversicherung vor der Auszahlung von Ersatzleistungen prüft, ob die Ansprüche gerechtfertigt sind oder nicht. Die Versicherung hilft also auch bei der Feststellung, ob die Versicherungsnehmerin überhaupt verpflichtet ist zu bezahlen. Nur dann nämlich muß die Versicherung Ersatz leisten. Bei Fällen, in denen die Erzieherin ihre Aufsichtspflicht verletzt haben soll und der Träger gegen sie auf Regreß klagt, findet sie daher in ihrer Versicherung eine Unterstützung.

Zu beachten ist dann noch, daß die meisten Versicherungen Zahlungen bis zur vereinbarten Schadenssumme übernehmen, selbst wenn die Mitarbeiterin fahrlässig (S. 210 ff.) gehandelt hat. Einige Versicherungen schließen aber grobe Fahrlässigkeit aus. Diese Verträge sind vollkommen unnütz, denn gerade für solche Fälle würde die Versicherung gebraucht. Bei Handlungen aus *Vorsatz* haftet sowieso keine Versicherung.

Übrigens: Die Gewerkschaftsbeiträge schließen entweder eine Berufshaftpflichtversicherung mit ein (so bei der GEW) oder man kann als Mitglied sehr günstige Versicherungen abschließen (so bei der ÖTV). Die Gewerkschaften geben genauere Informationen zu den Versicherungsbedingungen und -leistungen.

Beschwerden

Intern richtet sich eine Beschwerde an die jeweilige Vorgesetzte mit dem Ziel, einen unerwünschten Zustand zu beenden.
Für Beschwerden sind verschiedene Ursachen denkbar, z. B.:

- Konflikte zwischen Kolleginnen,
- unzumutbare Behandlung durch Vorgesetzte,
- unzumutbare Zustände in der Einrichtung.

Konflikte zwischen Kolleginnen lassen sich am besten mit den Betroffenen einzeln, mit einer Vertrauensperson oder im Kreis mehrerer/aller Kolleginnen klären. Beschwerden über Mitarbeiterinnen des eigenen Teams vergiften die Arbeitsatmosphäre und können die Zusammenarbeit sogar völlig unmöglich machen. Sie führen selten zum Ziel, daher sollten Beschwerden nur als letztes Mittel eines Änderungsversuches angewandt werden.

Eine unzumutbare Behandlung durch die Vorgesetzte ist nicht unabänderlich. Es sollte zunächst das Gespräch gesucht werden. Wenn keine Einigung zu erzielen ist, bleibt einzig die Möglichkeit, sich an die jeweils nächsthöhere Vorgesetzte zu wenden (→ Dienstweg). Empfehlenswert ist eine schriftliche Beschwerde, von der die Betroffene zeitgleich eine Kopie erhält. Damit ist der Beschwerde der Charakter der Denunziation genommen. Mit der Schriftform kann sichergestellt werden, daß die Beschwerde bearbeitet wird. Beschwerden gegen Vorgesetzte werden um so ernster genommen, je mehr Kolleginnen sie mittragen.

Unzumutbare Zustände in der Einrichtung rechtfertigen eine Beschwerde, wenn andere Initiativen zur Veränderung erfolglos waren.

Die Träger von Einrichtungen der Jugendhilfe übernehmen die Verpflichtung, sie zum Wohle der anvertrauten Kinder einzurichten. Gleichzeitig übernehmen die Träger als Arbeitgeber Verpflichtungen gegenüber den beschäftigten Erzieherinnen. Wird gegen eine dieser beiden Pflichten verstoßen, obliegt es den Beschäftigten in der Kindertageseinrichtung, den Träger in angemessener, sachlicher Form auf diese Tatsache hinzuweisen. Das ergibt sich aus der

Treuepflicht der Angestellten gegenüber ihrem Arbeitgeber: Mißstände am Arbeitsplatz müssen mitgeteilt werden, damit der Arbeitgeber eine Chance bekommt, den Zustand zu ändern. Die Leiterin der Einrichtung ist verpflichtet, die Information an den Träger weiterzuleiten.

Reagiert der Träger nicht, kann der zweite Schritt der Auseinandersetzung folgen. Angemessen in der Form, trotzdem klar im Inhalt sollte das Anliegen als schriftliche Beschwerde mit der Bitte um Abhilfe (möglichst verbunden mit einem realistischen Änderungsvorschlag) formuliert werden. Die Schriftform erhöht die Wahrscheinlichkeit einer Antwort. Außerdem kann sie als Nachweis dafür dienen, wann der Träger auf den Mißstand hingewiesen wurde. Auch hier gilt, daß eine Beschwerde dadurch an Gewicht gewinnt, daß möglichst viele Kolleginnen dahinter stehen.
→ Dienstaufsichtsbeschwerde

Bewerbungs- und Einstellungsverfahren

Bewirbt sich eine Erzieherin, so hofft sie auf eine Anstellung und will sich von ihrer besten Seite präsentieren. Entsprechend gestaltet sie ihre Bewerbungsunterlagen.

Die Bewerberin gibt vom ersten Kontakt an und während des gesamten Verfahrens Informationen über sich preis. Dies liegt in der Natur der Sache selbst. Im Arbeitsrecht findet sich hierfür der Begriff *Offenbarungspflicht*. Ihr unterliegt auch der jeweilige Arbeitgeber. Er muß die potentielle Arbeitnehmerin beispielsweise genau über die Anforderungen (insbesondere außergewöhnliche Belastungen) am zukünftigen Arbeitsplatz unterrichten oder offenlegen, daß er Gefahr läuft, demnächst keine Gehälter bezahlen zu können.

Für Bewerberinnen bedeutet die Offenbarungspflicht, Fragen zu beantworten, z. B. nach
- ihren beruflichen Fähigkeiten (uneingeschränkt zulässig zu stellen),
- dem Gesundheitszustand (eingeschränkt zulässig zu stellen) oder
- Vorstrafen (eingeschränkt zulässig zu stellen).

Der gemeinsame Nenner bei den nur *eingeschränkt zulässigen Fragen* lautet ungefähr so: Soweit das zukünftige Arbeitsverhältnis in seinem Bestand tangiert ist oder soweit andere Arbeitnehmerinnen (zukünftige Kolleginnen) betroffen sein können, dürfen die Fragen gestellt und müssen sie beantwortet werden.

Im Beispiel: Krankheiten müssen nur angegeben werden, wenn davon die Arbeitsleistung beeinträchtigt wird oder wenn zukünftige Kolleginnen gefährdet sein könnten. Vorstrafen müssen (sogar wenn nicht erfragt) dann angegeben werden, wenn sie relevant für die zukünftige Tätigkeit sind, z. B. müssen Kassiererinnen Strafen wegen Diebstahls oder Betruges angeben, Kraftfahrer Strafen wegen Trunkenheit am Steuer, Erzieherinnen in Jugendfreizeitheimen Strafen wegen Drogenmißbrauchs.

Mitunter werden leider unzulässige Fragen an Bewerberinnen gestellt. Hier gilt es zu differenzieren. Die Frage nach der Zugehörigkeit zu einer Gewerkschaft, Partei oder Religionsgemeinschaft ist im öffentlichen Dienst unzulässig, bei Institutionen entsprechender Träger ist sie gestattet. Ein kirchlicher Arbeitgeber darf die Auswahl von der Religionszugehörigkeit einer Bewerberin abhängig machen, ein Gewerkschaftsbetrieb oder eine Parteizeitung ihre Auffassung ebenso durchsetzen.

Die Offenbarungspflicht von Bewerberinnen/Arbeitnehmerinnen erstreckt sich nur auf die wahrheitsgemäße Beantwortung aller berechtigten, schutzwürdigen und billigenswerten Fragen des Arbeitgebers. Urteile des Bundesarbeitsgerichts bestätigen, daß Arbeitssuchende auf nicht zulässige Fragen in Bewerbungsgesprächen bewußt falsche Antworten geben dürfen. Dies gilt selbst dann, wenn man am Ende des Personalfragebogens unterschreibt: »Vorstehendes habe ich besten Wissens richtig ausgefüllt.«

Diese für die Wahrung von Arbeitnehmerinteressen konsequente Rechtsprechung ist darauf zurückzuführen, daß Bewerberinnen keine Möglichkeit haben, einzelne Fragen als unzulässig abzulehnen. Der weitere Ausgang des Bewerbungsverfahrens wäre wohl klar: Beantwortet die Bewerberin die Frage nicht oder schreibt sie daneben, daß sie z. B. die Frage nach der Parteizugehörigkeit für unzulässig hält, wird sie aller Voraussicht nach nicht eingestellt. Beantwortet sie die Frage richtig, hat erstens der Arbeitgeber sich mit einer unzulässigen Frage durchgesetzt und wird zweitens die Bewerberin nicht eingestellt, wenn sie die *falsche* Partei angekreuzt hat.

Wirksam zu umgehen ist dieses Dilemma nur durch die Erlaubnis, daß Bewerberinnen auf unzulässige Fragen unzulässige Antworten geben bzw. die Fragen nach eigenem Gutdünken für den Bewerbungserfolg beantworten dürfen. Es kommt nicht darauf an, ob die Antwort der Wahrheit entspricht.

Nach langem Hin und Her hat das Bundesarbeitsgericht Fragen nach einer Schwangerschaft bei den Bewerberinnen für *unzulässig* erklärt. Es gibt eine *Ausnahme* von der Regel für den Fall, daß diejenige Person ihre Tätigkeit wegen der Schwangerschaft gar nicht antreten könnte. Möglich wäre dies beispielsweise bei einer Tänzerin oder wenn die Gesundheit von Mutter und Kind gefährdet würde. Anhaltspunkte hierfür gibt das → Mutterschutzgesetz in seinem § 4 über Beschäftigungsverbote.

Findet eine Eingangsuntersuchung durch den Betriebsarzt statt, darf dieser keine Angaben über eine Schwangerschaft, sondern ausschließlich über die gesundheitliche Eignung der Bewerberin an den Arbeitgeber weiterleiten.

Alle Informationen, die der Arbeitgeber im Zusammenhang mit der Bewerbung über die Erzieherin erhält, muß er auf Verlangen vernichten. Auch muß der Arbeitgeber Stillschweigen (→ Schweigepflicht) über den Inhalt der Bewerbungsunterlagen und alle Informationen aus dem gesamten Bewerbungsverfahren, auch dem Vorstellungsgespräch, bewahren.

Ein letztes Recht aller abgelehnten Bewerberinnen: die Unterlagen sind unverzüglich an sie zurückzusenden.

Bildungsurlaub

Unter Bildungsurlaub wird die in der Regel bezahlte Freistellung von der Arbeit für Arbeitnehmerinnen zum Besuch von Veranstaltungen verstanden, die der politischen oder beruflichen Bildung dienen.

Die Bundesrepublik Deutschland hat sich schon 1974 verpflichtet, schrittweise den Bildungsurlaub einzuführen. Da der gesamte Bildungsbereich in Länderhoheit liegt, ist es Aufgabe der Bundesländer, entsprechende Regelungen zu erlassen. Die garantierte Eigenständigkeit der Länder hat zu teilweise großen Abweichungen voneinander geführt. So sind bisher nicht alle Bundesländer ihrer Verpflichtung nachgekommen, ein Bildungsurlaubsgesetz bzw. ein Weiterbildungsgesetz zu erlassen. Wegen der Heterogenität können die folgenden Ausführungen nur Anhaltspunkte geben, die in den einzelnen Bundesländern bei dem dafür zuständigen Arbeits- und/ oder Bildungsministerium erfragt werden müssen.

In der Regel haben Arbeitnehmerinnen, da wo Bildungsurlaubsgesetze erlassen wurden, einen Freistellungsanspruch von fünf Tagen pro Jahr, der für einzelne längere Veranstaltungen die Möglichkeit zur Zusammenlegung von Ansprüchen zweier Jahre beinhaltet. Beispiele: In Hessen haben Arbeitnehmerinnen und Arbeitnehmer Anspruch auf fünf Tage im Jahr, in Niedersachsen auf acht Tage innerhalb von zwei Jahren und in Berlin sind es höchstens zehn Kalendertage in zwei Jahren.

Bildungsurlaub muß wie Erholungsurlaub beantragt werden. Der Arbeitgeber kann aus betrieblichen Gründen einmal ablehnen, muß bei einem Ersatztermin dann jedoch zustimmen.

Veranstaltungen des Bildungsurlaubes müssen allgemein zugänglich sein. Sie bedürfen der Anerkennung durch die zuständige oberste Landesbehörde. Sie können auch im Ausland stattfinden.

Weiterbildungskurse zur beruflichen Bildung müssen allgemein anerkannt sein, *und* es muß ihnen personenbezogen zugestimmt werden, d.h. es muß ein fördernder Bezug zum Beruf vorhanden sein. Kurse politischer Bildung können allgemeinere Bereiche ansprechen.

Gemeinsamkeit besteht in allen Bundesländern darüber, daß Bildungsurlaub zu wenig in Anspruch genommen wird. Das liegt zum einen an Unkenntnis oder mangelnder Durchsetzungsfähigkeit der Arbeitnehmerinnen, zum anderen am Widerstand der Arbeitgeber. → Personalvertretungen und → Gewerkschaften helfen weiter.

siehe auch → Sonderurlaub und → Fortbildung

Datenschutz

Im Gegensatz zur Verschwiegenheitspflicht (→ Schweigepflicht), die ein Arbeitgeber seinen Mitarbeiterinnen auferlegt, damit innerbetriebliche Vorgänge geschützt werden, die er für geheimhaltungswürdig hält, verfolgt der Datenschutz das Ziel, betroffene Bürgerinnen vor einer ungerechtfertigten Weitergabe von Informationen zu schützen.

Das Bundesverfassungsgericht hat in seiner Entscheidung zur Volkszählung das *Recht auf informelle Selbstbestimmung* hervorgehoben, mit zweierlei Wirkung für jede Bundesbürgerin (BverfGE 65). Diese Entscheidung bildete die Grundlage für das Bundesdatenschutzgesetz und die Datenschutzgesetze der Länder. Zum einen wird nun die einzelne Person dadurch geschützt, weil nur in bestimmten Fällen von ihr Auskunft verlangt werden kann. Zum anderen muß sie jederzeit wissen, was mit den über sie rechtmäßig erhobenen Daten geschieht. Eine Datenweitergabe darf nur kontrolliert (und genehmigt) erfolgen.

Daten dürfen prinzipiell nur zu dem Zweck verwendet werden, zu dem sie erhoben wurden. Unter Beachtung dieses *Zweckbindungsprinzips* ist eine Weitergabe von Daten unbedenklich, wenn damit der ursprünglich verfolgte Zweck zu erreichen ist. Wird dieser Rahmen überschritten, muß der Träger der Informationen entweder das Einverständnis der betroffenen Personen einholen oder eine andere Legitimationsgrundlage besitzen, beispielsweise auf ein Gesetz (Bundesseuchengesetz; → meldepflichtige Krankheiten) zurückgreifen können.

Gesetzliche Grundlage aller Datenschutzregelungen sind das Bundesdatenschutzgesetz (BDSG) und die Datenschutzgesetze der einzelnen Bundesländer. Das Bundesdatenschutzgesetz entspricht den Anforderungen des Bundesverfassungsgerichts. Es dürfen ausschließlich *erforderliche* Daten erhoben werden. In § 14 Abs.1 BDSG ist der Zweckbindungsgrundsatz verankert, nach dem Daten nur für den erhobenen Zweck verwendet werden dürfen.

In der Praxis Sozialer Arbeit wird das Bundesdatenschutzgesetz häufig überschätzt, manch anderes Gesetz hat höhere Wertigkeit,

z. B. das Strafgesetzbuch in seiner Vorschrift des § 203 und die Sozialgesetzbücher X (dort § 69) und VIII (dort § 64).

§ 203 StGB
»*(1) Wer unbefugt ein fremdes Geheimnis, namentlich ein zum persönlichen Lebensbereich gehörendes Geheimnis oder ein Betriebs- oder Geschäftsgeheimnis offenbart, das ihm als ...(es folgen diverse Berufe) anvertraut worden oder sonstwie bekanntgeworden ist, wird mit Freiheitsstrafe bis zu einem Jahr oder mit Geldstrafe bestraft.*
(2) Ebenso wird bestraft, wer unbefugt ein fremdes Geheimnis, namentlich ein zum persönlichen Lebensbereich gehörendes Geheimnis oder ein Betriebs- oder Geschäftsgeheimnis, offenbart, das ihm als 1. Amtsträger ... anvertraut oder sonstwie bekanntgeworden ist. Einem Geheimnis im Sinne des Satzes 1 stehen Einzelangaben über persönliche Verhältnisse eines anderen gleich, die für Aufgaben der öffentlichen Verwaltung erfaßt worden sind...«

§ 203 StGB gilt gegenüber jedermann, auch gegenüber Vorgesetzten. Die Weitergabe von Informationen über Eltern oder Kinder ist demnach besonders sensibel zu handhaben. Sie ist gedeckt, wenn Einverständnis bei den Betroffenen besteht oder wenn ein Gesetz dazu ermächtigt. § 65 KJHG/SGB VIII erstreckt den § 203 StGB ausdrücklich auf alle Mitarbeiterinnen der Jugendhilfe.

Das Sozialgesetzbuch X verengt den Spielraum des Bundesdatenschutzgesetzes deutlich. Danach ist die Weitergabe von Sozialdaten nur zulässig, soweit das Gesetz eine ausdrückliche Erlaubnis enthält. Eine Weitergabe ist nur zum eigentlichen Zweck zulässig oder aber für die Erfüllung einer gesetzlichen Aufgabe nach dem Sozialgesetzbuch in allen seinen Teilen. Das KJHG/SGB VIII ist darin eingeschlossen. § 64 Abs. 2 engt dort den § 69 SGB X weiter ein: eine Datenermittlung ist zulässig, wenn der Erfolg der Jugendhilfe nicht in Frage gestellt wird. Relevant kann dies beispielsweise bei → Kindesmißhandlung werden. Die betroffenen Erzieherinnen und Sozialpädagoginnen/Sozialarbeiterinnen müssen sich stets fragen:
- Ist die Datenermittlung erforderlich für das Kind?
- Wird durch die Übermittlung der Erfolg einer Hilfe in Frage gestellt?

Aus der Abwägung erfolgt die Entscheidung, für die die handelnde Person sich notfalls verantworten muß. Unterscheiden sollte sie dabei stets zwischen Daten, die ihr etwa von Jugendlichen im Rahmen einer Betreuung anvertraut werden, und sonstigen Daten, die im Rahmen der üblichen Tätigkeit sozusagen zwangsläufig bekannt sind, also mehr oder weniger allgemein offenbart werden müssen. Die ersten genießen einen höheren Schutz als die zweiten.

Zur Erläuterung noch einige praktische Beispiele, die in Kindertageseinrichtungen geschehen können:

Es kann vorkommen, daß das Jugendamt im Rahmen eines Sorgerechtsverfahrens eine Stellungnahme für das Familiengericht fertigen soll und deshalb Auskünfte über ein Kind und die Beziehung zu seinen Eltern erbittet. Da der Betreuungsvertrag zwischen den Eltern und dem Träger der Kindertageseinrichtung mit einiger Sicherheit keine Passage enthält, wonach Informationen für gerichtliche Anhörungen weitergegeben werden dürfen, müssen die Erzieherinnen das Auskunftsersuchen ablehnen, selbst wenn es sich um eine kommunale Kindertageseinrichtung handelt und die Informationen praktisch nur innerhalb des Jugendamtes weitergeleitet würden. Die Begründung liegt im Zweckbindungsprinzip: die Kindertageseinrichtung hat Informationen/Daten für den Zweck der Betreuung, Bildung und Erziehung erhalten, nicht jedoch zur Vorbereitung einer Sorgerechtsentscheidung.

Im Übergang vom Kindergarten zur Schule oder bei Hortkindern hätten Lehrerinnen zuweilen gern besondere Auskünfte von den betreuenden Erzieherinnen, die allerdings grundsätzlich keine Auskünfte geben dürfen. Eine Ausnahme bilden die standardisierten Vorschul- oder Einschulungsbögen bzw. *Empfehlungen zum Schulanfang*. Da, wo sie auf landesrechtlicher Grundlage eingeführt sind, gelten sie für alle Kinder; die Zulässigkeit der Abfrage dieser Daten ist gegeben. Zu empfehlen ist in allen Fällen ein klärendes Gespräch mit den Eltern, die ihrerseits von dem Auskunftsersuchen der Lehrerin vielleicht noch gar nichts wissen.

Ein überaus heikles Thema ist die → Kindesmißhandlung. Erfahren Erzieherinnen, daß ein betreutes Kind mißhandelt wird, sollten sie abschätzen, ob sie sich zutrauen, mit den Eltern zu sprechen. Fühlen sie sich unsicher, können sie sich ohne Namen preiszugeben mit der Bitte um Orientierung an das zuständige Jugendamt oder eine Beratungsstelle wenden. Um die Möglichkeit eines sozialpädagogischen Erfolges nicht von vornherein zu verschließen, ist von einer eigenmächtigen Informationsweitergabe an die Polizei zum Zweck einer Strafanzeige unbedingt abzusehen.

Manche Träger haben interne Arbeitsanweisungen oder Handreichungen erarbeitet, die das Vorgehen der Erzieherinnen und anderer Mitarbeiterinnen in solchen Fällen regeln.

Dienstanweisungen

Vorgesetzte dürfen ihre Mitarbeiterinnen im Rahmen des Arbeitsverhältnisses anweisen, dies oder jenes zu tun oder zu lassen. Im öffentlichen Dienst heißen die Anordnungen *Dienstanweisungen*.

Das Recht auf Erteilung von Anordnungen steht einer Person qua Hierarchie zu. Das Recht beinhaltet die Möglichkeit, das letzte und ausschlaggebende Wort in einem Konflikt oder zu einer Entscheidung sprechen zu dürfen. Es ist eng mit der übertragenen Verantwortung verbunden. Die Verantwortung einer Vorgesetzten erstreckt sich auf die Erledigung der Aufgaben und zugleich auf die korrekte Personalführung (→ Aufgaben der Leitung). Deshalb gilt das Recht der Vorgesetzten nicht uneingeschränkt; zum Schutz der Angestellten ist das Anweisungsrecht eingeschränkt:

Erstens müssen sich Anweisungen auf die dienstliche Tätigkeit beziehen. Einer Erzieherin darf z. B. nicht verboten werden, sich in ihrer Freizeit um ein Kind aus ihrer Gruppe zu kümmern, das in ungünstigen Verhältnissen lebt. Eine solche Anweisung wäre nichtig. Sie entbehrte einer Rechtsgrundlage, weil sie sich auf die arbeitsfreie Zeit der Erzieherin bezöge. Ob die Spezialbetreuung (Zoo-Besuche, Spaziergänge) pädagogisch sinnvoll ist, bedarf allerdings einer kollegialen Beratung im Einzelfall.

Zweitens dürfen Dienstanweisungen nicht gegen geltendes Recht verstoßen. Eine Erzieherin darf z. B. nicht angewiesen werden, ein Kind zu züchtigen oder den Personenberechtigten die Herausgabe des Kindes zu verweigern.

Gegen die Rechte der Vorgesetzten stehen die der Erzieherin. Sie darf in der Regel die alltäglichen Aktivitäten ihrer Kindergruppe in eigener Regie durchführen. Das ist sogar ihre Aufgabe bzw. ihre Verpflichtung. Deshalb sind bei einer qualifizierten Erzieherin nur wenige Dienstanweisungen denkbar, die ihren üblichen Tätigkeitskreis einschränken. Besondere Aktionen, ein Stadtspiel oder großes Spielfest etwa, müssen mit der Leiterin (gegebenenfalls mit weiteren Vorgesetzten) abgestimmt werden.

Trotzdem werden immer wieder Dienstanweisungen ausgesprochen, die in den originären Verantwortungsbereich einer Erzieherin hineinregieren und/oder sachlich unsinnig sind:

- Gruppen dürfen die Einrichtung nur dann verlassen, wenn sie von zwei Erzieherinnen begleitet werden;
- eine Gruppenreise wird untersagt, obwohl die Erzieherin auf Bezahlung ihrer Mehrarbeit verzichtet;
- der Sandkasten der Einrichtung muß täglich geharkt oder der Sand von den Steinplatten gefegt werden;
- private Pkw dürfen dienstlich nicht für Kindertransporte benutzt werden;
- Erzieherinnen dürfen Kinder nicht allein auf den Hof bzw. in den Garten lassen;
- Matratzen und Decken dürfen im Gruppenraum nicht benutzt werden.

Die Beispiele sind authentisch. So haarsträubend solche Dienstanweisungen auch sind, sie müssen beachtet und sollten zunächst eingehalten werden. Hat eine Erzieherin eine abweichende Meinung zu einer Anweisung, so sollte sie die nächsthöhere Vorgesetzte informieren. Bestätigt diese ihre ursprüngliche Anweisung, so kann die Erzieherin ihre Sichtweise aufschreiben und zur → Personalakte geben. Wie bei einer → Beschwerde sollte sie die Person, die die Anweisung erteilt hat, von dem bevorstehenden Schritt unterrichten.

Diesen Weg zu gehen, bedeutet nicht nur, sein Recht wahrzunehmen, sondern auch, seiner Pflicht nachzukommen. Mitarbeiterinnen haben ihre Vorgesetzten von allen Gegebenheiten zu unterrichten, die eine ordnungsgemäße Aufgabenerfüllung, hier die

Erfüllung des Erziehungsauftrages, verhindern oder negativ beeinflussen. Dazu gehören Dienstanweisungen, die eine flexible, offene und an den Bedürfnissen der Kinder orientierte Arbeit verhindern. Das erfolgversprechendste Mittel zur Aufhebung von Einschränkungen ist ein Gespräch mit der Vorgesetzten, die die Anordnung erlassen hat.
Dabei sollten folgende Fragen geklärt werden:
- Warum erfolgte die Anordnung?
- Was sollte damit bezweckt werden?
- Wie soll die Anweisung praktisch durchgeführt werden?
- Auf welcher sachlichen Grundlage steht die Anordnung?

Die Erzieherin sollte die Auswirkungen der Anweisung für die pädagogische Arbeit erklären und mit der Vorgesetzten nach einer gemeinsamen Lösung suchen. Sollten die Bemühungen nicht zu den gewünschten Änderungen führen, hilft vielleicht eine Anfrage bei der Rechtsabteilung bzw. dem externen Rechtsvertreter des Trägers oder bei der Personalvertretung, die Auskunft über die Rechtmäßigkeit der betreffenden Anweisung geben können.

In heiklen Fällen mag ein Gespräch mit der Vorgesetzten nicht zustande kommen und ist trotzdem eine Beschwerde oder der Gang zur Rechtsvertretung schon ein zu starkes Mittel. Als Zwischenschritt bietet sich eine schriftliche Mitteilung über die Bedenken gegen die Dienstanweisung an. Das Schreiben sollte die entsprechenden Begründungen und Gegenvorschläge enthalten, sowie mit einer Frist zur Beantwortung versehen sein. Nach deren Ablauf kann davon ausgegangen werden, daß die Vorgesetzte stillschweigend von ihrer Anweisung abgerückt ist, wenn sie sie nicht nochmals bestätigt.

Dienstanweisungen auf Betreiben der Erzieherinnen

Eine Vorgesetzte erteilt Anweisungen, wenn sie der Meinung ist, daß sie ihre Vorstellungen nicht auf andere Weise um- bzw. durchsetzen kann. Selten nur wird Böswilligkeit sichtbar, meist Hilflosigkeit im Führungsverhalten. Daran haben *auch* Mitarbeiterinnen ihren Anteil.
Es gibt beispielsweise Dienstanweisungen, die nicht wirklich existieren, weil sie in der Gerüchteküche gekocht wurden. Alle Erziehe-

rinnen/Mitarbeiterinnen (einer Einrichtung/eines Trägers) glauben aber gern an die Anweisung, weil sie ihnen entgegenkommt. Das Motiv dazu heißt *Bequemlichkeit*. Die Erzieherinnen brauchen sich nicht zu positionieren, sondern können auf die angebliche Anweisung verweisen.[5] Eine Variante davon ist der Wunsch nach einem *Buhmann* bzw. einer *Buhfrau*. Die Vorgesetzte wird dazu ge- und mißbraucht, weil das Team sich nur über einen Sündenbock definieren kann. Hierfür gibt es viele Motive.

Wenn kein Gerücht herstellbar ist, kann eine Dienstanweisung wahlweise und zur Not provoziert werden. Beispielsweise dann, wenn die Erzieherinnen einer Einrichtung nicht in der Lage sind, sich auf eine gemeinsame Vorgehensweise zu einigen. Stattdessen wird ein *Schiedsrichter* gerufen, der per Anweisung das Problem regeln soll. Das ist nicht nur bequem, das ist auch praktisch, denn anschließend kann der Vorgesetzten auch noch die Schuld zugeschoben werden, wenn die Anweisung nicht durchzuführen ist!

Eine weitere Möglichkeit, zu Dienstanweisungen zu kommen, besteht darin, daß Meinungsäußerungen von Vorgesetzten oder anderen Dienststellen beflissen, eilfertig und devot Eingang finden in die eigene Arbeit. *Unterwürfigkeit* kann ein Motiv sein. Kommt der Wunsch hinzu, die eigene Meinung zu verstecken und sich trotzdem gegenüber anderen durchsetzen zu wollen, heißt das Motiv *Feigheit*.

Für alle Varianten empfiehlt sich, möglichst alles im Unklaren zu lassen und keinesfalls etwas zu einer Klärung beizutragen, sonst könnte der Charakter der Information richtiggestellt werden: Handelt es sich bei der Anweisung (so wie sie bekannt wird) um eine bloße Gedankenäußerung, eine Empfehlung oder tatsächlich um eine Anordnung? Ein Beispiel aus der Praxis:

In einer Kindertageseinrichtung eines kommunalen Trägers in Berlin hat ein Vertreter des Gesundheitsamtes *gesagt*, daß aufblasbare Planschbecken für Kinder, etwa im Durchmesser von ein bis zwei Metern, öffentlichen Schwimmbädern gleichzustellen sind,

[5] Wer als Neuling in solch ein Team kommt, sollte sich die angebliche Anweisung einfach zeigen oder schriftlich geben lassen. Dann (er)klärt sich manches.

wenn sie in Kindertagesstätten aufgestellt werden. Er führte weiter aus, daß öffentliche Schwimmbäder mit einer Umwälzpumpe ausgerüstet sein müssen. Da die Planschbecken keine Pumpen haben und auch nicht entsprechend umgebaut werden können, dürften sie seiner Meinung nach nicht aufgestellt werden. Die im Original umfangreichere Äußerung hatte zur Folge, daß in insgesamt 21 Einrichtungen die Planschbecken entweder ganz verschwanden oder nur noch selten und heimlich benutzt wurden, weil angeblich eine Dienstanweisung erlassen wurde.

Dienstaufsichtsbeschwerde

Jeder Bürger kann gegen jede im öffentlichen Dienst beschäftigte Person unabhängig von ihrer Stellung und dem Dienstgrad mit einer Dienstaufsichtsbeschwerde vorgehen, wenn er sich durch Tätigkeit oder Untätigkeit der Person in seinen Rechten beeinträchtigt fühlt. Die Dienstaufsichtsbeschwerde ist eine besondere Form der → Beschwerde, mit der das dienstliche Handeln bzw. Verhalten einzelner Mitarbeiterinnen oder der Verwaltung insgesamt kritisiert wird.

Die Beschwerde ist beim jeweils höchsten Vorgesetzten der Dienststelle einzulegen, das sind beispielsweise der Bürgermeister, der Polizeipräsident, der Senator. Der Anspruch der Bürger geht dahin, daß ihre Beschwerden geprüft und beantwortet werden. Im Ergebnis wird zwar bei einer Dienstaufsichtsbeschwerde häufig nicht viel herauskommen, weil die Verwaltung sich selbst prüft, alle Beteiligten mußten sich jedoch mit dem Fall befassen, Stellungnahmen abgeben und erhebliche Schreibarbeit leisten. Sind die Vorwürfe berechtigt und lassen sich durch die Überprüfung bestätigen, bekommt der Beschwerdeführer seine Forderung erfüllt. Intern sind als Folge vermutlich →Disziplinarmaßnahmen zu erwarten.

Die möglichen disziplinarischen Folgen (bzw. die Angst vor ihnen) verhindern meist leider einen produktiven Umgang mit dem Konflikt. Selbst in gerechtfertigten Fällen wird das Fehlverhalten der Verwaltung lieber heruntergespielt, als daß ein Fehler offen zugegeben und der Zustand korrigiert wird. Die Verwaltung macht keine Fehler, weil sie keine zugibt. In den USA heißt es: Jede Beschwerde ist eine kostenlose Organisationsberatung! Will sagen, aus Beschwerden kann man nur lernen, wenn man ihren Kern akzeptiert und konstruktive Schlüsse daraus zieht, sie also keinesfalls *abbügelt*.

Für Mitarbeiterinnen in Kindertageseinrichtungen kommt es nach Konflikten mit Eltern, die über den Umweg einer Dienstaufsichtsbeschwerde ausgetragen werden, darauf an, weiterhin Gesprächsbereitschaft zu zeigen. Auch bei als ungerecht empfundenen Vorwürfen kann schon im Vorfeld einer Dienstaufsichtsbeschwerde versucht werden, zu deeskalieren. Manche Eltern machen es einem schwer, aber trotzdem ist zu bedenken, daß eine Dienstaufsichtsbeschwerde auch ein Zeichen dafür ist, daß sich die Eltern nicht anders zu helfen wissen, d.h. sie fühlen sich der Kita unterlegen. Es ist Sache und Aufgabe der Erzieherinnen/Leiterin, vorbeugend ein für alle Eltern akzeptables Gesprächsklima zu schaffen.

Dienstleistungsberichte

Von → Zeugnissen zu unterscheiden sind Leistungsberichte als *innerbetriebliche* Arbeits- und Führungsbeurteilungen von Arbeitnehmerinnen durch ihre jeweiligen Vorgesetzten. Im öffentlichen Dienst verlangen Arbeitgeber solche Dienstleistungsberichte mehr oder weniger regelmäßig, in mehr oder weniger großen Abständen. Anlässe hierfür sind das Ende eines Probehalbjahres, eine Beförderung, eine Bewerbung der Mitarbeiterin auf eine höher dotierte Stelle. Manche Kommunen erwarten alle zwei Jahre eine schriftliche fixierte Leistungs- und Verhaltensbewertung.

Aus Sicht der Angestellten kann eine Beschreibung der eigenen Qualifikation und der Berufserfahrung im Hinblick auf berufliche Pläne sinnvoll sein, und auch bei Konflikten ist ein Dienstleistungsbericht, der positive Ausführungen über die vorherige Zeit der Tätigkeit enthält, wertvolle Beweishilfe.

Dazu allerdings müssen Leistungsberichte ehrlich, d. h. möglichst objektiv geschrieben sein. Wenn bei den Berichten nach dem Motto verfahren wird, sich gegenseitig nicht wehzutun, haben sie keinerlei Aussagekraft. In Kindertageseinrichtungen haben Leiterinnen die Aufgabe, die Arbeitsleistungen ihrer Mitarbeiterinnen zu beurteilen. Wenn die Leiterin eine kritische Auseinandersetzung scheut, verschweigt sie eventuell vorhandene Leistungsmängel ihrer Mitarbeiterinnen.

Abgesehen davon, daß der betreffenden Kollegin damit eine Chance genommen wird, sich um Veränderung des kritisierbaren Verhaltens zu bemühen, bleibt als vielleicht nachhaltigstes Ergebnis, daß durch das *Schönschreiben* von Leistungsmängeln immer die guten Erzieherinnen bestraft werden. Deren Leistungen werden disqualifiziert, denn besser als »gut« geht selten, aber besser als »ausreichend« meistens. Die Folgen sind absehbar:

- schleichende Demotivierung von Leistungsstarken (es lohnt sich ja nicht) und Bestätigung der Leistungsschwachen (es geht ja auch so);
- Orientierung des Qualitätsniveaus nach unten;
- Fehleinschätzung/Überschätzung der vorhandenen Kompetenzen.

Warum das Ganze? Weil die Führungskraft nicht willens oder in der Lage war, ihren → Aufgaben als Leitung nachzukommen; manchmal, weil sie zu ängstlich war, eine Auseinandersetzung mit der betreffenden Mitarbeiterin oder der → Personalvertretung einzugehen.

Ein weiterer Grund ist eine verbreitete Erfahrung, daß schlechte Leistungen bestraft werden (müssen). Obwohl seit Grundschulzeiten gängige Erfahrung, ist die Kopplung von (mangelhaftem) Leistungsverhalten und Bestrafung in der Personalführung vollkommen fehl am Platz, kontraindiziert zur Qualitätsentwicklung und als Leitungsverhalten, um es deutlich zu sagen, völlig schwachsinnig und überholt. Noch einmal: das Verschweigen von Leistungs- oder Verhaltensmängeln nutzt auch der schwachen Mitarbeiterin nicht. Sie kann ihr Verhalten nicht ändern ohne eine realistische Rückmeldung. Die Fürsorgepflicht des Arbeitgebers gebietet aber die Förderung des Leistungspotentials seiner Mitarbeiterinnen.

Das Schönschreiben von Leistungen als Form der Nicht-Beurteilung schadet nicht nur abstrakt, mitunter folgt die Strafe auf dem Fuß. Erweisen sich nämlich Mitarbeiterinnen im Laufe der Zeit als wirklich nicht mehr tragbar für eine Einrichtung, wundern sich Träger (und im Konflikt auch das Arbeitsgericht) darüber, wieso eine bisher so qualifizierte Fachkraft plötzlich viel schlechtere Arbeit leisten soll. Dem Wunsch der Leiterin nach Abhilfe (Herausnahme der betreffenden Erzieherin aus dieser Kindertageseinrichtung bzw. Kündigung) kann nicht entsprochen werden.

Eine Beschreibung der in sozialen Berufen erforderlichen Qualifikationen als gewünschte Arbeits- und Verhaltensweisen ist schwierig. Eine Bewertung tatsächlicher Arbeitsleistung noch mehr. Wenig hilfreich sind standardisierte Formulare, zumindest für die gängigen Exemplare trifft die Aussage zu.

Da Formulare zur Verwaltungsvereinfachung entwickelt werden, folglich die Leistungen vieler Berufsgruppen gemessen werden sollen, die in dieser Verwaltung (z. B. einem städtischen Jugendamt) arbeiten, werden die besonderen Anforderungen des Erzieherinnenberufs meist nicht besonders erfaßt. Die Vordrucke beispielsweise enthalten in vielen Fällen keine Frage nach den Fähigkeiten, Kinder zu verstehen, integrativ zu wirken oder den Gruppenprozeß zu unterstützen, ohne sich aufzudrängen. Gefragt wird stattdessen nach formalen *Arbeitstugenden* wie Arbeitsbereitschaft, Willenskraft und Verhalten gegenüber dem Vorgesetzten.

Allerdings ist keine Leiterin gezwungen, die dienstliche Beurteilung ihrer Mitarbeiterin auf ein Formular zu zwängen. Reicht der zur Verfügung stehende Platz nicht aus, gibt es für weitere Ausführungen die Möglichkeit einer Anlage, wenn nicht gleich ganz auf das Hilfsmittel Formular verzichtet und lieber eine offene Beschreibung gewählt wird. Trotzdem kann auch dieser Dienstleistungsbericht nicht auf eine Form verzichten.

Zu Beginn müssen die Angaben zur Person, deren Leistungen beurteilt werden sollen, aufgeführt werden; anschließend muß das Arbeitsgebiet genau beschrieben werden, für das die Mitarbeiterin ihr Gehalt bekommt und danach (falls abweichend) das tatsächliche ausgeübte Arbeitsgebiet.

Bis hierhin handelt es sich ausschließlich um reine Beschreibungen von Gegebenheiten. Im nächsten Abschnitt wird es komplizierter, denn es geht darum, die Qualität der Arbeit und das Maß der erbrachten gegenüber der zu erwartenden Leistung einschätzend zu beschreiben. Dazu gehören:

- die Zusammenfassung der üblichen, über einen längeren Zeitraum erbrachten, Leistungen und
- die Schwerpunktsetzungen in der Arbeit;
- (besondere) Stärken und Schwächen sollen genannt sein und
- welche Möglichkeiten von der Leiterin gesehen werden, die Schwächen zu beheben oder die Stärken besser zur Geltung zu bringen.

Besonders bei negativ ausfallenden Dienstleistungsberichten ist es wichtig, nicht zu beurteilen, sondern die Schwächen möglichst neutral zu beschreiben. Wichtiger fast noch ist die Ergänzung um den eigenen Anteil der Leiterin an den bisherigen Möglichkeiten der Kollegin, sich zu qualifizieren. Sollten die Mängel erst im Zusammenhang mit der Erstellung des Dienstleistungsberichts festgestellt worden sein, sind das Ziel und der Weg der Qualifizierung ebenfalls aufzunehmen.

Am Ende des Berichts muß/soll eine zusammenfassende Gesamtbewertung stehen und je nachdem, wofür der Leistungsbericht gebraucht wurde, das Resultat, z. B. »Probehalbjahr bestanden«, »dringend auf einen angemessenen Arbeitsplatz zu setzen«, »für Leitungstätigkeit qualifiziert«.

Ein sehr häufiger Fehler beim Schreiben eines Leistungsberichts unterläuft Leiterinnen, wenn sie den Bericht bzw. diese Beurteilung mit einer Verurteilung verwechseln. Es geht hier nicht um die Person als solche, sondern um die Arbeitnehmerin, d. h. um ihre dienstlichen Leistungen. Persönliche Schwächen, Makel und Verfehlungen werden nur im Zusammenhang mit der Ausübung der Berufstätigkeit beschrieben. Den Fehler der Verurteilung begehen vorwiegend Leiterinnen, die allzulange mit einer Kritik am Arbeitsstil oder der Arbeitsmoral der Mitarbeiterin gewartet haben. Hier zeigt sich, wie wichtig rechtzeitige Anleitungs- und Kritikgespräche sind. Ein guter Dienstleistungsbericht ist nur die schriftliche Form davon.

Vergessen werden darf nicht, daß jeder Bericht nicht nur die zu beurteilende Person beschreibt, sondern auch Rückschlüsse auf die Verfasserin zuläßt. Es läßt sich herauslesen, was die Leiterin im Rahmen ihrer Aufgaben getan hat, um die Arbeit jeder Mitarbeiterin zu qualifizieren. Welche Maßstäbe legt sie an: sind ihre Anforderungen zu streng oder eher zu lasch?

Dienstleistungsberichte sollen ehrlich sein. Negative Aspekte werden manchmal ausgelassen, *um der Kollegin nicht zu schaden*. Das hilft weder der Mitarbeiterin, noch den Kindern oder den anderen Kolleginnen. Dienstleistungsberichte sind keine Zeugnisse! Sie sind ein innerbetriebliches Arbeitsmittel, das weitergehende Möglichkeiten der Beschreibung und Beurteilung zuläßt; sie sollten genutzt werden. Doch sogar in Zeugnissen, in denen nichts vermerkt werden darf, was negativ ausgelegt werden und die berufliche Zukunft der Mitarbeiterin behindern könnte, müssen ausgewiesene qualitative Mängel oder gravierendes Fehlverhalten aus Fürsorgegründen dem nächsten Arbeitgeber gegenüber aufgeführt werden. Erst recht gilt dies für Leistungsberichte.

Die Mitarbeiterin hat immer noch die Möglichkeit, sich gegen eine ihrer Meinung nach zu negative Beurteilung zu wehren. Gehen die Meinungen über Inhalt und Form eines Leistungsberichtes zwischen der Betroffenen und dem Arbeitgeber auseinander, kann sie die → Personalvertretung einschalten. Die hat ein Mitwirkungsrecht bei der Erstellung allgemeiner Beurteilungsrichtlinien und der Abfassung von dienstlichen Beurteilungen. Dabei achtet die Personalvertretung auf einzelne Formulierungen, auf die Stimmigkeit der Beurteilung und insbesondere darauf, daß das Gesamturteil im Einklang steht mit den Beurteilungen der einzelnen Tätigkeitsbereiche.

Im Falle einer Auseinandersetzung gibt es die Möglichkeit der Gegendarstellung, sofern die Änderungswünsche einer betroffenen Kollegin nicht durchgesetzt werden können. Beide Versionen werden dann zur → Personalakte genommen. Ein Dienstleistungsbericht, der nicht zur Zufriedenheit ausgefallen ist, sollte erst nach Mitwirkung und Unterschrift der Personalvertretung von der Angestellten unterschrieben werden.

Im Falle eines harten Konflikts kann die Arbeitnehmerin vor dem → Arbeitsgericht versuchen, ihre Version des Dienstleistungsberichts durchzusetzen. Für relativ wenig Geld erfährt sie, inwieweit ihre Ansprüche Aussicht auf Erfolg haben. Möglicherweise werden einzelne Formulierungen verändert oder gar die Erstellung eines vollständig neuen Berichts verlangt. Die erste Version ist danach aus der Personalakte zu entfernen.

Dienstweg

Für Angestellte in größeren (meist öffentlichen) Verwaltungen ist bei jedem Geschäftsvorgang, ob es sich um eine Information oder eine Anweisung handelt, der Dienstweg einzuhalten. Darunter ist zu verstehen, daß alle Bearbeitungsstufen eine genaue Reihenfolge berücksichtigen müssen. Über den Weg der hierarchischen Ordnung (*jeweils die nächste Vorgesetzte*) und über den Weg der horizontalen Arbeitsteilung (*verschiedene Ressorts*) muß, je nach Sachlage, ein Vorgang zum Abschluß gebracht werden.

Sicherzustellen ist daher die Kenntnis darüber, wer zu beteiligen ist und wer in der Hierarchie zwischen einem selbst und der Adressatin steht, damit wirklich niemand vergessen wird.

Wichtig wird der Dienstweg immer nur im Konfliktfall. Wenn z. B. eine Erzieherin eine → Beschwerde gegen eine bestimmte Anordnung ihrer Leiterin erheben will oder weil sie vielleicht mit dem momentanen Zustand der Kindertagesstätte nicht einverstanden ist.

Einerseits sollen selbständige Mitarbeiterinnen gefördert werden. Zum Beispiel in Berlin: *»...die Förderung der Selbständigkeit und Kreativität der Mitarbeiter (zählt) zu den bedeutsamen Führungsaufgaben...«* (Nr. 7 der Anlage zu § 18 Abs. 2 GGO I).

Und andererseits:
»Der Mitarbeiter hat seinen Vorgesetzten über wichtige Vorgänge aus seinem Aufgabenbereich unverzüglich und unaufgefordert zu unterrichten ... Wenn möglich, soll der Mitarbeiter die Unterrichtung des Vorgesetzten mit Lösungsvorschlägen verbinden ... Der Vorgesetzte kann von seinem Mitarbeiter neben der Unterrichtung auch Beratung erwarten ...« (Nr. 16 & 17 der Anlage zu § 18 Abs. 2 GGO I).

Und trotzdem kann es sein, daß die Erzieherin mit ihrer Intervention nicht den gewünschten Erfolg hat. Wenn die Leiterin sich hartnäckig weigert, Hilfen für eine trinkfreudige oder trinkfeste Kollegin zu organisieren, kann und muß sie übergangen werden. Die Erzieherin darf dann in diesem Fall die nächsthöhere Vorgesetzte informieren. Zusätzlich sollte sie die Leiterin von ihrem Vorgehen in Kenntnis setzen, damit bei einem späteren Konflikt nicht vom eigentlichen Anlaß abgelenkt werden kann, in dem die Nicht-Einhaltung des Dienstweges zum Hauptthema wird.

Disziplinarmaßnahmen

Das allgemeine Arbeitsrecht gibt Arbeitgebern die Möglichkeit, Sanktionen zur Durchsetzung der betrieblichen Ordnung gegenüber ihren Beschäftigten zu verhängen. Der Sinn solcher Maßnahmen ist, entweder die Arbeitnehmerinnen zur korrekten Erfüllung des Arbeitsvertrages und zu korrektem Verhalten zu bewegen oder bei Verstößen gegen andere Rechtsnormen innerhalb der Dienstausübung Einflußmöglichkeiten zu haben, damit die Verfehlung sich nicht wiederholt.

In wirtschaftlichen Produktionsbetrieben werden die Sanktionen als sogenannte Betriebsbußen entweder im Tarifvertrag oder in einer innerbetrieblichen Bußordnung festgelegt. In beiden Fällen sind die Arbeitnehmervertreter beteiligt: beim Tarifvertrag die jeweiligen Gewerkschaften, bei der Bußordnung der Betriebs- oder Personalrat. Der Sinn der Maßnahmen ist umstritten, denn die Strafe darf ausschließlich als Rüge/Verwarnung oder als Geldbuße verhängt werden. Wird als Sanktion die Rüge gewählt, kann jedoch in der Regel gleich eine → Abmahnung ausgesprochen werden, um die gewünschte Verhaltensänderung der Arbeitnehmerin zu erreichen.

Insofern ist das Disziplinarrecht kaum noch von Bedeutung.

Eingruppierung

Die Gewerkschaften ÖTV und GEW (für die Arbeitnehmerinnen) und die Tarifgemeinschaft der Länder (für die Arbeitgeber) schlossen im Februar 1991 ihre Verhandlungen über einen Tarifvertrag zur Eingruppierung der Beschäftigten des Sozial-, Erziehungs- und handwerklichen Erziehungsdienstes ab. Im Ergebnis standen

- eine allgemeine Anhebung,

- mehr Möglichkeiten des Bewährungsaufstieges und damit
- eine insgesamt bessere Eingruppierung

der in Sozial- und Erziehungsberufen Beschäftigten im Rahmen des BAT.

Gleichzeitig wurde die bisher geltende Verknüpfung der Ausbildungs- mit den Tätigkeitsmerkmalen deutlich gelockert. Es gibt seither die Möglichkeit, fachfremd ausgebildete Personen als »sonstige Angestellte« wie anerkannte Erzieherinnen einzugruppieren. Diese Regelung ist zwiespältig einzuschätzen. Zum einen eröffnet sie die Möglichkeit, neue und durchaus wünschenswerte Qualifikationen in das Arbeitsfeld einzubeziehen, beispielsweise künstlerisch oder handwerklich ausgebildete Menschen mit pädagogischer Eignung und Erfahrung. Zum anderen tastet die Regelung den fachlichen Status der Erzieherinnen an, denn nun *kann ja jeder kommen*. Notwendig ist, die Regelung mit klar definierten Qualifikationsanforderungen an die anders ausgebildeten Personen zu ergänzen.

Folgende Regelungen gelten derzeit:

(→ Anerkennung von Bildungsabschlüssen):

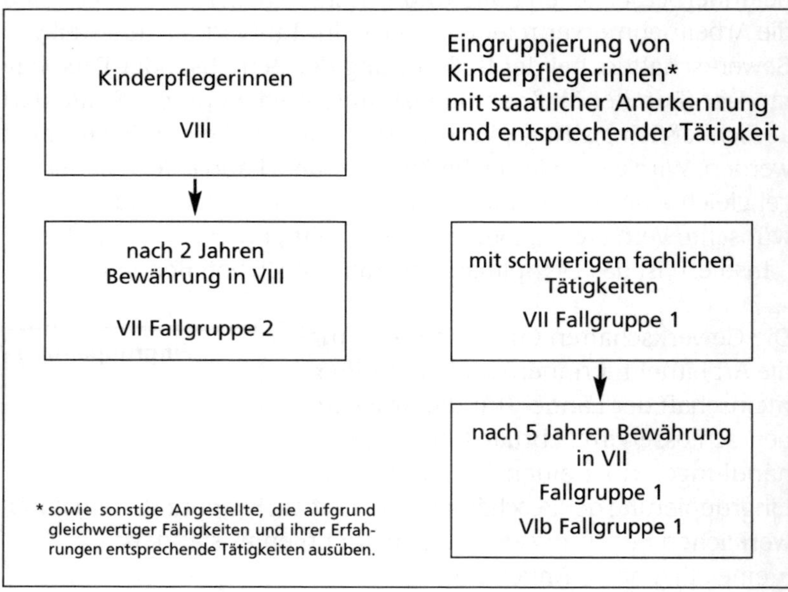

Eingruppierung von Erzieherinnen* mit staatlicher Anerkennung und entsprechender Tätigkeit

Grundtätigkeit
VIb Fallgruppe 5

↓

nach 3 Jahren
Bewährung in VIb
Fallgruppe 5
Vc Fallgruppe 7

↓

nach 4 Jahren
frühestens nach 7 Berufsjahren Tätig-keit in Vc
Fallgruppe 7
Zulage
VKA: 5 % der Stufe 4
B/L: 6 % der Stufe 1

↓

in Schulkindergärten
Vorklassen
Vermittlungsgruppen
Vc Fallgruppe 6

↓

nach 4 Jahren
frühestens nach 7 Berufsjahren Tätigkeit in Vc
Fallgruppe 6
Zulage
VKA: 5 % der Stufe 4
B/L: 6 % der Stufe 1

---

mit besonders schwierigen fachl. Tätigkeiten
Vc Fallgruppe 5

↓

nach 4 Jahren
Bewährung in Vc
Fallgruppe 5
Vb Fallgruppe 5

↓

mit fachlichen koordinierenden Aufgaben für mindestens 3 Ang. der VG Vc
Fallgruppe 5
Vb Fallgruppe 4

↓

nach 4 Jahren
Bewährung in Vb
Fallgruppe 4
Zulage
VKA: 6 % der Stufe 4
B/L: 7,5 % der Stufe 1

---

* sowie sonstige Angestellte, die aufgrund gleichwertiger Fähigkeiten und ihrer Erfahrungen entsprechende Tätigkeiten ausüben.

Leiterinnen:
- Leiterinnen in Kindertageseinrichtungen mit weniger als 40 Plätzen erhalten BAT Vc und eine Zulage.
- Bei mehr als 40 Plätzen erfolgt die Eingruppierung nach BAT Vb mit Bewährungsaufstieg nach BAT IVb;
- bei mehr als 70 Plätzen BAT IVb und eine Bewährungszulage;
- bei mehr als 100 Plätzen BAT IVb und Aufstieg nach BAT IVa;
- bei mehr als 130 Plätzen BAT IVa und eine Bewährungszulage;
- bei mehr als 180 Plätzen BAT IVa und Aufstieg nach BAT III.

Leiterinnen in Einrichtungen für Behinderte oder für Kinder/Jugendliche mit wesentlichen Erziehungsschwierigkeiten:
- bei weniger als 40 Plätzen BAT IVb und eine Bewährungszulage;
- bei mehr als 40 Plätzen BAT IVb und Aufstieg nach BAT IVa;
- bei mehr als 70 Plätzen BAT IVa und eine Bewährungszulage;
- bei mehr als 90 Plätzen BAT IVa und Aufstieg nach BAT III.

Leiterinnen in Heimen für behinderte Kinder/Jugendliche oder solchen mit wesentlichen Erziehungsschwierigkeiten:
- mit weniger als 50 Plätzen BAT IVb und Aufstieg nach BAT IVa;
- bei mehr als 50 Plätzen BAT IVa und Aufstieg nach BAT III;
- bei mehr als 90 Plätzen BAT III und Aufstieg nach BAT II.

Stellvertretende Leiterinnen in Kindertageseinrichtungen:
- bei mehr als 40 Plätzen BAT Vc und eine Bewährungszulage;
- bei mehr als 70 Plätzen BAT Vb und Aufstieg nach BAT IVb;
- bei mehr als 100 Plätzen BAT IVb und eine Bewährungszulage;
- bei mehr als 130 Plätzen BAT IVb und Aufstieg nach BAT IVa;
- bei mehr als 180 Plätzen BAT IVa und eine Bewährungszulage.

Stellvertretende Leiterinnen in Kindertageseinrichtungen für Behinderte oder Kinder/Jugendliche mit wesentlichen Erziehungsschwierigkeiten:
- bei weniger als 40 Plätzen BAT Vb und eine Bewährungszulage;
- bei mehr als 40 Plätzen BAT IVb und eine Bewährungszulage;
- bei mehr als 70 Plätzen BAT IVb und Aufstieg nach BAT IVa;
- bei mehr als 90 PlätzenBAT IVa und eine Bewährungszulage.

Stellvertretende Leiterinnen in Heimen für behinderte Kinder/Jugendliche oder solchen mit wesentlichen Erziehungsschwierigkeiten:
- bei weniger als 50 Plätzen BAT IVb und eine Bewährungszulage;
- bei mehr als 50 Plätzen BAT IVb und Aufstieg nach BAT IVa;
- bei mehr als 90 Plätzen BAT IVa und Aufstieg nach BAT III.

Für alle *Leitungsmerkmale* gilt, daß alle Zeiten für einen Bewährungsaufstieg vier Jahre betragen; nur der Aufstieg von BAT III nach BAT II erfordert eine fünfjährige Bewährung. Die Leitungstätigkeiten sind nicht mehr an besondere Ausbildungserfordernisse (z. B. Sozialpädagogin) gebunden.

Zu den Bewährungsregelungen:
Als Bewährung gelten die Beschäftigungszeiten in der jeweiligen Vergütungsgruppe. Die Bewährungszeiten müssen allerdings als ununterbrochene Tätigkeit im öffentlichen Dienst geleistet worden sein. Dabei stellen Mutterschutz und Erziehungsurlaub keine Unterbrechungen dar, sofern die Beschäftigte auch vorher im öffentlichen Dienst tätig war.

Sonstige Regelungen:
Angestellte in der Tätigkeit einer Kinderpflegerin werden nach BAT IX eingruppiert; Angestellte in der Tätigkeit von Erzieherinnen nach BAT VII.

Die Formulierung »in der Tätigkeit von« bedeutet, daß die Betreffende zwar die Tätigkeit ausübt, jedoch nicht über den erforderlichen Berufsabschluß oder als gleichwertig anerkannte Kenntnisse verfügt.

Eine Herab- oder Rückgruppierung ist kaum möglich, es sei denn, die bisher ausgeübte Tätigkeit entfällt. Eine Rückgruppierung bedarf immer der Zustimmung des Personalrates. Unmöglich wird eine Rückgruppierung nach 15 Dienstjahren in der Position oder wenn die Betreffende das 55. Lebensjahr erreicht hat.

Derzeit gilt, daß für alle Angestellten im öffentlichen Dienst der neuen Bundesländer die Eingruppierungsvoraussetzungen denen der

alten Bundesländer angeglichen wurden. Die Vergütung bemißt sich jedoch für die neuen Bundesländer derzeit (1999) lediglich mit 86,5% der geltenden West-Tarife; die Ausnahme ist (Ost)-Berlin als 100%-Gebiet.
(→ BAT)

Erziehungsgeld und Erziehungsurlaub

1986 wurden das Gesetz über die Gewährung von Erziehungsgeld und Erziehungsurlaub (Bundeserziehungsgeldgesetz – BErzGG) eingeführt. Es gilt zur Zeit in der Fassung vom 21.9.1997. Das Gesetz soll Eltern die Möglichkeit geben, für ihr Kleinkind zu sorgen, in dem jeweils einer von ihnen für die Dauer des Erziehungsurlaubes seinen Beruf nicht ausübt. Erziehungsurlaub kann beanspruchen, wem Erziehungsgeld zusteht.

Seit 1992 gilt, daß Erziehungsgeld für die ersten zwei Lebensjahre gewährt wird, wenn insgesamt vier Voraussetzungen erfüllt sind:
- es muß ein Wohnsitz im Inland bestehen;
- es muß sich um die sorgeberechtigten Eltern handeln (wobei nichteheliche Väter, die im selben Haushalt leben, anerkannt werden);
- das Kind muß überwiegend selbst betreut und versorgt werden;
- es darf keine volle Erwerbstätigkeit durch den Elternteil ausgeübt werden, der Erziehungsgeld beantragt; unschädlich sind Beschäftigungen bis zu 19 Stunden pro Woche.

Das Erziehungsgeld beträgt 600,– DM pro Kind für die ersten sechs Lebensmonate des Kindes bis zu einer Einkommensgrenze von 100.000,– DM. Danach liegt die Grenze bei knapp 30.000,– DM, § 5 Abs. 2 BErzGG. Das Erziehungsgeld steht jeweils nur einem der Eltern zur gleichen Zeit zu. Sie entscheiden untereinander, wer es erhalten soll.

Eltern, die ein Kind adoptieren, haben Anspruch auf Erziehungsgeld für maximal 2 Jahre bis zum Ende des siebten Lebensjahres des adoptierten Kindes.

In Härtefällen, d.h. bei Tod, schwerer Erkrankung oder Behinderung der Eltern, können auch Großeltern Erziehungsgeld beanspruchen, sofern sie das Kind in ihren Haushalt aufnehmen und die Betreuung überwiegend selbst leisten.

Wer als Arbeitnehmer, Auszubildender oder Heimarbeiter Anspruch auf Erziehungsgeld besitzt, kann von seinem Arbeitgeber Urlaub zur Erziehung seines Kindes verlangen. Der Antritt des Erziehungsurlaubes muß beim Arbeitgeber spätestens vier Wochen vorher angemeldet werden, damit der Arbeitgeber eine Ersatzkraft einstellen kann, § 16 BErzGG. Um den Erziehungsurlaub zu ermöglichen, steht dem Arbeitgeber ausdrücklich das Recht zu, befristete Arbeitsverträge abzuschließen, § 21 BErzGG. Bei der Anmeldung ist die gewünschte Anspruchsdauer bekanntzugeben.

Nach §§ 15ff BErzGG besteht ein Anspruch auf drei Jahre Erziehungsurlaub; der Zeitraum übersteigt die Dauer der Gewährung des Erziehungsgeldes. Erziehungsurlaub kann an die Schutzfrist nach dem → Mutterschutzgesetz (§ 6 Abs. 1 MuSchG) anschließen, innerhalb der Schutzfrist steht sie dem Kind ohnehin zur Verfügung. Eine Ausnahme ist gegeben, wenn eine Krankheit der Mutter die Beurlaubung des Vaters rechtfertigt, § 15 Abs. 2 BErzGG.

Während des Erziehungsurlaubes wird keine Arbeitsleistung erbracht, folgerichtig wird kein Lohn bezahlt. Trotzdem besteht das Arbeitsverhältnis fort, mit Auswirkungen auf Berechnung der Zeiten der Betriebszugehörigkeit und Kündigungsfristen, aber auch als Anwartszeiten für die Rentenversicherung. Weiterhin bleibt die Mitgliedschaft in der gesetzlichen Krankenversicherung für die Dauer des Erziehungsurlaubes bestehen.

§ 17 Abs. 1 BErzGG berechtigt Arbeitgeber, den Erholungsurlaub für jeden vollen Monat des Erziehungsurlaubes um 1/12 zu kürzen. Erkrankungen während des Erziehungsurlaubes sind ohne rechtliche Bedeutung, anders als beim jährlichen → Urlaub.

Wünscht ein Elternteil statt des vollen Anspruchs auf Erziehungsurlaub nur die Reduzierung der Arbeit auf eine Teilzeittätigkeit (maximal 19 Stunden), so ist der Arbeitgeber verpflichtet, dem Wunsch nachzukommen. Eine Ausnahme ist dann gegeben, wenn seine berechtigten Interessen unzumutbar eingeschränkt werden, weil er z. B. keine Ersatzkraft für den Umfang der restlichen Teilzeit findet.

Während des Erziehungsurlaubes ist auch eine nichtversicherungspflichtige Teilzeittätigkeit bei einem anderen Arbeitgeber möglich, sofern der eigene Arbeitgeber einverstanden ist. Der Arbeitgeber kann das Einverständnis jedoch nur dann versagen, wenn betriebliche Interessen entgegenstehen (z. B. wenn die Teilzeittätigkeit im eigenen Betrieb notwendig ist).

Erziehungsurlaub umfaßt eine Arbeitsplatzgarantie für die Zeit der Beurlaubung. Eine Kündigung ist nach § 18 Abs. 1 BErzGG nicht möglich. Über Ausnahmen entscheidet die jeweilige oberste Behörde des Bundeslandes (Ministerium für Arbeit). Der Kündigungsschutz beginnt mit der Anmeldung, für einen Zeitraum bis höchstens sechs Wochen vor Antritt des Erziehungsurlaubes.

Dieses sind die bundesgesetzlichen Regelungen. Sie gelten als Mindestrahmen für die Länder. In dortigen Landesgesetzen können weitergehende Regelungen gelten.

Für Kinder, die nach dem 1. Januar 2001 geboren wurden, gilt ein reformiertes Bundeserziehungsgeldgesetz. Hierdurch wird der dreijährige Erziehungsurlaub bestätigt. Mütter und Väter können ihn seitdem gemeinsam beanspruchen. Erziehungsurlaub kann mit Teilzeitarbeit einhergehen, die 30 Wochenstunden für einen Elternteil – 60 für beide – umfassen darf. Die Anmeldefristen beim Arbeitgeber sind auf acht Wochen verdoppelt worden; eine Anmeldung ist verbindlich für einen Zeitraum von zwei Jahren. Das dritte Jahr des Erziehungsurlaubs kann zwischen dem dritten und achten Lebensjahr des Kindes genommen werden. Insgesamt dürfen für die drei Jahre nicht mehr als drei Zeitabschnitte gewählt werden.

Kein Anspruch auf Teilzeittätigkeit besteht in Betrieben unter 15 Beschäftigten, bei einer Beschäftigungsdauer unter sechs Monaten oder wenn dringende betriebliche Gründe entgegen stehen.

Das reformierte Gesetz sieht ein verbessertes Erziehungsgeld vor. Die zuvor geltenden Einkommensgrenzen ab dem siebten Lebensmonat des Kindes wurden erhöht. Anspruchsberechtigte erhalten nach Wahl 24 Monate lang 600,– DM *oder* 12 Monate lang 900,– DM.

Feiertage

Feiertage gelten nicht in allen Bundesländern gleichermaßen. Im Süden der Republik gibt es durchschnittlich mehr freie Tage pro Jahr als im Norden. Doch auch in ein und demselben Bundesland gibt es regional unterschiedliche Traditionen. Wer mehr freie Tage haben will, muß seinen nächsten Umzug gut planen. Einen Überblick bietet die Tabelle der Feiertage im Anhang.

Fort- und Weiterbildung

Fortbildung soll verstanden werden als institutionalisierte Möglichkeit der Qualifizierung im und für den Beruf, *Weiterbildung* als über den üblichen Berufsrahmen (der einschlägigen Ausbildung) hinausreichende Maßnahme der Qualifikation. Dauer, Umfang, Intensität oder Methoden spielen zur Unterscheidung hierbei keine Rolle. Berufliche Qualifizierung und ihr Erhalt liegen im ureigenen Interesse von Arbeitnehmerinnen *und* Arbeitgebern.

»Soweit es um arbeitsbezogene Fortbildungen geht, ist in der Regel auch die Arbeitgeberseite aufgeschlossen... Weiterbildung ist bei Tätigkeiten, die eine bestimmte Sachkunde vorausetzen, selbstverständlicher Bestandteil der Arbeitszeit... Ein Anspruch auf (arbeitsbezogene) Weiterbildung besteht auch dann, wenn der Arbeitnehmer an seinem Arbeitsplatz mit neuen Anforderungen konfrontiert wird.«[6]

Kurzsichtig handeln Arbeitgeber, wenn an Fortbildung gespart wird. Die gestrichenen Mittel stehen meist in keinem angemessenen Verhältnis zu den Folgen. Arbeitnehmerinnen, die nicht qualifiziert sind/bleiben, können keine qualitativ guten Leistungen bringen. Der Abbau von Fortbildungsmöglichkeiten reduziert außerdem die Arbeitszufriedenheit, infolgedessen sinkt die Arbeitsleistung weiter.

Qualifizierung der Arbeitnehmerinnen ist Teil der Fürsorgepflicht und zum Teil gesetzlicher Auftrag. Berufliche Fortbildung muß z.T. erfolgen, weil es die Angleichung an den technischen Wandel erfordert. In sozialen Berufen muß neues Wissen erworben, seine An-

[6] Däubler.: Das Arbeitsrecht Band 2, Reinbek 1998, S. 366f

wendung erprobt und seine Umsetzung ausgewertet werden. Das Prinzip des lebenslangen Lernens wird nicht nur durch gänzlich neue, für die bisherige Tätigkeit *zusätzliche* Qualifikationen verwirklicht, sondern auch und gerade durch *Vertiefung* vorhandenen Wissens.

Bemerkenswert ist, daß in den Bereichen der freien und gewinnorientierten Wirtschaft inzwischen die Themen Konjunktur haben, die bereits seit einigen Jahren in der sozialen Arbeit in Fort- und Weiterbildungen bearbeitet werden, z. B. Teamarbeit oder Vermittlung sozialer Kompetenzen. Bemerkenswert auch deshalb, weil auf den Führungsebenen in der freien Wirtschaft weichere, weiblichere Kommunikationsformen und Leitungsstile als erfolgversprechend angesehen werden. Es kommt selten vor, daß soziale Arbeit und weibliche Kompetenzen, wenn auch nur indirekt, über das eigene Berufsfeld hinaus anerkannt werden. Doch das ist eigentlich ein anderes Thema, es gehört zum Bereich Selbstdarstellung und Öffentlichkeitsarbeit der Jugendhilfe. Da nun können die *Sozialen* noch vieles lernen und besser machen.

In der Jugendhilfe ist das Prinzip der Fachlichkeit für alle Mitarbeiterinnen ausdrücklich festgeschrieben, § 72 Abs. 1 KJHG/SGB VIII. Für den Erhalt der Qualifikation haben die Träger der öffentlichen Jugendhilfe Fortbildung und Praxisberatung für die Mitarbeiterinnen des Jugendamts sicherzustellen, § 72 Abs. 3 KJHG/SGB VIII. Erzieherinnen in kommunalen Einrichtungen können daraus ihren Anspruch auf Unterstützung für ihre Arbeit ableiten. Erzieherinnen bei freien Trägern müssen im KJHG ein wenig weiter blättern, damit sie ihre Rechtsgrundlage kennenlernen:
»Die Förderung von anerkannten Trägern der Jugendhilfe soll auch Mittel für die Fortbildung der haupt-, neben- und ehrenamtlichen Mitarbeiter ... einschließen.« (§ 74 Abs. 6 KJHG/SGB VIII)
Die Träger der öffentlichen Jugendhilfe sind im wesentlichen die Kreise, kreisfreien Städte sowie, nach Landesrecht, die überörtlichen Träger. Sie bieten Fortbildungsveranstaltungen in den landeseigenen Fortbildungsstätten an oder sorgen dafür, daß die Mitarbeiterinnen solche Maßnahmen bei anderen Fortbildungsträgern besuchen können. Aus dem KJHG/SGB VIII ist nicht ersichtlich, in

welchem Umfang Fortbildung gewährt werden muß. Aufschluß über die individuellen Möglichkeiten geben die Regelungen für → Sonderurlaub und auch für → Bildungsurlaub in den Ländern und bei den einzelnen Trägern. Dort ist das jeweilige Freistellungsverfahren beschrieben.

Eine Darstellung aller oder vieler Fortbildungsregelungen ist in diesem Rahmen nicht möglich. Träger gehen sehr unterschiedlich mit ihrer Verpflichtung um. In Berlin beispielsweise gelten Seminare der landeseigenen Fortbildungsstätten nicht als Fortbildung im Sinne der *Sonderurlaubsverordnung*, sondern (aus Gründen der Verwaltungsvereinfachung) als *Dienst am anderen Ort*, so als gingen Erzieherinnen einfach zu ihrem Arbeitsplatz.

Das Verhalten der Träger ist wahrscheinlich direkt abhängig von der Nachfrage, denn beileibe nicht alle Fachkräfte der Jugendhilfe nehmen regelmäßig an Seminaren teil. Sie verstoßen damit zwar nicht gegen ein geschriebenes Gesetz, sondern *nur* gegen das Gesetz der Vernunft. Leider nicht strafbar, kann es doch soweit kommen:

Das Koblenzer Verwaltungsgericht hat 1983 das Gehalt eines Lehrers rückwirkend für ein Jahr um 10 % gekürzt. Die Richter befanden den Lehrer für schuldig, mit fehlerhaftem Unterricht seine Dienstpflichten verletzt zu haben.

Schulaufsichtsbeamte hatten methodische Fehler festgestellt und gravierende Mängel bei der Notengebung. Das Gericht befand, daß der Lehrer gegen die für alle Beamten gültige allgemeine Fortbildungspflicht verstoßen habe. Bei dem Lehrer lägen fachliche Mängel vor, die weit über die Mängel eines durchschnittlichen Lehrers hinausgingen.

Gerichts- oder Polizeitermine

Ladungen zu einer Zeugenaussage bei der Polizei, der Staatsanwaltschaft oder vor Gericht sind meist unangenehm und mit Unsicherheiten darüber behaftet, ob sie zu befolgen sind. Für Erzieherinnen, Sozialpädagoginnen oder Sozialarbeiterinnen mischen sich hierbei verschiedene Ebenen des einen Problems. Ist die Zeugenaussage sinnvoll, kann einem Kind vielleicht geholfen werden? Ist die Zeugenaussage rechtlich zulässig? Wie steht der Arbeitgeber dazu?

Eine Ladung als Zeugin oder als Angeschuldigte vor Gericht oder zur Staatsanwaltschaft muß unbedingt befolgt werden; zur Polizei *kann* man gehen. Diese Aussage gilt beruflich und privat gleichermaßen. Sie rührt von dem Grundsatz, daß niemand gezwungen werden kann, sich zu Angelegenheiten zu äußern, die zum Nachteil gereichen.

Deshalb muß bei diesem Stichwort unterschieden werden, ob die Erzieherin selbst betroffen ist oder ob sie in einer Angelegenheit angesprochen ist, die belastend für ein Kind ist oder sein kann.

In beiden Fällen allerdings empfiehlt sich bei einer polizeilichen Aufforderung, sich zu einer Sache zu äußern, daß man sich die Fragen zustellen läßt, um sie schriftlich zu beantworten. Dies erspart lästige Fahrereien. Auch kann man die Antworten in Ruhe überlegen. Ist man selbst angeschuldigt (z. B. wegen Körperverletzung durch Verletzung der Aufsichtspflicht) ist es besser, die Antworten mit einem Anwalt beraten zu können. Mißverständliche oder ungeschickte Äußerungen können von entscheidender negativer Bedeutung für das weitere Verfahren sein.

Erzieherinnen oder Sozialpädagoginnen, mehr noch Sozialarbeiterinnen, müssen klären, ob durch ihre Aussage die weitere Arbeit mit dem Kind bzw. mit der Familie gefährdet wird oder nicht. Im Beispiel: Eine Sozialarbeiterin soll als Zeugin wegen einer mutmaßlichen Kindesmißhandlung aussagen. Sagt sie, was sie weiß, hilft sie bei der Aufklärung; sie entzieht sich aber unter Umständen die Vertrauensgrundlage zur weiteren Arbeit mit den angeklagten Eltern. Die Entscheidung ist von der Sache her keinesfalls einfach; rechtlich hätte der Auftrag der Sozialarbeiterin zur Zusammenarbeit mit der Familie größeres Gewicht als das Aufklärungsinteresse der Staatsanwaltschaft.

In Verfahren, die im Zusammenhang mit dienstlichen Angelegenheiten stehen, ist eine Aussagegenehmigung des Arbeitgebers einzuholen. Dazu wird erörtert, ob Interessen des Arbeitgebers zu wahren sind. Für Verfahren im Zusammenhang mit dienstlichen Angelegenheiten erhält die Arbeitnehmerin → Arbeitsbefreiung.

Bei privat verursachten Vorladungen, z. B. wegen einer Anschuldigung, gibt es keine bezahlte Dienstbefreiung. Die jeweilige Regelung ist mit der Dienstvorgesetzten abzusprechen (Vor- oder Nacharbeit, Ausgleich im Rahmen der gleitenden Arbeitszeit)

Bei einer Arbeitsbefreiung ohne Fortzahlung der Bezüge wird den *Zeuginnen* eine Entschädigung für ihren Verdienstausfall vom Gericht gezahlt. Zeuginnen erhalten außerdem die Fahrtkosten erstattet.

(→ Schweigepflicht; → Datenschutz)

Gewerkschaften

»Die Einsicht, sich für die Durchsetzung seiner Interessen kollektiv einsetzen zu müssen, und – daraus entwickelt – das Bewußtsein der Notwendigkeit gewerkschaftlicher Organisation, haben im Erzieherbereich viel schwächere Traditionen und sind auch heute noch weniger entwickelt als in anderen Berufsfeldern. In einem Sozialberuf steht eben das Engagement für den einzelnen Mitmenschen im Vordergrund. Sich gemeinschaftlich für die eigenen Interessen einzusetzen, ist anrüchig: und die politische Sichtweise ist eher eine harmonische als eine vom Kampf gegensätzlicher Interessen.

Für die Beschäftigten in einem typischen Frauenberuf stehen Familie und Privatheit in der persönlichen Wertrangfolge vor dem öffentlichen, politischen Engagement.

So ist es zwar immer wieder möglich, zu punktuellen Aktionen eine Menge Leute auf die Beine zu bringen (...), aber schon für monatliche Treffen in der Betriebsgruppe fehlt die Zeit. Die Gewerkschaft wird als fremde Organisation erlebt, und das Verhältnis zu ihr ist eher das eines Versicherungsnehmers zu seiner ›Gegen-Verschlechterung-und-Druck-von-Oben-Versicherung‹. Wie könnte es sonst sein, daß gefragt wird: Was macht denn die Gewerkschaft für mich? anstatt: Was können wir gemeinsam tun, und welche finanzielle, materielle und ideelle Unterstützung bietet unsere Organisation?«[7]

---

[7] Diskowski, D.: Probleme gewerkschaftlicher Arbeit in der Kita, in: ÖTV (Htsg.): Für Kinder und Tagesstätten, Berlin 1987, S. 150ff.

Gewerkschaften sind von Arbeitern gegründet worden, um ihre Interessen kollektiv und solidarisch gegen die Interessen der Unternehmer zu vertreten. Aus notwendigen Informations- und Kooperationsstrukturen wurden mächtige Apparate mit einem Eigenleben, das bewirkte, daß mitunter vergessen wurde, in wessen Auftrag und mit welchen Zielsetzungen Gewerkschaftsarbeit geleistet werden soll. Wie immer, ist nicht nur eine Seite dafür verantwortlich; wie immer, werfen wenige schwarze Schafe sehr dunkle Schatten auf die hellen. Im vorangestellten Zitat kommt es zum Ausdruck: Wenn sich die Basis mit dem Gewerkschaftsbeitritt ausschließlich eine Maklerleistung für regelmäßige Tariferhöhungen erkauft, statt selbst aktiv zu bleiben/werden, verliert der Zusammenschluß schnell an Legitimation nach innen und nach außen.

Trotzdem ist das in Medien gern verbreitete Bild falsch, Gewerkschaften würden ausschließlich aus eigensüchtigen hauptamtlichen Funktionären und einer desinteressierten Basis bestehen. Keine Gewerkschaft wäre ohne die ehrenamtlich aktiven Mitglieder als Vertrauensleute oder in anderen Funktionen wirklich in der Lage, einigermaßen durchsetzungsfähig zu arbeiten. Erst die Kooperation von haupt- und ehrenamtlichen Aktiven macht die Gewerkschaft aus. Je stärker die Basis, desto effektiver die Arbeit.

Wer sich nicht engagiert, vergeudet ein Verfassungsrecht. Nach den Erfahrungen in der Nazi-Zeit (gleichgeschaltete Gewerkschaften) wurde im Grundgesetz die Koalitionsfreiheit (Art. 9 Abs. 3) ausdrücklich geschützt:

»Das Recht, zur Wahrung und zur Förderung der Arbeits- und Wirtschaftsbedingungen Vereinigungen zu bilden, ist für jedermann und für alle Berufe gewährleistet ...«

Erzieherinnen organisieren sich und ihre Interessen meist in einer der beiden Gewerkschaften ÖTV und GEW (Öffentliche Dienste, Transport und Verkehr und Gewerkschaft Erziehung und Wissenschaft). Die ÖTV verhandelt zur Zeit mit anderen Gewerkschaften über eine Fusion, mit dem Ziel, eine Gewerkschaft Verdie (Abkürzung für Vereinigte Dienstleistungen) zu etablieren. Dagegen hat die GEW sich erst einmal für einen Alleingang als Bildungsgewerk-

schaft entschieden. Als ohnehin schon sehr kleine Gewerkschaft bleibt zu hoffen, daß sie nicht zur Ein-Bildungsgewerkschaft einer reinen Standesvertretung von Pädagogen unter deutlicher Lehrerdominanz mutiert.
Im folgenden werden (ohne Gewähr oder Verfallsdatum) die bislang noch geltenden Strukturen beschrieben. Zu erwarten ist allerdings, daß sich deutliche Änderungen ergeben werden, die leider erst in die nächste Auflage des Rechtshandbuches eingearbeitet werden können.

1. Zuständigkeit/Organisationsbereich und Aufgaben
Beide Gewerkschaften gehören dem DGB (Deutscher Gewerkschaftsbund) an. Sie unterscheiden sich in ihrem Organisationsbereich und zum Teil in ihren Aufgaben.

»Der Organisationsbereich der ÖTV umfaßt den öffentlichen Dienst, das Transport- und Verkehrswesen (mit Ausnahme von Bahn und Post), die Versorgungswirtschaft und das Gesundheitswesen sowie bestimmte private Dienstleistungsbetriebe.«
(§ 2 Abs. 1 ÖTV-Satzung)

Zu ihrem Organisationsbereich gehören auch Einrichtungen der Religionsgemeinschaften sowie der karitativen und kirchlichen Organisationen – also auch Kindergärten und Kindertageseinrichtungen in kirchlicher Trägerschaft. Die Berufsgruppe der Erzieherinnen ist damit eine (kleine) von sehr vielen sehr verschiedenen Berufsgruppen, die ihre Interessen in der ÖTV organisieren kann.

Der Organisationsbereich der GEW ist dagegen speziell auf die pädagogischen Berufsgruppen ausgerichtet:
»In ihrem Bereich ist die GEW zuständig für die ihr im Rahmen des DGB zufallenden Arbeitnehmergruppen:
a) alle pädagogischen und sozialpädagogischen Berufe,
b) Angehörige von Hochschulen, wissenschaftlichen Instituten und Forschungseinrichtungen....«
(Satzung der GEW, § 3 Abs. 3)

Die größte in der GEW vertretene Berufsgruppe ist die der Lehrer (bei rund 310.000 Mitgliedern etwa 90% gegenüber 10% aus dem sozialpädagogischen Berufsspektrum). Entsprechend den unterschiedlichen Organisationsbereichen sind die Gewichtungen in den Aufgaben der beiden Gewerkschaften verschieden. Die ÖTV hat ihr Schwergewicht auf der Durchsetzung und Wahrung allgemeiner Arbeitnehmerinteressen, die GEW auf der Durchsetzung und Wahrung fachpolitischer Interessen. Auch wenn die allgemeinen Arbeitnehmerinteressen von jeweils fachpolitischen Interessen nicht unabhängig sind und umgekehrt und deshalb beide Gewerkschaften beides als ihre Aufgabe beschreiben, ergibt sich allein aus der unterschiedlichen Mitgliedsstruktur und der unterschiedlichen Mitgliederzahl – die ÖTV ist die zweitgrößte DGB-Gewerkschaft, die GEW eine der kleinsten – eine deutlich andere Akzentsetzung.

2. Organisationsstruktur

Wie organisiert die ÖTV ihre Mitglieder?
Die Organisationsstrukturen der ÖTV folgen dem Prinzip, daß alle Mitarbeiter eines Betriebes, einer Einrichtung, einer Verwaltung ihre Interessen gemeinsam vertreten können. Sie sind also arbeitsplatzbezogen und nicht berufsspezifisch bezogen. Berufs- und fachspezifische Interessen sind diesem Prinzip untergeordnet und werden neben den arbeitsplatzbezogenen Organisationsformen in Fachgruppen bearbeitet.

Die Erzieherin ebenso wie die Reinigungskraft eines Kindergartens sind so als ÖTV-Mitglieder zunächst einem Betreuungsbereich zugeordnet. Zu einem Betreuungsbereich gehören mindestens 20 ÖTV-Mitglieder aus einem Arbeitsbereich – z. B. Kindergärten – in einer Region. In den Betreuungsbereichen, die die engste Verbindung zur Praxis haben, werden die jeweiligen Arbeitsbedingungen diskutiert, Verbesserungsvorschläge entwickelt, Vorschläge und Stellungnahmen in die Mitarbeiterbesprechungen und Mitarbeitervertretungen der jeweiligen Einrichtungen getragen.

Als Interessenvertretung innerhalb der Gewerkschaft wählen die Betreuungsbereiche alle 4 Jahre ihre Vertrauensleute. Sie sind den Aufträgen aus dem Willensbildungsprozeß ihrer gewerkschaftlichen Kollegen verpflichtet. Sie unterstützen die Gremienarbeit und leiten

Stellungnahmen aus den Betreuungsbereichen an die übrigen Gewerkschaftsorgane weiter und geben umgekehrt Informationen aus den anderen Gewerkschaftsgremien in die Betreuungsbereiche. Sie sind in ihrer Arbeit an die ÖTV-Satzung und die »Leitsätze für Vertrauensleute« gebunden.

Wieviele Betreuungsbereiche in einer Region existieren und wieviele Vertrauensleute diese stellen, ist abhängig von der Zahl der in der ÖTV organisierten Kollegen.

In der Betriebsgruppe, der nächsthöheren Ebene, treffen sich die Mitglieder mehrerer Betreuungsbereiche, um übergeordnete, nicht nur die jeweiligen in einem Betreuungsbereich organisierten Mitglieder betreffende Fragen zu bearbeiten. So treffen sich z. B. die Betreuungsbereiche der Kindergärten mit denen der Gartenbauämter in der Betriebsgruppe *Gemeindeverwaltung XY*.

Gleichartige Betriebsgruppen werden auf Bezirksebene (das entspricht der Ebene eines Bundeslandes) in Bereichen zusammengefaßt, z. B. der Bereich *Gemeinden* oder der Bereich *Kirchen und ihre Einrichtungen einschließlich Caritas und Diakonie*.
Neben diesen betriebsbezogenen Vertretungen gibt es dann die bereits genannten Fachgruppen, z. B. die Abteilung *Erziehungs- und Sozialdienst* zur Wahrung der besonderen beruflichen und fachlichen Interessen von Erzieherinnen und Sozialarbeiterinnen.
Die Bezirke der ÖTV umfassen in der Regel ein Bundesland; in NRW existieren zwei Bezirke. Die Kreise sind entsprechende regionale Untergliederungen innerhalb der Bezirke. In die Bezirke werden Vertreter aus den Kreisen gewählt. Die Bezirke wiederum entsenden, wählen oder schlagen ihre Kandidaten für die Beschlußorgane der ÖTV auf Bundesebene vor.

Wie organisiert die GEW ihre Mitglieder?
Die GEW-Mitglieder eines Betriebes – also einer Kindertageseinrichtung – bilden eine Betriebsgruppe. Jede Betriebsgruppe wählt ihre Vertrauensleute, die ähnlich wie bei der ÖTV die Aufgabe haben, Stellungnahmen und Vorschläge aus der Praxis in die weiteren Gewerkschaftsgremien zu tragen und umgekehrt, Informationen aus diesen an die Praxis weiterzuleiten.

Die nächste Organisationsform sind die Fachgruppen, die auf Landesebene angesiedelt sind. Für den Schulbereich sind die Fachgruppen nach Schultyp gegliedert; es gibt also die Fachgruppe Grundschule, Hauptschule usw. Für Erzieherinnen aus Kindergärten ist die Fachgruppe *Sozialpädagogische Berufe* zuständig. Die Fachgruppen bearbeiten in themenspezifischen Arbeitsgruppen laufende und aktuell anstehende Aufgaben. Die Mitgliederversammlung der Fachgruppe *Sozialpädagogische Berufe* beschließt über die Durchführung von fachspezifischen Veranstaltungen und Aktionen auf Landesebene, sie organisiert z. B. Fachtagungen oder Unterschriftensammlungen zu Fragen bzw. Themen, die spezifisch für die Belange der sozialpädagogischen Berufe sind. Die Mitgliederversammlung wählt die Vertreter für den Fachgruppenausschuß und schlägt ihre Kandidaten für die Wahl der Vertreter der Landesverbände vor.
Der Fachgruppenausschuß *Sozialpädagogische Berufe* bildet den Zusammenschluß der entsprechenden Landesfachgruppen auf Bundesebene. Die Fachgruppen und Fachgruppenausschüsse haben entscheidende Bedeutung. Ihre Beschlüsse und Stellungnahmen gelangen über Landes- bzw. Hauptvorstand an die Öffentlichkeit. Auch dann, wenn der Beschluß eines Fachgruppenausschusses mit dem Beschluß des Landes- bzw. Hauptvorstandes nicht übereinstimmt, müssen beide gleichzeitig an die Öffentlichkeit gegeben werden. Der Fachgruppenausschuß *Sozialpädagogische Berufe* vertritt damit in der Regel die Angelegenheiten der in der GEW organisierten Erzieherinnen auch gegenüber den zuständigen Behörden und politischen Gremien in Abstimmung mit dem Hauptvorstand.

Fachgruppenübergreifende Fragen, z. B. arbeitsrechtliche Fragen, werden auf Landes- und Bundesebene in Referaten bearbeitet. Für Erzieherinnen sind hier das Referat A für Angestellten- und Tarifrecht sowie das Referat F für außerschulische Erziehungs- und Sozialarbeit und die Aus- und Weiterbildung der in diesem Bereich tätigen Berufsgruppen von Belang.
Neben dieser fachbezogenen Gliederung in Fachgruppen und Referate werden die allgemeinen Gewerkschaftsfragen regionalbezogen auf Bezirks-, Landes- und Bundesebene bearbeitet. In diesen Gremien werden die allgemein gewerkschaftlichen Beschlüsse gefaßt

bzw. an die nächsthöhere Ebene weitergeleitet. So sind die Betriebsgruppen und ihre Vertrauensleute auf Bezirksebene zusammengefaßt. Sie wählen ihre Vertreter in die Landesvertreterversammlung, die dann den Landesvorstand, ihre Delegierten für die Vertreterversammlung auf Bundesebene und die Mitglieder des Hauptausschusses (Bundesebene) wählt. Die Vertreterversammlung auf Bundesebene ist das höchste Beschlußgremium der GEW; Hauptvorstand und Hauptausschuß sind an ihre Beschlüsse gebunden.

3. Rechtsschutz

Beide Gewerkschaften bieten ihren Mitgliedern, sobald sie der Gewerkschaft seit drei Monaten angehören, kostenlosen Rechtsschutz in allen Streitfällen, die in unmittelbarem Zusammenhang mit der Ausübung der beruflichen und/oder gewerkschaftlichen Tätigkeit stehen. Eine Rechtsberatung steht jedem Gewerkschaftsmitglied auch vor Ablauf der Drei-Monatsfrist zu. Rechtsschutz wird jedoch nur dann gewährt, wenn ausreichende Erfolgsaussichten bestehen. Dies wird in einer Rechtsberatung vorab geklärt.

Ein Rechtsschutz ist ausgeschlossen, wenn der begründete Verdacht besteht, daß der Streitfall auf einer vorsätzlichen strafbaren Handlung des Mitglieds beruht.

Bei Rechtsschutzfragen wendet man sich bei der ÖTV an die Rechtsabteilung des betreffenden Kreises, bei der GEW an die Rechtsschutzstelle des zuständigen Landesverbandes.

4. Streikunterstützung

Da sich beide Gewerkschaften zum Streik als Mittel zur Durchsetzung gewerkschaftlicher Forderungen bekennen, gewähren sie ihren Mitgliedern Streikunterstützung, sofern der Streik satzungsgemäß durch Urabstimmung beschlossen wurde.

Die ÖTV gewährt Streikunterstützung vom ersten Streiktag an, sofern eine mindestens dreimonatige Mitgliedschaft besteht und die Beiträge regelmäßig gezahlt wurden. Die Höhe des Streikgeldes wird vor Beginn des Arbeitskampfes vom geschäftsführenden Hauptvorstand festgelegt.

Die GEW gewährt Streikunterstützung in der Regel vom vierten Streiktag an und zwar »nach Maßgabe der vorhandenen Mittel«. Auch hier wird die Höhe des Streikgeldes »nach Lage des Falles und der vorhandenen Mittel« gleichzeitig mit dem Beschluß über eine Urabstimmung vom Hauptvorstand der Bundesorganisation festgelegt.

Kündigungen

Die einseitige Beendigung eines Arbeitsverhältnisses durch einen der beiden Vertragspartner wird Kündigung genannt. Zu unterscheiden ist zwischen ordentlichen Kündigungen und fristlosen Kündigungen.

Eine *ordentliche Kündigung* ist an bestimmte Fristen gebunden und setzt auf seiten der Arbeitnehmer in der Regel keine besonderen Gründe, auf seiten der Arbeitgeber jedoch solche voraus. Eine *außerordentliche Kündigung* erfolgt meist fristlos; sie bedarf (mindestens) eines wichtigen Grundes. Der fristlosen Kündigung muß ein schwerwiegendes, erhebliches (meist fortgesetztes) Fehlverhalten zugrunde liegen, durch das eine Fortsetzung des Arbeitsverhältnisses und auch eine fristgemäße Kündigung nicht möglich ist.

Fristlose Kündigungen können beispielsweise bei vorsätzlichen Verfehlungen (Diebstahl, Betrug oder Körperverletzung bei anvertrauten Kindern) gegenüber den Arbeitnehmerinnen ausgesprochen werden. Die Anlässe für eine Kündigung dürfen nicht länger als 14 Tage zurückliegen. Ohne Angabe von Gründen ist eine Kündigung seitens des Arbeitgebers nur während oder mit Ablauf der Probezeit möglich. Seit dem 1. Mai 2000 bedürfen *alle* Kündigungen der Schriftform, egal ob von Arbeitgeber- oder Arbeitnehmerseite ausgesprochen, egal ob fristgemäß oder fristlos. Auch Auflösungsverträge und befristete Arbeitsverträge müssen schriftlich fixiert werden, ansonsten wird von einem (weiter)bestehenden unbefristeten Arbeitsverhältnis ausgegangen. § 623 BGB ist durch das Arbeitsgerichtsbeschleunigungsgesetz dahingehend geändert worden.

Ordentliche Kündigungen durch den Arbeitgeber müssen *sozial gerechtfertigt* sein.
»Die Kündigung des Arbeitsverhältnisses gegenüber einem Arbeitnehmer, dessen Arbeitsverhältnis in demselben Betrieb oder Unter-

nehmen ohne Unterbrechung länger als sechs Monate bestanden hat, ist rechtsunwirksam, wenn sie sozial ungerechtfertigt ist.« (§ 1 Abs. 1 Kündigungsschutzgesetz, KSchG, Stand: 19.12.1998)

Kündigungsgründe sind laut § 1 Abs. 2 KSchG als sozial gerechtfertigt anzusehen, wenn sie
- in der Person oder
- im Verhalten der Arbeitnehmerin oder
- in dringenden betrieblichen Erfordernissen

liegen.

In der Person liegende Gründe können z. B. häufige krankheitsbedingte Fehlzeiten sein. Die Krankheit allein ist jedoch kein hinreichender Grund für die Kündigung, hinzukommen muß eine negative Prognose, also die Vermutung auch zukünftiger häufiger Fehlzeiten aufgrund von (ein und derselben) Krankheit. Wer zu seiner Entlastung argumentiert, daß die Arbeitsbedingungen krank machten oder daß die Arbeit zu anstrengend sei, bestätigt den Kündigungsgrund. Da die Arbeitsbedingungen selten geändert werden, muß die Mitarbeiterin davor *geschützt* werden, indem sie dort nicht mehr arbeiten darf. Auch wenn das wenig verständlich und ungerecht erscheint: Kündigungen wegen häufiger Erkrankungen sind zulässig.

Gründe, die im Verhalten der Arbeitnehmerin liegen, können z. B. mangelnde Gewissenhaftigkeit, mangelnde Pünktlichkeit, unerträgliches Verhalten gegenüber dem Publikum oder besondere Leistungsmängel sein. Verhaltensbedingte Kündigungen bedürfen der – detail- und datenreichen – Begründung. Die Protokollführung über das Fehlverhalten ist ziemlich schwierig, die Beschreibung des Fehlverhaltens ebenfalls, so daß verhaltensbedingte Kündigungen selten durchzuhalten sind.

Kündigungen aus dringenden betrieblichen Gründen betreffen die vollständige Schließung von Einrichtungen oder das Aufgeben ganzer Arbeitsbereiche. Hierbei hat der Arbeitgeber zunächst die Pflicht, eine Erzieherin auf einen adäquaten Arbeitsplatz umzusetzen (evtl.

mittels Änderungskündigung). Ist diese Möglichkeit nicht gegeben, kann das Arbeitsverhältnis einseitig durch den Arbeitgeber beendet werden.

Die besondere Situation der Erzieherinnen in den neuen Bundesländern wird weiter unten erörtert. Es folgen zunächst Ausführungen zu Kündigungen, wie sie für die Mehrheit der Arbeitnehmerinnen (auch in anderen Arbeitsfeldern) zutreffen.

Ordentliche Kündigungen sind jeweils an bestimmte Fristen gebunden. Innerhalb der Probezeit und für Angestellte unter achtzehn Jahren beträgt die Kündigungsfrist zwei Wochen zum Monatsende, ansonsten verlängert sich die Kündigungsfrist mit der Beschäftigungszeit:

bis zu 1 Jahr	1 Monat zum Monatsende
mehr als 1 Jahr	6 Wochen zum Quartalsende
mehr als 5 Jahre	3 Monate zum Quartalsende
mehr als 8 Jahre	4 Monate zum Quartalsende
mehr als 10 Jahre	5 Monate zum Quartalsende
mehr als 12 Jahre	6 Monate zum Quartalsende

Nach einer Beschäftigungszeit von fünfzehn Jahren und dem Erreichen des vierzigsten Lebensjahres sind Angestellte des öffentlichen Dienstes unkündbar. Ebenfalls unkündbar sind Schwangere vom Zeitpunkt des Beginns der Schwangerschaft bis vier Monate nach der Entbindung und, wenn die Frau einen Erziehungsurlaub antritt, auch während des Erziehungsurlaubs und dann zwei Monate nach der Wiederaufnahme der Arbeit. Darüber hinaus darf den Mitgliedern des Personalrats nicht gekündigt werden.
Bei den meisten Arbeitgebern sind Kündigungen mitbestimmungspflichtig, d. h. die → Personalvertretung muß ihnen zustimmen. Erfolgt keine Zustimmung, wird eine sogenannte Einigungsstelle eingeschaltet, welche unter neutralem Vorsitz paritätisch mit Vertretern

der Arbeitgeber- und Arbeitnehmerseite besetzt ist und dann über die Rechtfertigung der Kündigung entscheidet. Manchmal ist der Personalrat bei Kündigungen auf ein *Mitwirkungsrecht* beschränkt. Er wird zwar angehört, doch der Arbeitgeber kann mit oder ohne seine Billigung kündigen.

Ordentliche Kündigungen werden meist durch → Abmahnungen vorbereitet. Sie sind im Zweifelsfall vor dem → Arbeitsgericht nachzuweisen. Der Gang vor das Arbeitsgericht muß drei Wochen nach Erhalt der Kündigung erfolgen. Anwälte helfen bei der Einschätzung des Erfolgs einer Klage, doch braucht man für die erste Instanz vor dem Arbeitsgericht keine anwaltliche Vertretung, so daß die Kosten sich in Grenzen halten, man aber trotzdem zu einer realistischen Einschätzung seiner Position gelangen kann.
Normalerweise enden Kündigungsverfahren mit einem Vergleich. Arbeitgeber weigern sich häufig, gekündigte Personen, die ihre Klage gewinnen, wieder einzustellen. Arbeitnehmerinnen wollen nach einer solchen Auseinandersetzung nicht unbedingt wieder zurück. Deshalb werden Abfindungszahlungen als Ausgleich und Bestätigung für die Beendigung des Arbeitsverhältnisses vereinbart.

Auf Vergleichsangebote des Arbeitgebers muß sich die Angestellte natürlich nicht einlassen, wenn auch der Druck oft erheblich ist und die Aussicht auf zukünftige Schikanen und erneute Kündigungen einem den *Ausstieg gegen Geld* sinnvoll erscheinen läßt. Als Faustregel für die Höhe von Abfindungen gilt ein halbes Bruttomonatsgehalt pro Jahr der bisherigen Beschäftigung mit deutlichen Abweichungen nach oben und unten, je nach den Erfolgsaussichten der Kündigungsschutzklage.

Auch Kündigungen aus Krankheitsgründen enden häufig mit einem Vergleich, was von Arbeitsrichterinnen sehr forciert wird und wegen der unsicheren Erfolgsaussichten beiden Teilen dann als das kleinere Übel gegenüber einem verlorenen Prozeß erscheint.
Nach einem gewonnenen Prozeß muß eine Arbeitnehmerin sofort wieder die Arbeit aufnehmen können, selbst wenn der Arbeitgeber Berufung gegen das Urteil einlegt. Den Lohn für die seit der Kündigung vergangenen Monate bekommt man nachgezahlt, abzüglich erhaltener Arbeitslosenunterstützung.

Eine sogenannte Rachekündigung durch den Arbeitgeber (nach einem verlorenen Prozeß) hat wegen der Sensibilisierung des Arbeitsgerichts durch den ersten Fall so gut wie keine Chance. Ein von der Mitarbeiterin gewonnener Kündigungsschutzprozeß sichert den Arbeitsplatz, doch vielleicht auch einen umkämpften, ungemütlichen Job, bei dessen Fortsetzung man auf die Solidarität der Kolleginnen angewiesen ist.

Zur Situation in den neuen Bundesländern

Betriebsbedingte Kündigungen betreffen nun schon mehrere Jahre Erzieherinnen und andere pädagogische Fachkräfte in den neuen Bundesländern. Aufgrund der rückläufigen Kinderzahlen in den Kindertageseinrichtungen (weniger Geburten, geringere Nachfrage) wurden viele Plätze aufgegeben. Das hatte und hat zur Folge, daß entsprechend viele Erzieherinnen aus betriebsbedingtem Grund entlassen werden müssen. Gegenüber den DDR-Zeiten sank die Zahl der Arbeitsplätze in der Tagesbetreuung von etwa 140.000 auf gut 40.000, die Zahl der beschäftigten Erzieherinnen sank auf etwa 60.000. Für die Auswahl der zu kündigenden Erzieherinnen muß der Arbeitgeber soziale Gesichtspunkte ausreichend berücksichtigen, andernfalls ist jede Kündigung unwirksam (§ 1 Abs. 3 KSchG).[8] Die Prüfung der sogenannten Sozialauswahl erfolgt dreistufig. Zuerst muß der Kreis der vergleichbaren Arbeitnehmerinnen bestimmt werden, das sind diejenigen, die bei diesem Arbeitgeber grundsätzlich für die Kündigung in Betracht kommen, weil sie alle die gleiche Arbeit erledigen. Danach kommt die eigentliche Sozialauswahl. Vorrangig, aber nicht ausschließlich, werden gewertet:

- Dauer der Betriebszugehörigkeit,
- Lebensalter und
- Unterhaltspflichten.

Doch auch andere soziale Gesichtspunkte müssen gewürdigt werden, z. B.:

---

[8] Die Darstellung dieses Verfahrens erfolgt mit Betonung der speziellen Situation und ihrer Auswirkungen auf die Kindertageseinrichtungen in den neuen Ländern. Die Grundlagen und die Aussagen zum Verfahren der Personalauswahl gelten selbstverständlich für alle Arbeitnehmerinnen in der Bundesrepublik.

- eine Behinderung,
- Chancen auf dem Arbeitsmarkt.

Als dritte Stufe kann der Arbeitgeber einzelne Erzieherinnen aus dem Ergebnis der Sozialauswahl ausnehmen, d.h. statt ihrer andere Mitarbeiterinnen entlassen, § 1 Abs.3 Satz 2 KSchG.

Dieses Verfahren soll verhindern, daß die Arbeitgeber nur leistungsstarke Mitarbeiterinnen weiterbeschäftigen und diejenigen entlassen, für die der Kündigungsschutz besonders erforderlich ist. In der Praxis der Kindertageseinrichtungen hatte und hat das Verfahren häufig zur Folge, daß vor allem jüngere Erzieherinnen, Erzieherinnen ohne unterhaltspflichtige Kinder und verheiratete Erzieherinnen mit einem verdienenden Ehemann von betriebsbedingten Kündigungen betroffen sind.

Dies führte in vielen Trägerbereichen zu einem immens hohen Anstieg des Durchschnittsalters der beschäftigten Erzieherinnen. Die betreuten Kinder werden dort überwiegend von Erzieherinnen aus der Generation ihrer Großmütter betreut; eine Einseitigkeit, die pädagogisch durchaus als fragwürdig angesehen werden kann. Da, wo eine Durchmischung verschiedener Altersgruppen kaum stattfindet, werden in ein paar Jahren gravierende Folgen zu sehen sein, wenn eine ganze Erzieherinnengeneration fast gleichzeitig *in Rente geht*, ohne daß Nachwuchs für einen gleitenden Übergang eingearbeitet wurde.

Ein weiterer Effekt eines letztlich ungesteuerten Verfahrens ist ein Personalkarussell, das Kollegien permanent neu zusammensetzt und Teamarbeit und pädagogische Konstanz (Qualität) verhindert, denn es wird immer denjenigen gekündigt, die zuletzt dazu kamen bzw. die die schlechtesten Sozialkriterien aufweisen.

Welche Einflußmöglichkeiten hat ein Arbeitgeber?

Die erste Stufe der Sozialauswahl ist zugleich die erste Einflußmöglichkeit auf das Auswahlverfahren. Der Personenkreis für das Kündigungsverfahren muß bestimmt werden. Für eine an pädagogischen Qualitätskriterien orientierte Auswahl bieten die Kindertagesbetreuungsgesetze und daran anschließende Regularien der Länder

Argumentationshilfe, wenn in ihnen die für die pädagogische Arbeit erforderliche Ausbildung/Qualifikation festgelegt wird. Am *Beispiel des Landes Brandenburg* dargestellt, bedeutet dies:

Das Kita-Gesetz schreibt vor, daß *genügend geeignete pädagogische Fachkräfte* vorhanden sein müssen. Die zugehörige Kitapersonalverordnung konkretisiert, daß *Erzieherinnen und durch Ausbildung oder Fortbildung als gleichwertig anzusehende andere Kräfte* als Fachkräfte im Sinne des Gesetzes anzusehen sind. Das Landesjugendamt muß zustimmen. Praktische Erfahrungen reichen nicht für eine Feststellung der Gleichwertigkeit, vielmehr müssen theoretische Kenntnisse die betreffende Kollegin in ihrer Qualifikation auf Fachschulniveau bestätigen. Auf inhaltliche Ausführungen über die erforderlichen Qualitäten wird hier verzichtet.

Für das Kündigungsverfahren bei einem Träger von Kindertageseinrichtungen folgt aus diesen Überlegungen, daß aus betrieblichen Notwendigkeiten (Vorgaben des Kita-Gesetzes für einen ordnungsgemäßen Betrieb) heraus alle minderqualifizierten Erziehungspersonen gekündigt werden müssen.

Kommentar: Kündigungen sind immer eine soziale Härte, doch wenn sie schon vorgenommen werden müssen, soll wenigstens die pädagogische Qualität für die betreuten Kinder gewährleistet sein. Eine Orientierung an den qualifizierten Fachkräften schließt darum konsequenterweise eher die Hilfskräfte aus. Auch wenn den meisten Hilfskräften kein Vorwurf zu machen ist bezüglich ihrer Qualifikation, würde ein anderes Verfahren doch bedeuten, daß eher diejenigen geschützt werden, die sich nicht (rechtzeitig) qualifiziert haben. Dies wäre ein verheerendes Ergebnis für den Erzieherinnenberuf.
Eine weitere Einflußmöglichkeit für den Träger einer Kindertageseinrichtung auf bevorstehende Kündigungen liegt in der dritten Stufe des Auswahlverfahrens. Er kann im Wege einer einzelfallbezogenen Interessenabwägung für den Betrieb der Einrichtungen wichtige Personen aus der Sozialauswahl ausnehmen. Konkret können pädagogische Mitarbeiterinnen wegen besonders wichtiger Qualifikationen von der Kündigung verschont bleiben. Der Arbeitgeber hat die allgemeinen Sozialkriterien gegen die besonderen Erfordernis-

se und die individuelle Qualifikation aufzuwiegen und gegebenenfalls vor Gericht zu begründen. Er muß jedoch sein Recht auf besondere Würdigung individueller Qualifikationen nicht ausüben.

Änderungskündigungen

Eine besondere Form von Kündigungen stellen die Änderungskündigungen dar. Bei ihnen handelt es sich um eine Beendigung des Arbeitsverhältnisses unter den ursprünglich vereinbarten Konditionen bei gleichzeitigem Angebot eines neuen Arbeitsverhältnisses beim gleichen Arbeitgeber. Mit Änderungskündigungen *können* Arbeitgeber versuchen, für sie günstigere Konditionen in der Gestaltung der Arbeitsverhältnisse zu erreichen (geringere Bezahlung, ungünstigere Arbeitszeiten). Mit einer Änderungskündigung *kann* aber auch auf Veränderungen in den betrieblichen Möglichkeiten oder im individuellen Leistungsvermögen reagiert werden, ohne daß Arbeitnehmerinnen gleich die volle Härte einer endgültigen Kündigung tragen müssen.

Änderungskündigungen sind weiterhin unter gleichwertigen Konditionen möglich, z. B. wenn eine Arbeitnehmerin eine völlig andere Tätigkeit ausüben soll, die jedoch gleich bezahlt wird und vergleichbare Anforderungen stellt. Jede Änderungskündigung unterliegt prinzipiell den gleichen Kriterien und dem gleichen Verfahren wie andere Kündigungen auch.

Zum Ende dieses Stichwortes noch einige Beispiele aus Urteilen zu Kündigungsverfahren:

- Das Bundesarbeitsgericht (BAG) hat in letzter Instanz die fristlose Entlassung eines Erziehers wegen des Verdachts auf sexuellen Mißbrauch von Kindern bestätigt. (2 AZR 244/97)
- Auch in Betrieben mit nicht mehr als fünf Beschäftigten (bei Beschäftigungsbeginn nach Oktober 1996) haben Schwangere Kündigungsschutz. (LAG Frankfurt/M. 13 Sa 2144/96)
- Kirchliche Einrichtungen dürfen einem Arbeitnehmer nicht kündigen, der nicht in die Kirche eintreten will, wenn die Kirchenmitgliedschaft zum Zeitpunkt der Einstellung nicht Bestandteil des Arbeitsvertrages war. (AG Gera 4 CA 3712/97)

- Autoritäres Verhalten und mangelnde Führungsqualitäten können im Extremfall eine Kündigung rechtfertigen. Dem Arbeitgeber muß eine Weiterbeschäftigung nicht möglich sein, weil Mitarbeiterinnen und Eltern ihn so stark unter Druck setzen. Im vor dem Bundesarbeitsgericht zu entscheidenden Fall wurde gegen eine Kindergartenleiterin entschieden, die nach 25 Jahren eigentlich unkündbar war. (2 AZR 158/95)
- Wiederholte Verspätungen rechtfertigen nach Ansicht des Bundesarbeitsgerichts eine Kündigung, auch wenn dieser Grund dem Betriebsrat nicht ausdrücklich mitgeteilt wurde. (2 AZR 302/96)
- Hat ein Mitarbeiter eine Krankheit vorgetäuscht, ist die fristlose Kündigung gerechtfertigt (LAG Berlin 9 So 58/78).
- Die bloße Drohung, krank zu werden, wenn ein beantragter Urlaub nicht gewährt wird, ist ein sofortiger Kündigungsgrund (BAG 2 AZR 147/92).

Mobbing

»To mob» bedeutet im Englischen »anpöbeln, belästigen, attackieren«. In der Arbeitswelt fungiert Mobbing als Sammelbegriff für negative kommunikative Handlungen in der Zusammenarbeit, in denen eine oder mehrere Personen (Täter) sich oft und über einen längeren Zeitraum gegen ein Opfer wenden.

Mobbing kann gravierende psychische und/oder physische Folgen haben. Mobbing bezeichnet nicht jeden Konflikt am Arbeitsplatz, nicht in jedem miesen Betriebsklima findet Mobbing statt. Von Mobbing wird gesprochen, wenn eine oder mehrere gegen das Opfer gerichtete Handlungen über mindestens ein halbes Jahr lang wöchentlich mindestens einmal auftreten.

Zu unterscheiden sind einzelne Mobbing-Handlungen und Mobbing als Konfliktbegriff. Aus einem Katalog von insgesamt 45 Mobbing-Handlungen lassen sich fünf Gruppen klassifizieren:

1. Angriffe auf Kommunikationsmöglichkeiten: Das Opfer wird ständig kritisiert, wird unterbrochen, angeschrien und/oder beschimpft; sachliche Informationen werden vorenthalten.

2. Angriffe auf die sozialen Beziehungen: Das Opfer wird behandelt, als wäre es nicht da; niemand spricht mit ihm; *es ist Luft* für die anderen.
3. Angriffe auf das soziale Ansehen: Gerüchte werden in die Welt gesetzt; das Opfer wird lächerlich gemacht und beleidigt.
4. Angriffe auf die Berufs- und Lebenssituation: Man wird kaltgestellt; man erhält degradierende, sinnlose oder überfordernde Aufgaben.
5. Angriffe auf die Gesundheit: Das Opfer wird sexuell belästigt, körperlich angegriffen oder mit gesundheitsschädlichen Arbeiten betraut.

Mobbing verläuft in vier Phasen. Es beginnt mit einer unbefriedigenden Verarbeitung eines (häufig minder schweren) Konfliktes in einem Arbeitsbereich. Das Opfer wird in der zweiten Phase zum Sündenbock für alles (Psycho-Terror). Es folgen Rechtsübergriffe und massive Kränkungen. In der letzten Phase folgen sachlich grundlose → Disziplinarmaßnahmen, → Versetzung und → Kündigungen.

Das Opfer reagiert mit Streßsymptomen (Unwohlsein, Magen-Darm-Probleme, Ängste, Schlafstörungen) bis hin zum Selbstmord. Es wird zunächst immer unsicherer, verliert sein Selbstbewußtsein, reagiert häufig so, daß es nach außen aussieht, als wäre das Opfer in seiner Persönlichkeit gestört, so daß eine Zusammenarbeit mit ihm wirklich nicht möglich sei.

Krankenkassen und Arbeitgeber haben Mobbing als Kostenfaktor entdeckt und bieten deshalb Unterstützung für betroffene Personen an. Hinweise auf Hilfsmöglichkeiten geben auch die → Personalvertretungen, → Gewerkschaften, Kirchen und Ärzte.

Nebentätigkeiten

Bei Nebentätigkeiten muß unterschieden werden zwischen genehmigungspflichtigen und nichtgenehmigungspflichtigen Nebentätigkeiten.

Nichtgenehmigungspflichtige Nebentätigkeiten sind u. a. die Verwaltung des eigenen Vermögens, wissenschaftliche oder künstlerische Vortragstätigkeiten oder die Wahrung der Berufsinteressen in Berufsverbänden oder Gewerkschaften.

Beamte und Angestellte im öffentlichen Dienst sind auf Verlangen der Dienstbehörde verpflichtet, über Art und Umfang der Nebentätigkeit schriftlich Auskunft zu geben.

Eine nichtgenehmigungspflichtige Tätigkeit kann vom Arbeitgeber untersagt werden, wenn bei ihrer Ausübung Pflichten aus dem Arbeitsvertrag verletzt werden oder wenn die Tätigkeit die Mitarbeiterin so in Anspruch nimmt, daß ihre Arbeitsleistung beeinträchtigt wird.

Genehmigungspflichtig sind alle anderen Tätigkeiten, insbesondere diejenigen, die bezahlt werden. Sie müssen beim Arbeitgeber beantragt werden, sollen nicht mehr als ein Viertel (bei manchen Arbeitgebern nur ein Fünftel) der regelmäßigen Arbeitszeit umfassen und bedürfen der ausdrücklichen Genehmigung. Ein Antrag auf Nebentätigkeiten darf allerdings nur dann abgelehnt werden,

- wenn der Arbeitgeber entweder befürchten muß, daß die Arbeitskraft der Mitarbeiterin durch die Nebentätigkeit zu sehr beansprucht wird,
- wenn er nachweisen kann, daß die Nebentätigkeit eine Konkurrenz zu seinem Aufgabengebiet darstellt (also wenn eine Erzieherin beispielsweise nebenbei einen privaten Kindergarten leitet),
- oder wenn die arbeitsrechtlich vorgeschriebenen Höchstarbeitszeiten überschritten werden.

Pausen

Pausen sind eine Unterbrechung der Arbeit, bei denen keine andere Tätigkeit ausgeführt werden darf. Als Pausen gelten nur Arbeitsunterbrechungen von mindestens 15 Minuten. Im Kern ist diese Definition das einzige, was durch die Änderung der allgemeinen Rechtsgrundlage in bezug auf Arbeits- bzw. arbeitsfreie Zeiten unverändert gilt.

Am 1. Juli 1994 trat das Arbeitszeitgesetz (ArbZG) in Kraft. Es löste die seit dem 30. April 1938 geltende Arbeitszeitordnung (AZO) ab. Der Grund für die Veränderung ist im § 1 ArbZG veröffentlicht, wird jedoch ziemlich gut versteckt. Dort heißt es:

»Zweck des Gesetzes ist es,

1. *die Sicherheit und den Gesundheitsschutz der Arbeitnehmer bei der Arbeitszeitgestaltung zu gewährleisten und die Rahmenbedingungen für flexible Arbeitszeiten zu verbessern sowie*

2. den Sonntag und die staatlich anerkannten Feiertage als Tage der Arbeitsruhe und der seelischen Erhebung der Arbeitnehmer zu schützen.«

So sehr es als Fortschritt zu betrachten ist, daß gegenüber der Arbeitszeitordnung offengelegt wird, welchem Zweck dieses neue Gesetz dienen soll, so sehr muß man hinterfragen, welchen der aufgeführten Punkte die AZO nicht erreichen konnte. Selbst wenn es dort nicht ausführlich vorangestellt war, dann sollten durch die damalige Festlegung ebenfalls eine Sicherheit für Arbeitnehmerinnen erreicht und der Schutz der Sonn- und Feiertage gewährleistet werden. Was also ist neu an der neuen Regelung?

Es sollen die Rahmenbedingungen für flexible Arbeitszeiten geschaffen werden. Der Zusammenhang mit den Interessen der Wirtschaft wird offensichtlich. Andererseits ist klar, daß starre Regelungen auch den Arbeitnehmern und Arbeitnehmerinnen schaden, sei es, daß auf Grund günstigerer Vorschriften in anderen Ländern die Produktion eher dorthin verlagert wird, sei es, daß alle Beschäftigten möglichst wenig Zeit im Betrieb verbringen wollen, aber die bisherigen Pausenregelungen die Anwesenheitszeit für teilzeitbeschäftigte Mitarbeiterinnen eher verlängert haben. So ließe sich denn zum Zweck des neuen Arbeitszeitgesetzes vielleicht treffender sagen, daß es erstens eine Flexibilisierung ermöglichen soll und zweitens trotzdem einen gewissen Arbeitnehmerschutz sicherstellen soll.

Zu welcher Einschätzung man auch kommen mag, Arbeitgeberverbände sicher zu einer anderen als die Gewerkschaften, es gibt wieder zwei Seiten der Betrachtung und Bewertung der Hintergründe, wie auch für die Tatsache, daß die Ungleichbehandlung von Männern und Frauen aus der AZO durch das Arbeitszeitgesetz aufgehoben wurde.

Männer und Frauen sind gleichberechtigt, heißt es im Grundgesetz, folgerichtig wird im Arbeitszeitgesetz nicht mehr unterschieden. Andererseits wurde der bisherige besondere Schutz von Frauen durch die neuen Pausenregelungen abgebaut, denn in der Substanz gelten die alten Regelungen für die Männer nun auch für Frauen.

§ 4 ArbZG: Ruhepausen

»Die Arbeit ist durch im voraus feststehende Ruhepausen von mindestens 30 Minuten bei einer Arbeitszeit von mehr als sechs Stunden und 45 Minuten bei einer Arbeitszeit von mehr als neun Stunden insgesamt zu unterbrechen. Die Ruhepausen nach Satz 1 können in Zeitabschnitte von jeweils 15 Minuten aufgeteilt werden. Länger als sechs Stunden hintereinander dürfen Arbeitnehmer nicht ohne Ruhepause beschäftigt werden.«

Früher mußten Frauen spätestens nach viereinhalb Stunden eine Pause machen.

In § 2 Abs. 1 ArbZG und § 15 Abs. 1 BAT wird ausgeführt, daß Pausen nicht zur Arbeitszeit gehören. Demzufolge brauchen sie nicht bezahlt zu werden.

Da Pausen zur Erholung für die Arbeit dienen sollen, sind sie generell nicht im Anschluß an die Arbeitszeit zu nehmen. D. h., wenn eine Erzieherin morgens in den Frühdienst kommt und keine Kinder zu betreuen sind, kann der Arbeitgeber diese Zeit nicht als Pausenzeit anrechnen (→ Arbeitszeit). Umgekehrt darf niemand seine tägliche Pause ans Arbeitsende legen, um eher nach Hause zu kommen.

Die tatsächliche *Anwesenheitszeit* einer Erzieherin pro Woche richtet sich nach der tarifvertraglich vereinbarten durchschnittlichen Arbeitszeit, ihrem Arbeitsvertrag (Ganztags- oder Teilzeittätigkeit) und dem aktuellen Dienstplan zuzüglich aller in Anspruch genommenen Pausenzeiten. Die tägliche Anwesenheitszeit kann je nach der Gestaltung des Dienstplanes von der durchschnittlichen Anwesenheitszeit abweichen (→ Überstunden). Die Notwendigkeit einer Pause ist abhängig von der jeweiligen tatsächlichen Arbeitszeit an einem Tag.

Wichtig für Erzieherinnen mit Arbeitsverträgen nach dem BAT:

»Werden in unmittelbarem Anschluß an die dienstplanmäßige Arbeitszeit mindestens zwei Arbeitsstunden geleistet, ist eine viertelstündige, werden mehr als drei Arbeitsstunden geleistet eine insgesamt halbstündige Pause zu gewähren, die als Arbeitszeit anzurechnen ist.« (16a Abs. 1 BAT)

Diese Regelung kann für Dienstbesprechungen im Anschluß an die Öffnungszeit der Einrichtung relevant werden.

Eine weitere Änderung bietet das ArbZG gegenüber der AZO, die mit Sicherheit eine Verschlechterung, wenn auch nur eine geringe, bedeutet. Es wird nicht mehr beschrieben, wo die Pausen stattfinden sollen. Früher hieß es, daß »nach Möglichkeit besondere Aufenthaltsräume oder freie Plätze bereitzustellen sind«, heute gibt es keinerlei Aussagen darüber.

Würde die *Arbeitsstättenverordnung* nicht nur für gewerbliche Unternehmen sondern für alle Betriebe gelten, müßte ein gesonderter und geeigneter Raum zur Verfügung stehen, denn hier ist eindeutig vorgeschrieben:
»Werden mehr als 10 Arbeitnehmer beschäftigt, muß ein leicht erreichbarer Pausenraum zur Verfügung stehen. Dies gilt nicht, wenn die Arbeitnehmer in Büroräumen oder vergleichbaren Arbeitsräumen beschäftigt sind und dort die Voraussetzungen für eine gleichwertige Erholung während der Pausen gegeben ist.« (zitiert nach: Der Bundesminister für Sozialordnung 1989, S. 422)

In Kindertageseinrichtungen wird die Forderung nach ungestörter Pause oftmals nicht eingehalten. Gründe dafür sind z. B.

- bauliche Unzulänglichkeiten: in älteren Häusern gibt es häufig keine ausreichenden Räumlichkeiten;
- Personalknappheit: der Personalschlüssel reicht nicht, um die Erholungszeiten für die Erzieherinnen zu sichern;
- mangelhafte → Dienstplangestaltung: das Team (die Leitung) hat keine sinnvolle Regelung für die Pause organisieren können, bei der alle Mitarbeiterinnen tatsächlich zu ungestörter Erholung kommen;
- Opferungsbereitschaft: die Erzieherin kann sich nicht für eine halbe Stunde von ihren Kindern trennen.

Der Zustand, daß ungestörte Pausen nicht möglich sind, sollte nicht auf Dauer hingenommen werden. Soweit Abhilfe im Rahmen der eigenen Möglichkeiten zu schaffen ist, muß man die Verbesserungen selbst organisieren. Wenn jedoch bauliche Veränderungen oder mehr Personal zu fordern sind, brauchen Erzieherinnen Mut, langen Atem und Kooperationspartner. Die Forderung nach Pausenräumen sollte zusammen mit der nach ausreichender Vor- und Nachbereitung und für Besprechungszeiten mit den Eltern der betreuten Kinder erhoben werden. Denn: Räume, in denen Erzieherinnen Pause machen können und in denen sie sich wohlfühlen, sind auch für Gespräche mit Eltern geeignet und um Mitarbeiterinnenbesprechungen im kleinen Kreis durchzuführen.

Andererseits dürfen Pausen nicht zu Lasten der Kinder und ihrer Betreuung gehen. In Ganztagseinrichtungen ist eine Ruhephase nach dem Mittagessen üblich. Viele Kinder brauchen sie, andere Kinder nicht zu dieser Zeit. Manche Kinder ruhen am besten beim Lesen, andere auf der Decke im Garten, wieder andere im Schlafraum. Individuell. Trotzdem müssen in Kindertageseinrichtungen zu häufig alle Kinder auf die gleiche Art und Weise ruhen; sie werden hingelegt und *müssen* sogar schlafen. Warum? Weil auf diese Weise die Pausen einfacher zu regeln sind! In Extremfällen organisieren sich die Erzieherinnen eine zweistündige Mittagspause, die sie als Schlafenszeit zum *Wohle der Kinder* deklarieren.

Zur Anregung für die laufende Debatte der Qualität von Kindertageseinrichtungen, wie wäre es mit folgendem Minimalstandard?

»Kein Kind darf zum Schlafen oder auch nur zum Hinlegen gezwungen werden. Jedem Kind muß aber die Möglichkeit dazu gegeben werden.«

An der Pausenregelung in einer Kindertageseinrichtung läßt sich erkennen, ob die Organisation sich nach den Kindern (bzw. nach pädagogischen Ansprüchen) richtet oder umgekehrt.

(→ Aufgaben der Leitung)

Personalakte

Über jede Mitarbeiterin existiert beim Arbeitgeber eine Personalakte. In ihr sind alle Vorgänge enthalten, die das Arbeitsverhältnis betreffen, wie Bewerbungsunterlagen, Schriftverkehr, Leistungsberichte, Zeugnisse, Vermerke, aber auch Abmahnungen und dienstliche Beurteilungen.

Die Sammlung von Unterlagen in sogenannten Nebenakten ist unzulässig – die einzigen Ausnahmen sind → Nebentätigkeiten oder für die Dauer eines Disziplinarverfahrens. Personalakten verbleiben beim Arbeitgeber. Im öffentlichen Dienst werden sie allerdings innerhalb des Landes weitergereicht, wenn der nächste Arbeitgeber auch eine Dienststelle des Landes ist.

Jede Angestellte hat das Recht, ihre Personalakte einzusehen und Abschriften anzufertigen. Einsicht in die Personalakte darf nur die Betroffene selbst nehmen, sie darf allerdings ein Mitglied der Personalvertretung hinzunehmen. Der → BAT regelt darüber hinaus für den öffentlichen Dienst die Möglichkeit, die Personalakte durch einen schriftlich Bevollmächtigten – beispielsweise einen Anwalt – einsehen zu lassen. Der Bevollmächtigte kann vom Arbeitgeber aus dienstlichen oder betrieblichen Gründen zurückgewiesen werden. Die Zurückweisung muß begründet sein und kann angefochten werden.

Jede Einsicht in die Personalakte wird in ihr vermerkt – ein Verfahren, daß zumindest strittig ist. Was soll es dokumentieren? Wird aus der Häufigkeit der Akteneinsicht etwa auf den Grad der Vorsicht bzw. des Mißtrauens geschlossen? Vermerke in der Personalakte darüber, wie häufig jemand seine Rechte wahrnimmt, sollten nicht vorkommen.

Ob Fotokopien von Teilen der Personalakte möglich sind oder ob der Begriff *Abschrift* wörtlich zu nehmen ist, wird unterschiedlich gehandhabt.

Jede Arbeitnehmerin hat das Recht, zu jedem Schriftstück in der Personalakte einen Kommentar oder eine Richtigstellung hinzuzufügen, z. B. Ergänzungen aus ihrer Sicht zum Leistungsbericht. Bei unrichtigen oder anzufechtenden Behauptungen in der Personalakte kann die Herausnahme beantragt werden; im Zweifelsfall ist das Recht mit Hilfe eines Verfahrens beim → Arbeitsgericht durchzusetzen.

Eintragungen über → Disziplinarmaßnahmen müssen nach Fristablauf spurlos zu entfernen sein. Daraus folgt zum Beispiel, daß die Seiten nicht durchlaufend numeriert werden dürfen, da bei einer Entfernung der Unterlagen über die Disziplinarmaßnahme offenkundig wäre, daß etwas entnommen wurde. Wenn also die Bestandteile der Akte numeriert werden, dann dürfen diejenigen Teile, die Bestandteil disziplinarischer Maßnahmen sind, nur als Unternummern geführt werden.

Personalversammlung

Für den Bereich des öffentlichen Dienstes gilt, daß mindestens einmal pro Jahr eine ordentliche Personalversammlung der Dienststelle stattzufinden hat. Diese wird vom Personalrat einberufen. Darüber hinaus können der Personalrat, der Leiter der Dienststelle oder mindestens ein Viertel aller Beschäftigten eine außerordentliche Personalversammlung einberufen.

Die Personalversammlung nimmt den Rechenschaftsbericht des Personalrats entgegen, erörtert alle Probleme, die die Dienststelle und/oder ihre Mitarbeiterinnen beschäftigen. Der Personalrat ist gegenüber der Personalversammlung nicht weisungsgebunden. Die Versammlung der Mitarbeiterinnen kann ihm nur Anregungen geben.

Die Dienststelle bzw. der Arbeitgeber muß für die Teilnahme an Personalversammlungen Dienstbefreiung gewähren und geeignete Räume zur Verfügung stellen. Wer nicht teilnimmt, kann keine Dienstbefreiung in Anspruch nehmen mit der Begründung, die Kolleginnen würden auch nicht arbeiten.

Personalversammlungen sind nicht öffentlich; nur Vertreter der im Personalrat vertretenen Gewerkschaften können als Nicht-Mitarbeiterinnen an der Versammlung teilnehmen. Die Personalversammlung ist im Bundespersonalvertretungsgesetz (BPersVG) und in den Landespersonalvertretungsgesetzen geregelt.

Außerhalb des öffentlichen Dienstes gilt ähnliches. Hier muß der Betriebsrat die Betriebsversammlung einberufen. Für Religionsgemeinschaften wird diese Frage durch die entsprechenden Mitarbeitervertretungsordnungen geregelt.

Betriebs- oder Personalversammlungen bieten die Möglichkeit, öffentlich Probleme der Dienststelle anzusprechen. Sowohl der Personal- bzw. Betriebsrat als auch die Geschäftsführung können um Stellungnahmen gebeten oder kritisiert werden.

Personalvertretung

Je nach Trägerschaft gibt es für Erzieherinnen verschiedene Möglichkeiten der innerbetrieblichen Interessenvertretung.

In privaten Kindertageseinrichtungen mit mindestens fünf Beschäftigten ermöglicht das *Betriebsverfassungsgesetz* eine Betriebsratswahl, weil die Einrichtungen als Betriebe im Sinne dieses Gesetzes anzusehen sind. Bei den freien Wohlfahrtsverbänden als Trägern von Kindertageseinrichtungen gilt das Betriebsverfassungsgesetz nur eingeschränkt, während es für kirchliche Träger gar nicht gilt (s. u.). Für die Interessen der Mitarbeiterinnen treten dort die sogenannten Mitarbeitervertretungen (MAV) ein.

Im öffentlichen Dienst sorgt ein Personalrat für die Wahrnehmung von Interessen der Mitarbeiterinnen auf der Grundlage der *Personalvertretungsgesetze* (PersVG) der Länder. Die Regelungen im öffentlichen Dienst sind weitgehend identisch, da alle sich auf das Bundespersonalvertretungsgesetz (BPersVG) stützen. Im folgenden wird aus dem PersVG des Landes Berlin zitiert.

Die Arbeit des Personalrates umfaßt als *allgemeine Aufgaben* nach § 72 Abs.1 PersVG:

- Beantragung von Maßnahmen, die der Dienststelle und ihren Mitarbeitern nützen,
- Kontrolle über die Anwendung und Durchführung der geltenden Rechts- und Verwaltungsvorschriften sowie der Tarifverträge und Dienstvereinbarungen,
- verantwortliche Haltung gegenüber Anregungen bzw. Beschwerden von Mitarbeitern,

- Förderung und Beantragung von Maßnahmen zur Eingliederung und beruflichen Entwicklung aller Mitarbeiter, insbesondere Schwerbeschädigten, älteren Menschen und ausländischen Mitarbeitern,
- Zusammenarbeit mit der Jugendvertretung.

Das PersVG sichert dem Personalrat *Rechte zur Durchführung seiner Aufgaben* zu

- *Informationsrecht* (vgl. § 73 PersVG): Der Personalrat ist zur Durchführung seiner Aufgaben rechtzeitig und umfassend zu unterrichten. Dazu muß der Arbeitgeber erforderliche Unterlagen zur Verfügung stellen. Personalakten dürfen selbstverständlich nur mit Einwilligung der Betroffenen vorgelegt werden.
- *Mitwirkungsrecht* (vgl. § 90 PersVG): Die nächste Stufe stellen die Mitwirkungsrechte dar. Sie setzen Informationen voraus und erlauben dem Personalrat bei bestimmten Angelegenheiten Meinungsäußerungen und Vorschlagsmöglichkeiten. Der Personalrat kann u.a. mitwirken bei:
  - Verwaltungsvorschriften über die personelle Auswahl bei Einstellungen, Versetzungen, Umgruppierungen und Kündigungen,
  - der Auflösung, Einschränkung, Verlegung oder Zusammenlegung von Dienststellen,
  - Ausschreibung freier Stellen und beabsichtigter Einstellungen,
  - Abgabe von dienstlichen Beurteilungen.
- *Mitbestimmungsrecht* (vgl. § 85 PersVG): Eine wesentliche Erweiterung der Kompetenzen bedeuten die Mitbestimmungsrechte für die Personalvertretung. Bei mitbestimmungspflichtigen Angelegenheiten unterrichtet die Dienststelle die Personalvertretung von der beabsichtigten Maßnahme und beantragt die Zustimmung. Dies können z. B. folgende allgemeine Angelegenheiten sein:
  - Beginn und Ende der täglichen Arbeitszeit und der Pausen,
  - Anordnung von Mehrarbeit und Überstunden,
  - Aufstellung und Änderung des Urlaubsplanes,
  - Regelung der Ordnung in der Dienststelle und des Verhaltens der Dienstkräfte.

  Eingeschränkte Mitbestimmungsangelegenheiten:

– allgemeine Fragen der Fortbildung,
– Inhalt von Personalfragebögen,
– Beurteilungsrichtlinien.

Gemeinsame Angelegenheiten (d. h. für Arbeiter, Angestellte und Beamte), die der Mitbestimmung unterliegen, regelt § 86 PersVG, z. B.:

- Geltendmachung von Ersatzansprüchen gegen eine Dienstkraft,
- Versetzung,
- Abordnung für eine Dauer von mehr als drei Monaten oder sobald die Abordnung diese Dauer überschreitet,
- Versagung oder Widerruf der Genehmigung einer Nebentätigkeit.

Im Falle einer Versetzung bestimmen beim Wechsel des Zuständigkeitsbereiches des Personalrates die Personalräte der bisherigen und der neuen Dienststelle mit.

Für Angestellte dürften die Mitbestimmungsregelungen aus § 87 PersVG von besonderem Interesse sein:

- bei der Einstellung,
- bei nicht nur vorübergehender Übertragung einer höher zu bewertenden Tätigkeit,
- bei Höhergruppierung,
- bei Herabgruppierung,
- bei Verhängung von → Disziplinarmaßnahmen,
- bei → Kündigungen.

Erfährt eine Erzieherin, daß eine dieser Maßnahmen geplant ist, wendet sie sich an den Personalrat. Gewinnt dieser den Eindruck, daß die beabsichtigte Maßnahme nicht rechtens ist, wird eine schriftliche Stellungnahme erarbeitet, die innerhalb von zwei Wochen der Dienstbehörde vorzulegen ist (eine Fristverlängerung ist möglich). Die beabsichtigte Maßnahme gilt vom Personalrat als gebilligt, wenn die fristgerechte Stellungnahme ausbleibt.

Wird einem mit der Stellungnahme verbundenen Antrag des Personalrates nicht entsprochen (beharrt die Dienstbehörde z. B. darauf, eine Maßnahme durchzusetzen), muß dem Personalrat eine schriftliche Begründung gegeben werden.

Kommt eine Einigung zwischen einer unteren Dienstbehörde und dem örtlichen Personalrat nicht zustande, besteht die Möglichkeit, beim Hauptpersonalrat den Antrag zu stellen, binnen zwei Wochen die überbezirkliche »Einigungsstelle für Personalvertretungssachen« einzuschalten. Detaillierte Auskünfte über die Vorgehensweise erteilt jeder Personalrat.

Die Größe des Personalrates ist abhängig von der Anzahl der Beschäftigten, § 14 PersVG. Die Mitglieder werden gewählt; Personalratswahlen finden nach Ablauf von 3 Jahren in der Zeit vom 1. Oktober bis 15. Dezember statt, § 20 PersVG. Jede Art der Wahlbehinderung oder Wahlbeeinflussung ist laut § 20 PersVG ausdrücklich verboten.

Nach Absprache mit der Dienststelle kann der Personalrat während der Arbeitszeit Sprechstunden einrichten.

Kompliziert ist die Beschreibung der Vertretungen für die Mitarbeiterinnen der Kirchen und der anderen Wohlfahrtsverbände, denn sie gelten als sogenannte → Tendenzbetriebe. Für sie gelten weder das Personalvertretungsgesetz noch das Betriebsverfassungsgesetz: *»Alle Religionsgemeinschaften, christliche Glaubensbekenntnisse wie solche weltanschaulicher Art, sind vom Betriebsverfassungsgesetz ausgenommen; zugleich auch ihre karitativen und erzieherischen Einrichtungen.«* (Der Bundesminister für Arbeit und Sozialordnung 1989, S. 303)

Mit dieser Herausnahme aus dem Betriebsverfassungsgesetz schaffen die Kirchen in ihrem Bereich einen von Mitbestimmung und Arbeitnehmervertretung freien Raum. Stattdessen gewähren sie Mitarbeitervertretungen, die sich nach besonderen, eigenen Regeln zu richten haben.

Dieses Verfahren geht von der Annahme aus, daß im Bereich der Religionsgemeinschaften eine Interessenidentität zwischen der Kirche bzw. der Religionsgemeinschaft und ihren Angestellten besteht. Diese Grundannahme ist allerdings erheblich umstritten, vor allem deshalb, weil die Religionsgemeinschaften im Rahmen der Subsidiarität erhebliche Teile der gesellschaftlichen Sozialaufgaben übernehmen – und diese weitestgehend mit öffentlichen Mitteln bestreiten. Von daher stellt sich die Frage, ob in kirchlichen Kindertagesstätten die Erzieherinnen noch eine originär christliche Aufgabe im Rahmen ihrer Kirche leisten oder ob nicht vielmehr die Kirchen aus Steuergeldern einen Teil der öffentlichen Aufgaben des Staates erfüllen. Dann ist aber nicht einzusehen, weshalb den Mitarbeiterinnen dort elementare Rechte der Mitbestimmung und des Arbeitnehmerschutzes vorenthalten werden.

Einrichtungen der Freien Wohlfahrtsverbände sind Tendenzbetriebe, für die das Betriebsverfassungsgesetz in abgeschwächter Form gilt, d. h., daß der Betriebsrat zwar in allen Fällen zu hören ist, daß aber in den Bereichen, die in die Tendenz der Tätigkeit des Verbandes fallen, die Mitbestimmungsrechte außer Kraft gesetzt sind.

»Der Tendenzschutz des Betriebsverfassungsgesetzes gilt für Unternehmen und Betriebe, die politischen, koalitionspolitischen, konfessionellen, karitativen, erzieherischen, wissenschaftlichen oder künstlerischen Bestimmungen dienen; dabei kann neben ideellen Zielen auch ein Erwerbszweck verfolgt werden. Beispiele: Büros und Betriebe der politischen Parteien, Verwaltungen und Einrichtungen der Gewerkschaften und Arbeitgeberverbände, Wohlfahrtseinrichtungen wie u.a. das Rote Kreuz, die Arbeiterwohlfahrt ...« (Der Bundesminister für Arbeit und Sozialordnung 1989, S. 303)

Der Tendenzschutz basiert auf dem Gedanken, daß die grundsätzliche Orientierung des Betriebes von allen Mitarbeiterinnen getragen werden muß und durch Mitbestimmung nicht gefährdet werden darf. Diese eigentümliche Konstruktion geht einerseits von einer Interessenidentität zwischen dem Betrieb und seinen Mitarbeiterinnen aus, andererseits wird die Mitbestimmung gefürchtet. Dieser Widerspruch ist nur damit zu erklären, daß sich die Kirchen und die Wohlfahrtsverbände die Arbeitnehmervertretungen vom Hals schaffen wollten.

Der Hinweis auf den Tendenzschutz reicht jedoch nicht, Mitarbeitervertretungen in Wohlfahrtsverbänden oder anderen Tendenzbetrieben Mitbestimmungsrechte völlig zu verweigern.

In der Praxis muß notfalls von Gerichten entschieden werden, welche Teile der betrieblichen Arbeit der Verbände dem Tendenzschutz unterliegen.

Privateigentum in der Einrichtung

Das Aufbewahren privaten Eigentums am Arbeitsplatz ist bei vielen Arbeitgebern untersagt. Der Grund hierfür: Die Arbeitgeber befürchten, bei Beschädigung oder Diebstahl für die Gegenstände haften zu müssen. Dies insbesondere dann, wenn keine Versicherung abgeschlossen wurde.

Manche Träger (das Land Berlin z. B.) bieten ihren Mitarbeiterinnen einen *Ersatz aus Billigkeitsgründen* an, wenn Privateigentum in Ausübung des Dienstes beschädigt oder gestohlen wird, sofern es sich um Sachen handelt, die entweder durch dienstliche Aufgaben bedingt mitgebracht wurden oder die allgemein üblich sind, wie Arbeitskleidung, Arbeitsgeräte, Fachliteratur u. ä. Der Begriff der Billigkeit deutet darauf hin, daß es sich hierbei nicht um eine Rechtspflicht handelt, sondern daß der Arbeitgeber ein besonderes Entgegenkommen zeigt, das er jederzeit widerrufen kann.

Eine Entschädigung bis zur Höchstsumme von 500,– DM wird nur dann bezahlt,

- wenn die Mitarbeiterin keine Mitschuld am Verlust trifft, das Eigentum vor allem in Schränken bzw. verschlossenen dienstlichen Räumen verwahrt wurde,
- wenn niemand anderes Ersatz leisten muß (z. B. private Hausratversicherung).

Dessen ungeachtet haftet ein Träger (oder seine Versicherung) für Beschädigung oder Diebstahl privaten Eigentums, wenn die Erzieherinnen ausdrücklich aufgefordert wurden, die Gegenstände mitzubringen oder wenn dies vom Träger erlaubt, zumindest aber gebilligt wurde. Eine Billigung des Trägers liegt auch dann vor, wenn ihm eine Vorgehensweise, in diesem Fall die Benutzung privater Geräte, bekannt ist, seine Vertreter aber nichts dagegen einwenden oder unternehmen.

Einschränkungen gibt es hinsichtlich dieser grundsätzlichen Aussage für den Fall, daß die gestohlenen Gegenstände fahrlässig zerstört oder beschädigt wurden bzw. wenn sie durch ein Mitverschulden der Mitarbeiterinnen abhanden kamen.

Rechtsschutzversicherung

Mit einer Rechtsschutzversicherung können finanzielle Risiken von Auseinandersetzungen, die vor Gericht und/oder vorgerichtlich mit anwaltlichem Beistand zu führen sind, abgedeckt werden. Eine Rechtsschutzversicherung abzuschließen ist möglich für unterschiedliche Risiken, wie Kraftfahrzeug-Rechtsschutz, Mietrechtsschutz, Arbeitnehmerrechtsschutz u. v. m. Es gibt auch kombinierte Angebote. Manche Risiken sind von der Versicherung ausgeschlossen, z. B. die Kosten eines Scheidungsverfahrens.

Art und Umfang der Rechtsschutzversicherung bestimmen die Beitragshöhe.

Der Versicherungsschutz bezieht sich in der Regel

- auf die Abwehr unberechtigter Ansprüche gegen den Versicherungsnehmer sowie
- auf die Unterstützung bei der Durchsetzung eigener Ansprüche.

Die Rechtsschutzversicherung erstreckt sich auf die in der Auseinandersetzung erforderlichen Gerichts- und Anwaltskosten, einschließlich der Kosten der Gegenseite, sollte ein Prozeß verloren gehen.

Bei der Inanspruchnahme einer Rechtsschutzversicherung besteht in der Regel freie Anwaltswahl, die schon für die erste Beratung gilt. Hierfür ist es im Schadensfall auch nicht notwendig, vorab die Rechtsschutzversicherung zu informieren.

Die Gewerkschaften ÖTV und GEW bieten in Verbindung mit der Mitgliedschaft einen reduzierten Rechtsschutz an, der sich vor allem auf Rechtsprobleme beschränkt, die im Zusammenhang mit der Berufstätigkeit stehen.

Schwangerschaft und Mutterschutz

Die wichtigsten Regelungen zu diesem Bereich des Arbeitsrechts findet man im *Gesetz zum Schutz der erwerbstätigen Mutter*, kurz Mutterschutzgesetz (MuSchG) genannt. Es wurde zuletzt erheblich geändert am 20. Dezember 1996. Vieles, was vorher im MuSchG geregelt war, findet sich nun im Bundeserziehungsgeldgesetz (→ Erziehungsgeld).

Das Mutterschutzgesetz gilt für Frauen, die in einem Arbeitsverhältnis stehen, § 1 MuSchG. Es regelt für werdende und stillende Mütter u. a.:

- die Gestaltung des Arbeitsplatzes,
- die Beschäftigungsverbote,
- die Mitteilungspflicht,
- den Kündigungsschutz,

und im Zusammenhang mit der Reichsversicherungsordnung (RVO):

- die Leistungen, die einer Mutter zustehen.

Gestaltung des Arbeitsplatzes, § 2 Abs.1 MuSchG:
»Wer eine werdende oder stillende Mutter beschäftigt, hat bei der Einrichtung und der Unterhaltung des Arbeitsplatzes einschließlich der Maschinen, Werkzeuge und Geräte und bei der Regelung der Beschäftigung die erforderlichen Vorkehrungen und Maßnahmen zum Schutze von Leben und Gesundheit der werdenden oder stillenden Mutter zu treffen.«

Insbesondere muß bei Tätigkeiten, die überwiegend im Stehen ausgeführt werden, der Mutter eine Gelegenheit zum Hinsetzen und Ausruhen bereitgestellt werden. Umgekehrt muß der Arbeitgeber bei Tätigkeiten, die ständig im Sitzen ausgeführt werden, ein Ausgleich durch kurze Unterbrechungen geschaffen werden, § 2 Abs. 2 & 3 MuSchG.

Beschäftigungsverbote, § 3 MuSchG:
»(1) Werdende Mütter dürfen nicht beschäftigt werden, soweit nach ärztlichem Zeugnis Leben oder Gesundheit von Mutter oder Kind bei Fortdauer der Beschäftigung gefährdet ist.
(2) Werdende Mütter dürfen in den letzten sechs Wochen vor der Entbindung nicht beschäftigt werden, es sei denn, daß sie sich zur Arbeitsleistung ausdrücklich bereit erklären; die Erklärung kann jederzeit widerrufen werden.«

Werdende Mütter dürfen nicht beschäftigt werden, wenn die Arbeit eine besondere Belastung darstellt, § 4 MuSchG. Darunter fallen z. B. Arbeiten, bei denen regelmäßig Lasten von mehr als 5 kg oder gelegentlich von mehr als 10 kg gehoben oder bewegt werden. Ersetzen wir das Wort *Lasten* durch *Kinder*, so ist klar, daß die Arbeit in einer Krippe dazugehört, da die Kinder auf Wickelkommoden gehoben werden müssen. Das Verbot der Beschäftigung mit schweren, gesundheitsgefährdenden oder besonders belastenden Arbeiten gilt auch für stillende Mütter, § 6 Abs. 3 MuSchG.[9]

Werdende oder stillende Mütter dürfen nach § 8 MuSchG weder an Sonn- und Feiertagen arbeiten, noch Mehrarbeitszeiten leisten. Mehrarbeit heißt hier: über 8 1/2 Stunden täglich oder 90 Stunden in der Doppelwoche. Für junge Frauen unter 18 Jahren gelten 8 Stunden täglich oder 80 Stunden in der Doppelwoche.

Nach der Entbindung besteht bis zum Ablauf von 8 Wochen ein absolutes Beschäftigungsverbot, das bei Früh- oder Mehrlingsgeburten auf 12 Wochen ausgedehnt ist, § 6 Abs. 1 MuSchG. Durch ärztliches Attest kann eine Einschränkung der Arbeitsfähigkeit über diesen Zeitraum hinausgehend und zeitlich unbestimmt in den ersten Monaten nachgewiesen werden, § 6 Abs. 2 MuSchG.

Eine Freistellung von der Arbeit können Mütter in Anspruch nehmen, die ihr Kind stillen. Die folgenden Regelungen des §7 MuSchG erleichtern die Arbeitsaufnahme:
»(1) Stillenden Müttern ist auf ihr Verlangen die zum Stillen erforderliche Zeit, mindestens aber zweimal täglich eine halbe Stunde oder einmal täglich eine Stunde freizugeben. Bei einer zusammenhängenden Arbeitszeit von mehr als acht Stunden soll auf Verlangen zweimal eine Stillzeit von mindestens fünfundvierzig Minuten oder, wenn in der Nähe der Arbeitsstätte keine Stillgelegenheit vorhanden ist, einmal eine Stillzeit von mindestens neunzig Minuten gewährt werden. Die Ar-

[9] Ein weitergehendes Beschäftigungsverbot gibt es für Lehrerinnen und analog dazu für alle Erzieherinnen im öffentlichen Dienst des Landes Berlin. Grundlage ist die dort geltende Mutterschutzverordnung, § 2 Abs.2 MuSchVO:
Lehrerinnen und Beamtinnen in Kindergärten, Horten und ähnlichen Einrichtungen dürfen vom Beginn des sechsten Monats der Schwangerschaft an nicht mehr Unterricht erteilen oder in Kindergärten, Horten und ähnlichen Einrichtungen tätig sein, es sei denn, daß sie sich hierzu ausdrücklich bereit erklären; die Erklärung kann jederzeit widerrufen werden...
Die schwangeren Frauen sind stattdessen im Bürodienst zu beschäftigen.
An dieser Stelle nochmals der ausdrückliche Hnweis, daß es sich um Landesrecht handelt, und die Bitte an die Leserinnen, sich in ihrem Bundesland selbst zu erkundigen.

beitszeit gilt als zusammenhängend, soweit sie nicht durch eine Ruhepause von mindestens zwei Stunden unterbrochen wird.
(2) Durch die Gewährung der Stillzeit darf ein Verdienstausfall nicht eintreten. Die Stillzeit darf von stillenden Müttern nicht vor- oder nachgearbeitet und nicht auf die in dem Arbeitszeitgesetz oder in anderen Vorschriften festgesetzten Ruhepausen angerechnet werden.«

Mitteilungspflicht, § 5 MuSchG:
Die Schwangere soll dem Arbeitgeber die Schwangerschaft und den mutmaßlichen Tag der Entbindung mitteilen, sobald sie davon weiß. *Sollen* heißt wie immer im Recht, daß es eine Vorschrift ist, an die man sich nicht sklavisch halten muß. Es kommt auf den Einzelfall an. Da aber diese Mitteilung zur Wahrung eigener Rechte notwendig ist und keine Nachteile zu befürchten sind (Kündigungsschutz), ist sie sinnvoll. Der Arbeitgeber kann das Zeugnis eines Arztes oder einer Hebamme verlangen, muß es dann aber selbst bezahlen. Die Mitteilung sollte den voraussichtlichen Geburtstermin beinhalten, weil danach die Schutzfristen vor und nach der Geburt errechnet werden. Irren sich Arzt oder Hebamme, so werden die Fristen entsprechend dem realen Geburtstermin korrigiert.

Der Arbeitgeber muß die Mitteilung der Schwangeren sofort an die Gewerbeaufsicht melden, darf allerdings niemand anderen über die Schwangerschaft informieren.

Kündigungsschutz, § 9 Abs.1 MuSchG:
»Die Kündigung gegenüber einer Frau während der Schwangerschaft und bis zum Ablauf von vier Monaten nach der Entbindung ist unzulässig, wenn dem Arbeitgeber zur Zeit der Kündigung die Schwangerschaft bekannt war oder innerhalb zweier Wochen nach Zugang der Kündigung mitgeteilt wird...«

Die schwangere Frau kann von sich aus während der Schwangerschaft oder der Schutzfrist ohne Einhaltung von Fristen kündigen, § 9 Abs. 2 und § 10 MuSchG. Wird eine Frau, die während der Schwangerschaft oder der Schutzfrist gekündigt hat, innerhalb eines Jahres vom selben Arbeitgeber wieder eingestellt – und war sie zwischenzeitlich nicht bei einem anderen Arbeitgeber beschäftigt –

gilt das Beschäftigungsverhältnis, was die Rechte der Arbeitnehmerin angeht, als nicht unterbrochen.

Der Kündigungsschutz der (werdenden) Mutter gilt nicht, wenn ein Zeitvertrag während der Schwangerschaft abläuft. In diesem Falle besteht der Kündigungsschutz nur bis zum Ende des Zeitvertrages.

Leistungen nach §§ 11–16 MuSchG und §§ 195–200b RVO:
Sollte die Schwangere nach ärztlichem Attest außerhalb der eigentlichen Schutzfrist einem Beschäftigungsverbot unterliegen, wird vom Arbeitgeber das Durchschnittsgehalt der letzten 13 Wochen vor der Schwangerschaft gezahlt, § 11 Abs. 1 MuSchG. In der Zwischenzeit eventuell erfolgende Tariferhöhungen müssen nach Abs. 2 eingerechnet werden, Verdienstkürzungen, z. B. aufgrund von Kurzarbeit, bleiben hingegen außer Betracht.

Wird das Arbeitsverhältnis erst nach Beginn der Schwangerschaft begonnen, so ist der Durchschnittsverdienst nach dem Arbeitsentgelt aus den ersten drei Monaten der Beschäftigung zu berechnen. Frauen, die in einer gesetzlichen Krankenversicherung versichert sind, erhalten in der Schutzfrist Mutterschaftsgeld nach den Vorschriften der Reichsversicherungsordnung (RVO, s.u.). Frauen, die nicht in der gesetzlichen Krankenversicherung versichert sind, erhalten analog zu Lasten des Bundes ein Mutterschaftsgeld bis zur Höhe von DM 400,- vom Bundesversicherungsamt.

Das Mutterschaftsgeld beträgt zwischen DM 3,50 und 25,– pro Kalendertag entsprechend dem vorherigen Nettoverdienst, § 200 Abs. 2 RVO. D. h. wer mindestens DM 750,– netto verdient hat, erhält den Höchstbetrag von DM 25,– pro Tag der Schutzfrist. Während der Schutzfristen zahlt der Arbeitgeber die Differenz zwischen dem Mutterschaftsgeld und dem bisherigen Nettoverdienst, so daß der Frau der letzte Nettoverdienst zur Verfügung steht, § 14 MuSchG.

Weitere Leistungen nach dem Mutterschutzgesetz sind im § 15 MuSchG verzeichnet. Frauen in der gesetzlichen Krankenversicherung erhalten:
1. ärztliche Betreuung und Hilfe sowie Hebammenhilfe,

2. Versorgung mit Arznei-, Verband- und Heilmitteln,
3. stationäre Entbindung,
4. häusliche Pflege,
5. Haushaltshilfe,
6. Entbindungsgeld.

Im Einzelnen bedeutet das:

- Ärztliche Betreuung, z.B. die Feststellung der Schwangerschaft, die Vorsorgeuntersuchungen (§ 196 Abs.1 RVO) oder Hebammenhilfe bei der Entbindung. Für alle erforderlichen Untersuchungen im Rahmen der Mutterschaftshilfe hat der Arbeitgeber Freizeit zu gewähren, ein Verdienstausfall ist nicht zulässig, § 16 MuSchG.
- Anspruch auf Unterkunft, Pflege und Verpflegung für den Aufenthalt im Krankenhaus oder einer anderen Einrichtung zum Zwecke der Entbindung (§ 197 RVO) bis längstens 6 Tage nach der Niederkunft.
- Anspruch auf Krankenhausbehandlung ab dem 6. Tag nach der Entbindung (§ 197 RVO), auf häusliche Pflege (§ 198 RVO) und auf Haushaltshilfe (§ 199 RVO).

Der Kündigungsschutz der werdenden Mutter gilt, wie schon ausgeführt, nicht nach Ablauf eines Zeitvertrages während der Schwangerschaft. In diesem Falle gilt der Kündigungsschutz nur bis zum Ende des Zeitvertrages. Sind während der Ausübung dieser Tätigkeit Anwartschaften auf Mutterschaftsgeld erworben worden (zwischen dem zehnten und vierten Monat vor der Schwangerschaft müssen mindestens zwölf Wochen gearbeitet werden), zahlt die Krankenkasse bis zu 25,– DM je Kalendertag. Mehr erhält die Frau allerdings nicht, denn der Arbeitgeberanteil entfällt, da kein Arbeitsverhältnis mehr besteht.

Schweige- bzw. Verschwiegenheitspflicht

Arbeitgeber von Wirtschaftsbetrieben schützen ihre Interessen, z. B. das Wissen über die Zusammensetzung eines Produktes, indem sie ihre Arbeitnehmerinnen verpflichten, keinen Außenstehenden über Produktions- und Geschäftsverfahren zu informieren. Die Verpflichtung, ein Betriebsgeheimnis zu wahren, gilt für die Dauer des Arbeitsverhältnisses und zum Teil über die Beendigung hinaus. Verstöße gegen diese *Verschwiegenheitspflicht* können strafrechtlich geahndet werden, wenn eine Arbeitnehmerin aus Eigennutz oder zu Zwecken des Wettbewerbs Informationen an Dritte weiterleitet und damit ihren Arbeitgeber schädigt. Unbefugte Mitteilungen von Geschäfts- und Betriebsgeheimnissen werden mit Freiheits- oder Geldstrafen geahndet.

Neben der strafrechtlichen besteht eine weiterreichende *arbeitsrechtliche* Verschwiegenheitspflicht, die alle Tatsachen umfaßt,

- welche im Zusammenhang mit dem Betrieb stehen,
- nicht offenkundig sind und
- entweder nach dem Willen des Arbeitgebers
- oder aus berechtigten wirtschaftlichen Interessen heraus

geheimzuhalten sind.

Arbeitgeber des öffentlichen Dienstes erwarten die arbeitsrechtliche Verschwiegenheit ebenfalls von ihren Mitarbeiterinnen, obwohl es in einer *öffentlichen Verwaltung* weder Betriebs- noch Geschäftsgeheimnisse zu wahren geben sollte. Zwar werden z. B. an Universitäten Ergebnisse produziert, die jemand privat verwerten könnte, obwohl sie innerhalb eines Arbeitsverhältnisses entstanden und entlohnt wurden, doch sind dies die Ausnahmen im öffentlichen Dienst.

Als sogenannte Nebenpflicht eines Arbeitsverhältnisses existiert die Verpflichtung zur Verschwiegenheit generell im Rahmen allgemeiner schutzwürdiger Interessen von Arbeitnehmerinnen und Arbeitgebern. Die Verschwiegenheitspflicht gilt daher beidseitig, obwohl sie als Pflicht des Arbeitgebers selten diskutiert wird. Er muß z. B. zum Schutz der Persönlichkeitsrechte Stillschweigen bewahren über Informationen, die er aus einem → Bewerbungsverfahren gewinnt. Meist jedoch wird das Stichwort Schweigepflicht nur als Verpflichtung für die Arbeitnehmerinnen diskutiert.

Das kommt nicht von ungefähr. Meinungen zwischen Vorgesetzten und Mitarbeiterinnen über den Umfang der Schweigepflicht sind von unterschiedlichen Interessen abhängig. Auseinandersetzungen um die Schweigepflicht sind daher meist Anzeichen anderer Konflikte. Machtstreben oder Absicherungsbedürfnis, Selbstherrlichkeit oder Unsicherheit, immer lassen die Vorgaben des Arbeitgebers zur Schweigepflicht auch Rückschlüsse auf das Maß der gewährten Meinungsfreiheit zu. Schweigepflicht und/oder *Meinungsfreiheit*, wo keine direkten wirtschaftlichen Interessen auf dem Spiel stehen, sind sie Ausdruck des politischen Machtverhältnisses, geben sie Auskunft über den Stand der Demokratie und des Staatsverständnisses.

Wenn das Thema Schweigepflicht diskutiert werden soll, ist nicht bloß zu thematisieren, wann geschwiegen werden muß. Vor allem ist zu fragen: »Worüber müssen wir sprechen?« Bei der Bestimmung der Schweigepflicht muß eine Abwägung sehr unterschiedlicher *Rechtsgüter* erfolgen; eine einfache Unterscheidung zwischen zugelassenen und nicht zugelassenen *Inhalten einer Information* oder zwischen zugelassenen und nicht zugelassenen *Adressaten der Nachricht* greift zu kurz.

Grundlage für die Schweigepflicht der Angestellten des öffentlichen Dienstes ist der § 9 BAT; dort heißt es im ersten Absatz:
»Der Angestellte hat über Angelegenheiten der Verwaltung oder des Betriebes, deren Geheimhaltung durch gesetzliche Vorschriften vorgesehen oder auf Weisung des Arbeitgebers angeordnet ist, Verschwiegenheit zu bewahren.«

In der täglichen Praxis von Erzieherinnen wird die Einhaltung dieses Paragraphen keine Schwierigkeit bereiten, und auch die weiteren Ausführungen beziehen sich nicht auf die Erziehungs- sondern im wesentlichen auf technische Arbeit. Trotzdem stand in einem zum § 9 BAT entwickelten Merkblatt der Berliner Verwaltung bis 1979 wörtlich:
»Wann eine Angelegenheit offenkundig ist (und deshalb darüber geredet werden könnte), wird in vielen Fällen streitig sein. Deshalb wird jedem Angestellten empfohlen, in Zweifelsfällen eher zu schweigen, als Gefahr zu laufen, eine geheimzuhaltende Angelegenheit zu offenbaren.«

Diese Empfehlung des Arbeitgebers in Ausführung einer arbeitsrechtlichen Vorschrift bedeutete eine Einschränkung des im Artikel 5 des Grundgesetzes garantierten *Rechts auf Meinungsfreiheit*:

»1. Jeder hat das Recht, seine Meinung in Wort, Schrift und Bild frei zu äußern und zu verbreiten und sich aus allgemein zugänglichen Quellen ungehindert zu unterrichten...
2. Diese Gesetze finden ihre Schranken in den Vorschriften der allgemeinen Gesetze, den gesetzlichen Bestimmungen zum Schutze der Jugend und in dem Recht der persönlichen Ehre.«

Den arbeitsrechtlichen Vorschriften des Tarifvertrags und den Arbeitgeberempfehlungen, Verschwiegenheit zu bewahren, steht nicht nur der Artikel 5, sondern auch der Artikel 9 Abs. 3 des Grundgesetzes entgegen. Dort ist für jedermann und für alle Berufe das Recht verbürgt, zur Wahrung und Förderung der Arbeitsbedingungen Vereinigungen zu bilden. Dieser Grundgesetzartikel schützt sowohl die gewerkschaftliche Betätigung des einzelnen als auch die Gewerkschaften als Institution. Das *Recht auf Koalitionsfreiheit* schließt das Recht ein, Ziele öffentlich zu verbreiten sowie öffentlich Kritik zu üben. Damit gewerkschaftliche Arbeit erfolgreich sein kann, müssen Informationen über die Situation auf einer Dienststelle durch die dort tätigen Gewerkschaftsmitglieder frei mitgeteilt werden dürfen. Als Grundrechte sind Meinungs- und Koalitionsfreiheit hoch einzuschätzen; sie dürfen durch untergeordnete Gesetze und Vorschriften nur konkretisiert, nicht jedoch aufgehoben werden.

Weitere gesetzliche Vorgaben erweitern die Möglichkeiten von Arbeitnehmerinnen zu Meinungsäußerung und Informationsweitergabe. Zusätzlich zur rein gewerkschaftlichen Interessenvertretung verfügen sie über die Möglichkeit, eine → Personalvertretung zu wählen. Beim Personalrat (oder einer anderen Form der Arbeitnehmervertretung) können dienstliche Angelegenheiten selbstverständlich jederzeit angesprochen werden. Eine Schweigepflicht besteht jedoch zum Schutz der persönlichen Sphäre anderer Mitarbeiterinnen. Da der Personalrat verpflichtet ist, Beschwerden von Mitarbeiterinnen nachzugehen und, sofern sie berechtigt sind, auf ihre Erledigung hinzuwirken, benötigt auch er bestimmte Informationen, die folglich nicht der Schweigepflicht unterliegen dürfen.

Einschränkungen der Schweigepflicht sind sogar in behördlichen Regelungen zum Umgang mit Bürgern zu finden. Die Beachtung der Arbeitsanweisungen zu Auskunft und Beratung verpflichtet die Mitarbeiterinnen des öffentlichen Dienstes (in den meisten Behörden), sich bürgerfreundlich zu verhalten. »Auskunft und Rat müssen richtig, vollständig und unmißverständlich sein«, so oder ähnlich lauten die Richtlinien, die dadurch schon im Kern gegen eine weitgehende Schweigepflicht stehen.

Gerade bei der Darstellung von Problemen und Fakten nach außen scheiden sich jedoch die Geister. Halten die einen jegliche Äußerung zu einer Situation für einen Verstoß gegen die Schweigepflicht und gegen den Grundsatz, daß die Behörde nach außen nur einen einheitlichen Standpunkt vertreten soll, so erklären andere, weniger konservative, den Willensbildungsprozeß (und damit den freien Informationsaustausch) zur Grundlage einheitlicher Entscheidungen der Behörde im Sinne und unter Mitwirkung der Bürger.

Das KJHG/SGB VIII schreibt die Zusammenarbeit der Mitarbeiterinnen der Jugendhilfe mit den Eltern zwingend vor. Eine Zusammenarbeit mit ihnen und ihre Beteiligung in den wesentlichen Angelegenheiten der Kindertageseinrichtung ist ohne Informationsweitergabe nicht möglich. Worüber müssen Eltern informiert werden; welche Inhalte gehören zu den wesentlichen Angelegenheiten bzw. zu den offenkundigen Tatsachen, die nicht unter die Schweigepflicht fallen?

Auf dem beschriebenen Hintergrund braucht man kaum zu spekulieren, weshalb ein Träger von Kindertageseinrichtungen verlangt, daß der gewählten Elternvertretung Fragen zur personellen Ausstattung, zu den Ausfallzeiten des Personals oder zur Verteilung der Beschäftigungsgelder nicht von den Erzieherinnen, sondern nur von den Vorgesetzten beantwortet werden dürfen. Ein anderer Träger dagegen läßt Informationen und Diskussionen zwischen Mitarbeiterinnen und Elternvertretung zu. Er beteiligt sich an öffentlichen Diskussionen, z. B. über Interessengegensätze und Forderungen zur Personalausstattung. Dieser Träger begreift Diskussion und Informationsaustausch als Beitrag, vorhandene Aufgaben künftig besser lösen zu können.

Offensichtlich ist, daß, spätestens mit Inkrafttreten des KJHG/SGB VIII, alle Eltern, die ihre Kinder in Kindertageseinrichtungen betreuen lassen, nicht als unbefugte Dritte anzusehen sind, welche nichts mit den Angelegenheiten der Einrichtung zu tun haben. Dies ist ein deutlicher Fortschritt gegenüber einer Rechtsposition, die noch vor wenigen Jahren Eltern als Außenstehende bezeichnete und höchstens den gewählten Elternvertreterinnen gewisse Informationsrechte einräumte. Nun gilt: Sofern schutzwürdige Interessen einzelner Kolleginnen gewahrt bleiben, spricht nichts gegen eine weitgehende Information (und Mitsprache) der Eltern über die Belange der Einrichtung.

Die Schweigepflicht besteht gegenüber jedermann, der nicht dienstlich mit der jeweiligen Angelegenheit betraut ist. Damit sind alle gemeint, die nicht zum Betrieb bzw. zur Verwaltung gehören, wie auch die Mitarbeiterinnen, die in einem anderen Arbeitsgebiet innerhalb dieser Verwaltung arbeiten und nichts mit der fraglichen Angelegenheit zu tun haben.

Von besonderer Empfindlichkeit wird noch immer die Weitergabe von Informationen an die Presse behandelt. Manche Träger befürchten, daß interne Pläne an eine weite Öffentlichkeit und so in die Kritik geraten. Deshalb regeln sie, wer Informationen an die Presse geben darf. Diese Regelung darf sich nur auf offizielle Verlautbarungen beziehen, also auf Äußerungen, die eine Person als Vertreterin der Verwaltung macht. Selbstverständlich steht allen Bürgerinnen, also auch Mitarbeiterinnen einer Verwaltung, das Recht zu, gegenüber der Presse die eigene Meinung zu äußern, sobald die der Meinungsäußerung zugrundeliegende Nachricht allgemein bekannt ist, z. B. wenn im Stadtparlament Personalkürzungspläne besprochen wurden oder wenn Kürzungsvorlagen schon veröffentlicht sind.

Zu beachten ist, daß eine Erzieherin die jeweilige Sachlage nur aus ihrer Sicht schildern, d.h. nicht den Eindruck erwecken darf, es handele sich um eine offizielle Verlautbarung der Dienststelle.

Bei allen Informationen, die Mitarbeiterinnen/Erzieherinnen geben, muß immer die sogenannte Mäßigungspflicht beachtet werden. Sie ist im § 53 Bundes-Beamten-Gesetz und im § 35 Abs. 2 Beamtenrechts-Rahmengesetz geregelt und gilt nach dem BAT sinngemäß auch für Angestellte. *Mäßigungspflicht* bedeutet z. B., daß von einer

Erzieherin auf einer Gruppenelternversammlung Kritik an einer Trägerentscheidung ausgesprochen werden darf. Sie soll allerdings den Bericht von Tatsachen in den Vordergrund stellen und jedenfalls mit Zurückhaltung kommentieren. Keinesfalls darf der Träger verunglimpft oder herabgewürdigt werden.
(→ Datenschutz)

Sonderurlaub/ Zusatzurlaub

Angestellte im öffentlichen Dienst können nach § 49 BAT Zusatzurlaub und nach § 50 BAT Sonderurlaub erhalten.

Zusatzurlaub wird gewährt auf der Basis der für Beamte geltenden Maßstäbe nach der bundesweit geltenden *Verordnung über den Erholungsurlaub der Bundesbeamten und Richter* mit den Konkretisierungen in den Landesbeamtengesetzen sowie der jeweils dazu erlassenen Ordnungen, z. B. in Berlin die *Verordnung über den Urlaub der Beamten und Richter aus besonderen Anlässen*. Das Verfahren soll die Gleichbehandlung aller im öffentlichen Dienst tätigen Personen sichern, vgl. auch § 49 Abs. 1 BAT.

Zusatzurlaub wird bis zu 5 Arbeitstagen im Urlaubsjahr gewährt. Erholungsurlaub und Zusatzurlaub zusammen dürfen 34 Arbeitstage (Fünf-Tage-Woche) nicht überschreiten, § 49 Abs. 2 BAT.

Als Sonderurlaub nach § 50 Abs. 1 BAT wird eine Arbeitsbefreiung ohne Fortzahlung der Bezüge bezeichnet. Gründe für einen Sonderurlaub sind:

- ein Kind unter 18 Jahren oder
- ein pflegebedürftiger Angehöriger.

Andere wichtige Gründe sind im Einzelfall denkbar und müssen vom Arbeitgeber anerkannt werden, § 50 Abs. 2 BAT. Dem Sonderurlaub soll entsprochen werden, wenn keine dienstlichen oder betrieblichen Belange entgegen stehen.

Sonderurlaub ist auf längstens fünf Jahre zu befristen. Auf Antrag kann er verlängert werden. Der Verlängerungsantrag ist spätestens sechs Monate vor Ablauf des Sonderurlaubs zu stellen, § 50 Abs. 1 BAT.

Sonderurlaub wird nicht als Beschäftigungszeit anerkannt, d. h. man muß sich selbst um die Sozialversicherung kümmern.

Durch die Finanzknappheit der öffentlichen Arbeitgeber und weil es vielerorts sogenannte Personalüberhänge gibt, wird das bisherige Recht der Arbeitnehmerinnen vermehrt als Möglichkeit der Arbeitgeber gesehen, durch Förderung der Sonderurlaubsregelungen Personalkosten zu sparen. Im Land Berlin beispielsweise können Beamtinnen für die Dauer von fünf Jahren *vorübergehend entpflichtet* werden, um eine Tätigkeit außerhalb des öffentlichen Dienstes anzunehmen. Übrige Arbeitnehmerinnen können dafür sogar bis zu sechs Jahren beurlaubt werden.

Es ist auf jeden Fall sinnvoll, vor einer solchen Entscheidung eine genaue Auskunft bei der → Personalvertretung einzuholen.

Sprachlich wird weithin nicht unterschieden zwischen Zusatz- und Sonderurlaub, sondern eher zwischen Sonderurlaub mit oder ohne Fortzahlung der Bezüge entsprechend der jeweiligen landesrechtlichen Verordnungen/Regelungen differenziert. Es folgt eine Aufzählung als Beispiel aus der bereits erwähnten *Verordnung über den Urlaub der Beamten und Richter aus besonderen Anlässen* des Landes Berlin. Mitarbeiterinnen des Landes Berlin erhalten danach Urlaub:

- zur Wahrnehmung staatsbürgerlicher Pflichten und Rechte,
- zur Ableistung eines freiwilligen sozialen Jahres,
- für staatsbürgerliche, kirchliche, gewerkschaftliche und sportliche Zwecke,
- für die Teilnahme an Fortbildungsveranstaltungen und Lehrgängen, sofern diese nicht der allgemeinen Bildung dienen,
- für ehrenamtliche Jugendpflegearbeit,
- als Dozentinnen in den Ausbildungsstellen des Landes,
- aus persönlichen Anlässen.

Unterschieden werden muß zwischen Veranstaltungen, die *Nutzen für die dienstliche Tätigkeit* erwarten lassen, und solchen, die im *überwiegenden dienstlichen Interesse* anzusehen sind. Insbesondere bei längerfristigen berufsbegleitenden → Fortbildungen kann dies Folgen haben. Ein Nutzen für die dienstliche Tätigkeit rechtfertigt die Freistellung unter Fortzahlung der Bezüge auch über die üblichen Fortbildungstage hinaus. Liegt der Anlaß des Sonderurlaubs im überwiegenden dienstlichen Interesse des Arbeitgebers, muß eine Dienstbefreiung unter Fortzahlung der Bezüge erfolgen und werden vom Arbeitgeber zusätzlich eventuelle Kosten getragen. Freistellungswünsche der Arbeitnehmerinnen aus persönlichen Anlässen führen in der Regel zu einem Sonderurlaub ohne Fortzahlung der Bezüge oder zu Anrechnung auf den Erholungsurlaub.

Ähnliche Regelungen gibt es in allen Bundesländern und/oder bei allen Trägern der Jugendhilfe. Zu den Freistellungsmöglichkeiten sollte wegen der trägerspezifischen Besonderheiten auf jeden Fall die Personalvertretung konsultiert werden.

Sonderurlaub hieß früher auch die Grundlage für die Freistellung von Arbeitnehmerinnen, um eine Heilbehandlungsmaßnahme (Kur) von maximal sechs Wochen unter Fortzahlung der Bezüge durchführen zu können. 1996 wurde das *Bundesurlaubsgesetz* (§ 10) durch das *Beschäftigungsförderungsgesetz* geändert. Was einen so hehren Namen hat, kann in Wirklichkeit als ein trojanisches Pferd zum Abbau sozialer Rechte angesehen werden. Maßnahmen der medizinischen Vorsorge oder Rehabilitation können seitdem mit zwei Tagen auf den Erholungsurlaub angerechnet werden, wenn der Mindesturlaub nicht angetastet wird. → Urlaub

Schon zum 1.9.1995 wurde für die Beschäftigten des öffentlichen Dienstes der § 37 BAT geändert. Eine Kur wird nunmehr wie eine Krankheit behandelt. Die Arbeitnehmerin erhält bis zu sechs Wochen lang Krankenbezüge in Höhe der üblichen Urlaubsvergütung, genau wie beim Erholungsurlaub.

Die Neuregelung hat den Sinn, bisher vom Arbeitgeber zu tragende finanzielle Leistungen jetzt dem Träger der Sozialversicherung/Krankenversicherung zu überlassen. Außerdem erhalten Arbeitnehmerinnen, die mit Kur und einer Krankheit zusammen über die gesetzlichen Fristen der Lohnfortzahlung kommen, früher die geringeren Krankenbezüge.

Suspendierung

Bei schweren dienstlichen Vergehen und im Zusammenhang mit der Einleitung von → Disziplinarmaßnahmen kann der Arbeitgeber für die Dauer der Klärung der Vorwürfe verfügen, daß eine Arbeitnehmerin ihre Tätigkeit nicht ausüben darf. Sie erhält trotzdem ihr Gehalt weitergezahlt. Dieses Verfahren wird Suspendierung genannt.

Als Gründe für die Suspendierung genügen schwere Beschuldigungen, nicht etwa ein begründeter Verdacht oder gar ein Beweis dafür, daß etwas an den Anschuldigungen wahr sein könnte. Der Arbeitgeber darf nur eingeschränkt von der Suspendierung Gebrauch machen. Es müssen besonders schutzwürdige Interessen des Arbeitgebers betroffen sein, damit das Recht der Arbeitnehmerin, ihren Arbeitsvertrag erfüllen zu können, eingeschränkt werden darf. Zum Schutz der Arbeitnehmerin müssen die Vorwürfe schnellstmöglich geprüft werden, um den Zeitraum der Suspendierung so kurz wie möglich zu halten.

Da die Suspendierung selbst noch keine Disziplinarmaßnahme ist, hat auch die → Personalvertretung kein Mitspracherecht, sondern nur ein Informationsrecht.

Tendenzschutz/ Tendenzbetrieb

Betriebliche Arbeitnehmerrechte werden u.a. im Betriebsverfassungsgesetz geregelt. In Unternehmen und Betrieben, die politischen, konfessionellen, karitativen, erzieherischen, wissenschaftlichen oder künstlerischen Bestimmungen sowie solche, die der Berichterstattung und der Meinungsäußerung dienen, wie z.B. politische Parteien als Arbeitgeber, das Rote Kreuz, Betriebe der Kirchen, private Schulen, Verlage, Heime für Drogenabhängige gilt das Betriebsverfassungsgesetz nur eingeschränkt. Diese Betriebe werden Tendenzbetriebe genannt. Die Einschränkung wesentlicher Arbeitnehmerrechte wird als Tendenzschutz bezeichnet. Was ist darunter zu verstehen?

Würde ein solches Unternehmen normalerweise, also ohne Tendenzschutz, einen Arbeitnehmervertreter im Aufsichtsrat dulden müssen, entfällt dies in Tendenzbetrieben. Einzelne Beschäftigte dürfen der Tendenz ihres Arbeitgebers nicht zuwiderhandeln. Die grundsätzliche Ausrichtung muß unterstützt werden. Bei der Auslegung dessen, wie weit die Unterstützung der Ansichten des Arbeitgebers gehen soll bzw. darf, kann es zu Auseinandersetzungen kommen.

Grundsätzlich sind nur Tendenzträger (das sind Mitarbeiterinnen, die den Arbeitgeber repräsentieren) zur Zurückhaltung verpflichtet. Eine Reinigerin, die ihre Tätigkeit unabhängig vom politischen oder karitativen Zweck des Arbeitgebers verrichtet, hat eine andere Stellung als der Redakteur einer Zeitung, eine Erzieherin in einem konfessionellen Kindergarten, eine Generalsekretärin einer Partei. Besonders weitgehend sind Kirchenbedienstete gebunden.

»So kann die katholische Leiterin eines katholischen Pfarrkindergartens nach Auffassung des Bundesarbeitsgerichtes gekündigt werden, wenn sie einen geschiedenen Mann heiratet und sich damit über den kirchenrechtlichen Grundsatz der Unauflöslichkeit der Ehe hinwegsetzt.«[10]

1985 erweiterte das Bundesverfassungsgericht in Karlsruhe diesen Ansatz, indem es *für Recht erkannte*, daß kirchliche Arbeitnehmerinnen sich nicht öffentlich in Widerspruch zu kirchlichen Auffassungen setzen dürfen, beispielsweise auch nicht ohne Gefahr einer Kündigung aus der Kirche austreten dürfen.

Zurück zum katholischen Kindergarten. In der Urteilsbegründung hieß es:

»Ein Unterrichten im Glauben findet auch im Kindergarten statt. Die Erziehungsarbeit im Kindergarten gehört bereits zum eigentlichen Wirken in der Kirche. Im Kindergarten wird die Grundlage vorbereitet, auf der später Schule, kirchliche Einrichtungen, bekenntnisorientierte Verbände usw. aufbauen können. Die Bedeutung der Vorschulerziehung für die Persönlichkeitsprägung der anvertrauten Kinder ist allgemein anerkannt.«[11]

Bemerkenswert ist der Stellenwert, der der Elementarerziehung beigemessen wird. Leider kann er nachteilig für die Mitarbeiterin-

[10] Eine Entscheidung von 1978; Zitat aus Däubler, W.: Das Arbeitsrecht Band 2, Reinbek 1998, S. 941
[11] Däubler a.a.O. S. 942

nen wirken, die aus dieser Bedeutung heraus schwerwiegende Einschränkungen ihres Privatlebens in Kauf nehmen müssen oder Gefahr laufen, ihren Arbeitsplatz zu verlieren. Die Kritik an zu weitgehender Auslegung des Tendenzschutzes macht sich denn auch fest, an der teilweise drohenden Gefährdung grundgesetzlich garantierter Rechte. In einem zu entscheidenden Fall erklärte das Landesarbeitsgericht Rheinland-Pfalz, daß Art. 6 Abs. 1 GG (Schutz von Ehe und Familie) Vorrang haben müsse vor dem kirchlichen Selbstbestimmungsrecht; daraufhin mußte die Kündigung einer Schwangeren zurückgenommen werden. Das Arbeitsgericht Lörrach hat entschieden, daß Homosexualität, obwohl kirchlich geächtet, für sich genommen ebenfalls kein Kündigungsgrund ist.[12]

In der Tat erscheint, bei Anerkennung eines durchaus schutzwürdigen Interesses der Tendenzbetriebe, die Durchsetzung ihrer Interessen überall da fragwürdig, wo damit eine Einschränkung von Grundrechten verbunden ist. Besonders schwerwiegend und letztlich nicht hinnehmbar im öffentlichen wie im privaten Interesse ist der Sonderschutz dort, wo der Tendenzbetrieb im staatlichen Auftrag sowie mit staatlicher Finanzierung quasi eine Monopolstellung inne hat. Bei der Kindergartenerziehung, die in der Bundesrepublik traditionell von den Kirchen und anderen freien Trägern durchgeführt wird, gibt es in vielen Gegenden genau diese Konstellation. Einer Erzieherin bleibt kaum anderes übrig, als beim einzigen Träger am Ort oder in der Nachbarschaft tätig zu werden und sich den dortigen Grundsätzen des Tendenzschutzes anzupassen, will sie ihren Beruf ausüben. Einzelne Urteile, die den Tendenzschutz etwas mehr zu Gunsten der Arbeitnehmerinnen interpretieren, sind allerdings noch keine Garantie für eine Wende:

»Auch im kirchlichen Bereich ist die Einführung gleichberechtigter Mitbestimmung und die Reduzierung allzu weitgehender Verpflichtungen nicht allein auf Grund von Appellen zu erwarten. Eine Heranführung an den normalen arbeitsrechtlichen Standard ist nur möglich, wenn auch die kirchlichen Bediensteten in die Gewerkschaftsbewegung integriert und so in die Lage versetzt werden, für ihre Interessen zu kämpfen.«[13]

---

12 ebda;
13 ebda. S. 943

Überstunden [14]

Überstunden müssen angeordnet werden. Es sind Arbeitsstunden, die über die vertraglich vereinbarte regelmäßige wöchentliche Arbeitszeit hinausgehen. Sie sind auf dringende Fälle zu beschränken und spätestens einen Tag vorher anzusagen, soweit ihre Notwendigkeit vorhersagbar ist, § 17 Abs. 1 BAT.

Gelegentliche Überstunden (für insgesamt sechs Arbeitsstunden innerhalb eines Kalendermonats) können mündlich vom unmittelbaren Vorgesetzten angeordnet werden. Regelmäßig anfallende Überstunden sind schriftlich anzuordnen, § 17 Abs. 4 BAT.

Nach § 17 Abs. 5 BAT sind Überstunden grundsätzlich bis zum Ende des nächsten Kalendermonats durch entsprechende Freizeit auszugleichen. Außerdem wird für jede ausgeglichene Überstunde ein Zeitzuschlag (nach § 35 Abs. 1 Satz 2 BAT) gezahlt, dessen Höhe sich danach richtet, wann die Überstunde geleistet wurde und in welcher Vergütungsgruppe die Angestellte eingruppiert ist.

Können Überstunden zeitlich nicht ausgeglichen werden, müssen sie in vollem Umfang bezahlt werden. Dabei umfaßt die Höhe der Überstundenvergütung den normalen Stundensatz zuzüglich des o. g. Zeitzuschlags.

Im Unterschied zu den Überstunden fallen bei der Arbeit in Kindertageseinrichtungen oftmals *Mehrarbeitsstunden* an. Dies sind Arbeitsstunden, die über die eigentliche, für den Tag geplante Arbeitszeit hinausgehen, jedoch weder angeordnet wurden noch vorhersehbar waren.

Wird z. B. ein Kind nicht rechtzeitig abgeholt und seine Erzieherin wartet über ihr vorgesehenes Dienstende hinaus auf die Eltern, so gilt diese Zeit als Mehrarbeitszeit, welche durch entsprechende → Dienstplangestaltung auszugleichen (abbummeln) ist.

[14] Die Aussagen zu diesem Stichwort gelten für alle Mitarbeiterinnen im öffentlichen Dienst und für diejenigen, deren Arbeitsbedingungen dem BAT angeglichen sind.

Unterschriften-sammlung

Unterschriftensammlungen sind ein Ausdruck der Wahrnehmung demokratischer Grundrechte. Sie werden von manchen Arbeitgebern/Trägern jedoch leider als unbilliger Verstoß gegen die Loyalitätspflichten der Mitarbeiterinnen oder als unzulässige politische Betätigung von Eltern angesehen. Wie bei der → Schweigepflicht wird hierbei das jeweilige Demokratieverständnis der Beteiligten deutlich.

Kurz vor Redaktionsschluß wurde bekannt, daß der niedersächsische Städte- und Gemeindebund verlangt hat, daß Unterschriftsbögen für ein Volksbegehren zum Erhalt der Standards in Kindertagesstätten nicht in kommunalen Kindergärten ausgelegt werden dürfen. In mehreren Gemeinden soll ein Unterstützungsverbot für die Beschäftigten ausgesprochen worden sein. Dagegen hat die Gewerkschaft ÖTV protestiert und darauf hingewiesen, daß die Volksbegehren in der niedersächsischen Landesverfassung verankert sind. Wir leben im 51. Jahr der Demokratie in unserem Lande.

So ist die Rechtslage in gebotener Kürze:

Unterschriftensammlungen durch Erzieherinnen
Die Mitglieder der Gewerkschaft können sich im Rahmen offizieller gewerkschaftlicher Aktivitäten an der Durchführung von Unterschriftensammlungen am Arbeitsplatz beteiligen, sogar innerhalb ihrer Arbeitszeit. Dabei spielt es keine Rolle, von wem die Initiative zu einer derartigen Aktion ausgeht, Hauptsache ist, daß sie von der zuständigen Gewerkschaft getragen wird.

Unterschriftensammlungen durch Eltern
Sofern eine Elternvertretung als *ordentliches Organ* anerkannt ist, darf ihre Arbeit nicht behindert werden. Elternvertreter einer Kindertageseinrichtung müssen in bestimmten Situationen eine Unterschriftensammlung als geeignetes Mittel der Meinungsbildung und Meinungsveröffentlichung wählen.

Dies ist zulässig und bedarf keiner gesonderten Zustimmung des Trägers der Einrichtung, obgleich es sicherlich günstig ist, ihn von der Aktion vorher in Kenntnis zu setzen.

Erzieherinnen dürfen Unterschriftensammlungen der Elternvertretung unterstützen, indem sie entweder darauf aufmerksam machen, daß die Unterschriftenlisten ausliegen, oder indem sie selbst unterschreiben. Sofern es bei der Aktion um die Verbesserung der Situation in der Einrichtung geht, ist nichts gegen eine Unterstützung einzuwenden, nur muß der Text sich auf sachliche Informationen und Forderungen beschränken und darf den Arbeitgeber nicht ungebührlich angreifen.

Urlaub

Die allgemeine gesetzliche Grundlage für den Urlaubsanspruch aller Arbeitnehmerinnen in der Bundesrepublik Deutschland ist das *Mindesturlaubsgesetz für Arbeitnehmer* oder Bundesurlaubsgesetz genannt. Es gilt zur Zeit die Fassung vom 19.12.1998.

»Jeder Arbeitnehmer hat in jedem Kalenderjahr Anspruch auf bezahlten Erholungsurlaub.« (§ 1 Bundesurlaubsgesetz)

Der Mindesturlaub beträgt bei einer Sechs-Tage-Woche jährlich 24 Werktage, das sind alle Kalendertage, die nicht Sonn- oder gesetzliche Feiertage sind. Mit anderen Worten hat jede Arbeitnehmerin einen gesetzlich verbrieften Anspruch auf vier Wochen Urlaub pro Jahr. Über diese Regelung des § 3 Bundesurlaubsgesetz können Mitarbeiterinnen des öffentlichen Dienstes nur lächeln. Dort, wo der → BAT gilt oder analoge Regelungen vereinbart sind, können sich die Mitarbeiterinnen länger erholen. Ein schönes Beispiel dafür, wie allgemeine Rechte (aus Gesetzen) durch spezielle Vereinbarungen erweitert werden können. Da die Regelungen des BAT denen des Bundesurlaubsgesetzes für den Rahmen und das Verfahren weitgehend entsprechen, nur in der Substanz für die Arbeitnehmerinnen günstiger sind, werden im folgenden sie dargestellt.

In § 47 BAT sind die Grundsätze des Erholungsurlaubes zusammengefaßt; § 48 BAT gibt Auskunft über seine Dauer, und in den §§ 49–51 werden Einzelregelungen aufgeführt.

»Der Angestellte erhält in jedem Urlaubsjahr Erholungsurlaub unter Zahlung der Urlaubsvergütung. Urlaubsjahr ist das Kalenderjahr.« (§ 47 Abs. 1 BAT)

Die Urlaubsvergütung ist nicht zu verwechseln mit dem zusätzlichen Urlaubsgeld. Unter Urlaubsvergütung ist in den meisten Fällen die übliche tarifliche Vergütung zu verstehen, die auch dann (selbstverständlich) auf dem Konto gebucht wird, wenn die Arbeitnehmerin in fremden Gefilden und mit keinem Gedanken an die Arbeit ausruht. Das in der Regel jeweils im Juli ausgezahlte Urlaubsgeld, von zur Zeit 500,– DM (BAT-O) und 500,– bis 650,– DM (BAT-W), gibt es zusätzlich.
Achtung, § 47 Abs. 8 BAT:
»Angestellte, die ohne Erlaubnis während des Urlaubs gegen Entgelt arbeiten, verlieren hierdurch den Anspruch auf die Urlaubsvergütung für die Tage der Erwerbstätigkeit.«

Einen Anspruch auf Urlaub erwirbt die Angestellte nach sechsmonatiger Beschäftigungszeit (Jugendliche drei Monate), § 47 Abs. 3 BAT.

Urlaub soll wegen des Erholungswertes grundsätzlich zusammenhängend gewährt werden. Auf Wunsch der Angestellten ist es möglich, ihn in zwei Teilen zu nehmen. Ein Urlaubsteil muß jedoch so bemessen sein, daß die Angestellte mindestens für zwei volle Wochen von der Arbeit befreit ist, § 47 Abs. 6 BAT.

Wann kann der Urlaub genommen werden, und wer bestimmt das? Grundsätzlich gilt, daß der Urlaub im Urlaubsjahr genommen werden muß, § 47 Abs. 1 BAT (s.o.). Für Ausnahmen von diesem Grundsatz vergleiche § 47 Abs. 7 BAT:

a) Der Urlaub konnte aus dienstlichen oder betrieblichen Gründen nicht im Urlaubsjahr genommen werden; dann muß er innerhalb der ersten drei Monate des folgenden Jahres angetreten werden.[15]

[15] Ein Streit um die Übertragung des Urlaubs in das nächste Jahr gelangte vor das Bundesarbeitsgericht und wurde 1996 unter dem Aktenzeichen 9 AZR 901/94 entschieden. Obwohl es eigentlich ein Streit um die Höhe des Urlaubsanspruches war, stellte das Bundesarbeitsgericht in seinem Urteil noch nebenbei fest, das der strittige zusätzliche Tag ohnehin nicht zu gewähren war, weil kein *sachlicher Grund für eine Übertragung* in das nächste Kalenderjahr gegeben und der Tag aus diesem Grund schon verfallen war. Als Konsequenz aus diesem Urteil gibt es mehrere Möglichkeiten:

- Jede Angestellte nimmt ihren Urlaub innerhalb des laufenden Kalenderjahres vollständig.
- Sie macht weiter wie bisher und hofft, daß es keine Auseinandersetzung mit dem Arbeitgeber gibt.
- Sie sucht sachliche Gründe für eine gewünschte Übertragung des Urlaubs.
- Sie meldet in einem offiziellen Urlaubsplan an, daß ein Teil des Urlaubs erst im nächsten Jahr liegen soll.

Akzeptiert der Arbeitgeber, müssen sich beide Parteien an diese Abmachung halten.

b) Der Urlaub konnte wegen Krankheit nicht im Urlaubsjahr angetreten werden; dann muß er innerhalb der ersten fünf Monate des folgenden Jahres angetreten werden. Geht auch das wegen weiterer Krankheit nicht, muß der Urlaub innerhalb des Jahres angetreten werden, in das er übertragen wurde. Urlaub, der nicht innerhalb dieser Fristen schriftlich geltend gemacht wird, verfällt.

Wenn die allgemeinen Grundsätze berücksichtigt sind, kann jede Angestellte selbst entscheiden, wann sie ihren Urlaub nehmen will. Doch auch diese Aussage gilt nur mit zwei Einschränkungen:

- Der Urlaubsanspruch darf den Ablauf des Betriebes nicht ganz in Frage stellen. Alle Mitarbeiterinnen einer Kindertageseinrichtung können nicht zusammen in Urlaub fahren. Absprachen sind hier nötig und auch selbstverständlich.
- Eine *Schließungszeit* während der Sommermonate verpflichtet die Mitarbeiterinnen der Kita, in dieser Zeit ihren Urlaub zu nehmen. An diese Regelung ist jede Person gebunden, wenn die Schließungszeit zum Zeitpunkt ihres Arbeitsantritts üblich war oder wenn alle Mitarbeiter mit ihrer Einführung einverstanden waren. Wenn ernste Gründe gegen einen Urlaub in dieser Zeit sprechen (Ehemann oder Freund haben zu anderer Zeit Urlaub), kann die Erzieherin bei Einführung einer Schließungszeit darauf bestehen, in der fraglichen Zeit in einer anderen Kita eingesetzt zu werden.

Was ist, wenn man im Urlaub krank wird?
Die Krankheitstage werden nur dann nicht auf den Urlaub angerechnet, wenn sie unverzüglich durch ärztliche Bescheinigung nachgewiesen werden. Man muß also in diesem Falle vom ersten Tag an eine *Krankschreibung* haben. Die Krankheitstage können nicht direkt im Anschluß an den Urlaub ausgeglichen werden (Urlaubsverlängerung). Die Arbeitnehmerin muß vielmehr nach Ablauf des ursprünglich geplanten Urlaubs ihre Arbeit wieder aufnehmen oder, wenn die Krankheit länger als der geplante Urlaub dauert, nach Ablauf der Krankschreibung. Der restliche Urlaub wird dann erneut festgesetzt.

Allerdings ist ein Urlaubswunsch im direkten Anschluß an eine Heilbehandlung (Vorsorge oder Rehabilitation) zu gewähren, § 47 Abs. 6 BAT.

Wie ist das mit dem Urlaub bei einer Änderung des Beschäftigungsverhältnisses?
Wenn das neue Beschäftigungsverhältnis unmittelbar an das alte Beschäftigungsverhältnis anschließt, d. h. wenn kein Tag, der normalerweise ein Arbeitstag wäre, dazwischenliegt, erhält man den noch nicht verbrauchten Urlaub vom neuen Arbeitgeber, so daß der gesamte Urlaubsanspruch gewährt ist. Schließt das neue Beschäftigungsverhältnis nicht unmittelbar an das alte an, dann wird der Urlaubsanspruch anhand der vollen Monate, die man beim alten und neuen Arbeitgeber beschäftigt ist, berechnet und zwar 1/12 des zustehenden Jahresurlaubs für jeden vollen Monat, § 47 Abs. 4 BAT.

Wechselt man den Arbeitgeber im Laufe des Jahres, hat aber bereits mehr Urlaubstage genutzt, als beim vorigen Arbeitgeber ›erarbeitet‹ wurden, werden diese Tage auf das neue Angestelltenverhältnis angerechnet, § 47 Abs. 5 BAT.

Wann kann Urlaub ausbezahlt werden (Abgeltung)?
Es gelten folgende Bedingungen, vgl. § 51 BAT:
- bei fristgemäßer Kündigung – egal, ob von seiten des Arbeitgebers oder von seiten des Arbeitnehmers -, wenn der zustehende Urlaub innerhalb der Kündigungsfrist nicht mehr genommen werden kann;
- bei fristloser Entlassung, wenn diese nicht durch den Angestellten vorsätzlich verschuldet ist;
- bei Beendigung des Beschäftigungsverhältnisses wegen Berufsunfähigkeit oder Erwerbsunfähigkeit, wenn der zustehende Urlaub bis zur Beendigung nicht mehr genommen werden kann.

Bei einem einfachen Wechsel des Beschäftigungsverhältnisses ist eine Abgeltung nicht möglich.

Und wieviele Urlaubstage gibt es nun im öffentlichen Dienst und den angeglichenen Arbeitsbereichen?
Die Urlaubsdauer richtet sich nach den Vergütungsgruppen und dem Alter der Angestellten. Für Erzieherinnen ergibt sich eine relevante Unterscheidung allerdings ausschließlich durch das Lebensalter, nach dem Grundsatz: je jünger, je weniger Tage.
- bis zum vollendeten 30. Lebensjahr beträgt der Anspruch 26 Tage;

- bis zum vollendeten 40. Lebensjahr beträgt der Anspruch 29 Tage;
- darüber beträgt der Anspruch 30 Tage.

Diese Urlaubstage werden auf eine 5-Tage-Woche berechnet.

Versicherungen

→ Berufshaftpflichtversicherung
→ Gesetzliche Unfallversicherung
→ Rechtsschutzversicherung

Zeugnisse

Arbeitnehmerinnen haben Anspruch auf Testat ihrer Leistungen und ihres Arbeitsverhaltens zum Ende ihrer Beschäftigung und zwischendurch, z. B. wenn sie mit einer → Bewerbung einen Wechsel des Arbeitsplatzes oder des Arbeitgebers planen. Die allgemeine gesetzliche Grundlage ist der § 630 BGB:
»Bei der Beendigung eines dauernden Dienstverhältnisses kann der Verpflichtete von dem anderen Teile ein schriftliches Zeugnis über das Dienstverhältnis und dessen Dauer fordern. Das Zeugnis ist auf Verlangen auf die Leistungen und die Führung im Dienste zu erstrecken.«

Für die Angestellten des öffentlichen Dienstes und BAT-analog angestellte Arbeitnehmerinnen gilt § 61 BAT:
»(1) Bei Kündigung hat der Angestellte Anspruch auf unverzügliche Ausstellung eines vorläufigen Zeugnisses über Art und Dauer seiner Tätigkeit. Dieses Zeugnis ist bei Beendigung des Arbeitsverhältnisses sofort gegen ein endgültiges Zeugnis umzutauschen, das sich auf Antrag auch auf Führung und Leistung erstrecken muß.
(2) Der Angestellte ist berechtigt, aus triftigen Gründen auch während des Arbeitsverhältnisses ein Zeugnis zu verlangen.
(3) Auf Antrag ist dem Angestellten bei Beendigung des Arbeitsverhältnisses eine Bescheinigung über die Vergütungsgruppe und die zuletzt bezogene Grundvergütung auszuhändigen.«

In diesen Paragraphen, die sich inhaltlich teilweise überlagern, stehen die wichtigsten Aussagen versammelt niedergeschrieben. Unterschieden werden Zeugnisarten und der Zeitpunkt ihrer Ausstellung als Recht der Arbeitnehmerin und daher als Pflicht des Arbeitgebers, das jeweils gewünschte Zeugnis zu erstellen. Unterschieden werden Zeugnisse zum Ende einer Tätigkeit vom sogenannten *Zwischenzeugnis aus triftigem Grund*. Triftige Gründe sind beispielsweise Bewerbungen oder ein bevorstehender Wechsel einer Vorgesetzten (die eine Arbeitnehmerin angemessen beurteilen kann) oder ein bevorstehender Arbeitsplatzwechsel beim selben Arbeitgeber.

Eine weitere Unterscheidung betrifft die Qualität des Zeugnisses. Ein *einfaches Zeugnis* enthält den Namen der Arbeitnehmerin, ihr Geburtsdatum, eine Benennung der Tätigkeit und ihrer Dauer. Es fungiert mehr als Arbeitsbescheinigung. Ein *qualifiziertes Zeugnis* dagegen erstreckt sich zusätzlich *auf Führung und Leistung* der Arbeitnehmerin. Einfache Zeugnisse *müssen* zum Ende einer Tätigkeit ausgestellt werden; qualifizierte Zeugnisse sind ausschließlich *auf Antrag* der Arbeitnehmerin auszustellen.

Die Überlegungen zum Verfassen von → Dienstleistungsberichten können auf die Zeugniserstellung angewandt werden. Während in den Leistungsberichten jedoch eventuelle Leistungs- oder Verhaltensmängel der Mitarbeiterin deutlich beschrieben werden können und sogar sollen, unterliegen die Formulierungen in Zeugnissen einer gewissen *Mäßigungspflicht*. Dieser hier nicht ganz zutreffend gebrauchte Begriff (→ Schweigepflicht) soll signalisieren, daß mit der Erstellung eines Zeugnisses *schutzwürdige Interessen der Mitarbeiterinnen* betroffen sind, mit denen entsprechend vorsichtig umgegangen werden muß.

Zunächst sind fünf Prinzipien zu beachten, auf die ein Anspruch besteht:

- *Wahrheitsgebot*: die Angaben im Zeugnis müssen korrekt den Sachverhalt wiedergeben;
- *Vollständigkeitsgebot*: das Zeugnis muß Angaben zu allen wesentlichen formalen Gesichtspunkten und zur Tätigkeit selbst enthalten;

- *Individualitätsgebot*: die Ausführungen im Zeugnis müssen sich auf die bewertete Tätigkeit einer konkreten Person beziehen;
- *Offenheitsgebot*: das Zeugnis darf keine versteckten Codes beinhalten;
- *Wohlwollensgebot*: das Zeugnis darf das berufliche Fortkommen der Mitarbeiterin nicht beeinträchtigen.

Diese fünf Prinzipien können miteinander in Konflikt geraten. Das Wahrheitsgebot (»XY mangelt es gravierend an aktuellem Fachwissen«) kann mit dem Wohlwollensgebot in Konflikt geraten. Unwahre positive Formulierungen sind verboten, niemand darf eine negative Einschätzung einfach umdeuten und dies mit der Verpflichtung zum Wohlwollen entschuldigen. Sind keine entsprechenden Formulierungen verfügbar (»XY baut ihre Arbeit auf den Inhalten ihrer Ausbildung von 1959 auf«), werden Passagen, die üblicherweise zu erwarten sind, einfach weggelassen.

In Konflikt kann auch kommen, wer den Konflikt mit der beurteilten Person meidet. Die Verfasserin eines Zeugnisses unterliegt nämlich der Haftung für richtige bzw. unrichtige Ausführungen gegenüber dritten Personen. Der nachfolgende Arbeitgeber muß auf das vorige Zeugnis vertrauen und sich auf die Angaben verlassen können. Nimmt er Schaden, weil er auf grob unrichtige Angaben zu Leistung oder Verhalten einer Arbeitnehmerin vertraut, kann er Ersatz bei seinem Vorgänger einklagen.

Der Aufbau eines Zeugnisses folgt, trotz des Individualitätsgebots, einem groben schematischen Ablauf:

- Es beginnt stets mit den Personalien (Name, Geburtsdatum, Beruf) und der Dauer der Tätigkeit im Betrieb, falls erforderlich zusätzlich am Arbeitsplatz.
- Es folgt eine Beschreibung der ausgeübten Tätigkeiten mit Hinweisen auf die Karriere (Entwicklung, Aufstieg).
- Daran knüpfen die Leistungsbeurteilung und
- die Angaben zur Führung an.
- Den Abschuß bilden der Grund zur Beendigung des Arbeitsverhältnisses, ein zusammenfassender Beurteilungssatz und eventuelle Wünsche für die Zukunft.

Die genaue Beschreibung der ausgeübten Tätigkeit erstreckt sich auf alle Tätigkeiten im Beurteilungszeitraum. Einzubeziehen sind alle relevanten Tatsachen (Vollständigkeitsprinzip), z. B. auch innerbetriebliche und außerbetriebliche → Fortbildungen.

Die Beurteilung und Bewertung von Leistung und Führung der Arbeitnehmerin muß sich auf die gesamte Dauer des Arbeitsverhältnisses beziehen. Es muß versucht werden, das *übliche* Verhalten der Arbeitnehmerin zu beschreiben. Ein untypischer Ausrutscher (einmaliger Vorgang) im Leistungsvermögen oder im Führungsverhalten darf nur dann erwähnt werden, wenn er besonders schwerwiegend war oder zentral die Arbeitsgrundlage in Frage stellte. Für eine möglichst umfassende und gerechte Leistungsbeschreibung sind der Leistungsumfang (Quantität), die Leistungsgüte (Qualität), das Arbeitsverhalten (Fleiß, Eifer ...) und die Arbeitsbereitschaft der Arbeitnehmerin zu berücksichtigen.

Die Beurteilung der Führung bezieht sich auf das Verhalten gegenüber den Vorgesetzten, den Kolleginnen, eventuelle Mitarbeiterinnen (*Untergebene*) und Kunden bzw. andere Außenstehende (z. B. Eltern). Geachtet werden sollte ferner auf Aussagen zur Verantwortungsbereitschaft und zum Engagement.

Fehlen in einem Zeugnis Angaben zu einem der aufgeführten Aspekte, wird dies in der Regel als *negativ zu bewerten* ausgelegt. Selbst wenn die Nicht-Aussage unbeabsichtigt ist, wird dies weniger auf eine eventuelle Nachlässigkeit der Zeugnisverfasserin geschoben, als vielmehr auf mangelnde Leistung oder Führung der beurteilten Person.

Die Beschreibung der Leistungen und der Führung der Arbeitnehmerin soll in eine Bewertung ähnlich einem Schulzeugnis münden. Dabei sind einfache Noten nicht üblich, doch letztlich läuft das Verfahren darauf hinaus. Einige Formulierungsbeispiele für die verklausulierte Sprache in Zeugnissen sollen zur Erläuterung dienen. Gern gewähltes Beispiel ist »Sie bemühte sich...«, das heißt im Klartext: »Außer Mühe war nichts zu erkennen, kein Wissen, kein Geschick, kein Lernerfolg: mangelhaft!«

- Sehr gut als Note, wenn im Zeugnis steht: »Wir waren *in jeder Hinsicht außerordentlich zufrieden* bzw. stets außerordentlich zufrieden.«
- Befriedigend, wenn die Arbeit zu *unserer vollen Zufriedenheit* erledigt wurde.
- Ausreichend, wenn *zur Zufriedenheit* gearbeitet wurde.

Gelegentlich ist von Geheim-Codes die Rede, mit denen Zeugnisse verfaßt werden und die gegen das Offenheitsgebot verstoßen. In der sogenannten freien Wirtschaft mag es so etwas gegeben haben oder noch geben. Verschiedene Zeugnis-Ratgeber behandeln das Teilthema ausführlicher, als es hier möglich ist.

Für den öffentlichen Dienst scheinen Geheim-Codes in Zeugnissen eher eine untergeordnete Rolle zu spielen. Weder ist die Personalfluktuation zwischen Verwaltungen so groß, daß Zeugnisse gebraucht würden, noch ist festzustellen, daß jemand Zeugnisse angemessen interpretieren kann. Etwas überspitzt läßt sich sagen, daß wahrscheinlich ein Geheim-Code nur innerhalb der gleichen öffentlichen Verwaltung eine Rolle spielen könnte, denn schon in der Nachbarbehörde wüßte niemand etwas mit den Formulierungen in dem Sinne anzufangen, wie sie gemeint waren. Entscheidend ist vielmehr ein Blick auf die Gesamtnote. Und noch böser: Wirklich qualifizierte Zeugnisse sind im öffentlichen Dienst so selten, daß Zweifel daran aufkommen, ob Vorgesetzte dort überhaupt wissen, was es heißt, Zeugnisse zu schreiben.

Eine ihrer Ansicht nach ungerecht beurteilte Arbeitnehmerin kann den (ehemaligen) Arbeitgeber auf bestehende Mängel des Zeugnisses aufmerksam machen und um Nachbesserung bitten. Kommt es zu keiner Einigung zwischen ihr und dem Arbeitgeber, kann sie in einem Verfahren vor dem → Arbeitsgericht klären lassen, ob ihr ein Anspruch auf Veränderung des Zeugnisses zusteht. Sie kann darüber eine Entscheidung herbeiführen, denn das Gericht kann den Arbeitgeber verurteilen:

- einzelne Zeugnispassagen zu streichen,
- Aussagen zu fehlenden Aspekten hinzuzufügen,

- eine angemessenere/bessere Beurteilung von Leistung und Führung vorzunehmen,
- das gesamte Zeugnis neu zu verfassen.

Sonst noch wichtig:
- Ein Zeugnis ist schriftlich zu erteilen und vom Arbeitgeber (bevollmächtigte Person) zu unterschreiben. Das Zeugnis muß in einwandfreiem äußeren Zustand übergeben werden (Firmenbogen bzw. weißes Papier und Stempel, sauber, knitter- und fehlerfrei; vgl. Bundesarbeitsgericht 5 AZR 182/92).
- Der Anspruch auf Erteilung eines Zeugnisses erlischt nach 30 Jahren (Verjährungsfrist nach § 195 BGB). Diese Frist ist dann belanglos, wenn die Arbeitnehmerin den Arbeitgeber in den Glauben versetzt hat, daß sie kein Zeugnis mehr verlangen wird.
- Wichtig für Angestellte des öffentlichen Dienstes ist die Feststellung des Bundesarbeitsgerichts, daß die tarifliche Verfallfrist des § 70 BAT auf die Erstellung des Zeugnisses angewandt werden kann. Das Zeugnis gilt als *anderer Anspruch aus dem Arbeitsvertrag* und unterliegt daher einer Frist von nicht mehr als sechs Monaten.
- Der Arbeitgeber ist für die von ihm aufgestellten Behauptungen im Zeugnis beweispflichtig.

Anhang

Struktur der Jugendhilfe

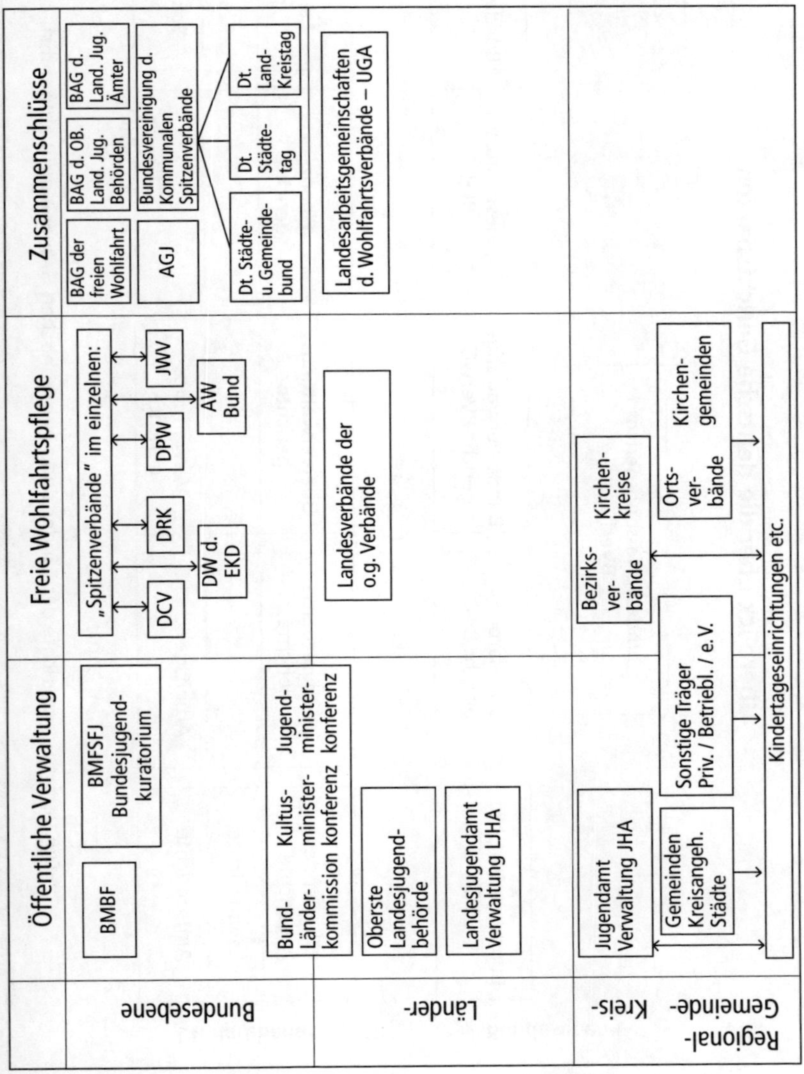

Überblick über die deutsche Gerichtsbarkeit

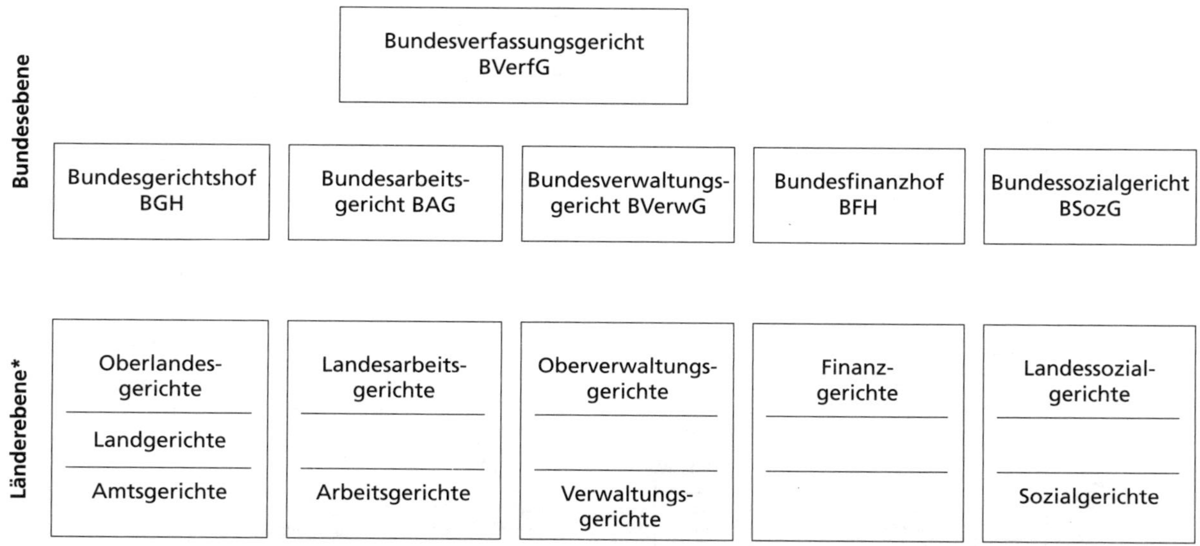

* Die Verfassungsgerichte der Länder sind aus graphischen Gründen nicht aufgeführt.

Ablauf eines Zivilprozesses

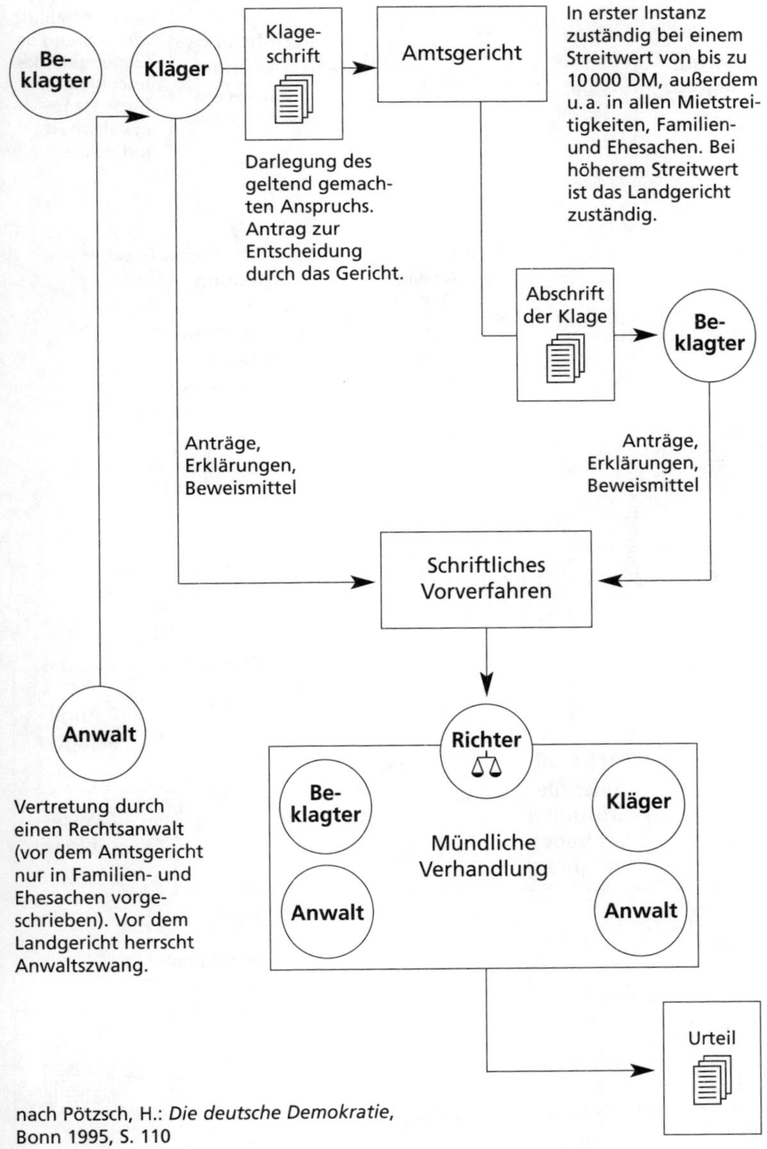

nach Pötzsch, H.: *Die deutsche Demokratie*, Bonn 1995, S. 110

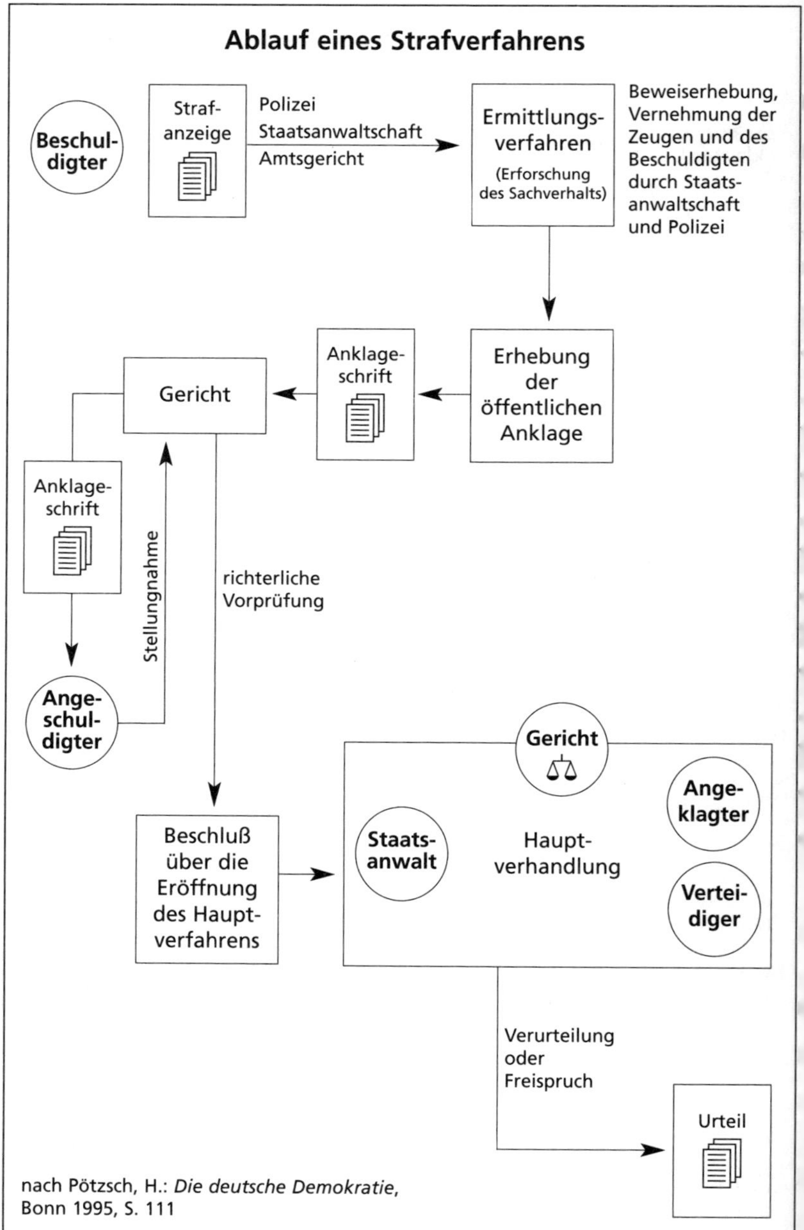
Ablauf eines Strafverfahrens
Beschuldigter
Strafanzeige
Polizei
Staatsanwaltschaft
Amtsgericht
Ermittlungsverfahren
(Erforschung des Sachverhalts)
Beweiserhebung, Vernehmung der Zeugen und des Beschuldigten durch Staatsanwaltschaft und Polizei
Erhebung der öffentlichen Anklage
Anklageschrift
Gericht
Anklageschrift
Stellungnahme
richterliche Vorprüfung
Angeschuldigter
Beschluß über die Eröffnung des Hauptverfahrens
Gericht
Staatsanwalt
Hauptverhandlung
Angeklagter
Verteidiger
Verurteilung oder Freispruch
Urteil
nach Pötzsch, H.: Die deutsche Demokratie, Bonn 1995, S. 111

Übersicht der gesetzlichen Feiertage	Baden-Würt.	Bayern	Berlin	Brandenburg	Bremen	Hamburg	Hessen	Meckl.-Vorp.	Niedersachsen	NRW	Rheinl.-Pfalz	Saarland	Sachsen	Sachs.-Anhalt	Schles.-Holst.	Thüringen
Neujahr, Karfreitag, Ostermontag, 1. Mai, Christi Himmelfahrt, Pfingstmontag, 3. Oktober, 1.+ 2. Weihachts-feiertag	✓	✓	✓	✓	✓	✓	✓	✓	✓	✓	✓	✓	✓	✓	✓	✓
Heilige Drei Könige	✓	✓												✓		
Fronleichnam	✓	✓					✓			✓	✓	✓	✗			+
Mariä Himmelfahrt		+										✓				
Reformationstag				✓				✓					✓	✓		✓
Allerheiligen	✓	✓								✓	✓	✓				+
Buß- und Bettag													✓			
Zahl der Feiertage insgesamt	12	12/13	9	10	9	9	10	10	9	11	11	12	11/12	11	9	10/12

✓ = gesetzlicher Feiertag; + = gesetzlicher Feiertag nur in Gebieten mit überwiegend katholischer Bevölkerung;
✗ = gesetzlicher Feiertag nur in einigen Gemeinden der Landkreise Bautzen, Hoyerswerda und Kamenz

Urteile zur Aufsichtspflicht

Landgericht Berlin
Auszug aus einem Urteil vom 8.12.1976,
Geschäftsnummer 7.0.247/75
Schmerzensgeldforderung – Unfall in der Kindertagesstätte

Im Namen des Volkes
In dem Rechtsstreit des Kindes X, vertreten durch seine Eltern Y, wohnhaft ..., gegen das Land Berlin, vertreten durch das Bezirksamt A von Berlin, Beklagter, ... wegen Schmerzensgeldforderung hat die Zivilkammer 7 des Landgerichts Berlin auf die mündliche Verhandlung vom 8. Dezember 1976 für Recht erkannt:
1. Die Klage wird abgewiesen.
2. Die Kosten des Rechtsstreits hat der Kläger zu tragen.
3. Das Urteil ist vollstreckbar.

Tatbestand
Der Kläger nimmt den Beklagten auf Zahlung von Schmerzensgeld sowie auf Feststellung wegen eines in einer Kindertagesstätte erlittenen Unfalls in Anspruch.

Gemäß eines zwischen dem Bezirksamt A von Berlin und seinen Eltern geschlossenen Vertrages vom 22. November 1974 hält sich der Kläger tagsüber in der Kindertagesstätte in der B-Straße auf.
Am 17. Februar 1975 spielten gegen 16 Uhr Kinder auf dem Spielplatz der Kindertagesstätte *Cowboy und Indianer*. Zu diesen Kindern gehörte auch der 7 Jahre alte M.B.. und der Kläger. Bei diesem Spiel warfen die Kinder mit Stöcken, die sie wie Speere benutzten. Das Kind M.B. hatte anstelle eines Stockes eine Eisenstange von ca. 60 cm Länge und 2 cm Durchmesser in der Hand. Als er eine werfende Bewegung machte, rutschte ihm die Stange aus der Hand und traf den Kläger ins Gesicht. Dieser erlitt eine Rißplatzwunde auf dem Nasensattel in einer Ausdehnung von etwa 1 cm und ein ausgedehntes Hämatom im Bereich der Nasenwurzel.

Der Zeuge H., der mit zwei anderen Erzieherinnen in der Kindertagesstätte Dienst tat, leistete dem Kläger erste Hilfe, indem er die blutende Wunde mit einem Pflaster versorgte. Der Kläger klagte über keinerlei Beschwerden und wollte sofort weiter spielen. Gegen 16.20 Uhr holte ihn seine Mutter ab, die der Zeuge H. über den Vorfall in Kenntnis setzte.

Am 18. Februar 1975 stellte die Mutter ihr Kind einer Ärztin vor. Noch im März und Juni 1975 befand sich der Kläger in fachärztlicher Behandlung, weil wiederholt Nasenbluten auftrat. Der Kläger behauptet, die aufsichtführenden Erzieher hätten dafür Sorge tragen müssen, daß gefährliche Gegenstände, wie die Eisenstange, nicht auf das Gelände der Kindertagesstätte gelangen konnten. M.B. habe wahrscheinlich die Eisenstange mit auf das Gelände gebracht. Als es zu dem Unfall gekommen sei, seien weder der Zeuge H. noch die beiden anderen Erzieherinnen zugegen gewesen.
Der Kläger meint, die Erzieher hätten ihre Aufsichtspflicht mißachtet.

Der Beklagte verneint eine Aufsichtspflichtverletzung. Die Erzieher hätten sich ständig bemüht, die von der benachbarten Baustelle herstammenden Gegenstände zu beseitigen, dies aber wegen deren Vielzahl nicht immer vermocht. Als es zu dem Unfall gekommen sei, habe sich der Zeuge H. gerade auf dem Hof aufgehalten. Eines der Kinder habe sich aus der dort spielenden Gruppe abgesondert. Der Zeuge H. sei dem Kind hinterhergegangen, um es wieder zurückzubringen. Als er dabei der spielenden Kindergruppe den Rücken zugekehrt habe, habe sich der Unfall ereignet. Dies habe der Zeuge weder vorhergesehen, noch verhindern können.

Der Beklagte meint, eine totale Aufsicht sei nicht möglich, da dies jeder vernünftigen pädagogischen Konzeption widerspreche.

Entscheidungsgründe
Der Klageantrag zu 1 ist unbegründet.
Der Kläger hat keinen Anspruch auf Schmerzensgeld gemäß §§ 823, 831, 847 BGB, weil er nicht nachweisen konnte, daß das Personal der Kindertagesstätte des Beklagten die Aufsichtspflicht gegenüber dem Kläger verletzt hätte.

Zu der Schutzpflicht der Erzieher in der Kindertagesstätte gehört es insbesondere, die Kinder zu beaufsichtigen und sie hierbei auch vor Schädigungen durch andere Kinder zu bewahren. Dies ist für die Aufsichtspflichten von Lehrern anerkannt (BGHZ 13,25, 28, 297, 299) und gilt gleichermaßen für die Erzieher in einer Kindertagesstätte. Dabei läßt sich das Maß der zu erbringenden Beaufsichtigung naturgemäß nicht abstrakt bestimmen, sondern hängt im Rahmen des Möglichen und Zumutbaren von den Umständen des Einzelfalles, insbesondere vom Alter der Kinder, deren pädagogischer Beeinflußbarkeit und Einsicht, ihrer Zahl, der Art ihres Spiels und den räumlichen und personellen Gegebenheiten ab. Bei der Bemessung der Aufsichtspflicht muß ferner zwischen den Erfordernissen eines Mindestbestandes von Sicherheit und Ordnung einerseits und dem pädagogischen Ziel der freien Entfaltung der kindlichen Persönlichkeit abgewogen werden. Allgemeine Richtlinien lassen sich hier schwerlich aufstellen. Nach der Beweisaufnahme ist festzustellen, daß der Erzieher H. seine Aufsichtspflicht nicht verletzt hat. Der Zeuge hat glaubhaft bekundet, daß er von einer Terrassentreppe aus den Spielplatz und die darauf spielenden Kinder gut überblicken konnte. Er hatte, als er sich wegen eines anderen Kindes kurzfristig entfernen mußte, nichts Auffälliges im Spiel der Kinder bzw. bei ihnen keine gefährlichen Gegenstände gesehen.

Dies hat der Zeuge in seiner Vernehmung klar und frei von Widersprüchen ausgesagt.

Selbst wenn es stimmt, daß er der Mutter des Klägers nach dem Unfall gesagt hat, er hätte sich teilweise im Haus aufgehalten, so ist damit nicht nachgewiesen, daß er seiner Aufsichtspflicht nicht auch so hätte nachkommen können. Die übrigen Zeugen haben nämlich bekundet, daß wegen der großzügigen Verglasung es durchaus möglich war, den Spielplatz vom ersten Stock des Hauses der Kindertagesstätte zu überblicken.

Zwar reicht eine derartige Überwachung des Spiels der Kinder nicht in jedem Fall aus, insbesondere dann, wenn das Spiel bedrohliche Formen annimmt, ist es erforderlich, die Kinder aus nächster Nähe zu beobachten.

Doch solange die Kinder friedlich spielen, ist auch eine Beaufsichtigung aus einer gewissen Entfernung nicht zu beanstanden.

Es ist im Gegenteil sogar einsichtig, daß von einer gewissen Entfernung eine Überwachlung einer größeren Kindergruppe sogar besser durchgeführt werden kann. Jedenfalls hat der Kläger nicht nachgewiesen, daß es Veranlassung dafür gegeben hätte, die spielenden Kinder an dem fraglichen Nachmittag aus unmittelbarer Nähe zu beobachten. Hinzu kommt, daß nach Aussagen der Zeugen, die in der fraglichen Kindertagesstätte arbeiten, es nur eine halbe Minute dauert, um von einem Beobachtungsplatz am Fenster des ersten Stocks bzw. von der Terrasse zum Spielplatz zu gelangen. Richtig ist ferner, daß das Personal der Kindertagesstätte verpflichtet ist, darauf zu achten, daß keine gefährlichen Gegenstände auf das Gelände gelangen und daß die Aufsicht einwandfrei organisiert ist. Zur Organisation haben die Zeugen eine ausführliche Darstellung gegeben. Hiernach waren immer genügend Erzieher zur Aufsicht eingeteilt. Einzelheiten werden naturgemäß unterschiedlich gehandhabt, denn allgemeine Richtlinien lassen sich schwerlich aufstellen. Auch die Überwachung der mitgebrachten Gegenstände muß sich im Rahmen des Zumutbaren und Möglichen halten, so daß die Tatsache allein, daß eine Eisenstange auf dem Kindertagesstättengelände zur Zeit des Unfalls sich befand, noch nicht eine nachlässige Handhabung dieser Überwachung beweist. Es ist unmöglich zu verhindern, daß gelegentlich derartige Gegenstände auf das Gelände der Kindertagesstätte gelangen.

OLG Düsseldorf, Urteil vom 12.10.1995 (18 U 225/94)
GG Art. 34; BGB §§ 832, 839

Eine ständige Überwachung auf Schritt und Tritt ist auch für Kinder im Kindergartenalter nicht erforderlich

---

Aus den Gründen:
Als Rechtsgrundlage für das Klagebegehren kommt allein § 839 BGB in Verbindung mit Art. 34 GG in Betracht. Das LG ist zu Recht davon ausgegangen, daß es den Bediensteten des städtischen Kindergartens der Beklagten als Amtspflicht obliegt, die ihnen anvertrauten Kinder so zu berücksichtigen, daß Schäden Dritter möglichst verhütet werden. Im Ergebnis entspricht diese Amtspflicht inhaltlich

der allgemeinen Aufsichtspflicht nach § 832 BGB. Damit wird dem Aufsichtspflichtigen jedoch nicht zugleich auch im Rahmen eines Anspruchs nach § 839 BGB der Entschuldigungsbeweis des § 832 I Satz 2 BGB auferlegt. Diese Beweisregel kann vorliegend keine Anwendung finden, da die Amtshaftung in § 839 BGB abschließend und selbständig geregelt ist.

Das Maß der gebotenen Aufsicht bestimmt sich nach Alter, Eigenart und Charakter der Kinder, nach der Voraussehbarkeit des schädigenden Verhaltens sowie danach, was den Aufsichtspflichtigen in ihrem jeweiligen Verhalten zugemutet werden kann. Entscheidend ist letztlich, was ein verständiger Aufsichtspflichtiger nach vernünftigen Anforderungen im konkreten Fall unternehmen muß, um Schädigungen Dritter durch das Kind zu verhindern. Hiervon ausgehend kann keine – schadensursächliche – Amtspflichtverletzung der Bediensteten der beklagten Stadt festgestellt werden. Nach dem Ergebnis der Beweisaufnahme kann nur davon ausgegangen werden, daß es sich bei den drei oder vier Kindern, die im Gebüsch gespielt haben, um normal entwickelte Kinder handelte, die keine Verhaltensauffälligkeiten zeigten. Das haben die Erzieherinnen S. und P. übereinstimmend bekundet. Die Zeugin S., zu deren Gruppe die Kinder gehörten, hat sie sogar als eher ruhig bezeichnet. Die ihr von der Ehefrau des Klägers zugeschriebene – kaum aussagekräftige – Bemerkung, es seien immer dieselben Kinder, man wisse ja, wer das sei, hat die Zeugin ausdrücklich in Abrede gestellt.

Ebenso ist nach den Bekundungen der vernommenen Erzieherinnen davon auszugehen, daß sämtliche Kinder mehrfach darauf hingewiesen worden seien, daß sie nicht im Gebüsch spielen und nicht mit Steinen oder Stöcken werfen dürften. Zu berücksichtigen ist außerdem, daß das Kindergartengelände umzäunt war mit der Folge, daß die Kinder nicht *entweichen* konnten, wodurch die Gefahr der Schädigung des Eigentums Dritter außerhalb des Geländes herabgesetzt wurde.

Vor diesem Hintergrund stellt es keine Verletzung der Aufsichtspflicht dar, daß die Bediensteten der Beklagten die Kinder nicht ständig derartig beobachteten und unter Kontrolle hielten, daß ihnen das *Verdrücken* ins Gebüsch, Aufsammeln der Steine und Bewerfen des Autos – was sich durchaus in einem relativ kurzen Zeitraum von 10 bis 15 Minuten abgespielt haben kann – unmöglich gemacht wurde. Eine ständige Überwachung sozusagen auf Schritt und Tritt ist auch bei Kindern im Kindergartenalter nicht erforderlich.

Insoweit ist von der Rechtsprechung anerkannt, daß ein vierjähriges Kind sich ohne ständige Überwachung allein auf einem Spielplatz aufhalten darf und nur gelegentlich beobachtet werden muß (BGH VersR 64, 313), daß ein fünfjähriges Kind auf dem Bürgersteig spielen darf (BGH LM BGB § 683 Nr. 5; VersR 57, 340), daß einem vierjährigen Mädchen das Aufsuchen eines ca. 100 m entfernt liegenden Geschäfts ohne Aufsicht gestattet werden darf (OLG Celle VersR 69, 333) und daß ein vierjähriges Kind auf dem Freizeitgelände eines Tennisplatzes spielen darf, ohne dabei von der Mutter ständig überwacht zu werden (OLG Karlsruhe VersR 79, 58). Das Maß der Aufsicht muß mit dem Erziehungsziel, die wachsende Fähigkeit und das wachsende Bedürfnis des Kindes zum selbständigen verantwortungsbewußten Handeln einzuüben, in Einklang gebracht werden. Dieser erwünschten Persönlichkeitsentwicklung wäre eine dauernde Überwachung hinderlich; deshalb dürfen und müssen Kindern in diesem Alter im Rahmen einer verantwortlichen Erziehung auch Freiräume eingeräumt werden, bei denen ein sofortiges Eingreifen des Aufsichtspflichtigen nicht mehr möglich ist. (VersR 1996, S. 710 ff.)

OLG Schleswig, Urteil vom 22.6.1994 -9 U 95/93-
Straßenverkehrshaftung
StVG § 7; StVO § 3 Iia; RVO §§ 539 I 14, 636, 637

Gestörtes Gesamtschuldverhältnis zwischen Kraftfahrer und Kindergärtnerin bei Unfall eines Kindergartenkindes

---

Sieht ein Kraftfahrer, wie sich am für ihn linken Fahrbahnrand eine aus einem Seitenweg kommende Gruppe von Kindergartenkindern in Begleitung zweier Kindergärtnerinnen sammelt, muß er mit der Möglichkeit rechnen, daß ein Kind auf die Fahrbahn läuft; er muß die Geschwindigkeit seines Pkw auf 10-20 km/h herabsetzen.

Es ist fehlerhaft, Kindergartenkinder erst bei Erreichen der Fahrbahn zu veranlassen, sich zu sammeln, zu ordnen und an die Hand zu nehmen.

Macht das klagende Land aus übergegangenem Recht Ansprüche des verletzten Kindes gegen den Kraftfahrer und dessen Haftpflichtversicherung geltend, muß es bei Verletzung der Aufsichtspflicht der Kindergärtnerinnen wegen des gestörten Gesamtschuldnerausgleichs eine Kürzung der Ansprüche (hier: auf 70%) hinnehmen.

Aus den Gründen:
Den Entlastungsbeweis nach § 7 II StVG können die Beklagten keinesfalls führen. Im Gegenteil trifft den Beklagten zu 1) nach Auffassung des Senats auch ein Verschulden an dem Unfall. Er hat schuldhaft gegen § 3 Iia StVO verstoßen, wonach er sich gegenüber Kindern so zu verhalten hatte, daß ihre Gefährdung ausgeschlossen war, insbesondere durch Verminderung der Fahrgeschwindigkeit und Bremsbereitschaft.

Der Beklagte zu 1) hatte nach seinen eigenen Angaben im Ermittlungsverfahren gesehen, daß sich die aus neun Kindern und zwei Kindergärtnerinnen bestehende Gruppe im Einmündungsbereich des F.-Weges ganz offensichtlich sammelte und daß in der Gruppe noch eine gewisse Beteiligung war. Solange dies noch der Fall war und sich nicht alle Kindergartenkinder an den Händen angefaßt hatten, mußte der Beklagte zu 1) damit rechnen, daß eines der Kinder im Kindergartenalter auf die Straße laufen könnte. Dem hätte der Beklagte zu 1) durch Herabsetzung seiner Geschwindigkeit von zugestanden 40 km/h, Bremsbereitschaft und ständige Beobachtung der Kindergruppe Rechnung tragen müssen. Nach seinen Angaben vor dem LG hat der Beklagte zu 1) aber den 6 Jahre alten Christian B. gar nicht kommen sehen und demzufolge auch nicht bremsen können. Ein Verschulden des Beklagten zu 1) an dem Unfall läßt sich also feststellen, auch wenn Thomas S. nicht vor Christian B. über die Straße gelaufen sein sollte.

Dem Beweisantritt der Beklagten auf Vernehmung des Polizeibeamten B. und des Christian B. ist daher nicht mehr nachzugehen.

Zweifel daran, daß der Unfall bei geringerer Geschwindigkeit des Beklagten zu 1) zu vermeiden gewesen wäre, hat der Senat nicht. Christian B. mußte zunächst aus dem Stand rund 1–1,5 m bis zum Rand der H.-Chaussee zurücklegen und dann die linke Hälfte der 6,9 m breiten H.-Chaussee überqueren. Selbst wenn Christian gelaufen sein sollte, verging dafür eine gewisse Zeit; nach Schätzung des Senats für 5-6 m rund 2 Sekunden. Hätte der Beklagte zu 1) seine Geschwindigkeit bereits bei Ansichtigwerden der Gruppe aus etwa 30 m Entfernung erheblich auf 10–20 km/h herabgesetzt und beim Loslaufen des Christian B. sofort gebremst, wäre Christian nach Überzeugung des Senats schon vor dem Herannahen des Pkw des Beklagten zu 1) über die Straße gewesen und nicht mehr von der Vorderfront des Wagens erfaßt worden, selbst wenn der Beklagte zu 1) seinen Wagen vor der späteren Kollisionsstelle nicht mehr hätte zum Stehen bringen können.

Zu Unrecht hat das LG aber ein Mitverschulden des Christian B. berücksichtigt. Dieser war noch nicht schuldfähig (§ 828 I BGB). Eine spiegelbildliche Anwendung des § 829 kommt nicht in Betracht (vgl. dazu BGH VersR 82, 441/2), da der Beklagte zu 1) haftpflichtversichert ist. Zu § 829 BGB tragen die Beklagten auch nichts vor.

Ein Mitverschulden der Zeuginnen W. und S. braucht Christian B. sich nicht anrechnen zu lassen, wie das LG zutreffend ausgeführt hat. Doch wirkt sich dieses Mitverschulden in anderer Weise auf den Handlungsumfang der Beklagten aus:

Das klagende Land macht als Ausführungsbehörde für Unfallversicherung Schadensersatzansprüche aus übergegangenem Recht des Christian B. geltend. Dieser genoß gemäß § 539 I 14 RVO während des Kindergartenbesuchs Unfallversicherungsschutz. Bei Verletzung ihrer Aufsichtspflicht würden die Kindergärtnerinnen W. und S. sich gegenüber Christian B. ebenfalls schadensersatzpflichtig machen, gem. § 637 IV RVO aber das Haftungsprivileg der §§ 636, 637 RVO genießen. Diese Befreiung von Schadensersatzansprüchen des verletzten Kindes nach den §§ 636,637 RV führt zu einem Ausschluß der Ausgleichspflicht der Kindergärtnerinnen gegenüber dem Beklagten. Dieser Ausschluß eines Ausgleichsanspruchs führt nach der Rechtsprechung des BGH zum gestörten Gesamtschuldverhältnis dazu, daß die Haftung der Beklagten insoweit eingeschränkt ist, als die Kindergärtnerinnen ohne ihre Haftungsfreistellung im Verhältnis zu den Beklagten für den Schaden des Christian B. aufkommen müßten.

Der Senat sieht eine schuldhafte Verletzung der Aufsichtspflicht der Kindergärtnerinnen in folgendem Verhalten:
Nach den Angaben der Zeugin W. im Ermittlungsverfahren haben sie und ihre Kollegin S. sich zunächst auf die Fahrbahn des F.-Weges mit dem Rücken zur H.-Chaussee gestellt und die Arme ausgebreitet und dann auf den Verkehr auf der H.-Chaussee geschaut, bevor zunächst Thomas S. und nachfolgend Christian B. losliefen und die H.-Chaussee überquerten. Nach den Angaben der Zeugin S. im Ermittlungsverfahren hat sie den Verkehr beobachtet und ihre Kollegin W. die Kinder. Dies klingt so, als ob sich nur die Zeugin S. mit ausgebreiteten Armen den Kindern zugewendet hatte. Beim LG hat die Zeugin W. den Hergang dann auch so geschildert, daß sie mit dem Rücken zur Straße stand und das Gesicht zu den Kindern gerichtet hatte. Die Zeugin S. hat vor dem LG gleichbleibend ausgesagt, daß sie den Verkehr beobachtet hat und die Zeugin W. die Kinder dazu angehalten hat, sich wieder anzufassen. Hernach geht der Senat davon aus, daß nur die Zeugin W. mit dem Rücken zur H.-Chaussee stehend die Arme ausgebreitet hatte, während die Zeugin S. den Verkehr auf der H.-Chaussee beobachtete. Die Entfernung vom Fahrbahnrand hat die Zeugin W. mit etwa 1,50 m, die Zeugin S. mit ca. 1 m angegeben.

Es war fehlerhaft von den Zeuginnen W. und S., die aus neun Kindergartenkindern bestehende Gruppe erst in so naher Entfernung von der Fahrbahn der H.-Chaussee zu sammeln und zu ordnen, insbesondere die Kinder zu veranlassen, sich an die Hand zu nehmen; denn es bestand die Gefahr, daß sich eines oder mehrere Kinder aus der noch nicht geordneten Gruppe lösen und über die Fahrbahn der H.-Chaussee laufen könnten. Dieser Gefahr hätte ohne weiteres dadurch begegnet werden können, daß die Kindergärtnerinnen die Kinder veranlaßt hätten, sich in größerer Entfernung von der Fahrbahn der H.-Chaussee zu sammeln, sich an die Hand zu nehmen und geschlossen zur Einmündung des F.-Weges in die H.-Chaussee zu gehen. So wollen sie es auch gemacht haben, wenn sie mit einer größeren Gruppe von Kindern unterwegs waren. So schildert die

Zeugin W. im Ermittlungsverfahren, daß sie sich, immer wenn sie mit einer größeren Gruppe gingen, bei Beginn der geteerten Fahrbahn gesammelt haben und auch so schon in Richtung H.-Chaussee gegangen sind. Da zwei Kindergärtnerinnen nicht alle neun Kinder an die Hand nehmen konnten, wäre ein solches Sammeln und geschlossenes Vorgehen auch schon bei der hier gegebenen Gruppe von neun Kindern erforderlich gewesen. Dann wäre es voraussichtlich nicht vorgekommen, daß sich einzelne Kinder aus der Gruppe gelöst hätten und über die Fahrbahn der H.-Chaussee gelaufen wären.

Bei der Abwägung der beiderseitigen Verursachungs- und Verschuldensanteile kommt der Senat im Ergebnis zur der gleichen Haftungsquote von 70% zu Lasten der Beklagten wie das LG. Das Verschulden der Kindergärtnerinnen wiegt nicht besonders schwer. Andererseits fällt auch dem Beklagten zu 1) kein besonders schwerer Verkehrsverstoß zur Last. Auf seiner Seite ist aber noch die Betriebsgefahr seines Wagens zu berücksichtigen, so daß die höhere Haftung der Beklagten gerechtfertigt ist.
(Fundstelle: Recht und Schaden [r + s] 1995, S. 11 ff.)

Das gleiche Urteil aus anderer Quelle:

Schleswig-Holsteinisches Oberlandesgericht 9. Zivilsenat
Datum: 1994-06-22
Az: 9 U 95/93
NK: StVG § 7, StVO § 3 Abs 2a, RVO § 637, RVO § 638, BGB § 823 Abs 1, BGB § 832

Mitverschulden und Mithaftung von Kindergärtnerinnen am Verkehrsunfall von Kindern beim Überqueren der Fahrbahn

---

Leitsatz
Kindergärtnerinnen handeln fehlerhaft, wenn sie eine aus neun Kindergartenkindern bestehende Gruppe erst in so naher Entfernung von der zu überquerenden Fahrbahn sammeln und ordnen, insbesondere die Kinder veranlassen, sich an die Hand zu nehmen,

daß die Gefahr besteht, daß sich eines oder mehrere Kinder aus der noch nicht geordneten Gruppe lösen und über die Fahrbahn laufen könnte(n).

Orientierungssatz
Das Mitverschulden von Kindergärtnerinnen an Verkehrsunfallverletzungen eines Kindes infolge schuldhafter Aufsichtspflichtverletzung beschränkt die Haftung des unfallverursachenden Fahrzeugführers insoweit, als die Kindergärtnerinnen ohne ihre gesetzliche Haftungsfreistellung nach RVO §§ 637, 638 im Verhältnis zu dem Fahrzeugführer für den Schaden des Kindes aufkommen.
(Fundstelle: RuS 1995, 11-13 [ST]; Schaden-Praxis 1995, 132-133 [ST])

Gericht: LG Oldenburg (Oldenburg) 1. Zivilkammer
Datum: 1987-02-03; Az: 1 S 1305/87
Zur Aufsichtspflicht der Eltern über einen fast 7 Jahre alten, als Radfahrer am Verkehr teilnehmenden Sohn

---

1. Von einem annähernd Siebenjährigen, der altersentsprechend entwickelt ist und keine besonderen Erziehungsschwierigkeiten bereitet, insbesondere auch nicht über das altersbedingte Ausmaß hinaus zu Unbesonnenheiten neigt, wird regelmäßig erwartet werden können, daß er sich auch unbeobachtet im Straßenverkehr ohne sonderliche Gefahr für sich und andere mit dem Rad fortbewegen kann, sofern er gehörig angeleitet und geübt ist.
2. Unter diesen Umständen überspannt es die Sorgfaltspflicht der Eltern, von ihnen zu verlangen, ihren Sohn ständig beim Radfahren in der vertrauten Umgebung ihrer Wohnung zu überwachen oder sogar zu begleiten (vergleiche BGH, 1984-07-10, VI ZR 273/82, NJW 1984, 2574 und OLG Oldenburg [Oldenburg], 1970-04-03, 6 U 169/69, VersR 1972, 54).
(Fundstelle: NdsRpfl 1988, 10-10 [ST])

Gericht: VGH Mannheim 9. Senat
Datum: 1987-11-24; Az: 9 S 592/86
NK: GG Art 6 Abs 2, GG Art 7 Abs 1, VwGO § 42 Abs 2, SchulG BW § 38 Abs 2, SchulG BW § 41 Abs 1, SchulG BW § 41 Abs 3

Schulische Aufsichtspflicht – Unterstützung durch Schulhausmeister

1. Zur Zulässigkeit einer allgemeinen Leistungsklage, mit der Eltern die Erfüllung der schulischen Aufsichtspflicht über ihre Kinder einklagen.
2. Die schulische Aufsichtspflicht besteht grundsätzlich auch gegenüber sogenannten Fahrschülern während der Mittagspause, in der sich die Schüler nicht in zumutbarer Weise nach Hause begeben können. Die Schule kann jedoch 16-jährigen Schülern auch ohne entsprechende Erlaubnis der Eltern gestatten, das Schulgelände während der Mittagspause zu verlassen. Mit Einverständnis der Eltern gilt dies auch für Schüler unter 16 Jahren.
3. Mit der Aufsichtsführung dürfen verantwortlich nur Lehrer betraut werden. Der Schulhausmeister darf nur unterstützend mit herangezogen werden.
4. Die Aufsichtsführung muß seitens der Schulleitung verbindlich geregelt werden.
(Fundstelle: ESVGH 38, 86-94 [LT1-4]; Justiz 1988, 406 [S1-4]
Rechtszug: vorgehend VG Freiburg [Breisgau] 1985-12-11 2 K 74/85)

Gericht: OLG Düsseldorf 1. Zivilsenat
Datum: 1988-11-21; Az: 1 U 136/87
NK: BGB § 832 Abs 1

Elterliche Aufsichtspflicht bei dreijährigem Kind

Orientierungssatz
1. Innerhalb der Wohnung ist die regelmäßige Kontrolle eines Dreijährigen ausreichend, um der elterlichen Aufsichtspflicht zu genügen. Darüber hinaus müssen aber Vorkehrungen getroffen werden, die verhindern, daß ein dreijähriges Kind die Wohnung verläßt und sich unbeaufsichtigt in den Straßenverkehr begibt.
(Fundstelle: RuS 1990, 372-373 [ST]; ZfSch 1991, 8 [T])

Gericht: OLG Hamm 6. Zivilsenat
Datum: 1991-05-02; Az: 6 W 7/91
NK: BGB § 832 Abs 1, BGB § 1631 Abs 1

Aufsichtspflicht der Eltern gegenüber dem fast 17jährigen Sohn

Leitsatz
1. Inhalt des Personensorgerechts; Haftung aufsichtspflichtiger Eltern für versuchten Raubmord des fast 17jährigen Sohnes.

Orientierungssatz
1. Die Vorschrift des BGB § 832 ist bei älteren Jugendlichen nicht etwa gegenstandslos. Jedoch bestimmt sich das Maß der gebotenen Aufsicht nach Alter, Eigenart und Charakter des Aufsichtsbedürftigen, wobei sich die Grenze der erforderlichen und zumutbaren Maßnahmen danach richtet, was verständige Aufsichtspflichtige nach vernünftigen Anforderungen tun müssen, um Schädigungen Dritter abzuwenden; es kommt darauf an, ob der Aufsichtspflichtige im konkreten Fall in bezug auf die zur widerrechtlichen Schadenszufügung führenden Umstände eine ausreichende Aufsicht geführt hat.
2. Hat der fast 17jährige Sohn in der Vergangenheit keinen Anlaß zu der Befürchtung gegeben, daß er gegenüber Dritten in massiver Weise gewalttätig werden würde, so liegt keine Verletzung der Aufsichtspflicht vor, wenn die Eltern ihren Sohn während eines Urlaubs in der Familienwohnung zurücklassen, damit er von dort aus zur Arbeit gehen und die Berufsschule besuchen kann.
(Fundstelle: OLGZ 1992, 95-97 [LT])

Gericht: OLG München 31. Zivilsenat
Datum: 1991-11-18; Az: 31 U 4327/91

Aufsichtspflichtverletzung: Überwachung eines besonders aggressiven Elfjährigen, der mehrere Straßenraubüberfälle verübt hatte

Orientierungssatz
1. Hatte der elfjährige besonders aggressive Sohn bereits in drei Fällen Straßenraubüberfälle auf Frauen verübt, um sich den Inhalt der

Geldbörsen aus den entwendeten Handtaschen anzueignen, so genügen die Erziehungsberechtigten den besonderen Anforderungen an ihre Aufsichtspflicht nicht, wenn sie nach der kurzfristigen Verhängung eines Ausgeh- und Fernsehverbots den Sohn täglich mehrere Stunden ohne besondere Kontrollen ausgehen lassen, ohne mit dem Sohn vor dessen Ausgang seinen Aufenthaltsort abzusprechen und sich nach seiner Rückkehr hierüber berichten zu lassen, sowie durch ein engmaschiges Netz von Kontrollen die Einhaltung der Absprachen zu überwachen.
2. Auch wenn die behandelnden Psychiater eine gewisse Freiheit und Selbständigkeit des Sohnes empfehlen, sind die Erziehungsberechtigten im Interesse des Schutzes gefährdeter Dritter zu gezielten Überwachungsmaßnahmen (wie Vergewisserung über den Freundeskreis des Kindes, Überwachung seines Taschengeldes und Überwachung seines Kinderzimmers) verpflichtet.
(Fundstelle: HV-INFO 1992, 549-550 [T])

Gericht: LG Lübeck 12. Zivilkammer
Datum: 1992-01-30; Az: 12 O 100/91
NK: BGB § 823 Abs 1, BGB § 831, BGB § 832, StGB § 306, StGB §§ 306ff

Haftung für einen durch einen Jugendlichen verursachten Brand: Voraussetzungen einer fahrlässigen Brandstiftung; Umfang der Aufsichtspflicht

---

Orientierungssatz
1. Spielt ein Zwölfjähriger in einer Scheune mit einer Knallplättchenpistole und kommt es durch ein Nachglimmen von Knallplättchenpistolenbändern zu einem Brand, kommt allenfalls eine fahrlässige Brandstiftung in Betracht. Diese ist jedoch nur dann anzunehmen, wenn der Täter mit Gegenständen oder Stoffen so leichtfertig hantiert hat, daß es zum Brand gekommen ist und der Täter dieses Ergebnis seines Tuns hätte voraussehen können. Ein Nachglimmen von Knallplättchenpatronenbändern ist aber keine typische Erscheinung, die bei dem Hantieren mit einer solchen Pistole auftritt, so daß ein Fahrlässigkeitsvorwurf ausscheidet.

2. Ebensowenig ist eine Haftung des Aufsichtspflichtigen gegeben, denn auch für diesen war – entsprechend den obigen Ausführungen – nach objektiven Maßstäben die Verwirklichung eines Schadens durch das Verhalten des Jugendlichen praktisch nicht vorhersehbar, wenn auch die Schadensverwirklichung nach den Grundsätzen einer statistischen Wahrscheinlichkeit letztlich nicht vollends auszuschließen war.
(Fundstelle: RuS 1993, 17-18 [ST])

Gericht: OLG Düsseldorf 22. Zivilsenat
Datum: 1990-09-14; Az: 22 U 64/90
NK: BGB § 832 Abs 1 S 2, BGB § 254 Abs 1

Haftung des Aufsichtspflichtigen:
Inbrandsetzen einer Scheune mittels eines von einem Kind aus der elterlichen Wohnung mitgenommenen Feuerzeugs; Entlastungsbeweis der Eltern; Mitverschulden des geschädigten Landwirts

---

Leitsatz
1. Zum Entlastungsbeweis der Eltern eines fast acht Jahre alten Kindes nach BGB § 832 Abs 1 S 2, wenn dieses in der Wohnung ein Feuerzeug an sich genommen und damit Stroh in einer Scheune in Brand gesteckt hat.
2. Zum Mitverschulden eines Landwirts an dem Brandschaden auf seinem Gehöft, der durch Inbrandsetzen von Stroh entstanden ist.

Orientierungssatz
1. Wenn die pflichtgemäße Aufsicht der Eltern auch gerade im Hinblick auf die Vermeidung einer Schädigung Dritter durch Spielen mit Feuer ein hohes Maß an Umsicht und Sorgfalt erfordert (vergleiche BGH, 1986-07-01, VI ZR 214/84, FamRZ 1986, 1080 und BGH, 1983-05-17, VI ZR 263/81, FamRZ 1983, 874), kann doch nicht verlangt werden, Zündmittel ständig am Körper zu führen, wenn sie nicht in sonstiger Weise für Kinder unerreichbar oder verschlossen aufbewahrt werden. Maßstab für die gebotene Aufsicht ist vielmehr, was verständige Eltern nach vernünftigen Anforderungen tun müssen, um mögliche Gefahren für Dritte abzuwenden.

2. Es genügt daher in der Regel, Zündmittel, die nach dem Gebrauch vorübergehend in Reichweite aufsichtsbedürftiger Kinder abgelegt werden, im Auge zu behalten, damit sie nicht unbemerkt weggenommen werden können. Werden derart abgelegte Zündmittel kurzfristig in der Obhut eines anderen Erwachsenen zurückgelassen, so muß sich der Aufsichtspflichtige jedenfalls bei seiner Rückkehr Gewißheit über ihren Verbleib verschaffen und, falls er sie nicht mehr vorfindet, Nachforschungen über ihren Verbleib anstellen.
3. Der Aufsichtspflichtige hat darzulegen und zu beweisen, daß und in welcher Weise er diesen Verpflichtungen nachgekommen ist. Der Entlastungsbeweis ist nicht geführt, wenn er – trotz Hinweises des Gerichts – jeglichen Vortrag unterläßt.
4. Ein Mitverschulden des geschädigten Landwirts an dem durch ein Kind in seiner Scheune gelegten Brand ist nicht in dem Umstand zu sehen, daß der Landwirt tagsüber das Hoftor nicht ständig geschlossen hat; es ist unüblich und mit dem reibungslosen Ablauf auf einem Bauernhof nicht vereinbar, das Hoftor nur zur Durchfahrt zu öffnen. Auch der Umstand, daß der Landwirt bzw ein sonstiger Hofangehöriger das Kind, das ihm als Sohn eines Nachbarn bekannt war, nicht vom Hof wies, als dieses die Scheune betrat, begründet keinen Mitverschuldensvorwurf. Etwas anderes kann allenfalls dann gelten, wenn damit zu rechnen war, daß das Kind in der Scheune mit Feuer spielen würde.
(Fundstelle: FamRZ 1991, 1294-1297 [LT]; VersR 1992, 321-322 [ST])

Gericht: LG Braunschweig 12. Zivilkammer
Datum: 1989-10-11; Az: 12 S 85/89
NK: BGB § 823 Abs 1

Zur Verkehrssicherungspflicht auf Kinderspielplätzen

Leitsatz
1. Verletzung der Verkehrssicherungspflicht durch das Anpflanzen giftiger Sträucher in der Nähe eines Spielplatzes.
Orientierungssatz
1. Insbesondere bei einem für kleine Kinder bestimmten Kinderspielplatz wird zu berücksichtigen sein, daß die Kinder Gefahren

schlechter erkennen und ihnen auch schlechter begegnen können als Erwachsene, so daß an die dem Grundstückseigentümer obliegende Verkehrssicherungspflicht bei einem Sandkasten, der naturgemäß eher kleinen Kindern vorbehalten ist, erheblich höhere Anforderungen zu stellen sind, als z. B. bei einem Abenteuerspielplatz oder Bolzplatz, der für größere Kinder gedacht sein mag und bei dem ein gewisses Risiko stets vorhanden sein wird. Die Versicherungspflicht bezieht sich dabei auch auf die Umgebung des Spielplatzes. Ebenso wie Übergänge zum Straßenverkehr gesichert werden müssen und Absicherungen gegenüber den Kinderspielplätzen naheliegenden Gefahrenquellen, z. B. einer Eisenbahnlinie, getroffen werden müssen, wird der Verkehrssicherungspflichtige auf die Anpflanzung von giftigen Sträuchern in der Nähe von Spielplätzen verzichten müssen. Denn Zweck der Einrichtung eines Kinderspielplatzes ist es, den Kindern fern von allen Verkehrsgefahren ein sorgloses Spielen zu ermöglichen, ihnen einen besonderen Schutz vor den Folgen ihrer Unerfahrenheit zu bieten und den Aufsichtspflichtigen eine Erleichterung ihrer Pflichten gegen über denen z. B. im normalen Straßenverkehr zu ermöglichen.
(Fundstelle: NdsRpfl 1990, 6-7 [LT])

Gericht: AG Bersenbrück
Datum: 1993-03-03; Az: 1634 – 9 – 4 C 1004/92
NK: BGB § 832

Haftung des Aufsichtspflichtigen: Beaufsichtigung eines auf einem Gaststättenparkplatz spielenden Kindes

---

Orientierungssatz
1. Es ist einer Mutter nicht möglich und zumutbar, ihren fünfjährigen Sohn ununterbrochen zu beobachten. Sie kann einen normal entwickelten und genügend erzogenen Fünfjährigen durchaus schon einmal aus den Augen lassen. Eine ständige Beobachtung würde auf eine Gängelei hinauslaufen, die der gebotenen Erziehung zur Selbständigkeit und Selbstverantwortlichkeit sogar zuwiderlaufen würde.
2. Es stellt auch keinen Verstoß gegen die Aufsichtspflicht dar, wenn die Aufsichtsperson ein fünfjähriges Kind zusammen mit anderen

Kindern allein vor dem Haus spielen läßt, auch wenn sie im Haus bleibt. Das gilt auch dann, wenn es sich um einen Parkplatz vor einer Gaststätte handelt. Auch der Umstand, daß das Kind auf dem Parkplatz mit einem Fahrrad gefahren ist (und dabei einen abgestellten Pkw beschädigt hat), ändert an der Beurteilung nichts.
(Fundstelle: VersR 1994, 108 [ST])

OLG München, Urteil vom 21.12.1988 (3 U 4695/88)
BGB § 832
Das Maß der gebotenen Aufsicht über ein Kind bestimmt sich danach, was verständige Aufsichtspflichtige nach vernünftigen Anforderungen im konkreten Fall unternehmen müssen, um die Schädigung durch das Kind zu verhindern.
Revision des Klägers beim BGH (VI ZR 42/89) mit Beschluß v. 17.10.1989 nicht angenommen!

Der im März 1976 geborene Kläger verlangte von der Beklagten, der Großmutter des im Februar 1980 geborenen A., Schmerzensgeld, weil A. ihn am 16.6.1985 mit einem Stock das linke Auge verletzte, so daß es noch am gleichen Tag operativ entfernt werden mußte. Er warf der Beklagten, der die Eltern des A. dessen Beaufsichtigung übertragen hatten, Vernachlässigung der Aufsichtspflicht vor; eine zunächst gegen die Eltern angestrengte Klage wurde rechtskräftig abgewiesen.
Das Landgericht (LG) hat die Klage abgewiesen.
Die Berufung des Klägers hatte keinen Erfolg.

Aus den Gründen:
Der Kläger hat gegen die Beklagte keinen Anspruch auf Schadensersatz und Schmerzensgeld gem. § 823 I & II BGB i.V.m. §§ 223 ff. StGB, §§ 847, 832 BGB. Zwar hat A. den objektiven Tatbestand einer unerlaubten Handlung erfüllt, und auch die Übernahme der Aufsichtspflicht durch die Beklagte ist unstreitig. Die Haftung der Beklagten nach § 832 I Satz 1 und II BGB ist jedoch nach § 832 I Satz 2 BGB ausgeschlossen, weil die Beklagte ihrer Aufsichtspflicht genügt hat und der Schaden trotz gehöriger Aufsichtsführung entstanden ist.

Der Senat geht mit dem LG davon aus, daß die Beklagte sich während des Unfalls im Liegestuhl im Garten befunden hat. A. lief an ihr vorbei auf den Kläger und den Zeugen G. zu, die sich beim etwa 10 m entfernten Gartentor aufhielten. In der erhobenen Hand hielt er einen etwa 1 m langen, besenstieldicken Stock, an dem eine Plastiktüte hing. A. rief den Kläger und den Zeugen an: »Schleicht's Euch!« Als der Kläger sich daraufhin umdrehte, traf ihn A., der noch lief, mit dem Stock ins Auge. Es konnte nicht festgestellt werden, daß A. absichtlich mit dem Stock zugestoßen hat. Der Unfall spielte sich in Sekundenbruchteilen ab. Insbesondere erfolgten der Zuruf von A. an den Kläger und seine Verletzung nahezu zeitgleich.

Das Maß der gebotenen Aufsicht bestimmt sich nach Alter, Eigenart und Charakter des Kindes, nach der Voraussehbarkeit des schädigenden Verhaltens sowie danach, was dem Aufsichtspflichtigen in seinen jeweiligen Verhältnissen zugemutet werden kann, wobei Aufsicht und Überwachung um so intensiver sein müssen, je geringer der Erziehungserfolg ist. Entscheidend ist, was verständige Aufsichtspflichtige nach vernünftigen Anforderungen im konkreten Fall unternehmen müssen, um die Schädigung durch das Kind zu verhindern.

Für die inhaltliche Konkretisierung der Aufsichtspflicht der Beklagten sind nach diesen Grundsätzen folgende Umstände von Bedeutung:

- Die Kinder hielten sich bei einem Haus mit Gartengrundstück in ländlicher Umgebung auf. Besondere Gefahren, die hier den Kindern drohten oder von ihnen hätten ausgehen können und die die Anforderungen an die Aufsichtspflicht erhöhen könnten, sind nicht ersichtlich.
- Es ist nichts dazu vorgetragen, daß die Kinder gefährliche oder auch nur ungestüme Spiele betrieben hätten. Auch über vorangegangene Streitigkeiten der Kinder, die zu erhöhter Aufmerksamkeit gemahnt hätten, ist nichts bekannt. Nach Angaben des Klägers haben die Kinder vor dem Unfall auch nicht *gerangelt*.
- Insbesondere ist nicht nachgewiesen, daß A. schon vor dem engeren Unfallgeschehen die anderen Kinder bedroht oder gefährdet hätte, obwohl er sich nach dem Vortrag des Klägers schon am Vortag mit dem Stock ausgerüstet hatte.
- Zu einer besonderen Gefährlichkeit des Stocks (Nagel- oder Eisenspitze) ist im Berufungsverfahren nichts vorgetragen.

- Bei den Spielkameraden von A. handelte es sich nicht um kleine Kinder, die beim Spiel mit Älteren besonders gefährdet gewesen wären mit der Folge, daß höhere Anforderungen an den Inhalt der Aufsichtspflicht gestellt werden müßten; der Kläger ist vielmehr über vier Jahre älter als A.
- Über die bestrittene Aggressivität des A. oder eine Neigung zu üblen Streichen oder zu gefährlichen Spielen oder zum Umgang mit gefährlichen Werkzeugen ist im Berufungsverfahren nichts substantiiert vorgetragen.

Bei zusammenfassender Würdigung dieser Umstände ist davon auszugehen, daß die Beklagte schon mit der – unstreitigen – gelegentlichen Beobachtung der Kinder ihrer Aufsichtspflicht genügt hat. Sie hielt sich darüber hinaus in der unmittelbaren Nähe der spielenden Kinder auf, so daß sie sie ständig beobachten und hören konnte und erforderlichenfalls – etwa bei Streitigkeiten zwischen den Kindern oder bei gefährlichen Spielen oder Umgang mit gefährlichen Gegenständen – alsbald einschreiten konnte; daß sie im Liegestuhl lag und damit zu einem sofortigen körperlichen Eingreifen nicht in der Lage war, ist im Hinblick auf die geschilderten Umstände, die keinerlei erhöhte Wachsamkeit verlangten, nicht zu beanstanden. Es ist nicht Inhalt der Aufsichtspflicht, ohne Hinweis auf besondere Gefahrenmomente auf ein im Freien spielendes fünfjähriges Kind ununterbrochen einwirken zu können.

Die Beklagte war auch weder dazu verpflichtet, A. vorsorglich zu belehren, daß man einen Stock nicht gegen andere Menschen einsetzen darf und daß dies gefährlich wäre, noch dazu, ihm das Tragen des Stocks zu untersagen oder ihm den Stock wegzunehmen. Denn es sind keine Anhaltspunkte dafür vorgetragen, die derartige Maßnahmen erforderlich erscheinen ließen.

Der bloße Umgang fünfjähriger Kinder mit einem Stock im Freien stellt – zumal auf dem Land – etwas so Alltägliches dar, daß Maßnahmen des Aufsichtspflichtigen erst veranlaßt sind, wenn erkennbar wird, daß derartige Belehrungen noch nicht vorgenommen wurden oder nichts gefruchtet haben oder wenn sich Anhaltspunkte für einen Mißbrauch des Stocks oder für ein Verkennen möglicher Gefahren ergeben.

Eine Verletzung der Aufsichtspflicht käme daher nur in Betracht, wenn die Beklagte auf Umstände nicht reagiert hätte, die ein Einschreiten erforderlich gemacht hätten. Derartige Warnsignale können nach dem festgestellten Sachverhalt allenfalls gesehen werden im Vorbeilaufen des A. mit erhobenem Stock und in seinem Zuruf: »Schleicht's Euch!«

Nach Auffassung des Senats wurde ein Einschreiten nicht schon deswegen erforderlich, weil A. mit erhobenem Stock an der Beklagten vorbeilief. Selbst wenn sie den Stock bemerkt haben sollte, was nicht festgestellt werden konnte, mußte ein verständiger Aufsichtspflichtiger hieraus noch nicht den Schluß ziehen, daß von A. nun eine Gefahr ausging. Vom Laufen eines spielenden fünfjährigen Kindes im Freien geht auch dann noch keine alarmierende Wirkung aus, wenn das Kind einen Stock trägt und erhebt und es zuvor mit anderen Kindern gespielt hat. Dies gilt um so mehr, wenn an dem Stock eine Plastiktüte befestigt ist, die unterstreicht, daß der Stock als Werkzeug oder als Spielzeug, nicht aber als Waffe eingesetzt wird ...

Der Zuruf »Schleicht's Euch!« kann eine Drohung enthalten, so daß nunmehr gesteigerte Aufmerksamkeit geboten gewesen wäre. Möglicherweise wurde jetzt auch erkennbar, daß A. den Stock nicht nur als Spielzeug führte, sondern ihn als gefährliches Werkzeug einsetzen könnte, jedenfalls bei unvorsichtigem Umgang den Kläger verletzen könnte.

Nach dem festgestellten Sachverhalt blieb der Beklagten jedoch keine Zeit mehr zum Eingreifen. Aufgrund der Beweisaufnahme steht fest, daß es sich um einen *kurzen Zeitraum* handelte. Mit dem LG ist der Senat davon überzeugt, daß die Beklagte in der konkreten Situation bereits keine Möglichkeit mehr hatte, rechtzeitig in das Geschehen einzugreifen (und sei es auch nur mit einem Warnruf). Zwischen dem Zuruf des A. und der Verletzung des Klägers lagen allenfalls Sekundenbruchteile ...

Da der Beklagten somit eine rechtzeitige Reaktion unmöglich war, hat sie der Aufsichtspflicht im Sinne des § 832 I S. 2 BGB genügt. Der Schaden ist trotz gehöriger Aufsichtsführung entstanden.
(Fundstelle: VersR, 1989 Heft 36, S. 1302 ff.)

AG Starnberg vom 8.3.1988 (4 C 1870/87)
BGB § 832
Über die Anforderungen an die elterliche Aufsichtspflicht gegenüber einem fünfjährigen Jungen, dem das Spielen auf dem Campingplatz gestattet wird (hier: Beschädigung eines abgestellten fabrikneuen Kfz durch Steinwurf)

Aus den Gründen:
Die Klage ist nach § 832 I S. 1 BGB begründet. Der Beklagte hat den ihm obliegenden Beweis dafür, daß er seiner Aufsichtspflicht genügt habe oder daß der Schaden auch bei gehöriger Beaufsichtigung entstanden sein würde, nicht geführt.

Es mag sein, daß der Sohn des Beklagten nur ungefähr 15 Minuten vom Lokalinneren, wo sich der Beklagte währen dieser Zeit aufhielt, abwesend gewesen ist. Es mag ferner sein, daß der Beklagte von der Geschädigten oder von sonst einer dritten Person nicht auf das Treiben seines Sohnes (Werfen von Steinen) aufmerksam gemacht wurde. Das Maß der Aufsichtspflicht entscheidet sich danach, was verständige Eltern nach vernünftigen Anforderungen im konkreten Fall unternehmen müssen, um die Schädigung Dritter durch ihr Kind zu verhindern. Die Aufsichtspflicht umfaßt auch, daß der Aufsichtspflichtige sich darum kümmert, was der Aufsichtsbedürftige dann treibt, wenn er nicht überwacht wird. Hier ist aber nichts dafür vorgetragen, daß der Beklagte sich auch nur wörtlich darüber vergewissert hätte, was sein Sohn mit den anderen Kindern auf dem Campingplatz zu treiben gedenke. Im übrigen hätte der Beklagte damit die Anforderungen an seine Aufsichtspflicht auch noch nicht erfüllt: Es hätte hinzukommen müssen, daß der Beklagte sich – selbst wenn die in Betracht kommende Zeit nur 15 Minuten betrug – wenigstens einmal kurz vergewisserte, ob sein Kind sich bei dem Spiel mit seinen Kameraden im Rahmen dessen hielt, was es angegeben hatte.

Es liegt daher eine Verletzung der Aufsichtspflicht vor. Daran ändert nicht, daß fünfjährige Kinder, die kurz vor der Einschulung stehen, auch längere Zeit als 15 Minuten ohne direkte Aufsicht bleiben dürfen; Voraussetzung dafür ist nach Auffassung des Gerichts, daß die Aufsichtspflichtigen sich zumindest stichprobenweise darüber

vergewissert haben, daß das Treiben des Kindes Dritten nach aller Voraussicht keinen Schaden zufügen wird. Dies ist hier nicht geschehen.
(Fundstelle: VersR 1988, Heft 24, S. 637)

Landessozialgericht Niedersachsen 6. Senat
Datum: 1990-07-05
Az: L 6 U 334/89
NK: RVO § 539 Abs 1 Nr 14 Buchst a

Unfallversicherungsschutz eines Kindergartenkindes bei Teilnahme an einer Ausflugsfahrt

Orientierungssatz
1. Unfallversicherungsschutz wurde bejaht für ein Kindergartenkind, das ein Kindertagesheim besuchte und an einer in Begleitung der Leiterinnen und mehrerer Eltern stattfindenden Erkundungsfahrt zu einem Schullandheim teilgenommen hatte. Obwohl die Verletzte nicht zu den beiden Halbtagsgruppen gehörte, für die der Schullandheimaufenthalt geplant war, hatte sie ihre Mutter – die ebenfalls als Aufsichtsperson mitfuhr – im Einverständnis mit dem Kindertagesheim mitgenommen, da sie sie nicht anderweitig unterbringen konnte. Von entscheidender Bedeutung war hierbei, daß die Kindergartenleitung mit der »außerplanmäßigen« Teilnahme der Klägerin an dem Ausflug ihr Einverständnis erklärt hat.
(Fundstelle: BAGUV RdSchr 71/90 [T])
Rechtszug: vorgehend SG Stade 1989-10-24 S 7 U 170/89)

OLG Düsseldorf 13. Zivilsenat
Datum: 1991-11-14
Az: 13 U 68/91
NK: BGB § 254 Abs 1, BGB § 276, BGB § 832 Abs 1 S 1
Haftung des Aufsichtspflichtigen: Zurücklassen eines vierjährigen Kindes in einem abgestellten Pkw

Leitsatz
1. Zu den Anforderungen an die Aufsichtspflicht, wenn ein vierjähriges Kind in einem auf abschüssiger Straße geparkten Fahrzeuge allein zurückgelassen wird.

Orientierungssatz
1. Jeder Kraftfahrer muß damit rechnen, daß ein vier Jahre altes Kind, das unbeaufsichtigt in einem Fahrzeug zurückbleibt, trotz entsprechender Verbote der Versuchung erliegt, an den Schalthebeln zu hantieren. Das Anziehen der Feststellbremse und die Wahl der Parkstellung für den Getriebeschaltknopf sind jedenfalls dann keine geeigneten Sicherungsmaßnahmen, wenn sich diese Vorkehrungen »kinderleicht« überwinden lassen.
2. Der Aufsichtspflichtige verletzt seine Pflicht in hohem Maße fahrlässig, wenn er in einem auf abschüssiger Straße geparkten Fahrzeug ein vierjähriges Kind allein zurückläßt.
(Fundstelle: OLG-Rp Düsseldorf 1992, 58-59 [LT]
Rechtszug: vorgehend LG Wuppertal XX 16 O 294/90)

ArbG Lübeck 3. Kammer
Datum: 1990-09-25; Az: 3 Ca 1637/90
Schaden am Arbeitnehmer-Fahrzeug

Leitsatz
1. Läßt der Kindergartenträger es bewußt zu, daß Kleinkinder unbeaufsichtigt auf einem zum Parken benutzten Platz spielen, haftet er für dabei entstandene Schäden an Kraftfahrzeugen.
(Fundstelle: Bibliothek BAG [T], ARST 1991, 74-75 [LT1])

AG Bad Bramstedt
Datum: 1996-08-02
Az: 5a C 9/96
NK: BGB § 832

Kollision einer 6jährigen Radfahrerin mit Pkw: Verletzung der elterlichen Aufsichtspflicht

Orientierungssatz
Es stellt grundsätzlich keine Verletzung der Aufsichtspflicht der Eltern dar, wenn diese ihrem 6jährigen, im Radfahren geübten Kind in vertrauter Umgebung ohne Begleitung das Radfahren erlauben. (Fundstelle: Schaden-Praxis 1996, 406-407 [ST])

Zivilrecht. Bundesgerichtshof. (BGH), BGB § 832
Urteil vom 6.4.1976 – VI ZR 93/75 (Braunschweig)
(Auszug aus NJW 1976, Heft 37, S. 1684 f.)

Zu den Anforderungen an die Erfüllung der Aufsichtspflicht, wenn die Eltern ihrem 12jährigen Jungen das selbständige Grillen unter Verwendung von Spiritus zum Anzünden der Holzkohle gestatten

Zum Sachverhalt:
Im Juni 1972 versuchte der 12jährige Sohn S der Beklagten, auf dem Hof des Kaufmanns K an einem Grillgerät Holzkohle zu entzünden, um Würstchen zu grillen. Die Anregung dazu hatte der Kaufmann K gegeben, in dessen Lebensmittelgeschäft die Beklagte mithalf. S hatte ohne Wissen der Beklagten das Grillgerät und eine Flasche mit Brennspiritus aus der Waschküche der Wohnung der Beklagten geholt. Nach einigen vergeblichen Versuchen, die Holzkohle mit Hilfe des Spiritus zum Glühen zu bringen, träufelte er ein weiteres Mal Spiritus aus der Flasche auf die Holzkohle. Dabei entstand eine Stichflamme, durch die M, 8 Jahre alt, und ihr im Kinderwagen sitzender Bruder I, 2 Jahre alt, beides Enkel des Kaufmanns K, Brandverletzungen erlitten. S hatte schon oft die Holzkohle im Grillgerät mit Hilfe von Brennspiritus in Brand gesetzt und, nach Anleitung und

unter Aufsicht seines Vaters und der Beklagten, gegrillt. Die Beklagte hatte ihm schließlich erlaubt, auch ohne ihre Aufsicht zu grillen.

Aus den Gründen:
1. Zutreffend bestimmt das Berufungsgericht das Maß der gebotenen Aufsicht über Kinder nach deren Alter, Eigenart und Charakter sowie danach, was den Eltern in den jeweiligen Verhältnissen zugemutet werden kann. Entscheidend ist, was verständige Eltern nach vernünftigen Anforderungen unternehmen müssen, um die Schädigung Dritter durch ihr Kind zu verhindern.
a) S war im Umgang mit Spiritus beim Grillen unterwiesen und jedenfalls im allgemeinen auf die Gefährlichkeit dieser Flüssigkeit hingewiesen worden. Ein altersgerecht entwickelter und nicht zu Unbesonnenheiten neigender Junge in seinem Alter darf und soll sogar seinen Eltern bei einem technischen Vorgang, wie es das Grillen darstellt, zur Hand gehen und den Umgang mit dem Gerät einschließlich des Entzündens des Feuers lernen. Dazu gehört nicht nur, daß er die erforderlichen Geräte und Zutaten holt und später wieder wegbringt, sondern daß ihm auch das Vertrauen entgegengebracht werden darf, er werde den Spiritus nicht zu gefährlichen Spielen mißbrauchen.

Nicht unbedingt das Fernhalten von jedem Gegenstand, der bei unsachgemäßem Umgang gefährlich werden kann, sondern gerade die Erziehung des Kindes zu verantwortungsbewußtem Handeln mit einem solchen Gegenstand wird oft der bessere Weg sein, das Kind und Dritte vor Schäden zu bewahren. Hinzu kommt die Notwendigkeit frühzeitiger praktischer Schulung des Kindes, das seinen Erfahrungsbereich möglichst ausschöpfen soll. Ein 12jähriger Junge ist nach entsprechender Anleitung durchaus in der Lage, mit Hilfe von Brennspiritus Holzkohle auf einem Grillgerät zu entzünden. Er ist, wenn er wie hier altersgerecht entwickelt ist, auch nicht etwa Verhaltensstörungen zeigt, auch dazu imstande, die Gefahren im Umgang mit einer so leicht entzündlichen und explosiven Flüssigkeit wie Brennspiritus nach entsprechender Belehrung zu verstehen und zu beherrschen.
b) Davon geht auch das Berufungsgericht aus; es sieht die Verletzung der Aufsichtspflicht durch die Beklagte nur darin, daß sie es

ihrem Sohn mehrfach erlaubt hat, in ihrer Abwesenheit selbständig zu grillen. Es hält jedoch nicht für erwiesen, daß sie ihrem Sohn die Gefahren im Umgang mit dem Spiritus ausreichend vor Augen geführt hat. Darin hat es recht.

aa) In der Tat ist das Hantieren mit Brennspiritus beim Anzünden von Holzkohle auf Grillgeräten besonders gefährlich; auch Erwachsene verhalten sich dabei zuweilen leichtfertig und verursachen Unfälle. Gerade das Gießen oder auch das bloße Träufeln von Brennspiritus auf Holzkohle, die bereits zum Glühen gebracht worden ist oder, nachdem das Feuer erloschen ist, noch glüht, kann zu explosionsartigen Verpuffungen und dadurch zu erheblichen Schäden führen. Es gehört mithin zu den wichtigsten Vorsichtsmaßnahmen, dann, wenn schon Brennspiritus zum Anzünden von Holzkohle benutzt wird, dafür zu sorgen, daß diese nicht mehr glüht oder glimmt. Nun wird im allgemeinen ein 12jähriger Junge überfordert sein, diese besonderen Gefahren in ihrem ganzen Umfang von selbst zu erkennen, es sei denn, er wäre vorher eindringlich und ausführlich gerade über diese ihm nicht ohne weiteres einsichtigen Gefahren unterrichtet und zu entsprechenden Vorsichtsmaßnahmen ermahnt worden. Sind etwa, wie hier von dem Sohne der Beklagten, schon einige Versuche gemacht worden, die Holzkohle zum Glühen zu bringen, so liegt es nahe, daß das eine oder andere Stück schon zu glimmen begonnen hat, ohne daß das beim oberflächlichen Nachschauen entdeckt zu werden braucht. Wollte man es unter diesen Umständen überhaupt für zulässig halten, einen 12jährigen Jungen selbständig unter Zuhilfenahme von Brennspiritus grillen zu lassen, dann jedenfalls nur unter der Voraussetzung, daß die Anleitungen und Warnungen durch den Aufsichtspflichtigen umfassend und eindringlich genug gewesen sind.

bb) Eben das hat das Berufungsgericht nicht festzustellen vermocht. Zutreffend legt es dar, die Ermahnung der Beklagten, die Flasche mit dem Spiritus nach Gebrauch verschlossen außer Reichweite des Feuers abzustellen, allenfalls auch noch die Anweisung, keinen Spiritus auf glühende Kohle zu träufeln, seien nicht ausreichend gewesen. Darüber hinaus hätte S mindestens belehrt werden müssen, wie schwer es zu beurteilen ist, ob nach einem oder mehreren vergeblichen Anzündeversuchen noch Holzkohle glimmt oder nicht.

Sache der Beklagten wäre es gewesen, darzutun und zu beweisen, daß sie ihren Sohn umfassend angeleitet und ermahnt hat. Nach den insoweit unangegriffenen Feststellungen des Berufungsgerichts fehlte es aber daran. (Ende des Auszugs)

Weiter führt das Gericht aus, daß eine Entlastung der Beklagten nach § 832, Abs. 1 Satz 2 BGB (eine Ersatzpflicht tritt nicht ein, wenn der Aufsichtführende seiner Aufsichtspflicht genügt hat oder wenn der Schaden auch bei gehöriger Aufsichtsführung entstanden wäre) nur möglich ist, wenn sie ihren Sohn auf die besonderen Gefahren im Umgang mit Spiritus oft genug hingewiesen hätte bzw. wenn ein Verbot bestanden hätte, allein das Grillgerät zu benutzen. Eine aufsichtführende Person muß also entweder durch sachgemäße, für die Kinder verständliche und nachvollziehbare Unterweisung die Möglichkeit von Schäden ausschließen oder die Kinder direkt beaufsichtigen. (Im Beispielsfall beim Entzünden der Holzkohle dabeisein und nach dem Entzünden den Brennspiritus entfernen. Erst dann könnten die Kinder in diesem Falle allein gelassen werden, da jetzt die besondere Gefährdung durch den Spiritus nicht mehr gegeben wäre.)

Urteil des Bundesgerichtshofes

In seinem Urteil vom 28.2.1984 (VI ZR 132/82, Celle) hat sich der Bundesgerichtshof sehr eingehend mit Fragen der Haftung bei Minderjährigen befaßt.

Folgender Sachverhalt lag dem Urteil zugrunde:
Die klagende Feuer-Versicherung nahm die beiden minderjährigen Beklagten auf Erstattung des Betrages von 45 715,– DM in Anspruch, den sie als Feuer-Versicherer dem Landwirt A. bezahlt hatte.

Ende 1977 brannte die Scheune des Landwirts ab, weil eine von den Kindern in der Scheune gemeinsam angezündete Kerze beim Umfallen Stroh entzündet hatte. Die beiden damals 10 Jahre alten Beklagten waren Schulfreunde. Sie spielten unter anderem in einer Strohbude, die sich in der unverschlossenen Scheune – und zwar in einem Zwischenraum zwischen Wand und Strohlager – befand. Die Kinder hatten vor, diese Bude zu beleuchten. Dafür kauften sie Kerzen. Streichhölzer schenkte ihnen ein anderer Junge. Beides versteckten sie zunächst in der Strohbude bzw. in der Garage des elterlichen Wohnhauses. Sie gingen gemeinsam in die Strohbude und versuchten, eine angezündete Kerze mit tropfendem Wachs auf einem der Balken zu befestigen. Dies mißlang, die Kerze fiel mehrmals herunter. Dabei entzündete sich schließlich auf dem Boden liegendes Stroh. Die Bemühungen der Kinder, das Feuer auszutreten bzw. zu ersticken, schlugen fehl. Die Scheune brannte vollständig ab. In dieser befand sich auch landwirtschaftliches Inventar, Ernte- und Wirtschaftsgeräte. Die Feuerversicherung erstattete dem Landwirt für das verbrannte Inventar einen Betrag in Höhe von 45.715,- DM. Die beiden Kinder waren über ihre Eltern privathaftpflichtversichert.

Eine Inanspruchnahme der Minderjährigen setzt voraus, daß diese nicht nur schuldhaft gehandelt haben, sondern auch deliktsfähig waren. Zur Frage der Deliktsfähigkeit hat der Bundesgerichtshof ausgeführt, es genüge ein allgemeines Verständnis dafür, daß das Verhalten irgendwelche Gefahren herbeiführen kann; dagegen werde nicht verlangt, daß der Minderjährige die Fähigkeiten zur realen Vorstellung von den rechtlichen und wirtschaftlichen Folgen seines Verhaltens gehabt habe. Es müsse allein auf die Einsichtsfähigkeit im Sinne des § 828 Abs. 2 BGB abgestellt werden, also auf die intellektuelle Fähigkeit, das Gefährliche des Tuns zu erkennen und sich der Verantwortung für die Folgen des Tuns bewußt zu sein, und nicht auch auf die individuelle Fähigkeit, sich dieser Einsicht gemäß zu verhalten. Weiter führt der Bundesgerichtshof aus, eine verminderte Zurechnungsfähigkeit kenne das Zivilrecht, anders als im Strafrecht, nicht. Zivilrechtlich werde der Minderjährige also in viel stärkerem Maße für den von ihm angerichteten Schaden zur Verantwortung gezogen, als er für sein Tun strafrechtlich einzustehen habe. Im Haftungsrecht bestehe ein stärkeres Bedürfnis nach pauschalen Bewertungen, um eine Durchbrechung des nach § 276 BGB zu fordernden Standards verkehrserforderlicher Sorgfalt zu meiden.

Bei Prüfung des Verschuldens nach § 276 BGB führt der Bundesgerichtshof in seinem Urteil im Hinblick auf ein fahrlässiges Verhalten aus, daß bei Prüfung der Fahrlässigkeit die Verstandesreife von Kindern, die allgemein in der entsprechenden Altersgruppe zu erwarten sei, zugrunde zu legen sei (sogenannte Gruppen-Fahrlässigkeit). Auch stehe es mit der Rechtsprechung im Einklang, daß bei Prüfung der Fahrlässigkeit besondere Umstände eines spontanen emotionalen Vorganges, wie er ganzen Altersgruppen von Jugendlichen eigen sei, berücksichtigt werden müsse, so beispielsweise die Motorik des Spieltriebes für das Nachlaufen nach einem auf die Straße rollenden Ball, der Forschungs- und Erprobungsdrang, der Mangel an Disziplin, Rauflust, Impulsivität und Affektreaktionen. War unter solchen Umständen das schädigende Verhalten für den Minderjährigen typischerweise nicht vermeidbar und fehlte es deshalb an der personalen (subjektiven) Seite der Fahrlässigkeit, dann liegt nach Auffassung der Karlsruher Richter kein fahrlässiges Verhalten vor. Die individuelle Steuerungsfähigkeit des Täters habe dagegen außer Betracht zu bleiben.

Im vorliegenden Fall hatte der Bundesgerichtshof letztlich keine Bedenken, von einem schuldhaft-fahrlässigen Verhalten auszugehen. Zweifel an der allein maßgeblichen intellektuellen Verantwortlichkeit der Kinder und damit an der Fahrlässigkeit ihres Verhaltens bestehen nicht. Obwohl der geistige Entwicklungsstand der Kinder etwa dem achtjähriger Kinder entsprach, müsse ohne Rechtsfehler davon ausgegangen werden, daß die entsprechende Einsichtsfähigkeit in das Unerlaubte und Gefährliche ihres Tuns vorgelegen hätten. Haftungsrechtlich komme es nur noch darauf an, ob Kindern ihrer Altersgruppe typischerweise ein sorgfältiges Verhalten in der konkreten Situation möglich sei oder ob mangelnde Verstandesreife sie daran hindere, das zur Vermeidung von Gefahren Notwendige zu beachten. Daran könne sie – worauf ebenfalls schon hingewiesen worden ist – etwa die Motorik des Spieltriebes oder ein Forschungs- und Erprobungsdrang gehindert haben. Wichtig sei, daß das Verhalten der Kinder nur dann richtig erfaßt werden könne, wenn es insgesamt gewürdigt werde. Dann werde deutlich, daß diese planmäßig und zielgerichtet vorgegangen seien, ohne zunächst von einem Spieltrieb überwältigt zu sein. Wenn ihnen dann letztlich ihr Spiel außer Kontrolle geraten sei, dann nicht deswegen, weil Kindern ihrer Altersgruppe typischerweise die dazu erforderliche Sorgfalt nicht zugemutet werden könne, sondern letztlich deshalb, weil gerade sie individuell ihr Verhalten nicht mehr haben steuern

können. Das aber berühre nicht ihre Haftung für den angerichteten Schaden.
Der Bundesgerichtshof kam damit insgesamt zu einer Haftung der Minderjährigen für den angerichteten Schaden.
(Fundstelle: Versicherungsrecht 1984, S. 641 ff.)

Urteil des Bundesgerichtshofs

In seinem Urteil vom 10.7.1984, VI ZR 273/82, hatte sich der Bundesgerichtshof mit der Frage zu befassen, welche Anforderungen in einem konkreten Fall an die Aufsichtspflicht der Eltern zu stellen sind.

Der Entscheidung lag folgender Fall zugrunde:
Kinder im Alter von 8 1/2-9 Jahren hatten im Saal einer Gaststätte gespielt, in dem ein Schuhlager untergebracht war. In diesem Raum fanden die Kinder Streichhölzer. Sie krochen dann in den Öllagerraum, wo sie mit Heu und Stroh ein Feuer entfachten. Durch das Feuer wurde das gesamte Schuhlager vernichtet.

Nach Ansicht der Karlsruher Bundesrichter dürfen die Anforderungen an die Aufsichtspflicht der Eltern nicht überspannt werden. Von ihnen kann nicht verlangt werden, sie hätten ihrem 8 1/2 Jahre alten Sohn überhaupt untersagen müssen, in die Räume einzudringen und sie hätten sein Tun durch ständige Kontrollen so überwachen müssen, um derartige Schädigungen Dritter, wie sie in Frage stehen, durch ihr Kind zu verhindern.

Insbesondere hänge es von den Eigenheiten des Kindes und seinem Erziehungsstand ab, in welchem Umfang allgemeine Belehrungen und Verbote ausreichen oder deren Beachtung auch überwacht werden müsse. Dabei sei zu berücksichtigen, daß der Erziehungserfolg und das Maß der anzuwendenden Aufsicht in einer Wechselbeziehung stehen: Je geringer der Erziehungserfolg, um so intensiver muß die Aufsicht und Überwachung sein.

Im vorliegenden Fall war das Kind bis zu dem Vorfall normal entwickelt und nicht durch besondere Unarten, insbesondere im Umgang mit Streichhölzern, aufgefallen. Deshalb ist nach Ansicht des Bundesgerichtshofs auf die Anforderungen an die Aufsicht über ein normal entwickeltes 8 1/2-jähriges Kind in ländlicher Gegend abzustellen. In diesem Alter verbiete sich aber nicht nur eine Überwachung *auf Schritt und Tritt*, sondern auch eine regelmäßige Kontrolle in kurzen, etwa halbstündigen Zeitabständen, wie sie beispielsweise bei einem Kleinkind erforderlich ist. Grundsätzlich müsse Kindern im Alter von 8-9 Jahren, wenn sie normal entwickelt sind, das Spielen im Freien ohne Aufsicht auch in einem räumlichen Bereich gestattet sein, der den Eltern ein sofortiges Eingreifen nicht ermögliche.

Zum Spiel der Kinder gehöre auch, Neuland zu entdecken und zu erproben. Dies brauche ihnen, wenn damit nicht besondere Gefahren für das Kind oder für andere verbunden seien, nicht allgemein untersagt zu werden. Vielmehr müsse bei Kindern dieser Altersstufe, die in der Regel auch den Schulweg allein zurücklegten, im allgemeinen genügen, daß die Eltern sich über das Tun und Treiben in großen Zügen einen Überblick verschaffen, sofern nicht konkreter Anlaß zu besonderer Vorsorge bestehe. Andernfalls würde jede vernünftige Entwicklung des Kindes, insbesondere der Lernprozeß im Umgang mit der Gefahr, gehemmt. Im vorliegenden Fall hatte sich das Kind – offenbar weisungsgemäß – bei seiner Mutter zunächst zum Radfahren und alsdann zum Spielen im Garten abgemeldet. Damit war der Orientierungspflicht der Eltern genügt. Eine Nachschaupflicht hätten die Eltern unter den gegebenen Umständen nicht gehabt, so daß der Mutter des Kindes nicht vorgeworfen werden könne, daß ihr der zeitweilige Aufenthalt des Kindes im ehemaligen Öllager entgangen sei.
(Fundstelle: Versicherungsrecht 1984, S. 968 ff.)

BGH vom 2.10.1979 – VI ZR 106/78.
§§ 823, 831, 276, 278 BGB
Zu den Anforderungen an die Aufsicht über den Badebetrieb in Hallenbädern.

Am 27.3.1971 besuchte der damals 9 1/2jährige Kl. in Begleitung seiner 15jährigen Cousine das R.-Bad der beklagten Stadt. Im Erdgeschoß dieses Bades befindet sich ein 25 x 12,5 m großes Schwimmbecken, das durch eine Kette in einen Teil für Schwimmer und einen solchen für Nichtschwimmer unterteilt ist. Während sich seine Cousine mit ihrer kleinen Schwester in dem im Untergeschoß gelegenen Lehrschwimmbecken aufhielt, ging der Kl., der nicht schwimmen konnte, in die Schwimmhalle im Erdgeschoß. Dort wurde er im 3,50 m tiefen Teil des Schwimmbeckens, etwa 8 m von der Sperrkette entfernt, in der Nähe des Beckenrandes regungslos auf dem Boden liegend gefunden. Der zu dieser Zeit als Aufsichtskraft eingesetzte Badewärter T. der beklagten Stadt barg den Kl. aus dem Wasser und schaffte ihn in den Schwimmeisterraum. Dort stellte der Schwimmeister M. der beklagten Stadt Wiederbelebungsversuche an, die Erfolg hatten. Der Kl. blieb indessen noch drei Wochen bewußtlos. Er hat wegen der Unterbrechung der Sauerstoffzufuhr zum Gehirn einen Gehirnschaden erlitten.

Der Kl. verlangt von der beklagten Stadt Ersatz seines bei dem Badeunfall erlittenen materiellen Schadens, Feststellung der Verpflichtung der beklagten Stadt zum Ersatz des Zukunftsschadens und ein angemessenes Schmerzensgeld.

Aus den Gründen:
Der Badewärter T. habe nach dem Ergebnis der Beweisaufnahme zur Unfallzeit nicht unmittelbar am Beckenrand, sondern weiter entfernt an einer kleinen Mauer gestanden, die den Abgang zum Untergeschoß begrenzt. Von dort habe er einen wesentlichen Teil des Schwimmbeckens nicht einsehen können. Zur Beaufsichtigung des Badebetriebes hätte er sich aber am Beckenrand aufhalten müssen, weil er nur so etwaige in die Gefahr des Ertrinkens geratene Badegäste im gesamten Becken rechtzeitig hätte bemerken und notfalls retten können. Wenn er unmittelbar am Beckenrand gestanden hätte, hätte er den untergegangenen Kl. früher bemerkt und diesen früher retten können. Der Kl. hätte dann keinen dauernden Körperschaden davongetragen...

Ein eigenes Verschulden der Organe der beklagten Stadt (also der Stadtverwaltung, d. Red.) hat selbst das Berufungsgericht nicht feststellen vermocht (§ 823 BGB). Ebensowenig läßt sich aber den Feststellungen im Berufungsurteil ein Fehlverhalten des Badewärters T. entnehmen, für das die beklagte Stadt nach § 831 BGB eintreten müßte.

Auch heute noch wird in den Unfallverhütungsvorschriften die Zuziehung eines zweiten Schwimmeisters nur in Freibädern bei Spitzenbelastungen gefordert. Eigene Überlegungen der beklagten Stadt mußten ihr nicht die Anordnung zusätzlicher Sicherungsmaßnahmen aufdrängen. Im allgemeinen ist nämlich ein Schwimmeister allein in der Lage, das Schwimmbecken und die übrigen Verkehrswege einer übersichtlich gestalteten, nicht zu großen Schwimmhalle ausreichend zu überblicken, die Einhaltung der zum Schutze der Schwimmgäste und der notwendigen Ordnung erlassenen Vorschriften zu gewährleisten und in Notfällen helfend einzugreifen. Es kann und muß nicht jeder abstrakten Gefahr durch vorbeugende Maßnahmen begegnet werden, da eine Verkehrssicherung, die jeden Unfall ausschließt, nicht erreichbar ist. Vielmehr bedarf es nur solcher Sicherungsmaßnahmen, die ein verständiger und umsichtiger Mensch für ausreichend halten darf, um andere Personen vor Schäden zu bewahren, und die ihm den Umständen nach zumutbar sind.

Landgericht Berlin
11/1985
Urteil zu einem Badeunfall

Die Überwachung eines Schwimmbeckens muß an der Linie erfolgen, wo es für Kinder faktisch zum Schwimmbecken wird. Die Überwachung kann im Becken oder von einer Position außerhalb an der gedachten Linie erfolgen.

Von der Anklage der fahrlässigen Tötung wegen Vernachlässigung der Beaufsichtigung eines Kindes ihrer Gruppe freigesprochen wurde eine Erzieherin einer städtischen Kindertagesstätte.

Die angeklagte Erzieherin war mit einer Gruppe von 13 Kindern im Alter von 5-6 Jahren in Begleitung einer Berufspraktikantin zum Schwimmen gegangen. Kurz vor Ende der Badezeit ertrank ein Kind dieser Gruppe im separaten Nichtschwimmerbecken des Bades, in dem sich auch alle anderen Kinder, ihre Betreuerinnen und ca. 15-20 weitere Kinder und Erwachsene befanden.

Das Gericht kam zu dem Schluß, daß die Erzieherin zwar den Tod des Kindes verursacht hat, da sie es nicht die gesamte Zeit über im

Auge behalten hat, daß aber keine Pflichtverletzung festzustellen war. Erst eine Pflichtverletzung hätte eine Bestrafung nach § 222 StGB begründet.

In dem Strafverfahren ging es um die Klärung,

- inwiefern eine Anmeldung der Gruppe beim Bademeister,
- das Tragen von Schwimmflügeln durch das Kind,
- eine Beaufsichtigung der Gruppe vom Beckenrand aus oder
- ein vorzeitiger Abbruch des Badeaufenthalts das Unglück hätten verhindern können.

Die Angeklagte hatte das später ertrunkene Kind das erste Mal mit zum Schwimmen genommen. Obwohl es keine Schwimmflügel dabei hatte, im Gegensatz zu den anderen Kindern der Gruppe, nahm sie es aus pädagogischen Gründen dennoch mit. Zusammen mit der Berufspraktikantin war die Gruppe durch Verhaltensmaßregeln für den Weg zum und den Aufenthalt im Bad durch die Erzieherin vorbereitet. Als die Schwimmhalle betreten wurde, herrschte dort nur geringer Betrieb. Die Erzieherin nickte den Bademeistern zu und begab sich mit ihren Kindern in das Nichtschwimmerbecken, dessen größte Tiefe 120 cm beträgt.

Während des Badens legte die Angeklagte dem Kind ein Paar Schwimmflügel von einem Kind an, mit dem sie das Tauchen übte. Kurz vor dem Ende der Badezeit wurde das Kind im tieferen Teil des Nichtschwimmerbeckens ohne Schwimmflügel tot aufgefunden.

Zur Frage der Anmeldung der Gruppe beim Bademeister zu Beginn des Badeaufenthalts entschied das Gericht, daß die Angeklagte ihrer Verpflichtung gemäß der Badeverordnung der obersten Landesjugendbehörde nachgekommen sei. Durch das *Zunicken* bei Betreten des wenig gefüllten Bades habe sich die Angeklagte ausreichend vergewissert, daß der Schwimmeister wahrgenommen hatte, daß hier eine Gruppe mit 2 Betreuerinnen angelangt war. Mehr brauchte es nach dem Sinn der Badeverordnung nicht.

Doch selbst wenn zu unterstellen wäre, daß das Zunicken der Anmeldepflicht nicht genügt hätte, wäre es doch als eventuelle Pflichtverletzung nicht kausal (= ursächlich begründbar) für den Tod des Kindes.

Da das Kind die, wenn auch erst im Verlauf des Schwimmbadbesuchs angelegten, Schwimmflügel offenbar selbständig abgenommen hatte, hätte weder eine anfangs durch die Bademeister vorgenommene Ausgabe noch die Mitnahme von Schwimmflügeln (aus der Kindertagesstätte) das Unglück abgewendet.

Auf jeden Fall mußte die angeklagte Erzieherin darauf achten, daß keines ihrer Kinder in den tieferen Teil des Beckens gelangte, da es bei Kindern dieses Alters entsprechend ihrer Größe etwa ab der Hälfte faktisch zu einem Schwimmbecken wird, da ihr Mund sich nicht mehr über der Wasseroberfläche befindet. Das gilt für alle Kinder, egal ob sie Schwimmflügel tragen oder nicht.

Von welchem Ort aus und wie die Überwachung zu erfolgen hatte, lag in der Verantwortung der Angeklagten. Sie hatte mit der Berufspraktikantin vereinbart, daß diese sich an der gedachten Mittellinie im Wasser aufhalten sollte, während sie selber sich mit den Kindern im flacheren Teil des Beckens aufhalten wollte.

Der Überwachungspflicht, daß keines ihrer Kinder in den tieferen Teil gelangen sollte, war nach Ansicht des Gerichts mit der Absprache und der Postierung der Praktikantin jedenfalls genüge getan. Die Angeklagte durfte darauf vertrauen, daß die Berufspraktikantin ihre Aufgabe gewissenhaft ausführen würde. Auch wenn sie mit den Kindern spielen oder herumtoben würde, war doch jederzeit die Sicht auf die gedachte Mittellinie nicht verdeckt. Im übrigen bedurfte die Beaufsichtigung der Kinder keiner besonderen Qualifikation.

Die Einschätzung, ob sich beide Betreuerinnen im Becken aufhalten sollten oder jeweils eine drinnen bzw. draußen, oblag der Erzieherin. Sie mußte mit äußerster Sorgfalt vorgehen und hat der Pflicht zur Überwachung dadurch genügt, daß die Berufspraktikantin an der *Grenze* stand.

Auch die Frage des Abbruchs des Badeaufenthalts wegen eventueller Unübersichtlichkeit des Beckens entschied das Gericht zugunsten der Angeklagten. Der Badeaufenthalt wurde in dem Moment beendet, als das Becken durch weitere Besucher für die Erzieherin unübersichtlich wurde. Weder hatte der Zustand über längere Zeit angedauert, noch war es nach Zeugenaussagen der Bademeister ungewöhnlich voll, so daß die Erzieherin mit ihrer subjektiven Einschätzung und daraus folgender Konsequenz der Beendigung der Veranstaltung ihrer Pflicht genügt hat.

Abschließend befand das Gericht, daß ein Fremdverschulden nicht festzustellen war, sondern daß es sich um einen der sich immer wieder ereignenden Unglücksfälle handelte, wie sie im Sport und Freizeitbereich mit Kindern und Jugendlichen vorkommen, wenn im Konflikt zwischen Sicherheit und pädagogischem Effekt letzterer nicht völlig untergehen soll.
(Fundstelle: Zentralblatt für Jugendrecht und Jugendwohlfahrt, 5/1980, S. 233 ff.)

Landgericht Berlin
(7.0.325/74) vom 21.9.1976
Gefahrenquellen auf Abenteuerspielplätzen

Auch bei regelmäßiger sorgfältiger Aufräumung kann nicht jede Gefahrenquelle auf dem Abenteuerspielplatz beseitigt werden. Dies ergibt sich aus dessen Natur und aus dessen Wesen, welches darin besteht, daß Kinder in eigener Verantwortung und ihren eigenen Vorstellungen entsprechend Bauwerke errichten und hierfür Material und Werkzeug benötigen, dessen Handhabung Umsicht und Übung erfordert, soll sie nicht gefährlich werden.

Tatbestand
Der im Mai 1970 geborene Kläger suchte am 2. Februar 1974 in Begleitung seines damals etwa 5 Jahre alten Bruders und unter Aufsicht seines Großvaters, des Zeugen A., den vom Beklagten eingerichteten sogenannten Abenteuerspielplatz in Berlin 36 auf. Bei dem Abenteuerspielplatz handelt es sich um einen nur zu bestimmten Tageszeiten bei pädagogischer Betreuung geöffneten Platz, auf dem Kinder mit ihnen zur Verfügung gestellten Materialien und Werkzeugen nach eigenen Vorstellungen Bauwerke errichten oder auf andere Weise damit spielen können. Sie sollen dabei die Möglichkeit haben, Phantasievorstellungen in die Wirklichkeit umzusetzen und dabei gleichzeitig den Umgang mit Material und Werkzeug erlernen. Das Konzept ist für Kinder ab etwa 5 Jahre an pädagogisch anerkannt. Kleinere Kinder haben nur ausnahmsweise Zutritt und werden dann einer besonderen Aufsicht zugeführt. Es besteht die

Anweisung, den Platz nur mit festen Schuhen zu betreten. Außerdem besteht für die jeweils auf dem Platz beschäftigten Kinder eine Unfallversicherung. Der Kläger war zuvor schon wiederholt in Begleitung seines Großvaters auf dem Platz gewesen.

Ebenfalls am 2. Februar 1974 verletzte sich der Kläger mit einem spitzen Gegenstand am linken Auge. Er wurde am gleichen Tage im Krankenhaus operiert, doch mußte das Auge am 2. April 1974 entfernt werden.

Der Kläger behauptet, daß er sich die Augenverletzung beim Spiel auf dem Abenteuerspielplatz zugezogen habe. Er habe gemeinsam mit seinem Bruder eine Latte getragen, die er auf dem Platz gefunden habe und in der noch ein etwa 3 cm langer Nagel gesteckt habe. Aus nicht mehr feststellbaren Gründen sei die Latte zu Boden gefallen, zurückgeschnellt und habe ihn dann mit dem Nagel im Auge getroffen. Derartige Latten hätten überall auf dem Grundstück umhergelegen. Insbesondere habe an einer Ecke des Platzes ein großer Haufen Kanthölzer gelegen, der noch nicht entnagelt gewesen sei. Auch habe kurz zuvor ein Betreuer des Spielplatzes Nägel an die Kinder ausgegeben. Er reicht eine Skizze des Spielplatzes ein, die als Anlage zum Protokoll vom 21. September 1976 genommen wurde und auf die verwiesen wird. Er behauptet schließlich, daß Zahlungen aus der Unfallversicherung für den Vorfall bis zum Abschluß des vorliegenden Prozesses gesperrt worden seien.

Er beantragt, den Beklagten zu verurteilen, an ihn ein Schmerzensgeld, dessen Höhe in das Ermessen des Gerichts gestellt wird, nebst 4% Zinsen seit dem 24. Oktober 1974 zu zahlen sowie festzustellen, daß der Beklagte verpflichtet ist, dem Kläger allen Schaden aus dem Unfall vom 2. Februar 1974 auf dem Spielplatz zu ersetzen, vorbehaltlich des Übergangs auf öffentlich-rechtliche Sozialträger.
Der Beklagte beantragt, die Klage abzuweisen.

Er bestreitet, daß sich der Unfall auf dem Abenteuerspielplatz ereignet habe. Er behauptet weiterhin, daß am Unfalltage keine Nägel an die Kinder ausgegeben worden seien, wie überhaupt in den Wintermonaten der Platz nicht bestimmungsgemäß, sondern allenfalls zum Fußballspielen und Umhertoben benutzt werde. Der Platz sei auch soweit wie möglich aufgeräumt gewesen. Der vom Kläger erwähnte Stapel Kanthölzer habe ordentlich in einer Ecke gelegen. Die dort gelagerten Hölzer seien zu schwer gewesen, als daß der Kläger oder sein Bruder sie überhaupt hätten bewegen können. Im übrigen sei es nicht möglich, den Platz jederzeit frei von Gefahren zu halten. Der Kläger sei zwar vom Betreuer gesehen worden, als er den Platz betrat. Trotz seines Alters sei er jedoch weder zurückgewiesen noch besonders betreut worden, weil er sich in Begleitung seines Großvaters befunden habe.

Gemäß Beschluß vom 11. November 1975, auf den verwiesen wird, hat die Kammer über den Unfallhergang und den Zustand des Platzes am Unfalltage Beweis erhoben. Wegen des Ergebnisses der Beweisaufnahme wird auf die Vernehmungsniederschrift vor der Kammer vom 21. September 1976 verwiesen. Die vom Einzelrichter durchgeführte Vernehmung des Zeugen B. wurde bei der Entscheidung nicht verwertet.

Wegen weiterer Einzelheiten des Sachverhalts wird auf die zwischen den Parteien gewechselten vorbereitenden Schriftsätze verwiesen.

Entscheidungsgründe

Die Klage ist nicht begründet. Der Beklagte haftet für Unfälle auf dem Abenteuerspielplatz nach den Grundsätzen des § 839 BGB, weil dieser Spielplatz eine Einrichtung ist, die sich nach öffentlichem Recht richtet. Es handelt sich um eine Maßnahme der Daseinsvorsorge im Rahmen der Jugendpflege, die es erlaubt, in einem den Kindern gemäßen Lebensraum pädagogisch auf diese einzuwirken. Für den Spielplatz sind ein Leiter und mehrere Aufsichtspersonen mit handwerklicher Ausbildung verantwortlich. Gleichwohl wird die Benutzung kostenlos gewährt; der Spielplatz wird aus Haushaltsmitteln finanziert, ohne daß mit den Eltern der Kinder privatrechtliche Verträge abgeschlossen werden. Einrichtung und Betrieb des Spielplatzes sind danach Folge hoheitlichen Handelns.

Eine ihm dem Kläger gegenüber obliegende Amtspflicht im Sinne von § 839 BGB hat der Beklagte jedoch nicht verletzt. Zwar steht nach dem Ergebnis der Beweisaufnahme fest, daß sich der Kläger die Augenverletzung beim Spiel auf dem Abenteuerspielplatz durch eine nicht entnagelte Latte zugezogen hat, die auf diesem Platz gelegen haben muß. Wo diese Latte gefunden wurde, hat sich auch in der Beweisaufnahme nicht klären lassen. Jedenfalls muß es sich um ein vereinzeltes Stück gehandelt haben, weil sonstige besondere Gefahrenquellen am Unfalltage nicht bestanden haben. Andernfalls haben an einer räumlich begrenzten Stelle des Platzes Kanthölzer gelagert. Von diesem Stapel konnte jedoch, wie der Zeuge A. erläuterte, die Latte nicht genommen worden sein, weil sonst die Kinder an ihm mit der Latte vorbeigekommen sein müßten. Im übrigen mag es sein, daß noch Kunststoffplatten auf dem Spielplatz herumlagen. Hierauf kommt es jedoch nicht an, weil der Kläger nicht durch eine Kunststoffplatte verletzt wurde und Kunststoffplatten als solche nicht besonders gefährlich sind. Auch zeigt die Aussage des Zeugen A., daß am Unfalltage weder Nägel an die Kinder ausgegeben wurden, noch von diesen auf dem Platz gebaut wurde. Damit entfiel eine Pflicht des Betreuungspersonals zu erhöhter Aufmerksamkeit gerade an diesem Tage. Weiterhin hat der Zeuge A. ausgesagt, daß von früheren Tätigkeiten grundsätzlich keine gefährlichen Bauteile auf dem Platz liegengeblieben waren. Dort, wo er hin und her gelaufen war, haben höchstens Steine gelegen. Unter der Brücke, auf der die Kinder spielten, lagen Bretter von Obstkisten. Hier sind die Kinder jedoch nicht hingekommen. Schließlich hat der Zeuge noch Kanthölzer jenseits der Böschung zur Brandmauer des angrenzenden Hauses hin gesehen, ohne daß jedoch festgestellt worden wäre, daß diese besonders gefährlich waren. Danach ist nicht ausgeschlossen, daß die Latte an einem versteckten, nicht ohne weiteres einsichtigen Ort lag und möglicherweise sogar teilweise eingebuddelt war. Es kann auch sein, daß sie erst kurz vor dem Unfall oder am Vortage von anderen Kindern an ihren Fundort gebracht wurde, ohne daß der Spielplatzbetreuer hiervon etwas erfahren mußte. Jedenfalls hat auf dem Platz keine offensichtliche Unordnung geherrscht, da sie sonst dem Zeugen A. aufgefallen wäre. Die Verletzung einer besonderen Aufräumpflicht kann danach nicht festgestellt werden.

Eine Amtspflichtverletzung des Beklagten kann nicht allein aus dem Vorhandensein der einen gefährlichen von den Kindern benutzten Latte geschlossen werden. Denn auch bei regelmäßiger sorgfältiger Aufräumung kann nicht jede Gefahrenquelle auf dem Abenteuerspielplatz beseitigt werden. Dies ergibt sich aus dessen Natur und dessen Wesen, welches darin besteht, daß Kinder in eigener

Verantwortung und ihren eigenen Vorstellungen entsprechend Bauwerke errichten und hierfür Material und Werkzeug benötigen, dessen Handhabung Umsicht und Übung erfordert, soll sie nicht gefährlich werden. Solange die Kinder diese Umsicht und Übung noch nicht in vollem Umfange erworben haben, bewegen sie sich in einem erhöhten Gefahrenbereich. Durch ihm zumutbare Maßnahmen kann der Beklagte die erhöhten Gefahren zwar mindern, jedoch nicht vollständig ausschließen. Dies muß in Kauf genommen werden, soll nicht andererseits das pädagogisch anerkannte und wertvolle Konzept der Abenteuerspielplätze in Frage gestellt werden. Der erhöhten Gefahrenlage hat der Beklagte bereits darin Rechnung getragen, daß er den Platz nur zu bestimmten Tageszeiten zugänglich macht, daß er nur mit festen Schuhen betreten werden darf und daß er abgesehen von Ausnahmefällen grundsätzlich nur für Kinder ab 5 Jahren zugänglich ist, von denen bereits eine gewisse Umsicht und Fähigkeit erwartet werden kann, Gefahren einzuschätzen. Um die dann noch verbleibende Gefahr abzudecken, besteht die vom Beklagten abgeschlossene Unfallversicherung. Eine über diese Sicherungsmaßnahmen hinausgehende jederzeitige Garantie dafür, daß der Platz frei von Verletzungsmöglichkeiten ist, braucht vom Beklagten jedoch nicht gegeben zu werden, weil sie dem Grundsatz widersprechen würde, daß für Schäden nur bei Verschulden gehaftet wird.

Eine Amtspflichtverletzung kann auch nicht darin gesehen werden, daß nicht dem Kläger und seinem Bruder der Zutritt zum Platz verwehrt wurde, obwohl sie das vorgesehene Mindestalter noch nicht erreicht hatten. Da auf dem Platz im Winter ohnehin nur in sehr beschränktem Umfang gebaut wurde und beide von einer Aufsichtsperson begleitet wurden, die nur auf sie zu achten hatte, bestand hierzu kein Anlaß.

Schließlich liegt die Amtspflichtverletzung auch nicht darin, daß es etwa versäumt wurde, den Kläger bzw. dessen Großvater auf die besonderen Gefahren des Abenteuerspielplatzes hinzuweisen. Zum einen waren die Verhältnisse gerade auf diesem Spielplatz dem Großvater des Klägers bekannt, weil er schon vorher mit den Kindern dort war. Zum anderen ist die mit der Einrichtung eines Abenteuerspielplatzes verbundene erhöhte Gefahr für jeden Erwachse-

nen, der nur einigermaßen Werkzeug und Material einschätzen kann, klar erkennbar.
Die Nebenentscheidungen folgen aus den §§ 91, 710 ZPO.

Weitere Urteile zur Aufsichtspflicht

LG Karlsruhe: Fahrradunfall 6 O 65/80

Die elterliche Aufsichtspflicht gebietet es, einem knapp sechsjährigen Kind nur dann zu gestatten, selbständig mit dem Fahrrad von der Wohnung zum 300 m entfernten Kindergarten und zurück zu fahren, wenn sichergestellt ist, daß das Kind in der Lage ist, sich auf dem zurückzulegenden Weg verkehrsgerecht zu bewegen. Dabei sind an die geistige und körperliche Reife des Kindes besondere Anforderungen zu stellen, wenn es in beiden Fahrtrichtungen eine innerstädtische Hauptverkehrsstraße an einer belebten Kreuzung zu überqueren hat.

OLG Düsseldorf 4 U 222 85

Zwei fünfjährige türkische Jungen gingen in Begleitung der Mutter zu Verwandten. Dort verschwanden sie beim Spielen im Schlafzimmer und entfachten ein Feuer, das erheblichen Schaden anrichtete.

Das OLG wies die Schadensersatzklage ab. Nachdem die beiden Kinder in der Vergangenheit nie gefährliche Neigungen zum Zündeln gezeigt hätten, mußten die Eltern nicht auf Schritt und Tritt hinter ihnen her sein. Das würde die Erziehung zur Selbständigkeit und eine gesunde Entwicklung der Persönlichkeit behindern. Die Mutter habe den Streich nicht vorhersehen können und sei für die Folgen nicht haftbar.
Der Bundesgerichtshof hat das Urteil bestätigt.

BGH 1986

Ein siebenjähriger Junge erhält samstags von einem Freund ein Feuerzeug geschenkt, mit dem er montags beim Zündeln ein Lagerhaus in Flammen aufgehen läßt. Der Klage auf 66.000,- DM Schadensersatz wird zuerst vom OLG Celle stattgegeben; das Urteil wird vom BGH jedoch revidiert. Gründe: Eltern müssen Kinder über die Gefährlichkeit des Spiels belehren, jedoch seien sie nur dann zu Kontrollen verpflichtet, wenn ein besonderer Anlaß dazu besteht.

OLG München 17.9.76; 10 U 5131/75

Ein fünfjähriger Junge war auf dem Gehweg mit seinem Kinderfahrrad gegen eine Fußgängerin gefahren und hatte sie verletzt. Das Gericht befand, daß es zwar bedenklich ist, eine Verletzung der Aufsichtspflicht schon allein darin zu sehen, daß der Vater seinem Sohn erlaubt mit dem Kinderfahrrad auf dem Gehweg zu fahren, doch verletze er sie dann, wenn er nicht durch seine Anwesenheit überwacht, daß durch das Verhalten des Kindes eine Verletzung von Fußgängern ausgeschlossen wird. Es reicht zur Entlastung nicht aus, daß das Kind mit dem Fahrrad umgehen kann und daß es allgemein vor einer Gefährdung Dritter gewarnt wurde.

AG Frankfurt

Ein sechsjähriges Mädchen hatte beim Radfahren ein parkendes Auto beschädigt. Der Schaden von 2.200,– DM wurde eingeklagt, die Klage jedoch abgewiesen. Das Gericht befand, daß der Vater seiner Aufsichtspflicht genügt hat, weil die Beschädigung des Autos nicht vorhersehbar für den Vater war. Das Mädchen sei eine sichere und vorsichtige Radfahrerin gewesen; sie habe bisher nie Schaden angerichtet und sei versehentlich gegen das Auto gefahren. Die Aufsichtspflicht von Eltern hat ihre Grenze darin, was den Eltern zugemutet werden kann.

OLG Hamburg 1988

Zwei 14- und 15jährige Jungen waren aus einem Erziehungsheim entwichen und waren mit einem entwendeten Kanu unterwegs, bevor sie nach zwei Tagen wieder aufgegriffen wurden.

Das Gericht kam zu dem Schluß, daß das Entweichen der beiden nur hätte vermieden werden können, wenn sie eingeschlossen gehalten wären. Dies sei jedoch nicht die Aufgabe eines Heimes für schwer erziehbare Jugendliche. Die Erziehung müsse zwar die Neigung, Straftaten zu begehen, zu verhindern suchen (z.B. durch Belehrung, Taschengeldkürzungen, Beschränkung der Freizeit), doch wenn solche Maßnahmen durchgeführt wurden und die Straftaten nur durch vollständigen Einschluß zu verhindern wären, läge eine Aufsichtspflichtverletzung nicht vor. Ein vollständiger Einschluß wäre eine pädagogisch völlig unvertretbare Maßnahme, entgegengesetzt zu den Zielen Selbständigkeit und Eigenverantwortung. Würden Eltern so restriktiv handeln, würden sie evtl. das Jugendamt wegen Gefährdung des Kindeswohls auf den Plan rufen.

LSG Niedersachsen vom 15.2.1990, L 6 U 166/89
Unfallversicherungsschutz für Schüler

Ein Schüler, der nach stundenplanmäßigem Unterrichtsende auf dem Schulhof mehr als eine Stunde Fußball spielt, steht nicht mehr unter dem Schutz der gesetzlichen Unfallversicherung nach § 539 Abs. 1 Nr. 14b, § 550 RVO.

Urteil des Hans. OLG Hamburg vom 22.6.1965
AZ: 7 U 38/65[1]

Der Kläger war im Rahmen der Freiwilligen Erziehungshilfe in einem Kinder- und Jugendheim untergebracht, dessen Träger der beklagte Verein ist. Im gleichen Heim lebte ein vier Jahre älteres

[1] zitiert nach Claussen u.a.: Aufsichtspflicht ..., Hannover 1995, S. 159 ff.

Mädchen, das nach seiner Schulentlassung als Hilfskraft in der Kleinkindergruppe eingesetzt war. Zwischen beiden bestand ein Freundschaftsverhältnis, das sich zu einem Liebesverhältnis entwickelte, im Verlauf dessen es mindestens einmal zum Geschlechtsverkehr kam.
Das Mädchen gebar ein Kind, als dessen Vater der Kläger – bei der Geburt des Kindes 14 Jahre alt – rechtskräftig festgestellt worden war. Der Kläger nimmt den Träger des Heims auf Schadenersatz in Anspruch, weil die Heimleiterin, für die der Heimträger einzustehen habe, ihm gegenüber ihre Aufsichtspflicht verletzt habe. Der Schaden besteht im Unterhaltsanspruch des Kindes.

Das Landgericht hat der Klage stattgegeben. Die Berufung des Beklagten führte zur Aufhebung des angefochtenen Urteils und zur Abweisung der Klage.

Aus den Gründen:
Wenn der Kläger meint, die Heimleiterin hätte schon auf Grund der ihr bekannten Vorfälle eine unüberbrückbare Trennung vornehmen müssen, so verkennt er, daß das Heim auf dem Koedukationsprinzip beruhte. Dieses Prinzip gründet sich auf die Erfahrung, daß die gemeinsame Erziehung von Jungen und Mädchen für beide Geschlechter förderlich ist und in der Regel bei geeigneter erzieherischer Einwirkung und Beaufsichtigung nicht zur Herstellung frühzeitiger sexueller Beziehungen führt. Die seltenen Fälle, in denen es doch zu solchen Beziehungen kommt, werden von den Befürwortern der Koedukation in Kauf genommen, wobei die Erwägung maßgeblich sein dürfte, daß sich auch außerhalb einer Koedukation vorzeitige sexuelle Bindungen zwischen Jungen und Mädchen im Pubertätsalter nicht völlig verhindern lassen. Wenn die Heimleiterin nun zwischen dem Kläger und Renate B. eine *unüberbrückbare Trennung* vorgenommen hätte, so hätte sie sich damit in Widerspruch zu den Grundsätzen des von ihr geleiteten Heims gesetzt. Sie hätte dem Kläger und Renate B. Freiheitsbeschränkungen auferlegen müssen, denen sie die übrigen Zöglinge nicht unterwarf. Damit wären beide in eine Ausnahmestellung innerhalb der Heimgemeinschaft gebracht worden, die sich – als Dauereinrichtung – auch im Hinblick auf den zeitweiligen Ungehorsam der Kinder kaum rechtferti-

gen ließ. Sie hätten sich wahrscheinlich ungerecht behandelt gefühlt und wären in eine oppositionelle Haltung gedrängt worden, die sich erzieherisch sehr ungünstig auf sie auswirken konnte.

Der weitere Vorwurf des Klägers, man hätte ihn und Renate B. unter eine besondere Aufsicht stellen müssen, kann gleichfalls nicht als gerechtfertigt anerkannt werden. Wenn der Kläger damit meint, daß man außer dem Erzieher, zu dessen Gruppe er gehörte, und der Gruppenmutter, der Renate B. zur Betreuung der 6- bis 10jährigen Jungen unterstellt war, noch einen weiteren Erzieher hätte bestimmen müssen, der ihn und Renate B. ständig unter Beobachtung hielt, so verkennt er die Anforderungen, die an die Sorgfalt einer Heimleiterin zu stellen sind, in erheblichem Maße. Ein solcher Aufwand von Personal zu dem alleinigen Zwecke, auch die letzte Möglichkeit einer Gefährdung der Zöglinge auszuschalten, kann einem Heim nicht zugemutet werden. Er ginge weit über das Maß der Sorgfalt hinaus, das von Eltern bei der Beaufsichtigung ihrer Kinder angewendet zu werden pflegt. Auch in der normalen Familienerziehung sind die Kinder von mancherlei Gefahren bedroht, vor denen die Eltern sie auch bei Anwendung der üblichen Sorgfalt nicht schützen können. Jede Aufsicht findet ihre Grenzen in der Notwendigkeit, den Kindern vom Beginn des schulpflichtigen Alters ab ein ständig steigendes Maß von Freiheit zu gewähren. Ohne einen gewissen Spielraum der freien, d. h. unbeaufsichtigten Betätigung kann sich ein Mensch nicht zur Selbständigkeit entwickeln, auf die er angewiesen ist, um später im Leben bestehen zu können. Jede Freiheitsgewährung ist aber bei unausgereiften Menschen mit Gefahren verbunden. Diese müssen im Rahmen der Erziehung in Kauf genommen werden, da andernfalls die weit schwerwiegendere Gefahr besteht, daß ein ständig beaufsichtigtes Kind, wenn es bei der Erreichung der Volljährigkeit aus der Aufsicht entlassen wird, plötzlich vor Aufgaben gestellt wird, denen es in keiner Weise gewachsen ist.

Aus den vorstehenden Ausführungen ergibt sich, daß die Heimleiterin alles getan hat, was vernünftigerweise geschehen konnte, um den Kläger vor den Gefahren einer frühzeitigen sexuellen Betätigung zu schützen. Weitere Maßnahmen von der Art, wie sie der Kläger für notwendig erachtet, hätten zwar möglicherweise den Geschlechtsverkehr mit Renate B. verhindern können, hätten aber auf der anderen Seite so schwerwiegende Folgen für die Entwicklung des Klägers oder der Renate B. haben können, daß es bei der pflichtgemäßigen Abwägung der für und wider solche Maßnahmen sprechenden Gesichtspunkte nicht als pflichtwidrig angesehen werden kann, wenn die Heimleiterin von diesen Abstand genommen hat.

Literaturauswahl

Aktion Jugendschutz, Landesarbeitsstelle Hamburg: *HIV-betroffene Kinder im Kindergarten*. Hamburg 1994

BAGUV (Hrsg.); Kunz, Thorsten (Autor): *Voraussetzungen und Möglichkeiten der Sicherheitserziehung im Kindergarten*. München 1989

Bauer, Jost: *Mit Gürtel und Hosenträgern?*, in: *Welt des Kindes*, Heft 3/1986

Berry, G./ Pesch, L. (Hrsg.): *Welche Horte brauchen Kinder?* Neuwied, Kriftel, Berlin 2000

Böhm, Thomas: *Aufsicht und Haftung in der Schule*. Neuwied, Kriftel, Berlin 1998

Bundesministerium für Familie, Senioren, Frauen und Jugend: *Zehnter Kinder- und Jugendbericht. Bericht über die Lebenssituation von Kindern und die Leistungen der Kinderhilfen in Deutschland*. Bundestagsdrucksache 13/11368. Bonn 1998

Claussen/Vent/Knappertsbusch: *Aufsichtspflicht und Aufsichtspflichtverletzung unter besonderer Berücksichtigung von Einrichtungen der Jugendhilfe*, veröffentlicht als: Wissenschaftliche Informationsschriften der Arbeitsgemeinschaft für Erziehungshilfe AFET e.V. -Bundesvereinigung-; Heft 12/1995. Hannover

Colberg-Schrader u.a.: *Soziales Lernen im Kindergarten*. München 1991

Däubler, Wolfgang: *Das Arbeitsrecht, Band 1 und 2; Leitfaden für Arbeitnehmer*. Reinbek bei Hamburg 1998

Der Bundesminister für Arbeit und Sozialordnung (Hrsg.): *Übersicht über das Recht der Arbeit*. Bonn 1989

Deutsches Jugendinstitut (DJI): *Tageseinrichtungen für Kinder – Pluralisierung von Angeboten*; Zahlenspiegel. München 1998

Diskowski, Detlef: *Probleme gewerkschaftlicher Arbeit in der Kita*, in: ÖTV (Hrsg.): *Für Kinder und Tagesstätten*. Berlin 1987

Feldmann, Peter v.: *Recht und Spiel*. München 1980

Feldmann, P. v./Wichmann, A.: *Abenteuerspielplatz und Recht*. Berlin o.J.

Hundmeyer, Simon: *Aufsichtspflicht in Kindertageseinrichtungen*, 4. Aufl., Kronach 2000

Lischke, Eva/Sierks, Maren: *Studie zum Freizeitverhalten Neuköllner Jugendlicher*. Berlin 1997/98

Miedzinski, Klaus: *Die Bewegungsbaustelle - Kinder bauen ihre Bewegungsanlässe selbst*. Dortmund 1983

Mörsberger, Thomas/Prott, Roger: *Rechtsfragen bei der Entwicklung der Kindertagesstättenarbeit*, in: Senatsverwaltung für Jugend und Familie (Hrsg.): *Perspektiven der Kindertagesstättenarbeit - Handlungsmöglichkeiten des Jugendamtes*. Berlin 1994

Mörsberger, Thomas: *Die Angst vor der Aufsichtspflicht*, in: *Theorie & Praxis der Sozialpädagogik*, Heft 6/1980

Mörsberger/Restemeier (Hrsg.): *Helfen mit Risiko*. Neuwied, Kriftel, Berlin 1997

Münder u.a.: *Frankfurter Lehr- & Praxis-Kommentar zum KJHG*. Münster 1998

Münder, Johannes: *Beratung, Betreuung, Erziehung und Recht; Handbuch für Lehre und Praxis*. Münster 1991

Pötzsch, Horst: *Die deutsche Demokratie* (Sonderauflage für die Bundeszentrale für politische Bildung). Bonn 1995

Preissing, Christa/Prott, Roger: *Platz- und Personalbedarf in Tageseinrichtungen für Kinder*. Frankfurt, M. 1988

Preissing, Christa/Prott, Roger: *Selbständigkeit & Handlungskompetenz des Kindes*, in: Rieder-Aigner H. (Hrsg.): *Handbuch Kindertagesstätten*. Regensburg, Bonn 1994

Prott, Roger: *Über Erziehungsziele und wie man sie formulieren kann*, in: Rieder-Aigner, H. (Hrsg.): *Handbuch Kindertagesstätten*. Regensburg, Bonn 1994

Renn, Heribert: *Rechtskunde für Erzieherinnen*. Weinheim und Basel 1999

Rothenspieler, F.W.: *Pädagogik im Netz der Paragraphen*, in: *Welt des Kindes*, Heft 3/1986

Schmitt-Wenkebach, Rainer: *Das Haftungsrecht in der Jugendarbeit*. Neuwied 1978

Störle, W.: *Kindschaftsrechtsreform*. Regensburg, Bonn 1998

Sturzbecher (Hrsg.): *Kindertagesbetreuung in Deutschland - Bilanzen und Perspektiven*. Freiburg 1998

Tietze, Wolfgang (Hrsg.): *Wie gut sind unsere Kindergärten*? Neuwied, Kriftel, Berlin 1998

Wesel, Uwe: *Fast alles, was Recht ist. Jura für Nichtjuristen*. Frankfurt/M. 1991
Wesel, Uwe: *Geschichte des Rechts*. München 1997
Wiesner u.a.: *SGB VIII, Kommentar*. München 1995

Die Autor/innen

Dr. Roger Prott, Diplom-Pädagoge, Diplom-Sozialpädagoge, Erzieher, arbeitete in Kindertagesstätten, als Fortbildner und als Leiter einer Organisationseinheit Kindertagesbetreuung in einem Jugendamt mit 65 Einrichtungen und 1500 Mitarbeiterinnen, ist zur Zeit als Jugendhilfeplaner tätig.

Dr. Christa Preissing, Diplom-Soziologin, langjährige wissenschaftliche Mitarbeiterin im Fortbildungsinstitut für die Pädagogische Praxis (FIPP), arbeitet als Hochschulassistentin an der Freien Universität Berlin, ist Geschäftsführerin des Institutes für den Situationsansatz an der Internationalen Akademie, INA gGmbH.

Detlef Diskowski, Diplom-Pädagoge, hat mehrere Kinderläden mitgegründet und mitbetrieben, war viele Jahre tätig in der Erzieherinnenaus- und -fortbildung, als Horterzieher, Kita-Leiter, Praxisberater, Referent für pädagogische Grundsatzangelegenheiten der Kitas in der Senatsverwaltung Berlin, arbeitet seit 1991 als Referatsleiter für Kindertagesbetreuung und Sozialpädagogische Berufe im Jugendministerium Brandenburg.

Bildnachweis

Garantiert keine Montagen

Titelbild: Roger Prott
Dienstweg – Betreten für Unbefugte verboten: Gerd Harms
Kindertagesstätte der Evangelischen Gemeinde der Friedenskirche: H. Maillet, Voller Ernst
Fahrräder herstellen verboten: Joseph W. Huber
Buddelzone für unsere kleinen Gäste: Sigrid Breitkopf
Tummelplatz für Jugendliche bis 18 Jahren: Karsten Mey
Dangerous Children: Thomas Bauer, Zeitlos